KB151074

엑스포지멘터리

욥기

Job

엑스포지멘터리 욥기

초판 1쇄 발행 2018년 7월 10일
2쇄 발행 2023년 12월 1일

지은이 송병현

펴낸곳 도서출판 이엠
등록번호 제25100-2015-000063
주소 서울시 강서구 공항대로 220, 601호
전화 070-8832-4671
E-mail empublisher@gmail.com

내용 및 세미나 문의 스타선교회: 02-520-0877 / EMail: starofkorea@gmail.com / www.star123.kr

ISBN 979-11-86880-58-6 93230

※ 가격은 표지 뒷면에 있습니다.

「이 도서의 국립중앙도서관 출판시 도서목록(CIP)은 서지정보유통지원시스템 홈페이지(http://seoji.nl.go.kr)와 국가자료공동목록시스템(http://www.nl.go.kr/kolisnet)에서 이용하실 수 있습니다. (CIP제어번호:CIP2015000753)」

엑스포지멘터리

욥기

Job

| 송병현 지음 |

EXPOSItory comMENTARY

EM Exposi Mentary

한국 교회를 위한 하나의 희망

저의 서재에는 성경 본문 연구에 관한 많은 책이 있습니다. 그중에는 주석서들도 있고 강해서들도 있습니다. 그러나 그중에 송병현 교수가 시도한 이런 책은 없습니다. 엑스포지멘터리, 듣기만 해도 가슴이 뛰는 책입니다. 설교자와 진지한 성경 학도 모두에게 꿈의 책이 아닐 수 없습니다. 이런 책이 좀 더 일찍 나올 수 있었다면 한국 교회가 어떠했을까를 생각해 봅니다. 저는 이 책을 꼼꼼히 읽어 보면서 가슴 깊은 곳에서 큰 자긍심을 느꼈습니다.

이 책은 지금까지 복음주의 교회가 쌓아 온 모든 학문적 업적을 망라하고 있을 뿐만 아니라 한국 교회 강단이 목말라하는 모든 실용적 갈망에 해답을 던져 줍니다. 이 책에서는 실제로 활용할 수 있는 충실한 신학적 정보가 일목요연하게 제시됩니다. 그러면서도 또한 위트와 감탄을 자아내는 감동적인 적용들도 제공됩니다. 얼마나 큰 축복이며 얼마나 신나는 일이며 얼마나 큰 은총인지요. 저의 사역에 좀 더 일찍 이런 학문적 효과를 활용하지 못한 것이 아쉽기만 합니다. 진실로 한국 교회의 내일을 위해 너무나 소중한 기여라고 생각합니다.

일찍이 한국 교회 1세대를 위해 박윤선 목사님과 이상근 목사님의 기여가 컸습니다. 그러나 이제 한국 교회는 새 시대의 리더십을 열어야 하는 교차로에 서 있습니다. 저는 송병현 교수가 이런 시점을 위해 준비된 선물이라고 생각합니다. 진지한 강해 설교를 시도하고자 하는 모든 이와 진지한 성경 강의를 준비하고자 하는 모든 성경공부 지도자에게 어떤 대가를 지불하고서라도 우선 이 책을 소장하고 성경을 연구하는 책상 가까운 곳에 두라고 권면하고 싶습니다. 앞으로 계속 출판될 책들이 참으로 기다려집니다.

한국 교회는 다행스럽게 말씀과 더불어 그 기초를 놓을 수 있었습니다. 이제는 그 말씀으로 어떻게 미래의 집을 지을 것인가를 고민하고 있습니다. 이 〈엑스포지멘터리 시리즈〉는 분명한 하나의 해답, 하나의 희망입니다. 이 책과 함께 성숙의 길을 걸어갈 한국 교회의 미래가 벌써 성급하게 기다려집니다. 더 나아가 한국 교회 역사의 성과물 중의 하나인 이 책이 다른 열방에도 나누어졌으면 합니다. 이제 우리는 복음에 빚진 자로서 열방을 학문적으로도 섬겨야 하기 때문입니다. 이 책을 한국 교회에 허락하신 우리 주님께 감사와 찬양을 드립니다.

이동원 | 지구촌교회 원로목사

총체적 변화를 가져다줄 영적 선물

교회사를 돌이켜 볼 때, 교회가 위기에 처해 있었다면 결국 강단에서 하나님의 말씀이 제대로 선포되지 못한 데서 그 근본 원인을 찾을 수 있습니다. 영적 분별력이 있는 사람이라면 모두 이에 대해 동의할 것입니다. 사회가 아무리 암울할지라도 강단에서 선포되는 말씀이 살아 있는 한, 교회는 교회로서의 기능이 약화되지 않고 오히려 사회를 선도하고 국민들의 가슴에 희망을 안겨 주었습니다. 백 년 전 영적 부흥이 일어났던 한국의 초대교회가 그 좋은 예입니다. 이러한 영적 부흥은 살아 있는 하나님의 말씀이 강단에서 영적 권위를 가지고 "하나님께서 이렇게 말씀하셨다"라고 선포되었을 때 나타났던 현상입니다.

오늘날에는 날이 갈수록 강단에서 선포되는 말씀이 약화되거나 축소되고 있습니다. 이런 상황 속에서 출간되는 송병현 교수의 〈엑스포지멘터리 시리즈〉는 한국 교회와 전 세계에 흩어진 7백만 한인 디아스포라에게 주는 커다란 영적 선물이 아닐 수 없습니다. 이 시리즈는 하나님의 말씀을 쉽게 이해할 수 있도록 풀이한 것으로, 목회자와 선교사는 물론이고 평신도들의 경건생활과 사역에도 큰 도움이 될 것입니다. 무엇보다도 저는 이 시리즈가 강단에서 원 저자이신 성령님의 의도대로 하나님 나라 복음이 선포되게 하여 믿는 이들에게 총체적 변화(total transformation)를 다시 경험할 수 있는 계기를 마련해 주리라 확신합니다.

송병현 교수는 지금까지 구약학계에서 토의된 학설 중 본문을 석의하는 데 불필요한 내용들은 걸러내는 한편, 철저하게 원 저자가 전하고자 하는 메시지를 현대인들이 가장 잘 이해할 수 있도록 전하고자 부단히 애를 썼습니다. 이 시리즈를 이용하는 모든 이에게 저자의 이런 수고와 노력에 걸맞은 하나님의 축복과 기쁨과 능력이 함께하실 것을 기대하면서 이 시리즈를 적극 추천합니다.

이태웅 | GMTC 초대 원장, 글로벌리더십포커스 원장

주석과 강해의 적절한 조화를 이뤄낸 시리즈

한국 교회는 성경 전체를 속독하는 '성경통독' 운동과 매일 짧은 본문을 읽는 '말씀 묵상'(QT) 운동이 세계 어느 나라 교회보다 활성화되어 있습니다. 얼마나 감사한 일인지 모릅니다. 그러나 상대적으로 책별 성경연구는 심각하게 결핍되어 있는 것이 사실입니다. 때때로 교회 지도자들 중에도 성경해석의 기본이 제대로 갖춰져 있지 않아 성경 저자가 말하려는 의도와 상관없이 본문을 인용해서 자신이 하고 싶은 말을 하는 분들이 적지 않음을 보고 충격을 받은 일도 있습니다. 앞으로 한국 교회가 풀어야 할 과제가 '진정한 말씀의 회복'이라면 이를 위해 가장 중요한 것은 바른 말씀의 세계로 인도해 줄 좋은 주석서와 강해서를 만나는 일일 것입니다.

좋은 주석서는 지금까지 축적된 다른 성경학자들의 연구 결과가 잘 정돈되어 있을 뿐 아니라 저자의 새로운 영적 • 신학적 통찰이 번뜩이는 책이어야 합니다. 또한 좋은 강해서는 자기 견해를 독자들에게 강요하는(impose) 책이 아니라, 철저한 본문 석의 과정을 거친 후에 추출되는 신학적 • 사회과학적 연구가 배어 있는 책이어야 할 것이며, 글의 표현이 현학적이지 않은, 독자들에게 친절한 저술이어야 할 것입니다.

그러나 솔직히 말씀드리면, 저는 서점에서 한국인 저자의 주석서나 강해서를 만나면 한참을 망설이다가 내려놓게 됩니다. 또 주석서를 시리즈로 사는 것은 어리석은 행동이라는 말을 신학교 교수들에게 들은 뒤로 여간해서 시리즈로 책을 사지 않습니다. 이는 아마도 풍성한 말씀의 보고(寶庫) 가운데로 이끌어 주는 만족스러운 주석서를 아직까지 발견하지 못했기 때문일 것입니다. 그러나 제가 처음으로 시리즈로 산 한국인 저자의 책이 있는데, 바로 송병현 교수의 〈엑스포지멘터리 시리즈〉입니다.

송병현 교수의 〈엑스포지멘터리 시리즈〉야말로 제가 가졌던 좋은 주석서와 강해서에 대한 모든 염원을 실현해 내고 있습니다. 이 주석서는 분명 한국 교회 목회자들과 평신도 성경 교사들의 고민을 해결해 줄 하나님의 값진 선물입니다. 지금까지 없었던, 주석서와 강해서의 적절한 조화를 이뤄낸 신개념의 해설주석이라는 점도 매우 신선하게 다가옵니다. 또한 쉽고 친절한 글이면서도 우물 깊은 곳에서 퍼 올린 생수와 같은 깊이가 느껴집니다. 이 같은 주석 시리즈가 한국에서 나왔다는 사실에 저는 감격하지 않을 수 없습니다. 이 땅에서 말씀으로 세상에 도전하고자 하는 모든 목회자와 평신도에게 이 주석 시리즈를 적극 추천합니다.

이승장 | 예수마을교회 목사, 성서한국 공동대표

시리즈 서문

"너는 50세까지는 좋은 선생이 되려고 노력하고, 그 이후에는 좋은 저자가 되려고 노력해라." 내가 시카고 근교에 위치한 트리니티 신학교(Trinity Evangelical Divinity School) 박사과정을 시작할 즘에 지금은 고인이 되신 스승 맥코미스키(Thomas E. McComiskey)와 아처(Gleason L. Archer) 두 교수님께서 주신 조언이었다. 너무 일찍 책을 쓰면 훗날 아쉬움이 많이 남는다며 하신 말씀이었다. 박사학위를 마치고 1997년에 한국에 들어와 신대원에서 가르치기 시작하면서 나는 이 조언을 마음에 새겼다. 사실 이 조언과 상관없이 내가 당시에 당장 책을 출판한다는 일은 불가능한 일이었다. 중학교를 다니던 70년대 중반에 캐나다로 이민을 갔다가 20여 년 만에 귀국하여 우리말로 강의하는 일 자체가 당시 나에게는 매우 큰 도전이었으며, 책을 출판하는 일은 사치로 느껴졌기 때문이다.

세월이 지나 어느덧 나는 선생님들이 말씀하신 50을 눈앞에 두었다. 1997년에 귀국한 후 지난 10여 년 동안 나는 구약 전체에 대한 강의안을 만드는 일을 목표로 삼았다. 내 자신에게 동기를 부여하기 위하여 내가 몸담고 있는 신대원 학생들에게 매 학기마다 새로운 구약 강해

과목을 개설해 주었다. 감사한 것은 지혜문헌을 제외한 구약 모든 책의 본문관찰을 중심으로 한 강의안을 13년 만에 완성할 수 있었다는 점이다. 앞으로 수 년에 거쳐 이 강의안들을 대폭 수정하여 매년 2-3권씩을 책으로 출판하려 한다. 지혜문헌은 잠시 미루어두었다. 시편 1권(1-41편)에 대하여 강의안을 만든 적이 있었는데, 본문관찰과 주해는 얼마든지 할 수 있었지만, 무언가 아쉬움이 남았다. 삶의 연륜이 가미되지 않은 데서 비롯된 부족함이었다. 그래서 나는 지혜문헌에 대한 주석은 60을 바라볼 때쯤 집필하기로 작정했다. 삶을 조금 더 경험한 후로 미루어 놓은 것이다. 아마도 이 시리즈가 완성될 때쯤이면, 자연스럽게 지혜문헌에 대한 책들을 출판할 때가 되지 않을까 싶다.

이 시리즈는 설교를 하고 성경공부를 인도해야 하는 중견목회자들과 평신도 지도자들을 마음에 두고 집필한 책들이다. 나는 이 시리즈의 성향을 exposimentary("해설주석")이라고 부르고 싶다. Exposimentary라는 단어는 내가 만들어낸 용어이다. 해설/설명을 뜻하는 expository라는 단어와 주석을 뜻하는 commentary를 합성하였다. 대체적으로 expository는 본문과 별 연관성이 없는 주제와 묵상으로 치우치기 쉽고, commentary는 필요 이상으로 논쟁적이고 기술적일 수 있다는 한계를 의식해서 이러한 상황을 의도적으로 피하고 가르치는 사역에 조금이나마 실용적이고 도움이 되는 교재를 만들기 위하여 만들어낸 개념이다. 나는 본문의 다양한 요소와 이슈들에 대하여 정확하게 석의하면서도 전후 문맥과 책 전체의 문형(文形; literary shape)을 최대한 고려하여 텍스트의 의미를 설명하고 우리의 삶과 연결하려고 노력했다. 또한 히브리어 사용은 최소화했다.

이 시리즈를 내 놓으면서 감사할 사람이 참 많다. 먼저, 지난 25년 동안 나의 인생의 동반자가 되어 아낌없는 후원과 격려를 해주었던 아내 임우민에게 감사한다. 아내를 생각할 때마다 참으로 현숙한 여인을 (cf. 잠 31:10-31) 배필로 주신 하나님께 감사할 뿐이다. 아빠의 사역을 기도와 격려로 도와준 지혜, 은혜, 한빛에게도 고마운 마음을 표한다. 평생 기도와 후원을 아끼지 않은 친가와 처가 친척들에게도 감사하다는 말을 전하고 싶다. 항상 옆에서 돕고 격려해준 평생친구 장병환·윤인옥, 박선철·송주연 부부들에게도 고마움을 표하는 바이며, 시카고 유학 시절에 큰 힘이 되어주셨던 이선구 장로·최화자 권사님 부부에게도 이 자리를 빌려 평생 빚진 마음을 표하고 싶다. 우리 가족이 20여 년 만에 귀국하여 정착할 수 있도록 배려를 아끼지 않으신 백석학원 설립자 장종현 목사님에게도 감사하는 바이다. 우리 부부의 영원한 담임목자이신 이동원 목사님에게도 고마움을 표하고 싶다.

2009년 겨울 방배동에서

감사의 글

스타선교회의 사역에 물심양면으로 헌신하여 오늘도 하나님의 말씀이 온 세상에 선포되는 일에 기쁜 마음으로 동참하시는 김형국, 백영걸, 정진성, 장병환, 임우민, 정채훈, 송은혜, 강숙희 이사님들께 감사의 마음을 전하고 싶습니다. 이사님들의 헌신이 있기에 세상은 조금 더 살맛 나는 곳이 되고 있습니다.

2017년 눈에 덮인 방배동에서

일러두기

엑스포지멘터리(exposimentary)는 "해설/설명"을 뜻하는 엑스포지토리(expository)라는 단어와 "주석"을 뜻하는 코멘터리(commentary)를 합성한 단어이다. 본문의 뜻과 저자의 의도와는 별 연관성이 없는 주제와 묵상으로 치우치기 쉬운 엑스포지토리(expository)의 한계와 필요 이상으로 논쟁적이고 기술적일 수 있는 코멘터리(commentary)의 한계를 극복하여 목회현장에서 가르치고 선포하는 사역에 실질적으로 도움이 되도록 하는 새로운 장르이다. 본문의 다양한 요소와 이슈들에 대하여 정확하게 석의하면서도 전후 문맥과 책 전체의 문형(文形; literary shape)을 최대한 고려하여 텍스트의 의미를 설명하고 성도의 삶과 연결하려고 노력하는 설명서이다. 엑스포지멘터리는 다음과 같은 원칙을 바탕으로 인용한 정보를 표기한다.

1. 참고문헌을 모두 표기하지 않고 선별된 참고문헌으로 대신한다.
2. 출처를 표기할 때 각주(foot note) 처리는 하지 않는다.
3. 출처 표기는 괄호 안에 하되 페이지는 밝히지 않는다.
4. 여러 학자들이 동일하게 해석할 때 모든 학자들을 표기하지 않고

일부만 표기한다.

5. 한 출처를 인용하여 설명할 때, 설명이 길어지더라도 각 문장마다 출처를 표기하지 않는다.

주석은 목적과 주 대상에 따라 인용하는 정보 출처와 참고문헌 표기가 매우 탄력적으로 제시되는 장르이다. 참고문헌이 없이 출판되는 주석들도 있고, 각주가 전혀 없이 출판되는 주석들도 있다. 또한 각주와 참고문헌이 없이 출판되는 주석들도 있다. 엑스포지멘터리 시리즈는 이 같은 장르의 탄력적인 성향을 고려하여 제작된 주석이다.

선별된 약어표

개역	개역성경
개정	개역성경개정판
공동	공동번역
새번역	표준새번역 개정판
현대	현대인의 성경
아가페	아가페 쉬운성경
BHK	Biblica Hebraica Kittel
BHS	Biblica Hebraica Stuttgartensia
ESV	English Standard Version
CSB	Nashville: Broadman & Holman, Christian Standard Bible
KJV	King James Version
LXX	칠십인역(Septuaginta)
MT	마소라 사본
NAB	New American Bible
NAS	New American Standard Bible
NEB	New English Bible

NIV	New International Version
NRS	New Revised Standard Bible
TNK	Jewish Publication Society Tanakh
TNIV	Today's New International Version
AAR	American Academy of Religion
AB	Anchor Bible
ABD	The Anchor Bible Dictionary
ABRL	Anchor Bible Reference Library
ACCS	Ancient Christian Commentary on Scripture
AJSL	American Journal of Semitic Languages and Literature
ANET	J. B. Pritchard, ed., The Ancient Near Eastern Texts Relating to the Old Testament. 3rd. ed. Princeton: Princeton University Press, 1969.
ANETS	Ancient Near Eastern Texts and Studies
AOTC	Abingdon Old Testament Commentary
ASORDS	American Schools of Oriental Research Dissertation Series
BA	Biblical Archaeologist
BAR	Biblical Archaeology Review
BASOR	Bulletin of the American Schools of Oriental Research
BBR	Bulletin for Biblical Research
BCBC	Believers Church Bible Commentary
BDB	F. Brown, S. R. Driver & C. A. Briggs, A Hebrew and English Lexicon of the Old Testament. Oxford: Clarendon Press, 1907.
BETL	Bibliotheca Ephemeridum Theoloicarum Lovaniensium
BibOr	Biblia et Orientalia
BibSac	Bibliotheca Sacra

BibInt	Biblical Interpretation
BJRL	Bulletin of the John Rylands Library
BJS	Brown Judaic Studies
BLS	Bible and Literature Series
BN	Biblische Notizen
BO	Berit Olam: Studies in Hebrew Narrative & Poetry
BR	Bible Review
BRS	The Biblical Relevancy Series
BSC	Bible Student Commentary
BT	The Bible Today
BTCB	Brazos Theological Commentary on the Bible
BV	Biblical Viewpoint
BZAW	Beihefte zur Zeitschrift für die alttestamentliche Wissenschaft
CAD	Chicago Assyrian Dictionary
CBC	Cambridge Bible Commentary
CBSC	Cambridge Bible for Schools and Colleges
CBQ	Catholic Biblical Quarterly
CBQMS	Catholic Biblical Quarterly Monograph Series
CB	Communicator's Bible
CHANE	Culture and History of the Ancient Near East
DSB	Daily Study Bible
EBC	Expositor's Bible Commentary
ECC	Eerdmans Critical Commentary
EncJud	Encyclopedia Judaica
EvJ	Evangelical Journal
EvQ	Evangelical Quarterly
ET	Expository Times

ETL	Ephemerides Theologicae Lovanienses
FOTL	Forms of Old Testament Literature
GCA	Gratz College Annual of Jewish Studies
GKC	E. Kautszch and A. E. Cowley, Gesenius' Hebrew Grammar. Second English edition. Oxford: Clarendon Press, 1910.
GTJ	Grace Theological Journal
HALOT	L. Koehler and W. Baumgartner, The Hebrew and Aramaic Lexicon of the Old Testament. Trans. by M. E. J. Richardson. Leiden: E. J. Brill, 1994–2000.
HBT	Horizon in Biblical Theology
HSM	Harvard Semitic Monographs
HOTC	Holman Old Testament Commentary
HUCA	Hebrew Union College Annual
IB	Interpreter's Bible
ICC	International Critical Commentary
IDB	Interpreter's Dictionary of the Bible
ISBE	G. W. Bromiley (ed.), The International Standard Bible Encyclopedia. 4 vols. Grand Rapids: 1979–88.
ITC	International Theological Commentary
J–M	P. Joüon–T. Muraoka, A Grammar of Biblical Hebrew. Part One: Orthography and Phonetics. Part Two: Morphology. Part Three: Syntax. Subsidia Biblica 14/I–II. Rome: Editrice Pontificio Istituto Biblico, 1991.
JAAR	Journal of the American Academy of Religion
JANES	Journal of Ancient Near Eastern Society
JNES	Journal of Near Eastern Studies

JBL	Journal of Biblical Literature
JBQ	Jewish Bible Quarterly
JJS	Journal of Jewish Studies
JSJ	Journal for the Study of Judaism
JNES	Journal of Near Eastern Studies
JSOT	Journal for the Study of the Old Testament
JSOTSup	Journal for the Study of the Old Testament Supplement Series
JPSTC	JPS Torah Commentary
LCBI	Literary Currents in Biblical Interpretation
MHUC	Monographs of the Hebrew Union College
MJT	Midwestern Journal of Theology
MOT	Mastering the Old Testament
MSG	Mercer Student Guide
NAC	New American Commentary
NCB	New Century Bible Commentary
NCBC	New Collegeville Bible Commentary
NEAEHL	E. Stern (ed.), The New Encyclopedia of Archaeological Excavations in the Holy Land. 4 vols. Jerusalem: Israel Exploration Society & Carta, 1993.
NIB	New Interpreter's Bible
NIBC	New International Biblical Commentary
NICOT	New International Commentary on the Old Testament
NIDOTTE	W. A. Van Gemeren, ed., The New International Dictionary of Old Testament Theology and Exegesis. Grand Rapids: Zondervan, 1996.
NIVAC	New International Version Application Commentary

OBC	Oxford Bible Commentary
Or	Orientalia
OTA	Old Testament Abstracts
OTE	Old Testament Essays
OTG	Old Testament Guides
OTL	Old Testament Library
OTM	Old Testament Message
OTS	Oudtestamentische Studiën
OTWSA	Ou-Testamentiese Werkgemeenskap in Suid-Afrika
PBC	People's Bible Commentary
PEQ	Palestine Exploration Quarterly
PSB	Princeton Seminary Bulletin
RevExp	Review and Expositor
RTR	Reformed Theological Review
SBJT	Southern Baptist Journal of Theology
SBLDS	Society of Biblical Literature Dissertation Series
SBLMS	Society of Biblical Literature Monograph Series
SBLSymS	Society of Biblical Literature Symposium Series
SHBC	Smyth & Helwys Bible Commentary
SJOT	Scandinavian Journal of the Old Testament
SJT	Scottish Journal of Theology
SSN	Studia Semitica Neerlandica
TBC	Torch Bible Commentary
TynBul	Tyndale Bulletin
TD	Theology Digest
TDOT	G. J. Botterweck and H. Ringgren (eds.), Theological Dictionary of the Old Testament. Vol. I-. Grand Rapids:

	Eerdmans, 1974–.
TGUOS	Transactions of the Glasgow University Oriental Society
THAT	Theologisches Handwörterbuch zum Alten Testament. 2 vols. Munich: Chr. Kaiser, 1971–1976.
TJ	Trinity Journal
TOTC	Tyndale Old Testament Commentaries
TS	Theological Studies
TWAT	Theologisches Wörterbuch zum Alten Testament. Stuttgart: W. Kohlhammer, 1970–.
TWBC	The Westminster Bible Companion
TWOT	R. L. Harris, G. L. Archer, Jr., and B. K. Waltke (eds.), Theological Wordbook of the Old Testament, 2 vols. Chicago: Moody, 1980.
TZ	Theologische Zeitschrift
UBT	Understanding Biblical Themes
VT	Vetus Testament
VTSup	Vetus Testament Supplement Series
W–O	B. K. Waltke and M. O'Connor, An Introduction to Biblical Hebrew Syntax. Winona Lake: Eisenbrauns, 1990.
WBC	Word Biblical Commentary
WBCom	Westminster Bible Companion
WCS	Welwyn Commentary Series
WEC	Wycliffe Exegetical Commentary
WTJ	The Westminster Theological Journal
ZAW	Zeitschrift für die alttestamentliche Wissenschaft

차례

선별된 참고문헌
(Select Bibliography)

Adams, S. L. *Wisdom in Transition: Act and Consequence in Second Temple Instructions*. Leiden: Brill, 2008.

Aharoni, R. "An Examination of the Literary Genre of the Book of Job." *Tarbiz* 49 (1979): 1–13.

Albertson, R. G. "Job and Ancient Near Eastern Wisdom Literature." Pp. 214–30 in *Scripture in Context II*. Ed. by W. W. Hallo. Winona Lake, IN: Eisenbrauns, 1983.

Alden, R. L. *Job*. NAC. Nashville: Broadman & Holman, 1993.

Allen, J. "Job 3: History of Interpretation." Pp. 361–71 in *Dictionary of the Old Testament: Wisdom, Poetry and Writings*. Ed. by T. Longman and P. Enns.

Alter, R. *The Wisdom Books*. New York: Norton, 2010.

Andersen, F. I. *Job, An Introduction and Commentary*. TOTC. Downers Grove, Ill.: InterVarsity Press, 1976.

Annus, A.; A. Lenzi. *Ludlul Bêl Nêmeqi: The Standard Babylonian Poem of the Righteous Sufferer*. Helsinki: Neo–Assyrian Text Corpus Project,

2010.

Archer, G. *A Survey of Old Testament Introduction*. Chicago: Moody Press, 1964.

Atkinson, D. *The Message of Job*. BST. Downers Grove, IL: InterVarsity Press, 1991.

Baker, J. A. "The Book of Job: Unity and Meaning." Pp. 17–26 in *Studia Biblica*. Ed. by E. A. Livingstone. Sheffield: JSOT Press, 1979.

Balentine, S. E. *Job*. SHBC. Macon, GA: Smyth & Helwys Publishing Inc., 1984.

Barr, J. "The Book of Job and Its Modern Interpreters." *BJRL* 54 (1971–72): 28–46.

Bartholomew, C. R. O'Dowd. *Old Testament Wisdom Literature: A Theological Introduction*. Downers Grove, IL: InterVarsity Press, 2011.

Baskin, J. R. "Rabbinic Interpretations of the Book of Job." Pp. 101–10 in *The Voice from the Whirlwind: Interpreting the Book of Job*. Eds. by L. G. Perdue and W. C. Gilpin. Nashville: Abingdon, 1992.

Bergant, D. *Job, Ecclesiastes*. OTM. Wilmington, MN: Michael Glazier, 1982.

Besserman, L. L. *The Legend of Job in the Middle Ages*. Cambridge, MA: Harvard University Press, 1979.

Beuken, W. A., ed. *The Book of Job*. Leuven: University Press, 1994.

Blank, S. "The Curse, Blaspheme, the Spell, and the Oath." *HUCA* 23 (1950–51): 73–95.

Blommerde, A. C. M. *Northwest Semitic Grammar and Job*. Biblica et orientalia. Rome: Pontifical Biblical Institute, 1969.

Bloom, H., ed. *The Book of Job*. New York: Chelsea House, 1998.

Boss, J. *Human Consciousness of God in the Book of Job: A Theological and Psychological Commentary*. Edinburgh: T & T Clark, 2010.

Brenner, A. "Job the Pious? The Characterization of Job in the Narrative Framework of the Book." *JSOT* 13, no. 43 (1989): 37–52.

Bricker, D. P. "Innocent Suffering in Mesopotamia." *TynBul* 52(2001): 121–42.

Buber, M. "A God Who Hides His Face." Pp. 56–64 in *The Dimensions of Job: A Study and Selected Readings*. Ed. by N. N. Glatzer. New York: Schocken, 1969.

Burrell, D. B. *Deconstructing Theology: Why Job Has Nothing to Say to the Puzzle of Suffering*. Grand Rapids: Brazos Press, 2008.

Butler, S. A. *Mesopotamian Conceptions of Dreams and Dream Rituals*. Münster: Ugarit–Verlag, 1998.

Buttenweiser, M. *The Book of Job*. London: Hodder and Stoughton, 1922.

Caesar, L. O. "Job: Another New Thesis." *VT* 49 (1999): 435–47.

Calvin, J. *Sermons on Job*. Trans. by A. Golding. Edinburg: Banner of Truth, 1993rep.

Campbell, A. F. "The Book of Job: Two Questions, One Answer." *ABR* 51 (2003): 15–25.

Carson, D. A. "Job: Mystery and Faith." *SBJT* 4 (2000): 38–55.

______. *How Long, O Lord? Reflections on Suffering and Evil*. 2nd ed. Grand Rapids: Baker Book House, 2006.

Ceresko, A. *Job 29-31 in the Light of Northwest Semitic*. Rome: Pontifical Biblical Institute, 1980.

Cheney, M. *Dust, Wind and Agony: Character, Speech and Genre in Job*.

Lund: Almqvist &Wiksell, 1994.

Chesterton, G. K. *The Book of Job: An Introduction*. London: C. Palmer & Hayward, 1916.

_____. "Man Is Most Comforted by Paradoxes." Pp. 228–236 in *The Dimensions of Job: A Study and Selected Readings*. Ed. by N. N. Glatzer. New York: Schocken, 1969.

Clines, D. J. A. *Job 1-20*. WBC. Dallas: Word, 1989.

_____. *Job 21-37*. WBC. Nashville: Nelson, 2006.

_____. *Job 38-42*. WBC. Nashville: Nelson, 2011.

Cook, J. "Aspects of Wisdom in the Texts of Job (Chapter 28)—Vorlage(n) and/or Translator(s)?" *OTE* 5 (1992): 26–45.

Course, J. E. *Speech and Response: A Rhetorical Analysis of the Introductions to the Speeches of Job, Chaps. 4-24*. CBQMS. Washington, DC: Catholic Biblical Assoication of America, 1994.

Crenshaw, J. L. *Defending God: Biblical Responses to the Problem of Evil*. Oxford: University Press, 2005.

Curtis, J. B. "On Job's Response to Yahweh." *JBL* 98 (1979): 497–511.

_____. "On Job's Witness in Heaven." *JBL* 102 (1983): 549–62.

Dahood, M. *Ugaritic-Hebrew Philology*. Rome: Pontifical Biblical Institute, 1965.

_____. "Some Northwest Semitic Philology in Job." Pp. 55–74 in *The Bible in Current Catholic Thought*. Ed. by J. L. McKenzie. New York: Herder and Herder, 1962.

Daniélou, J. "Job: The Mystery of Man and of God." Pp. 100–10 in *The Dimensions of Job: A Study and Selected Readings*. Ed. by N. N. Glatzer. New York: Schocken, 1969.

Davidson, A. B. *The Book of Job*. CBC. Cambridge: Cambridge

University Press, 1918.

Davis, E. F. "The Sufferer's Wisdom: The Book of Job." Pp. 121–43 in *Getting Involved with God: Rediscovering the Old Testament*. Cambridge, MA: Cowley Publications, 2001.

Day, J. *God's Conflict with the Dragon and the Sea: Echoes of a Canaanite Myth in the Old Testament*. University of Cambridge Oriental Publications. Cambridge: University of Cambridge Press, 1985.

Day, P. L. *An Adversary in Heaven: Satan in the Hebrew Bible*. HSM. Atlanta: Scholars Press, 1988.

Delitzsch, F. *Job: Biblical Commentary on the Old Testament*. Trans. by F. Bolton. Grand Rapids: Eerdmans, 1971rep.

Dell, K. J. *The Book of Job as Skeptical Literature*. BZAW. Berlin: de Gruyter, 1991.

Dhorme, E. A. *Commentary on the Book of Job*. Trans. by H. Knight. Nashville: Thomas Nelson, 1984.

Dick, M. B. "The Neo–Assyrian Royal Lion Hunt and Yahweh's Answer to Job." *JBL* 125(2006): 243–70.

_____. "Legal Metaphor in Job 31." *CBQ* 41 (1979): 37–50.

DiLella, A. "An Existential Interpretation of Job." *BTB* 15 (1985): 49–55.

Dow, T. E. *When Storms Come: A Christian Look at Job*. Eugene, OR: Pickwick, 2010.

Driver, G. R. "Problems in the Hebrew Text of Job." *VTSup* 3 (1960): 72–93.

Driver, S. R.; G. B. Gray. *A Critical and Exegetical Commentary on the Book of Job*. ICC. 2nd ed. Edinburgh: T & T Clark, 1977.

Eaton, J. H. *Job*. OTG. Sheffield: JSOT Press, 1985.

Eerdmans, B. D. *Studies in Job*. Leiden: Burgersdijk & Niermans, 1939.

Ehrenberg, H. "Elihu the Theologian." Pp. 93–99 in *The Dimensions of Job: A Study and Selected Readings*. Ed. by N. N. Glatzer. New York: Schocken, 1969.

Ellison, H. L. *From Tragedy to Triumph. The Message of the Book of Job*. London: The Paternoster Press, 1958.

Ewald, G. H. A. *Commentary on the Book of Job*. Trans. by J. F. Smith. Edinburgh: Williams & Norgate, 1982.

Fishbane, M. "Jeremiah iv.23–26 and Job iii.3–13: A Recovered Use of the Creation Pattern." *VT* 21 (1971): 151–67.

Fisher, L. R. *The Many Voices of Job*. Eugene, OR: Cascade Books, 2009.

Fleming, D. E. "Job: The Tale of Patient Faith and the Book of God's Dilemma." *VT* 44 (1994): 468–82.

Fohrer, G. *Das Buch Hiob*. Gűetersloh: Gűetersloher Verlagshuas Gerd Mohn, 1963.

Forsyth, N. *The Old Enemy*. Princeton, NJ: Princeton University Press, 1987.

Fox, M. *Proverbs 1-9*. AB. New York: Doubleday, 2000.

Freedman, D. N. "The Structure of Job 3." *Biblica* 49 (1968): 503–08.

______. "The Elihu Speeches in the Book of Job." *HTR* 61 (1968): 51–59.

Fretheim, T. E. *Creation Untamed*. Grand Rapids: Baker Books, 2010.

Fullerton, K. "Double Entendre in the First Speech of Eliphaz." *JBL* 49 (1930): 320–74.

Fyall, R. S. *Now My Eyes Have Seen You: Images of Creation and Evil in the Book of Job*. New Studies in Biblical Theology. Downers Grove, IL: Apollos, 2002.

Gammie, J. G. "Behemoth and Leviathan: On the Didactic and Theological Significance of Job 40:15–41:26." Pp. 217–31 in *Israelite Wisdom: Theological and Literary Essays in Honor of Samuel Terrien*. Ed. by J. G. Gammie. Missoula, MT: Scholars Press 1981.

Gibson, J. C. L. *Job*. DSB. Philadelphia: Westminster Press, 1985.

______. "The Book of Job and the Cure of Souls." *SJT* 42 (1989): 303–17.

Gladson, J. A. "Job." Pp. 230–44 in *A Complete Literary Guide to the Bible*. Ed. by L. Ryken and T. Longman. Grand Rapids: Zondervan Publishers, 1993.

Glatzer, N. N. *The Dimensions of Job: A Study and Selected Readings*. New York: Schocken, 1969.

Glazov, G. Y. "The Significance of the 'Hand on the Mouth' Gesture in Job XL 4." *VT* 52 (2002): 30–41.

Good, E. M. "Job and the Literary Task." *Soundings* 56 (1973): 470–84.

______. *Irony in the Old Testament.* Sheffield: Almond Press, 1981.

______. *In Turns of Tempest: A Reading of Job with a Translation*. Stanford, CA: Stanford University Press, 1990.

Gordis, R. "The Temptation of Job: Tradition Versus Experience." *Judaism* 4 (1955): 195–208.

______. *The Book of God and Man: A Study of Job*. Chicago: University of Chicago Press, 1965.

______. "Elihu the Intruder." Pp. 60–78 in *Biblical and Other Studies*. Ed. by A. Altmann. Cambridge, MA: Harvard University Press, 1966.

______. *The Book of Job: Commentary, New Translation and Special Studies*.

New York: The Jewish Theological Seminary of America, 1978.
Gordon, C. "Leviathan: Symbol of Evil." Pp. 1–10 in *Biblical Motifs: Origins and Transformations*. Cambridge, MA: Harvard University Press, 1966.
Grabbe, L. L. *Comparative Philology and the Text of Job: A Study in Methodology*. SBLDS. Missoula, MT: Scholars Press, 1977.
Gray, J. "The Book of Job in the Context of Near Eastern Literature." *ZAW* 82(1970): 251–69.
_____. *The Book of Job*. Sheffield: Sheffield Phoenix Press, 2010.
Greenstein, E. L. "The Poem on wisdom in Job 28 in Its Conceptual and Literary Context." Pp. 253–80 in *Job 28: Cognition in Context*. Ed. by E. van Wolde. Leiden: Brill, 2003.
Guilleaume, A. *Studies in the Book of Job*. Annual of the Leeds University Oriental Society Supplement. Leiden: E. J. Leiden: E. J. Brill,, 1968.
_____. "The Arabic Background of the Book of Job." Pp. 106–27 in *Promise and Fulfillment: Essays Presented to Professor S. H. Hooke in Celebration of His Ninetieth Birthday, 21st January 1964*. Edingurgh: T & T Clark, 1963.
_____. "The Unity of the Book of Job." *ALUOS* 4 (1964): 26–46.
_____. *Studies in the Book of Job*. ALUOSSup. Leiden: E. J. Brill, 1968.
Habel, N. C. "'Naked I Came…' Humanness in the Book of Job." Pp. 373–92 in *Die Botschaft und die Boten. Festschrift für Hans Wolter Wolff zum 70 Geburtstag*. Eds. by E. Jeremias & L. Perlitt. Neukirchen Vluyn: Neukirchener Verlag, 1981.
_____. "Of Things Beyond Me: Wisdom in the Book of Job." *Currents in Theology and Mission* 10 (1963): 142–54.

______. "The Barrative Art of Job. Applying the Principles of Robert Alter." *JSOT* 27 (1983): 101–11.

______. *The Book of Job*. OTL. Philadelphia: Westminster Press, 1985.

Handy, L. K. "The Authorization of Divine Power and the Guilt of God in the Book of Job: Useful Ugaritic Parallels." *JSOT* 60(1993): 107–18.

Harris, R. L. "The Book of Job and Its Doctrine of God." *GJ* 13 (1972): 3–33.

Harrison, R. K. "The Problem of Suffering and the Book of Job." *EQ* 25 (1953): 18–27.

Hartley, J. E. *Job*. NICOT. Grand Rapids: Eerdmans, 1988.

Hegel, G. W. "Confidence." Pp. 251–52 in *The Dimensions of Job: A Study and Selected Readings*. Ed. by N. N. Glatzer. New York: Schocken, 1969.

Herder, J. G. "God and Nature in the Book of Job." Pp. 141–55 in *The Dimensions of Job: A Study and Selected Readings*. Ed. by N. N. Glatzer. New York: Schocken, 1969.

Hoffman, Y. "Ancient Near Eastern Literary Conventions and the Restoration of the Book of Job." *ZAW* 103(1991): 399–411.

______. "The Use of Equivocal Words in the First Speech of Eliphaz (Job 4–5)." *VT* 30 (1980): 114–18.

______. "The Relation Between the Prologue and the Speech Cycles in Job: A Reconsideration." *VT* 31 (1981): 171–79.

______. *A Blemished Perfection: The Book of Job in Context*. JSOTSup. Sheffield: Sheffield Academic Press, 1996.

Hurvitz, A. "The Date of the Book of the Prose–Tale of Job Linguistically Reconsidered." *HTR* 67 (1974): 17–34.

Husser, J–M. *Dreams and Dream Narratives in the Biblical World*. Sheffield: JSOT Press, 1999.

Ivanski, D. *The Dynamics of Job's Intercession*. Rome: Pontificio Istituto Biblico, 2006.

Jackson, D. R. *The Gospel According to Job: Crying Out for Vindication*. Phillipsburg, N. J.: Presbyterian and Reformed Publishing, 2007.

_____. "'Who is This Who Darkens Counsel?': The Use of Rhetorical Irony in God's Charges Against Job." *WTJ* 72 (2010): 153–67.

Janzen, J. G. *Job*. Interpretation. Louisville: John Knox Press, 1985.

Jastrow, M. *The Book of Job*. Philadelphia: J. B. Lippencott, 1920.

Johnson, T. J. "Implied Antecedents in Job XL 2B and Proverbs III 6A." *VT* 52 (2002): 278–84.

_____. *Now My Eye Sees You: Unveiling an Apocalyptic Job*. Sheffield: Sheffield Phoenix Press, 2009.

Jones, S. C. *Rumors of Wisdom: Job 28 as Poetry. BZAW*. Berlin: de Gruyter, Berlin: de Gruyter, 2009.

Kahn, J. *Job's Illness: Loss, Grief, and Integration*. A Psychological Interpretation. Oxford: Pergamon, 1975.

Kaiser, W. C. *Messiah in the Old Testament*. Grand Rapids: Zondervan, 1995.

Kaufmann, W. "An Uncanny World." Pp. 237–44 in *The Dimensions of Job: A Study and Selected Readings*. Ed. by N. N. Glatzer. New York: Schocken, 1969.

Kaufmann, Y. *History of the Religion of Israel from the Babylonian Captivity to the End of Prophecy*. Trans. by C. E. Froymsen. New York: Ktav, 1976.

_____. "Job the Righteous Man and Job the Sage." Pp. 65–70 in *The*

Dimensions of Job: A Study and Selected Readings. Ed. by N. N. Glatzer. New York: Schocken, 1969.

Kierkegaard, S. "The Lord Gave, and the Lord Hath Taken Away." Pp. 253–267 in *The Dimensions of Job: A Study and Selected Readings*. Ed. by N. N. Glatzer. New York: Schocken, 1969.

Kissane, E. J. *The Book of Job*. Dublin: Browne and Nolan, 1939.

Kline, M. "Job." Pp. 459–90 in *Wycliffe Bible Commentary*. Ed. by E. F. Harrison and C. F. Pfeiffer. Chicago: Moody Press, 1962.

Konkel, A. H. "Job." Pp. 1–249 in *Job, Ecclesiastes, Son of Songs*. Ed. by P. W. Comfort. Downers Grove, IL: Tyndale, 2006.

Kraeling, E. G. "A Theodicy—And More." Pp. 205–13 in *The Dimensions of Job: A Study and Selected Readings*. Ed. by N. N. Glatzer. New York: Schocken, 1969.

Kramer, S. N. "'Man and His God': A Sumerian Variation on the 'Job' Motif." Pp. 170–82 in *Wisdom in Israel and in the Ancient Near East*. Ed. by M. Noth and D. W. Thomas. Leiden: E. J. Brill,1955.

Kuyper, L. J. "The Repentance of Job." *VT* 9 (1959): 91–94.

Lambert, W. G. *Babylonian Wisdom Literature*. Oxford: Clarendon, 1960.

Laurin, R. "The Theological Structure of Job." *ZAW* 84 (1972): 86–89.

Lo, A. *Job 28 as Rhetoric: An Analysis of Job 28 in the Context of Job 22-31*. VTSup. Leiden: Brill, 2003.

Longman, T. *Job*. Grand Rapids: Baker Books, 2012.

Lowth, R. "Of the Poem of Job." Pp. 132–140 in *The Dimensions of Job: A Study and Selected Readings*. Ed. by N. N. Glatzer. New York: Schocken, 1969.

Lynch, M. J. "Bursting at the Seams: Phonetic Rhetoric in the Speeches of Elihu." *JSOT* 30, no. 3 (2006): 345-64.

MacLeish, A. *Job, A Play in Verse*. Boston: Houghton Mifflin, 1957.

Magary, D. R. "Answering Questions, Questioning Answers: The Rhetoric of Interrogatives in the Speeches of Job and His Friends." Pp. 283-98 in *Seeking Out the Wisdom of the Ancients: Essays Offered to Honor Michael V. Fox on the Occasion of His Sixty-Fifth Birthday*. Eds. by R. L. Troxel et al. Winona Lake, IN: Eisenbrauns, 2005.

Magdalene, F. R. *On the Scales of Righteousness: Neo-Babylonian Trial Law and the Book of Job*. Brown Judaic Studies. Providence, R. I.: Brown Judaic Studies, 2007.

Mason, M. *The Gospel According to Job*. Wheaton: Crossway Books, 1994.

Mathewson, D. *Death and Survival in the Book of Job: Desymbolization and Traumatic Experience*. Edinburgh: T & T Clark, 2006.

Mattingly, G. L. "The Pious Sufferer: Mesopotamia's Traditional Theodicy and Job's Counselors." Pp. 305-48 in *The Bible in the Light of Cuneiform Literature: Scripture in Context III*. Ed. by W. W. Hallo, B. W. Jones, and G. L. Mattingly. Lewiston, N. Y.: Mellen, 1990

McCabe, R. V. "Elihu's Contribution to the Thought of the Book of Job." *DBSJ* 2 (1997): 47-80.

McFadyen, J. E. *The Problem of Pain: A Study in the Book of Job*. London: James Clarke, n. d.

McKay, J. W. "Elihu—A Proto-Charismatic?" *ExpTim* 70 (1978-79): 671-71.

Meek, T. J. "Job 19:25ff." *VT* 8 (1956): 99-103.

Michel, W. L. *Job in the Light of North West Semitic*, vol. 1. Rome:

Pontifical Biblical Institute, 1987.

Milgrom, J. "The Cultic Saga and Its Influence in Psalms and Job." *JQR* 58 (1967): 73–79.

Moore, R. D. "The Integrity of Job." *CBQ* 45 (1983): 17–31.

Mowvley, H. "The Concept and Content of 'Blessing' in the OT." *BibTrans* 16 (1965): 74–80.

Murphy, R. E. *Wisdom Literature: Job, Proverb, Ruth, Canticles, Ecclesiastes, and Esther*. FOTL. Grand Rapids: Wm. B. Eerdmans, 1981.

______. *The Book of Job: A Short Reading*. New York: Paulist Press, 1999.

Murray, G. "Beyond Good and Evil." Pp. 194–196 in *The Dimensions of Job: A Study and Selected Readings*. Ed. by N. N. Glatzer. New York: Schocken, 1969.

Negri, A. *The Labor of Job: The Biblical Text as a Parable of Human Labor*. Durham, NC: Duke University Press, 2009.

Neville, R. W. "A Reassessment of the Radical Nature of Job's Ethic in Job XXXI 13–15." *VT* 53 (2003): 181–2000.

Newell, L. B. "Job: Repentant or Rebellious." *WTJ* 46 (1984): 298–316.

Newsom, C. A. *The Book of Job: A Contest of Moral Imaginations*. Oxford: Oxford University Press, 2003.

______. "The Book of Job: Introduction, Commentary, and Reflections." Pp. 317–637 in *The New Interpreter's Bible*, vol. 6. Nashville: Abingdon Press, 1996.

Ngwa, K. N. *The Hermeneutics of the "Happy" Ending in Job 42:7-17*. BZAW. Berlin: de Gruyter, 2005.

Niditch, S. *Folklore and the Hebrew Bible*. Minneapolis, MN: Fortress, 1993.

O'Connor, D. J. "Job's Final Word—'I am Consoled…'(42:6b)." *ITQ* 50

(1983): 181–97.

Oblath, M. D. "Job's Advocate: A Tempting Suggestion." *BBR* 9 (1999): 189–201.

Orlinsky, H. "Studies in the Septuagint of Job." *HUCA* 28 (1957): 53–74.

_____. "Studies in the Septuagint of Job." *HUCA* 29 (1958): 229–71.

_____. "Studies in the Septuagint of Job." *HUCA* 30 (1959): 153–57.

_____. "Studies in the Septuagint of Job." *HUCA* 32 (1961): 268–93.

_____. "Studies in the Septuagint of Job." *HUCA* 33 (1962): 119–51.

_____. "Studies in the Septuagint of Job." *HUCA* 35 (1964): 57–78.

_____. "Studies in the Septuagint of Job." *HUCA* 36 (1965): 37–47.

Otto, R. "The Element of the Mysterious." Pp. 225–27 in *The Dimensions of Job: A Study and Selected Readings*. Ed. by N. N. Glatzer. New York: Schocken, 1969.

Parsons, G. W. "Guidelines for Understanding and Proclaiming the Book of Job." *BibSac* 151:604 (1994): 393–413.

_____. "The Structure and Purpose of the Book of Job." *BibSac* 138:550 (1981): 139–51.

_____. "Literary Features of the Book of Job." *BibSac* 138:551 (1981): 213–22.

Patton, C.; S. Cook; J. W. Watts, eds. *The Whirlwind: Essays on Job, Hermeneutics and Theology in Memory of Jane Morse*. Sheffield: Sheffield Academic Press, 2001.

Patrick, D. "The Fourfold Structure of Job: Variations on a Theme." *VT* 55 (2005): 185–206.

Payne, J. B. "Inspiration in the Words of Job." Pp. 319–36 in *The Law and the Prophets: Old Testament Studies in Honor of O. T. Allis*. Ed. by

J. H. Skilton. Nutley, NJ: Presbyterian & Reformed, 1974.

Peake, A. S. "Job's Victory." Pp. 197–204 in *The Dimensions of Job: A Study and Selected Readings*. Ed. by N. N. Glatzer. New York: Schocken, 1969.

Penchansky, D. *The Betrayal of God: Ideological Conflict in Job*. Atlanta: Westminster John Knox, 1991.

Perdue, L. G. *Wisdom Literature: A Theological History*. Atlanta: Westminster John Knox, 2007.

______. *Wisdom in Revolt: Metaphorical Theology in the Book of Job.* Sheffield: JSOT Press, 1991.

Perdue, L. G.; W. C. Gilpin, eds. *The Voices from the Whirlwind: Interpreting the Book of Job*. Nashville, TN: Abingdon Press, 1992.

Phillips, E. A. "Speaking Truthfully: Job's Friends and Job." *BBR* 18 (2008): 31–44.

Polzin, R. "The Framework of the Book of Job." *Interpretation* 28 (1974): 182–200.

Polzin, R.; D. Robertson, eds. *Studies in the Book of Job*. Missoula, MN: Scholars Press, 1977.

Pope, M. H. *Job*. AB. 3rd ed. New York: Doubleday, 1979.

Porter, S. E. "The Message of the Book of Job: Job 42:7b as Key to Interpretation?" *EQ* 63 (1991): 291–304.

Renan, E. "The Cry of the Soul." Pp. 111–122 in *The Dimensions of Job: A Study and Selected Readings*. Ed. by N. N. Glatzer. New York: Schocken, 1969.

Roth, W. M. *Numerical Sayings in the Old Testament: A Form Critical Study*. Leiden: Brill, 1965.

Pyeon, Y. *You Have Not Spoken What Is Right about Me: Intertextuality and the Book of Job*. New York: Peter Lang, 2003.

Radzinowicz, M. "How and Why the Literary Establishment Caught Up with the Bible: Instancing the Book of Job." *ChrLit* 39 (1989): 77–89.

Ragaz, L. "God Himself Is the Answer." Pp. 124–27 in *The Dimensions of Job: A Study and Selected Readings*. Ed. by N. N. Glatzer. New York: Schocken, 1969.

Roberts, J. J. M. "Job and the Israelite Religious Tradition." *ZAW* 89 (1977): 107–14.

Robertson, D. A. *The Old Testament and the Literary Critic*. Philadelphia: Fortress, 1977.

______. *Linguistic Evidence in Dating Early Hebrew Poetry*. SBLDS. Missoula: Society of Biblical Literature, 1972.

______. "The Book of Job: A Literary Study." *Soundings* 56 (1973): 446–69.

Robinson, T. H. *Job and His Friends*. London: London: SCM Press, Press, 1954.

Roth, J. Job: *The Story of a Simple Man*. New York: Archipelago Books, 2010.

Rowley, H. H. "The Book of Job and Its Meaning." *BJRL* 41 (1958): 167–207.

______. "The Intellectual versus the Spiritual Solution." Pp. 123–27 in *The Dimensions of Job: A Study and Selected Readings*. Ed. by N. N. Glatzer. New York: Schocken, 1969.

______. *The Book of Job*. NCBC. Grand Rapids: Eerdmans, 1980.

Royce, J. "The Oneness of God with the Sufferer." Pp. 156–74 in *The Dimensions of Job: A Study and Selected Readings*. Ed. by N. N.

Glatzer. New York: Schocken, 1969.

Sanders, P. S., ed. *Twentieth Century Interpretations of the Book of Job: A Collection of Critical Essays*. Englewood Cliffs, NJ: Prentice–Hall, 1968.

Sarna, N. M. "Epic Substratum in the Prose of Job." *JBL* 76 (1957): 13–25.

_____. "The Mythological Background of Job 18." *JBL* 88 (1963): 315–18.

Sasson, V. "The Literary and Theological Function of Job's Wife in the Book of Job." *Biblica* 79 (1998): 86–90.

Sawyer, J. F. A. "The Authorship and Structure of the Book of Job." Pp. 253–57 in *Studia Biblica 1978/1*. Ed. by E. A. Livingstone. JSOTSS. Sheffield: JSOT, 1979.

Scholnick, S. H. "The Meaning of Mishphat in the Book of Job." *JBL* 101 (1982): 521–29.

_____. "Poetry in the Courtroom: Job 38–41." Pp. 185–204 in *Directions in Biblical Hebrew Poetry*. Ed. by E. Follis. JSOTSup. Sheffield: JSOT Press, 1987.

Schreiner, S. E. "Why Do the Wicked Live? Job and David in Calvin's Sermons on Job." Pp. 129–43 in *The Voice from the Whirlwind: Interpreting the Book of Job*. Eds. by L. G. Perdue and W. C. Gilpin. Nashville: Abingdon, 1992.

Seitz, C. R. "Job: Full–Structure, Movement, and Interpretation." *Interpretation* 43 (1989): 5–17.

Seow, C. L. *Job 1-21: Interpretation and Commentary*. Grand Rapids: Wm. B. Eerdmans, 2013.

Shapiro, D. S. "The Problem of Evil in the Book of Job." *Judaism* 5 (1956):

46–52.
Shields, M. A. "Malevolent or Mysterious: God's Character in the Prologue of Job." *TynBul* 61(2010): 255–70.
_____. "Was Elihu Right?" *JESOT* 3 (2014): 155–70.
Simonetti, M.; M. Conti. *Job*. ACCSOT vol. 6. Downers Grove, IL: InterVarsity Press, 2006.
Skehan, P. W. "Job's Final Plea (Job 29–31) and the Lord's Reply (Job 38–41)." *Biblica* 45 (1964): 51–62.
_____. "Strophic Patterns in the Book of Job." *CBQ* 23 (1961): 129–43.
Smick, E. B. "Mythology and the Book of Job." *JETS* 13 (1970): 101–08.
_____. "Another Look at the Mythological Elements in the Book of Job." *WTJ* 40 (1978): 213–28.
_____. "Semeiological Interpretation of the Book of Job." *WTJ* 48 (1986): 135–49.
_____. "Architectonics, Structural Poems, and Rhetorical Devices in the Book of Job." Pp. 87–104 in *A Tribute to Gleason Archer*. Eds. by W. C. Kaiser and R. F. Youngblood. Chicago: Moody Press, 1986.
_____. "Job." Pp. 675–921 in *The Expositor's Bible Commentary Revised Edition Vol. 4*. Ed.., by T. Longman III & D. E. Garland. Grand Rapids: Zondervan, 2010.
Smith, G. V. "Is There a Place for Job's Wisdom in Old Testament Theology?" *TJ* 13 (1992): 3–20.
Snaith, N. H. *Book of Job: Its Origin and Purpose*. London: SCM Press, 1968.
Steinmann, A. E. "The Structure and Message of the Book of Job." *VT*

46 (1996): 85–100.

Sutherland, R. *Putting God on Trial: The Biblical Book of Job*. Bloomington, IN: Trafford Publishing, 2006.

Terrien, S. "The Yahweh's Speeches and Job's Responses." *R&E* 68 (1971): 497–509.

______. *The Iconography of Job Through the Centuries. Artists as Biblical Interpreters*. University Park, PA: Pennsylvania State University Press, 1996.

Thompson, K. T. "Out of the Whirlwind: The Sense of Alienation in the Book of Job." *Interpretation* 14 (1960): 51–63.

Ticciati, S. *Job and the Disruption of Identity: Reading beyond Barth*. London: T & T Clark, 2005.

Tsevat, M. "The Meaning of the Book of Job." *HUCA* 37(1966): 73–106.

Tur–Sinai, N. H. *The Book of Job*. Rev. ed. Jerusalem: Kiryat–Sefer, 1967.

Urbrock, W. J. "Oral Antecedents to Job, a Survey of Formulas and Formulaic Systems." *Semeia* 5 (1976): 111–37.

Vall, G. "From Whose Womb Did the Ice Come Forth? Procreation Images in Job 38:28–29." *CBQ* 57 (1995): 504–13.

Van der Toorn, K. *Sin and Sanction in Israel and Mesopotamia*. Assen and Maastricht: Van Gorcum, 1985.

Vicchio, S. J. *The Image of the Biblical Job: A History*. Vol. 1, *Job in the Ancient World*. Eugene, OR: Wipf & Stock, 2006.

______. *The Image of the Biblical Job: A History*. Vol. 2, *Job in the Medieval World*. Eugene, OR: Wipf & Stock, 2006.

______. *The Image of the Biblical Job: A History*. Vol. 3, *Job in the Modern*

World. Eugene, OR: Wipf & Stock, 2006.

Viviers, H. "Elihu (Job 32–37), Garrulous but Poor Rhetor? Why Is He Ignored?" Pp. 137–53 in *The Rhetorical Analysis of Scripture: Essays from the 1995 London Conference*. Eds. by S. E. Porter and T. H. Olbricht. JSNTSup. Sheffield: Sheffield Academic Press, 1997.

Von Rad, G. "Job 38 and Ancient Egyptian Wisdom." Pp. 281–91 in *The Problem of the Hexateuch and Other Essays*. Edinburgh: Oliver & Boyd, 1985.

Walters, L. J. "Reflections on the Suffering from the Book of Job." *BibSac* 154:616 (1997): 436–51.

_____. "The Authenticity of the Elihu Speeches in Job 32–37." *BibSac* 154:616 (1997): 436–51

_____. "Reflections on the Suffering from the Book of Job." *BibSac* 156:621 (1999): 443–51.

_____. "Elihu's Theology and His View of Suffering." *BibSac* 156:622 (1999): 143–59.

Walton, J. H. *Job*. NIVAC. Grand Rapids: Zondervan, 2012.

Webster, C. W. "Strophic Patterns in Job 3–28." *JSOT* 26 (1983): 33–60.

_____. "Strophic Patterns in Job 29–42." *JSOT* 30 (1984): 95–109.

Weiser, A. *Das Buch Hiob*. Göttingen: Vandenhoeck & Ruprecht, 1974.

Weinfled, M. "Job and Its Mesopotamian Parallels—A Typological Analysis." Pp. 217–26 in *Text and Context: Old Testament and Semitic Studies for F. C. Fensham*. Ed. by W. Claassen. JSOTSS. Sheffield: JSOT, 1988.

Weiss, M. *The Story of Job's Beginning—Job 1-2: A Literary Analysis*. Jerusalem: Magnes,1983.

Weiss, P. "God, Job, and Evil." Pp. 181–192 in *The Dimensions of Job: A Study and Selected Readings*. Ed. by N. N. Glatzer. New York: Schocken, 1969.

Westermann, C. *The Structure of the Book of Job: A Form Critical Analysis*. Minneapolis: Fortress, 1981.

Wharton, J. A. *Job*. WBCom. Louisville: Westminster John Knox, 1999.

Whedbee, W. "The Comedy of Job." *Semeia* 7 (1970): 1–39.

Whybray, R. N. *Job*. Sheffield: Sheffield Phoenix Press, 2008rep.

______. "Wisdom, Suffering and the Freedom of God in the Book of Job." Pp. 231–45 in *In Search of True Wisdom: Essays in Old Testament Interpretation in Honour of Ronald E. Clements*. Ed. by E. Ball. JSOTSup. Sheffield: Sheffield Academic Press, 1999.

Wilcox, J. T. *The Bitterness of Job: A Philosophical Reading*. Ann Arbor: University of Michigan Press, 1969.

Williams, J. G. "'You Have Not Spoken the Truth of Me': Mystery and Irony in Job." *ZAW* 83 (1971): 231–55.

Williams, R. J. "Theodicy in the Ancient Near East." *CJT* 2 (1956): 14–26.

Wilson, G. H. *Job*. NIBC. Peabody, Mass.: Hendrickson, 2007.

______. "Preknowledge, Anticipation, and the Poetics of Job." *JSOT* 30, no. 2 (2005): 243–56.

Wilson, J. V. K. "A Return to the Problem of Behemoth and Leviathan." *VT* 25 (1975): 1–14.

Wilson, L. "The Book of Job and the Fear of God." *TynBul* 46 (1995): 59–79.

Yancey, P. *Disappointment with God: Three Questions No One Asks Aloud*.

Grand Rapids: Zondervan, 1988.

Young, E. J. *Introduction to the Old Testament*. Grand Rapids: Wm. B. Eerdmans, 1949.

Zerafa, P. P. *The Wisdom of God in the Book of Job*. Rome: Herder, 1978.

Zink, J. K. "Impatient Job: An Interpretation of Job 19:25–27." *JBL* 84 (1965): 147–52.

Zuck, R. B., ed. *Sitting with Job: Selected Studies on the Book of Job*. Grand Rapids: Baker Books, 1992.

Zuckerman, B. *Job the Silent: A Study in Historical Counterpoint*. Oxford: Oxford University Press, 1991.

욥기

그가 이르되 "그대의 말이 한 어리석은 여자의 말 같도다 우리가 하나님께 복을 받았은즉 화도 받지 아니하겠느냐" 하고 이 모든 일에 욥이 입술로 범죄하지 아니하니라(2:10)

욥이 대답하여 이르되 오늘도 내게 반항하는 마음과 근심이 있나니
내가 받는 재앙이 탄식보다 무거움이라
내가 어찌하면 하나님을 발견하고 그의 처소에 나아가랴
어찌하면 그 앞에서 내가 호소하며 변론할 말을 내 입에 채우고
…
그가 큰 권능을 가지시고 나로 더불어 다투시겠느냐
아니로다 도리어 내 말을 들으시리라
거기서는 정직한 자가 그와 변론할 수 있은즉
내가 심판자에게서 영원히 벗어나리라
그런데 내가 앞으로 가도 그가 아니 계시고
뒤로 가도 보이지 아니하며
그가 왼쪽에서 일하시나 내가 만날 수 없고

그가 오른쪽으로 돌이키시나 뵈올 수 없구나
(23:1–9)

소개

여러 세계적인 문호들은 성경의 책들 중 욥기를 가장 극찬했다. 19세기의 영국 사학자 칼라일(Thomas Carlyle)은 욥기를 "인류 역사 속에 빛나는 가장 위대한 책 중의 하나"라고 평가했다. 19세기의 미국 정치인이자 영어사전으로 유명한 웹스터(Daniel Webster)는 욥기를 "전 세계의 언어와 문화를 통틀어 가장 아름다운 시"로 평가했다. 16세기의 영국의 철학자 베이컨(Francis Bacon)은 욥기가 언급하는 자연의 여러 사물과 창조에 관한 가르침에 근거하여 욥기를 두고 "자연 신학(natural theology)으로 가득한 책"이라며 극찬했다. 유태인들의 전통과 정신을 담고 있는 탈무드는 룻과 함께 욥을 "인류 역사 속에서 가장 믿음이 좋았던 이방인"이었다고 평가한다.

욥기는 철학자들에게서 가장 많은 관심을 받았던 책들 중 하나이기도 하다. 홉스(Thomas Hobbes, 1588–1679)와 스피노자(Benedict Spinoza, 1632–1677)와 볼테르(Voltaire, 1694–1778)와 칸트(Immanuel Kant, 1724–1804) 등이 욥기에 대하여 글을 남겼다. 철학에서 가장 중요한 주제 중 하나가 인간의 고통인데, 성경에서 욥기처럼 인간의 고통에 대하여 많은 공간을 할애하며 심도 있게 논하는 책이 없기 때문이다.

욥기는 시인들과 문학가들에게도 많은 사랑을 받았다. 블레이크(William Blake, 1757–1827)와 드 라마르틴(Alphonse de Lamartine, 1790–1869)과 클로델(Paul Claudel, 1868–1955)과 로렌스(D. H. Lawrence, 1885–1930) 등이 욥기의 문학성에 대한 연구를 남겼다. 욥기가 중심 주제로 다루는 삶의 고통과 아픔이 문학가들에게 특별하기 때문이기도 하지만, 욥기 대부분이 문학성이 매우 뛰어난 시(詩)로 기록되어 있기 때문이다.

욥기는 신학자들에게도 많은 영향을 끼쳤다. 단테의 『신곡』(*Divine Comedy*)과 밀턴의 『복락원』(*Paradise Regained*)과 괴테의 『파우스트』(*Faust*) 등이 욥기에서 많은 영향을 받았다. 이 외에도 부버(Martin Buber, 1878–1965)와 카우프맨(Yehezkel Kaufmann, 1889–1963)과 고르디스(Robert Gordis)와 롤리(H. H. Rowley) 등 여러 신학자들이 욥기에 대하여 영향력 있는 글을 남겼다. 고통을 논하는 욥기는 선하신 하나님이 세상을 통치한다고 믿는 신학자들에게 가장 큰 도전이 되었기 때문이다.

이처럼 온갖 분야의 학자들이 욥기에 많은 관심을 가지고 있었으며, 그들에게 지대한 영향을 끼쳤다. 그렇다고 욥기가 각 분야 전문가들에게만 의미가 깊었던 것은 아니다. 일반 성도들에게도 많은 영향을 끼치고, 사랑을 받았다. 욥기는 삶의 고통 속에서 신음하며 괴로워하는 신앙인들이 가장 많이 찾는 책이다. "욥기는 내가 읽어본 책들 중 인간의 외로움에 대하여 가장 비극적으로, 가장 웅장하게, 가장 아름답게 묘사해놓은 책이다"(Thomas Wolfe). 요약하자면 욥기는 모든 사람의 책이라는 것이다. 욥기가 시대와 장소를 초월해 아파하며 힘든 세상을 살아가는 모든 사람을 위하여 삶의 의미와 위로와 치유 메시지를 지녔기 때문이다.

욥기는 이처럼 많은 사람의 관심과 사랑을 받고 있지만, 끊임없이 논쟁이 되기도 한다. 무엇보다도 핵심 주제가 인간의 고통에 관한 것이기 때문이다. 신학과 철학을 포함한 모든 실존적인 사색 체계는 인간의 고통에 대하여 제대로 설명하지 못하면 무너지거나 별 의미가 없는 이론으로 전락하기 때문이다. 또한 욥기는 대단한 작품성을 띠고 있는 고전이기에 많은 사람들의 관심과 연구의 대상이 되었다. 욥기는 90퍼센트 이상이 시로 구성되어 있으며, 학자들은 욥기를 구성하고 있는 시들을 최고 수준의 히브리 시로 평가한다.

1. 역사적 정황

대부분의 학자들은 욥기가 매우 오래된 책, 성경에서 가장 오래된 책이라고 주장한다(cf. Smick). 욥기에 사용되는 단어들은 구약성경에 사용되는 히브리어 중 가장 오래된 것들이며, 학자들은 욥기의 표현 방식도 그러한 것으로 평가한다(Hartley, Walton). 다음 사항을 생각해보자.

첫째, 욥기는 구약의 다른 책들과는 달리 율법에 대해 어떤 언급도 하지 않는다. 욥기가 율법을 전혀 언급하지 않는 것은 두 가지 이유 때문이다. 먼저 욥은 이방인 성도였기 때문에 율법과 상관없는 사람이다. 그러므로 저자는 책에서 율법을 언급할 이유가 없다. 또한 욥기가 율법을 언급하지 않는 더 중요한 이유는 이 책이 하나님이 모세를 통해 시내 산에서 율법을 주시기 이전의 시대를 역사적 배경으로 하고 있기 때문이다(cf. Alden). 그러므로 이 같은 사실은 종종 욥기가 율법 선포 이전에 오늘날의 형태를 취하게 되었다는 것을 간접적으로 증명하는 증거로 제시된다. 왜냐하면 이스라엘 사람들에게 율법보다 더 중요한 책은 없었고, 따라서 구약의 모든 책은 율법에 대해 직접적이거나 간접적으로 암시하곤 하는데, 욥기에서는 이 같은 현상이 감지되지 않기 때문이다.

둘째, 욥기는 부(副)를 짐승들과 종들의 숫자로 표현한다(1:3; 42:12). 이런 표현 방식은 창세기에 등장하는 이스라엘 선조들의 부를 표현하는 방식과 동일하다(cf. 창 12:16; 13:2). 인류가 부를 표현하기 위해 제일 먼저 사용한 방법이 욥기에서 사용되고 있다. 욥기가 매우 오래된 문서임을 의미한다.

셋째, 제사장이 아니라 가장(家長)이 제물을 드린다(1:5; 42:8). 시내 산 율법이 선포되기 전 시대의 이스라엘에서는 가장이 집안의 제사장 역할을 했다. 아브라함은 가는 곳마다 제단을 쌓고 제물을 드렸다(cf. 창 12:8; 13:4, 18; 22:13). 아브라함의 아들 이삭도 직접 제단을 쌓고 하나님을 예배했다(창 26:25). 아브라함의 손자 야곱도 제단을 쌓고 하나님께 예물을 드렸다(33:20; 35:7). 욥도 스스로 집안의 제사장 역할을 한다. 시내 산에서 율법이 선포되고, 그 율법에 따라 장막과 기구가 제작되었고(출 35-40장), 장막에서 사역할 제사장들이 취임한 이후(cf. 레 8장)로는 가장이 각 가정의 제사장 역할을 할 수 없다. 이 같은 정황을 보면, 욥기는 시내 산 율법이 선포되기 이전 시대를 배경으로 하고 있음이 확실하다.

넷째, 스바 사람들과 갈대아 사람들이 욥이 살고 있던 지역을 배회한다(1:15, 17). 스바 사람들은 아라비아의 남쪽, 갈대아 사람들은 훗날 바벨론과 아시리아 일대를 차지해 큰 나라를 세웠던 족속들이다(ABD). 그러나 욥기에서는 그들이 아직도 떼를 지어 도적질을 하고 다닌다. 이런 상황은 이 족속들이 나라를 세우기 훨씬 전 시대를 역사적 배경으로 욥기가 전개되고 있음을 의미한다.

다섯째, 케쉬타가 돈의 단위로 사용되고 있다(42:11, cf. 창 33:19; 수 24:32). 창세기 33:19과 여호수아 24:32에 의하면, 케쉬타는 야곱이 세겜 땅을 살 때 사용했던 화폐 단위다. 창세기를 제외하면 이 화폐 단위가 성경에서는 유일하게 욥기에서 사용된다. 욥기는 선사 시대(prehistory)를 역사적 배경으로 하고 있음을 암시한다.

여섯째, 욥의 장수에 대한 설명(42:17)이 선사 시대의 표현과 흡사하다. 재앙이 끝이 나고 하나님이 그의 삶을 회복시켜 주신 다음, 욥기 42:16-17은 "그 후에 욥이 백사십 년을 살며 아들과 손자 사대를 보았고 욥이 늙어 나이가 차서 죽었더라"고 기록한다. 이러한 표기법은 창세기에서 사용되는 "○○는 몇 년을 더 살며 아들들과 딸들을 두었고, 몇 살을 향수하고 죽었더라"라는 흔한 표기법과 비슷하다(cf. 창 5, 11장). 이런 표현도 창세기와 욥기를 제외하면 사용되지 않는 표현이다.

위에 나열된 증거들을 근거로 대부분의 학자들은 욥을 아브라함 시대 사람으로 간주한다. 학자들에 따라 아브라함 시대에 대한 견해가 주전 24–19세기까지 다양하다. 그러므로 욥기의 역사적 배경이 빠르면 주전 24세기, 늦으면 주전 19세기 정도라는 뜻이다. 물론 책에 기록된 이야기가 이 시대를 역사적 배경으로 삼고 있다고 해서 욥기가 이때 문서화되었다고 주장하는 것은 아니다. 욥기가 구약에서 가장 오래된 히브리어로 저작된 것은 사실이지만, 이 책이 어떤 경위를 통해 언제 최종적으로 우리에게 전수된 형태로 문서화되었는가에 대해서는 아무도 알 수 없다. 시대적 배경과 문서화 시기는 별개 이슈이다.

2. 저자와 저작 시기

욥기의 역사적 정황은 아브라함 등 창세기에 등장하는 선조들의 시대를 배경으로 하고 있음이 확실하다. 그러나 구약의 여러 책들처럼 욥기의 저자와 실제 저작 시기를 가름하기란 매우 어려운 일이다. 책이 욥이라는 사람이 경험한 일을 회고하고 있지만, 누가, 언제 이 책을 저작했는지 언급하지 않기 때문이다. 그러므로 학자들은 다양한 추측을 내놓았다.

상당수의 비평학자들은 욥기가 여러 단계를 거쳐 지금의 형태로 진화했다고 생각한다(cf. Clines, Dhorme, Hartley, Newsom, Pope, Rowley).

첫째, 그들은 욥기가 원래 1–2장과 42:7–17로 구성된 짧은 이야기였고, 장르도 내러티브 양식을 취했다고 주장한다. 욥이라는 사람이 모든 것을 잃고도 창조주 하나님에 대한 믿음을 지켜 큰 축복을 받았다는 간단한 이야기였다. 이때 욥기의 대부분을 차지하는 욥과 친구들의 대화는 존재하지 않았고 대신 매우 짤막한 대화가 중간에 실렸는데, 신앙이 좋은 욥이 친구들의 부정한 시각을 책망하고 교정하는 내용이었다. 원래의 이야기는 오늘날 우리가 욥기에서 읽는 욥과 친구들 사이에 전개되는 대화의 내용과 완전히 상반된 것이다.

둘째, 이후 한 저자가 욥과 세 친구의 대화(3:1–31:37)를 완전히 새로 저작해 책에 첨부했다. 욥과 세 친구의 대화는 1–2장에서 제공된 역사적 정보에 근거를 두었지만, 내용 면에서는 1–2장과 상당히 대립하는 성향을 보였다. 이 저자는 하나님의 담화(38:1–42:6)를 삽입해 욥기의 절정으로 삼았다. 그러나 원래 욥기의 결론이었던 42:7–17은 내용을 수정하지 않고 그대로 두어 자신이 새로 삽입한 욥과 세 친구의 대화 내용의 결론으로 삼았다. 28장은 훗날 다른 사람이 저작해 삽입했거나, 같은 저자가 욥과 세 친구의 대화에서 하나님과 욥의 대화로 넘어가는 신호(signal) 역할을 하도록 저작했을 수 있다.

셋째, 상당한 세월이 흐른 다음, 세 번째 저자는 두 번째 저자가 남긴 책의 흐름에 대해 만족하지 못했다. 이 저자는 신학적으로 다소 문제를 지닌 관점을 소유한 욥이 오히려 올바른 관점에 바탕을 두고 말을 하는 세 친구를 매우 효과적으로 반박했다고 생각했다. 반면에 하나님의 담화는 욥의 질문에 만족스럽게 대답하지 못했다는 결론을 내렸다. 그러므로 그는 엘리후 담화(32–37장)를 삽입해 욥의 담화를 반박했다.

넷째, 셋째 저자가 완성한 책이 전수되는 과정에서 필사를 하던 사람들은 욥이 세 친구에게 하는 말의 일부가 망언적이라고 생각했다. 이런 문제를 해결하기 위해 이 필사가들은 욥과 세 친구의 대화 중 세 번째 사이클(22–27장)에 포함된 빌닷과 소발의 담화 중 일부를 욥이 한 것으로 바꾸었다. 그러므로 세 번째 사이클에서 빌닷은 처음 두 사이클에 기록된 그의 담화에 비교했을 때 분량이나 내용에서 상당히 부실한 말을 하고, 소발은 세 번째 사이클에서는 아예 침묵한 것으로 바뀌었다.

위와 같은 비평학자들의 추론을 어떻게 간주해야 하는가? 첫째, 욥기가 원래 짧은 내러티브(1–2장과 42:7–17)로만 구성되었다는 주장은 상당한 의구심을 불러일으킨다. 우리가 욥의 이야기를 이 형태로만 읽는다면 욥이 온갖 재앙을 경험하고도 흔들리지 않는 믿음으로 끝까지 하나님을 원망하지 않았다는 사실은 인정한다. 그러나 욥이 어떤 내적인 갈등과 시련에도 불구하고 이런 믿음을 유지했는지 알 수 없으므로 후세들에게 별다른 감동을 선사하지 않는다. 책의 형태가 이대로(1-2장과 42:7-17)라면 욥의 이야기는 두루 보존되어 후세들에게 전수될 만한 가치를 지니지 않는다.

원래 비평학자들의 추론은 욥기의 매끄럽지 못한 흐름을 설명하기 위해 제시되었다. 실제로 갑자기 모습을 드러내며 욥과 세 친구를 함께 비난하는 엘리후의 담화를 설명하는 데 어느 정도 기여했다고 대부분의 학자들이 결론을 내린다. 그러나 비평학자들의 주장을 뒷받침할 만한 역사적 증거나 자료는 존재하지 않는다. 모두 학자들의 상상력에서 시작되었기 때문이다.

게다가 일부 비평학자들도 이 학설에 대해 많은 문제를 제기한다. 그들이 가장 큰 문제를 제기하는 부분은 욥과 세 친구의 대화 중 세 번째 사이클에 대한 해석이다. 이 비평학자들도 빌닷과 소발의 담화 중 일부가 욥의 것으로 둔갑했다는 주장을 수용하지 못한다. 여러 저자/편집자가 욥기 저작에 기여했다는 주장도 문제이지만, 각 저자/편집자에 따라 욥의 담화가 지닌 의미가 정반대로 해석되었다는 추측도 상당한 문제를 안고 있다.

"모든 문학작품은 통일성과 매끈한 흐름"을 지녀야 한다는 학자들의 전제에 대해 생각해 볼 필요가 있다. 만일 한 작품의 문학적인 형태가 그 작품의 메시지를 전달하는 매체로 사용될 수 있다는 사실을 인정한다면, 욥기의 혼란스러운 형태는 우리를 당혹스럽게 할 필요가 없으며 오히려 당연하다. 욥기가 논하는 핵심 주제는 고통인데, 인간의 삶에서 고통은 전혀 예측할 수 있는 것이 아니며, 온갖 혼란을 야기하는 신비로움으로 남아야 한다. 만일 저자가 이런 사실을 욥기에 입힌 문학적 옷에 반영했다면, 독자인 우리가 욥기에서 통일성과 매끈한 흐름을 기대하는 것은 옳지 않다.

저자가 전하고자 하는 메시지를 작품의 옷에도 반영한다는 것이 황당한 주장인가? 실제로 성경에서 이런 사례들이 목격된다. 먼저, 시작과 끝부분이 책 전체가 취하고 있는 장르와 상반되는 경우(삼상 2장과 삼하 22-23장)나 시작과 끝부분이 책이 전하고자 하는 메시지의 해석적인 열쇠(지침)를 제공하는 경우가 종종 발견된다(cf. 사 1, 65-66장; 삿 1-3, 18-21장; 삼상 2장; 삼하 22-23장). 욥기의 경우도 이런 모습을 취한다. 욥기 1-2장과 42:7-17은 취하고 있는 장르가 책의 나머지 부분과 완전히 다를 뿐만 아니라, 욥의 고통을 어떻게 해석해야 하는가를 지시한다. 욥은 흠잡을 데 없는 의인이었다며 그의 고난이 죄에서 비롯되었다는 시각을 완전히 배제하면서 시작한다. 욥기는 욥이 의롭다는 것을 세 차례-이 중 하나님이 직접 두 차례-나 인정한다.

사사기는 이스라엘 사사 시대가 어떠했는가를 회고하면서 시간이 지날수록 더 혼란스럽고 암울했다고 말한다. 사사기 저자는 이런 사실을 2:11-23에 제시한 사사 이야기 사이클(사사들의 이야기를 이러한 요소들을 바탕으로 제시하겠다고 하는 힌트, 그러므로 독자들에게는 읽기 전략을 제공함)을 통해 전하고자 한다. 시간이 지날수록 사사들에 의해 어떻게 더 심하게 망가졌는가를 회고함으로써 그 메시지를 전한다(cf. 『엑스포지멘터리 사사기』 서론). 사사기 저자는 자신의 관점을 작품이 입고 있는 문학적 형태를 통해 매우 효과적으로 전달하고 있다. 그러므로 욥기가 취하고 있는 문학적인 형태도 저자가 전하고자 하는 메시지를 전달하는 수단이라는 주장은 상당한 설득력을 얻는다. 게다가 시간이 지날수록 우리가 전수받은 텍스트를 세분화시킬 뿐, 메시지 도출에는 별로 도움이 되지 않는 비평학적인 가설보다는, 전수받은 텍스트의 최종 형태를 바탕으로 메시지를 구상하려는 노력이 학자들 사이에 더 많은 설득력을 얻고 있다(cf. Newsom).

옛 유대인들은 욥기가 모세 시대에 모세가 저작했거나, 그에게 전수된 것을 그가 개정한 것이라고 주장했다(b. Baba Batra 14b, 15a, cf. Archer,

Longman). 욥기가 지혜 사상을 다분히 반영하고 있다고 해서 이스라엘 역사상 가장 지혜로운 왕이었던 솔로몬 시대에 저작된 것이라고 주장하는 사람들도 있다(Delitzsch, Young). 아시리아의 산헤립 왕이 유다를 점령한 주전 701년 사건 이후 므낫세 시대 때 저작된 것이라고 하는 학자도 있고(Ewald), 욥기가 고난을 중요한 주제로 다룬다 해서 유다의 삶이 매우 고달프기만 했던 주전 7세기를 저작 시기로 주장하는 주석가들도 있다(Davidson, cf. Clines, Newsom).

욥의 세 친구가 이스라엘의 전통 신학을 반영하고 있으며, 욥은 이 전통 신학으로 설명할 수 없는 경험(viz., 예루살렘 함락과 바빌론 포로 생활)을 상징하고 있다고 해서 욥기가 주전 500–400년대에 쓰인 책이라고 주장한 학자들도 있다(Jastrow, Hurvitz, Zuckerman). 심지어는 욥기가 주전 1–2세기에 저작된 것이라는 주장도 있었지만, 쿰란에서 발견된 사해사본들 중에 주전 2세기 것으로 추정되는 욥기의 탈굼(Tg.)이 두 개 발견된 이후 이러한 주장은 억측으로 취급되었다(cf. Longman, Smick). 학자들이 이처럼 다양한 견해를 제시하는 것은 욥기가 언제쯤 저작된 것인지에 대해 결정적인 힌트를 제공하지 않기 때문이다.

최근에 들어서는 학자들 대부분이 욥기의 저작 연대를 상당히 이른 시기로 본다. 욥기가 사용하는 동사의 패턴과 여러 가지 구문론적인 구성 요소들이 매우 오래된 것이며 주전 11–10세기에 사용된 것으로 추정하는 학자들이 있다(Robertson, Urbrock). 욥기에서 사용하고 있는 여러 가지 신화적인 표현들(mythological expressions)과 다루는 주제들이 주전 14세기에 우가릿어(Ugaritic)로 쓰인 문서들과 매우 비슷하다고 많은 학자들은 결론을 내렸다(Dahood, Michel, Pope). 대부분의 학자들은 욥기가 주전 7–5세기에 저작된 것이라는 결론을 내놓았다(cf. Roberts). 그러나 이미 언급한 것처럼 욥기 스스로가 어떠한 역사적 정보도 제공하지 않기 때문에 책의 저작 시대(문서화된 시대)를 구체적으로 논하는 것은 항상 위험부담을 안고 있다.

욥기의 대부분을 차지하고 있는 시/노래 부분뿐만 아니라, 책을 시작하고 마무리하는 내러티브 섹션(1–2장; 42:7–17)도 주전 14세기에 우가릿어로 작성된 문서들과 많은 공통점을 지니고 있어 책이 매우 오래 전에 작성되었음을 짐작할 수 있다(Ceresko, Sarna). 욥기가 사용하고 있는 여러 가지 문학적 방식들은 텍스트를 암기하기 쉽게 하는 특성을 지니고 있다. 그래서 욥기가 오랫동안 구전으로 전수되다가 문서화된 것이라는 견해도 있다(Urbrock).

학자들의 분석을 종합해보면, 욥기가 아무리 늦어도 이스라엘의 사사 시대 즈음에 문서화되거나 최소한 구전(口傳)의 형태를 갖추게 된 것은 확실한 듯하다. 만일 이때 구전으로 존재했다면, 욥기가 언제 문서화되었는가를 규명하는 것은 또 하나의 이슈가 된다. 구전으로 전해졌던 욥기가 언제 문서화되었는가에 대한 추측은 학자들마다 다를 수밖에 없으며, 어떠한 역사적 자료보다는 각자의 생각과 선입견에서 결론이 내려질 것이다.

한 가지 염두에 두어야 할 것은 욥은 이스라엘 사람이 아니라 이방인이라는 사실이다. 욥(אִיּוֹב)은 히브리 사람의 이름이 아니고 그가 살았던 우스(עוּץ)도 훗날 에돔 사람들 혹은 아람 사람들의 땅이 된다는 것도 이런 사실을 암시한다(Pope). 게다가 그의 세 친구—데만 사람 엘리바스와 수아 사람 빌닷과 나아마 사람 소발—모두 이스라엘 땅 밖에 살던 사람들이다. 그렇다면 이 이방인 성도의 이야기가 어떻게 해서 히브리 사람들의 정경에 들어오게 된 것일까? 이 부분에 대해서도 아는 바가 없다. 그러므로 조심스럽게 내놓을 수 있는 추측은 욥기가 상당한 기간 동안 이스라엘 밖의 이방인들(viz., 에돔 사람들) 사이에서 구전 형태로 존재하다가 한 이스라엘 사람을 통해 정경으로 도입되었을 가능성이다.

욥기를 정경으로 도입한 사람이 누구인지는 알 수 없지만, 그는 하나님의 영감을 받은 성경 저자이다. 그는 이방인들 사이에 떠돌던 이 이방인 성도 욥의 이야기를 하나님의 지시에 따라 저작/편집해 정경에 삽입했다. 욥기가 저작권에 대해 이렇다 할 언급을 하지 않으니 책의 저자에 대해서는 여기서 마무리하고자 한다.

3. 장르

욥은 어떤 장르의 문서인가? 이 질문을 풀어서 설명하자면 "욥과 세 친구는 실제 인물인가? 엘리후도 실제 인물인가? 하나님은 정말 회오리바람 속에서 욥에게 말씀하셨는가? 천상에서 하나님과 사탄의 만남은 실제로 있었던 일인가? 욥은 책이 묘사하고 있는 고통을 실제로 체험했는가?" 등등으로 표현할 수 있다(Annus, Longman, Newsom, Viviers, Walters, Walton). 즉 욥기의 어떤 부분이 역사적인 사실에 근거한 것이고, 어떤 부분이 저자가 메시지를 전개하기 위해 만들어낸 정황일까?

전통적으로 유대교-기독교는 욥기에 기록된 일들이 모두 실제로 있었던 것들이며 저자가 이 역사적 사실을 공정하게 회고한 것으로 간주했다. 그러나 근대에 접어들어 욥기와 비슷한 유형의 이야기가 이스라엘뿐만 아니라, 고대 메소포타미아 지역에서 상당히 유행했던 지혜문학의 일종임이 밝혀졌다(cf. Annus, Dick, Bricker, Mattingly). 그러므로 당연히 욥기의 장르에 대한 질문이 제기되었다. 물론 욥기의 장르가 책의 정경적 위치와 권위에 문제가 되지는 않는다. 욥기는 이미 오래전부터 정경으로 전수되었으며, 책의 장르가 당시 발전되었던 문학 형태를 취하고 있다고 해서 영적 교훈과 하나님의 메시지를 전하는 기능에는 변화가 있을 수 없기 때문이다.

고대 근동에는 실제 인물이 아니라, 가상 인물을 중심으로 한 문학이 여러 종류 있었다(cf. Balentine, Cliness, Longman). 예를 들자면 길가메시 서사시(Gilgamesh Epic)의 주인공인 길가메시는 분명 가상 인물이지만, 그의 이야기는 마치 실화처럼 묘사된다(cf. ANET). 길가메시 외에도 아다파(Adapa), 에타나(Etana), 키르투(Kirtu) 등등이 모두 가상 인물이지만 그들이 등장하는 고대 근동 이야기에서는 마치 실제 인물인 것처럼 묘사된다. 우리 문화권에서는 '대하소설'이 이런 유형에 속한다. 대하소설과 대하드라마가 분명 실제로 존재했던 인물들과 사건들을 바탕으로 전개되지만, 소설과 드라마가 하는 모든 말이 사실은 아니다. 그러므로 생각해보면 이 장르는 우리에게 전혀 낯선 것이 아니다.

바빌론 사람들은 한 사람이 경험한 혹독한 고통을 1인칭 화법을 사용해 회고하는 유형의 장르를 루드룰 벨 네메키(Ludlul bel nemeqi)라고 불렀다(Annus, Walton, cf. Gray, Weinfeld). 바빌론 외에도 이런 유형의 문학을 소유한 고대 문화권이 있었다(Longman). 욥기에서 주인공 욥이 묘사되는 것을 관찰해 보면 이 장르의 문학에 매우 가깝게 생각된다(Lambert, Weiss, cf. Annus). 이 외에도 곳곳에서 발견되는 고대 근동 문서들 중 욥기와 비슷한 성향을 보이는 문학작품들은 다음과 같다(Walton, cf. Balentine).

작품 이름	상황	현상	해결책	결과	철학	신학
A Man and His God (수메르어)	죄 지음을 모름	질병, 사회적 따돌림	죄 고백	건강 회복	죄 없는 아이는 태어나지 않음	찬양 시로 이어짐
Dialogue between a Man and His God (아카드어)	죄 지음을 모름	질병	[죄를 기록한] 문서 파괴	건강 회복	없음	신의 선처 약속
Sufferer's Salvation (아카드어, 우가릿에서 온 이야기)	언급 없음	질병, 임박한 죽음, 이해가 되지 않는 징조	언급 없음	건강 회복	신이 질병을 주었다가, 건강을 안겨줌	마르두크에게 바치는 찬양 시로 이어짐

Ludlul bel nemeqi (아카드어)	성실한 신앙, 죄 지음을 모름	사회적 따돌림, 이해가 되지 않는 징조, 질병, 보호하는 영들이 쫓겨남, 악령들의 억압	꿈	신을 달래는 제물, 죄가 사라짐, 악령들이 쫓겨남, 건강 회복	인간은 신들을 측량할 수 없음	마르두크에게 바치는 찬양 시로 이어짐
Babylonian Theodicy (아카드어)	성실한 신앙	가족을 잃음, 가난	없음	없음	신들의 목적은 알 수 없음, 신들의 권선징악은 믿을 수 없음	신들은 인간을 악하고 고난을 당하도록 창조함
욥기 (히브리어)	의로운 삶과 신실한 믿음	가족을 잃음, 사회적 따돌림, 질병, 재산 잃음	여호와께서 지혜에 근거한 새로운 관점을 제시하심	모든 차원에서 회복이 이루어짐	권선징악은 믿을 수 없음, 신적인 지혜가 삶의 바탕이 됨	하나님의 지혜에 바탕을 둔 정의가 실현됨

앞의 표에 제시된 내용을 살펴보면 욥기와 고대 근동의 문학작품들은 어느 정도의 공통점을 지닌 것으로 보인다. 그러나 이 공통점들은 피상적인(superficial) 것들에 불과하며, 분석해 보면 지대한 차이점들을 지니고 있다(cf. Walton). 차이점들이 얼마나 큰지 한 주석가는 욥기가 주변 문화권의 문서들에게서 영향을 받아 저작되었다는 비평학계의 주장을 완강히 부인한다(Walton). 욥기와 이 문서들 사이에 심오한 차이점들이 매우 많기 때문이다. 그러므로 욥기가 고대 근동에서 성행하던 문학적 장르에 의존하고 있다는 것은 설득력이 부족하다. 고대 근동의 문학 작품들은 욥기의 문학적 배경을 제시할 뿐, 별다른 영향은 미치지 않았다.

에스겔 선지자가 욥을 노아와 다니엘과 함께 언급하기는 하지만(겔 14:14), 그렇다고 해서 선지자가 욥이 실제 인물이었다는 것을 전제하는 것은 아니다(Longman). 욥기에 등장하는 주인공을 그의 역사성과 상관없이 단순히 하나의 예로 언급하고 있기 때문이다. 그러므로 욥이 실존 인물인지, 저자가 만들어낸 가상 인물인지를 가름하는 것은 현실적으로 불가능하다.

그러나 위에 언급된 가상 인물들과 욥의 가장 기본적인 차이는 저자가 욥을 실제 인물로 전제하고 책을 시작한다는 사실이다(Walton, cf. Alden). 저자가 욥을 소개하는 문장은 당시 매우 잘 알려진 유명한 사람을 소개하는 방식을 사용한다(Weiss). 저자는 욥이 당시 사람들 사이에 명성이 자자한 유명 인사였음을 전제하면서 이야기를 시작한다(Walton, cf. Weiss). 게다가 그가 살았던 우스(1:1)는 훗날 에돔 사람들의 땅이 되며, 욥의 재산을 앗아간 스바 사람들(1:15)과 갈대아 사람들(1:17)도 역사적으로 존재가 알려진 민족이다. 그러므로 학자들은 욥과 친구들은 실제 인물이었으며, 욥기의 상당 부분이 실제로 있었던 일을 기록한 것으로 간주한다(Alden, Smick, Walton). 그럼에도 불구하고 우리는 욥기가 기록하고 있는 역사적인 정보가 '대하소설'과 비슷한 정황을 구상하기 위해서라는 것을 완전히 배제할 수는 없다.

책의 등장인물들이 실제 인물들이었다 할지라도 책의 내용이 모두 실제로 있었던 일을 그대로 회고하고 있다고 전제할 수는 없다. 예를 들자면 욥과 세 친구가 대화를 주고받은 것을 누가 기록했을까? 이들 옆에 속기사가 있어서 그들의 모든 대화를 받아쓴 것은 아닐 것이기 때문이다. 게다가 욥과 세 친구의 대화는 시/노래 형태를 취하고 있다. 그들이 노래를 부르며 서로 화답했을 리는 없으므로 누군가가 그들이 주고받은 대화를 요약해 노래 형태로 바꾸었을 것이다. 즉 이 부분은 저자의 재구성(viz., 문학적 표현)이지 실제 대화가 이렇게 진행되었을 리는 없다.

이 책의 장르를 논할 때 학자들이 지속적으로 지목하는 사실은 욥기가 역사서가 아니라 지혜문학(wisdom literature)이라는 것이다. 그러므로 오래전부터 바빌론 탈무드는 욥이 실제 인물이 아니었을 가능성을 조심스럽게 제시했다(b. Baba Batra 15a, Gen. Rab. 57.4, cf. Dhorme, Longman). 심지어 중세기 유대인 주석가 마이모니데스(Maimonides)는 욥기가 삶에 대한 교훈을 가르치기 위해 저작된 비유(parable)라고 했다(Longman). 기독교 정경도 욥기를 시편과 지혜문학으로 분류한다. 역사서와는 달리 지혜문학은 묘사하고 있는 사건들의 역사성을 전제하지 않는다(cf. 잠언의 비유들). 만일 지혜문학의 이 같은 성향을 의식한다면, 욥기의 역사성을 논하는 것 자체가 잘못된 것일 수도 있다(Walton).[1] 그러므로 우리는 욥기가 역사서가 아니라 지혜문학이라는 사실을 마음에 두고 책을 읽어야 한다(cf. Longman).

지혜문학인 욥기는 어떤 양식을 취하는가? 가장 쉽게 생각할 수 있는 것이 '소송/재판 양식'이다(cf. Magdalene). 하나님과 사탄이 대화를 나누는 과정에서 불거진 문제는 욥이 아무런 조건 없이 하나님을 사랑하는 것이 아니라, 주님이 그에게 내려주신 복이 많기 때문에 그가 하나님을 경외한다는 것이다. 그러므로 사탄의 이 같은 주장이 사실인지 아닌지를 증거와 논쟁을 통해 가려야 한다. 안타깝게도 사탄의 주장이 사실인지 아닌지를 확인할 수 있는 유일한 방법은 욥이 지닌 모든 것을 빼앗은 후 그가 어떤 반응을 보이는가를 관찰하는 것이다.

실제로 욥기는 곳곳에서 소송과 연관된 언어를 사용한다. "사람이 하나님께 변론하기를(ריב) 좋아할지라도"(9:3), "가령 내가 의로울

1 월턴(Walton)은 욥기를 지혜문학의 작은 장르인 '사고 실험'(thought experiment) 문헌이라고 한다. 욥기를 이런 문헌으로 간주하면, 욥기가 하나님에 대해 제시하고자 하는 교훈과 가르침은 책 전체에서가 아니라, 오직 마지막 핵심에서 도출해야 한다. 그러므로 책이 시작할 때 보이는 천상 어전회의(하나님과 사탄의 대화)는 하나님에 대해 어떤 교훈을 주기 위해 제시된 것이 아니다. 또한 실제로 있었던 일로 해석할 필요도 없다. 반면에 책의 마지막 부분에 등장하는 하나님의 담화에 가서야 비로소 우리는 세상이 어떤 곳이고, 이런 세상을 하나님은 어떻게 운영하시는가를 알게 된다.

지라도 대답하지 못하겠고 나를 심판하실(שָׁפַט) 그에게 간구할 뿐이며"(9:15), "보라 내가 내 사정을 진술하였거니와(עָרַכְתִּי מִשְׁפָּט) 내가 정의롭다 함을 얻을 줄 아노라(אֲנִי אֶצְדָּק)"(13:18), "내가 의로우나(צָדַקְתִּי) 하나님이 내 의를 부인하셨고(הֵסִיר מִשְׁפָּטִי)"(34:5). 욥기는 법정 소송 양식을 기본으로 저작되었다.

누가 법정에서 재판을 받고 있는가? 하나님인가, 아니면 욥인가? 일부 학자들은 욥기가 하나님을 재판하는 책이라고 하지만(Walton, cf. Magdalene), 그다지 설득력이 있는 주장은 아니다. 이 책에서 재판을 받고 있는 사람은 욥이다. 하나님과 주님이 이 세상에서 하시는 일은 여러 등장인물에게 간접적으로 언급될 뿐이다. 하나님은 재판관이 되셔서 피고인석에 서 있는 욥을 지켜보신다.

책의 흐름은 다음과 같다. 먼저 이 소송의 배경이 되는 정황이 법원에 제시된다(1–2장). 이어 피고인 욥은 재판정에서 자신의 억울함을 호소한다(3장). 반면에 그의 세 친구는 검사(사탄)의 증인들로 출석해 억울하다고 주장하는 욥을 잔인하게 공격한다. 욥의 친구들은 각각 세 차례씩 돌아가며 그가 죄를 지었기 때문에 고난을 당했다는 논리를 펼친다(세 번째 사이클에서 소발은 침묵함). 욥은 친구들이 그를 공격할 때마다 자기는 하나님의 벌을 받을 만한 일을 하지 않았다며 억울함을 호소한다. 드디어 욥과 세 친구의 세 라운드의 치열한 공방(4–27장)이 끝나고 법정에 잠시 휴회(recess)가 찾아왔다(cf. 28장). 쌍방 모두 최후 진술을 하기 전에 숨을 고르기 위해서이다.

짧은 휴식 후 재판은 재개되었고, 욥은 자신의 억울함에 대해 법정에 최종 진술을 했다(29–31장). 검사의 대변인인 엘리후는 증인으로 세운 세 친구와 욥에게 균형과 자제를 촉구하며 검사 측의 최종 진술을 했다(32–37장). 재판장이신 하나님은 욥이 주장한 내용 중 일부 어리석음을 지적하면서도 그를 정죄하지 않으시고 이때까지 진행된 소송 내용을 정리하셨다(38–41장). 이에 대해 욥은 재판장이신 하나님께 어떤 벌이라도 달게 받겠다며 최종 진술을 했다(42:1-6). 책은 욥이 옳다는 하나님의 판결로 마무리된다(42:7-17).

욥기를 이처럼 법정 드라마로 읽는 방법이 완벽한 것은 아니다. 학자들이 지적하는 것처럼 여러 가지 세부적인 문제를 안고 있는 것이 사실이다(cf. Magdalene, Longman). 그러나 현재까지는 가장 설득력 있는 해석 방법이다. 그러므로 세부적인 묘사에 집착하지 않고 욥기가 제시하고 있는 전체적인 법정 분위기를 고려해서 책을 해석하는 것이 바람직하다.

4. 욥과 사법제도

만일 욥기가 법정에서 진행되는 소송과 비슷한 양식을 취하고 있다면, 왜 피고라고 할 수 있는 욥이 자신은 하나님께 많은 축복을 받았기 때문에 여호와를 경외하고 섬기는 것이 아니라는 사실을 입증해야 하는가? 오늘날로 말하면 검사의 역할을 하고 있는 사탄이 욥이 하나님의 축복을 누리고 있기 때문에 여호와를 경외한다는 것을 여러 증거와 자료를 통해 입증해야 한다. 그런데 욥기에서 전개되는 상황은 왠지 사탄의 억지 주장의 피해자라고 할 수 있는 욥과 하나님이 그 주장이 잘못되었음을 입증해 나간다. 이러한 상황을 어떻게 이해해야 하는가?

고대 사회의 사법 제도는 오늘날과 사뭇 다르다. 오늘날 법정에서는 검사가 피고의 죄를 증명해야 한다. 그러나 옛적에는 대부분 피고가 자신의 억울함을 스스로 증명해야 했다(cf. Magdalene). 당시 사법 제도에서는 누가 혐의를 제기하면, 고발당한 사람이 자신의 억울함을 입증해야 하는 불합리한 재판이 진행되었다. 이런 일이 허다했던 것은 혐의를 제기한 사람들이 대체적으로 권력자들이었고, 고발당한 사람들은 대체적으로 인권 유린을 감수해야 하는 평민들이었기 때문이다.

이러한 사례는 창세기에 기록된 요셉과 형제들의 이야기에서도 드러난다. 요셉이 곡식을 사기 위해 이집트로 내려온 형들을 처음 만났을 때, 그는 자기가 요셉이라는 사실을 숨기고 이집트의 절대 권력자로서 형들을 스파이로 몰아갔다(창 42장). 형들은 억울함을 호소했지만, 별 효력을 발휘하지 못했다. 결국 형들은 자신들이 스파이가 아니라는 사실을 스스로 입증해야 했다. 흥미로운 것은 형들이 억울함을 증명하는 유일한 방법은 집에 두고온 막냇동생이자 요셉의 유일한 친동생인 베냐민을 데려오는 것뿐이었다.

베냐민을 이집트로 데려오는 일과 형들이 스파이가 아니라는 것을 입증하는 것과는 무슨 상관이 있는가? 설령 형들이 베냐민에 대해 거짓말을 했다 할지라도 가나안에서 사람 하나 사서 요셉이 있는 곳으로 데려와 베냐민이라고 주장하면 그만이다. 그러므로 이 둘(형들이 스파이라는 것과 베냐민을 데려오면 모든 혐의가 풀리는 일)의 상관관계는 참으로 애매모호하다. 그럼에도 불구하고 형들이 자신들이 스파이가 아니라는 사실을 입증할 수 있는 유일한 길은 베냐민을 이집트로 데려오는 것이다. 권력자인 요셉이 그들의 억울함을 입증하라며 제시한 유일한 요구사항이기 때문에 이 요구 사항을 충족시켜야만 그들이 스파이가 아니라는 판결을 받는다. 오늘날 같았으면 요셉이 형들의 혐의를 입증해야 한다. 그러나 인권유린과 권력의 남용이 심했던 당시에는 상황이 이러했다. 아브라함도 자기가 판 우물의 소유권에 대한 억울함을 입증하기 위하여 아비멜렉에게 양 일곱 마리를 준 적이 있다(창 21장).

욥기도 이러한 역사적-문화적 정황에서 이해되어야 한다. 욥이 하나님을 경외하는 것은 여호와께로부터 많은 축복을 받았기 때문이라는 주장을 사탄이 펼치는 순간부터 욥은 그렇지 않다는 것을 스스로 증명해야 했다. 사탄은 자신의 주장이 옳다는 것을 증명하기 위하여 욥의 자식들과 재산뿐만 아니라 건강까지 빼앗아갔다. 반면에 욥은 자신이 평생 하나님을 경외하며 살아온 이유가 주님이 그에게 이 모든 것을 주셨기 때문이 아니라는 사실을 모든 것을 잃은 후의 삶과 신앙으로 입증해야 했다.

5. 신학과 메시지

욥기는 현대어로 번역하기가 가장 어려운 정경이다. 책에서 사용되는 상당수의 히브리어 단어들이 뜻을 파악하기 어려울 정도로 잘 사용되지 않는 것들이며, 문법도 매우 어렵기 때문이다(Habel). 그러므로 일부 학자들은 욥기의 헬라어 버전(LXX)이 히브리어 버전보다 상대적으로 짧은 것은 번역가가 히브리어 본문의 해석상의 어려움을 제거한 결과라고 생각한다(Dhorme). 또한 욥이 아브라함 시대의 이방인라는 점을 감안하면, 원래 다른 고대 언어(viz., 에돔어 등)로 저작된 그의 이야기를 히브리어로 번역해 정경에 포함했을 가능성을 배제할 수는 없다.[2] 이러한 정황이 욥기 번역에 어려움을 더한다.

그렇다고 책이 제시하고자 하는 신학과 메시지를 어려워할 필요는 없다. 의미는 책의 각 단어가 아니라, 전체가 구성하기 때문이다. 욥기는 하나님에 대해 다양하게 논하고 있지만 가장 지속적으로 강조하는 것은 '창조주' 하나님이다. 이 외에도 인간의 고통, 의와 고통, 믿음과 고통 등을 주요 주제를 논하고자 한다.

(1) 창조주

저자는 책의 시대적 배경이 하나님이 이스라엘에게 언약의 이름인 '여

2 일부 학자들은 욥기가 원래 에돔어(Pfeiffer) 혹은 아랍어(Guillaume) 혹은 아람어(Tur-Sinai)로 저작되었다고 주장한다. 그러나 일상적으로 생각할 때 작품이 한 언어에서 다른 언어로 번역될 때 본문이 지니고 있는 여러 가지 어려움과 불확실성이 해소될 것을 기대할 수 있는데, 욥기의 경우 그러한 특징을 보이지 않고 있다. 그러므로 대부분의 학자들은 욥기가 처음부터 히브리어로 저작된 것으로 생각한다. 아마도 상당 기간 구전(口傳)으로 전수되다가 문서화되었을 것이라는 추측이다.

호와'로 자신을 드러내시기 전이기 때문에(cf. 출 3:14) 일반적인 하나님의 이름을 사용한다. 그가 주로 사용하는 하나님의 이름은 엘(אֵל, 55회), 엘로아(אֱלוֹהַּ, 41회) 엘로힘(אֱלֹהִים, 14회), 샤다이(שַׁדַּי, viz., '전능자', 301회) 등이다(Balentine, cf. Alden). 욥을 비롯한 주요 등장인물들이 모두 아브라함과 연관이 없는 이방인들이었으므로 하나님이 이스라엘과 맺으신 언약을 상징하는 이름인 '여호와'가 아니라 온 세상을 창조하신 창조주의 이름인 이 성호들을 사용하는 것은 당연한 현상이다.[3] 책의 등장인물들은 하나님을 창조주로만 알고 있지 언약의 하나님으로는 알지 못하기 때문이다.

등장인물들이 하나님을 세상을 창조하신 분으로 아는 상황에서 이야기가 전개되지만, 그들의 여호와에 대한 유일신 신앙은 확고히 서 있다. 그들의 담화 그 어디에도 다신주의(多神主義) 사고나 언행이 배어 있지 않다. 저자가 종종 근동의 여러 문화가 신격화했던 별들, 행성들, 죽음, 바다, 신화적 괴물들을 언급하기는 하지만, 당시의 문화에 대해 익숙한 사실을 드러낼 뿐, 이것들을 중심으로 형성된 종교나 신적인 능력의 정당성이나 실재성을 인정하는 것은 아니다(cf. Sarna, Smick).

욥과 친구들이 이스라엘과 언약을 맺으시는 하나님을 알지 못하기 때문에 창조주인 하나님을 그분이 창조하신 자연과 자연 세계의 이치와 관련지어 언급하는 것은 당연하다. 그러나 이런 정황을 감안하더라도 욥기의 창조주에 대한 관심은 지나칠 정도로 높다. 실제로 욥기 대부분이 창조주와 창조주께서 세상을 다스리시는 이치와 원리를 바탕으로 전개된다.

욥은 세상을 창조하신 하나님은 세상일(특히 사람의 삶)에 대해서는 별 관심이 없고, 불의를 용납하며, 좀처럼 세상에 모습을 드러내지 않는

3 욥기에서 '여호와'가 사용되는 예가 하나 있기는 하다. 12:9에서 '여호와'가 하나님의 이름으로 사용되는데, 대부분 학자들은 책이 저작된 이후 복사되는 과정에서 필사하는 사람의 실수에서 비롯된 것으로 간주한다.

분이라며 원망한다. 창조주 하나님은 마치 자신이 만든 시계가 스스로 똑딱거리며 가도록 태엽을 감아주고는 내버려 둔 시계공과 같다는 것이다. 하나님이 세상을 창조하신 다음에 세상이 스스로 돌아가도록 방치하셨다는 것이 욥의 주장이다. 욥은 그렇기 때문에 더 이상 창조주 하나님의 다스림을 받지 않는 세상에서는 온갖 부조리와 불합리한 일들이 일어나며, 이처럼 불합리하고 심지어는 자기가 창조한 세상을 방치하거나 내팽개치신 창조주를 원망하는 것이라고 주장한다.

이에 대해 친구들은 창조주 하나님의 성품 중 가장 빛나는 것은 의로우심이며 주님은 세상일에 매우 깊은 관심을 가지셨을 뿐만 아니라, 세상과 끊으려야 끊을 수 없는 관계를 가진 분이라며 욥의 주장을 반박한다. 친구들은 창조주는 의롭고 신실하신 분이라고 단언한다. 그렇기 때문에 하나님은 세상을 아름답게 창조하시고 난 후에 그 세상이 저절로 운영되도록 내버려두시는 것이 아니라 창조 이후에도 지속적으로 세상을 다스리신다.

창조주의 지속적인 통치의 가장 핵심적인 원리는 공평과 정의이다. 더 나아가 창조주께서는 세상을 창조하실 때 세상이 선을 선호하고 악을 배척하는 메커니즘을 자신이 창조한 세상의 일부가 되게 하셨다. 그렇기 때문에 욥이 경험한 일도 이런 신학적 틀에서 설명되어야 한다. 창조주께서 공평과 정의로 다스리시는 세상에서 욥이 혹독한 고통을 당했다는 것은, 그가 분명 피조물에 대한 창조주의 판단 원리(viz., 공평과 정의)에 어긋나는 일을 했음을 암시한다. 창조주는 세상을 창조하실 때 세상을 지배할 가치와 원리를 세상에 포함시키셨는데, 이 원리와 가치를 잘 준수하면 축복을, 어기면 벌을 내리시기 때문이다. 권선징악 원리가 하나님이 창조하신 세상을 지배하는 가장 중요한 기준이 되었다.

욥과 친구들은 서로 대립된 세계관을 가지고 논쟁을 펼쳐 나간다. 이 둘 중 어느 쪽이 옳은가? 전체적으로 평가하자면 욥의 친구들이 주장하는 바가 옳다. 하나님은 세상을 아름답게 창조하셨고, 공의와 정의가 주께서 창조하신 세계를 지배하도록 하셨다. 그래서 세상은 스스로 선을 선호하고 악을 배척한다. 이러한 창조 원리만을 근거로 욥의 환난을 평가하자면, 그는 분명 죄를 지었기 때문에 창조주의 심판을 받아 환난을 경험한 것이라는 결론에 도달한다. 문제는 욥은 창조된 세계를 지배하는 전반적인 원리로 설명할 수 없는 특별한 일을 경험했는데, 친구들은 이러한 가능성을 원천적으로 배제하고 자신들의 논리를 펼친다는 것이다.

(2) 인간의 고통

인간의 고통에 대하여 논하는 욥기는 당시 사회에서 독특한 장르의 문학은 아니었다. 실제로 욥기처럼 인간의 고통을 중심 주제로 다루는 문서들이 고대 근동에는 많이 있었으며 하나의 중요한 문학적 장르로 자리잡았다(Albertson; Bricker, Kramer, Mattingly).[4] 그러므로 욥기가 취하는 유형의 문학이 독특한 것은 아니다. 그러나 욥기가 왜 독특하고 많은 사람의 관심과 사랑을 받았는가 하면 욥기가 이 주제에 대하여 가장 감동적이며 설득력 있는 언어와 깊이로 논하기 때문이다(Smick).

체스터턴(Chesterton)은 욥을 낙천주의자(optimist)라고 평가한다. 난데없는 고통으로 산산조각 나기 전 그의 삶을 감안하면 그가 낙천주의자라는 것은 충분히 상상할 수 있는 사실이다. 그는 대단한 신앙을 소유했으며, 행복한 가정과 많은 부를 누리고 있었다. 그러나 체스터턴에 의하면 욥은 혼란스러운(perplexed) 낙천주의자이다. 도무지 풀 수 없는 수수께끼 같은 일이 벌어졌기 때문이다. 그를 찾아온 이유를 알 수 없

4 고대 메소포타미아 지역에서는 이유도 모른 채 혹독한 고통을 당한 사람이 1인칭 화법을 사용해 자신의 경험을 회고하는 장르의 지혜문학이 발전했으며, 이러한 유형의 지혜문학을 루드룰벨네메키(Ludlul bel nemeqi)라고 하였다(Annus, cf. Walton).

는 고통은 그동안 그의 신앙의 바탕이었던 하나님에 대한 모든 지식을 한순간에 혼란에 빠뜨렸다. 그의 신앙에 최대 위기가 온 것이다.

또한 욥은 분개한(exasperated) 낙천주의자이다(Chesterton). 욥은 그가 살았던 당시의 어느 누구보다도 의롭고 떳떳하게 “하늘을 우러러 한 점 부끄러움이 없기를 위하여 잎새에 이는 바람에도 괴로워하며” 살았던 사람이기에 그를 찾아온 고통에 분개했다. 마침내 욥은 침해당하고(outraged), 모욕당한(insulted) 낙천주의자가 되었다(Chesterton). 그의 마음속에 임한 신학적 혼란이 하나님에 대한 배신감으로 변했다. 욥은 하나님이 그의 삶에 이런 일이 임하도록 내버려두신 것에 대하여 분노했다.

욥기가 인간의 고통에 대하여 논하는 방식은 크게 두 가지다. 첫째는 신학적으로 고통을 논하는 것이다. 신학적인 접근은 모든 시대, 모든 문화권에 범우주적인 문제가 되어버린 전혀 예기치 못한 고통을 창조주의 공의(justice)와의 관계에서 어떻게 이해해야 하는가에 대하여 씨름한다. 일종의 신정론(神正論)이다(cf. Mattingly, Williams). 둘째는 실존적으로 고통이라는 주제를 논하는 방법이다(DiLella). 실존적으로 고통과 시름하는 것은 의인이 당하는 고통을 하나님과 인간의 관계에 준한 하나의 신학적인 체험으로서 논하는 것을 의미한다.

욥이 씨름하는 문제는 하나님의 공의(justice)와 의인의 청렴함(innocence), 이 두 축을 중심으로 형성되었다. 이 두 축의 저변적인 이슈는 악의 신비(mystery), 악인의 성공 그리고 의인의 고통 등이다. 하나님의 공의(justice)와 인간의 의로움(righteousness)이 정면충돌할 때, 문제는 어떻게 해결되는가? 둘이 부딪칠 때, 하나님의 공의가 인간의 의로움을 침몰시키는 것이 아니라, 인간의 이해를 초월한다는 것이 책의 메시지이다(Johannes Pedersen, cf. Mathewson). 그러므로 “욥기는 하나님의 모든 지혜가 우리의 것이거나 우리가 좋게 생각하는 것은 하나님도 인정하실 것이라고 주장하는 사람들의 허세(虛勢)를 드러낸다”(Paul Weiss).

욥기가 인간의 고통에 대하여 지속적으로 강조하는 것은 인간의 고통은 사람이 알 수도 없고, 알아도 이해할 수 없는 신비/미스터리(mystery)로 남겨져야 한다는 사실이다(cf. Daniélou, Otto, Shields). 우리는 욥기를 통해 그가 왜 고통을 당했는지 안다. 그러나 정작 욥은 책이 끝날 때까지 자신이 왜 고통을 당했는지 알지 못하고 그의 삶의 무대에서 퇴장한다. 그는 죽은 후 하나님께 간 후에야 자기가 왜 고통을 당했는지 알게 되었을 것이다. 욥은 세 친구들과의 대화를 통해서 지속적으로 자신이 왜 고통을 당했는지 창조주 하나님을 만나 꼭 물어보고 싶다고 했는데도 하나님은 이유를 말씀해 주시지 않았다.

오히려 회오리바람 중에 오셔서 욥을 만나 주신 창조주는 그를 책망하듯이 말씀하신다. 하나님의 말씀의 첫 번째 요지는 욥은 창조된 세상에서 일어나는 모든 일을 알고 이해할 만큼 지혜로운 사람이 아니다는 사실이다. 그러므로 하나님이 욥에게 그의 고통에 대하여 말씀해 주셔도 그가 잘 이해하지 못할 것이라 하신다. 하나님 말씀의 두 번째 요지는 창조된 세계의 일부인 욥이 창조주가 하시는 일을 모두 알 수도 없으며, 알 필요도 없다는 것이다. 세상에는 오직 창조주만이 아시고 창조된 인간은 아무리 노력해도 알 수 없는 신비로운 영역이 있다. 욥기는 인간의 고통이 바로 이 창조주의 고유하고 신비로운 영역에 속한 것이라고 한다.

결국 그처럼 자신이 고통을 당하는 이유를 알고자 했던 욥은 창조주를 대면하고도 그 이유를 알지 못하게 되었다. 그럼에도 불구하고 욥은 다음과 같이 고백한다.

> 주님께서는 못하시는 일이 없으시다는 것을,
> 이제 저는 알았습니다.
> 주님의 계획은 어김없이 이루어진다는 것도,
> 저는 깨달았습니다.
> 잘 알지도 못하면서, 감히 주님의 뜻을

흐려놓으려 한 자가 바로 저입니다.
깨닫지도 못하면서, 함부로 말을 하였습니다.
제가 알기에는, 너무나 신기한 일들이었습니다.
주님께서 말씀하셨습니다.
"들어라. 내가 말하겠다.
내가 물을 터이니, 내게 대답하여라" 하셨습니다.
주님이 어떤 분이시라는 것을,
지금까지는 제가 귀로만 들었습니다.
그러나 이제는 제가 제 눈으로 주님을 뵙습니다.
그러므로 저는 제 주장을 거두어들이고,
티끌과 잿더미 위에 앉아서 회개합니다.
(42:2-6, 새번역)

욥이 어떻게 이런 고백을 하게 된 것일까? 그렇게 당당하고 하나님을 직접 만나서 자신의 고통에 대하여 꼭 답을 얻겠다던 욥이 답을 얻지도 못한 채 이렇게 고백하는 것은 무엇 때문일까? 욥의 반응을 이해하기 위해서는 구약 시대 사람들의 신앙에 대해 생각해 보아야 한다.

구약 성도들이 가장 중요하게 여긴 것은 하나님이 그들의 형편을 헤아려 주시는 일이다. 성도들의 삶에 환난이 임하면 그것을 하나님이 알고 계시거나, 주님께서 알지 못하는 상황, 두 가지 가능성이 있다. 물론 창조주 하나님은 세상에서 일어나는 모든 일을 알고 계신다. 고통을 당하는 인간의 입장에서 하나님이 자기 형편을 헤아리고 계시는지를 염려하는 것은 당연한 일이다.

성도가 고통을 당하는 것은 두 가지 가능성을 암시한다. 첫째, 하나님이 알면서도 개입하지 않으시는 가능성이다. 이 경우, 성도는 자신이 당하고 있는 고통은 자기의 몫이라 생각하고 묵묵히 견뎌내야 한다. 둘째, 하나님이 모르시는 상황에서 고통을 당하는 가능성이다. 이 경우 성도는 하나님께 자기 고통에 대해 알려야 한다. 만일 하나님이 개입하신다면, 그가 당하는 고통은 원래 그의 몫이 아니었다. 만일 하나님이 성도의 형편을 아시고도 개입하지 않으시면 그 고통은 성도가 감당해야 할 몫이다. 이 경우 성도는 묵묵히 고통을 감당해야 한다.

이러한 관점에서 생각할 때 성도들이 서로에게 빌어줄 수 있는 가장 좋은 축복은 주님께서 그들의 형편을 헤아려 주시기를 바라는 것이다. 그래서 성전에서 예배를 드리고 떠나는 성도들에게 빌어주었던 제사장들의 축도는 세 문장으로 구성되는데, 이 중 두 문장은 하나님이 예배자의 형편을 헤아려 주시기를 바라는 내용을 포함하고 있다(cf. 진하게 표시된 부분). 구약 성도들은 하나님이 자기 형편을 헤아려 주시는 것을 가장 큰 축복으로 여겼기 때문이다.

> 여호와는 네게 복을 주시고 너를 지키시기를 원하며
> 여호와는 그의 **얼굴을 네게 비추사** 은혜 베푸시기를 원하며
> 여호와는 **그 얼굴을 네게로 향하여 드사** 평강 주시기를 원하노라(민 6:24–26)

평소에 하나님에 대하여 듣기만 했던 욥이 하나님 앞에 서 있다. 주님께서 그를 만나 주신 것이다! 욥은 하나님이 자기를 만나러 오셨다는 것은 곧 자기 고난에 대하여 알고 계심을 의미한다는 사실을 깨달았다. 그러므로 욥은 비록 자기가 왜 고통을 당했는지에 대해 전능자로부터 직접 듣지는 못했지만, 그분이 자기 형편을 알고 계신다는 사실을 확인했으니 더 이상 그 무엇도 문제가 되지 않는다고 고백한다. 하나님이 욥이 처한 상황을 헤아리고 계신 사실이 그에게는 더 없는 위로가 된 것이다.

욥은 자신이 처한 문제에 대한 해답을 받은 것이 아니다. 우리는 책을 통해 어떻게 해서 그에게 고통이 임했는지를 안다. 그러나 욥은 자신이 왜 고통을 당했는지를 모르고 책(viz., 그의 삶)을 마감한다. 그렇지

만 그의 고난에 대한 답을 얻고, 얻지 못하고는 더 이상 그에게 문제가 되지 않는다. 하나님을 만나는 순간 그가 당면했던 문제가 녹아내려 더 이상 문제가 되지 않았기 때문이다. 욥은 하나님이 자기가 경험한 고난에 대해 알고 계시다는 사실 한 가지로 만족한다. 욥은 하나님이 회오리바람 중에 말씀하신 것들을 근거로 자기가 경험한 고통은 오직 창조주 하나님의 고유 영역에 속한 신비로 남겨두어야 한다는 사실을 깨달은 것이다.

(3) 의와 고통

욥기 저자는 욥의 고난이 욥의 죄에서 비롯되지 않았음을 1-2장에서 세 차례나 강조한다(1:1, 8; 2:3). 앞으로 욥기에서 전개될 욥의 이야기를 절대 그의 죄와 연관시키지 말라는 취지로 주는 해석적인 열쇠이다. 그런데 친구들은 자꾸 욥의 고난을 그의 죄(심지어는 그가 알지 못하는 상황에서 저지른 죄)에 연관시킨다. 절대로 전능자께서 죄를 짓지 않은 사람을 벌하실 리 없다는 주장이다. 그러나 욥은 자신의 결백을 항변한다. 자신의 억울함을 변호하는 과정에서 욥은 자연스럽게 하나님에 대한 서운함과 도저히 이해가 되지 않는 세상의 이치에 대해 솔직하게 토로한다.

욥의 이 같은 발언은 창조주 하나님이 하신 일과 세상을 운영하시는 원칙에 문제가 있다고 하는 것으로 들릴 수 있다. 1-2장에 제시되었던 '흠 없는 신앙의 소유자 욥'은 온데간데없는 것으로 생각될 수 있다. 그래서 욥의 친구들은 하나님의 편에서 더욱더 소리를 높여 자신의 결백을 주장하는 욥의 '교만과 어리석음'을 비난한다.

그러나 이 친구들은 두 가지 사실을 깨닫지 못하거나 인정하지 않는다(cf. Robinson).

첫째, 욥은 그들이 익숙한 세상의 원칙과 신학적 시스템으로 설명할 수 없는 특별한 경험을 하고 있다. 세 친구의 주장을 잘 살펴보면 일상적인 상황에서는 항상 옳은 이야기다. 아니 땐 굴뚝에 연기 날 리 없으며, 창조주께서 그를 경외하는 사람을 벌하실 리 없다. 그러므로 그들의 신학적 시스템에 의하면 욥이 경험한 혹독한 고통은 그가 범한 심각한 죄에 대한 응징으로밖에 생각할 수 없다. 그러나 문제는 욥은 죄를 짓지 않았다는 사실이다. 욥은 세 친구의 신학적 시스템이 설명할 수 없는 일을 경험했다. 안타깝게도 욥의 친구들은 이 사실을 인정하지도, 이해하려 들지도 않는다(cf. Magary).

둘째, 욥의 탄식과 원망은 이유도 모른 채 심한 고난을 당한 사람의 울부짖음이다. 어떻게 생각하면 욥의 고난은 하나님의 책임이다. 욥은 믿음 생활 잘하면서 지내고 있는데, 하나님의 '욥 자랑'이 화근이 되었기 때문이다. 결국 욥은 영문도 모른 채 고난을 당했다. 물론 하나님도 매우 안타까우셨을 것이다. 사탄과의 합의 때문에 욥에게 그가 왜 고통을 당하는지에 대하여 절대 설명해 주셔서도 안 되기 때문이다.

사람은 조금만 고통을 당해도 마음에 없는 말(viz., 창조주에 대한 원망 등)까지 내뱉으며 자신을 지키려 한다. 그러므로 하나님은 자기 백성이 신음하며 주님을 원망하는 소리는 정죄하지 않으신다. 예레미야서도 하나님에 대한 선지자의 원망으로 가득하다. 그러나 하나님은 자신을 원망하는 예레미야를 정죄하거나 비난하지 않으시고 오히려 그를 껴안으신다. 욥은 영문도 모른 채 상상을 초월하는 고통을 당했다. 그런 그가 창조주를 원망하는 것이 어떻게 생각하면 당연한 일이다. 하나님은 욥의 원망을 모두 들으시고도 그를 정죄하시기는커녕 오히려 하나님 편에 선답시고 욥에게 상처를 준 친구들을 책망하신다(cf. Phillips). 신학에도 예외가 있고, 눈물이 있어야 하는데, 친구들은 이 같은 가능성을 완전히 배제한 상황에서 욥의 고통을 설명하려고 했기 때문이다.

(4) 믿음과 고통

사람이 이 땅에 살면서 하나님을 의지하고 믿음으로 사는 일이 삶에 어떠한 영향을 미치는가? 창조주 하나님이 다스리시는 세상에서 주님을 믿으며 살면 이 땅에 사는 동안 겪게 될 고난과 아픔에서 어느 정도 면제되는가? 혹은 믿기 때문에 오히려 믿지 않았다면 겪지 않을 고통을 겪게 되는가?

사람들은 흔히 삶을 엄습하는 불행과 고난을 피하기 위해 신앙생활을 한다. 전능하신 하나님을 잘 섬기면 주님이 그들을 사고와 불행에서 보호해 주실 것이라고 믿기 때문이다. 더 나아가 하나님은 믿음이 좋은 사람을 풍요와 행복으로 축복하신다고 생각한다.

하나님과의 대화에서 사탄이 욥에 대해 문제를 제기한 것도 이 원리와 맥을 같이한다. 욥은 하나님께 받은 것이 많기 때문에(하나님이 그를 좋은 것들로 축복하셔서) 축복에 대한 반응으로 여호와를 경외하고 따른다. 그러므로 사탄은 하나님이 이러한 것들을 욥의 삶에서 거두시면, 욥이 더 이상 하나님을 믿고 따르지 않을 것이라고 주장한다. 욥의 아내가 흉측한 몰골의 남편을 보며 "차라리 하나님을 저주하고 죽으라"고 하는 것도 이런 맥락의 발언이다(그러므로 종종 주석가들은 욥의 아내를 사탄이 숨겨둔 마지막 복병이라고 주장한다). 세 친구들도 우리가 이 땅에서 창조주를 경외하며 살면 그분이 보호하실 것이기 때문에 큰 어려움을 당하지 않을 것이라고 생각한다. 욥이 고난을 당한 것은 분명 그가 창조주를 분노하게 했기 때문이라는 논리에 근거를 둔다.

이러한 생각이 전적으로 잘못된 것은 아니다. 성경은 분명 우리가 이 땅에서 하나님을 경외하고 말씀대로 살면 하나님의 축복과 보호가 우리와 함께할 것을 강조한다. 우리의 믿음은 분명 이 땅에서 긍정적인 효과를 발휘한다. 그러므로 오늘날도 많은 성도들이 하나님께 땅에서 그들이 당할 수도 있는 환난과 고난에서 보호해 달라고 기도한다.

그러나 욥기에 의하면 이것이 다는 아니다. 욥기는 믿음이 진가를 발휘하는 것은 이 땅에 사는 성도들에게 고난이 임했을 때라고 한다. 사실 성경적인 믿음이 있고 없고의 차이는 고난이 닥쳤을 때 성도의 반응에서 나타난다. 욥의 아내처럼 고난에 반응하는 사람은 온전한 믿음을 소유했다고 할 수 없다. 그들에게 믿음은 이 땅에서 누리는 부귀영화와 재난으로부터의 보호를 의미할 뿐이기 때문이다.

반면에 욥은 주신 분도 하나님이고 가져가신 분도 하나님이시니 이 모든 일을 겸허히 받아들이겠다며 하나님의 주권에 대한 절대적인 신뢰를 유지한다(1:21, cf. 2:10). 불현듯 찾아온 온갖 불행이 사탄이 기대했던 것처럼 욥의 믿음을 흔들지 못했다. 이후 욥이 친구들과 논쟁을 벌이며 하나님에 대한 서운함을 토로하는 것은 사실이지만, 이것은 불신의 행위가 아니다. 그는 단지 이때까지 알고 믿었던 하나님의 성품에 어울리지 않는 일(이유를 알 수 없는 고난)을 경험한 사람으로서 자신이 겪고 있는 혼란과 혼돈을 토로할 뿐이다.

이러한 차원에서 욥기는, 믿음은 보이지 않는 것을 보는 것이라고 한다. 온갖 고난과 어려움이 닥쳐와 아무것도 보이지 않을 때에 하나님만을 바라보고 신뢰하는 것이다. 또한 도저히 하나님을 신뢰할 수 없다고 생각될 때 주님을 신뢰하는 것이다. 진실하고 신실하게 살던 욥의 세상이 한순간에 무너졌다. 욥에게 일어난 일들은 그가 하나님을 믿지 않도록 하기에 충분했다. 그러나 그는 도저히 믿을 수 없는 순간에 하나님을 믿었다.

6. 통일성

욥기는 한 사람의 저작인가? 아니면 원저자가 책의 일부를 집필했지만, 세월이 지나면서 각기 다른 시대와 장소에서 살았던 사람들이 나머지 내용을 단계적으로 첨부하고 편집한 것인가? 이 이슈에 대해서는 아직도 논란이 많다(Baker, Guilleaume, cf. Zerafa). 학자들이 욥기의 통일성에 대하여 제기하는 이슈는 다양하다.

첫째, 욥기는 통일성 있는 문학작품으로서 매끈한 흐름을 보이지 않는다. 한 예로 다음 사항을 생각해보자. 책의 서론 부분에서 욥은 차라리 하나님을 저주하고 죽으라는 아내의 말에 수긍하지 않고 끝까지 믿음을 지켰는데(cf. 1-2장), 일단 그가 친구들과 대화를 시작하고 나서는 마치 창조주 하나님의 모든 것을 부정하는 사람처럼 말한다. 이런 정황은 1-2장에 묘사된 욥의 모습과 현저하게 다르다(cf. Fisher). 더 나아가 욥이 그처럼 하나님을 원망했는데도, 끝에 가서는 하나님이 욥을 위로하실 뿐만 아니라 오히려 하나님을 대변한 친구들을 책망하시는 일도 통일성 문제를 제기한다.

염두에 두어야 할 것은 책의 흐름이 매끈하지 않다고 해서 통일성을 훼손하지는 않는다는 사실이다(cf. Cliness). 설령 같은 책에서 상반된 관점이 전개된다 할지라도 이러한 상황이 책의 통일성을 훼손한다고 할 수 없다. 경우에 따라서는 저자가 의도적으로 책의 앞 섹션과 뒤 섹션을 겉보기에 상반된 형태로 전개할 수도 있기 때문이다. 이러한 현상은 저자가 책의 내용뿐만 아니라, 형태를 통해서도 자신의 메시지를 전달하기 위한 의도적인 전략일 수도 있다. 욥기의 경우가 그렇다. 욥은 영문도 모른 채 억울한 고통을 당했지만, 처음에는 겸허히 고통을 받아들였다. "우리가 하나님께 복을 받았은즉 화도 받지 아니하겠느냐"(2:10). 그러나 욥은 시간이 지나면서 자신의 고통에 대해 창조주께 불만과 의구심을 토로했다. 그는 절대 이런 고통을 당할 만한 죄를 짓지 않았기 때문이다.

우리는 욥의 모습을 오늘날에도 주변에서 종종 목격한다. 큰일을 당한 사람이 초인적인 능력을 발휘해 견뎌 낸다. 이때는 당한 일이 실감나지도 않는다. 어느 정도의 시간이 흐르고 나면 비로소 자신이 경험한 일이 현실로 다가온다. 이때 그는 견디기 힘든 고통을 감수하며 괴로워한다. 욥의 경험도 이러했다. 온갖 재앙을 순식간에 당한 욥은 처음에는 자신을 추슬렀지만, 시간이 지나면서 커져가는 고통이 자신을 압도한다.

친구들은 창조주께서 의인은 축복하고 악인은 벌하는 권선징악 원리로 세상을 다스리신다고 믿는다. 견디기 힘든 고통으로 하나님을 원망하는 욥을 보며 그가 죄를 지었기 때문에 이런 고통을 당한다고 생각한다. 자기는 죄를 지은 적이 없다는 욥을 뻔뻔하고 교만하다고 생각해 그를 책망한다. 그러나 시간이 지날수록 욥은 자신의 억울함을 더 강력하게 주장하며 오히려 친구들이 하나님이 기뻐하실 만한 말로 창조주에게 아첨한다고 비난한다(Kaufmann). 친구들의 비난이 거세질수록 욥의 확신도 강해진다.

이런 현상을 포착한 일부 학자들은 책의 시작 부분에서 고통을 겸허히 받아들였던 욥이 친구들과의 대화에서는 억울함을 항변하는 것은 이야기의 흐름과 통일성을 훼손한다고 생각한다. 이 같은 주장이 타당한가? 한 학자의 말처럼, 욥은 침해당한 사람이다(Chesterton). 욥은 처음에 영문을 모르고 당한 고통을 겸허히 받아들였다. 그러나 시간이 지나면서 그동안 그가 알고 있던 창조주 하나님과 그의 경험이 도저히 공존할 수 없다는 사실을 깨달았다. 그러므로 욥이 혼란스러운 생각을 토로하는 과정이 앞부분과 상반되게 느껴지는 것은 당연하며, 오히려 이야기를 발전시키는 면모를 지녔다. 욥이 처음에는 고통을 겸허히 받아들였다가 나중에는 억울함을 항변하는 것은 책의 통일성을 훼손하지 않는다.

일부 학자들은 욥의 세 친구가 하나님을 대변하고, 욥이 창조주에게 자신의 억울함에 대하여 항변한다고 본다. 그런데 끝에 가서 하나님이 욥의 세 친구를 정죄하고 욥을 인정하시는 일도 책의 통일성을 훼손한다고 주장한다.[5] 이 같은 주장은 끝에 가서 욥의 세 친구가 하나님께

---

5 또한 서론 부분(1-2장)에서 사탄이 문제를 제기해 욥이 고난을 당했는데, 끝에 가서 사탄이 어떠한 응징도 받지 않는 것도 책의 통일성에 대한 문제로 지적되기도 한다.

칭찬을 받아야 하고 욥이 하나님의 책망을 받아야 한다는 논리에 근거한다. 그러나 이러한 해석은 책의 성향과 메시지를 제대로 파악하지 못한 것이다.

모든 시스템과 논리는 합리적이어야 할 뿐만 아니라, 그 시스템과 체계가 충분히 설명할 수 없는 예외적인 일이 있을 수 있다는 가능성을 인정해야 한다. 왜냐하면 우리가 지향하는 사고체계와 신학 시스템은 완벽하지 않기 때문이다. 그러므로 불완전한 사고체계와 시스템으로 삶에서 경험하는 일들을 설명하다 보면 죄와 인간의 부패로 얼룩진 세상에서 일어나는 일들 중 어느 정도는 그 어떤 시스템과 사고체계로도 설명할 수 없다는 사실을 깨닫는다. 죄가 세상에 들어와 혼란을 초래하기 시작한 창세기 3장 이후로 모든 시스템과 논리는 예외적인 상황에 대한 가능성에 열려 있어야 한다.

욥의 세 친구가 사용하는 신학적 시스템은 세상의 기준으로 볼 때 거의 완벽하다. 그들의 시스템은 이 세상에서 일어나는 다양한 일들을 상당히 만족스럽게 설명할 수 있다. 그러나 욥은 그들의 시스템이 설명할 수 없는 예외적인 일을 경험했다. 친구들은 이러한 사실을 인정하지 않으려고 했다. 결국 그들은 창조주를 대변한답시고 억지 주장으로 이미 상처를 받을 대로 받은 욥을 더 힘들게 했다. 하나님은 의로운 고난자 욥이 처한 상황을 헤아리지 못하고 오히려 그의 상처에 소금을 뿌린 친구들의 예민하지 못한 마음과 예외를 허락하지 않으려는 신학적 교만을 책망하셨다(cf. Kaufmann). 결과적으로 일부 학자들이 주장하는 통일성 결여는 저자의 이야기 전개의 당연한 한 부분이다.

둘째, 욥기를 구성하고 있는 일부 본문이 책의 나머지 부분과 잘 어울리지 않는다는 주장이다. 책의 통일성을 논할 때 가장 이슈가 되는 본문은 '지혜시'라고도 불리는 28장이다. 28장은 책의 흐름을 끊는 듯한 느낌을 줄 뿐만 아니라, 앞뒤 내용과 잘 어울리지도 않는다(Longman). 이 외에도 엘리후의 담화를 형성하고 있는 32-37장과 여호와께서 직접화법으로 말씀하시는 38-41장은 책의 통일성과 흐름을 논할 때 중요한 이슈로 제기되는 부분이다. 책의 거의 대부분이 시/노래로 구성되어 있는데 1-2장과 42:7-17이 유일하게 이야기체로 구성되어 있어, 통일성 논쟁의 일부가 되기도 한다.

학자들이 통일성에 대하여 제시하는 이슈들은 각자 어느 정도 타당성을 지녔다. 예를 들자면 책의 흐름을 가장 방해하는 본문은 엘리후의 담화를 구성하는 32-37장이다(cf. Alter, Freedman, Gordis, Lynch, Walters). 전혀 예고도 없이 갑자기 나타난 엘리후는 매우 긴 담화를 통해 욥과 세 친구 모두의 주장과 논리를 비난한다. 문제는 이때까지 욥기는 엘리후의 존재에 대하여 어떤 암시도 주지 않은 것이다. 만일 그가 욥의 세 친구를 따라온 젊은 청년이었다면, 그는 왜 여태까지 욥과 친구들의 대화를 지켜만 보다가 이제야 끼어든 것일까?

더 나아가 엘리후가 담화를 마친 후에도 욥과 세 친구 등 모든 등장인물은 그가 마치 존재하지 않는 것처럼 취급한다. 그 누구도 엘리후의 논리에 반론을 제기하거나 수긍하지 않았다. 그러므로 그는 학자들의 주장처럼 책의 흐름을 방해한다(Gordis). 하나님이 세 친구를 책망하시는 마지막 섹션에서도 엘리후의 이름이 거론되지 않은 것도 엘리후의 담화가 책을 침범하고 있다고 간주할 수 있다.[6]

이런 사실을 인정하면서도 욥기의 통일성 문제에 대해 염두에 두어야 할 것은 욥기는 매우 오래된 책이며, 이 책이 오늘날 우리에게 전수된 과정에서 인간의 실수로 인한 훼손이나 부패가 본문에 반영되었을 수 있다는 사실이다. 우리는 이러한 훼손이나 부패가 심각한 수준은 아니므로 본문의 의미를 도출하는 일에 큰 영향을 미치지 않는다고 확신한다. 그러나 이러한 부패나 훼손으로 인해 우리가 기대하는 만큼

---

6 1-2장에서 이야기 흐름에 중요한 역할을 하는 사탄도 결말(42:7-17)에서는 모습을 보이지 않는다. 따라서 책의 결말에서 엘리후를 언급하지 않는 것이 책의 통일성을 훼손한다고 볼 수 없다는 논리도 어느 정도 설득력을 지니고 있다(cf. Smick).

의 매끈한 문맥이나 흐름을 유지하지 못할 수도 있다. 욥기는 이야기의 흐름이나 플롯을 매우 중요하게 여기는 서구적인 문학 세계에서 탄생한 작품이 아니다. 그러므로 서구적인 기준으로 욥기의 성향을 논하는 것은 어느 정도 한계가 있다는 것을 인정해야 한다.

7. 개요

책의 통일성이 논란이 되고 있는 것이 사실이지만, 욥기의 구조는 상당한 균형과 규칙적인 흐름을 기초로 하고 있다. 대부분 주석가들이 욥이 상당한 수준의 균형과 흐름을 반영하고 있다는 사실에 동의한다(Alden). 다음 구조를 참조하라(Sawyer).

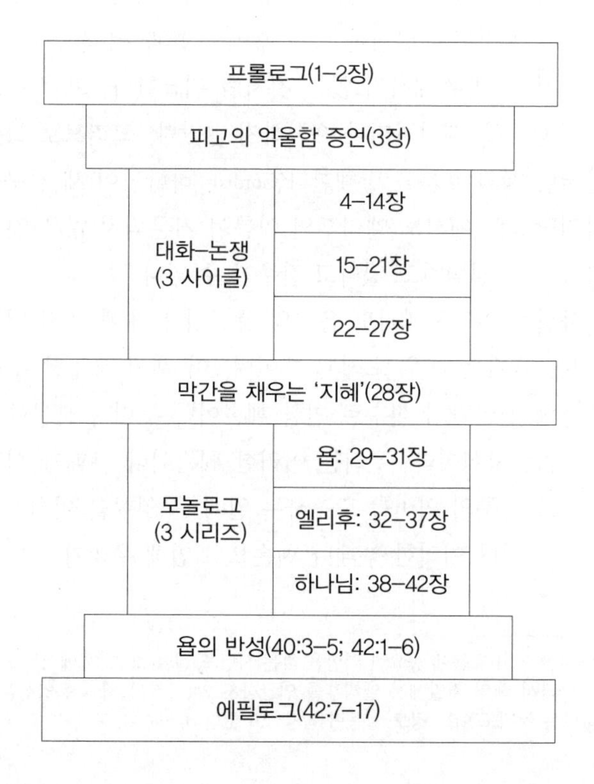

욥기를 당시 법정에서 펼쳐진 재판과 비슷한 장르로 이해하는 우리는 책이 다음과 같은 구조를 바탕으로 진행된다고 간주해 해석하고자 한다. 이 구조에 따르면 1–27장은 소송 과정으로, 28장은 소송을 마무리하기 위한 휴회로, 29–37장은 소송에 연루된 피고와 원고의 최후 증언으로, 38–42장은 판결과 그 과정에서 피고와 재판장이 주고받는 대화로 이해한다.

책의 흐름을 이렇게 해석하면, 욥의 통일성에 대하여 제기된 여러 가지 문제들이 결코 책의 흐름을 방해하는 이질적인 요소들이 아니라, 법정에서 펼쳐지는 일의 일부로 간주할 수 있다. 더 나아가 엘리후의 담화를 검사 측 최종 증언으로 이해하면 왜 욥과 친구들을 포함한 그 누구도 그의 논리와 주장에 반박하지 않는지 이해가 된다. 소송을 제기한 측의 최종 증언이기 때문이다.

A. 소송의 역사적 정황(1–2장)
B. 피고 욥의 억울함 호소(3장)
C. 검사측 증인들(세 친구)과 욥의 대질 심문(4–27장)
D. 소송을 마무리하기 위한 휴회(28장)
B′. 피고 욥의 최종 증언(29–31장)
C′. 검사 측 엘리후의 최종 증언(32–37장)
D′. 재판장 하나님의 판결 근거 1부(38:1–40:2)
B″. 욥의 판결 근거 수긍(40:3–5)
D″. 재판장 하나님의 판결 근거 2부(40:6–41:34)
B‴. 욥이 판결에 수긍 의지를 밝힘(42:1–6)
D‴. 재판장 하나님의 판결(42:7–8)
A′. 소송 이후의 역사적 정황(42:9–17)

욥과 친구들이 본격적으로 대화를 시작하는 4장 이후부터는 비슷한 논리와 내용이 상당히 많이 반복된다. 그러므로 학술적인 연구보다는 목회자들의 설교와 묵상을 돕는 것을 주된 목적으로 하는 이 주석에서는 이야기가 시작되는 1장에서부터 욥과 세 친구들의 첫 번째 대화가 마무리되는 14장까지는 어느 정도 자세하게 주해하고 이후 반복되는 내용들은 상당 부분 요약적으로 정리하고자 한다.

I. 서론(1:1–2:13)
  A. 욥 소개(1:1–5)
  B. 하늘에서 있었던 첫 번째 일(1:6–12)
  C. 욥이 재산을 잃음(1:13–22)
  D. 하늘에서 있었던 두 번째 일(2:1–6)
  E. 욥이 건강을 잃음(2:7–10)
  F. 욥의 세 친구 소개(2:11–13)
II. 욥의 슬픔(3:1–26)
  A. 서론(3:1–2)
  B. 욥이 생일을 저주함(3:3–10)
  C. 욥이 죽음을 갈망함(3:11–19)
  D. 욥이 삶을 미워함(3:20–23)
  E. 결론(3:24–26)
III. 욥과 친구들의 대화(4:1–27:23)
  A. 첫 번째 사이클(4:1–14:22)
  B. 두 번째 사이클(15:1–21:34)
  C. 세 번째 사이클(22:1–27:23)
IV. 지혜의 노래(28:1–28)
  A. 지혜는 광에서 캘 수 없다(28:1–11)
  B. 지혜는 돈으로 살 수 없다(28:12–19)
  C. 지혜는 세상 어디서도 찾을 수 없다(28:20–22)

D. 지혜는 하나님과 함께 있다(28:23-28)

V. 욥의 의에 대한 재확인(29:1-31:40)

A. 욥의 회고(29:1-25)

B. 욥의 탄식(30:1-31)

C. 억울함 호소(31:1-40)

VI. 엘리후의 증언(32:1-37:24)

A. 친구들과 욥을 비난함(32:1-33:33)

B. 정의로우신 하나님(34:1-37)

C. 욥의 독선을 비난함(35:1-16)

D. 능력이 크신 선하신 하나님(36:1-37:24)

VII. 하나님의 임재(38:1-42:6)

A. 하나님의 첫 번째 질의(38:1-40:2)

B. 욥의 첫 번째 대답(40:3-5)

C. 하나님의 두 번째 질의(40:6-41:34)

D. 욥의 두 번째 대답(42:1-6)

VIII. 결론(42:7-17)

A. 친구들에 대한 심판(42:7-9)

B. 욥에게 내려진 축복(42:10-17)

I. 서론
(1:1–2:13)

욥기는 독자들에게 지혜가 무엇이고 삶에서 어느 때 가장 지혜가 필요한가를 가르쳐주는 지혜문학에 속한다. 욥기가 지혜문학에 속한 책이다 보니 책에 기록된 이야기의 사실성(역사성)을 확인할 만한 정보를 많이 제공하지는 않는다. 지혜문학에 속한 욥기의 메시지를 이해하는 데 역사적인 정보(등장인물들이 실존 인물들이었는가, 그들이 당한 일이 실제로 있었던 일인가 등)는 그다지 중요하지 않기 때문이다(cf. Coasts, Hals).

그럼에도 불구하고 욥기는 주인공인 욥이라는 신앙의 영웅 이야기를 그의 신상 정보와 그가 살았던 시대에 대하여 사건성/실제성을 전제하는 내러티브(narrative)로 시작한다. 비록 욥이 실제 인물이었는지 혹은 가상 인물이었는지가 책의 메시지를 가름하는 데 중요하지는 않지만, 저자는 욥이 실제로 이 땅을 살았던 하나님의 자녀였다는 사실을 전제로 자기 작품이 읽히기를 원하기 때문이다. 만일 독자들이 욥이 정확히 어느 시대에 어디에서 살았던 사람인가에 대하여 관심을 갖고 있다면, 책 전체에서 이 섹션(1–2장)이 그들의 궁금증을 충족시킬 수 있는 유일한 곳이다.

저자는 본문을 통해 앞으로 이야기를 전개해 나갈 모든 등장인물(유일한 예외는 엘리후)을 소개한다. 더 나아가 한 가지를 분명히 하고자 한다. 우리가 욥기를 읽을 때 주인공인 욥이 경험한 고통과 아픔이 그의 죄에서 비롯되지 않았다는 사실이다. 저자는 이러한 사실을 책의 구조를 통해서 밝히고 있다. 욥기를 장르에 따라 분석하면 다음과 같다.

내러티브 1:1–2:13	시가체 3:1–42:6(32:1–6는 내러티브)	내러티브 42:7–17

욥기뿐만 아니라 구약성경에서는 사무엘서와 사사기와 이사야서 등도 이러한 구조를 지니고 있으며 책을 시작하는 부분과 마무리하는 부분이 일종의 '책 받침대' 역할을 하면서 중앙에 있는 내용을 감싸고(지탱하고) 있다. 책이 이러한 구조를 지니고 있으면 독자들은 중심 내용을 감싸고 있는 '책 받침대'에 각별한 관심을 가져야 한다. 책이 전하고자 하는 핵심 메시지를 이해하는 데 필요한 해석적인 열쇠들이 '책 받침대' 섹션에 담겨 있기 때문이다.

저자는 이 섹션에서 욥이 흠이 없는 의인이었다는 사실을 세 차례 확인해 준다(1:1, 8; 2:3). 이 중 하나님이 직접 욥의 의로움과 흠이 없다는 사실을 인정하는 발언을 두 차례(1:8; 2:3)나 하시는 것은 참으로 괄목할 만한 일이다. 저자는 욥에 대하여 이런 정보를 제공함으로써 앞으로 전개될 이야기를 욥이 지은 죄와 연결하지 말라며 선을 긋고 있다. 욥이 겪은 고난과 그가 지은 죄는 전혀 관계가 없다.

욥이 친구들과의 대화 중 때로는 아픔을 토로하면서 망언에 가까운 발언을 하는 것은 사실이다. 저자는 망언에 가까운 욥의 말이 불신에서 비롯된 것이 아니라, 삶에서 겪은 혼란으로 비롯되었다고 주장한다. 그 혼란은 욥이 평생 '하나님은 이런 분이시다'라고 믿고 살아온 진리가 그가 최근에 경험한 일을 충분히 설명할 수 없는 상황에서 비롯되었다. 욥이 평생 믿고 살아왔던 신학적 사고체계가 그가 경험한 고난 앞에서 순식간에 무너져 내렸다. 그러므로 평생 처음 겪고 있는 신학적–믿음의 혼란에서 울부짖는 욥을 정죄하는 일은 옳지 않을 뿐만 아니라, 저자의 의도도 아니다.

욥기를 시작하는 본문은 하나님의 자녀들이 삶에서 접하는 믿음과 연관된 여러 가지 이슈들을 제시한다. 신앙과 고난은 어떤 관계가 있는가? 믿음이 좋은 사람은 고통에서 면제되는가? 즉 고난은 믿음의 척도인가? 믿음과 부(富)는 어떤 관계가 있는가? 믿음이 좋으면 부자가 되고, 믿음이 없으면 가난한가? 즉 소유한 부가 그 사람의 믿음에 대한 증거가 될 수 있는가? 믿음과 건강은 어떤 관계가 있는가? 믿음이 좋은 사람도 육체적인 고통과 질병에 시달릴 수 있는가? 혹은 죄인들은 건강을 잃을지라도 의인은 항상 건강한가? 믿음은 사람을 불행과 사고에서 보호하는가, 혹은 불행과 사고는 믿음과 전혀 상관없는가? 그렇다면 하나님을 경외하는 것은 무엇이며, 사람은 왜 믿는가?

이러한 질문은 영적인 세계에서도 계속된다. 1–2장은 하늘과 땅을 왕래하며 전개된다. 저자는 하늘과 땅을 배경으로 이야기를 진행함으로써 하늘에서 있었던 일이 이 땅에 사는 욥에게 어떻게 영향을 미쳤는가를 회고한다. 영적인 세계(하늘)와 육적인 세계(이 세상)는 서로 떼어놓을 수 없는 관계를 유지한다. 그러므로 이 세상에서 일어난 일(욥의 훌륭한 믿음)은 하늘에 계시는 하나님을 감동시켰고, 하늘에서 펼쳐진 하나님과 사탄의 대화는 이 땅에 사는 욥의 삶을 완전히 바꾸어놓았다.

이러한 상황에서 하나님은 우리의 고통과 어떤 관계가 있는가? 사탄과 사람이 당하는 고통은 어떤 관계가 있는가? 하나님은 영적으로 신음하고 육체적으로 아픈 성도가 어떤 자세로 삶에 임하기를 원하시는가? 이 외에도 여러 가지 다양한 이슈를 제기하는 본문은 다음과 같은 구조를 지녔다.

A. 욥 소개(1:1–5)
B. 하늘에서 있었던 첫 번째 일(1:6–12)
C. 욥이 재산을 잃음(1:13–22)
B′. 하늘에서 있었던 두 번째 일(2:1–6)
C′. 욥이 건강을 잃음(2:7–10)
A′. 욥의 세 친구 소개(2:11–13)

I. 서론(1:1–2:13)

A. 욥 소개(1:1–5)

학자들은 욥기 1–2장이 민간설화(folktale, folklore)의 성향을 다분히 지니고 있다고 한다(Niditch, Longman). 이야기를 시작하는 "우스 땅에 욥이라는 사람이 있었는데…"는 마치 "아주 먼 옛날에, 아주 먼 곳에…"라는 분위기를 띤다(Newsom). 이러한 표현은 비유(parable, 삼하 12:1)와 우화(fable, 왕하 14:9)를 시작하는 문장과도 비슷하다(Clines). 또한 주요 언어적 표현과 단어들의 반복과 숫자의 상징적인 사용과 등장인물과 사건들이 과장적으로 묘사된 것도 욥의 이야기가 민간설화라는 결론을 입증하는 증거로 제시된다. 욥기가 비유 혹은 우화적으로 시작한다고 해서 욥기의 역사성을 부인할 필요는 없다. 욥기가 이렇게 시작하는 이유는 단지 그가 이스라엘의 구속사적 이야기(redemptive-historical story)의 주류에 속하지 못했다는 것을 의미할 뿐이기 때문이다(Clines).

욥기 1–2장처럼 비유로 분류되는 이야기가 종종 구약성경에서 보이는데, 대표적인 예가 간음한 다윗을 찾아가 책망한 나단이 들려준 한 부자와 가난한 사람의 양 이야기다(삼하 12:1–4). 나단 선지자는 하나님의 말씀으로 다윗을 책망하기 전에 그가 스스로 자신의 죄를 돌아보도록 가르치기 위해 양 이야기를 했다. 그러므로 학자들은 이러한 유형의 이야기를 '교훈적인 이야기'(didactic story)라고 한다. 욥기도 교훈을 주기 위해 저작되었다(Newsom).

고대 근동 정황에서 가르침은 곧 지혜를 나누는 일과 가장 밀접하게 연관이 있었다. 그러므로 욥기는 욥이라는 한 영웅적 선진의 놀라운 믿음을 기리기 위해 저작된 역사서가 아니라, 주의 백성에게 지혜를 주기 위해 저작된 지혜문학이다. 욥기는 성도의 삶에서 가장 중요한 요소인 지혜, 더 구체적으로 말하자면 고난이 임할 때 그 고난에 대응하는 지혜를 가르치기 위해 저작되었다.

욥기가 지혜를 가르치기 위해 저작된 책이라고 등장인물과 사건들을 모두 가상(假想)으로 간주할 필요는 없다. 고대 근동의 지혜문학들도 상당 부분 실제성을 전제하고 저작되었기 때문이다(Alden, Longman). 욥이 살던 우스(1:1)와 침략자들의 근원지인 스바(1:15)와 갈대아(1:17)와 욥의 소식을 접하고 찾아온 친구들의 고향인 데만과 수아와 나아마(2:11)의 위치가 정확히 어디인지에 대하여 다소 논란이 있지만, 당시 실제로 존재했던 도시/지역 이름이라는 것은 확실하다. 그러므로 욥기가 옛적에 이 땅을 살았던 사람들과 그들의 거주지를 배경으로 한 실화일 가능성을 배제할 필요는 없다. 이미 언급한 것처럼 욥기가 이런 모습으로 시작하는 것은, 단지 이 책이 이스라엘의 구속사적 이야기(redemptive–historical story)의 주류에 속하지 못했다는 것을 의미할 뿐이다(Clines). 책의 주인공인 욥을 소개하는 본문은 다음과 같이 구분될 수 있다.

A. 욥의 성품(1:1)
B. 욥의 자녀들(1:2)
C. 욥의 부(1:3)
D. 욥의 신앙(1:4–5)

I. 서론(1:1-2:13)
A. 욥 소개(1:1-5)

1. 욥의 성품(1:1)

[1:1] 우스 땅에 욥이라 불리는 사람이 있었는데 그 사람은 온전하고 정직하여 하나님을 경외하며 악에서 떠난 자더라

'욥'(אִיּוֹב)이라는 이름은 주전 2000년대부터 시리아-가나안 지역에서 남자 이름으로 사용되었다(Pope). 그러나 이 이름이 어떤 의미를 지녔는가는 정확하지 않다. 이 이름을 히브리어 이름으로 해석하는 사람들은 '나의 아버지는 어디에 계시는가?'로 해석해 욥이 고통 속에서 그의 아버지 여호와 하나님을 찾은 일을 상징하는 이름으로 간주한다(cf. Clines). 어떤 이들은 이 이름이 히브리어 단어 '원수'(אֹיֵב)에서 비롯되었으며, 욥이 한동안 하나님의 '원수'가 되었던 일을 상징하는 이름이라고 주장한다(Alden, Weiss). 이방인이었던 욥의 이야기가 정경의 일부가 되면서 그의 이름이 '히브리어화'(Hebraize)된 것을 배제할 필요는 없지만, 이 이방인 이름을 히브리어화하지 않고 의미를 알 수 없는 이방인 이름으로 남겨두는 것이 바람직하다. 모든 것이 추측일 뿐이기 때문이다.

욥이 살았다는 '우스'(עוּץ, 1절)는 어디에 있었을까? 성경에서 우스는 지역 혹은 사람 이름으로 사용된다. 지역 이름으로는 이스라엘 남쪽 에돔 영토에 속한 땅이다(렘 25:20; 애 4:21, cf. 창 36:28). 성경에서 우스는 사람 이름으로도 세 차례 등장한다. (1) 아람의 아들이자 셈의 손주(창 10:22 = 대상 1:17), (2) 아브라함의 조카이자 나홀과 밀가의 아들이며 부스의 형제(창 22:21), (3) 에돔에 속한 세일에 거주한 호리 사람 디산의 아들(창 36:28 = 대상 1:42). 이런 정황을 종합해 볼 때 한 가지 확실한 것은 우스는 이스라엘 땅 밖에 위치했다는 사실이다.

아직까지 우스의 정확한 위치가 밝혀지지는 않았지만, 그래도 가장 큰 가능성을 지닌 곳은 에돔이다(Smick, cf. Longman). 고대 사회에서 에

돔은 지혜로 유명한 지역이었다(cf. 렘 49:7). 욥기가 지혜를 중요한 주제로 다루고 있는 것도 학자들이 욥이 살던 곳을 논할 때 항상 에돔을 거론하는 이유 중 하나이다. 욥은 훗날 에돔 사람들이 살게 될 땅에 거하는 이방인이었다. 한 가지 염두에 둘 것은 지혜문학에 묘사된 사건들과 인물들의 실제적인 역사성은 많은 사람들이 생각하는 것처럼 중요하지 않다는 점이다(cf. Clines).

이미 서론에서 언급한 것처럼 욥은 이스라엘의 선조 시대, 더 구체적으로 말하자면 아브라함 시대에 살았던 사람일 가능성이 높다. 종종 사람들은 선조 시대에 아브라함과 그의 후손들 외에 하나님을 경외한 사람들–그것도 이방인 성도들–이 있었다는 사실에 의아해한다. 그러나 성경을 잘 살펴보면 충분히 가능한 일이며, 실제로 아브라함 외에도 많은 성도들이 존재했다.

가장 결정적인 성경적 증거는 아브라함이 전쟁 포로가 되어 끌려가는 조카 롯을 구한 이야기에서 드러난다(창 14장). 아브라함이 롯을 데리고 돌아올 때 그를 반겨준 사람들 중에 제사장 멜기세덱이 있었다(창 14:18-20). 성경은 이 사람을 "지극히 높으신 하나님의 제사장"이었다고 기록한다. 그는 아브라함에게 하나님의 축복을 빌어주고, 아브라함은 그에게 십일조를 바쳤다. 정황을 고려할 때 멜기세덱은 분명 여호와 하나님을 섬기는 제사장이었고 아브라함도 이 사실을 인정했기 때문에 그에게 십일조를 바쳤다.

아브라함 시대에 여호와 하나님의 제사장이 있을 정도라면, 그 제사장 주변에는 상당수의 성도들이 있었을 것을 충분히 상상할 수 있다. 또한 멜기세덱만이 당시 여호와 하나님의 유일한 제사장이라고 전제할 필요도 없다. 멜기세덱 외에도 많은 제사장이 있었을 수 있다. 당시 상당한 규모의 믿음 공동체가 세상 곳곳에 존재했음을 암시한다. 이러한 정황을 고려할 때 욥은 아브라함 시대에 훗날 에돔 땅이 될 우스에 살았던 이방인 성도였을 가능성이 매우 높다. 이 세상을 살았던 사람들 중 가장 훌륭한 믿음을 소유한 것으로 평가되는 욥이 이방인이었다는 사실이 시사하는 바가 크다.

저자(내레이터)는 욥의 성품에 대하여 네 가지로 평가한다. (1) 온전하다, (2) 정직하다, (3) 하나님을 경외한다, (4) 악에서 떠난 사람이다(1절). 욥은 종종 동방에 살았던 현자(sage)로 평가되는데(Smick), 이러한 정황을 고려하면 현자(지혜를 가진 자)는 이 네 가지 성품을 지닌 사람으로 해석할 수 있다. 곧 사람이 지혜를 추구하고 소유하는 목적은 이 네 가지를 달성하기 위해서라고 할 수 있다. 성경의 지혜 사상은 실용성을 매우 중요하게 여기는데, 이 실용성은 종교적인 성향과 윤리적인 성향을 겸비한다. 욥기 1-2장은 욥의 경건하고 거룩한 성품 네 가지를 세 차례나 언급하는데, 이 중 두 차례는 하나님이 직접 말씀하신다(1:8; 2:3). 저자는 욥의 의로움을 묘사하면서 숫자들을 전략적으로 사용하고 있다.

첫째, 그는 욥의 의로움을 네 가지로 표현하는데, 성경에서 숫자 '4'는 총체성을 상징한다. 선지자 에스겔이 네 날개와 네 얼굴을 가진 네 생물들을 묘사하면서 숫자 '4'를 총체성을 묘사하는 가장 효과적인 숫자로 사용한다. 이 숫자가 총체성을 상징하게 된 것은 이미 고대 때부터 온 세상을 아우를 때 네 방향(동, 서, 남, 북)으로 묘사했던 것에서 비롯되었다. 그러므로 저자가 욥의 인격을 선한 것 네 가지로 묘사하는 것은 욥은 참으로 흠잡을 것 없는 의로운 사람이었다는 사실을 강조하기 위해서이다.

둘째, 욥의 이야기를 시작하는 1-2장이 욥은 의인이었다는 사실을 세 차례 언급하는 것(1:1, 8; 2:3) 또한 상징적인 의미를 지녔다. 성경에서 숫자 '3'은 만수/완전수이다. 저자는 욥이 흠이 없는 의인이었다는 사실을 세 차례나 기록함으로써 앞으로 전개될 욥의 이야기를 그가 지은 죄와 연계하는 오류를 사전에 차단한다. 욥은 그런 고통을 당할 만한 죄를 짓지 않았다는 전제 하에 이야기를 해석해 나가는 읽기 전략

(reading strategy)을 제시한다.

셋째, 주인공인 욥이 의인이었다는 사실을 이 책은 세 차례 인정하는데 그중 두 차례는 하나님이 직접 말씀하신다(1:8; 2:3). 숫자 '2'도 상징적인 의미를 지닌 숫자이다. 율법에 의하면 죄로 인해 사람을 처형할 때는 최소한 증인 두 명이 있어야 한다(신 17:6). 한 명의 증언으로는 사형으로 처벌받는 죄를 입증할 수 없다. 그러므로 '2'는 확신의 숫자이다. 하나님은 두 차례나 직접 욥의 의로움을 언급하심으로써 그의 의로움이 의심할 여지가 없다고 확인해 주신다. 앞으로 전개될 그의 이야기를 죄와 결부시키지 말라는 경고이다. 훗날 하나님은 욥에게 두 배의 재산으로 보상하심으로써 그의 고난이 죄에서 비롯되지 않았다는 사실을 다시 한 번 확인해 주신다(욥 42:10).

저자는 이처럼 숫자들을 전략적으로 사용해 욥의 경건한 삶을 묘사한다. 그가 책을 시작하면서 욥의 의로움을 이처럼 강력하게 강조하는 것은 앞으로 욥이 당할 고난을 그가 지은 죄와 연결시켜서는 안 된다는 읽기 전략을 미리 독자들에게 알려줌으로써 책의 메시지를 제대로 해석할 수 있도록 하기 위해서이다. 생각해 보면 욥은 그가 지은 죄로 인해 고난을 받은 것이 아니라, 오히려 그가 매우 의로웠고 진심으로 여호와를 경외했기 때문에 고난을 당했다. 권선징악 원리가 지배하는 세상에서 그는 매우 예외적이고 특별한 경험을 했다.

욥의 선한 성품을 묘사하는 네 가지 표현–온전함, 정직함, 하나님을 경외함, 악에서 떠남–을 생각해보자. 성경은 인류 역사상 가장 의롭게 산 사람들 중 하나인 노아에 대하여 겨우 두 단어로 그의 의로운 삶을 묘사한다(창 6:9). 반면에 욥의 의로움은 네 단어가 묘사한다는 것은 욥이 노아보다 훨씬 더 훌륭했다는 사실을 암시한다. 욥의 의로움을 묘사하는 이 네 가지 표현은 지혜문헌에서 흔히 사람의 도덕성과 신앙을 총체적으로 묘사할 때 쓰이는 용어들이다(Newsom, cf. 시 25:21; 37:37; 잠 3:7; 14:16; 16:6, 17).

이 네 단어는 각각 둘씩 쌍을 이루며 욥의 높은 도덕성과 깊은 신앙을 강조한다.

첫째, 욥은 온전하고(תָּם) 정직한(יָשָׁר) 사람이었다. '온전함'(תָּם)은 사람의 인품을 설명하는 단어이며, '정직함'(יָשָׁר)은 행동의 윤리적 상태를 묘사하는 단어이다(Clines, Weiss). 그러므로 이 두 단어는 비슷한 말로 취급되어 지혜문학에서 지혜로운 사람 혹은 의인을 묘사하는 쌍(pair)으로 자주 사용된다(잠 1:3; 2:7, 21; 8:6, 9; 11:3, 20; 12:6; 13:6; 14:11; 15:8; 19:1; 20:7; 28:6). 잠언은 이 용어들을 사용해 도덕적으로 옳은 일을 하는 사람의 인격과 행동을 묘사한다(Longman). 욥은 도덕적으로 매우 건전한 사람이었으며, 매사에 쉽게 흔들리지 않고 항상 진실한(integrity) 삶을 살았다는 뜻이다(cf. 2:3, 9). 욥은 종들을 대하는 일과 가난한 사람들을 돕는 일과 가정생활 등 일상의 모든 영역에서 항상 진실한 사람이었다(Alden).

둘째, 욥은 '하나님을 경외하고'(יְרֵא אֱלֹהִים) '악에서 떠난'(סָר מֵרָע) 사람이었다. 성경은 여호와를 경외하는 것이 지식의 근본이라고 하는데(잠 1:29; 2:5; 3:7; 8:13; 9:1), 하나님을 경외하는 삶은 하나님의 존재와 기준/가치를 매우 심각하게 받아들인다(Walton). 그러므로 하나님을 경외하는 일이 감정적으로 주님을 두려워하는 것을 의미하지 않으며(Longman), 마음속 가장 깊은 곳에서부터 창조주 하나님과 그의 기준을 크게 존경한다는 뜻이다(cf. HALOT). 인간의 삶에서 도덕과 종교는 따로 구분되지 않고 하나로 함께 취급된다(Clines).

성경이 하나님을 경외하는 사람을 묘사할 때 그는 악에서 떠난 사람이라는 사실을 자주 함께 언급한다. 사람이 악에서 떠나는 것은 하나님을 경외하는 것의 다른 면모(dimension)라 할 수 있기 때문이다. 마치 동전의 양면처럼 말이다(Alden). 그렇다면 사람이 아무리 여호와를 경외한다고 고백할지라도, 만일 그가 악을 떠나지 않고 이런 말을 한다면, 그는 여호와를 경외하지 않는 것이다. 여호와를 경외하는 일은 악을 떠나는(악에서 돌아서는) 것과 떼어놓을 수 없는 관계이기 때문이다. 믿고 고백하는 것은 곧 행동과 실천으로 쌍을 이루어야 한다.

욥의 삶을 서술하는 네 단어들 중 처음 둘(온전하고 정직함)은 그의 일상적인 삶을, 나머지 두 단어(하나님을 경외하고 악에서 떠남)는 그의 신앙을 묘사한다. 이러한 현상은 욥의 의로움이 그의 믿음에 근거를 두고 있음을 암시한다. 사람이 의롭게 행하는 것은 곧 그의 신앙(여호와에 대한 경외)이 자연스럽게 맺는 열매이다. 성도의 삶에서 일명 '속된 영역'과 '거룩한 영역'은 따로 구분될 수 없으며, 구분되어서도 안 될 정도로 밀접한 관계를 유지해야 한다.

I. 서론(1:1–2:13)
A. 욥 소개(1:1–5)

2. 욥의 자녀들(1:2)

[2] 그에게 아들 일곱과 딸 셋이 태어나니라

삶의 방식과 신앙에서 타인의 모범이 된 욥은 가정에 관해서도 사람들에게 선망의 대상이 되기에 충분했다. 그는 일곱 아들과 세 딸을 두었다. 남자아이를 선호하던 당시에 아들이 일곱이고 딸이 셋이라는 것은 분명 사람이 누릴 수 있는 가장 이상적인 상황의 극치이다(cf. Clines, Longman). 욥은 자식에 대해서도 하나님께 큰 축복을 받은 사람이었다. 그는 참으로 완벽한 가정을 누렸다.

욥의 자녀의 숫자도 범상치 않다. 7과 3은 만수/완전수이다. 이 둘의 합인 10도 완전수이다. 저자는 욥이 가장 이상적인 남녀 비율의 자녀 수를 누린 아버지였다는 것을 강조하고자 한다(Alden). 그러므로 훗날 모든 환난이 끝난 후에 하나님은 욥에게 짐승들은 배로 보상해주시지만, 자녀들은 본문에서처럼 일곱 아들과 세 딸을 주신다(42:13). 상징적인 면에서 이보다 더 좋을 수는 없기 때문이다.

한 가지 특이한 것은 저자가 욥의 가족을 소개하면서 아내에 대해서는 침묵한다는 것이다. 욥의 아내에 대한 침묵을 어떻게 해석해야 하는가? 그녀는 가족에 포함할 만한 가치도 없는 여자였단 말인가? 아마도 2장에서 그녀가 남편에게 "저주하고 죽으라"는 말을 할 때, 그녀의 등장을 최대한 드라마틱하게 하기 위해서일 것이다(cf. Clines).

I. 서론(1:1-2:13)
A. 욥 소개(1:1-5)

3. 욥의 부(1:3)

[3] 그의 소유물은 양이 칠천 마리요 낙타가 삼천 마리요 소가 오백 겨리요 암나귀가 오백 마리이며 종도 많이 있었으니 이 사람은 동방 사람 중에 가장 훌륭한 자라

욥의 이야기에서 정형화된 숫자가 계속 사용되고 있다. 저자는 1절에서 욥의 인품을 네 가지로 언급했는데, 이번에는 그가 소유한 짐승을 양, 낙타, 소, 암나귀 네 가지로 정리한다. 이 외에도 욥은 분명 다른 짐승(염소, 말, 숫나귀, 닭)도 소유했을 것이다. 그러나 정형화된 숫자를 전략적으로 사용하는 저자는 그의 재산을 이 네 종류의 짐승으로 묘사한다.

숫자 '10'도 계속 사용되고 있다. 양 7,000과 낙타 3,000은 총 10,000이 된다.[7] 다윗 시대 때 대단한 부자였던 나발의 양이 3,000마리에 불과했던 점을 감안하면(삼상 25:2) 욥의 부(富)가 어느 정도였는지 상상할 수 있다. '한 겨리'(צֶמֶד)는 두 마리를 뜻하므로(HALOT), 욥이 소 500

7 낙타가 언제 가축화되었는가에 대하여 다소 논란이 있지만(cf. ABD), 욥의 부를 묘사하고 있는 본문을 이해하는 데는 별 의미가 없는 논쟁이다.

겨리를 소유했다는 것은 총 1,000마리를 가졌다는 의미이다. 그러나 저자는 '소 1,000마리' 대신 의도적으로 '소 500겨리'라고 표현한다. 뒤따르는 암나귀 500마리와 함께 소와 암나귀의 합을 1,000으로 표기하기 위해서이다. 훗날 하나님이 욥의 재산을 회복시켜 주실 때에도 소는 2,000마리가 아니라 '1,000겨리'를 주셨다고 한다(42:11). 욥이 암나귀 500마리를 소유했다는 것은 숫나귀의 수도 최소한 몇백 마리에 달했던 것을 암시한다.

양과 낙타 10,000마리(=10×10×10×10)와 소와 암나귀 1,000유닛(=10×10×10)은 욥의 부(富)가 참으로 대단했음을 암시한다. 여호와를 경외한 욥이 이처럼 많은 재산을 가졌다는 것은 그의 재산이 모두 하나님의 축복이었음을 전제한다(Longman, Newsom). 안타깝게도 하나님의 축복이 잠시 후 그에게 큰 시련을 안겨주는 빌미가 된다.

이 정도 규모의 가축 떼를 관리하려면 많은 사람이 필요하다. 욥은 종도 많아서 별 어려움 없이 이 모든 짐승 떼를 유지할 수 있었다. 저자는 갑부인 욥을 동방 사람 중에 가장 훌륭한 자라고 극찬한다. 개역개정이 '훌륭한'으로 번역하고 있는 히브리어 단어(גָּדוֹל)의 정확한 의미는 '대단한/큰'이다. 일부 학자들은 욥이 동방에서 가장 훌륭한 사람이었다는 것이 그가 매우 지혜로운 사람이었음을 뜻한다고 주장하지만(Weiss), 문맥을 고려할 때 그가 동방의 그 누구보다도 많은 재산을 가졌다는 의미로 해석되어야 한다(Gordis). 재산이 많다고 해서 훌륭한 사람이 되는 것은 아니다. 그러므로 다른 번역본들처럼 이 단어(גָּדוֹל)를 '으뜸가는 부자'로 번역하는 것이 바람직하다(공동, 새번역, 아가페, TNK).

지금까지 저자는 욥을 삶에서 모든 것을 얻고 누린 사람으로 묘사했다. 그는 참으로 훌륭한 인품과 신앙으로 인해 모든 사람의 존경을 받는 존귀한 사람이다. 욥은 완벽하고 이상적인 가정을 누리고 있다. 더 나아가 그는 참으로 큰 부(富)를 소유했다. 모든 것을 가진 욥의 모습은 훗날 그가 모든 것을 잃었을 때와 매우 극명한 대조를 이룬다.

I. 서론(1:1–2:13)
A. 욥 소개(1:1–5)

4. 욥의 신앙(1:4-5)

[4] 그의 아들들이 자기 생일에 각각 자기의 집에서 잔치를 베풀고 그의 누이 세 명도 청하여 함께 먹고 마시더라 [5] 그들이 차례대로 잔치를 끝내면 욥이 그들을 불러다가 성결하게 하되 아침에 일어나서 그들의 명수대로 번제를 드렸으니 이는 욥이 말하기를 혹시 내 아들들이 죄를 범하여 마음으로 하나님을 욕되게 하였을까 함이라 욥의 행위가 항상 이러하였더라

훌륭한 인품과 신앙을 지닌 아버지에게서 배운 것일까? 욥의 자녀들은 아버지 집에서 독립한 후에도 서로 좋은 관계를 유지했다. 그들은 왕의 자식들처럼 각자 집을 소유했을 뿐만 아니라, 며칠 동안 잔치를 해도 별 어려움이 없을 정도로 부유했다(Clines, cf. 삼하 13:7, 20; 14:31).

한 주석가는 욥의 자녀들이 모두 결혼을 하지 않은 상황이라고 하지만(Longman), 그들의 결혼 여부는 정확히 알 수 없다. 그들은 각자 생일이 되거나, 자기 순서가 돌아온 날(Gordis)이 되면 다른 형제들뿐만 아니라 누이들도 불러 잔치를 하며 함께 기뻐했다(4절). 기쁨이 가득한 욥의 가정은 성차별이 없는 건강한 집안이었다. 또한 이 잔치들이 부모의 집에서 행해지지 않은 것은 종교적 절기에 따른 잔치가 아니었기 때문이다(Clines). 당시 종교적 절기에 따른 잔치들은 부모의 집에서 행하는 것이 일상적이었다.

욥의 열 자녀가 한곳에 모여 잔치를 하면 욥도 덩달아 바빠졌다. 욥은 며칠 동안 진행된 생일 잔치가 끝나면 아들들을 불러다 성결하게 했다(5절). 당시에는 가장이 제사장 역할을 하는 시대였기 때문에 욥이 제사장이 되어 이 모든 일을 진행했다. 정확히 어떤 예식이 치러졌는지는 알 수 없지만, 아들들의 성결예식은 곧바로 번제를 드리는 예배로 이어졌다. 욥은 아들들의 숫자(7)대로 하나님께 번제를 드렸다. '번제'(עֹלָה)는 짐승 전체를 온전히 태워 바치는 가장 기본적이고 중요한 제사이다. 본문은 욥이 어떤 짐승을 번제로 드렸는지 알려주지 않지만, 아마도 수송아지를 드렸을 것이다(cf. 레 1:1-5).

욥이 아들들의 숫자대로 짐승을 번제로 드린 이유는 잔치 도중 혹시라도 그들이 자신도 알지 못하는 상황에서 하나님을 저주하거나 죄를 지었을까를 염려해서이다. 본문은 욥의 아들들이 아버지처럼 경건한 사람들이었다는 것을 전제한다. 그러므로 그들이 정신이 멀쩡할 때 하나님을 욕할 리 없다. 문제는 술을 동반하는 잔치 때이다. 사람이 술에 취하면 실수뿐만 아니라 실언도 한다. 욥이 염려하는 바도 이 부분이다. 그러므로 욥은 혹시라도 아들들이 본의 아니게, 혹은 무의식적으로 저지른 죄가 있다면, 잔치가 끝난 바로 다음날 드린 번제를 통해 신속하게 하나님의 용서를 구하고자 했다.

'저주하다'로 번역된 히브리어 동사(ברך)의 원래 의미는 '축복/송축하다'이다(HALOT). 그렇다면 본문에서는 이 좋은 의미를 지닌 단어가 왜 부정적인 의미로 해석되고 있는가? 율법은 분명 "[그의] 하나님을 저주하다"(יְקַלֵּל אֱלֹהָיו)라는 표현을 사용한다(레 24:15, cf. 출 22:28). 그러나 일상적으로 성경에 대하여 매우 높은 견해를 가지고 있던 히브리 사람들은 "인간이 하나님을 저주한다"라는 말을 정경에 기록하는 것을 꺼려했다. 그러므로 그들은 이 망언적 표현을 기록할 필요가 생길 때면 오히려 정반대의 의미를 지닌 단어를 사용해 "인간이 하나님을 축복하다"(ברך)라는 말로 대신했다. 일종의 완곡어법인 것이다.

이러한 완곡어법을 사탄도 사용하며(1:11; 2:5), 욥의 아내도(2:9) 사용한다. 남편의 처참한 몰골을 보고 화가 치밀 대로 치민 욥의 아내가 남편에게 "차라리 하나님을 저주하고 죽어라"고 말을 하지만, 문자적으로는 "차라리 하나님을 축복하고(ברך) 죽어라"로 기록되어 있다. 성경 말씀을 해석할 때 사용된 단어의 사전적 의미보다 문맥적 의미가 더 중요한 사례라 할 수 있다.

욥기 저자가 "하나님을 송축하다"라는 말로 "하나님을 저주하다"라는 말을 대신하는 것도 일종의 아이러니다. 사람이 이 땅에 살면서 하나님의 크고 놀라운 축복을 참으로 많이 누리고 사는데, 욥의 이야기에서는 하나님의 축복이 과하면 사람은 그 축복으로 인해 오히려 하나님을 저주하는 단계까지 갈 수 있다고 한다(Newsom). 욥과 그의 가족이 겪은 일이 바로 이러한 예이다. 이러한 상황은 하나님이 주신 것에 온전히 감사하지 못하고 사는 인간의 한계를 드러내며, 우리가 갈망하는 축복이 오히려 하나님과의 관계를 해칠 수도 있다고 경고한다. 그러므로 많은 것을 간구하기보다는 우리가 감당할 수 있는 만큼의 복을 구하는 것이 바람직하다. 아굴의 기도가 생각난다(잠 30:8-9).

나를 가난하게도 마옵시고 부하게도 마옵시고
오직 필요한 양식으로 나를 먹이시옵소서
혹 내가 배불러서 하나님을 모른다 여호와가 누구냐 할까 하오며
혹 내가 가난하여 도둑질하고 내 하나님의 이름을 욕되게 할까 두려워함이니이다

만일 아들들이 죄를 짓지 않았다면, 욥이 잔치 다음날 드렸던 번제는 낭비인가? 실제로 욥의 행동을 지나치게 기복적이거나 미신적이라며 부정적으로 평가하는 사람들도 있다(Brenner, Kahn). 그러나 저자는 욥의 행동을 부정적으로 평가할 의도가 전혀 없다(Mason). 당시 번제는 사람이 하나님께 용서를 구하는 제사일 뿐만 아니라, 일상적으로 드려야 하는 가장 기본적인 제물이었다. 그러므로 설령 아들들이 죄를 짓지 않았다고 해도 욥이 그들을 위하여 번제를 드린 일은 바람직하다. 하나님의 주권을 인정하는 행위이기 때문이다.

또한 욥이 아들들을 위하여 드린 번제는 일종의 보험이라고 할 수 있다. 보험은 평상시에는 효력을 발휘하지 않지만, 유사시에는 빛을 발

한다. 그러므로 욥이 드린 번제는 그의 아들들이 죄를 짓지 않았을 때에도 좋은 것이지만, 아들들이 죄를 지었을 때 더욱더 효력을 발휘한다.

하나님에 대한 욥의 경외심은 매우 인상적이다. 그는 자신의 믿음뿐만 아니라 혈기가 왕성해 범죄하기 쉬운 아들들의 신앙도 염려했다. 그러므로 욥은 자신이 할 수 있는 최고의 예방책으로 그들이 혹시 무의식 중에 저질렀을 수도 있는 죄 문제를 해결하려고 했다. 하나님과의 관계를 최우선으로 삼은 참으로 훌륭한 믿음의 소유자였다. 그러므로 욥에 대한 하나님의 관심과 축복도 각별했을 것을 상상할 수 있다.

우리는 욥기가 왜 역사서가 아니라 지혜문헌에 속했는지를 깨닫는다. 지혜문헌은 인간과 하나님의 관계를 올바른(의로운) 행위의 문제로 정의하지, 종교적인 행사 문제로 정의하지 않는다. 욥도 이러한 맥락에서 하나님께 제물을 드린다. 욥은 제물을 통해 하나님과 소통하려고 하는 것이 아니라 그와 아들들에게 임할 수 있는 하나님의 심판을 예방하려고 하고 있다(cf. Clines).

B. 하늘에서 있었던 첫 번째 일(1:6-12)

[6] 하루는 하나님의 아들들이 와서 여호와 앞에 섰고 사탄도 그들 가운데에 온지라 [7] 여호와께서 사탄에게 이르시되 네가 어디서 왔느냐 사탄이 여호와께 대답하여 이르되 땅을 두루 돌아 여기저기 다녀왔나이다 [8] 여호와께서 사탄에게 이르시되 네가 내 종 욥을 주의하여 보았느냐 그와 같이 온전하고 정직하여 하나님을 경외하며 악에서 떠난 자는 세상에 없느니라 [9] 사탄이 여호와께 대답하여 이르되 욥이 어찌 까닭 없이 하나님을 경외하리이까 [10] 주께서 그와 그의 집과 그의 모든 소유물을 울타리로 두르심 때문이 아니니이까 주께서 그의 손으로 하는 바를 복되게 하사 그의 소유물이 땅에 넘치게

하셨음이니이다 [11] 이제 주의 손을 펴서 그의 모든 소유물을 치소서 그리하시면 틀림없이 주를 향하여 욕하지 않겠나이까 [12] 여호와께서 사탄에게 이르시되 내가 그의 소유물을 다 네 손에 맡기노라 다만 그의 몸에는 네 손을 대지 말지니라 사탄이 곧 여호와 앞에서 물러가니라

저자는 욥을 소개하는 섹션을 "욥의 행위가 항상 이러하였더라"(5절)로 마무리해 그의 삶과 신앙은 굴곡 없이 꾸준히 경건했다는 것을 강조했다. 이와는 대조적으로 본문은 '하루는'(한번은, 6절)으로 시작해 욥의 꾸준함과 이 이야기의 임의성(예외적인 성향)을 대조하고자 한다(cf. Newsom). 지금부터 전개되는 이야기는 성도의 삶에서 자주 있는 일이 아니라, 극히 예외적인 일이라는 의미이다. 그러므로 욥처럼 '너무 잘 믿으면' 고통을 받게 될 수 있다는 염려는 할 필요가 없다. 욥의 이야기는 우리가 평생 경험하지 못할 극히 예외적인 상황에서 벌어진 일이기 때문이다.

하늘에서 일종의 천상 어전회의가 열렸다. 이미지는 마치 왕이 신하들을 모아놓고 그들의 보고를 받으며 통치에 관한 여러 이슈를 논하는 상황이다(ABD, Clines, cf. 왕상 22:19-23; 시 82편; 사 6:1-8; 단 7:9-14). 이 어전회의에는 '하나님의 아들들'(בְּנֵי הָאֱלֹהִים)이 참석했다(6절). 창세기 6:2, 4와 시편 89:6-8에서도 이러한 표현이 사용되는데, 본문에서는 신적인 존재들(천사들)을 의미한다(Longman, Newsom, Walton). 어전회의에 참석한 자들 중에 '사탄'(הַשָּׂטָן)도 있다(6절). 누구를 두고 이런 호칭을 사용하는가? 우리말과 영어 번역본들 대부분은 본문에 모습을 보이는 이 존재를 우리가 마귀로 부르는 사탄으로 간주한다(개역개정, 공동, 아가페, 현대인, NAS, NIV, NRS, ESV).

그러나 이렇게 해석하기에는 문제가 있다. 첫째, 만일 이 존재가 우리가 마귀로 간주하는 사탄이라면, 문법적인 문제를 안고 있다. 히브리어 문법은 고유명사에서 정관사를 취하지 않는다. 반면에 본문에서는 이 단어 앞에 정관사가 있다. 그러므로 이 히브리어 단어(הַשָּׂטָן)는 일반명사에 정관사를 더한 것이다. 둘째, 구약에서 '사탄'이 마귀의 이름으로 불리기 시작한 것은 상당히 오랜 시간이 지나서이다(NIDOTTE). 구약 정경 중 가장 늦게 저작된 역대기를 통해 '사탄'이 비로소 마귀를 칭하는 고유명사로 등장한다(Day, Forsyth, cf. 대상 21:1). 셋째, 만일 본문이 마귀인 사탄을 의미한다면, 신학적으로도 큰 문제가 될 수 있다. 하나님 앞에서 쫓겨난 흉측하고 부정한 마귀가 거룩하신 하나님의 천상어전회의를 자유자재로 드나들기 때문이다. 그러므로 아직도 이 존재를 마귀인 사탄으로 간주하는 주석가들이 있지만(Alden), 설득력이 없는 주장이다.

그렇다면 이 '사탄'은 누구인가? 성도들의 신앙을 점검하는 역할을 맡은 천사이다(Longman, Newsom, Walton). 이 명사의 어원인 동사(שׂטן)의 의미는 '고발하다', '혐의를 제기하다'이다(HALOT). 그러므로 일반명사 '사탄'은 '고발자, 기소자'라는 뜻을 지녔다(cf. Longman, Walton). 성경에서 이 일반명사는 사람을 뜻하기도 하고(왕상 5:18), 신적(천사)인 존재를 뜻하기도 한다(본문과 슥 3:1). 본문에서도 이 신적인 존재가 하는 일이 이런 설명과 잘 어울린다. 그는 오늘날 우리가 마귀로 이해하는 사탄이 아니라, 신앙의 진실성을 점검하는 역할을 맞은 하나님의 천사이다(cf. Balentine). 그러므로 본문에서 이 단어를 '사탄'보다는 '고발자'(accuser)로 번역하는 것이 저자의 의도를 더 정확하게 전달한다. 이 주석에서도 그를 '고발자'라고 부르고자 한다. 또한 이 천사는 욥을 적대시하므로 '적대자'로 부르는 것도 괜찮다(Clines).

하나님이 고발자 천사에게 물으셨다. "어디를 다녀오는 길이냐?"(7절). 하나님이 몰라서 물으시는 것이 아니다. 그와 대화를 시작하기 위해 던지신 질문이다(Alden, Longman). 고발자는 하나님께 땅을 이리저리 돌아다니다가 왔다고 보고했다. 일부 주석가들은 고발자가 하나님의 질문에 성실하게(자세하게) 답하지 않는다고 해서, 그의 답변이 무례한

얼버무림이라고 하지만(Andersen, Gordis), 지나친 해석이다. 천사는 단지 자신은 하나님이 지시하신 대로 주님의 자녀들의 신앙을 살피고 점검하기 위하여 돌아다녔다고 보고할 뿐이다.

'돌아다니다'(שׁוט)라는 동사가 아카디아어에서는 나쁜 짓을 할 기회를 분주하게 찾아다니는 의미를 지녔다고 해서 이 고발자를 매우 부정적으로 보는 시각도 있다(Pope). 그러나 그의 대답에는 하나님에 대한 어떤 무례함도 서려 있지 않고, 그에 대한 하나님의 평가에도 부정적인 요소는 없다. 그러므로 아마도 고발자는 구체적인 보고를 시작하기 전에 어떠한 의도를 갖지 않고 간단하게 이렇게 말한 것으로 생각된다(Newsom).

고발자가 보고를 이어가기 전에 하나님이 욥의 이야기를 꺼내셨다(8절). 고발자가 하는 일과 욥의 신앙이 직접적으로 연관이 있기 때문이다. 하나님은 이미 내레이터가 1:1에서 한 말을 그대로 반복하셨다. "욥은 흠이 없고, 정직하고, 하나님을 경외하고, 악을 멀리하는 사람이다." 하나님은 욥을 매우 대견하게 생각하시며 뿌듯해하시기 때문에 애정을 더해 그를 '나의 종'(עַבְדִּי, 8절)이라고 부르신다. 하나님이 이스라엘의 선조들을 자주 '나의 종'으로 부르셨던 점(창 24:14; 26:24; 출 32:13; 신 9:27; 시 105:6, 42)을 고려하면 욥기도 역사적 배경을 선조 시대로 하고 있다는 것을 알 수 있다(Clines). 성경에서 하나님이 자기 종이라고 부르시는 사람은 많지 않다. 하나님은 자기 종들에게 특별한 관심과 사랑을 보이신다(cf. 출 14:31; 삼하 7:5, 9). 욥은 하나님을 감동시킬 정도로 참으로 훌륭한 믿음을 지닌 신앙인이었다.

고발자 천사에게 '직업병'이 도졌다! 그가 맡은 일은 성도들의 신앙을 검증하는 일이다. 그러므로 하나님이 욥을 칭찬하시자마자 본능적으로 욥의 신앙에 이의를 제기했다. 욥이 그처럼 하나님을 경외하고 신실하게 사는 데는 그만한 이유가 있다. 하나님이 그에게 참으로 많은 복을 내려주셨기 때문이다. 그의 논리는 "누구든 하나님이 욥에게 베푸신 축복을 경험하면 당연히 욥처럼 하나님을 경외하고 경건한 삶을 살 것이다"이다.

욥을 극찬하는 하나님께 고발자가 드리는 첫 번째 반론은 "그가 아무것도 바라는 것이 없이 하나님을 경외하겠습니까?"이다(9절). 이 질문은 일부 학자들이 주장하는 것처럼(cf. Fohrer) 수사학적인 질문이 아니다. 욥의 경건과 번영은 분명 연결고리가 있다는 것을 전제하는 질문이다(Clines). 욥은 분명히 개인적인 이득을 추구하기 위해 하나님을 경외하는 것이지, 창조주 하나님을 위하여 신앙을 지키는 것은 아니라는 대답을 유도한다(Lacocque, cf. Longman). 고발자는 욥의 신앙생활이 위선적이라며 억지 주장을 펼친다(Smick).

이때까지 욥기는 욥의 행동(밖으로 드러난 신앙)에 초점을 맞추어 그를 묘사했다. 그는 매사에 의롭고 경건하고 정직했으며, 꾸준히 하나님께 제물을 드린 사람이었다. 이 질문을 통해 고발자는 욥이 하나님을 경외하는 이유/목적(당사자인 욥만 아는 신앙의 내면)을 의심한다.

고발자는 마치 자기 주장을 뒷받침할 만한 증거를 제시하듯 하나님이 그동안 욥에게 베풀어오신 축복을 세 가지로 정리한다. (1) 욥의 삶과 가족과 재산을 보호하심, (2) 욥이 하는 일마다 축복하심, (3) 욥을 매우 큰 부자로 만들어주심(10절). 고발자의 주장이 상당히 설득력이 있어 보인다. 사람이 이처럼 엄청난 복을 누릴 수 있다면, 세상에 하나님을 믿지 않을 사람이 있을까! 그러나 현실은 그렇지 않다. 이 같은 복을 누리는 사람들 중에 상당수가 여호와 하나님을 모르고 살아간다. 오죽하면 예수께서 부자가 하나님의 나라에 들어가는 것이 낙타가 바늘귀로 지나가는 것보다 더 어려울 것이라고 하셨겠는가(마 19:24).

고발자는 하나님이 욥과 가정과 재산을 보호하시는 일을 묘사하면서 '울타리'(שׂוך)에 비교한다(10절). 울타리는 농업에서 떠올릴 수 있는 이미지이며, 포도원이나 과수원이 짐승들이나 지나가는 사람에게서 해를 받지 않도록 가시나무로 테두리를 쳐놓은 것이다(cf. 시 80:8-13; 호

2:6; 사 5:1–7). 그러므로 울타리는 가장 효과적인 보호를 묘사하는 이미지이다. 하나님은 마치 농부가 철저하게 자기 포도원을 보호하듯 자기 자녀들을 보호하신다.

이 비유의 핵심은 하나님이 치신 울타리가 욥이 가진 것을 보호하는 일에 있다. 그러므로 울타리를 제거하면 욥은 모든 것을 잃게 된다. 울타리는 하나님의 보호를 상징하는 좋은 것이다. 그러나 때로는 하나님의 '울타리' 축복이 과잉보호로 여겨져 보호받는 자에게 숨통을 조여오는 억압으로 느껴질 수도 있다(3:23).

고발자에 의하면 하나님이 욥의 삶에서 보호해 주시는 것은 크게 세 가지이다. 욥, 그의 집안(가족), 그가 가진 모든 것이다. 순서가 욥에게 가장 중요한 것에서 점차적으로 덜 중요한 것으로 이어진다. 잠시 후 고발자는 욥의 삶에서 가장 덜 중요한 것에서 가장 중요한 것의 순서대로 욥의 삶을 망가뜨릴 것이다.

고발자가 문제 삼은 두 번째 복은 욥이 하는 일마다 하나님이 모두 잘되게 하셨다는 것이다. 창세기에 기록된 요셉 이야기를 생각나게 하는 말씀이다. 요셉은 한마디로 복덩어리였다. 그가 어디서 어떤 일을 하든 간에 하나님이 항상 그를 축복하셨고, 그의 주변에 있는 사람들도 이러한 사실을 알고 있었다. 욥도 그렇다는 것이 고발자의 주장이다. 욥이 그에게 행해진 악을 그 어떠한 악으로 되갚지 않고 선으로 이겨낸 것도 요셉이 모든 악을 선으로 이겨낸 일을 연상시킨다. 그러므로 고발자는 만일 하나님이 욥이 하는 일을 축복하지 않으시면 욥이 하나님을 경외하지 않을 것이라는 논리를 펼치고 있다.

고발자가 문제 삼은 세 번째 복은 하나님이 욥의 부(짐승들)가 온 땅에 넘치게 하셨다는 것이다. '넘치다'(פָּרַץ)는 야곱이 라반의 짐승을 관리해 숫자가 기하급수적으로 불어난 것을 묘사한 단어이기도 하다(창 30:30, 43). 이 표현은 하나님이 테두리를 쳐서 욥과 그의 모든 것을 보호하신다고 주장한 고발자의 첫 번째 문제 제기와 대조적인 이미지를 형성한다. 테두리를 치는 것은 테두리 안에 있는 내용물을 보호하는 것에 초점이 맞추어져 있다. 이와는 대조적으로 넘치는 것은 정해진 테두리를 벗어나 급속도로 팽창하는 것에 초점이 맞추어져 있다. 하나님의 축복은 욥의 소중한 것들을 외부의 위협에서 보호하셨을 뿐만 아니라, 그의 기업을 왕성하게 팽창하도록 하셨다는 뜻이다. 그러므로 고발자는 만일 하나님이 이러한 복을 거두시면 욥은 분명 하나님을 저주할 것이라고 확신한다(11절). 욥은 개인적인 이익을 위하여 하나님을 경외하기 때문에 하나님이 욥에게 내려준 축복을 거두시면 그는 순식간에 불신자가 될 것이라는 주장이다.

하나님이 물질적인 축복을 내려주시기를 바라며 하는 신앙생활은 잘못되었는가? 그렇지 않다. 잠언이 강조하는 가르침 중 하나가 바로 이러한 이유에서 신앙생활을 하라는 것이다. 잠언은 사람이 하나님을 경외하고 예배하면 여호와의 큰 축복이 임할 것이라고 한다. 예를 들자면 잠언 3:9-10은 이렇게 기록하고 있다.

네 재물과 네 소산물의 처음 익은 열매로 여호와를 공경하라
그리하면 네 창고가 가득히 차고
네 포도즙 틀에 새 포도즙이 넘치리라

하나님의 축복을 기대하며 하는 신앙생활도 괜찮다. 곤경에 처한 사람이 하나님께 도움을 청하고, 경제적으로 어려움을 겪는 사람이 하나님의 물질적인 축복을 바라는 것은 당연한 일이다. 창조주 하나님을 경외하며 주님께 축복을 기대하는 것은 좋은 일이다. 다만 하나님의 축복을 얻어내는 것이 신앙의 유일한 목적이 되어서는 안 된다. 신앙이 깊어갈수록 이런 축복이 없다 할지라도 오직 하나님을 기뻐하고 주님의 함께하심으로 만족하는 경지에 이르러야 한다. 선지자 하박국은 우리가 추구해야 할 신앙의 경지에 대하여 다음과 같이 말했다(합 3:17-18).

비록 무화과나무가 무성하지 못하며 포도나무에 열매가 없으며
감람나무에 소출이 없으며 밭에 먹을 것이 없으며
우리에 양이 없으며 외양간에 소가 없을지라도
나는 여호와로 말미암아 즐거워하며
나의 구원의 하나님으로 말미암아 기뻐하리로다

고발자는 욥이 이런 신앙을 지니지 않았기 때문에 하나님이 그에게 주신 축복을 모두 거두시면 그가 하나님을 저주할 것이라고 한다. 그는 욥에 대하여 잘 모르면서 억지를 쓰고 있다. 욥에게 하나님의 축복은 부수적인 것에 불과하므로 있으면 감사히 누리지만, 없어도 실망하지 않는다. 욥은 오직 하나님 한 분으로 만족하는 신앙을 지녔기 때문이다. 그러나 고발자는 욥의 이 같은 신앙을 부인한다.

고발자는 억지 주장으로 하나님이 욥의 신앙을 시험하시지 않으면 안 되도록 상황을 몰아간다. 하나님은 욥이 축복을 얻어내기 위하여 신앙생활을 하는 사람이 아니라는 사실을 잘 아신다. 그러나 고발자의 억지 주장이 잘못되었다는 것을 입증하셔야 한다. 오늘날의 정서로는 이해가 가지 않는 부분이다. 만일 고발자와 하나님의 대화가 오늘날 이루어졌다면, 하나님이 아니라 고발자가 자기가 옳다는 것(욥이 축복을 바라고 신앙생활을 한다는 것)을 입증해야 한다. 그러나 당시 정서에서는 하나님이 고발자가 잘못되었다는 것을 입증하셔야 한다(Magdalene).

이처럼 불합리한 정황을 묘사하는 사건이 성경에 하나 더 기록되어 있다. 바로 요셉과 그의 형제들의 이야기이다. 요셉이 이집트의 국무총리로 있을 때, 이집트와 가나안에 기근이 들었다. 형제들은 이집트에 곡식이 있다는 소식을 듣고 곡식을 사기 위해 요셉 앞에 나타났다. 형제들은 요셉을 알아보지 못했지만, 요셉은 형제들을 알아보았다. 요셉은 형제들을 스파이로 몰며 그들이 스파이가 아니라면 막냇동생을 데려와 자신들이 스파이가 아니라는 것을 입증하라고 했다.

생각해보면 오늘날 정서와 전혀 맞지 않는 이야기이다. 오늘날 기준을 따르자면 요셉의 형제들이 자신들이 스파이가 아니라는 것을 입증할 것이 아니라, 요셉이 그들이 스파이라는 것을 물증들을 통해 입증해야 한다. 또한 형제들이 스파이가 아닌 것과 막냇동생을 데려오는 일은 어떤 연관성이 있는가? 전혀 없다! 그러나 요셉이 이러한 기준을 세웠기 때문에 형제들이 자신들이 스파이가 아니라는 것을 입증할 수 있는 유일한 방법은 막내를 데려와 요셉이 제시한 기준을 충족시키는 일이다.

본문에서 고발자는 욥이 하나님께 많은 것을 받았기 때문에 여호와를 경외한다고 한다. 그러므로 고발자의 주장이 잘못되었다는 것을 입증할 유일한 방법은 하나님이 욥에게 주신 축복(가족과 재산)을 그의 삶에서 제거하고 욥이 어떤 반응을 보이는가를 관찰하는 것이다. 만일 욥이 하나님을 저주하면 고발자의 주장이 옳다고 인정될 것이고, 만일 욥이 하나님에 대한 믿음을 유지하면 욥은 축복 때문에 주님을 경외하는 것이 아니라는 여호와의 판단이 옳은 것으로 드러날 것이다.

이러한 상황을 두고 일부 학자들은 하나님과 고발자가 욥을 두고 도박/내기를 하는 것이라고 한다(Fohrer). 그렇지 않다. 하나님은 전적으로 욥을 신뢰하신다. 그와 함께했던 지난 수십 년의 세월이 신뢰의 바탕이 되었다. 그러므로 하나님은 욥이 이 시험을 잘 통과할 것이라는 확신을 가지고 고발자에게 욥의 모든 것을 넘기셨다.

고발자는 욥이 하나님을 경외하는 이유가 "그가 가진 모든 것"(לוֹ-כָּל-אֲשֶׁר) 때문이라는 말을 두 차례나 했다(10, 11절). 하나님은 고발자에게 욥에게서 "그가 가진 모든 것"을 빼앗아도 좋다고 하신다. 같은 문장이 이 짧은 대화에서 세 차례나 반복되며 핵심 이슈가 무엇인가를 암시한다. 욥은 복을 받기 위하여 여호와를 경외하는가? 혹은 욥은 받은 복과 상관없이 여호와를 사랑하는가? 주석가들은 하나님이 이러한 상황에 욥이 어떻게 반응할지에 대하여 전혀 모르시기 때문에 고발자에게 그를 치라는 허락을 하셨다고 주장한다(Clines). 그렇지 않다. 하나님은 욥이 어떻게 반응할까에 대하여 확신을 갖고 허락하셨다. 하나님은 욥이 분명 이 시험을 잘 이겨낼 것이라고 믿으셨다.

욥이 가진 모든 것을 고발자에게 넘기신 하나님은 단 한 가지 예외로 욥의 몸에는 손을 대지 말라며 분명한 선을 그으셨다(12절). 고발자는 욥이 가진 것(재산과 자식) 때문에 하나님을 경외한다고 주장했는데, 태어날 때부터 지닌 욥의 몸은 훗날 하나님께 '얻은 것'이라 할 수 없기 때문이다. 고발자는 다음 대화에서 욥이 태어날 때부터 지니고 태어난 몸도 문제를 삼는다. 하나님이 욥에게 임할 고난을 묵인하시지만, 분명한 선을 그으시는 것은 우리가 삶에서 겪는 모든 고통도 하나님의 통제 아래 있음을 암시한다.

C. 욥이 재산을 잃음(1:13-22)

우리가 사는 세상과 영적 세계의 연관성에 대하여 별로 생각해보지 않은 사람에게 천상 어전회의에서 고발자와 하나님이 결정한 일이 욥의 삶에 그대로 반영된다는 것이 다소 충격적일 수 있다. 그러나 이것이 세상의 실체이다. 영적 세계와 세상은 이처럼 밀접하게 연관되어 있어 한 곳에서 일어난 일이 다른 곳에 지대한 영향을 미친다. 그러므로 예수님도 "무엇이든지 너희가 땅에서 매면 하늘에서도 매일 것이요 무엇이든지 땅에서 풀면 하늘에서도 풀리리라"(마 18:18)라고 하시며 이 두 세상의 뗄 수 없는 관계에 대하여 말씀하셨다. 두 세상의 이런 관계는 우리가 이 땅에 살면서 왜 신실하고 진실하게 살아야 하는가에 대한 또 하나의 이유가 된다. 우리가 이 세상에서 어떻게 사는가가 곧 영적 세계에도 영향을 미치기 때문이다.

하나님과 고발자가 천상 어전회의에서 욥에 대하여 협의한 것이 이 땅에 사는 욥의 삶에 어떻게 영향을 미칠 것인가? 한마디로 대재앙의 연속이다! 욥은 숨을 돌릴 겨를도 없이 사람이 감당하기 어려운 재앙 네 개를 겪고 망연자실한다. 욥이 당한 재앙을 묘사하고 있는 이 섹션에서 총체성을 상징하는 숫자 '4'가 다시 사용되며 욥의 삶은 완전히(총체적으로) 망가졌고, 고통과 아픔이 그의 삶을 가득 채웠다는 사실을 강조한다. 욥이 엄청난 재앙들로 폭격을 받은 것이 사실이지만, 이야기의 초점은 재앙들이 아니라 재앙들에 대한 욥의 반응에 맞추어져 있다.

저자는 욥이 경험한 네 재앙을 유일한 생존자들이 정형화된 표현을 사용해 보고하게 한다. "나만 홀로 피하였으므로 주인께 아뢰러 왔나이다"(15, 16, 17, 19절). 실제로는 종들의 보고가 서로 달랐을 수도 있지만, 저자가 이처럼 정형화된 표현으로 간략히 그들의 보고를 묘사하는 것은 욥이 숨 돌릴 겨를도 없이 연거푸 충격적인 보고를 받았다는 것을 강조하기 위해서이다. 그의 슬픔과 절망감이 순식간에 최고조에 도달한 상황을 묘사하기 위한 시학(poetics)적인 기법이다(Balentine, Smick).

네 재앙이 지나간 후 욥은 열 명의 자녀들을 잃었을 뿐만 아니라 짐승도 한 마리 남김없이 모조리 잃었다. 그의 곁에는 오직 아내와 네 재앙을 보고한 종들만 남았다. 욥이 이날 잃은 것들을 순서적으로 나열하자면 소와 나귀–양–낙타–자녀들이 된다. 모두 2–3절에서 욥의 부와 위상을 상징하면서 사용된 것들이다.

고발자가 10절에서 하나님이 울타리를 쳐서 욥을 보호하신다며 가장 중요한 것에서 덜 중요한 것 순서(욥–그의 집[가족]–그가 가진 모든 것)로 나열했던 점을 감안할 때, 본문에서는 덜 소중한 것에서 가장 소중한 것 순서로 나열하고 있음을 암시한다. 욥이 잃은 것들을 나열하는 순서인 소와 나귀–양–낙타–자녀들은 각 짐승들의 숫자를 감안한 것이다. 저자가 사용하고 있는 이미지는 하나님이 욥의 삶 주변에 보호막으로 쳐두신 울타리(10절)가 없어지자 그의 삶이 변방에서 중앙으로 점차 이동하며 처참하게 무너져 내리고 있는 모습이다. 욥은 제일 먼저 변방에 있는 가축들을 잃었고, 가축들을 모두 잃은 다음 이 짐승들보다 훨씬 더 소중한 자녀들을 잃었다.

그러나 이것이 끝이 아니다. 고발자가 언급한 세 가지(그와 그의 집과 그가 가진 모든 것, 10절) 중 두 가지(그의 집과 그가 가진 모든 것)만 무너져 내렸기 때문이다. 고발자는 앞으로 분명 이 네 재앙을 통해 무너지지 않은 세 번째 것(욥 자신)을 무너뜨리려고 할 것이다(cf. 2:4-5). 그는 욥의 가장 소중한 것마저 무너뜨릴 때까지 결코 하나님께 승복하지 않을 것이다.

욥이 경험한 네 재앙 중 두 개(첫째와 셋째)는 땅에서 유래하고 두 개(둘째와 넷째)는 하늘에서 시작된다. 숫자 '2'가 확신의 숫자라는 것을 감안할 때, 이날 욥의 '하늘과 땅'(온 세상)은 참혹하게 무너져 내렸다. 더욱이 하늘에서 내려온 두 재앙이 욥을 더 불안하게 했을 것이다. 고대 근동에서 천재지변은 자주 신들의 노여움 혹은 심판의 표현으로 간주되었기 때문이다.

본문이 언급하고 있는 네 개의 재앙 그 어디에도 하나님이나 고발자의 모습은 보이지 않는다. 하늘의 영역과 세상의 영역을 구분하기가 불가능하고, 이 재앙들이 어디서 왔는가를 알아내는 것은 욥의 몫이기 때문이다(Clines). 욥은 한순간에 자신이 세상에서 버림받고 하나님의 심판을 받았다는 생각과 씨름해야 했다. 욥이 어떻게 모든 것을 한순간에 잃었는가를 회고하고 있는 본문은 다음과 같이 구분될 수 있다.

A. 땅의 재앙: 스바 사람들의 습격(1:13-15)
B. 하늘의 재앙: 불(1:16)
A'. 땅의 재앙: 갈대아 사람들의 습격(1:17)
B'. 하늘의 재앙: 광풍(1:18-19)
C. 모든 것을 잃은 자의 탄식(1:20-22)

I. 서론(1:1-2: 13)
C. 욥이 재산을 잃음(1:13-22)

1. 땅의 재앙: 스바 사람들의 습격(1:13-15)

[13] 하루는 욥의 자녀들이 그 맏아들의 집에서 음식을 먹으며 포도주를 마실 때에 [14] 사환이 욥에게 와서 아뢰되 소는 밭을 갈고 나귀는 그 곁에서 풀을 먹는데 [15] 스바 사람이 갑자기 이르러 그것들을 빼앗고 칼로 종들을 죽였나이다 나만 홀로 피하였으므로 주인께 아뢰러 왔나이다

하나님과 고발자가 협의한 후 얼마나 시간이 지났을까? 네 가지 재앙이 한순간에 욥에게 임했다. 본문은 네 재앙 중 첫 번째인 스바 사람들의 습격에 대해 회고한다. 이 섹션이 '하루는'(וַיְהִי הַיּוֹם)이라는 말로 시작하는 것이 독자들을 불안하게 만든다. 고발자가 욥의 신앙에 문제를 제기해 하나님께 욥이 가진 모든 것을 빼앗아도 좋다는 허락을 받은 이야기(6-12절)가 동일한 문구로 시작하기 때문이다(Newsom). 드디어 앞에서 협의된 재앙이 시작할 날이 다가온다.

스바(שְׁבָא) 사람들이 누구였고 주로 어디에 살았던 사람들인가에 대해서는 정확히 밝혀진 바가 없다. 대체적으로 학자들은 스바 사람들이 훗날 아라비아반도 최남단(오늘날 요르단)에 정착한 족속이지만, 욥의 시대에는 여기저기 방랑하며 노략질을 하는 부랑배 집단이었거나 훗날 에돔의 영토에 속할 지역(그러므로 욥이 살던 곳에서 그리 멀지 않았음)을 배회하는 족속이었을 것으로 추정한다(Fohrer, Pope, cf. ABD). 아라비아 남쪽에 정착한 자들이라면 솔로몬 시대에 이르러서 이 족속은 상당히 부유한 나라로 자리잡았다. 솔로몬을 찾아온 스바 여왕 이야기가 이러한 정황을 암시하는 듯하다(cf. Alden).

욥의 종은 스바 사람들의 습격이 있기 전의 상황을 매우 평온하게 묘사한다. 소들은 밭을 갈고 있고, 나귀들은 소들이 일하는 밭 근처에서 여유롭게 풀을 뜯고 있다. 스바 사람들이 종들을 모두 죽이고 짐승들을 황급히 몰고 도망가는 상황이 전제하는 혼란스러운 이미지와 매우 대조적이다. 환난이 임하기 전 욥의 모습과 환난이 임한 후 욥의 모습을 극적으로 대조하는 듯하다(cf. Gordis).

앞에서 저자는 욥이 소 500겨리(1,000마리)와 암나귀 500마리를 소유하고 있다고 했다(3절). 본문은 이 짐승들 중 몇 마리가 동원되었는지 언급하지 않는다. 단지 이날 욥은 소유하고 있던 모든 소와 나귀와 관리하던 종들을 순식간에 스바 사람들에게 모두 잃었다고 말할 뿐이다.

욥의 자녀들이 맏아들 집에 모인 이유는 무엇일까? 어떤 이는 이날이 맏아들의 생일이었기 때문이라 하기도 하고(Longman, cf. 4절), 아들들 중 맏이가 가장 많은 유산을 받았으므로 잔치를 가장 성대하게 베풀 수 있었기 때문이라는 해석도 있다(Alden). 정확한 이유는 알 수 없다. 단지 이날은 욥의 자녀들이 모여 잔치를 즐길 만한 좋은 날이었다는 것을 암시할 뿐이다.

저자는 왜 욥의 자녀들이 맏아들 집에 모여 있다는 정보를 제공하는가? 이러한 정보는 스바 사람들의 습격과 전혀 상황이 없어 보이는데 말이다. 저자가 이 같은 정보를 미리 제공하는 것은 18-19절에서 부연 설명 없이 최악의 재앙에 초점을 두어 그들의 죽음을 보고하기 위해서이다. 만일 종이 욥의 자녀들의 죽음을 보고하면서 그들이 모두 왜 맏아들 집에 모여 있었는가를 설명해야 한다면, 저자가 묘사하려는 긴박감과 절망감이 다소 손상될 수 있다. 그러므로 그는 사전에 그들이 왜 함께 모여 있는지를 설명한다.

잔치는 기쁨을 전제한다. 욥의 자녀들이 함께 모여 식사를 하며 포도주를 마시는 것은 이 같은 분위기를 반영한다. 그러나 네 재앙이 끝나면 욥의 자녀들의 잔치가 상징하는 기쁨과 즐거움이 아버지 욥의 슬픔과 탄식으로 변해 있을 것이다(Newsom). 그러므로 자녀들의 잔치는 한순간에 모든 것을 잃은 아버지의 절망과 가장 강력한 대조를 이룬다.

I. 서론(1:1–2: 13)
C. 욥이 가진 재산을 잃음(1:13–22)

2. 하늘의 재앙: 불(1:16)

[16] 그가 아직 말하는 동안에 또 한 사람이 와서 아뢰되 하나님의 불이 하늘에서 떨어져서 양과 종들을 살라버렸나이다 나만 홀로 피하였으므로 주인께 아뢰러 왔나이다

욥이 스바 사람들의 습격에 대한 보고를 듣고 반응을 보이기도 전에 두 번째 종이 들어와 새로운 재앙에 대하여 보고했다. 욥이 소유한 양이 모두 죽었다. 저자는 3절에서 욥이 소유한 양이 7,000마리였다고 했다. 그러므로 겨우 홀로 살아온 종의 보고는 이 수많은 양과 양들을 관리하던 종들이 함께 죽었음을 전제한다. 종이 욥에게 보고할 때 그 수많은 양들은 '불태워지고'(בער), 양들을 돌보던 종들은 '[불에게] 먹혔다'(אכל)며 상황의 처참함과 그 누구도 손써볼 생각을 못하고 당했다는 것을 강조한다.

욥은 첫 번째 재앙보다 이 재앙을 더 두려워하고 망연자실한 반응을 보일 수밖에 없었다. 앞의 재앙은 이 땅의 불량배들이 저지른 만행이지만, 이번 재앙은 하늘에서 내려온 불과 연관이 있기 때문이다. 천재지변은 신들이 내리는 재앙이라고 간주했던 당시 정서를 고려하면 욥이 두려워할 수밖에 없다. 게다가 종은 짐승들과 종들을 태운 불이 '하나님의 불'(אֵשׁ אֱלֹהִים)이라며 욥의 심리를 자극한다. 욥이 도대체 무슨 죄를 저질렀기에 하늘(하나님)이 노했단 말인가?

하나님이 욥에게 직접 재앙을 내리신 것은 아니다. 단지 고발자에게 욥을 칠 수 있다고 허락을 하신 것뿐이다. 그러므로 '하나님의 불'이 하나님이 직접 욥에게 내리신 재앙이라는 것을 의미하지는 않는다. 당시 정서를 고려할 때 하늘에서 떨어진 벼락/천둥을 의미하며, 한순간에 7,000마리의 양과 수많은 종들을 불사를 수 있는 초자연적인 규모의 불로 해석하는 것이 바람직하다(Gordis, Longman).

I. 서론(1:1-2: 13)
C. 욥이 재산을 잃음(1:13-22)

3. 땅의 재앙: 갈대아 사람들의 습격(1:17)

[17] 그가 아직 말하는 동안에 또 한 사람이 와서 아뢰되 갈대아 사람이 세 무리를 지어 갑자기 낙타에게 달려들어 그것을 빼앗으며 칼로 종들을 죽였나이다 나만 홀로 피하였으므로 주인께 아뢰러 왔나이다

두 번째 종의 보고가 끝나기도 전에 세 번째 비보가 들려왔다. 갈대아 사람들이 세 무리를 지어 욥이 소유한 낙타 떼를 습격해 모두 약탈해가고 낙타들을 돌보던 종들은 모두 죽였다. 3절에서 욥은 낙타 3,000마리를 소유했다고 했다. 당시에 낙타는 그 어떤 가축보다도 비싼 짐승이었다(cf. ABD). 그러므로 욥이 두 재앙을 당하고 나서 혹시라도 마음속으로 "아직도 남은 재산이 있으니 괜찮아"라고 생각했다면, 이번 재앙은 그런 안일한 생각을 지우기에 충분했다.

갈대아 사람들(כַּשְׂדִּים)은 주전 7-6세기에 신바빌론 제국을 건설한 족속이다. 그러나 이들은 훨씬 오래전부터 근동 지역을 떠돌아다녔다. 지금까지 발굴된 고고학적인 자료에 의하면 갈대아 사람들은 주전 1000년대 초부터 근동에 모습을 드러냈다(cf. ABD). 그러므로 일부 학자들은 욥기에 갈대아 사람들이 등장하는 것에 대하여 의아해한다. 그러나 별 문제는 되지 않는다.

이러한 현상(훗날 이름을 옛이야기에 대입하는 것)은 독자들의 이해를 돕기 위한 저자의 배려이다. 옛 지역이나 족속 이름에 익숙하지 않은 독자들을 위해 독자들이 익숙한 이름으로 훗날 이름으로 대체해놓은 것이다. 오늘날의 예를 들자면 조선 시대에 대해 책을 저작한 사람이 옛

자료에 '한양'이 나올 때마다 독자들의 이해를 돕기 위해 이 시대 이름인 '서울'로 대체하는 현상과 비슷하다. 창세기 11:31에서 데라는 아브라함과 롯을 데리고 우르를 떠나는데, 이 우르가 다름아닌 '갈대아 우르'라고 한다. 이미 창세기에서도 '갈대아'라는 말이 사용되었다.

갈대아 사람들은 세 무리로 나누어 습격했다. 욥의 낙타들과 종들을 포위해서 공격해 온 것이다. 욥의 종들이 철저하게 준비하고 사방에서 공격해오는 적들에게 저항해보지도 못하고 당할 수밖에 없었던 사실을 강조한다. 욥은 황당하다! 모든 것이 믿기지 않는다! 평생 한 번도 겪어보지 못한 일을 단 하루에 세 차례나, 그것도 숨쉴 겨를도 없이 연거푸 겪고 있다!

I. 서론(1:1–2: 13) C. 욥이 재산을 잃음(1:13–22)

4. 하늘의 재앙: 광풍(1:18–19)

[18] 그가 아직 말하는 동안에 또 한 사람이 와서 아뢰되 주인의 자녀들이 그들의 맏아들의 집에서 음식을 먹으며 포도주를 마시는데 [19] 거친 들에서 큰 바람이 와서 집 네 모퉁이를 치매 그 청년들 위에 무너지므로 그들이 죽었나이다 나만 홀로 피하였으므로 주인께 아뢰러 왔나이다 한지라

엎친 데 겹친 격이라고, 재앙은 왜 시리즈(series)로 오는 것일까? 갈대아 사람들의 습격을 알린 세 번째 종의 보고가 끝나기도 전에 네 번째 재앙을 알릴 종이 욥 앞에 섰다. 저자가 숫자 '4'를 전략적으로 사용하고 있다는 점을 감안할 때, 독자들은 이번 재앙이 이 재앙 시리즈의 마지막이 될 것을 직감한다. 그러나 이 재앙은 지난 세 재앙보다 더 충격적이고 파괴적이다.

넷째 재앙을 보고하는 종은 욥의 열 자녀 모두가 죽었다고 했다. 이미 13절은 욥의 자녀들이 모두 맏아들 집에서 잔치를 하고 있다는 말을 귀띔해주었다. 종의 보고는 이 사실을 전제로 진행된다. 욥의 열 자녀들이 음식과 술을 나누며 흥겹게 잔치를 하는데, 갑자기 큰 바람이 와서 집 네 모퉁이를 쳤다.

이 바람이 거친 들(광야)에서 온 것에 근거해 이 바람이 사막에서 불어오는 매우 건조한 바람(sirocco) 혹은 함신(hamsin)이라고 해석하는 주석가가 있다(Alden). 당시 이런 큰 바람이 초겨울에 종종 있었기 때문에 충분히 가능한 해석이지만, 광야에서 불어오는 바람은 네 방향에서 불어오지 않는다. 그러므로 이 바람은 어느 영적인 존재의 신적(神的)인 개입을 전제한 초자연적인 바람으로 해석되어야 한다(Longman, cf. Clines).

이 바람이 집의 네 모퉁이를 한꺼번에 친 것은 지붕이 잔치하던 자녀들의 머리 위를 덮친 상황을 의미한다. 당시 대부분 집의 지붕이 평평했다는 점을 감안하면, 순식간에 무너진 지붕에 깔린 욥의 자녀들이 죽음을 피할 가능성은 매우 희박하다. 이 무서운 바람은 욥의 자녀들뿐만 아니라 시중을 들고 있던 종들도 모두 죽였다. 욥에게 이 사실을 보고하고 있는 종만이 유일한 생존자이다.

만일 욥이 처음 세 재앙을 당하면서도 "그래도 괜찮아. 가족들은 무사하니 다시 시작하면 돼" 하는 마음이 조금이라도 있었다면, 이번 재앙은 그런 생각을 완전히 파괴하기에 충분했다. 욥이 자녀들까지 잃게 될 것은 전혀 상상하지 못했기 때문이다. 자녀를 잃는 것은 부모가 상상할 수 있는 가장 큰 슬픔이다. 게다가 욥이 모든 것을 잃은 날, 열 명의 자녀들까지 한순간에 잃은 것이다. 그의 아픔과 절망감이 얼마나 컸을까 상상하기도 어렵다.

욥의 이야기가 비현실적으로 들릴 수 있다. 마치 영화나 소설에서나 가능할 법한 이야기이기 때문이다. 그러나 오늘날에도 욥처럼 비현실적인 재앙과 고통 속에서 신음하는 사람들이 많이 있다. 욥의 이야기는 죽지 못해서 사는 성도들의 이야기인 것이다.

I. 서론(1:1-2: 13)
C. 욥이 재산을 잃음(1:13-22)

5. 모든 것을 잃은 자의 탄식(1:20-22)

[20] 욥이 일어나 겉옷을 찢고 머리털을 밀고 땅에 엎드려 예배하며 [21] 이르되
내가 모태에서 알몸으로 나왔사온즉
또한 알몸이 그리로 돌아가올지라
주신 이도 여호와시요
거두신 이도 여호와시오니
여호와의 이름이 찬송을 받으실지니이다
하고 [22] 이 모든 일에 욥이 범죄하지 아니하고 하나님을 향하여 원망하지 아니하니라

욥은 전혀 예측하지 못한 상황에서 상상을 초월하는 재앙을 연거푸 네 차례나 당하고 망연자실했다. 더욱이 열 자녀들을 한순간에 잃은 그는 절망하고 좌절했다. 자녀들의 소식을 듣자마자 입고 있던 옷을 찢고 머리털을 밀고 땅에 엎드렸다. 욥이 옷을 찢는 것은 아마도 자신의 삶에 매우 중요한 요소(자녀들)가 회복될 수 없도록 끝이 났다는 인식의 표현이다(Clines). 마치 찢어진 옷이 다시 원 상태로 회복될 수 없는 것처럼 말이다.

욥의 반응을 묘사하는 20절은 아홉 개의 히브리어 단어로 구성되어 있는데 이 중 다섯 개가 동사이다. "일어났다, 찢었다, 밀었다, 엎드렸다, 예배했다." 히브리어 문장에서 이처럼 동사가 많다는 것은 일이 매우 빠른 템포로 순식간에 진행되었음을 의미한다. 입고 있던 겉옷을 찢는 것이 외적인 슬픔의 표현이라면, 땅에 엎드리는 일은 내적인 아픔의 표현이다(Clines). 욥은 네 종을 통해 비보(悲報)를 듣자마자 자신이 취해야 할 가장 겸손한 자세를 취했다.

옷을 찢고 머리털을 미는 일은 극도의 슬픔을 표현하는 행위이다(cf.

창 37:34; 수 7:6; 삼하 1:11; 3:31; 13:31; 스 9:3, 5; 에 4:1; 사 33:23; 렘 7:29; 16:6; 41:5; 겔 7:18). 땅에 엎드리는 일도 슬픔의 표현이다(수 7:6). 저자는 20절을 시작하면서 일어서 있던 욥이 20절이 끝날 때에는 땅에 엎드렸다는 말로 극에 달한 욥의 슬픔을 표현한다(Newsom, Walton). 또한 급변한 그의 지위(당당하던 갑부가 순식간에 가장 처량한 거지가 된 일)를 상징한다.

평생 겪어보지 못한 충격적인 재앙들로 인해 넙죽 엎드린 욥의 입에서 하나님에 대한 원망이나 자신의 처량한 신세에 대한 탄식과 한숨소리가 나올 거라고 기대하는 것이 어쩌면 당연하다. 욥은 평생 소유했던 전 재산과 모든 자녀들을 한순간에 잃었기 때문이다. 그러나 놀랍게도 욥은 자신이 겪은 모든 일에 대하여 하나님을 원망하지 않고 오히려 찬양했다.

욥은 자신이 태어날 때 알몸이었고, 죽을 때도 알몸일 것이라 한다. 고대 근동 사람들은 사람이 죽으면 흔히 태아가 어머니 배 속에서 취한 모습(옆으로 웅크린 모습)대로 묻어주었다(Newsom). 알몸으로 어머니의 몸에서 태어났다가 다시 알몸으로 어머니의 몸으로 돌아가는 것을 상징하기 위해서였다. 그러므로 욥은 이 둘(태어날 때와 죽을 때) 사이에 사람이 이 땅에서 누리는 모든 것이 하나님의 것이기 때문에 주님이 주시면 감사히 받고, 거두어 가신다 해도 기꺼이 순응하겠다는 자세로 기도했다.

욥은 "여호와의 이름이 찬송을 받으실지니다"(בָּרַךְ, 21절)라고 하는데, 어떤 의미로 이런 말을 하는 것일까? 하나님을 찬송함은 감사와 존경을 표현하는 일이며, 이미 받은 은혜에 대하여 감사를 하나님께 돌리는 행위이다(Mowvley). 또한 이 말은 고발자가 한 말이기도 하다. 고발자는 하나님이 욥에게 주신 모든 것을 거두시면 그가 하나님을 저주할 것(בָּרַךְ)이라고 했다(11절). 같은 동사이지만, 서로 반대되는 의미를 지녔다. 고발자는 '저주할 것'을 의미하는 일종의 완곡어법으로 욥이 하나님을 '찬송할 것'(בּרךְ)이라고 했는데, 욥은 이 모든 일을 겪고 나서도 진실로 하나님을 찬송하고 있다! 욥은 고발자가 사용한 동일한 용어를 사용해 그의 주장이 잘못되었음을 역력히 드러낸다.

욥은 절망적인 상황에서 하나님을 찬양했으며, 하나님을 원망해(פְּלָה תִּ) 주님께 범죄하지(חָטָא) 않았다(22절). 욥은 조금만 어려운 일을 겪으면 "하나님, 어찌 저한테 이러실 수 있습니까?" 하고 항의하는 우리와 많이 다르다. 욥의 재앙에 대한 반응은 하나님을 향한 변치 않는 경외의 태도에서 시작된다(Clines). 우리가 아무리 아프고 힘들어도 하나님을 원망하기를 거부하며 눈물로 부르는 찬송이야말로 참으로 아름다운 기도이다. 찬송가 370장 2절은 다음과 같이 노래한다. "그 두려움이 변하여 내 기도되었고 전날의 한숨 변하여 내 노래되었네."

22절 문장의 구조를 감안하면 욥이 당한 재앙으로 인해 하나님을 원망하는 일은 범죄이다(Longman, Newsom). 더 나아가 우리가 삶에서 종종 경험하는 좋지 않은 일들에 대하여 하나님을 원망하는 일은 약한 형태의 하나님에 대한 저주라고 할 수 있다(Clines). 세상을 다스리시는 하나님의 통치권에 대한 불신임이 될 수 있기 때문이다.

욥처럼 한순간에 모든 것을 잃고도 하나님을 찬양할 수 있을까? 스패퍼드(Horatio Spafford)는 시카고에서 잘나가는 변호사였고, 성공적인 부동산 투자로 갑부가 되었다. 그는 당시 부흥사로 활동했던 무디(D. L. Moody) 목사의 친구이자 후원자였으며 한 장로교회에서 장로로 섬겼다. 그러다가 1871년에 네 살 먹은 아들을 성홍열로 잃었고, 같은 해 가을 시카고 대화재(the Great Chicago Fire)로 재산 대부분을 잃었다. 2년 후 그는 가족들과 함께 유럽 여행을 하기 위해 네 딸과 아내를 먼저 유럽으로 보냈다. 마무리해야 할 일이 있어 자신은 얼마 후에 떠나기로 했다.

그의 아내와 네 딸이 유럽으로 가기 위해 탄 증기선(steamship, 배 이름은 Ville du Havre)이 대서양을 항해하다가 철을 싣고 가던 상선과 충돌하여 226명이 생명을 잃었다. 그의 네 딸(열한 살의 애나, 아홉 살의 마거릿, 다섯 살의 엘리자베스, 두 살 타네타)도 모두 죽었다. 겨우 홀로 살아서 영국에 도착한 아내로부터 자기는 안전하다는 전보를 받은 스패퍼드는 곧바로 배를 타고 영국으로 향했다. 대서양을 건너는 도중 딸들이 생명을 잃은 곳을 지나가며 많은 눈물을 흘리며 기도했다. 이때 그가 지은 노래가 찬송가 413장이다.

내 평생에 가는 길 순탄하여 늘 잔잔한 강 같든지
큰 풍파로 무섭고 어렵든지 나의 영혼은 늘 편하다.
내 영혼 평안해 내 영혼 내 영혼 평안해

이러한 역사적 배경 때문인지, 나는 이 찬송을 부를 때마다 특별한 하나님의 위로와 치유를 경험한다. 우리의 삶이 순탄해 늘 잔잔한 강 같기를 바라지만, 때로는 큰 풍파를 피할 수 없다. 이럴 때는 어떻게 해야 하는가?

찬송가 373장이 지혜를 주는 듯하다. 1절과 2절을 생각해보라. 1절은 삶이 평탄할 때는 감사히 순풍을 즐기라고 한다. 2절은 삶에 큰 물결이 일거든 그 물결에 몸을 맡기고 물결이 큰 만큼 이 순간도 빨리 지나갈 것이라는 소망을 가지고 견뎌내라고 한다. 아마도 욥은 이러한 자세로 네 가지 재앙을 견뎌냈을 것이다.

1. 고요한 바다로 저 천국 향할 때
   주 내게 순풍 주시니 참 감사합니다
2. 큰 물결 일어나 나 쉬지 못하나
   이 풍랑으로 인하여 더 빨리 갑니다

우리는 욥기를 해석할 때 초점을 욥과 그가 당한 고난에 맞추어 이야기를 전개해 나간다. 또한 하나님은 고발자에게 욥을 자랑했다가 피할 수 없는 고발자의 주장으로 본의 아니게 욥에게 고통을 안겨준 창조주 정도로 생각한다. 그러나 욥으로 인해 하나님이 당하셨을 아픔과 고난에 대해서도 생각해보아야 한다. 하나님은 욥을 "도울 능력이 있고, 참으로 돕고 싶어 하지만, 도울 수 없는" 아픔을 겪으셨다. 혹독한 고난을 견뎌내야 하는 당사자인 욥은 참으로 힘이 든다.

하나님은 그런 욥을 참으로 사랑하신다. 그를 돕고 싶고 도울 수 있는 능력도 갖고 계신다. 그러나 고발자와의 협의로 도우실 수 없어서 먼 발치에서 참혹한 고통을 홀로 견뎌내는 욥을 지켜봐야만 하는 하나님의 아픔도 만만치 않다. 욥이 이 땅에서 괴로워하는 동안 하나님은 하늘에서 그를 내려다보며 눈물지으셨다. 훗날 하나님은 독생자 예수님이 죽는 날 분노를 감추지 못하고 하늘 보좌에서 벌떡 일어나셨다. 아마도 예수님을 죽인 인류에 대한 분노였고, 돕고 싶고, 도울 수 있지만, 돕지 못하는 자신에 대한 분노였을 것이다.

I. 서론(1:1–2: 13)

D. 하늘에서 있었던 두 번째 일(2:1–6)

[1] 또 하루는 하나님의 아들들이 와서 여호와 앞에 서고 사탄도 그들 가운데에 와서 여호와 앞에 서니 [2] 여호와께서 사탄에게 이르시되 네가 어디서 왔느냐 사탄이 여호와께 대답하여 이르되 땅을 두루 돌아 여기저기 다녀왔나이다 [3] 여호와께서 사탄에게 이르시되 네가 내 종 욥을 주의하여 보았느냐 그와 같이 온전하고 정직하여 하나님을 경외하며 악에서 떠난 자가 세상에 없느니라 네가 나를 충동하여 까닭 없이 그를 치게 하였어도 그가 여전히 자기의 온전함을 굳게 지켰느니라 [4] 사탄이 여호와께 대답하여 이르되 가죽으로 가죽을 바꾸오니 사람이 그의 모든 소유물로 자기의 생명을 바꾸올지

라 [5] 이제 주의 손을 펴서 그의 뼈와 살을 치소서 그리하시면 틀림없이 주를 향하여 욕하지 않겠나이까 [6] 여호와께서 사탄에게 이르시되 내가 그를 네 손에 맡기노라 다만 그의 생명은 해하지 말지니라

욥이 하나님께 많은 축복을 받아서 신앙을 유지하고 있기 때문에 만일 하나님이 이 모든 것을 다시 회수하면 욥은 하나님을 저주할 것이라는 고발자의 주장은 사실이 아님으로 드러났다. 욥이 자식들을 포함한 모든 것을 잃고도 하나님을 원망하지 않았기 때문이다. 반면에 하나님의 욥에 대한 깊은 신뢰는 사실로 드러났다. 욥은 환난 가운데에서도 그에 대한 하나님의 기대와 신뢰를 만족시켰다. 욥의 아픔과 고통이 하나님에 대한 변함없는 신뢰로 승화된 것이다.

하나님과 고발자의 경합은 고발자의 참패로 끝났지만, 그렇다고 해서 고발자가 욥의 신앙 검증 이슈에서 쉽게 물러나지 않을 것을 안다. 고발자가 이 정도에서 순순히 패배를 인정할 생각이었다면, 애초부터 문제를 제기하지 않았을 것이다. 게다가 욥기는 숫자를 전략적으로 사용하는데, 확신의 숫자가 '2'라는 사실을 감안하면, 최소한 한 번은 더 욥의 신앙을 검증하는 계기가 마련될 것을 직감한다.

또한 이 섹션을 시작하는 '하루는'(וַיְהִי הַיּוֹם)이라는 문구가 우리를 불안하게 한다. 이 말이 나올 때마다 욥에게 좋지 않은 일이 생겼기 때문이다(1:6, 13). 욥은 첫 번째 시험을 잘 견뎌냈지만, 다가올 두 번째 시험도 견뎌내 고발자가 더 이상 딴소리를 하지 못하도록 해야 한다.

1장에 기록된 일(욥이 네 재앙을 한꺼번에 당한 일)이 있고 나서 어느 정도 시간이 흘렀다. 하늘에서 다시 천상 어전회의가 열렸다. 아마도 여러 천사들이 모여 하나님이 그들에게 시키신 일들에 대하여 결과를 보고하고 새로운 지시를 받기 위해서였을 것이다. 저자의 초점은 오로지 고발자에게 있다. 당연한 일이다. 고발자는 욥에 대한 시험 결과가 어떻게 되었는지를 회의 참가자들에게 알려야 할 의무가 있기 때문이다.

욥기가 기록하고 있는 두 번째 천상 이전회의인 본문의 내용은 첫 번째 회의(1:6-12)와 매우 비슷하다.

하나님은 고발자에게 첫 번째 회의 때 던졌던 것과 동일한 질문을 던지셨다. "어디를 갔다가 오는 길이냐?"(2절, cf. 1:7). 고발자도 동일하게 대답했다. "땅을 이리저리 돌아다니다가 오는 길입니다"(2절, cf. 1:7). 저자는 정형화된 표현을 자주 사용해 이야기의 흐름을 최대한 매끈하게 하고 독자들의 적극적인 참여를 유도하고자 한다(cf. Newsom).

하나님은 고발자를 나무라다시피 하면서 다시 한 번 욥을 칭찬하셨다. "너는 내 종 욥을 잘 살펴보았느냐? 이 세상에 그 사람만큼 흠이 없고 정직한 사람, 그렇게 하나님을 경외하고 악을 멀리하는 사람이 없다. 네가 나를 부추겨서, 공연히 그를 해치려고 하였지만, 그는 여전히 자기 온전함을 굳게 지키고 있지 않느냐?"(3절, 새번역). 이 말씀은 욥을 친 일에 대하여 고발자를 비난하고자 하는 의도가 아니며(Peake), 그가 이 시험이 시작된 빌미를 제공한 것을 탓하고자 하는 말도 아니다(Pope). 단지 이 시험의 결과(욥이 하나님을 원망하지 않은 것)에 대하여 고발자의 동의를 얻어내고자 하신 말씀이다(Clines). 욥에 대한 하나님의 네 가지 칭찬은 1:8에서 하신 말씀을 그대로 반복하고 있으며, 내레이터(저자)의 욥에 대한 평가를 반복한다(1:1).

감당하기 힘든 고난을 한순간에 네 가지나 경험하고도 욥이 하나님께 이런 평가를 받는 것이 매우 인상적이다. 욥의 신앙의 가장 큰 장점은 어떤 세상 풍파에도 흔들리지 않는 꾸준함이었다. 하나님을 경외하고 섬기는 일에서 가장 중요한 요소가 성실함이다. 상황이 좋을 때는 하나님을 신뢰하기가 쉽지만, 상황이 어려울 때에는 하나님을 신뢰하기가 쉽지 않기 때문이다. 욥의 경험은 의로운 사람이 영문을 모르는 고난을 당하는 일이 실제로 가능하다는 것을 보여준다.

그러나 고발자는 하나님의 말씀에 수긍하려 하지 않는다. 앞에서 그는 욥이 하나님을 경외하는 것은 "그와 그의 집과 그가 가진 모든 것"

세 가지 때문이라고 했다(1:10). 이 셋 중 하나님은 고발자에게 "그의 집과 그가 가진 모든 것" 두 가지를 넘기셨다(cf. 1:12). 그렇다면 고발자가 건들지 못한 세 번째 것(욥 자신)을 문제 삼을 것은 어느 정도 예측된다. 아니나 다를까! 고발자는 욥이 아직도 신앙을 유지하는 이유는 그의 몸이 온전해서라는 억지 주장을 한다(4절).

욥은 사람은 맨몸으로 태어나서 맨몸으로 죽으며, 이 둘 사이에 누리는 모든 것이 하나님의 것이기 때문에 설령 하나님이 그가 가진 것을 거두어가신다 해도 실망할 필요는 없다는 논리를 펼치며 첫 번째 시험을 이겨냈다(1:21). 고발자는 욥의 고백에서 '맨몸' 개념을 취하여 최대한 효과적으로 사용하고자 한다. 욥이 두 맨몸(태어날 때와 죽을 때) 사이에 소유한 것들(자녀들과 재산)로 인해 하나님을 저주하지 않았지만, 만일 그가 태어날 때부터 지닌 '맨몸'을 치면 그는 분명 하나님을 저주할 것이라고 한다. 욥에게서 건강마저 빼앗으면 그는 분명히 하나님을 '저주할'(ברך) 것이라는 논리이다.

고발자의 논리는 인간은 자신의 건강을 그가 소유한 모든 것과 심지어는 자녀들보다 더 중요하게 여긴다는 것이다. 그러므로 고발자는 욥이 가진 모든 것이 아니라, 욥을 쳐야 그의 신앙 상태를 알 수 있다고 한다. 고발자는 첫 번째 시험이 실패할 수밖에 없었던 이유는 하나님이 자신이 제안한 세 가지 중 두 가지밖에 치지 못하도록 제한하셨기 때문이라고 생각한다. 이 못되고 비뚤어진 고발자를 어떻게 해야 하나!

고발자의 주장이 옳은가? 사람은 재산보다, 심지어는 자녀들보다 자기 자신을 더 중요하게 여기는가? 자녀들이 아파하면 차라리 그 고통이 자기 것이었으면 하는 것이 부모의 마음이라는 사실을 의식하면 고발자의 주장을 잘못된 것으로 간주할 수도 있다. 그러나 생명을 좌우하는 상황에서는 대부분 사람들은 자기 자신을 최우선으로 두는 것이 현실이다. 자신이 죽든지 자녀가 죽든지 둘 중 하나가 유일한 선택일 때 대부분 사람들은 자신이 살길을 선택한다. 그렇기 때문에 우리에게 살길을 주시려고 예수님이 죽음을 택하신 것은 참으로 대단한 사랑, 인간의 이성과 본성을 초월한 사랑이라 할 수 있다.

하나님은 욥이 고난을 받는 것을 원하지 않으셨다. 삶의 경기장에서 욥이 괴로워하면 사이드라인(sideline)에서 그것을 지켜보는 하나님도 아픔을 겪으신다. 이번에도 하나님의 마음은 변함이 없다. 그러나 고발자의 주장이 이러하니, 하나님은 다시 한 번 욥을 고난에 노출시키실 수밖에 없다. 고발자는 억지 주장으로 하나님과 욥을 다시 한 번 곤경으로 몰아가고 있다. 저자는 인간의 삶에서 때로는 (하나님과 성도가 전혀 원하지 않지만) 고난이 임하기도 한다는 현실을 암시한다.

하나님은 하는 수 없이 고발자에게 욥의 몸을 쳐도 된다고 하셨다(6절). 한 주석가는 이러한 상황을 욥을 향해 '내민 손'은 여호와의 손이지만, 욥을 '칠 손'은 고발자의 손이라며 고발자가 하나님의 대행자로 활동하고 있는 것이라 한다(Clines). 출처가 누구이던 간에 욥이 감당해야 하는 고통의 정도는 동일하다. 하나님이 치시든, 고발자가 치든 아프기는 마찬가지이다.

하나님은 욥의 생명은 건들지 말라며 고발자가 칠 수 있는 범위에 대하여 이번에도 분명한 선을 그으셨다. 하나님이 이러한 결정을 내리신 것은 이번에도 욥을 믿으셨기 때문이다. 하나님은 욥이 아무리 혹독한 고난을 당하더라도 끝까지 하나님을 경외할 것을 확신하신다. 그러므로 욥의 이야기는 그가 얼마나 하나님을 끝까지 신뢰했는가에 대한 이야기이며, 동시에 하나님이 얼마나 욥을 신뢰했는가에 대한 이야기이기도 하다.

하나님의 절대적인 신뢰를 받는(하나님이 인정하시는) 욥이 이런 면에서는 참으로 부럽다. 그러나 그가 당한 혹독한 고통은 어떻게든 피하고 싶다. 아마도 대부분 성도들이 이러한 생각을 가지고 있을 것이다. 우리가 이런 마음을 가지는 것에 대하여 부끄러워할 필요는 없다. 가능하면 이 땅에서 최대한 평탄한 길을 가고 싶은 것이 인간의 본능이고 희망이기 때문이다.

반면에 욥은 매우 큰 고통과 아픔으로 하나님에 대한 변함없는 믿음을 살아내야 한다. 그가 이 땅에서 흘린 눈물이 별이 되어 우리의 어두운 하늘을 밝힌 것이다. 우리가 믿음으로 인해 욥이 경험한 정도의 고통과 아픔을 경험하게 될 가능성은 별로 없다. 그러나 만일 이런 고통이 우리의 삶을 엄습해온다면, 우리도 욥처럼 견디어 낼 수 있도록, 그래서 하나님께 기쁨을 드릴 수 있도록 도와달라고 하나님께 기도해야 한다.

I. 서론(1:1-2: 13)

E. 욥이 건강을 잃음(2:7-10)

[7] 사탄이 이에 여호와 앞에서 물러가서 욥을 쳐서 그의 발바닥에서 정수리까지 종기가 나게 한지라 [8] 욥이 재 가운데 앉아서 질그릇 조각을 가져다가 몸을 긁고 있더니 [9] 그의 아내가 그에게 이르되 당신이 그래도 자기의 온전함을 굳게 지키느냐 하나님을 욕하고 죽으라 [10] 그가 이르되 그대의 말이 한 어리석은 여자의 말 같도다 우리가 하나님께 복을 받았은즉 화도 받지 아니하겠느냐 하고 이 모든 일에 욥이 입술로 범죄하지 아니하니라

하나님께 욥의 몸(건강)을 쳐도 된다는 허락을 받은 고발자가 욥의 육신을 매우 혹독하게 쳤다. 처음 네 재앙에서는 고발자가 직접 욥을 쳤다는 말을 하지 않고 암시했다. 반면에 이번에는 고발자가 직접 욥을 쳤다고 한다(7절). 고발자도 물러설 수 없는 한 판이라 생각하여 직접 나선 것이다.

발바닥에서 정수리까지 욥의 온몸에 종기가 가득했다(7절). 하나님과의 대화에서 고발자는 '가죽' 이야기를 했었는데(2:4), 기어코 욥의 '가죽'인 피부를 쳤다. 그동안 학자들은 욥이 앓은 병이 정확히 무엇인가에 대해 지대한 관심을 가졌다(cf. Clines, Harrison, Pope). 그러나 그가 정확히 어떤 병을 앓았는가는 중요하지 않다. 저자는 욥이 앓은 병이 피부와 연관되었다는 것을 말할 뿐 더 이상의 정보를 제공하지 않고, 병명은 본문을 해석하는 데 어떠한 영향도 미치지 않기 때문이다.

고발자는 왜 욥의 장기를 건들지 않고 피부를 친 것일까? 암 등 사람의 신체 내부를 괴롭히는 질병들은 증세와 고통이 나타나려면 시간이 걸리고 상당한 기간 동안 증세를 파악하기가 어렵다. 반면에 피부로 증상이 드러나는 질병은 곧바로 효과를 발휘하기 때문에 고발자가 이런 질병으로 욥을 괴롭힌 것으로 생각된다. 게다가 피부가 상하고 고름이 흘러나오는 상황은 보기에 역겹고 환자에게 공포감을 주는 데 효과적이다. 히스기야를 죽일 뻔했던 병도 피부에서 증세를 보였다(왕상 20:7).

극한 피부병을 앓고 있는 욥이 가려움증을 견디지 못하고 재 가운데 앉아서 항아리 조각을 주워다가 몸을 긁었다(8절). 욥은 자식들의 죽음을 애도하는 것으로 모자라 새로이 겪게 된 가려움증 때문에 항아리 조각을 주워야 하는 처량한 사람이다. 욥이 잿더미(쓰레기를 태우는 곳, Balentine)에 앉아 있는 것은 그가 재앙들로 인해 아직도 [자식들의 죽음을] 애도하고 있다는 뜻이다. 그가 가려운 몸을 긁기 위해 사용하는 깨어진 항아리 조각은 마치 한순간에 박살이 난 그의 삶을 상징하는 듯하다(Balentine).

이러한 상황을 옆에서 지켜보던 아내가 발끈하며 욥에게 "신앙과 체통을 지킨다며 그렇게 처량한 모습으로 살지 말고, 차라리 하나님을 '저주하고'(ברך) [벌을 받아 그 자리에서] 죽어버리라"고 악담을 했다(9절). 고발자가 한 말이 욥의 아내의 경우 적중했다. 그래서 일부 주석가들은 욥의 아내가 고발자의 도구 혹은 '최후 보루'라고 한다.

본문은 욥의 아내 이름을 밝히지 않는다. 탈굼(Tg.)은 그녀의 이름을

'디나'라고 한다. 성경에서 디나는 세겜 사람들에게 마실 갔다가 강간 당한 야곱의 딸 이름이다(cf. 창 34장). 탈굼은 아마도 욥이 아내를 '천박한/경솔한 여자들 중 하나'(נְבָלוֹת)로 비난하는 것(10절)을 근거로 디나에게 '경솔한 짓'(נְבָלָה)을 해서 야곱에게 큰 수치를 안겨 준 세겜의 일과 연결시키는 듯하다(Clines, cf. 창 34:7).

많은 사람이 남편에게 구차하게 살지 말고 차라리 하나님을 저주하고 죽으라고 한 욥의 아내를 비난한다. 아우구스티누스(Augustinus)와 크리소스토무스(Chrysostomus)와 칼뱅(Calvin) 등도 욥의 아내를 사탄의 앞잡이 혹은 그의 도구 정도로 생각했다(cf. Calvin, Newsom). 사탄이 욥의 아내를 아이들과 함께 죽이지 않은 이유는 바로 이 순간 그녀를 사용하여 욥을 시험하기 위해서였다는 것이다(cf. Smick).

그러나 우리는 그녀의 마음을 어느 정도는 헤아릴 수 있어야 한다. 바로 얼마 전까지 그녀의 남편 욥은 세상을 호령하던 당당하고 건장한 유지이자 신앙인이었다. 그런데 욥은 한순간에 몰락해도 도저히 재기할 수 없을 정도로 몰락했다. 게다가 그의 몸은 온갖 질병으로 인해 만신창이가 되었다. 그녀의 눈에 잿더미(쓰레기 처리장, cf. Clines)에 앉아 항아리 조각으로 가려운 피부를 긁고 있는 남편이 어떻게 보였을까? 또한 그녀는 얼마 전에 열 명의 자녀들을 한꺼번에 잃은 슬픔을 겪었다. 모든 것이 복합적으로 작용해 이런 말을 하게 된 것이다.

욥의 아내의 말에는 남편에 대한 속상함과 하나님에 대한 서운함이 서려 있다. 저자는 욥의 아내를 사탄의 도구로 묘사하지 않고, 남편의 비참한 몰골 때문에 하나님께 분노하는 여자로 묘사한다. 마소라 사본(MT)보다 훨씬 더 긴 9절을 지니고 있는 칠십인역(LXX)도 욥의 아내의 아픔을 자세하게 묘사함으로써 이렇게 말할 수밖에 없는 이 여인에게 동정을 유도하는 듯하다. 칠십인역의 9절은 다음과 같이 기록한다.

> 시간이 많이 지난 다음, 그의 아내가 그[욥]에게 말했다. 언제까지 구원

> 을 소망으로 삼으며 "조금만 더 참자"라고 버틸 겁니까? 당신에 대한 기억은 이미 이 땅에서 지워졌습니다 [당신은 죽은 사람과 다름 없습니다]. 당신의 아들들과 딸들에 대한 기억도 이 땅에서 지워졌기 때문에 내가 그 아이들을 낳으며 아프고 수고한 것들이 모두 헛되게 되었습니다. 당신은 밤마다 살을 깎아먹는 벌레들과 시름하고 있습니다. 나는 나대로 매일 이곳저곳, 이집저집을 전전긍긍하며 해가 지기를 기다리고 있습니다. 그래야 나의 수고와 아픔에서 숨을 수 있으니까요. 그러니 [이렇게 사느니 차라리] 하나님에 대하여 나쁜 말을 하고 죽으십시오.

욥의 아내는 왜 욥에게 하나님을 저주하라고 하는가? 그녀는 이 모든 재앙이 하나님께로부터 온 것이라는 사실을 알고 있는가? 아마도 어느 정도 짐작은 했을 것이다. 고대 근동 사람들은 욥이 처음에 당한 네 재앙 중에 두 가지를 오직 신들만이 할 수 있는 초자연적인 현상들이라고 믿었다. 더 나아가 욥의 흉측한 몰골도 분명 신들에게 온 재앙이라고 확신했다. 고대 사회는 사람의 건강은 신들에 의하여 좌지우지된다고 가르쳤기 때문이다(van der Toorn).

욥의 아내는 자기 남편이 하나님께 저주를 받았다고 확신한다. 그러므로 그녀는 남편에게 "병신처럼 하나님께 일방적으로 당하지만 말고, 당신이 겪은 모든 부당한 일들에 대하여 항의하는 의미에서 하나님을 저주하고 죽어버리시오. 그런 몰골로 살아서 뭘 하려고 합니까?"라는 취지의 말을 하고 있다(cf. Newsom). 비록 말은 거칠지만, 욥의 아내도 하나님의 능력을 의심하지는 않는다. 만일 하나님이 마음만 먹으면 곧바로 욥의 숨통을 끊어놓을 능력을 지니셨다고 믿고 있기 때문이다. 가만히 생각해보면 고발자가 욥이 하나님을 경외하는 이유에 대하여 주장했던 것이 욥의 아내의 신앙에서 온전히 드러나고 있다. 그녀는 복을 누리기 위하여 하나님을 경외하다가 모든 것을 잃자 하나님을 원망하며 불신한다.

욥이 아내를 나무랐다. “천박한 여자처럼 굴지 말고 격이 있는 여자처럼 체통을 지키시오. 그동안 우리가 누린 것들이 모두 하나님의 축복이었소. 이번에 우리에게 임한 재앙들도 하나님께 온 것이오. 그렇다면 당신은 왜 이 재앙을 겸허히 받아들이려 하지 않소? 우리가 언제까지 하나님께 좋은 것만 받고 나쁜 것은 거부할 거요?”(10절). 비록 욥이 아내를 나무라지만, 한편에서는 자기의 슬픔과 하나님에 대한 서운함을 이렇게라도 표현하는 아내가 부러웠을 것이다.

저자는 욥이 이 모든 어려움을 당하고서도 말로 죄를 짓지 않았다고 한다(10절). 욥은 자기가 경험하고 있는 혹독한 재앙들로 인해 하나님을 원망하지 않은 것이다(cf. 1:22). 저자는 욥이 네 재앙을 당했을 때 “이 모든 어려움을 당하고서도 죄를 짓지 않았으며, 어리석게 하나님을 원망하지도 않았다”고 했다(1:22, 새번역). 그런데 이번에는 조금 다르게 말한다. “이 모든 일을 당하고서도, 말로 죄를 짓지 않았다”(2:10, 새번역). 이러한 차이를 어떻게 이해해야 하는가?

욥을 신실한 신앙인으로 간주하는 학자들은 이 말씀이 겉과 속이 다르지 않은 욥의 신실함을 강조하는 표현이라고 한다(Fohrer, Gordis, Walton, cf. 시 39:2; 잠 13:3; 18:4; 21:23). 반면에 탈무드는 “욥이 입으로는 죄를 짓지 않았지만, 마음으로는 죄를 지었다”는 의미로 해석했다(b. B. Bat. 16a, cf. Weiss). 탈무드의 해석은 이방인은 온전한 믿음을 가질 수 없다는 유태인들의 편견을 어느 정도 반영했다.

욥은 자기 육신을 친 혹독한 고난을 통해 다시 한 번 고발자의 주장이 근거 없는 억지라는 것을 보여준다. 욥은 하나님께 무엇을 얻고자 해서 주님을 경외하지 않았다. 그는 자신이 삶에서 누린 모든 것이 하나님의 은혜였다는 사실을 확신하고 고백하는 사람이다. 그러므로 설령 하나님이 그에게서 모든 것을 앗아간다 할지라도 사실은 하나님이 자기 것을 환수해가시는 것이기 때문에 욥은 하나님을 원망하지 않았다. 더 나아가 욥은 자기가 태어날 때 지니고 태어난 육신의 건강마저도 하나님의 축복이라는 것을 확실히 아는 사람이다.

욥이 끝까지 겸손히 자기 신앙을 지키며 하나님을 원망하지 않은 것에는 어떤 비결이 있었을까? 무엇보다도 관점의 차이가 그 비결인 듯하다. 사람은 자기중심적으로 세상을 보려고 한다. 그러므로 주변 사람들이 그에게 잘해야 하고, 사랑으로 대하지 않으면 서운해한다. 하나님도 그에게 모든 것을 축복해 주셔야 한다. 그렇지 않으면 섭섭하다. 세상이 그를 중심으로 돌아가기 때문이며 그가 소유한 모든 것은 그의 것이다.

그러나 만일 우리가 잠시나마 하나님의 관점으로 세상을 보려고 하면 모든 것이 달라진다. 창조주 하나님은 우리에게 빚진 것이 없으시다. 그럼에도 즐기라며 많은 것을 축복하신다. 한 가지 기억해야 할 것은 하나님은 인간에게 축복으로 내려 주신 것을 언제든지 거두어 가실 권리가 있다. 사람이 누리는 모든 것이 하나님의 것이기 때문이다. 욥이 온갖 고통을 당하면서도 끝까지 하나님을 원망하지 않은 것은 바로 이런 관점에서 세상과 자기 삶을 보았기 때문이다(cf. 1:21; 2:10). 우리는 우리가 사는 세상의 주인공이 아니다. 우리가 사는 세상의 주인공은 하나님이시다. 우리는 하나님이 주인공인 세상에서 잠시 조연 역할을 할 뿐이다.

I. 서론(1:1–2: 13)

F. 욥의 세 친구 소개(2:11–13)

[11] 그때에 욥의 친구 세 사람이 이 모든 재앙이 그에게 내렸다 함을 듣고 각각 자기 지역에서부터 이르렀으니 곧 데만 사람 엘리바스와 수아 사람 빌닷과 나아마 사람 소발이라 그들이 욥을 위문하고 위로하려 하여 서로 약속하고 오더니 [12] 눈을 들어 멀리 보매 그가 욥인 줄 알기 어렵게 되었으므로 그

들이 일제히 소리 질러 울며 각각 자기의 겉옷을 찢고 하늘을 향하여 티끌을 날려 자기 머리에 뿌리고 [13] 밤낮 칠 일 동안 그와 함께 땅에 앉았으나 욥의 고통이 심함을 보므로 그에게 한마디도 말하는 자가 없었더라

욥이 재앙으로 인해 모든 것을 잃고 건강마저 잃었다는 소식을 들은 세 친구가 욥을 찾아왔다. 저자는 이야기의 초점을 세 친구에게만 맞추고 있기 때문에 이때 엘리후도 왔는지 확실하지 않다. 저자가 욥을 찾아온 친구의 숫자를 그가 즐겨 사용하는 만수인 '3'으로 기록하고 있기 때문에 실제로 세 명이 왔는지, 혹은 더 많은 사람들이 왔는데 욥의 이야기를 전개하는 데 나머지 친구들은 별로 중요하지 않기 때문에 이 세 사람만 언급하는지는 확실하지 않다(cf. Alden). 훗날 엘리후가 친구들 사이에 있었다고 하는 것을 보면 여럿이 왔는데 저자가 가장 중요한 세 사람만 언급하는 것으로 생각된다. 친구들의 도착 이야기는 1-2장에 전개된 욥의 이야기와 3장에서부터 시작될 욥과 친구들의 논쟁을 이어주는 다리 역할을 한다(Clines).

욥을 찾아온 세 친구는 데만 사람 엘리바스와 수아 사람 빌닷과 나아마 사람 소발이었다. '엘리바스'(אֱלִיפַז)는 '하나님은 진귀한 금이시다'라는 뜻으로 해석되기도 하며(Balentine), 창세기 36:4에 의하면 엘리바스는 이삭의 아들 에서와 아다 사이에 태어난 아들의 이름이다. 데만은 엘리바스의 아들 이름이며(창 36:11), 훗날 에돔의 주요 도시의 이름이며(cf. 렘 49:7, 20; 겔 25:13; 암 1:12; 옵 9), 지혜로 유명했다(렘 49:7). 이러한 정황을 고려할 때 엘리바스는 욥을 만나려고 최소한 160킬로미터 이상을 왔다(Alden, cf. Pope).

'빌닷'(בִּלְדַּד)은 '하다드의 아들'이라는 의미로 풀이되며(Balentine), 성경에서 욥기 외에는 사용되지 않는 이름이다. 그와 연관된 수아는 아브라함과 그의 첩 그두라 사이에 태어난 아들의 이름이기도 하다(창 25:2; 대상 1:32).

'소발'(צוֹפַר)은 '어린 새'라는 의미를 지닌 것으로 해석되며(Balentine), 욥기를 벗어나서는 사용되지 않는 희귀한 이름이다. 그와 연관된 나아마는 가인의 후예 리스트에 등장하는 여자 이름이다(창 4:22). 나아마는 '아리따움, 환희' 등의 의미를 지녔다(cf. HALOT).

이처럼 세 친구의 이름과 그들이 살던 지역 이름에 대하여 어느 정도는 추측할 수 있지만, 이 이름들의 중요성은 파악하기가 매우 어렵다(cf. Clines). 저자가 자세한 정보를 주지 않기 때문이다. 일부 학자들은 세 친구가 욥이 살던 곳에서 북쪽과 남쪽과 동쪽에서 왔으며(서쪽에는 사해가 있음), 온 세상의 지혜를 상징한다고 한다(Weiss). 욥기가 지혜를 논하는 책이라는 점에서 착안해낸 추측이다. 대부분의 주석가들은 그들이 욥이 살던 곳에서 그리 멀지 않은 에돔 지역에 사는 사람들이었을 것으로 추정한다(Clines, Dhorme, Gordis).

욥의 세 친구는 약속한 날에 함께 모여 두 가지 목적을 위해 욥을 찾아왔다. 고통을 당하고 있는 친구를 "달래고 위로하기 위하여" 왔다(11절). 그러나 정작 세 친구는 욥과 대화(3-27장)를 시작하면서 욥을 달래지 않고, 위로하지도 않는다. 먼 길을 온 목적을 달성하지 못한 것이다. 사람이 아무리 의도가 좋다 할지라도 정작 실천으로 옮기지 못하면 무슨 소용이 있겠는가! 삶을 완전히 파괴한 재앙으로 인해 상처받고 신음하는 욥의 입장에서는 차라리 이 친구들이 그를 찾아오지 않았더라면 좋았을 뻔했다. 우리도 혹시 남을 위로한답시고 오히려 상처를 입히지 않나 항상 깨어 있어야 한다.

먼 길을 온 친구들이 고난 속에 있는 욥을 먼 발치에서 보았다. 모습이 얼마나 변했는지 그를 알아보지 못했다(12절). 아마도 이 친구들이 욥을 찾았을 때는 재앙이 욥에게 임한 지 최소한 몇 개월이 흘렀고(cf. 7:3), 이 기간 동안 욥은 매우 수척해지고 병은 악화되었을 것이다. 그러므로 친구들이 욥을 쉽게 알아보지 못한 것은 당연한 일이다. 드디어 욥을 만난 순간 친구들은 그의 흉측한 몰골을 보고 통곡했다(12절).

친구들은 욥의 모습을 보고 참으로 큰 충격을 입었다. 그들은 입고 있던 겉옷을 찢고 하늘을 향하여 티끌을 뿌리며 괴로워했다.

사람이 지체할 수 없는 슬픔을 표현할 때는 자기 머리에 재(흙)를 뿌리는데(수 7:6; 삼하 13:19; 겔 27:30) 친구들은 하늘을 향해 재를 뿌렸다고 한다. 이와 비슷한 일이 모세 시대에 있었다. 모세가 공중에 티끌(재)을 뿌리자, 하나님은 이집트 사람들과 짐승들을 악성 종기로 치셨다(출 9:10). 그러므로 친구들이 하늘을 향해 재를 뿌리는 일을 하나님께 욥의 삶에 개입하셔서 기적을 베풀어달라고 염원하는 행위라고 해석하는 주석가도 있다(Balentine).

세 친구는 아무 말도 하지 못하고 밤낮 7일 동안 욥과 함께 땅에 앉아 있었다(13절). 7일의 침묵은 극에 달한 슬픔의 표현이다(Dhorme). 땅에 앉는 일은 사람이 자기 자신을 최대한 낮추는 상징성을 지녔으며 스올의 표면인 땅에 평소보다 더 가깝게 있음을 의미한다(Clines). 일부 학자들은 고대 사람들이 사람이 죽으면 7일 동안 장례식을 치르며 애도한 일(cf. 창 50:10; 삼상 31:13)을 근거로 욥의 친구들이 아무 말도 하지 않고 7일 동안 슬퍼한 일을 욥을 죽은 사람으로 취급하여 마치 장례식에 온 사람들처럼 행동하는 것으로 해석한다(Walton).

그러나 만수/완전수를 즐겨 사용하는 저자는 이번에도 숫자 '7'을 사용하지만, 단지 친구들이 성급하게 굴지 않고 충분한 시간(7일) 동안 욥과 함께했다는 것을 회고할 뿐이다. 성경에서 슬픔과 침묵의 시간으로 '7일'이 종종 사용되지만(창 50:10; 삼상 31:13; 겔 3:15), '7일 밤낮'이라는 표현은 이곳이 유일하다. 상황의 심각성(욥의 고난)을 극대화시키기 위한 표현이다. 그러나 위로하러 온 친구들은 참으로 안타깝다. 무언가 말로 위로하고 싶은데, 욥의 모습이 너무나 상해 있어서 감히 어떤 말도 할 수 없었기 때문이다.

친구들이 침묵하던 이 일주일이 실제로는 욥에게 가장 도움이 되고 위로가 되는 시간이었다. 참혹한 고통을 연거푸 당해 모든 것을 잃어

버리고 심지어 건강까지 잃은 욥에게 어떤 말이 위로가 되겠는가! 이 세상의 그 무엇도, 사람의 그 어떤 말도 위로가 되지 못한다. 욥의 유일한 위로는 창조주 하나님이 직접 욥을 만나 주시는 것밖에는 없다. 그러므로 이럴 때는 아무 말도 하지 않고 그의 곁을 지키며 함께 슬퍼해주는 것이 사람이 할 수 있는 최고의 위로이다. 욥의 세 친구는 이처럼 본의 아니게 욥에게 가장 필요한 위로를 주고 있다.

이렇게 앞으로 욥기를 이끌어갈 등장인물들이 대부분 모습을 드러냈다. 유일한 예외는 엘리후다. 그는 한참 후에 모습을 드러낸다. 욥의 신앙에 대하여 문제를 제기했던 고발자는 더 이상 모습을 보이지 않는다. 그가 욥의 신앙에 대해 잘못 생각했다는 것이 두 차례나 입증되었으니 더 이상 할 말이 없었을 것이다.

이미 언급한 것처럼 욥의 고난 이야기는 하나님에 대한 그의 믿음 이야기다. 욥은 어떠한 대가를 바라지 않고 하나님을 경외하고 사랑했다. 혹독한 재앙을 체험하고도 그의 하나님에 대한 믿음은 바뀌지 않았다.

이 이야기는 하나님의 욥에 대한 신뢰 이야기이기도 하다. 만일 하나님이 조금이라도 욥이 고난으로 인해 신앙을 저버릴 것이라고 생각하셨다면, 고발자에게 그를 칠 수 있다고 허락하지 않으셨을 것이다. 하나님은 욥이 모든 고난을 겪고도 믿음을 버리지 않을 것을 확신하셨다. 이러한 상황에 적절한 성경말씀이 "오직 하나님은 미쁘사 너희가 감당하지 못할 시험당함을 허락하지 아니하시고 시험당할 즈음에 또한 피할 길을 내사 너희로 능히 감당하게 하시느니라"고 하는 고린도전서 10:13이다.

Ⅱ. 욥의 슬픔
(3:1-26)

욥은 이때까지 오직 침묵으로 고통을 견뎌왔다. 아마도 가장 큰 이유는 그가 경험한 재앙을 어떻게 이해해야 하는가에 대해 스스로 혼란을 겪고 있었기 때문일 것이다. 이러한 상황에서는 사람이 아무 말도 하지 않고 그저 묵묵히 "이 또한 지나가리라"는 심정으로 견뎌내는 것이 최선이다. 섣불리 말하면 주변 사람들에게 해가 되고 하나님께 죄가 될 수 있기 때문이다.

소식을 들은 세 친구들이 그를 찾아왔다. 먼 길을 찾아온 친구들은 욥을 보고 오열하며 함께 아파했다. 그들은 일주일 동안 아무 말도 하지 않고 묵묵히 욥의 곁을 지켰다. 친구들의 배려에 용기를 얻은 것일까? 이 친구들이라면 자신이 마음에 담고 있는 말을 들어줄 것이라고 생각한 것일까? 욥이 재앙을 당한 후 처음으로 마음속에 있는 말을 하기 시작했다.

욥이 말을 시작하자 그의 기대와는 달리 친구들은 그를 정죄하고 반박할 뿐 들으려 하지 않았다. 욥은 친구들에게 마음에 있는 말을 한 것을 후회했지만, 어떡하겠는가? 이미 엎질러진 물인데! 기왕 일이 이렇게 된 것, 욥은 자기 마음에 있는 말을 거침없이 쏟아 냈다. 욥은 앞으로 세 친구들과 각각 몇 차례씩 말을 주고받는데(4-27장), 본문은 욥과 친구들이 본격적으로 논쟁을 시작하기 전에 욥이 자신이 경험한 일들로 인해 그동안 얼마나 힘이 들었는가를 토로한다.

욥의 이야기가 원래 1-2장과 42장 마지막 부분에 기록된 내러티브로만 구성이 되었는데, 다른 저자(들)가 중간에 시가체로 된 부분을 삽입했다고 주장하는 사람들은 3장에서 시작되는 장르 변화를 그 증거로 삼는다(cf. Clines). 그러나 이러한 장르 변화는 오히려 같은 저자가 욥기의 두 섹션을 모두 기록한 것이라는 증거로 여겨지기도 한다(cf. Newsom).

본문의 마소라 사본(MT)은 참으로 많은 불확실성을 지니고 있다(cf. Clines, Pope). 사용되는 단어가 독특하기도 하고, 보존이 그다지 잘되지 않은 채로 우리에게 전수되었기 때문이다. 그럼에도 불구하고 본문이 기록하고 있는 욥의 노래는 성경에 기록된 슬픈 노래(탄식시)들 중에서도 가장 슬프고, 가장 강렬한 죽음에 대한 열망이다. 그러나 죽음마저도 욥을 외면했다. 욥은 참으로 이 세상에서 가장 슬픈 사람이었다. 그러므로 그는 이 노래를 "나에게는 평온도 없고 안일도 없고 휴식도 없고 다만 불안만 있구나"(26절)로 마무리한다. 시를 마무리하는 이 구절이 본문의 중심이며(Clines) 욥이 처한 극도의 불안감을 가장 잘 묘사한다. 이러한 내용을 담고 있는 본문은 다음과 같이 구분될 수 있다.[8]

---

8 한 주석가는 3장을 저주(3-10절)와 애곡(11-26절)으로 구분해 다음과 같은 구조를 제시한다(Smick).

저주(3-10)
A: 주제: 낮과 밤(3)
낮에 대한 저주(4-5)
밤에 대한 저주(6-9)
A′: 이유: 고난(10)
애곡(11-26)
A: 주제: 태어날 때 왜 죽지 않았나?(11)
하나님이 고통을 허락하시는 것을 슬퍼함(12-24)
A′: 이유: 애곡하는 이유(25-26)

A. 서론(3:1-2)
B. 욥이 생일을 저주함(3:3-10)
C. 욥이 죽음을 갈망함(3:11-19)
B'. 욥이 삶을 미워함(3:20-23)
A'. 결론(3:24-26)

II. 욥의 슬픔(3:1- 26)

A. 서론(3:1-2)

3:1 그 후에 욥이 입을 열어 자기의 생일을 저주하니라 2 욥이 입을 열어 이르되

지난 수개월 동안(cf. 2:11 주해) 참으로 견뎌내기 힘든 고통을 당하고도 침묵했던 욥이 드디어 입을 열었다. 욥이 1-2장에서 보여준 모습을 감안할 때 독자들은 그의 입에서 하나님의 주권을 인정하는 말이나, 어떻게 이 모든 일을 신앙으로 이겨냈는가에 대한 간증이 나오기를 기대했을 것이다. 그러나 욥의 첫마디는 자기 생일에 대한 저주였다. 욥 같은 신앙인에게 전혀 예측하지 못한 내용이다. 그러므로 일부 학자들은 1-2장이 묘사하는 욥과 3장 이후의 욥이 서로 다른 사람이라고 하기도 한다(Moore, cf. Clines, Pope). 그러나 이 둘은 분명 같은 사람이며, 욥이 일을 당한 순간에는 믿음의 고백을 했지만(1-2장), 3장 이후부터는 시간이 지나면서 욥이 자기가 겪은 일을 되뇌면서 많은 내적인 갈등을 겪었던 것을 보여준다.

저자는 앞에서 '저주'라는 말이 필요할 때마다 '축복'(ברך)으로 대체했다(1:5, 11; 2:5, 9). 차마 사람이 하나님을 저주한다는 말을 할 수 없어서 일종의 완곡어법으로 '축복'을 사용했다. 그러나 이제 더 이상 이러한 완곡어법을 사용할 필요가 없다. 동사의 주제가 하나님이 아니라 욥의 삶이기 때문이다. 그러므로 욥은 자기가 태어난 날을 저주했다(קלל). 욥이 자기 생일을 저주한 것이 자기 삶 전체를 저주하는 것으로 해석되기도 한다(Clines).

고대 사회는 축복과 저주가 항상 실현된다고 생각했기 때문에 욥이 자기 생일을 저주하는 것이 하나님의 저주가 실제로 그의 삶에 임하기를 기대하며 이러한 말을 했다고 하지만(Fishbane), 지나친 해석이다. 욥이 생일을 저주하는 것은 삶이 너무 힘이 들고 고통스럽다며 친구들(또한 하나님)에게 하소연하는 것으로 간주하는 것이 바람직하다. 한 학자는 욥의 하소연을 '최후의 애가'(a lament-of-final-resort)라고 부르며 이 애가의 기능은 가장 강력한 허무주의적 용어(nihilistic language)를 통해 하나님의 관심을 끄는 일에 있다고 한다(Zuckerman). 욥의 모든 관심사는 오로지 하나님을 만나는 것에 있다.

II. 욥의 슬픔(3:1- 26)

B. 욥이 생일을 저주함(3:3-10)

[3] 내가 난 날이 멸망하였더라면,
사내아이를 배었다 하던 그 밤도 그러하였더라면,
[4] 그날이 캄캄하였더라면,
하나님이 위에서 돌아보지 않으셨더라면,
빛도 그날을 비추지 않았더라면,
[5] 어둠과 죽음의 그늘이 그날을 자기의 것이라 주장하였더라면,
구름이 그 위에 덮였더라면,
흑암이 그날을 덮었더라면,
[6] 그 밤이 캄캄한 어둠에 잡혔더라면,
해의 날 수와 달의 수에 들지 않았더라면,

[7] 그 밤에 자식을 배지 못하였더라면,
그 밤에 즐거운 소리가 나지 않았더라면,
[8] 날을 저주하는 자들 곧 리워야단을 격동시키기에 익숙한 자들이
그 밤을 저주하였더라면,
[9] 그 밤에 새벽 별들이 어두웠더라면,
그 밤이 광명을 바랄지라도 얻지 못하며
동틈을 보지 못하였더라면
좋았을 것을,
[10] 이는 내 모태의 문을 닫지 아니하여
내 눈으로 환난을 보게 하였음이로구나

욥은 제일 먼저 자기가 태어난 날/낮(יוֹם)과 그때로부터 9개월 전(前) 부모들이 그를 임신한 밤(לַיְלָה)을 저주한다(3절, cf. Clines, Longman, Newsom). 욥은 3절에서 날(낮)과 밤을 쌍으로 언급하며 간략하게 저주를 선언한 다음, 4-6절에서는 구체적으로 날/낮에 대한 저주를, 7-9절에서는 밤에 대한 저주를 전개한다. 이 섹션의 결론으로 욥은 왜 그가 태어난 날과 잉태된 밤이 저주를 받아야 하는가 하면, 그 낮과 밤에 있었던 일로 인해 자기가 이 땅에 태어나 혹독한 환난을 경험했기 때문이라고 한다(10절). 욥은 자기 존재를 저주하고 있다. 참으로 고통스러운 삶을 살았던 선지자 예레미야도 자기 생일을 저주한 적이 있다(렘 20:14-18). 실제로 욥의 말과 예레미야의 담화를 비교해 보면 다음과 같은 공통점을 지녔을 뿐만 아니라 진행되는 순서도 같다(cf. Balentine).

	욥기	예레미야서
태어난 날 저주	3:3a	20:14a
아들 출산 선언	3:3b	20:15
태가 열리지 않았을 것을 바람	3:10a	20:17
고난을 겪기 위하여 태어남	3:10b	20:18

일상적으로 아이가 태어난 날은 광고가 되지만, 부모의 정자와 난자가 만나 잉태된 날은 광고되지 않는다. 그러므로 일부 학자들은 '사내아이를 배었다 하던[알리던] 밤'(הַלַּיְלָה אָמַר הֹרָה גָבֶר, 3절)을 '사내아이가 태어났다 하던 밤'으로 교정을 제안한다. 이렇게 교정할 경우 욥이 3절에서 저주하는 밤과 낮은 둘 다 그가 태어난 날을 의미한다. 밤이 그때로부터 9개월 전인 임신한 때를 의미하지 않는다.

그러나 대부분 주석가들은 교정하지 않고 그대로 유지해야 한다고 주장한다(Alden, Clines, Longman, Newsom, Walton). 욥기에는 일상적인 범주를 벗어나는 것이 매우 흔한 일이며 밤에 대한 저주(7-9절)가 욥이 잉태된 때와 더 잘 어울리기 때문이다. 그러므로 본문의 밤과 낮은 욥이 태어나기 전 어머니 배 속에서 지냈던 9개월의 임신 기간을 상징한다(Newsom). 욥은 자신이 잉태된 밤과 태어난 날을 저주해 그의 출산 과정에서 9개월 동안 그의 부모들이 수고하고 기다린 것이 헛되었음을 탄식한다. 욥의 아픔을 이해하지 못하는 것은 아니지만, 그를 태어나게 한 부모를 참으로 아프게 하는 말이다.

학자들 사이에는 욥이 저주하는 날(태어난 날)이 매년 찾아오는 생일을 의미하는지, 아니면 [수십 년 전에] 그가 실제로 태어난 날을 의미하는지에 대해 어느 정도 논란이 있다(cf. Clines, Newsom). 욥이 자기가 잉태된 밤도 저주하고 있다는 점을 감안하면, 수십 년 전 그가 태어난 날을 저주하는 것이 확실하다. 그가 태어나도록 부모가 수고한 9개월의 임신 기간이 헛되었다는 것이 본문의 강조점이기 때문이다. 그러나 욥은 자기가 태어났던 그날에 대하여 저주할 수는 없다. 저주는 아직 실현되지 않은 일에 대해 하는 것이지 이미 지나가서 어떤 영향도 미칠 수 없는 과거의 일에 할 수 있는 것이 아니기 때문이다. 그러므로 욥의 저주는 자신의 삶이 매우 고달프다는 수사학적인 외침이지, 실제로 어떤 부정적인 영향력이 그날을 간섭하기를 바라는 것은 아니다(Clines).

욥은 자기가 태어난 날(낮)이 없었다면 좋았을 뻔했다며 "그날이 캄캄하였더라면"(יְהִי חֹשֶׁךְ, 4절)이라고 하는데, 이 말은 하나님이 천지를 창조하시면서 "빛이 있으라"(יְהִי אוֹר)고 하신 창세기 1:3과 정반대의 말이다. "어둠이 있으라!" 욥은 자기가 태어난 날에 대해서는 하나님이 창조 사역을 되돌리시면(reversal) 좋았을 뻔했다고 탄식한다(Fishbane, Janzen). 그가 태어난 날이 창조되지 않고 어둠(무창조) 속에 있었으면 하고 바란 것이다. 일부 주석가들은 욥이 하나님을 거의 저주하는 것 같은 말을 지속적으로 하고 있다고 하는데(Walton), 그렇지 않다. 욥은 분명 하나님의 피조물과 창조 원리에 문제 제기를 하지만, 하나님을 직접 비방하는 선은 절대 넘지 않는다.

삶의 허무함을 논하는 전도자는 차라리 낙태된 자(죽어서 이 땅에 태어난 자)가 더 복되다는 말을 한다(전 6:3-5, cf. 시 58:8-9). 그러나 하나님이 창조하신 빛(생명을 상징함)을 어두움(죽음을 상징함)으로 덮기를 원하는 욥은 이보다 훨씬 더 강하게 죽음을 갈망한다. 그렇다고 해서 욥이 죽기를 원하는 것은 아니다. 그는 자살할 생각이 전혀 없다(Longman). 너무나도 혹독한 고통에 시달리는 그는 단지 자기가 태어나지 않았으면 좋았을 뻔했다며 탄식할 뿐이다.

욥이 사용하는 용어 '하나님'(אֱלוֹהַּ, 4절)이 상당히 독특하다. 욥기는 구약이 흔히 사용하는 '하나님'(אֱלֹהִים)을 14차례밖에 사용하지 않는다. 반면에 이 흔한 호칭의 단수로 간주되는 '하나님'(אֱלוֹהַּ, 4절, cf. NIDOTTE)은 욥기에서 41차례 사용된다. 이 호칭은 욥기를 벗어나서는 16차례밖에 사용되지 않는다. 욥기에서 자주 사용되는 하나님 성호들과 빈도수는 다음과 같다(cf. Balentine).

성호	빈도수
El(אֵל)	55
Eloah((אֱלוֹהַּ)	41

Shaddai(שַׁדַּי)	31
Elohim(אֱלֹהִים)	14
HaElohim(הָאֱלֹהִים)	3
Yahweh(יְהוָה)	29

욥은 자기가 태어난 날이 빛이 없고 캄캄했으면 좋았을 뻔했다고 탄식하는데(4절), 그것이 무엇을 의미하는지 다음 절에서 설명한다. 욥은 5절에서 어둠과 죽음을 동일시한다. 이러한 상황에서 '어둠, 구름, 흑암, 깜깜한 어둠'(5-6절)을 언급하는 것은 그가 얼마나 자기가 태어난 날을 비관하고 있는지를 보여준다.

태어난 날을 저주한(4-6절) 욥이 그가 잉태된 밤을 저주하는 담화로 이어간다(7-9절). 욥은 어머니가 그날 밤 자기를 임신하지 않았으면 참 좋았을 것이라고 탄식한다(7절). 아이를 임신해 어미가 되는 것이 여자가 누릴 수 있는 가장 큰 축복이고, 불임이 가장 큰 수치라고 생각했던 고대 근동의 정서를 감안할 때, 욥의 바람은 그에게 생명을 선사한 어머니의 가슴에 대못을 박는 일이다. 그러나 우리는 욥을 정죄해서는 안 된다. 욥은 너무 고통스럽고 아파서 소리치고 있을 뿐이다. 그가 참으로 마음 깊은 곳에서도 이렇게 생각했는가는 별개 문제이다.

8절은 여러 가지 해석의 문제를 품고 있다.

첫째, 욥이 날(יוֹם)을 저주하는 자들을 소환하는가, 아니면 바다(יָם)를 저주하는 자들을 부르는가가 확실하지 않다. 그래서 번역본들도 날을 저주하는 자들(개역개정, NIV, NAS, TNK, ESV)과 바다를 저주하는 자들(새번역, 아가페)로 나뉘어 있다. 만일 바다로 해석하면 '얌'(Yam)으로 알려진 전설적인 괴물을 뜻할 수도 있다(Pope, Perdue, cf. Alden). 욥이 저주한 것이 낮과 밤이라는 점을 감안하면, 날(낮, יוֹם)이 문맥과 더 잘 어울린다(cf. Day).

둘째, 욥이 언급하는 리워야단(לִוְיָתָן)은 무엇인가? 리워야단은 신화의 바다(mythical sea)와 연관된 괴물의 이름이다(시 74:14; 사 27:1, cf. 사 51:9; 합 3:8). 우가릿 신화에서는 로단(Lotan)으로 알려져 있다(Alden, Balentine, Longman, Pope). 그래서 일부 번역본들은 '큰 고래'(LXX), '악어처럼 생긴 바다괴물'(새번역 각주), '바다 괴물'(아가페) 등으로 번역한다. 그러나 리워야단을 고유명사로 남겨두는 것이 바람직하다(개역개정, 공동, NIV, ESV, RSV, TNK, cf. 41장). 욥이 리워야단을 언급한다고 해서, 그가 이 괴물이 실존한다고 믿는다는 것을 의미하지는 않는다. 그는 단순히 그의 친구들과 주변 사람들에게 익숙한 용어와 정서를 이용해 자신의 이야기를 전개해 나가는 것뿐이다.

셋째, 리워야단을 "격동시키기에 익숙한 자들"(הָעֲתִידִים עֹרֵר)은 누구인가? 우가릿 신화에서는 신들이 종종 리워야단을 격동시키는 일을 하지만(cf. Walton), 여호와를 경외하는 욥이 이런 신들을 부를 이유가 없다. 그러므로 이스라엘을 저주하기 위해 동원되었던 발람(cf. 민 22-24장) 같은 점쟁이들을 의미한다고 이해하는 편이 바람직하다(Longman, Walton).

온 세상이 빛이 아니라 어둠으로 가득했으면 좋겠다고 했던(4절) 욥이 이번에는 모든 인간적인 도구들을 동원해 자기가 잉태된 밤을 저주하며 그 밤이 영원히 밤으로 머물고 동이 트지 않았으면 좋았을 뻔했다고 탄식한다(9절). 머지않아 날이 밝아올 것을 알리는 새벽별들은 금성과 수성이다(Clines). 밤이 낮으로 변하는 새벽이 그가 잉태된 밤에는 찾아오지 않아서 그 밤이 영원히 어둠 속에 묻혀 있었더면 좋았을 뻔했다는 바람이다.

욥이 태어난 날과 잉태된 밤을 저주하는 이유는 그가 경험하고 있는 고통 때문이다. 만일 그가 태어나지 않았더라면, 그래서 고통을 겪지 않았더라면, 그날과 밤을 저주할 필요가 없다(10절). 우리는 욥을 정죄해서는 안 된다. 그의 담화는 사람이 감당하기에는 너무나도 혹독한 고통을 경험한 사람의 울부짖음이기 때문이다. 심리학자들은 욥처럼 아프다고 소리치는 사람은 꾹 참고 내색을 안 하는 사람보다 더 건강한 사람이며, 회복과 치유의 가능성이 훨씬 더 많다고 한다. 이런 차원에서 욥의 절망적인 울부짖음은 회복을 기대하게 하는 작은 몸짓이라고 할 수 있다. 살다가 힘이 들고 어려운 일을 당할 때에는 하나님께 아프다며 소리질러야 한다. 그래야 하나님이 치유해 주실 것이라는 소망이 있다. 묵묵히 참는 것은 미덕이 아니다. 묵묵히 참으면 병이 될 수도 있다.

II. 욥의 슬픔(3:1- 26)

C. 욥이 죽음을 갈망함(3:11-19)

[11] 어찌하여 내가 태에서 죽어 나오지 아니하였던가
어찌하여 내 어머니가 해산할 때에
내가 숨지지 아니하였던가
[12] 어찌하여 무릎이 나를 받았던가
어찌하여 내가 젖을 빨았던가
[13] 그렇지 아니하였던들
이제는 내가 평안히 누워서 자고 쉬었을 것이니
[14] 자기를 위하여 폐허를 일으킨
세상 임금들과 모사들과 함께 있었을 것이요
[15] 혹시 금을 가지며 은으로 집을 채운
고관들과 함께 있었을 것이며
[16] 또는 낙태되어 땅에 묻힌 아이처럼
나는 존재하지 않았겠고
빛을 보지 못한 아이들 같았을 것이라
[17] 거기서는 악한 자가 소요를 그치며
거기서는 피곤한 자가 쉼을 얻으며

[18] 거기서는 갇힌 자가 다 함께 평안히 있어
감독자의 호통 소리를 듣지 아니하며
[19] 거기서는 작은 자와 큰 자가 함께 있고
종이 상전에게서 놓이느니라

욥은 수사학적인 질문을 이어가며 자기 삶을 비관하고 탄식한다. 삶이 나아지는 것이 아니라 파괴될 것을 간절히 소망한다(Fohrer). 앞에서 언급한 것처럼 '눈물의 선지자'로 알려진 예레미야도 삶이 너무나도 고통스러워 자기가 태어난 날을 저주한 적이 있다(렘 20:14-18). 욥과 예레미야의 차이는 예레미야의 탄식이 초보적이었다면, 욥의 탄식은 한 단계 더 높은 것이라 할 수 있다(cf. Newsom). 예레미야는 삶이 힘들어 죽음을 갈망한 것에 반해 욥은 죽음을 사모한 것에서 더 나아가 죽음이 안겨줄 수 있는 평안과 안식에 사로잡혀 있기 때문이다. 욥의 삶이 예레미야의 삶보다 훨씬 더 고통스러웠고 혼란스러웠음을 암시한다.

욥은 만일 그가 잉태된 밤을 되돌려 영원히 어둠 속에 묻어 둘 수 없었다면(역사 속에서 이 밤을 지울 수 없었다면, cf. 7-9절), 그가 태어난 날에라도 죽어서 태어났더라면 좋았을 뻔했다고 탄식한다(11-12, 16절). 욥은 이처럼 강력하게 자기가 태어난 날에 대하여 탄식하지만, 이 섹션이 탄식시(lament) 양식을 취하지는 않는다. 그는 단지 자기가 태어나지 않았더라면 더 좋았을 뻔했다는 바람을 표현하는 것뿐이다(Newsom). 욥이 자기가 세상에 태어난 날을 원망한다고 해서 그가 진심으로 죽음을 열망하는 것은 아니다. 단지 삶이 너무 고통스럽다는 말을 이렇게 표현할 뿐이다(cf. 창 27:46; 왕상 19:4; 욘 4:3).

도대체 죽음이 어떤 것이기에 욥은 이처럼 죽음을 사모하는가? 욥에게 죽음은 이 땅에서의 모든 고뇌와 고통에서 그를 해방시켜주는 마법적인 것이다(13-15, 17-19절). 사람이 죽어서 가는 곳(묻히는 곳)에는 평안한 안식이 있다(13절). 대부분 사람들은 살아 있는 동안 참으로 치열하고 분주하게 산다. 욥도 마찬가지다. 그런 그에게 죽음은 평안히 누워서 자고 쉬는 곳이다. 욥은 우리가 이 세상에서 겪는 모든 슬픔과 고통을 잊고 평안히 잠들 수 있는 곳이 죽음이라고 말한다. 그러나 이것은 욥의 희망사항이지 성경적인 생각은 아니다. 만일 죽음이 이런 곳이라면 파란만장한 삶을 사는 사람은 모두 죽음을 사모할 만하다. 성경은 죽음을 다음 단계의 삶(영생과 영원한 심판)으로 가기 위해 잠시 스쳐 가는 곳이라고 한다.

사람이 죽어서 가는 곳에는 한때 세상을 떠들썩하게 했던 왕들과 모사들과(14절) 자기 집을 금과 은으로 가득 채운 고관들도 있다(15절). 이 땅을 호령하며 많은 것을 누린 사람들이다. 그러나 그들도 죽으면 욥이 가는 곳으로 가서 욥과 함께 있어야 한다. 욥처럼 모든 것을 잃은 낮은 자에게 죽음은 '올라가는 것'이지만, 왕들처럼 높은 자들에게는 '내려가는 것'이며, 모든 사람이 동등한 자격으로 만나는 평등한 곳이다(Longman). 이 땅에서 권력을 얼마나 누리며 살았는가가 죽은 사람에게는 별 의미가 없다는 의미이다.

욥은 왜 왕들이 이 땅에 세운 것을 '폐허'라고 하는가? 고대 왕들은 많은 건축물들을 자기의 업적으로 남겼다. 그러나 욥은 그들이 남긴 것을 폐허라고 한다. 아무리 아름답고 대단한 건축물이라 해도 세월이 지나면 무너져내려 폐허가 될 것이기 때문이다(Newsom). 이 땅에서 사람이 세우고 이룬 모든 업적은 참으로 부질없는 짓이라는 의미이다. 마치 전도자의 말을 듣는 듯하다.

죽음은 참으로 고요한 곳이다. 그러므로 세상에서 온갖 만행을 저질렀던 악한 자들은 더 이상 시끄럽게 하지 못한다(17절). '악한 자들'(רְשָׁעִים)은 윤리적인 문제뿐만 아니라 반사회적 성향을 지닌 사람들이다(Clines). 죽으면 그들에게는 더 이상 문제를 일으킬 힘이 없다. 반면에 세상에서 그들의 희생제물 역할을 하고, 그들에게 차별을 당했던 사람들은 죽음으로 드디어 쉼을 얻을 수 있다(17절). 남을 괴롭히던 악인들의 삶이 평안했을 리 없다. 그들도 파란만장한 삶을 살았을 것이다. 그러므로 죽음은 그들에게도 평안을 준다고 할 수 있다(Alden). 가해자와 피해자가 평등해지는 것이 죽음이다.

죽음은 모든 사람에게 평등하게 임하며 감시자와 갇힌 자들이 구별되지 않는다(18절). '갇힌 자들'(אֲסִירִים)은 죄를 지어 감옥에 갇힌 자들이 아니라 전쟁 포로들을 뜻한다(HALOT). 전쟁 포로들은 고대 근동의 강제 노동력을 형성했다. 죽으면 감시자들과 갇힌 자들이 평안히 공존한다. 감시자들은 더 이상 갇힌 자들을 억압할 수 없으므로, 갇힌 자들이 죽어서 누리는 평안은 자유가 아니라 두려움과 공포로부터의 해방일 것이다(Clines).

죽음은 존귀한 자들과 낮은 자들이 함께 처하며 더 이상 어떤 사회적 지위나 그 지위로 인한 소유나 구속도 없다(19절). 한 랍비는 죽음에 대해 이런 말을 남겼다. "모든 시체는 똑같아 보인다. 수의에는 주머니가 없다"(cf. Alden). 전도자는 "살아 있는 사람은 누구나 죽는다"(전 7:2)며 죽음은 모든 사람이 가야 할 길이기 때문에 사람들에게 평등하다고 선언한다.

욥은 이처럼 죽음을 좋은 것으로 묘사한다. 반면에 성경은 죽음을 긍정적으로 묘사하지 않는다. 생명의 근원이신 하나님의 생명 창조와 대조되는 것이기 때문이다. 또한 죽음은 욥의 생각처럼 확실한 것이 아니라 매우 불확실한 것이다. 그러므로 욥이 이처럼 아름답게 죽음을 묘사하는 것은 그가 처한 상황 때문이라는 것을 의식해야 한다. 모든 것이 불확실하고 아무것도 보장하지 못하는 죽음이 그에게는 삶보다 더 나아 보였다(cf. Walton). 그만큼 그의 삶이 고달팠다는 이야기이다. 죽음은 낙원이 아니라, 삶의 고통이 멈추는 것에 불과하다. 그러나 혹독한 고난을 경험하는 사람들에게는 단지 고통이 멈춘다는 것만으로도 복음으로 들릴 수 있다. 우리는 이런 사람들에게 귀를 기울여야 한다. 그리고 하나님 안에 있는 생명으로 그들을 위로하고 회복시켜야 한다.

II. 욥의 슬픔(3:1- 26)

D. 욥이 삶을 미워함(3:20-23)

[20] 어찌하여 고난당하는 자에게 빛을 주셨으며
마음이 아픈 자에게 생명을 주셨는고
[21] 이러한 자는 죽기를 바라도 오지 아니하니
땅을 파고 숨긴 보배를 찾음보다
죽음을 구하는 것을 더하다가
[22] 무덤을 찾아 얻으면
심히 기뻐하고 즐거워하나니
[23] 하나님에게 둘러싸여 길이 아득한 사람에게
어찌하여 빛을 주셨는고

죽음을 간절하게 바라는 사람은 정작 죽음을 찾을 수 없는 것이 삶의 모순이라고 하는 이 섹션은 한 문장으로 구성되어 있다(cf. Alden). 20절이 시작한 수사학적인 질문은 23절에서 이어지며, 21-22절은 비유를 통해 욥이 전하고자 하는 삶의 아이러니를 묘사한다. 그러므로 본문은 A(20절)-B(21-22절)-A′(23절) 구조를 지녔다.

욥의 첫 번째 질문(20절)은 살면서 너무 많은 고통을 경험해 별로 살고 싶은 마음이 없는 사람의 생명을 하나님이 유지하시는 이유를 모르겠다는 취지의 질문이다. 너무 힘이 들면 살기보다는 죽기를 더 선호할 수 있는데, 사람에게는 이러한 선택도 허락되지 않는다. 아무리 아프고 힘들어 삶을 마감하려고 해도 창조주께서 죽지 않고 살아 있도록 그의 생명을 보존하시기 때문이다.

욥의 두 번째 질문(23절)은 아예 하나님이 고통당하는 사람들이 마음대로 죽음을 선택하지 못하도록 그를 '둘러쌌다'(סכך)고 탄식한다. 고발자는 하나님이 욥과 그의 집과 그가 가진 모든 것을 '울타리로 감싸

주시기'(שׂוּךְ) 때문에 욥이 하나님을 경외한다고 주장한 적이 있다(1:10). 이 두 단어의 차이는 관점이다. 테두리의 바깥쪽에서 보면 "[안에 있는 것을 보호하기 위하여] 울타리로 감싸는 것"이고, 테두리의 안쪽에서 보면 "[밖으로 나가지 못하도록 벽으로] 둘러싸는 것"이 된다(Walton, cf. Longman, Newsom). 평범한 사람들에게는 감사의 이유가 되는 하나님의 보호가 너무나 고통스러운 욥에게는 원망의 이유가 되었다.

욥의 두 질문에 감싸인 21-22절은 삶의 모순을 묘사한다. 사람이 아무리 죽음을 갈망해도 죽음은 그를 찾아오지 않는다. 심한 고통에 시달리는 사람은 삶을 포기하고 죽음을 바라기도 한다. 그는 죽음이 고통으로 가득 찬 이 세상에서 그가 누릴 수 있는 마지막 권리라고 생각하기 때문이다. 그러나 아무리 간절하게 죽음을 원한다 해도 죽음은 그에게 곁을 내주지 않는다(21절).

욥은 간절한 마음으로 죽음을 찾는다(21절). 그는 죽음을 찾는 사람이 마치 숨겨진 보배를 찾기(מצא) 위하여 땅을 파는 사람처럼 간절한 마음으로 죽음을 찾는다고 하는데, 이미지는 묘를 뒤지는 도굴꾼의 모습이다(Clines, Longman, Newsom). 고대 사회에서 보배를 땅에 묻는 일은 사람이 죽은 후 그의 귀중품과 보석들을 함께 매장할 때가 유일했다.

도굴꾼들은 죽은 사람들과 함께 묻힌 보배를 찾기 위하여 땅(무덤)을 파헤쳤다. 드디어 숨겨진 보배를 찾는 순간, 도굴꾼들은 이루 말할 수 없이 기뻐한다(Gordis). 욥은 너무 힘이 들어 죽음을 갈망하던 사람이 드디어 죽는 순간, 그는 세상에서 가장 행복한 사람이 될 것이라고 한다. 마치 보배를 손에 쥔 도굴꾼처럼 말이다. 그러나 죽음은 이처럼 간절하게 죽음을 갈망하는 사람을 외면한다. 이것이 삶의 모순이다.

욥은 죽고 싶어도 죽을 수 없는 것이 인생이라고 한다(23절). 고발자는 하나님이 테두리를 쳐서 욥을 보호하시고 축복하시기 때문에 그가 하나님을 경외한다고 했다(1:10). 그런데 욥은 그런 하나님의 보호가 그의 숨통을 조여온다고 한다. 고통이 심하다 보니 어느덧 하나님의 축복이 구속과 속박으로 느껴진다. 하나님의 축복이 억압으로 느껴지는 것은 참으로 안타까운 일이다. 심한 고통을 당하는 사람은 이렇게 생각할 수 있다.

욥은 죽는 것마저도 마음대로 할 수 없는 삶을 싫어한다. 물론 모든 것이 좋았을 때는 그도 삶을 사랑했다. 그러나 견디기 힘든 고통이 그를 엄습한 후부터는 사람이 그가 원할 때 죽을 수 있는 것도 대단한 일이라는 사실을 깨달았다. 하나님이 허락하지 않으시는 한 인간은 죽을 권리도 없다.

어떻게 생각하면 우리는 관점의 차이를 목격하고 있다. 욥은 죽음을 간절히 원한다. 그러나 하나님은 욥의 간절함보다 더 강렬하고 큰 간절함으로 그가 살기를 원하신다. 욥이 죽음을 염원하는 것은 더 이상 소망이 없다고 생각하기 때문이다. 욥의 시야는 최근에 당한 고통에 맞추어져 있어 다른 것을 보거나 생각할 겨를이 없다. 반면에 하나님은 그에게 소망이 있다고 하신다. 이 연단의 시간이 지나고 나면 하나님은 분명 욥을 다시 회복시킬 계획을 가지고 계시기 때문이다. 그러므로 욥이 절망에서 헤어 나올 수 있는 유일한 방법은 어렵기는 하겠지만, 그의 눈을 들어 하나님을 바라보는 것이다.

E. 결론(3:24-26)

[24] 나는 음식 앞에서도 탄식이 나며
내가 앓는 소리는 물이 쏟아지는 소리 같구나
[25] 내가 두려워하는 그것이 내게 임하고
내가 무서워하는 그것이 내 몸에 미쳤구나
[26] 나에게는 평온도 없고 안일도 없고 휴식도 없고

다만 불안만이 있구나

욥은 삶의 가장 큰 즐거움 중 하나라고 할 수 있는 음식 앞에서도 탄식이 절로 나온다(cf. 시 42:4; 80:6; 102:10). 그는 일명 '눈물에 젖은 빵'을 먹고 있다. 그가 고통으로 인해 내뱉는 신음 소리는 마치 폭포수처럼 들린다(24절). 매우 절망적인 상황을 묘사하고 있으며, 욥이 왜 죽음을 갈망하는지 어느 정도 이해가 간다. 그가 죽음에 대한 환상에 사로잡혀서가 아니라 당면한 고통이 너무나도 혹독하기 때문이다. 그 고통을 피하고자 죽음을 사모한다.

욥은 두려워하던 것이 자기에게 임했다고 절망하는데(25절), 그가 두려워한 것은 무엇인가? 욥은 자녀들이 혹시 취중에 하나님을 저주하고 죄를 지었을 가능성을 두려워한 적이 있다(1:5). 그러나 본문에서 그가 두려워한 것은 그의 육체적인 고통(질병)이다(Newsom, Walton). 사람이 살면서 가장 염려하는 것이 건강이다. 그러므로 욥이 질병을 두려워한 것은 충분히 이해가 간다. 안타깝게도 욥은 평생 가장 두려워하던 질병에 시달리고 있다. 참으로 절망적인 상황이다.

평생 가장 두려워하던 질병으로 고통을 당하고 있는 욥의 삶은 평온도, 안일도, 휴식도 없다(26절). 욥은 만수인 '3'을 사용해 자신이 겪고 있는 고통을 극적으로 묘사한다. '평온하다'(שׁלה)는 샬롬(שָׁלוֹם)과 연관이 있는 단어이다(cf. HALOT).

평온과 안일과 휴식이 없는 욥의 삶을 불안(רֹגֶז)이 지배한다. 욥은 자신이 겪고 있는 불안감을 극대화하기 위해 총체성을 상징하는 숫자 '4'를 사용한다. 세 가지(평온, 안일, 휴식)가 없는 삶을 네 번째 것(불안)이 채운 것이다. 이런 경우 없는 것 세 가지보다 있는 것 한 가지가 더 큰 영향력을 행사한다.

고통 중 영적인 고통과 육적인 고통을 분류해 육적인 고통보다 영적인 고통이 더 힘든 것이라고 생각하는 사람들에게 욥의 이 탄식은 잘 이해가 가지 않을 것이다. 그러나 정말 영적인 고통이 육적인 고통보다 감당하기가 더 어려운가? 혹독한 고통에 시달리는 사람들에 의하면 그렇지 않다. 그들은 차라리 영적인 고통보다 육적인 고통이 감당하기가 더 힘들다고 한다. 영적인 고통은 기도와 묵상을 통해, 혹은 행복한 상상을 통해 잠시나마 잊을 수 있다. 그러나 육적인 고통은 하루 24시간 숨통을 조여온다.

그러므로 육적인 고통을 두려워하여 절망하는 욥을 속물이라고 정죄해서는 안 된다. 그는 참으로 감당하기 힘든 고통 속에서 아프다고 소리치고 있다. 아픈 사람은 아프다고 소리칠 권리가 있다. 욥은 친구들이 그의 탄식 소리를 들어주기를 기대하고 이렇게 외쳤다. 그러나 4장에서부터 시작되는 그들과의 대화를 보면 친구들에게 '듣는 귀'가 없다. 아픈 사람은 소리를 쳐서 하나님과 주변의 관심을 끌어야 하며, 주변 사람들은 듣는 귀로 그의 신음 소리를 들으며 그를 껴안아야 한다.

하나님은 욥을 온전히 믿으셨기 때문에 고발자에게 욥을 치도록 허락하셨다. 하나님의 믿음대로 욥은 지난 몇 달 동안 혹독한 고난을 잘 견뎌 주었다. 욥은 사람이 하나님께 아무런 축복과 보호를 받지 않더라도–심지어는 가진 것을 모두 잃더라도–주님을 경외할 수 있다는 사실을 보여 주었다. 고발자도 욥의 신앙에 대하여는 더 이상 시비를 걸지 않는 상황이다.

이런 상황에서 욥의 울부짖음은 하나님께 어떻게 들렸을까? 아파도 너무 아프니 차라리 죽게 해달라며 애원하는 욥을 지켜보는 하나님의 마음은 어떠했을까? 참으로 아프셨을 것이다. 욥이 겪고 있는 모든 고통이 하나님의 '욥 자랑'에서 비롯되었다는 사실 때문에 주님은 참으로 안타깝기도 하고, 많이 미안하셨을 것이다. 그러면서도 욥에게 "조금만 더 참아라. 조금만 더 참으면 드디어 모든 것이 다시 제자리를 찾게 될 것이다. 그러니 나를 믿고 조금만 견뎌내라"고 하지 않으셨을까?

Ⅲ. 욥과 친구들의 대화
(4:1-27:23)

욥은 3장에서 자기 아픔을 가장 절망적이고 슬프게 토로했다. 그는 그 동안 마음에 담아두었던 말을 하면서 아마도 친구들에게 위로를 기대했을 것이다. 생각해보면 욥이 친구들에게 위로를 기대하는 것은 당연하다. 친구들은 욥의 소식을 듣고 그를 위로하겠다며 먼 길을 왔다. 그들은 도착 후 일주일 동안 아무 말도 하지 않고 욥의 곁을 지키며 함께 아파해 주었다. 친구들은 고통 속에 있는 욥을 어떻게 위로해야 하는지를 아는 사람들처럼 보였다. 그러므로 그 누구에게도 마음을 열지 않았던 욥이 친구들에게 마음을 열었다.

그런데 이게 웬일인가! 친구들은 욥이 전혀 기대하지 못한 반응을 보였다. 그들은 욥을 위로하기는커녕 오히려 강력하게 비난했다. 그러므로 이 섹션에 기록된 욥과 친구들의 대화는 사실상 대화가 아니라 논쟁이다. 세 친구들의 공통적인 주장은 하나님은 악인을 벌하시고 의인은 축복하시는 분이기 때문에 욥이 고통을 당한 것은 그가 분명 죄를 지었음을 의미한다는 것이다.

친구들과 말이 통하지 않자 욥은 더 당혹스럽고 더 고통스럽다. 친구들과 욥은 서로 번갈아가며 상대방을 공격한다. 엘리바스와 빌닷은 욥과 각 사이클에서 한 차례씩, 그러므로 총 세 차례씩 논쟁을 벌이지만, 소발은 두 차례만 말하며 마지막 사이클에서는 침묵한다. 세 사이클의 구성은 다음과 같다.

첫째 사이클	둘째 사이클	셋째 사이클
엘리바스(4-5장)	엘리바스(15장)	엘리바스(22장)
욥(6-7장)	욥(16-17장)	욥(23-24장)
빌닷(8장)	빌닷(18장)	빌닷(25장)
욥(9-10장)	욥(19장)	욥(26-27장)
소발(11장)	소발(20장)	
욥(12-14장)	욥(21장)	

시간이 지나면서 친구들의 담화가 점점 짧아지고, 심지어 세 번째 사이클에서는 소발이 완전히 침묵하는 현상을 어떻게 이해해야 하는가? 아마도 친구들이 욥의 논리에 눌려 점차 할 말을 잃어가는 상황으로 간주하는 것이 가장 바람직할 것이다(Longman). 그러나 친구들의 담화가 점차적으로 짧아진다고 해서 꼭 좋은 것만은 아니다. 담화가 짧아질수록 더 강력한 감정이 실리고 정죄도 더 강력해지기 때문이다(cf. Alden). 욥과 세 친구들의 대화는 다음과 같이 세 부분으로 구분된다.

A. 첫 번째 사이클(4:1-14:22)
B. 두 번째 사이클(15:1-21:34)
C. 세 번째 사이클(22:1-27:23)

III. 욥과 친구들의 대화(4:1- 27: 23)

A. 첫 번째 사이클(4:1-14:22)

세 친구와 욥이 번갈아가며 주고받는 대화로 구성된 본문은 엘리바스의 욥에 대한 비난으로 시작된다. 이어 빌닷과 소발이 차례로 욥과 논쟁을 벌인다. 마치 세 친구가 한패가 되어 한 친구를 공격하는 모양새다. 그것도 상상을 초월하는 아픔을 경험하여 어찌할 바를 모르는 친구를 무자비하게 공격하고 있다.

어떤 사람은 욥과 친구들이 물리적인 싸움을 하는 것이 아니라, 말로 싸우고 있기 때문에 괜찮다고 생각할 수도 있다. 그러나 물리적인 싸움보다 더 아프고 큰 상처를 남기는 것이 말싸움이다. 이 섹션은 다음과 같이 구분될 수 있다.

A. 엘리바스의 담화(4:1-5:27)
B. 욥의 대답(6:1-7:21)
A'. 빌닷의 담화(8:1-22)
B'. 욥의 대답(9:1-10:22)
A". 소발의 담화(11:1-20)
B". 욥의 대답(12:1-14:22)

Ⅲ. 욥과 친구들의 대화(4:1- 27: 23)
A. 첫 번째 사이클(4:1- 14: 22)

1. 엘리바스의 담화(4:1-5:27)

욥의 신음 소리를 들은 친구들은 그를 위로하기는커녕 오히려 야단치고 가르치려 든다. 친구들은 욥이 마치 아파할 자격도 없는 사람처럼 그를 대한다. 친구들에게 자기 마음을 연 욥이 얼마나 후회했을까! 그러나 이미 엎질러진 물이다. 욥은 이미 친구들에게 마음을 들켰고, 그들은 욥이 마음을 잘못 먹었다며 질타한다. 그러므로 코너에 몰린 욥도 친구들을 반박해야 한다.

친구들 중 제일 먼저 엘리바스가 나섰다. 아마도 그가 가장 나이가 많아서일 것이다(cf. 42:7). 혹은 친구들이 살고 있는 세 도시 중에 엘리바스의 데만이 지혜로 가장 유명했기 때문일 수도 있다(cf. 렘 49:7). 그는 친구들을 대표해서 가장 지혜로운 말로 욥을 책망하고 있다. 엘리바스의 담화는 다음과 같이 구분될 수 있다.[9]

A. 환난을 당하더니 신앙이 바뀌었구나(4:1-6)
B. 악한 사람은 꼭 망하는 것이 세상의 이치다(4:7-11)
C. 비천한 인간은 창조주와 견줄 수 없다(4:12-21)
B′. 어리석은 사람은 꼭 망한다(5:1-7)
C′. 겸손히 하나님께 용서를 구해라(5:8-16)
A′. 하나님은 환난을 주시지만 회복도 주신다(5:17-27)

III. 욥과 친구들의 대화(4:1- 27: 23)
A. 첫 번째 사이클(4:1- 14: 22)
1. 엘리바스의 담화(4:1-5:27)

(1) 환난을 당하더니 신앙이 바뀌었구나(4:1-6)

[4:1] 데만 사람 엘리바스가 대답하여 이르되
[2] 누가 네게 말하면 네가 싫증을 내겠느냐,
누가 참고 말하지 아니하겠느냐
[3] 보라 전에 네가 여러 사람을 훈계하였고

---

9 한 주석가는 엘리바스의 담화를 구성하고 있는 4-5장의 구조를 다음과 같이 제시한다(Andersen).
A. 시작(4:2)
B. 권면(4:3-6)
C. 하나님의 인간 대하심(4:7-11)
D. 드러난 진리(4:12-21)
C′. 하나님의 인간 대하심(5:1-16)
B′. 권면(5:17-26)
A′. 끝맺음(5:27)

손이 늘어진 자를 강하게 하였고
[4] 넘어지는 자를 말로 붙들어주었고
무릎이 약한 자를 강하게 하였거늘
[5] 이제 이 일이 네게 이르매 네가 힘들어하고
이 일이 네게 닥치매 네가 놀라는구나
[6] 네 경외함이 네 자랑이 아니냐
네 소망이 네 온전한 길이 아니냐

욥이 탄식(3장)을 마치자 엘리바스가 말을 시작했다. 2절 전반부의 뉘앙스를 파악하기가 매우 어렵다. 우리말 번역본들 중에서는 아가페 성경이 가장 잘 전달하고 있다. "누군가 자네에게 충고 한마디하려고 한다면, 자네는 귀찮아하겠지? 그렇지만 이제 더 이상 참을 수가 없네"(cf. 새번역, TNK). 엘리바스는 딜레마에 빠져 있다. 한편으로는 욥이 그의 비통함에 무게를 더할 말과 논쟁을 견딜 수 없을 것이라며 염려한다. 반면에 엘리바스는 침묵하며 욥의 말을 듣고만 있을 수는 없다(Clines). 그러므로 그는 욥을 존중하며 부드럽게, 그러나 정확하게 욥을 반박하기 시작한다(cf. Alden).

엘리바스는 삶에 대하여 환멸을 느끼며 차라리 태어나지 않았으면 좋았을 뻔했다는 욥에게 잃어버린 관점을 되찾으라고 조언한다(2절). 그동안 욥은 주변에서 환난을 당하고 실의에 빠져 있는 사람들에게 권면과 위로를 아끼지 않았는데, 정작 자기가 고통을 당하니 어찌할 바 모르고 황당해한다는 것이다(3-5절). 엘리바스는 욥에게 관점을 바꾸어 삶을 바라보라고 충고하는데, 고대사회에서 지혜자의 역할이 이런 것이었다(cf. Longman). 엘리바스는 욥에게 친구라기보다는 지혜자로서 조언하고 있다.

"손이 늘어지고, 무릎이 약하다"(3, 4절)는 팔다리와 관절에 심각한 이상이 있다는 의미이며 매우 충격적인 고통/질병으로 영적-육체적

한계에 도달한 상태를 의미한다(삼하 4:1; 시 109:24; 사 13:7; 겔 7:17). 엘리바스는 욥이 평상시에 삶에 대한 지혜와 통찰력으로 고난당한 사람들을 위로하고 권면하는 일을 많이 해왔는데, 정작 자신이 고통을 당하니 입장이 완전히 바뀌었다며 잃어버린 이성을 되찾으라고 권면하고 있다. “내가 하면 로맨스! 남이 하면 불륜!”이라는 원리가 작용하고 있다는 것이 엘리바스가 문제 삼는 부분이다.

욥은 어떻게 실의에 빠진 사람들을 위로해온 것일까? 엘리바스가 ‘경외함’과 ‘온전한 길’을 논하는 것은(6절) 욥이 평상시에 이 두 가지로 사람들을 격려했다는 것을 전제한다. 엘리바스의 핵심 논리는 욥이 사람들을 위로할 때와 자신이 고통을 당할 때에 그의 관점이 다르다는 것이기 때문이다. ‘경외함’(יִרְאָה)은 하나님을 매우 존경한다는 의미이다(cf. HALOT). ‘온전한 길’(תֹם דֶּרֶךְ)은 신실하고 경건한 삶을 뜻한다. 이 두 가지 단어, 경외와 온전은 내레이터와 하나님이 욥의 삶을 묘사하면서 사용한 단어들이다(1:1, 8, 23). 엘리바스는 아직까지는 욥을 죄인으로 몰아가고 있지 않다(cf. Longman, Newsom).

어떻게 하나님을 경외하는 것과 신실하고 경건한 삶을 사는 것이 고통 속에서 신음하고 있는 욥에게 소망이 될 수 있단 말인가? 소망은 죽음과 재앙에 처한 사람에게 새로운 삶에 대한 의욕을 갖게 하는 힘이기 때문이다(Habel). 또한 성경은 사람의 도덕적인 청렴함과 그의 건강과 행복은 직접적으로 연관이 있다고 한다(시 18:21; 112:1-10; 잠 11:8; 23:18; 24:14).

정상적인 상황에서는 엘리바스의 말이 옳다. 그러나 욥은 매우 예외적인 일을 경험하고 있으므로, 이 원리가 그의 삶에 적용될 수는 없다. 이러한 사실을 모르는 엘리바스는 이 원리에 따라 욥에게 “만일 네가 신실한 삶을 살았다면, 고난은 오래가지 않을 것”이라며 소망을 가질 것을 당부한다. 욥의 고난은 하나님이 내리신 벌이 아니라 누군가(영적인 존재?)의 실수로 빚어진 일이기 때문에 창조주께서 상황을 판단하시는 대로 바로잡아 주실 것이라는 소망이다. 엘리바스는 만일 욥이 이 사실을 수용하지 못하면 그가 하나님을 경외하는 조건을 갖추지 못했으므로 그의 하나님에 대한 확신은 비이성적이라는 것을 암시한다(Walton).

Ⅲ. 욥과 친구들의 대화(4:1- 27: 23)
A. 첫 번째 사이클(4:1- 14: 22)
1. 엘리바스의 담화(4:1-5:27)

(2) 악한 사람은 꼭 망하는 것이 세상의 이치다(4:7-11)

[7] 생각하여 보라
죄 없이 망한 자가 누구인가
정직한 자의 끊어짐이 어디 있는가
[8] 내가 보건대 악을 밭 갈고
독을 뿌리는 자는 그대로 거두나니
[9] 다 하나님의 입 기운에 멸망하고
그의 콧김에 사라지느니라
[10] 사자의 우는 소리와
젊은 사자의 소리가 그치고
어린 사자의 이가 부러지며
[11] 사자는 사냥한 것이 없어 죽어가고
암사자의 새끼는 흩어지느니라

엘리바스는 앞 섹션에서 사람의 행실은 그의 운명과 직접적으로 연관되어 있다고 했다. 그는 예를 들어가며 그 논리를 설명하고자 한다. 엘리바스는 욥의 동조를 구하기 위하여 "생각하여 보라"(7절)는 명령문으로 시작한다. 자기가 하는 말은 전혀 틀리지 않으며 욥도 평생 이런 원리를 의식하며 살아왔을 것이라는 뜻이다.

엘리바스는 두 개의 수사학적인 질문에 욥이 동의할 것을 기대한다. 죄 없이 망한 자와 정직한 자가 억울한 죽음을 당한 일을 본 적이 있느냐는 질문이다(7절). 만일 엘리바스의 논리에 예외적인 상황이 허락되지 않으면 젊을 때 죽은 사람은 모두 죄인이며, 오래 사는 사람은 모두 의인이다. 어린아이를 먼저 보내고 아파하는 부모의 가슴에 대못을 박는 참으로 나쁜 주장이다.

성경은 이 땅에서 억울하게 고통을 당하는 사람들이 있음을 전제할 뿐만 아니라 실제 예를 기록하고 있다(cf. 시 10:8; 37:24; 렘 22:17; 왕하 21:16; 요 9:1-3; 15:2). 예수님도 아무런 죄를 짓지 않았지만, 젊은 나이에 죽음을 맞으셨다. 전도자는 엘리바스가 동의할 수 없는 말을 남겼다. "내 허무한 날을 사는 동안 내가 그 모든 일을 살펴보았더니 자기의 의로움에도 불구하고 멸망하는 의인이 있고 자기의 악행에도 불구하고 장수하는 악인이 있으니 지나치게 의인이 되지도 말며 지나치게 지혜자도 되지 말라"(전 7:15-16). 세상에는 의로워도 일찍 죽는 사람이 있는가 하면, 악을 저질러도 오래 사는 사람도 있다.

엘리바스는 세상에는 억울하게 죽는 사람들이 종종 있기는 하지만, 흔한 예는 아니라는 취지로 이런 말을 했을 수도 있다. 문제는 그가 욥에게 이 말을 하는 의도이다. 엘리바스는 욥의 고난이 죄에서 비롯되었다고 생각해서 이런 말을 한다. 엘리바스는 욥이 하나님께 죄를 지었기 때문에 하나님이 그를 벌하셨다고 주장한다.

7절에서는 욥의 경험을 토대로 말을 했던 엘리바스가 8절에서는 자신의 경험을 토대로 말을 이어간다. 그는 농부가 뿌린 씨앗을 따라 열매를 거두는 농사 비유를 예로 삼는다(8절). 악을 밭 갈고 독을 뿌리는 사람은 재앙을 거두는 것이 이치라는 것이다. 곧 '심은 대로 거두는 것'이다(cf. 잠 22:8).

왜 악을 심으면 재앙을 피할 수 없는가? 하나님이 그를 가만히 두지 않으시기 때문이다. 하나님의 입 기운과 콧김(9절)은 분노에 찬 하나님이 사람을 심판하시는 이미지를 구상하고 있다. '[콧]김'으로 번역된 히브리어 단어는 바람(רוּחַ)을 뜻한다(cf. 출 15:7-8; 사 40:7; 호 13:15). 욥의 열 자녀들이 바람(רוּחַ)에 죽었다는 점을 감안하면(1:19), 엘리바스는 욥의 아픈 곳을 건들고 있는 것이다.

엘리바스는 사자를 예로 들며 욥을 설득하려 한다(10-11절). 저자는 이 두 구절에서 사자를 의미하는 히브리어 단어 다섯 종류를 사용해 뛰어난 문장력을 보여준다(Alter). 왜 사자인가? 성경에서 사자는 악인을 상징한다(시 7:2; 10:9; 17:12; 22:13, 21; 35:17; 57:4; 58:6; 사 5:29; 렘 4:7; 5:6; 50:17; 잠 28:15; 나 2:12-13). 또한 사자는 자연 세계에서 가장 강한 짐승이다. 엘리바스는 악인을 사자에 비유해 그의 악행을 제재할 사람은 세상에 없어도 하나님의 입김과 콧김이 그를 한순간에 심판하실 수 있다는 사실을 경고한다. 많은 사람이 세상에서 성행하는 권력형 악인을 보고 바라는 심판 방법이다.

사자 비유는 하나님의 심판 방법에 대해 두 가지를 암시하는 듯하다. 첫째, 하나님의 심판은 순식간에 임한다. 마치 사자의 우는 소리와 젊은 사자의 소리가 순식간에 그치고 어린 사자의 이가 한순간에 부러지는 것처럼 하나님의 심판은 어떠한 예고도 없이 순식간에 악인을 덮친다(10절). 둘째, 하나님의 심판은 오랜 세월에 거쳐 조금씩 임하기도 한다. 마치 늙어서 더 이상 사냥을 할 수 없는 암사자가 굶어 죽어가는 것처럼, 또한 그 사자의 새끼들이 어미가 죽은 것을 보고 뿔뿔이 흩어지는 것처럼 상당한 시간에 걸쳐 하나님의 심판이 죄인에게 임한다(11절). 대부분 사람들이 별로 선호하지 않는 심판 방법이다.

하나님의 심판은 악인에게 반드시 임한다. 하나님의 심판은 사람이 죄를 짓자마자 곧바로 그를 급습하기도 하고, 때로는 더디게 임할 수도 있다. 악인들의 횡포에 피해를 입은 사람은 심판이 곧바로 임하기를 선호할 것이다. 반면에 범죄자는 하나님의 심판이 아예 없거나 있더라도 늦게 그를 찾아오기를 희망할 것이다. 그러나 생각해보면 심판이 되도록이면 빨리 임하는 것이 악인에게도 좋은 일이다. 심판이 빨리 그를 징계할수록 회개와 새 출발할 기회도 빨리 찾아올 것이기 때문이다. 이러한 관점에서 보면 하나님의 심판이 신속하게 임하는 것도 주님의 은혜이다. 그러나 대부분 악인들은 자신이 창조주의 응징을 받을 것을 생각하지 않고 죄를 짓는다.

III. 욥과 친구들의 대화(4:1- 27: 23)
A. 첫 번째 사이클(4:1- 14: 22)
1. 엘리바스의 담화(4:1-5:27)

(3) 비천한 인간은 창조주와 견줄 수 없다(4:12-21)

[12] 어떤 말씀이 내게 가만히 이르고
그 가느다란 소리가 내 귀에 들렸었나니
[13] 사람이 깊이 잠들 즈음
내가 그 밤에 본 환상으로 말미암아
생각이 번거로울 때에
[14] 두려움과 떨림이 내게 이르러서
모든 뼈마디가 흔들렸느니라
[15] 그때에 영이 내 앞으로 지나매
내 몸에 털이 주뼛하였느니라
[16] 그 영이 서 있는데
나는 그 형상을 알아보지는 못하여도
오직 한 형상이 내 눈 앞에 있었느니라
그때에 내가 조용한 중에 한 목소리를 들으니
[17] 사람이 어찌 하나님보다 의롭겠느냐
사람이 어찌 그 창조하신 이보다 깨끗하겠느냐

[18] 하나님은 그의 종이라도 그대로 믿지 아니하시며
그의 천사라도 미련하다 하시나니
[19] 하물며 흙 집에 살며
티끌로 터를 삼고
하루살이 앞에서라도 무너질 자이겠느냐
[20] 아침과 저녁 사이에 부스러져
가루가 되며 영원히 사라지되
기억하는 자가 없으리라
[21] 장막 줄이 그들에게서 뽑히지 아니하겠느냐
그들은 지혜가 없이 죽느니라

엘리바스는 자기가 꾼 꿈이야기를 통해 악인들은 벌을 받고 의인들은 복을 받는다는 '응징 원칙'(retribution principle)을 강화하고자 한다. 그는 먼저 꿈의 내용을 매우 간략하게 정리하고, 그다음 자기가 꿈을 꾼 정황을 상세하게 묘사한다. 엘리바스는 꿈의 내용보다는 자기가 꿈을 꾸었다는 사실에 담화의 초점을 맞추고 있다.

엘리바스가 꿈을 꾼 일이 왜 중요한가? 고대 사람들은 신(들)이 인간에게 계시할 일이 있으면 주로 꿈을 통해 한다고 생각했다. 신들이 주는 꿈은 아무나 꿀 수 있는 것이 아니라, 그들의 특별한 은총을 입은 사람만이 할 수 있다고 생각했다. 엘리바스는 자기가 꿈을 꾸었다는 사실을 강조하여 자신은 신들과 특별한 관계를 유지하는 사람이라는 것을 암암리에 강조하고 있다. 엘리바스는 전형적인 고대 근동 지혜자의 성향을 지녔다.

엘리바스가 실제로 꿈을 꾸었는지, 아니면 그가 주장을 위해 만들어 낸 이야기인지 알 수 없으며, 중요하지도 않다. 확실한 것은 많은 사람이 자기가 주장하고자 하는 바를 이런 수단을 통하여 강조하고자 한다는 사실이다. 사람은 자신이 바라고 원하는 대로 꿈을 꾸는 성향이 있

기 때문에 꾼 꿈이 하나님께로부터 온 계시인지 그가 희망하는 바를 반영한 것인지 분별하기 어려워한다(Alden). 대체적으로 꿈 이야기를 자주하는 사람과는 대화를 진행하기가 매우 어렵다. 사실성을 분별하기가 쉽지 않기 때문이다.

엘리바스는 출처가 분명하지 않은 희미한 소리를 들었다(12절). 일부 학자들은 이러한 현상을 악령과 연관시키기도 하지만(Butler, Husser). 아마도 엘리바스는 자신이 천사의 소리를 들은 일을 이렇게 표현하는 것으로 생각된다(Longman, Newsom). 그가 소리를 듣고 환상을 보았을 때는 곧 잠이 들 때쯤으로 의식 세계에서 무의식 세계로 넘어가는 시점이었다(13절). 그가 꿈을 꾸었을 때는 잠에 취하기 시작하여 정신이 몽롱해질쯤이었지만, 엘리바스는 환상에 대한 두려움과 떨림으로 인하여 깜짝 놀랐으며, 온몸이 사정없이 떨리는 경험을 했다(14절). 하나님이 주시는 꿈을 꾸는 경험은 정신적으로만 어려운 일이 아니라, 육체적으로도 사람이 감당하기에 매우 어려운 일이다(cf. 단 8:27; 10:8; 겔 1:28; 2:2; 3:12).

바로 그 순간 엘리바스는 한 영/바람(רוּחַ)이 그의 앞을 스치는 것을 목격했다(15절). 히브리어로 '영'과 '바람'은 같은 단어이다 보니 이 단어가 쓰일 때마다 문맥이 무엇을 지칭하는지를 헤아려야 하는데, 이곳에서는 정확하게 해석하기가 쉽지 않다. 그러므로 일부 번역본들은 '영'이 아니라 '바람'으로 번역했다(공동, CSB, TNK). 여러 학자들도 바람 혹은 회오리바람을 선호한다(Clines, Gordis, Habel). 그러나 바로 다음 절인 16절이 어렴풋한(לֹא־אַכִּיר מַרְאֵהוּ) '형체'(תְּמוּנָה, 새번역) 혹은 '형상'(개역개정)을 논하는 것으로 보아 '바람'보다는 '영'이 더 잘 어울리는 번역이다.

엘리바스는 이 영이 누구인지 혹은 무엇인지 전혀 알 수 없었다(16절). 천사는 조용하지만 위엄 있는 음성으로 말했다. "인간이 하나님보다 의로울 수 있겠으며, 사람이 창조주보다 깨끗할 수 있겠느냐?"(17절, 새번역). 성경에서 형체(תְּמוּנָה)가 항상 하나님을 뜻한다 해서 이 영이 하나님이라고 하는 주석가도 있다(Clines, cf. 민 12:8; 신 4:12; 시 17:15). 그러나 확실하지 않으며 말하는 이가 하나님이든지 천사이든지 본문의 의미에 별다른 영향을 미치지는 않는다.

17절을 어떻게 해석하느냐에 대하여 상당한 논쟁이 있다(cf. Clines, Pope). 히브리어 문법을 감안하면 개역개정의 "사람이 어찌 하나님보다 의롭겠느냐, 사람이 어찌 그 창조하신 이보다 깨끗하겠느냐"도 충분히 가능한 번역이다(cf. 새번역, NIV, CSV, KJV). 이렇게 해석할 경우, 엘리바스는 욥이 하나님 앞에서 회개하기를 거부하여 자신이 하나님보다 더 의롭다고 주장하고 있는 것이다(Longman, cf. Newsom, Walton).

그러나 욥은 아직까지 하나님 앞에서 이 같은 고자세를 보이지 않았다. 사람이 하나님보다 더 의롭거나 더 깨끗할 수 있다는 것은 성경적인 생각도 아니다. 그러므로 많은 주석가들과 번역본들이 인간과 하나님을 비교하는 데 사용되고 있는 전치사(מִן)를 '앞에서'로 번역할 것을 제안한다(공동, 아가페, LXX, NAS, NRS, ESV, TNK, cf. Newsom, Walton). 이렇게 해석하면 엘리바스는 욥에게 "세상에 그 누가 하나님 앞에서 의롭다 할 수 있으며, 누가 하나님 앞에서 깨끗하다고 할 수 있겠느냐?"고 나무라며 세상에 하나님 앞에서 떳떳할 의인은 하나도 없다는 사실을 강조한다. 욥이 아무리 의롭다 할지라도 어느 정도의 죄는 지었을 것이라는 추측이다. 그러므로 엘리바스는 욥도 분명 하나님 앞에서는 죄인이니 그가 당한 고난에 대하여 너무 억울하게 생각하지 말라고 권면한다. 엘리바스는 억지를 쓰는 욥을 용서하는 동시에 그를 가르치고자 한다(Driver).

엘리바스는 하나님은 자기 종(עֶבֶד)도, 천사(מַלְאָךְ)도 믿지 않으시는 분이라고 한다(18절). 종과 천사 모두 하나님이 부리시는 천사들로 생각된다. 그가 18-20절에서 '종-천사-사람' 순서로 나열하며 이 순서를 가장 존귀한 자에서 가장 비천한 자로 간주하는 것으로 보아 종은 일반 천사들보다 더 가까이서 하나님을 보좌하고 섬기는 영적 존재이다(cf. Alden). 엘리바스의 말대로 하나님은 자기가 부리시는 천사들을 믿지 않으시는가? 성경 그 어디에도 그의 주장을 입증할 만한 증거는 없다.

엘리바스는 억지 주장을 하고 있다. 유일하게 하나님이 믿지 않으시는 종의 범주에 들어갈 수 있는 천사는 욥을 시험한 고발자이다(cf. Longman). 그러나 엘리바스는 이 천사에 대하여는 전혀 모르고 있었을 것이다. 엘리바스는 자기 말이 무엇을 의미하는지 잘 모르면서 이런 말을 하는 듯하다. 어느덧 그는 자기도 모르는 사이에 고발자와 비슷한 생각을 가지고 욥을 비난한다.

엘리바스는 17-21절에서 분명 '종-천사-사람' 순서로 자기 주장을 펼치는데, 그의 논리가 매끄럽지 않다. 그는 17-18절에서 의와 도덕적 청렴을 주제로 삼아 종과 천사를 예로 들어가며 말을 한다. 그러나 19-21절에서는 인간은 죽음을 피할 수 없는 비천한 존재라는 것이 논지의 핵심이다. 도덕성(morality)으로 시작된 논지가 필사(必死, mortality)로 끝나고 있다(Alden, Clines). 그러므로 엘리바스의 논리를 따라가기가 다소 어렵기는 하지만, 그가 이 섹션에서 하고자 하는 말은 "심지어 천사들도 하나님 앞에서 떳떳하지 못한데, 흙으로 집을 짓고 사는 비천한 인간이 어떻게 주님 앞에서 떳떳하다 하겠느냐? 인간은 하나님의 관심도 끌지 못할 정도로 잠시 살다 죽는 별 볼일 없는 존재이다"라는 취지로 이해하는 것이 바람직하다.

인간이 하나님 앞에서 떳떳할 수 없다는 엘리바스의 주장은 고대 근동의 신론(神論)을 반영하고 있다(Walton). 고대 근동의 신들은 인간이 모르는 수많은 율법과 규칙 등을 가지고 있었다. 그들은 사람들에게 자신들만이 아는 율법과 규칙을 모두 가르쳐 주지도 않았다. 그러므로 인간은 절대 신들의 요구 사항을 충족시킬 수 없다. 그렇게 하기에는 인간은 모르고 신들만 아는 율법과 규례가 너무나도 많았다. 그러므로 인간은 절대 신들 앞에서 떳떳할 수 없다. 신들이 어떤 '히든 카드'(hidden card, 사람이 모르고 자신들만 아는 율법)를 꺼내 사람들을 정죄할 지 전혀 예측할 수 없었기 때문이다.

엘리바스의 신론은 결코 성경적인 것이 아니다. 하나님은 인간에게 무엇을 요구하거나 지키라고 하실 때에는, 먼저 분명한 기준과 규례(율법)를 주시고 난 다음에 그 기준대로 살 것을 기대하신다. 그러므로 하나님이 무엇을 요구하시는지를 몰라서 사람이 죄를 짓는 일은 없다. 인간은 알면서도 죄를 짓기 십상이다. 또한 하나님은 지속적으로 사람을 찾아와 대화하기를 원하신다. 하나님은 인간과의 대화에서 그에게 요구하시는 것을 말씀하신다. 그러므로 하나님은 엘리바스가 묘사하는 고대 근동의 신들-자신들만 알고 있는 규정을 사람에게 알려주지 않으면서 지키라 하는 심술쟁이 신들-과 전적으로 다른 분이시다. 하나님은 사람이 어떻게 살 것인가에 대한 지식을 먼저 주시고, 그 지식을 실천하며 살기를 원하신다.

Ⅲ. 욥과 친구들의 대화(4:1- 27: 23)
A. 첫 번째 사이클(4:1- 14: 22)
1. 엘리바스의 담화(4:1-5:27)

(4) 어리석은 사람은 꼭 망한다(5:1-7)

[1] 너는 부르짖어보라
네게 응답할 자가 있겠느냐
거룩한 자 중에 네가 누구에게로 향하겠느냐
[2] 분노가 미련한 자를 죽이고
시기가 어리석은 자를 멸하느니라
[3] 내가 미련한 자가 뿌리내리는 것을 보고
그의 집을 당장에 저주하였노라
[4] 그의 자식들은 구원에서 멀고

성문에서 억눌리나 구하는 자가 없으며
[5] 그가 추수한 것은 주린 자가 먹되
덫에 걸린 것도 빼앗으며
올무가 그의 재산을 향하여 입을 벌리느니라
[6] 재난은 티끌에서 일어나는 것이 아니며
고생은 흙에서 나는 것이 아니니라
[7] 사람은 고생을 위하여 났으니
불꽃이 위로 날아가는 것 같으니라

이 섹션은 불확실한 문법과 희귀한 단어들을 여럿 포함하고 있다. 엘리바스의 담화 중 가장 해석하기 어려운 부분이다. 특히 6–7절은 의미가 정반대로 해석될 여지가 있어 여러 번역본들의 본문 해석이 하나의 가능성일 뿐이라는 사실을 염두에 두고 읽어야 한다(Newsom).

엘리바스는 4장 마지막 부분에서 인간은 참으로 별 볼일 없는 존재이기 때문에 하나님의 관심 밖에서 살다 죽는다고 했다. 그는 욥이 하나님보다 한참 낮은 신분을 지닌 거룩한 자들에게 부르짖어도 소용없을 것이라고 한다(1절). '거룩한 자들'(קְדֹשִׁים)은 천사들을 뜻한다(신 33:3; 시 89:5, 7; 단 4:13, 17; 슥 14:5). 천사들도 인간을 대꾸할 가치도 없는 하찮은 존재로 여기기 때문이다. 그러므로 엘리바스는 욥이 모든 영적인 존재들로부터 버림을 받았다고 한다(Longman).

엘리바스의 주장은 성경적인가? 절대 아니다. 하나님은 '구원받을 상속자들(성도들)'을 섬기라고 천사들을 보내셨다(히 1:14). 하나님은 독생자 예수님을 보내 그들을 대신해 죽게 하실 정도로 사람을 존귀하게 여기셨다. 인간은 천사들도 무시하는 비천한 존재라는 엘리바스의 주장은 성경적인 사고가 아니다. 그러므로 욥은 엘리바스의 이 같은 만류에도 불구하고 잠시 후에 천사들에게 자기 상황을 호소하는 것을 심각하게 고려한다(9:33; 16:19–22, cf. Habel).

엘리바스가 본의 아니게 욥 이야기를 하고 있는 것이 흥미롭다(cf. Hartley, Walton). 욥의 고난은 천상 어전회의에 참석했던 천사들 중 하나인 고발자 때문에 시작되었다. 그러므로 그가 아무리 천사들에게 호소해도 욥이 처한 상황을 모두 알고 있는 [천상 어전회의에 참석했던] 천사들이 그를 도와주거나 반응을 보일 리 없다. 욥에 관한 모든 일은 하나님과 고발자에게 달려 있기 때문이다. 그러므로 엘리바스는 본의 아니게 욥과 천사들에 관한 진실을 말하고 있다.

엘리바스가 분노와 시기는 어리석은 자들이나 갖는 감정이며 미련한 자는 그 감정들 때문에 망한다는 세상의 이치(격언?)를 사적인 감정을 전혀 더하지 않고 되뇔 뿐이라고 주석가들은 말한다(Clines). 그러나 엘리바스는 억울함을 호소한 욥(cf. 3장)에게 지나친 화와 분노는 좋은 것이 아니라며(2절, cf. 잠 14:30) 우회적으로 꾸짖고 있다(Gordis, Longman). 그는 분노하는 욥이 '미련한 자'(אֱוִיל)와 '어리석은 자'(פֹּתֶה)임을 암시한다. 지혜문헌에서 이 두 단어는 악인을 의미하는 말이다(cf. HALOT, NIDOTTE).

엘리바스는 사는 것보다 죽는 것이 더 좋겠다는 욥의 울부짖음을 일이 잘 풀리지 않는 악한 사람의 분노 표출로 단정한다. 그는 욥의 하소연에 귀를 기울이려 하지 않는다. 엘리바스 같은 친구는 트럭으로 가져다줘도 도움이 안 된다. 욥은 그의 울부짖음에 귀를 기울이고 함께 아파해 줄 친구가 필요하다. 그가 처한 상황을 모르고, 알려고도 하지 않으면서 냉정하게 정죄하는 친구들은 필요 없다.

살다 보면 악한 사람이 성공하고 잘되는 경우를 목격한다. 엘리바스도 이러한 사실을 인정한다(3a절). 그러나 그는 악인의 성공과 잘됨은 오래가지 못한다고 주장한다(3b-5절). 마소라 사본(MT)은 엘리바스가 악인을 저주해 그 악인의 집안이 무너진 것으로 표현한다. 이 같은 마소라 사본의 취지는 많은 번역본에 그대로 반영되어 있다. "[내가] 그 [악인]의 집을 당장 저주하였노라"(개역개정, NAS, NRS, ESV, TNK, KJV).

그러나 엘리바스가 저주한다고 해서 악인의 집이 초토화될 수 있을까? 그가 무엇 때문에 악인의 집이 무너지도록 저주하는가? 잘 이해가 가지 않는다. 그러므로 주석가들과 번역본들은 이 문장을 능동태에서 수동태로 바꿔 하나님이 악인의 집을 저주한 것으로 해석한다. "어리석은 자의 집이 순식간에 망하는 것을 내가 직접 보았다"(새번역, 공동, 아가페, NIV, LXX, cf. Newsom).

악인이 때로는 이 땅에 뿌리내리고(번성하고 안정된 삶을 누리는 것을 의미) 사는 것처럼 보여도 그의 번영과 평안은 오래가지 않는다. 하나님은 이런 사람들을 오래 내버려두지 않고 심판하신다(3절). 그러므로 악인의 자식들은 온갖 재앙을 당해도 아무에게도 도움을 기대할 수 없다(4절). 하나님의 심판이 임하면 멸망한 악인의 재산은 모두 남의 것이 된다(5절). 악인은 자식들에게 물려주기 위하여 [악한 방법으로] 열심히 재산을 모았지만, 정작 자녀들은 부모가 모은 재산을 누릴 수 없다. 하나님이 악인이 모은 재산을 모두 딴 사람들에게 나누어 주실 것이기 때문이다.

엘리바스는 매우 강력한 이미지를 사용하고 있다. 악인의 곡식을 빼앗는 자는 굶주린 사람이다. 배부른 사람은 악인의 곡식이 있어도 그만, 없어도 그만이다. 그러므로 열정적으로 빼앗지 않을 것이다. 반면에 굶주린 자는 곡식을 빼앗지 못하면 자기가 죽는다. 그는 죽기 살기로 마지막 남은 곡식 한 톨까지 모두 빼앗아 갈 것이다. 악인은 재기할 수 없을 정도로 완전히 망할 것이다.

엘리바스의 말이 잔인하게 느껴진다. 그가 의도했든, 의도하지 않았든, 욥의 아물지 않은 상처에 한 번 더 소금을 뿌리는 말을 하고 있기 때문이다(cf. Andersen, Driver, Fullerton). 욥은 한순간에 자식 열 명을 잃고 아파하고 있다. 그런 욥에게 엘리바스는 자식이 망하는 이야기를 한다. 만일 그가 욥의 자식들을 염두에 두고 이런 말을 했다면, 그는 욥이 죄를 지은 악인이기 때문에 고난을 당한 것이라고 생각하는 것이 확실하다(cf. Longman, Newsom). 상황을 파악해 보지도 않고 정죄가 앞선다.

6절을 어떻게 번역하고 해석하는가는 상당히 어려운 문제이다. 대부분의 번역본들은 개역개정처럼 "재난은 티끌에서 일어나는 것이 아니며, 고생은 흙에서 나는 것이 아니다"라고 한다(새번역, 공동, 아가페, NIV, NAS, NRS, ESV, TNK). 이렇게 해석할 경우 사람이 살면서 경험하게 되는 재앙은 괜히/자연스럽게 일어나는 일이 아니며, 항상 그 사람의 행실에 따라 임한다는 뜻이다. 선하게 살면 재앙을 두려워할 필요가 없으며, 악하게 사니까 재앙이 임한다는 논리이다.

그러나 이 문장은 질문형으로 남겨두는 것이 바람직하다. "재앙은 티끌에서 일어나는 것이 아니냐? 고생은 흙에서 나는 것이 아니냐?"(Hebel, Perdue, Pope). 이렇게 해석할 경우 사람이 살다 보면 죄와 상관없이, 이유를 알 수 없는 고통을 당할 수도 있다는 뜻이다. 고통은 인간이 태어날 때부터 그의 삶의 일부가 되어 있기 때문이다. 그러므로 고통을 당했다고 낙심할 필요가 없고, 놀랄 필요도 없다.

한 가지 재미있는 사실은 엘리바스가 6-7절에서 하는 말 중 네 개의 주요 단어들이 범죄한 아담에게 선고되는 하나님의 심판(창 3:17-19)에서도 사용된다는 사실이다. 두 본문 모두 아담(אָדָם)과 흙(אֲדָמָה)을 사용해 언어유희를 구성한다. 엘리바스는 고생은 흙에서 나는 것(צמח)이라고 하는데(6절), 창세기 3:18은 아담의 죄로 땅이 가시덤불과 엉겅퀴를 낼 것(צמח)이라며 동일한 단어를 사용한다. 하나님은 아담에게 그는 흙(עָפָר)에서 왔으므로 흙(עָפָר)으로 돌아갈 것이라고 하시는데(창 3:19), 본문에서 엘리바스는 고생은 흙(עָפָר)에서 나는 것이 아니냐고 질문한다. 두 본문 모두 삶의 고단함을 결정적으로 묘사한다.

III. 욥과 친구들의 대화(4:1- 27: 23)
A. 첫 번째 사이클(4:1- 14: 22)
1. 엘리바스의 담화(4:1-5:27)

(5) 겸손히 하나님께 용서를 구해라(5:8-16)

[8] 나라면 하나님을 찾겠고
내 일을 하나님께 의탁하리라
[9] 하나님은 헤아릴 수 없이 큰일을 행하시며
기이한 일을 셀 수 없이 행하시나니
[10] 비를 땅에 내리시고
물을 밭에 보내시며
[11] 낮은 자를 높이 드시고
애곡하는 자를 일으키사 구원에 이르게 하시느니라
[12] 하나님은 교활한 자의 계교를 꺾으사
그들의 손이 성공하지 못하게 하시며
[13] 지혜로운 자가 자기의 계략에 빠지게 하시며
간교한 자의 계략을 무너뜨리시므로
[14] 그들은 낮에도 어두움을 만나고
대낮에도 더듬기를 밤과 같이 하느니라
[15] 하나님은 가난한 자를 강한 자의 칼과 그 입에서,
또한 그들의 손에서 구출하여 주시나니
[16] 그러므로 가난한 자가 희망이 있고
악행이 스스로 입을 다무느니라

인간은 하나님의 관심 밖에서 살기 때문에 주님의 관심을 끄는 일이 쉽지 않으며, 천사들은 욥을 도울 수 없다고 단언한 엘리바스가 그래도 욥의 유일한 대안은 하나님을 찾아가 자기 형편을 아뢰는 일이라고 한다(8절). 8절의 히브리어 본문이 상당히 인상적이다. 이 문장

을 구성하고 있는 아홉 개의 단어 중 마지막 단어를 제외하고는 모두 알파벳의 첫 글자인 알렙(א)으로 시작한다. "אֶל–אֵל וְאֶל–אֱלֹהִים אָשִׂים אוּלָם אֲנִי אֶדְרֹשׁ" 또한 한 중앙에 "하나님을 [찾고], 하나님께 [의탁하라]"(אֶל–אֵל וְאֶל–אֱלֹהִים)를 두어 하나님을 찾는 일을 이 문장의 핵심이 되게 했다. 이러한 문장 형태가 특별한 의미를 지니지는 않았지만, 저자의 문장력과 섬세함을 예술적으로 보여주는 하나의 좋은 예이다.

엘리바스는 욥을 고난당한 후 삶에 대하여 매우 화가 나 있는 사람으로 취급한다. 그러므로 엘리바스는 욥에게 "네가 아무리 자신과 창조주 하나님께 화를 내도 문제가 결코 해결되지 않을 것이니, 차라리 겸손하게 하나님께 무릎을 꿇는 것이 어떠냐?"라는 취지에서 이 말을 한다. 그는 찬가(doxology, 하나님의 능력이나 성품을 찬양하는 노래)를 통해 욥이 하나님을 찾아야 하는 이유를 몇 가지로 정의한다. 찬가 전체를 아우르는 핵심 주제는 하나님은 인간이 처한 상황을 변화시킬 수 있는 분이라는 사실이다. 그러므로 욥이 하나님을 찾으면 하나님이 그가 처한 상황을 완전히 바꿔주실 수 있다는 권면이다.

첫째, 하나님은 무한한 능력을 가지신 분이다(9절). 하나님은 인간이 상상할 수 없을 정도로 큰일을 행하시며, 우리의 기대를 초월하는 기적을 수없이 행하신다(cf. 시 26:7; 40:6; 105:5; 106:21). 엘리바스의 찬가를 시작하는 이 말씀은 나머지 부분(10-16절)을 요약하는 역할을 한다. 하나님은 이처럼 놀라운 능력을 지니신 분이므로 욥이 주님의 관심을 끌 수만 있다면, 그가 처한 상황이 순식간에 변해 슬픔과 눈물로 얼룩진 삶이 기쁨과 환희로 가득 찰 수 있다.

둘째, 하나님은 날씨를 주관하시는 분이다(10절). 근동 지역은 거의 사막 기후라 할 수 있다. 이러한 기후적 특징은 비가 오면 메말라 아무 생명력이 없어 보이던 땅에서 순식간에 꽃과 풀이 돋아나 생기로 가득한 들판이 되는 일이다(cf. Clines). 욥의 삶은 모든 생명력을 잃은 사막과 같고, 가뭄에 메말라 있는 밭과 같다. 그러나 하나님이 메마른 그의 삶에 은혜의 단비를 내리시면, 욥의 삶은 다시 생명력으로 가득하게 될 것이다.

셋째, 하나님은 낮은 자를 높이고, 슬퍼하는 자를 일으키시는 분이다(11절). '슬퍼하는 자들'(קֹדְרִים)은 마음으로 슬퍼하고 비통해하는 마음 상태를 의미하는 것이 아니라 탄식하는 사람의 비참한 몰골과 그가 착용한 어두운 옷을 가리킨다(Driver). 그러므로 슬퍼하는 자를 일으킨다는 것은 신체적인 회복과 지위와 위상의 회복을 의미한다.

하나님이 낮은 자를 높이고 슬퍼하는 자를 일으키는 성품을 지니신 것은 이스라엘 종교의 가장 핵심적인 부분이기도 하다(Newsom, cf. 삼상 2:7-8; 시 113:7-8; 147:6). 또한 엘리바스의 찬가 중 욥이 처한 상황과 가장 밀접한 연관성이 있는 부분이다. 욥은 모든 것을 잃고 낮은 자가 되었다. 그는 자식 열 명을 한순간에 잃은 슬픔에서 헤어나오지 못하고 있다. 그러므로 이 말씀은 욥이 자기 자신을 추스르고 하나님을 찾는 것이 어려운 일이기는 하지만, 그렇게 해야만 하나님이 그에게 자비를 베푸실 것이라는 권면이다.

넷째, 하나님은 악인이 성공하지 못하도록 막으시는 분이다(12절). 하나님은 간교한 자들의 생각(מַחְשְׁבוֹת עֲרוּמִים)이 실현되는 것을 막으신다. 그러므로 그들이 어떠한 계획을 실천하려 해도 하나님이 막으시기 때문에 그들의 손(악을 실천하려는 노력)은 성공하지 못한다. 이 말씀은 욥의 삶과 연관이 있는 원리는 아니다. 그러므로 엘리바스가 이 말을 하는 이유는 욥이 하나님께 죄를 지어 고통을 당하고 있을지 모르니 자신을 성찰하라고 권면하기 위해서이다.

다섯째, 하나님은 악인의 계략을 무너뜨리시는 분이다(13-14절). 12절이 하나님이 악인의 계획이 실현되는 것을 막으시는 것에 초점을 두었다면, 이 말씀은 하나님이 그들의 악한 생각마저 심판하시는 것에 초점이 맞추어져 있다. 하나님은 스스로 지혜롭다고 하는 자들이 자기 지혜에 빠지게 하시는(그의 잔꾀로 파놓은 함정에 스스로 빠지게 하는) 분이다.

신약이 욥기에서 유일하게 인용하는 말씀이 13절이다. 고린도전서 3:19는 "이 세상 지혜는 하나님께 어리석은 것이니 기록된 바 **하나님은 지혜 있는 자들로 하여금 자기 꾀에 빠지게 하시는 이라** 하였고"라면서 이 말씀을 인용한다. 바울이 엘리바스의 말을 인용하는 것은 이 말이 욥에게는 적용되지 않지만, 일반적으로는 옳은 말이라고 생각했기 때문이다(Longman).

그러므로 세상의 '지혜로운 자들'은 낮에도 어둠 속을 헤매고 대낮에도 마치 칠흑 같은 밤에 아무것도 보이지 않아 손으로 벽을 더듬는 것처럼 더듬고 다녀야 한다(14절). 원래 지혜는 빛과 연관되어 있기 때문에 지혜가 많을수록 삶이 밝아지는 것(삶에 방향을 줌)을 감안할 때, 세상에서 스스로 지혜롭다 하는 사람은 모두 자기를 속이고 있거나, 그들의 삶을 밝혀 줄 지혜는 소유하지 못했다는 것을 의미한다.

자신은 억울하다며 울부짖은 욥의 말(3장)은 세상 지혜에서 나온 것이므로 어두움 속에서 벽을 더듬을 뿐, 하나님께 나아가는 길로 인도할 수는 없다고 엘리바스는 경고하기 위해서 이 말을 한다. 그러므로 욥은 지금이라도 자기의 어리석은 지혜를 버리고, 하나님께 인도하는 참 지혜를 구해야 한다는 것이 엘리바스의 주장이다.

여섯째, 하나님은 악인에게서 약한 자들을 보호하시는 분이다(15-16절). 이때까지 약한 자와 악인을 따로 구분해 담화를 전개했던 엘리바스가 이곳에서는 이 둘을 하나로 묶는다. 또한 이 말씀은 엘리바스의 찬가의 결론 역할을 한다. 하나님은 악한 자들을 멸하실 뿐만 아니라, 약한 자들이 그들에게 희생당하는 일을 막으신다.

'가난한 자'(אֶבְיוֹן)는 경제적인 약자를 뜻할 뿐만 아니라 권세자들에게 착취당하고 억압을 당해 겸손해진 사회적 약자들을 의미한다(cf. HALOT). 만일 욥이 자신은 악인이 아니므로 그를 덮친 고난이 억울하다고 생각한다면, 겸손하게 가난한 자(억울한 일을 당한 자)의 자세로 하나님께 나아가라고 엘리바스는 권면한다. 그렇게 해야만 욥에게 희망이 있다(16절). 그가 처한 상황에서 가장 중요한 것은 희망(תִּקְוָה)이다. 희망은 인간이 처한 가장 혹독하고 절망적인 상황에서도 미래를 꿈꾸게 하기 때문이다.

하나님은 악인들과 그들에게 억울하게 당한 사람들(가난한 자)을 구분하신다. 악인은 벌하시지만, 가난한 사람은 구원하신다. 그러므로 엘리바스는 욥에게 자신이 어느 위치에 있는지를 선택하라고 권면한다. "욥은 하나님의 심판을 받은 악인인가, 아니면 악인에게 억울하게 당한 희생양인가?" 문제는 이 두 가지 상황 중 욥에게 적용될 수 있는 사례는 없다는 것이다. 욥의 고난은 이 둘과 상관 없는 제3의 상황에서 비롯되었다. 세 친구들 중 가장 지혜롭고 나이가 많은 엘리바스마저도 욥이 그가 추측하는 두 상황과는 전혀 다른 일을 겪고 있다는 사실을 의식하지도, 인정하지도 않는다.

III. 욥과 친구들의 대화(4:1- 27: 23)
A. 첫 번째 사이클(4:1- 14: 22)
1. 엘리바스의 담화(4:1-5:27)

(6) 하나님은 환난을 주시지만 회복도 주신다(5:17-27)

[17] 볼지어다 하나님께 징계받는 자에게는 복이 있나니
그런즉 너는 전능자의 징계를 업신여기지 말지니라
[18] 하나님은 아프게 하시다가 싸매시며
상하게 하시다가 그의 손으로 고치시나니
[19] 여섯 가지 환난에서 너를 구원하시며
일곱 가지 환난이라도 그 재앙이 네게 미치지 않게 하시며
[20] 기근 때에 죽음에서,
전쟁 때에 칼의 위협에서 너를 구원하실 터인즉
[21] 네가 혀의 채찍을 피하여 숨을 수가 있고

멸망이 올 때에도 두려워하지 아니할 것이라
22 너는 멸망과 기근을 비웃으며
들짐승을 두려워하지 말라
23 들에 있는 돌이 너와 언약을 맺겠고
들짐승이 너와 화목하게 살 것이니라
24 네가 네 장막의 평안함을 알고
네 우리를 살펴도 잃은 것이 없을 것이며
25 네 자손이 많아지며 네 후손이
땅의 풀과 같이 될 줄을 네가 알 것이라
26 네가 장수하다가 무덤에 이르리니
마치 곡식단을 제때에 들어올림 같으니라
27 볼지어다 우리가 연구한 바가 이와 같으니
너는 들어보라 그러면 네가 알리라

엘리바스는 욥에 대한 첫 번째 권면을 "…하는 사람은 복이 있나니"(אַשְׁרֵי)라고 하는 산상수훈(beatitude) 방식으로 마무리한다. 이러한 유형의 담화는 시편과 잠언에서 자주 사용되며, 긍정적인 상황을 바탕으로 전개된다. 반면에 엘리바스는 상당히 부정적이고 무거운 주제인 징계를 이 방식에 연관시킨다. "하나님께 징계받는 자에게 복이 있나니!"(17절). 또한 엘리바스의 말은 분명 잠언에 반영된 성경적인 사고를 근거로 한다.

내 아들아 여호와의 징계를 경히 여기지 말라
그 꾸지람을 싫어하지 말라
대저 여호와께서 그 사랑하시는 자를 징계하시기를
마치 아비가 그 기뻐하는 아들을 징계함같이 하시느니라
(잠 3:11–12)

성경은 훈계와 교육에 회초리와 채찍을 사용하는 것도 사랑의 표현이라고 한다(cf. 잠 20:30; 22:15; 23:13-14). 엘리바스의 담화는 분명 성경적인 가치관을 반영한다. 그러나 욥처럼 고난을 당해 고통스러워하는 사람에게 할 말은 아니다. 만일 고난이 하나님께로 온 것이라면, 주변 사람들은 고난당한 사람이 그 사실을 스스로 깨닫도록 충분한 시간을 주며 기다려야 한다. 하나님께 벌을 받은 사람이 스스로 이 사실을 깨달을 때에 비로소 진정한 회개가 일어나기 때문이다.

욥은 출처/이유를 알 수 없는 신비한(mysterious) 고난을 당하고 있다. 그러나 엘리바스는 욥이 죄를 지었기 때문에 하나님의 징벌을 받은 것이라며 그를 정죄한다(17절). 가뜩이나 아파하는 친구의 상처에 한 번 더 소금을 뿌린 격이다.

욥기는 '전능자'(שַׁדַּי)라는 성호를 31차례 사용하는데, 본문에서 이 이름이 처음으로 나온다. 이 성호는 아카디아어로 산(mountain)을 뜻하는 단어에서 유래되었다(cf. NIDOTTE). 일부 근동 언어에서는 '가슴'이라는 의미를 지니고 있어 종종 '가슴이 따듯한 하나님'으로 풀이되기도 한다. 욥기에서 두 번째로 많이 사용되는 하나님의 이름이다(cf. 삿 5:5; 왕상 20:23; 느 9:13; 시 68:9).

엘리바스는 욥이 처한 상황에 둔감해(insensitive) 욥과는 별 상관없는 말을 하고 있지만, 그가 하는 말은 우리가 경험하는 일상적인 상황에 별 어려움 없이 적용될 수 있는 원리들이다. 하나씩 살펴보자.

첫째, 하나님은 사람을 아프게 하시며, 또한 그 상처를 싸매기도 하신다(18절). 엘리바스는 이러한 원리를 같은 구절에서 한 번 더 반복한다. "상하게 하시다가 그의 손으로 고치시나니." 세상 말로 여호와 하나님은 종종 우리에게 "병을 주시고 그 병을 치료할 수 있는 약도 주시는 분"이다. 호세아 선지자의 호소문을 생각나게 하는 말씀이다.

오라 우리가 여호와께로 돌아가자.

여호와께서 찢으셨으나 도로 낫게 하실 것이요
우리를 치셨으나 싸매어주실 것임니라.
(호 6:1)

엘리바스는 욥이 '치시고 난 후 싸매시는' 하나님의 성품을 믿고 회개하기를 권고한다. 그의 논리에 의하면 하나님은 죄에 대해 욥을 징계하셨으므로 그가 고난을 당하고 있다. 징계를 받은 욥이 온갖 재앙에서 헤어날 수 있는 유일한 소망은 그를 치신 하나님에게 나아가는 것이다. 일종의 신앙적 모순이 전개되고 있다. 사람은 본능적으로 자기를 괴롭게 하고 힘들게 하는 사람을 피하고 싶어 한다. 그러나 성경적 가치 체계에 의하면 여호와께서 욥을 치셨다면, 욥이 고난에서 헤어날 수 있는 유일한 방법은 그를 치신 하나님께 돌아가는 것이다. 욥의 삶을 찢어 산산조각을 내신 이가 분명 여호와이지만, 그의 조각난 삶을 다시 꿰매 주실 수 있는 분도 오로지 하나님뿐이기 때문이다. 엘리바스는 이 원리를 바탕으로 욥을 권면한다.

둘째, 하나님은 자기 자녀를 온갖 환난에서 구원하시는 분이다(19-20절). 엘리바스는 '여섯, 일곱'(X, X+1) 유형의 담화를 사용하는데, 선지서와 지혜문학, 특히 시편과 잠언이 자주 사용하는 담화 양식(X, X+1)이다(암 1:3-15; 시 62:12-13; 잠 6:16; 30:15-16). 이 담화 양식이 강조하고자 하는 것은 무한함/한계가 없음(unlimited)이다(Roth, cf. Longman). 하나님은 세상 모든 환난과 고통에서 자기 자녀를 구원하실 수 있는 분이며 여호와의 구원 능력에는 한계가 없다는 의미이다.

특히 기근과 전쟁(20절)은 당시 사회에서 사람을 죽음으로 몰아가는 가장 흔한 재앙이었다. 그러므로 이 말씀이 강조하고자 하는 바는 하나님은 언제든지 곤경에 처한 자기 백성을 구원하시는 일을 매우 즐기시는(자주 행하시는) 분이므로 주님의 구원하시는 사역은 사람들의 삶에서 매우 흔히 일어나는 현상이라는 것이다. 반면에 욥은 그 흔한 하나님의 구원을 맛보지 못했다. 욥은 왜 그 흔한 하나님의 구원을 맛보지 못한 것일까?

엘리바스는 고통 속에서 신음하고 있는 욥이 하나님의 구원을 맛보지 못한 것은 하나님이 아직 그에게 구원의 손길을 내밀지 않으셨기 때문이라고 생각한다. 그렇다면 하나님은 왜 욥을 돕지 않으시는가? 엘리바스는 욥이 하나님께 나아가지 않았기 때문이라고 생각한다. 엘리바스가 예민한 마음(들을 귀)으로 욥이 처한 상황을 살펴보고자 했다면 아파서 어찌할 바를 모르는 그에게 차마 이런 말은 하지 않았을 것이다. 그는 욥에 대하여 자기 마음대로 생각하고 자기 마음대로 판단했다. 엘리바스는 '하나님의 말씀'을 이용해 남에게 상처를 주는 사람의 전형적인 모습을 취한다.

셋째, 하나님은 환난 중에도 자기 자녀들을 특별히 보호하시는 분이다(21-22절). 엘리바스의 담화 핵심이 고통 속에서 힘들어하는 자녀들을 구원하시는 하나님에서, 그들이 아예 고통을 당하지 않도록 [보호막을 쳐] 보호하시는 하나님으로 바뀌고 있다. 하나님이 자기 백성에게 피난처가 되어주시기 때문에 주님이 보호하시는 이들은 사람들의 '혀의 채찍'을 피할 수 있을 뿐만 아니라 재앙이 임해도 두려워할 필요가 없다. 하나님이 보호막을 쳐서 그를 재앙에서 보호하실 것이기 때문이다. 하나님이 테두리를 쳐 욥의 삶을 보호하시기 때문에 욥이 여호와를 경외한다고 주장한 고발자의 말을 떠오르게 한다(1:10).

혀의 채찍은 온갖 비방과 일명 '뒷담화'를 뜻한다(cf. 출 20:16; 잠 11:13; 16:28; 고후 12:20; 약 3:6). 사람들은 종종 "막대기와 돌은 나의 뼈를 꺾을지언정 말은 나를 상하게 하지 못한다"(Sticks and stones break my bones, but words will never hurt me)라고 말하지만, 사실 막대기와 돌보다 더 큰 피해를 입히는 것이 사람의 말이다. 그러므로 세상에는 "세 치 혀로 사람을 죽일 수 있다"는 말도 있고, 성경은 "혀는 능히 길들일 사람이 없나니 쉬지 아니하는 악이요 죽이는 독이 가득한 것"이라고 경고한다(약 3:8, cf. 잠 18:21; 약 3:1-12). 사람에게 필요한 가장 기본적이면서도 가장 어려운 경건 훈련은 자기 말을 조정하는 일이다.

하나님은 자기 자녀를 그의 영혼을 죽일 수 있는 사람들의 독설에서 보호하실 뿐만 아니라, 멸망과 기근에서도 보호하신다(21절). 하나님의 보호를 받는 사람은 들짐승도 두려워할 필요가 없다. 당시 문화에서 사람이 가장 두려워해야 하는 것은 사람이었으며, 그다음에는 들짐승이었다. 그러므로 이 말씀은 주의 자녀들은 이 땅에서 살면서 두려워할 것이 하나도 없다는 뜻이다. 하나님이 그들을 가장 위협하는 사람과 들짐승으로부터 그들을 보호해 주시기 때문이다.

넷째, 하나님은 자녀들이 자연을 통해 평안과 번성을 누리며 살도록 하신다(23절). 여호와는 자녀들의 피난처가 되실 뿐만 아니라 그들이 이 땅에서 잘 살 수 있도록 복을 주신다. 하나님의 복을 받은 사람은 들에 있는 돌과 언약(בְּרִית)을 맺고 들짐승과 화목하게 산다. 사람의 생존을 위협하는 자연이 그의 삶을 방해하는 요소가 아니라, 협력하는 요소가 되어 주의 자녀에게 평안을 주고 번영을 도울 것이라는 의미이다(cf. Alden). 어떤 면에서 주의 자녀들은 이 땅에 살면서 타락 전(前)의 에덴 동산을 누릴 수 있다. 이사야 선지자는 메시아가 통치하는 낙원에서는 들짐승들과 사람이 서로 해하지 않고 더불어 행복하게 사는 환상을 보았다(사 11:6-9).

그때에 이리가 어린 양과 함께 살며
표범이 어린 염소와 함께 누우며
송아지와 어린 사자와 살진 짐승이 함께 있어
어린 아기에게 끌리며
암소와 곰이 함께 먹으며
그것들의 새끼가 함께 엎드리며
사자가 소처럼 풀을 먹을 것이며

젖 먹는 아기가 독사의 구멍에서 장난하며
젖 뗀 어린아기가 독사의 굴에 손을 넣을 것이라

다섯째, 하나님은 자기 자녀들을 번성하게 하신다(24-26절). 그러므로 여호와를 경외하는 사람은 평안을 누리며 해를 받지 않을 것이다. 하나님이 보호막을 쳐서 그들을 보호하실 것이기 때문이다. 또한 그들의 자손도 번성할 것이다(25절). 안타깝게도 욥에게는 더 이상 자녀가 없다. 엘리바스의 말은 욥에게 별 의미가 없는 말이다.

엘리바스는 여호와를 경외하는 사람은 삶을 충분히 누리고 만수(曼壽)에 죽는다고 한다(26절). 준비된 노년의 죽음은 사람이 누릴 수 있는 가장 큰 축복 중 하나이다(Clines). 엘리바스는 하나님을 경외하는 사람의 죽음을 제때에 올려지는 곡식단에 비교하는데, 높이 쌓인 곡식단이 농부의 농사가 성공적으로 끝났음을 의미하는 것처럼 하나님의 자녀들은 모두 풍족한 삶을 누리고 일찍 죽지 않을 것이다(Longman).

엘리바스는 자기가 살면서 깨달은 이치는 이러하다며 욥에게 자기가 한 말을 생각해보라고 한다(27절). 그는 욥이 그가 한 말을 묵상해보면 한마디도 틀린 것이 없다는 사실을 깨달을 것이라고 확신한다. 그러므로 엘리바스는 욥이 고통을 당하는 것은 그가 전능자께서 약속하신 구원과 보호막 밖에 있음을 의미한다고 생각한다. 욥은 하나님께 죄를 지어 버림받았다는 의미이다.

우리는 엘리바스의 주장에 대하여 어떻게 생각해야 하는가? 엘리바스가 하는 말은 모두 맞는 말이다. 다만 적용이 문제이다. 그가 주장하는 것은 성도의 신앙과 삶에서 자주 목격할 수 있는 원리들이다. 다만 욥이 경험하고 있는 일은 이 원리들로 설명할 수 없는 예외적인 일이다.

왜 예외적인 일들이 일어나는가? 세상이 하나님이 창조하신 대로 존재하지 않기 때문이다. 창조주께서는 참으로 아름답고 완벽한 세상을 만드셨다(cf. 창 1장). 그 완벽한 세상에서는 엘리바스가 말하는 모든 것이 지배하는 원리로 작용했을 것이다. 그러나 죄가 그 아름답고 완벽했던 세상을 변질시키고, 부패하게 만들었다(cf. 창 3–4장). 죄가 이 땅을 지배하는 변수가 된 이후부터는 예외적인 일들이 많이 일어나기 시작했다.

안타깝게도 엘리바스는 자기의 논리와 주장에 예외는 없다고 생각한다. 여기에 그의 문제가 있다. 그는 하나님이 세상을 다스리시는 이치를 논하지만, 욥에 대하여는 자기가 잘못 생각하고 있을 수도 있다는 가능성을 배제한다. 그는 교만하다. 혹은 그는 자신이 죄의 영향을 받지 않는 완벽한 세상에서 살고 있다고 착각한다.

살다 보면 우리 주변에서 일상적인 원리들로 설명할 수 없는 일들이 종종 일어난다. 삶이 당혹스러워지는 것도 바로 이런 일들이 일어나기 때문이다. 실제로 삶에서는 예외적인 일들이 우리가 생각하는 것보다 훨씬 더 많이 자주 일어난다. 이것이 바로 삶의 미스터리다. 엘리바스는 세상에는 미스터리가 없으며 모든 것이 흑백논리로 설명될 수 있다고 생각한다. 그는 착각 속에서 살고 있다.

Ⅲ. 욥과 친구들의 대화(4:1– 27: 23)
A. 첫 번째 사이클(4:1– 14: 22)

2. 욥의 대답(6:1–7:21)

엘리바스의 권면과 책망에 욥은 전혀 기죽지 않는다. 오히려 그는 더 강력하게 억울함을 호소하며 친구들이 자기의 상황을 이해하려 들지 않는 것을 비난한다. 또한 죽음을 여전히 열망하면서 자신에게 생명을 주신 창조주 하나님에 대한 서운함도 드러낸다. 비록 욥이 종종 엘리바스가 사용한 단어들로 반론을 전개하지만(cf. Habel), 엘리바스의 주장을 조목조목 반박하지는 않는다. 욥은 친구의 권면에 대하여 구체적인 언급은 피하면서 일반적인 반응을 보인다.

친구들에 대한 실망감을 역력하게 드러내는 첫 번째 욥의 대답은 자신의 비통한 삶에 대한 슬픔의 표현으로 시작한다(6:1-7). 그리고 자기가 무엇을 잘못했는지(왜 이런 재앙을 받아야 하는지)를 알려달라는 말로 끝이 난다(6:24-30). 두 번째 담화는 자신이 처한 어려움에 대한 탄식으로 시작해(7:1-6) 주님께 자기 생명을 거두어가시든지 혹은 내버려달라는 기도로 끝이 난다(7:7-21). 욥은 도저히 이해할 수 없는 고난으로 절망에서 헤어나지 못하고 있다. 본문은 다음과 같이 구분될 수 있다.

A. 나의 삶은 참으로 비참하다(6:1-7)
B. 나의 삶이 끝이 난다면 얼마나 좋을까!(6:8-13)
C. 너희들에게 많은 것을 바란 것도 아닌데!(6:14-23)
C'. 너희들은 참으로 매정한 친구들이다(6:24-30)
A'. 나는 참으로 고통스러운 나날을 보내고 있다(7:1-6)
B'. 주님, 저의 생명을 거두어주십시오(7:7-21)

Ⅲ. 욥과 친구들의 대화(4:1- 27: 23)
A. 첫 번째 사이클(4:1- 14: 22)
2. 욥의 대답(6:1-7:21)

(1) 나의 삶은 참으로 비참하다(6:1-7)

[1] 욥이 대답하여 이르되
[2] 나의 괴로움을 달아보며
나의 파멸을 저울 위에 모두 놓을 수 있다면
[3] 바다의 모래보다도 무거울 것이라
그러므로 나의 말이 경솔하였구나
[4] 전능자의 화살이 내게 박히매
나의 영이 그 독을 마셨나니

하나님의 두려움이 나를 엄습하여 치는구나
[5] 들나귀가 풀이 있으면 어찌 울겠으며
소가 꼴이 있으면 어찌 울겠느냐
[6] 싱거운 것이 소금 없이 먹히겠느냐
닭의 알 흰자위가 맛이 있겠느냐
[7] 내 마음이 이런 것을 만지기도 싫어하나니
꺼리는 음식물같이 여김이니라

욥이 엘리바스의 긴 담화(4-5장)에 대하여 보인 반응을 보면, 엘리바스는 욥을 설득하지 못했음이 분명하다. 뿐만 아니라 그는 욥이 고민하고 있는 이슈도 제대로 이해하지 못했다. 이때까지 말한 친구는 엘리바스가 유일하지만, 친구들 중 가장 지혜롭다고 하는 그가 신음하고 있는 욥을 이해하려 하기는커녕 오히려 그를 책망한 것을 감안하면, 나머지 친구들의 담화는 들어보지 않아도 뻔하다. 그러므로 욥은 그를 찾아온 모든 친구들에게 이 말을 하고 있다. 엘리바스도 담화를 끝내며 자신의 말이 자기 개인의 말일뿐만 아니라, 함께 온 친구들의 통찰력을 반영한 것이라고 했다(5:27).

욥은 제일 먼저 친구들이 그가 처한 상황을 헤아려 주기를 바란다(2-3절). 욥이 얼마나 고통스럽고 감당하기에 버거운 나날을 보내고 있는지를 안다면, 친구들은 그를 비난하지 않았을 것이다. 세상에 아파하는 사람을 짓밟는 것처럼 비겁한 만행은 없다. 아무리 심각한 죄를 지었다 할지라도 먼저 치료하고 회복시키고 나서 잘잘못을 가리는 것이 세상의 이치다. 그러나 욥을 찾아온 친구들은 스스로 지혜로운 척하면서도 이러한 이치도 모른다.

욥은 저울 이미지를 사용해 아픔을 토로한다. 그가 경험한 파멸을 저울 한쪽에 올려놓고, 다른 쪽에 바다의 모든 모래를 올려놓으면, 분명 그 저울은 욥의 파멸 쪽으로 기울어질 것이라고 한다(2-3a절). 저울은 어느 사회에서든 미리 정해놓은 기준에 따라 사람들이 합의하게 하는 기구이다(Newsom). 그러므로 욥이 저울 이미지를 사용해 자기의 고통이 바다의 모래보다 더 무겁다고 하는 것은 엘리바스와 친구들이 그의 고통을 지나치게 가볍게 여김을 지적한다. 성경에서 바다의 모래는 가장 무거운 것과 가장 큰 숫자의 상징이다(창 22:17; 32:12; 수 11:4; 잠 27:3; 사 10:22; 48:19; 렘 15:8). 세상에서 가장 무거운 바다의 모래보다 더 무거운 아픔을 경험한 욥의 말이 다소 거칠어지는 것은 당연하다.

그러므로 욥은 자기 말이 "경솔할 수밖에 없는 상황"을 이해해 달라고 한다(3b절). 말이 경솔하다는 것(לעע)은 시간이 지나면 후회할 말을 한다는 의미이다(잠 20:25). 욥은 친구들과의 대화에서 자기가 하는 말에 대하여 나중에 후회할 수도 있음을 인정한다. 그럼에도 불구하고 그는 친구들이 자기 말을 경청해 주기를 바란다. 욥은 지금 너무 아프고 고통스러워 누구에겐가 하소연하지 않고는 견딜 수 없는 상황에 이르렀다. 이런 상황에 처한 사람이 토해내는 말은 앞뒤를 따지지 않고 내뱉는 말이라 완벽할 수 없다. 그러므로 욥은 친구들이 그의 말을 액면 그대로 받아들이지 않았으면 한다(cf. Clines).

욥은 자기가 당면한 고통이 하나님께로부터 비롯되었다고 생각한다(4절). 하나님이 욥을 표적으로 세워놓고 활 쏘기 연습을 하시는가? 만일 연습이었다면 독화살이 사용될 리 없다. 그러므로 욥은 자신을 실전에서 '궁수 하나님'(divine archer)에게 독화살을 맞고 죽어가는 사람으로 표현한다. 성경은 종종 하나님을 신적 전사(divine warrior)로 묘사한다(신 32:23-24; 애 2:4; 3:12-13; 합 3:3-12).

책이 시작한 이후 욥이 자기 고통의 출처가 하나님이라고 구체적으로 말하는 것은 이번이 처음이다. 욥은 그가 당면하고 있는 여러 가지 고통 중 그 무엇보다도 하나님의 원수가 되었다는 현실을 가장 힘들어 한다. 사람이 하나님이 쏘신 화살에 맞았다면, 소망이 없다. 그러므로 욥의 탄식은 절정에 달한 그의 절망감을 표현한다. 앞으로 욥은 이 사실을 여러 차례 반복할 것이다.

욥은 자신이 경험하고 있는 삶을 먹을 것에 비유하며 탄식을 이어간다(5-7절). 들나귀나 소는 먹을 풀이 있으면 울지 않는다(5절). 풀을 뜯기에 바빠 울 겨를이 없다. 짐승은 먹을 것이 마땅치 않아 배가 고플 때 운다. 욥이 울부짖는 이유도 여기에 있다. 하나님이 그에게 도저히 '먹지 못할 음식(삶)'을 주셨기 때문이다(6-7절). 욥은 자신은 하나님께 이런 대우를 받을 만한 일을 하지 않았는데도 주께서 그의 삶을 온갖 고통으로 채우셨다고 한다. 음식 비유로 담화를 이어가고 있는 6절은 성경에서 단 한 번 사용되는 단어들과 잘 사용되지 않는 단어들을 사용하고 있어(cf. Alden) 정확하게 번역하기가 어렵다(cf. 새번역, 공동, NIV, NAS, Clines, Newsom, Pope). 그러나 의미를 이해하는 것은 그다지 어렵지 않다.

욥은 하나님이 불공평하시다고 생각한다. 짐승들에게는 먹을 만한 풀을 주시는 분이 그에게는 '먹을 수 없는' 삶을 주셨기 때문이다. 이러한 대조를 강조하기 위하여 욥은 5-6절에서 네 개의 수사학적인 질문을 사용한다. 욥은 하나님이 자기를 짐승들만도 못하게 대하신다고 생각한다. 그의 삶이 도저히 먹을 수 없어 사람들이 꺼리는 음식처럼 되었기 때문이다(7절). '도저히 먹을 수 없는 음식'을 엘리바스의 조언으로 해석하는 학자들도 있기는 하지만(Smick), 가장 자연스러운 것은 욥의 삶으로 이해하는 것이다.

Ⅲ. 욥과 친구들의 대화(4:1- 27: 23)
A. 첫 번째 사이클(4:1- 14: 22)
2. 욥의 대답(6:1-7:21)

(2) 나의 삶이 끝이 난다면 얼마나 좋을까!(6:8-13)

[8] 나의 간구를 누가 들어줄 것이며

나의 소원을 하나님이 허락하시랴
[9] 이는 곧 나를 멸하시기를 기뻐하사
하나님이 그의 손을 들어 나를 끊어버리실 것이라
[10] 그러할지라도 내가 오히려 위로를 받고
그칠 줄 모르는 고통 가운데서도 기뻐하는 것은
내가 거룩하신 이의 말씀을 거역하지 아니하였음이라
[11] 내가 무슨 기력이 있기에 기다리겠느냐
내 마지막이 어떠하겠기에 그저 참겠느냐
[12] 나의 기력이 어찌 돌의 기력이겠느냐
나의 살이 어찌 놋쇠겠느냐
[13] 나의 도움이 내 속에 없지 아니하냐
나의 능력이 내게서 쫓겨나지 아니하였느냐

앞 섹션에서 자신은 하나님이 쏘신 독화살에 맞았다며 절망한 욥이 간절한 소망을 말한다. 그의 간절한 소망은 하나님이 그의 생명을 거두어가시는 것이다(8-9절). 만일 하나님과 살 수 없다면, 주님의 손에 죽는 것이 욥의 유일한 희망이 되었다(Weiser). 엘리바스는 두 차례나 욥에게 하나님께 용서를 구하고 살 소망(תִּקְוָה)을 가지라고 권고했다(4:6; 5:16). 욥은 자기의 유일한 소망(תִּקְוָה)은 죽는 것이라며 살 소망을 가지라는 엘리바스의 말을 조롱한다(Newsom).

욥은 전통적인 유대교 신앙이 지향하는 바를 뒤집는다. 삶이 너무 고통스럽다며 탄식의 노래를 부르는 시편 기자들은 하나님이 도와주셔서 그들이 죽지 않게 되기를 간절히 바란다(시 22:13-22; 143:7-12). 반면에 욥은 하나님이 그의 생명을 멈추어주실 것을 간구한다. 그것도 하나님이 직접 그의 숨통을 끊어 주시기를 바란다(9절). 자신들의 고통이 하나님의 징계에서 비롯된 것이라고 확신하는 시편 기자들마저도 하나님이 그들을 짓누르는 손을 속히 거두어 주시기를 기도하는데(시

32:4; 39:11, cf. 시 88:5; 사 38:12), 욥은 오히려 하나님의 손이 그를 완진히 끝내주셨으면 좋겠다고 한다.

욥은 왜 이처럼 죽음을 갈망하는가? 무엇보다도 하나님의 말씀을 거역하기 싫어서이다(10절). 욥의 시대에는 구체적인 율법이 아직 주어지지 않았으므로 선하신 창조주의 삶에 대한 보편적인 기준들을 의미한다. 그는 이때까지는 어떻게든 하나님을 원망하거나 저주하지 않으려고 안간힘을 쓰며 버텨왔는데, 이제는 한계에 도달했다고 고백한다. 그러므로 욥은 지금과 같이 고통스러운 삶을 더 살다 보면 하나님께 범죄할 수도 있으니, 그런 일이 있기 전에 하나님이 자기의 생명을 거두어 주시면 참 좋겠다고 한다.

한 주석가는 저자가 이 말을 하는 욥을, 비밀을 토해내라며 혹독한 고문을 받는 사람으로 묘사한다고 주장한다(Clines). 이렇게 해석할 경우, 본문이 욥에게 적용하는 이미지는 적들에게 붙잡혀 혹독한 고문을 당하고 있는 군인이다. 군인은 더 이상 비밀을 말하지 않고는 버틸 수 없는 상황에 치달았으니, 비밀을 말하기 전에 자기의 생명을 거두어 달라고 하나님께 울부짖는다. 욥은 이때까지 하나님 앞에서 경건하고 거룩한 삶을 살았다. 그러나 더 살게 되면 하나님께 죄를 지을 것 같다는 생각이 든다. 그러므로 그는 죄를 짓기 전에 죽었으면 한다.

욥은 하나님에 대한 신앙을 버린 사람이 아니다. 그는 혹독한 고난을 경험하면서도 하나님을 믿는다. 다만 그가 경험한 일들이 그동안 알고 의지해왔던 선하신 하나님에 대한 지식과 이해를 완전히 혼돈에 빠뜨렸다. 또한 그에게는 이 혼돈을 해결할 만한 지혜나 능력이 없다. 그러므로 자신도 해결할 수 없는 딜레마에 빠진 욥이 지속되는 혼란 속에서 하나님께 죄를 짓느니 차라리 이 순간 하나님을 믿는 성도로 생을 마감하고 싶다는 표현을 이렇게 하고 있다. 그렇다고 욥이 자살을 고려하는 것은 아니다. 죽음을 사모하는 욥은 한 번도 자살을 옵션으로 생각하지 않는다(Longman).

욥이 당장 죽고자 하는 다른 이유는 그의 기력이 쇠할 대로 쇠해 고통을 더 이상 견뎌낼 힘이 없기 때문이다(11-12절). 그는 언젠가 다시 회복된다 할지라도 무슨 호사와 영화를 누리겠냐며 소망을 접었다(11b절). 욥은 기력이 돌처럼 강하지도 않고, 육체가 놋쇠처럼 단단하지도 않다며 탄식한다. 더 이상 고통을 버텨낼 만한 정신적인 능력과 육체적인 힘이 없다는 고백이다.

욥은 영적으로나 체력적으로도 완전히 방전이 된 상태에 처해 있다. 한 가지 욥이 간과하는 것이 있다. 만일 그가 완전히 방전되어 밑바닥을 쳤다면, 이제부터는 올라갈 일만 남았다는 사실이다. 하나님이 분명 그를 다시 회복시켜 주실 것이다.

우리는 이렇게 말하는 욥을 정죄해서는 안 된다. 그가 하는 말은 삶이 싫어서가 아니라, 또한 그에게 생명을 주신 창조주가 미워서가 아니라, 그의 삶이 너무나도 고통스러워서 그 고통이 멈추기만을 바라는 소박한 소망을 지닌 아픈 사람의 신음이다. 시간이 지나면 욥은 분명 이 순간을 기억하고 자기가 너무나도 아파서 어리석은 말을 했다고 후회할 것이다. 주변에 있는 사람들은 그가 스스로 이런 말을 할 때까지를 기다려 주어야 한다. 친구들처럼 그가 해야 할 말을 가르치려 들어서는 안 된다. 그렇게 해서 아물 상처가 아니기 때문이다. 아파하는 사람에게 가장 필요한 친구는 어떠한 정죄도 하지 않는 사람, 신학적인 권면도 하려 하지 않는 사람, 단지 함께 있으며, 함께 울어 줄 사람이다. 우리 모두는 이런 사람이 하나 필요하다. 또한 우리 모두는 서로에게 이런 사람이 되어 주어야 한다.

Ⅲ. 욥과 친구들의 대화(4:1- 27: 23)
A. 첫 번째 사이클(4:1- 14: 22)
2. 욥의 대답(6:1-7:21)

(3) 너희들에게 많은 것을 바란 것도 아닌데!(6:14-23)

[14] 낙심한 자가 비록 전능자를 경외하기를 저버릴지라도
그의 친구로부터 동정을 받느니라
[15] 내 형제들은 개울과 같이 변덕스럽고
그들은 개울의 물살같이 지나가누나
[16] 얼음이 녹으면 물이 검어지며
눈이 그 속에 감추어질지라도
[17] 따뜻하면 마르고
더우면 그 자리에서 아주 없어지나니
[18] 대상들은 그들의 길을 벗어나서
삭막한 들에 들어가 멸망하느니라
[19] 데마의 떼들이 그것을 바라보고
스바의 행인들도 그것을 사모하다가
[20] 거기 와서는 바라던 것을 부끄러워하고
낙심하느니라
[21] 이제 너희는 아무것도 아니로구나
너희가 두려운 일을 본즉 겁내는구나
[22] 내가 언제 너희에게 무엇을 달라고 말했더냐
나를 위하여 너희 재물을 선물로 달라고 하더냐
[23] 내가 언제 말하기를 원수의 손에서 나를 구원하라 하더냐
폭군의 손에서 나를 구원하라 하더냐

성경에는 친구에게 배신당한 일을 슬퍼하는 시가 제법 있다(시 31:12; 38:12; 88:9, 19). 이 시편들의 경우 친구의 배신이 시편 기자들에게 하

나님께 자기의 억울함을 호소하는 계기를 마련해준다. 반면에 본문에서는 욥이 친구들의 배신에 대하여 그들을 나무란다. 그들의 행실이 기대 이하라는 것이다.

이 섹션을 시작하고 있는 14절을 번역하기가 매우 어렵다(cf. Clines). 그래서 번역본들도 두 가지로 나뉘어 있다.

첫째, 개역개정이 번역해놓은 것처럼 "낙심한 자가 비록 전능자를 경외하기를 저버릴지라도 그의 친구로부터 동정을 받느니라"라는 의미이다(새번역, TNK, CSV). 이렇게 해석할 경우 욥은 설령 자기가 고통으로 하나님에 대한 신앙을 버렸다 할지라도 친구들은 그를 위로하고 함께 아파해 주어야 한다는 뜻이다. 이것이 친구들의 최소한의 도리이기 때문이다.

둘째, 아가페성경이 번역해놓은 것처럼 "고통당하는 친구를 동정하지 않는 것은 하나님을 무시하는 일이야"라는 의미이다(NIV, NRS, ESV, cf. 공동). 이렇게 해석할 경우 고통을 당하는 친구를 위로하는 것은 곧 하나님을 경외하는 일이라는 뜻이다. 삶에서 믿음이 빛을 발하는 순간 중 하나가 바로 고난당하는 친구를 격려할 때라는 의미이다.

욥이 처한 상황을 생각하면 첫 번째 해석이 옳다. 그는 아파하고 있는 자신을 나무라는 친구들이 몹시 서운하며 배신감까지 느끼고 있다. 그러므로 욥은 설령 자기가 신앙을 포기했다 할지라도(전능자를 경외하기를 저버렸다 할지라도) 친구들이 그를 이렇게 대하면 안 된다는 취지에서 이 발언을 한다. 욥은 친구들이 아파하는 그를 공격하는 것은 상식 밖의 짓이며, 인간의 도리에 어긋나는 일이라는 것을 분명히 하고 있다. 우정은 이렇지 않아야 한다.

욥은 한걸음 더 나아가 그를 찾아온 친구들은 결코 의지할 수 없는 자들이라며 순식간에 사라지는 물에 비교한다(15-17절). 개울(נַחַל)은 와디(Wadi)라고도 하는 시내이며, 우기 중에는 많은 물이 흐르지만, 비가 그치면 금방 말라 바닥을 드러내는 물줄기를 뜻한다. 그러므로 개울은 사람이 믿고 물을 구할 만한 곳이 못 된다. 필요할 때는 메말라 있고, 필요 없을 때는 넘쳐흐르는 것이 근동 지역의 개울이기 때문이다. 욥은 친구들의 우정을 개울에 흐르는 물처럼 필요가 없을 때는 범람하다가도 정작 필요할 때면 순식간에 사라지는 전혀 의지할 수 없는 변덕스러운 물에 비교한다(15절). 친구는 원래 믿고 의지할 수 있어야 하는데, 욥은 자기 친구들은 전혀 그렇지 않다고 탄식하고 있다.

욥은 전혀 의지할 수 없는 친구들을 '내 형제들'(אַחַי)이라고 부르는데, 냉소적인(sarcastic) 의미를 더하기 위해서이다. 욥은 친구들을 친구 이상인 형제들로 생각했는데, 정작 그들은 욥에게 어떠한 도움도 되지 않는다는 실망감을 표현한다. 우리가 삶에서 겪는 여러 가지 고통 중에 우리를 가장 아프게 하는 것은 친구들과 친지들로 인한 고통이다. 의지하고 기대한 만큼 실망감과 배신감이 크기 때문이다.

겨울에 쌓였던 눈과 얼음이 녹으면 개울에는 상당한 양의 물이 흐른다(16절). 그러나 이때는 물이 별로 필요 없을 때이다. 정작 물이 필요할 때는 날이 무더운 여름이다. 그러나 여름이 되면 개울은 완전히 바닥을 드러낸다(17절). 그러므로 뜨거운 여름날 물을 얻을 수 있다고 생각해 개울을 찾는 사람들은 모두 낭패를 본다(18-20절). 욥이 사용하고 있는 이미지는 길을 가다가 마실 물이 떨어져 물을 찾아 헤매는 대상(caravan) 행렬이다(Alden, Newsom). 욥은 대상 행렬이 물을 기대했다가 낭패를 보는 개울에 친구들을 비교한다.

데마(19절)는 아라비아의 북쪽(엘리바스의 고향 데만과 상관 없음)에 위치한 도시이다. 이곳은 바빌론 왕 나보니두스가 월신(月神)을 숭배하기 위하여 상당 기간 머물렀던 곳이기도 하다(cf. ABD). 스바는 오늘날의 예멘 지역이며, 솔로몬 시대 때 많은 선물을 가지고 찾아온 여왕이 이곳에서 왔다(cf. ABD).

친구들에 대한 비난이 계속된다(21-23절). 그들은 겁쟁이여서 욥의 몰골과 그가 처한 상황을 보더니 두려워했다. 자신들도 혹시 욥처럼 창조주 하나님의 벌을 받지 않을까를 염려했다는 의미이다. 그러므로 그들은 '하나님의 편'에 서서 적극적으로 창조주의 입장을 변호하고자 한다. 창조주의 입장을 대변하는 말을 하면 하나님이 그들에게 재앙을 내리지 않으실 것이라고 기대하면서 말이다.

결국 친구들은 옳고 그름에 상관없이 힘의 논리에 의해 자신들의 입장을 정리했다. 그들은 욥이 하나님께 벌을 받았다고 생각한다. 욥에게 공감하면 그를 치신 하나님이 그들도 치실까 봐 두려운 것이다. 그러므로 친구들은 우정을 버리고 욥을 벌하신 하나님 편에 섰다. 일단 하나님의 편에 서고 나니 욥이 아무리 억울함을 호소해도 들으려 하지 않는다.

욥은 친구들을 생각하면 화가 치밀어오른다. 그들이 찾아와서 일주일 동안 침묵하며 함께 아파해 주어서 어렵게 마음을 열고 속에 있는 말을 하며 위로와 공감을 기대했다. 그러나 정작 돌아온 것은 정죄와 비난뿐이었다. 그러므로 욥은 "내가 너희에게 돈을 달라고 했느냐, 혹은 원수나 폭군의 손에서 구해달라고 했느냐?"(22-23절)며 돈 드는 일도, 어려운 일도 아닌데 왜 이렇게 자기 이야기에 귀를 기울여주지 않느냐고 항의한다. 욥과 하나님의 갈등에서 무조건 하나님의 편에 서기로 결정한 친구들이 욥의 이야기에 귀를 기울여줄 리 없다. 욥의 항의는 허공에 메아리칠 뿐이다.

제발 자기 이야기에 귀를 기울여달라는 것은 고통당하는 사람들의 공통적인 바람이다. 그들이 바라는 것은 재물도, 원수의 손에서 해방되는 것도 아니다. 이런 것들은 차후 문제이다. 그들이 가장 바라는 것은 그들의 하소연과 탄식을 경청해 줄 귀이다. 말을 하지 않으면 미칠 것 같고, 너무 억울해서 견딜 수가 없기 때문이다. 욥은 이런 사람들의 심경을 대변한다.

Ⅲ. 욥과 친구들의 대화(4:1- 27: 23)
A. 첫 번째 사이클(4:1- 14: 22)
2. 욥의 대답(6:1-7:21)

(4) 너희들은 참으로 매정한 친구들이다(6:24-30)

[24] 내게 가르쳐서 나의 허물된 것을 깨닫게 하라
내가 잠잠하리라
[25] 옳은 말이 어찌 그리 고통스러운고,
너희의 책망은 무엇을 책망함이냐
[26] 너희가 남의 말을 꾸짖을 생각을 하나
실망한 자의 말은 바람에 날아가느니라
[27] 너희는 고아를 제비 뽑으며
너희 친구를 팔아넘기는구나
[28] 이제 원하건대 너희는 내게로 얼굴을 돌리라
내가 너희를 대면하여 결코 거짓말하지 아니하리라
[29] 너희는 돌이켜 행악자가 되지 말라
아직도 나의 의가 건재하니 돌아오라
[30] 내 혀에 어찌 불의한 것이 있으랴
내 미각이 어찌 속임을 분간하지 못하랴

욥은 자신이 겪고 있는 고통이 참으로 원통하고 억울하다고 생각한다. 그런데 친구들은 하나님이 까닭 없이 그를 치셨을 리 없으니 회개하고 주님께 나아가라고 한다. 그들은 욥이 정작 어떤 일을 당했는가에는 관심이 없고 알려고 하지도 않는다. 그들의 유일한 관심사는 욥의 문제를 빨리 해결할 수 있는 해결책을 제시하는 일이다. 그러나 그들의 제안은 욥의 상황과 전혀 맞지 않는다. 욥은 그의 이야기를 들으려 하지 않고 상황과 맞지 않는 조언만 하는 친구들이 밉다.

욥은 친구들에게 만일 자신이 잘못한 일이 있거나, 잘못 알고 있는 것이 있으면 깨닫게 가르쳐 달라고 한다(24절). 친구들이 지혜자들처럼 말을 하니, 그들의 지혜로 그의 고난이 죄나 실수로 인해 빚어진 일이라는 사실을 깨우쳐주면 자기는 더 이상 아픔을 토로하지도 않고, 고난을 문제삼지도 않고, 거친 말도(cf. 6:3) 하지 않고 침묵하겠다는 뜻이다. 욥은 아무리 생각해도 자기는 억울한 일을 당하고 있다고 생각하기 때문에 이런 말을 한다.

욥의 반응에 엘리바스는 화가 났을 것이다. 그는 4-5장에 기록된 담화를 통해 욥의 잘못된 행동과 잘못된 생각을 창조주의 섭리와 세상의 이치를 지적해가며 설명해 주었다. 그런데 욥은 전혀 그 말에 수긍하지 않고 자기가 잘못한 것이 있으면 지적해 달라고 한다. 엘리바스의 장엄한 담화가 욥에게는 '쇠귀에 경 읽기'가 되었다. 이런 정황을 고려할 때 욥과 친구들의 논쟁이 지속되면서 상당히 많은 감정이입이 있을 수 있다.

욥에게는 친구들의 '옳은 말'이 참으로 고통스럽다(25절). 엘리바스의 담화는 밝은 미래에 대한 소망으로 가득했다. 그러나 욥에게 미래에 대한 소망은 사치품이며, 그의 삶은 죽음을 사모할 정도로 아프다. 엘리바스는 욥이 처한 상황이나 하나님이 어떻게 해서 그를 벌하셨는가를 구체적으로 언급하지 않으면서, 하나님의 섭리와 세상의 이치에 대한 원론적인 말로 욥을 정죄했다(Newsom). 욥에게 친구의 말은 그를 내리치는 채찍과 같다. 그는 세상의 이치와 하나님에 대한 원론적인 지식으로 설명할 수 없는 일을 경험했는데, 친구들은 욥의 독특한 경험을 헤아리려 하지 않고 억지를 써가며 그가 처한 상황을 자신들의 주장과 논리로 설명하려고 하기 때문이다.

친구들은 결국 욥을 위로한답시고 상처에 소금을 뿌렸다. 상처받고 신음하는 욥의 하소연에 귀를 기울여 그의 말이 옳은 말인지에 대한 판단은 보류하고 일단 공감해 주었으면 참 좋았을 텐데 말이다. 그들이 욥에게 해준 말은 오직 책망뿐이었다. 책망과 훈계가 분명 필요할 때가 있다. 그러나 신음하고 아파하고 있는 사람은 훈계와 책망이 아니라 기대어 울 어깨가 필요하고, 한숨 소리를 품어 줄 가슴이 필요하다. 둔감한 친구들은 이러한 사실을 알지 못하여 욥에게 상처나 주는 '옳은 말'만 하고 있다.

친구들은 남의 말을 꾸짖을 생각이나 하지, 정작 이웃의 아픔과 신음 소리는 들으려 하지 않는다(26절). 욥이 아프다고 소리치고 있지만, 정작 친구들은 들을 귀가 없어서 욥의 신음 소리를 바람에 날아가는 소리 정도로 생각한다. 결국 욥에게 돌아오는 것은 친구들의 꾸지람뿐이다. 욥은 이 같은 친구들의 매정한 행동을 고아를 제비 뽑고 친구를 팔아넘기는 불의한 일에 비교한다(27절). 이 비유의 핵심은 노예로 팔리게 된 고아와 친구가 처한 상황을 충분히 고려해 제값에 팔지 않고, 평가절하해 싼값에 팔아넘긴다는 것이다. 욥은 친구들이 그를 싼값에 파는 물건 정도로 취급한다며 탄식한다(Clines). 아픈 친구의 신음 소리에 귀를 기울이지 않는 것은 이처럼 부도덕한 행위라는 것이 욥의 주장이며, 그는 자신이 친구들에게 이런 대접을 받고 있다고 생각한다.

욥은 친구들의 주장을 수용할 생각이 전혀 없다. 그러므로 그는 본격적으로 그들과 시시비비를 가리고자 한다(28절). 비록 친구들이 욥에게 실망을 안겼고, 욥은 그들에게 배반당했다는 생각을 떨칠 수 없지만, 그럼에도 불구하고 욥은 그들을 친구로 대하고 있다.

욥은 친구들이 그를 피하면 행악자가 될 것이라며 대화에 나서기를 압박한다(29절). 친구들이 이 시점에서 물러나면 그들은 왜 행악자가 되는가? 사실을 제대로 파악하지도 못했으면서 섣부르게 욥을 정죄하고 나서 '아니면 말고' 식의 입장을 취하는 것은 죄이기 때문이다.

욥은 자신은 의롭고 이 혹독한 고난을 당할 만한 일을 한 적이 없다고 생각한다. 반면에 친구들은 그가 죄를 지어서 이렇게 되었다고 주장한다. 양측 모두의 주장이 옳을 수는 없다. 그러므로 욥은 친구들에게 누가 옳은지 가리기 위해 논쟁을 벌이자고 한다. 욥은 불의를 말하지 않을 것이며, 사고력도 건재하다. 진실과 거짓을 구분하는 능력을 미각에 비교하여 이 능력도 상실하지 않았다며 친구들을 논쟁으로 끌어들이고 있다(30절). 이렇게 해서 욥과 친구들의 피할 수 없는 논쟁 무대가 마련되었다.

III. 욥과 친구들의 대화(4:1- 27: 23)
A. 첫 번째 사이클(4:1- 14: 22)
2. 욥의 대답(6:1-7:21)

(5) 나는 참으로 고통스러운 나날을 보내고 있다(7:1-6)

[1] 이 땅에 사는 인생에게 힘든 노동이 있지 아니하겠느냐
그의 날이 품꾼의 날과 같지 아니하겠느냐
[2] 종은 저녁 그늘을 몹시 바라고
품꾼은 그의 삯을 기다리나니
[3] 이와 같이 내가 여러 달째 고통을 받으니
고달픈 밤이 내게 작정되었구나
[4] 내가 누울 때면 말하기를 언제나 일어날까,
언제나 밤이 갈까 하며
새벽까지 이리 뒤척, 저리 뒤척 하는구나
[5] 내 살에는 구더기와 흙덩이가 의복처럼 입혀졌고
내 피부는 굳어졌다가 터지는구나
[6] 나의 날은 베틀의 북보다 빠르니
희망 없이 보내는구나

욥은 매우 비관적인 관점에서 이야기를 시작한다. 세상 모든 사람은 힘들게 노동하며 살아간다(1절). '힘든 노동'(צָבָא)은 군대 생활을 의미한다(HALOT). '품꾼'(שָׂכִיר)도 용병을 의미할 수 있다(cf. 렘 46:21). 그러므로

한 주석가는 이 구절을 "인간의 땅 위에서의 삶은 군 복무 기간이 아닌가?"로 번역한다(Dhorme). 삶이 참으로 혹독하고 가혹하다는 의미로 군사적 이미지를 사용하고 있다. 사람이 살면서 하는 노동이 이렇다.

창세기 2장에 의하면 하나님은 죄와 상관없이 노동을 사람에게 선물로 주셨다(cf. 창 2:15). 이때는 땅의 생산력이 좋았기 때문에 사람은 많은 노동을 하지 않고도 살 수 있었다. 이후 인간이 죄를 지은 대가로 땅은 생산력을 잃었고, 사람의 노동을 방해하는 잡초들이 솟아나기 시작해 땀을 흘리도록 열심히 노동해야 먹고살 수 있는 세상이 되었다(창 3:18-19).

욥은 사람이 일을 해야만 살 수 있는 세상에서 하루 종일 혹독한 노동에 시달린 종이 밤이 오기를 학수고대하는 것과 품삯을 받고 일하는 사람이 드디어 하루의 일이 끝나서 몇 푼 안 되는 품삯을 받을 시간을 얼마나 사모하는가를 생각해 보라고 한다(2절). 하루 종일 노동에 시달린 종들과 품꾼들은 밤이 오기를 간절하게 기다린다. 밤이 와야 쉴 수 있기 때문이다. 삶에 지친 사람들에게 밤은 참으로 좋은 안식을 제공한다.

반면에 욥에게 밤은 낮의 연속에 불과하다. 낮에 깨어 있는 동안 그는 온갖 정신적-육체적 고통에 시달린다. 지난 몇 달째 고달프기는 밤도 마찬가지였다(3절). 잠자리에 누우면 이리 뒤척, 저리 뒤척 밤새 잠을 이루지 못했기 때문이다(4절). 욥은 온갖 재앙이 그에게 임한 지 1년은 지나지 않았지만(만일 1년 이상이었으면 '달'이 아니라 '년'을 사용했을 것), 몇 달은 되었음을 암시한다(cf. Alden).

욥이 잠을 이루지 못해 밤이 길게만 느껴지는 것은 온전하지 못한 그의 육체 때문이다(5절). 온몸이 상해 곳곳에서 고름이 나오고 심하게 썩은 부위에는 구더기가 득실거린다. 성경에서 구더기는 죽음과 부패의 상징이다(17:14; 21:26; 24:20; 사 14:11). 욥이 죽지는 않았지만, 죽음에 매우 근접해 있음을 의미한다. 오죽하면 고름을 멈추게 하려고 바른 흙과 구더기가 옷처럼 자기 몸을 덮었다고 하겠는가!

욥은 자기의 삶을 베틀의 북에 비교한다(6절). 병으로 죽을 뻔했던 히스기야도 자신의 삶을 베틀에 비교한 적이 있다(사 38:12). 그래도 히스기야는 자신의 삶을 북이 짜놓은 옷감에 비교한다. 히스기야는 자신의 삶이 마치 짜진 옷감처럼 무언가 의미 있는 결과물이라는 것이다. 반면에 욥은 자신을 북이 만들어놓은 옷감이 아니라, 옷감을 짜기 위하여 분주히 움직이는 북에 비교한다.

북은 분주히 틀을 좌우로 왕래하면서 짜고 있는 옷감에 실을 한 줄씩 더하는 기구이다. 북이 수천 번 왕래해야 옷감이 만들어지는 것을 감안할 때, 이 비유는 북의 분주한 움직임에 비해 결과는 매우 미미하다는 의미이다. 삶과 노동은 참으로 허무하다는 것이 욥의 논지이다(cf. 전 2:27-23; 5:8-17). 욥은 자기가 수고한 나날들이 베틀의 북보다도 빠르게 지나고 있다고 한다. 별 의미 있는 결과를 생산하지 못하면서 그저 다람쥐가 쳇바퀴를 돌리듯이 분주하게 살아왔다는 뜻이다. 그러므로 욥은 자신의 삶은 소망이 없어 보인다며 절망한다(6절).

히브리어로 '소망'(תִּקְוָה)과 북에 묶인 '실/줄'(תִּקְוָה)은 같은 단어이다(cf. 수 2:18, 21). 저자가 일종의 언어유희를 사용한다. 그나마 분주히 움직이는 북은 실(תִּקְוָה)을 달고 있지만, 욥의 소망(תִּקְוָה)은 끊긴 지 오래다(cf. Andersen, Dhorme, Rowley). 욥은 자기는 베틀의 북보다도 못한 삶을 살고 있다며 탄식한다.

III. 욥과 친구들의 대화(4:1- 27: 23) A. 첫 번째 사이클(4:1- 14: 22) 2. 욥의 대답(6:1-7:21)

(6) 주님, 저의 생명을 거두어주십시오(7:7-21)

[7] 내 생명이 한낱 바람 같음을 생각하옵소서

나의 눈이 다시는 행복을 보지 못하리이다

[8] 나를 본 자의 눈이 다시는 나를 보지 못할 것이고

주의 눈이 나를 향하실지라도 내가 있지 아니하리이다

[9] 구름이 사라져 없어짐같이

스올로 내려가는 자는

다시 올라오지 못할 것이오니

[10] 그는 다시 자기 집으로 돌아가지 못하겠고

자기 처소도 다시 그를 알지 못하리이다

[11] 그런즉 내가 내 입을 금하지 아니하고

내 영혼의 아픔 때문에 말하며

내 마음의 괴로움 때문에 불평하리이다

[12] 내가 바다니이까

바다 괴물이니이까

주께서 어찌하여 나를 지키시나이까

[13] 혹시 내가 말하기를

내 잠자리가 나를 위로하고

내 침상이 내 수심을 풀리라 할 때에

[14] 주께서 꿈으로 나를 놀라게 하시고

환상으로 나를 두렵게 하시나이다

[15] 이러므로 내 마음이 뼈를 깎는 고통을 겪느니

차라리 숨이 막히는 것과 죽는 것을 택하리이다

[16] 내가 생명을 싫어하고

영원히 살기를 원하지 아니하오니

나를 놓으소서

내 날은 헛것이니이다

[17] 사람이 무엇이기에

주께서 그를 크게 만드사 그에게 마음을 두시고

[18] 아침마다 권징하시며
순간마다 단련하시나이까
[19] 주께서 내게서 눈을 돌이키지 아니하시며
내가 침을 삼킬 동안도 나를 놓지 아니하시기를
어느 때까지 하시리이까
[20] 사람을 감찰하시는 이여
내가 범죄하였던들 주께 무슨 해가 되오리이까
어찌하여 나를 당신의 과녁으로 삼으셔서
내게 무거운 짐이 되게 하셨나이까
[21] 주께서 어찌하여 내 허물을 사하여주지 아니하시며
내 죄악을 제거하여버리지 아니하시나이까
내가 이제 흙에 누우리니
주께서 나를 애써 찾으실지라도
내가 남아 있지 아니하리이다

친구들에게 매정하다며 한바탕 해댄 욥이 이번에는 하나님을 향해 기도한다. 사실 기도라기보다는 하나님께 항의하는 것이 더 정확하다. 욥이 불만을 표하기 위해서라도 하나님께 기도하는 것은 참으로 좋은 일이다. 그의 문제는 오직 하나님이 해결해 주실 수 있기 때문이다. 욥의 기도는 세 가지를 강조한다.

첫째, 사람의 삶은 참으로 짧고 허무하다(7-10절). 욥은 하나님께 자기 생명을 한낱 바람(רוּחַ)처럼 생각해 달라고 기도한다(7a절). 어디서 오는지, 어디로 가는지도 모르는 바람, 잠시 머물다가 순식간에 흔적도 없이 사라지는 바람과 같은 것이 인생이라는 것이다.

욥은 한낱 바람 같은 자신의 삶에 예전처럼 행복한 순간이 다시는 오지 않을 것이라고 확신한다(7b절). 행복한 순간을 꿈꾸기에는 그의 삶이 속절없이 망가져 있다. 게다가 인생은 욥에게 다시 행복할 수 있는

기회를 주기에는 너무 짧다. 그러므로 욥은 미래에 대한 모든 소망을 포기했다. 욥이 자신을 허무한 바람에 비교하는 것은 여러 시편을 생각나게 한다(시 39:4-6; 62:9; 89:47-48; 144:3-4). 이 중 시편 144:4는 다음과 같이 삶의 덧없음을 노래한다. "사람은 헛것 같고 그의 날은 지나가는 그림자 같으니이다."

그러나 이 시들을 남긴 시편 기자들과 욥 사이에는 큰 차이가 있다. 시편 기자들은 사람의 삶이 짧고 허무하기 때문에 기도를 통해 하나님이 그들의 유일한 소망이 되심을 고백한다. 반면에 욥은 짧고 허무한 삶이 절망하고 삶을 포기하게 한다며 탄식한다. 욥은 하나님께 망가진 건강과 초췌해진 삶을 회복시켜 달라고 기도하는 것이 아니라, 자기를 내버려 두고 무시해 달라고 기도한다. 욥은 하나님이 그렇게 하셔야만(그에게 어떠한 관심도 두지 않으셔야만) 고통에서 벗어날 수 있다고 생각한다(Clines). 삶의 덧없음에 대한 동일한 통찰력에서 전혀 다른 결론으로 치닫는다.

욥은 삶이 얼마나 짧은지 예전에 그를 본 사람이 다시는 그를 보지 못하고 죽을 것이라고 한다(8a절). 심지어 하나님이 그를 찾으신다 할지라도 그는 이미 죽어 이 땅에 없을 것이다(8b절). 하늘에 떠 있던 구름이 순식간에 자취를 감추는 것처럼 인간의 삶은 한순간에 죽어 스올로 간다(9a절). 스올로 내려간 사람은 다시는 자기가 살던 집으로 돌아갈 수 없고, 그가 살던 곳도 그를 알지 못한다(9b-10절). 죽은 사람은 한순간에 잊힌다.

둘째, 가뜩이나 짧고 허무한 인간의 삶이 고통으로 가득할 때는 차라리 죽음이 더 낫다(11-16절). 욥은 참으로 견디기 어려운 고통의 나날들을 보내고 있다. 언젠가는 그의 형편이 좋아질 것이라는 막연한 기대를 가지고 이 모든 고통을 견뎌 내기에는 삶이 너무 짧다. 그러므로 그는 하나님께 자신의 아픔을 토로하고자 한다(11a절). 욥은 이미 자기 담화가 거칠다는 사실을 인정한 적이 있다(6:3). 절박한 상황에서는 정제되고 이성적인 말이 나오기 어렵기 때문이다. 그러므로 욥이 하나님께 드리는 기도도 이성적이고 정제된 담화는 아닐 것이라는 사실을 예측할 수 있다.

욥이 거친 말로라도 하나님께 자기 형편을 아뢰어야 하는가, 아니면 이성을 찾아 차분히 말할 수 있을 때까지 기다려야 하는가? 잠언은 사람이 자기가 하는 말을 조절하는 것을 매우 중요하게 여긴다(잠 10:19; 17:27). 성도들의 기도문이라 할 수 있는 시편도 정제된 말을 중요하게 여긴다(시 4:4). 그러나 삶이 너무 아프고 고통스러울 때는 어떻게 해야 하는가? 그래도 침묵해야 하는가? 아니다. 이럴 때는 거친 말이라도 좋으니, 심지어는 하나님에 대한 원망과 탄식이라도 좋으니 기도해야 한다. 시편 39편 기자도 어떻게든 말을 아끼려 했는데 도저히 그렇게 할 수 없는 상황에서 하나님 앞에 자기 마음을 쏟아놓는 기도를 한다. 그렇게 하지 않으면 정신 건강에 해가 될 수 있다. 욥을 힘들게 하는 것은 육체적인 질병뿐만이 아니었다. 심적인 괴로움도 그를 고통스럽게 했다(11b절).

욥이 가장 고통스럽게 느낀 것은 하나님의 관심이다. 하나님은 욥에게 지대한 관심을 가지고 계시기 때문에 그를 지키신다. 그러나 욥은 하나님의 관심이 싫다(12절). 그는 하나님이 바다(יָם)와 바다괴물(תַּנִּין)을 감시하듯이 자신을 감시하신다고 탄식한다(12절). 가나안 신화들은 주전 2000년대에 이미 '바다'(יָם)를 세상을 창조한 신의 창조질서를 위협하는 괴물으로 신격화해서 창조주가 끊임없이 감시하고 다스려야 하는 존재로 만들었다(cf. ANET). 또한 '바다괴물'(תַּנִּין)도 리워야단(3:8; 시 74:13-14; 사 27:1)과 라합(9:13; 26:12; 사 30:7; 51:9)과 함께 창조질서를 위협하는 괴물이며, 창조주의 끊임없는 감시를 받아야 하는 것들이다(cf. Longman, Walton).

창조주 하나님은 분명 이 바다괴물을 감시하셔야 한다. 이 괴물은 하나님의 질서에 큰 해를 끼칠 정도의 능력을 지녔기 때문이다. 반면에 욥은 한낱 '실체가 없는 구름'(עָנָן, 9절) 같고, '지나가는 바람'(רוּחַ, 7절) 혹은 '한낱 숨'(הֶבֶל, 16절)에 불과하다. 그런데도 하나님은 괴물을 감시하듯 욥을 감시하신다. 욥은 힘센 괴물을 감시하듯 자신을 감시하시는 하나님의 매우 부당한 균형의 결핍을 원망하고 있다(Clines).

욥이 괴물들을 언급한다고 해서 그들의 실체를 인정하는 것은 아니다. 단지 그의 친구들과의 대화를 위해 그들이 익숙한 문화코드를 사용하고 있을 뿐이다. 마치 우리가 효도에 대하여 말하고자 할 때 '심청'을 예로 드는 것과 비슷하다. 우리가 심청을 예로 든다고 해서 심청이 실제 인물이라는 것을 전제할 필요는 없는 것처럼, 욥이 괴물을 언급한다고 해서 그가 괴물의 실제성을 인정하는 것으로 간주할 필요는 없다.

욥이 말하고자 하는 것은 두 가지다. 먼저, 욥은 자신의 삶이 한곳에 잠시 머물다 사라지는 바람과 같다며 삶의 덧없음을 말했다(7절). 그런데 하나님은 마치 그가 영원히 사는 바다와 바다괴물처럼 취급하신다. 욥은 하나님이 자기를 한순간에 사라지는 바람처럼 내버려두셨으면 좋겠다. 또한 욥은 자신은 하나님이 바다와 바다괴물을 감시하듯 감시하실 만한 가치가 있는 존재가 아니라고 한다. 욥은 이 괴물들처럼 능력이 있는 존재가 아니며 그가 하나님의 창조 질서를 위협하는 일은 더더욱 없을 것이기 때문이다.

고발자는 하나님이 보호막(테두리)을 쳐서 욥을 지켜주시기 때문에 그가 하나님을 경외한다고 했다(1:10). 이러한 사실을 알고 하는 말인지는 알 수 없지만, 욥은 하나님의 보호를 지나친 감시로 생각한다. 고난이 감사를 원망으로 바꿔놓은 것이다.

하나님은 밤에도 욥을 내버려 두지 않고 괴롭히신다(13-14절). 낮에 혹독한 피부병에 시달리고 있는 욥은 밤이 되면 깊이 잠들고 싶다. 그래야만 고통을 잠시나마 잊을 수 있기 때문이다(13절). 그런데 하나님은 꿈과 환상으로 욥이 잠에서 깨어나 놀란 가슴을 쓸어내리게 하신다(14절). 우리는 욥이 밤마다 어떤 꿈과 환상을 보는지는 알 수 없다. 아마도 그의 고통(자식을 잃은 것 등)을 되새기는 것들과 악령에 쫓기는 것이 대부분일 것이다. 그가 처한 상황을 생각하면 그가 밤마다 어떤 꿈을 꾸었는지 어느 정도 짐작할 수 있다. 한 가지 확실한 것은 그가 꾸는 꿈과 환상은 모두 악몽이라는 사실이다.

성경에서 잠자리/침상은 사람이 자신을 되돌아보는 곳이고(시 4:4), 병든 자가 회복되는 곳이며(시 41:4), 하나님이 통곡하는 사람의 기도를 들어주는 곳이다(시 6:6). 침상은 치료와 회복의 장소이다. 그러나 욥에게 침상은 악몽에 시달리는 곳이며, 두려움에 가슴을 쓸어내리는 곳이 되었다. 욥이 얼마나 고통스러운 삶을 살고 있는지 어느 정도 헤아려 볼 수 있다.

깨어 있는 동안 온갖 고통에 시달리며, 밤에는 악몽들로 인해 잠을 이룰 수 없는 욥은 삶에 대한 어떠한 애착도 없고, 처한 상황에 대해 절망한다. 그는 매일 뼈를 깎는 고통을 겪느니 차라리 죽음을 택하겠다고 한다(15절). 그러나 하나님은 욥이 죽도록 허락하시지 않는다. 욥은 창조주가 그에게 주신 생명을 싫어한다며 하나님께 죽게 해달라고 간구한다. 그는 자신의 삶은 한낱 '숨'(הֶבֶל)에 불과해, 하나님이 보호해 주실 만한 가치가 없다고 한다(16절). 사람들은 하나님의 관심을 받기 위하여 온갖 노력을 하는데, 욥은 삶이 얼마나 고통스러운지 하나님께 제발 자기를 내버려두고 죽게 해달라고 호소한다. 참으로 안타깝고 마음이 아프다.

셋째, 인간은 창조주 하나님이 관심을 가지실 정도로 가치 있는 존재가 아니다(17-21절). "사람이 무엇이기에 주께서 그를 크게 만드사 그에게 마음을 두시고"(17절)는 원래 참으로 긍정적인 의미를 담고 있는 좋은 말이며 시편에서도 사용된다. 시편 8:4은 "사람이 무엇이기에 주께서 그를 생각하시며 인자가 무엇이기에 주께서 그를 돌보시나이까?"라며 감격한 기자가 하나님께 감사 기도를 드리는 대목이다(cf. 시 144:3, 삼하 7:18). 욥도 비슷한 말을 하고 있지만, 전혀 반대되는 의도에서 이런 말을 한다. 시편의 언어가 반어적으로 사용되는 일종의 패러디이다. 인간은 하나님이 관심을 쏟으실 만한 존재가 되지 못한다는 것이 욥의 주장이다.

인간은 하나님이 마음에 두실 정도로 존귀한 존재가 아니기 때문에 주님이 사람을 아침마다 권징하시고 순간마다 단련하시는 일도 별 의미가 없는 일이다(18절). 욥은 하나님이 사람에게 쏟으시는 모든 관심이 싫다. 그저 사람이 한순간 바람처럼 짧은 생을 하나님의 관심 밖에서 살고 죽도록 내버려두시면 가장 좋겠다고 생각한다. 하나님의 관심이 감시로 생각되기 때문이다. 그러므로 욥은 하나님이 자기를 감시하는 일을 그만두셨으면 한다(19절).

욥은 하나님이 자기를 감시하는 것은 정당한 명분도 없는 일이라고 생각한다(20-21절). 만일 하나님이 욥이 죄를 짓지나 않을까를 염려해서 감시하신다면, 그럴 필요가 없다. 욥은 하나님을, 사람을 '감찰하시는 이'(נֹצֵר)라고 부르는데(20절), 성경에서 이 단어의 어원인 '감찰하다'(נצר)가 사용될 때마다 하나님의 보호를 의미한다(시 12:8; 32:7; 40:12; 140:2, 5). 욥은 다시 한 번 원래 긍정적인 의미를 지닌 단어를 냉소적으로 사용하고 있다. 하나님이 하잘것없는 자신을 감찰하지 않고 더 감찰해야 할 것들을 감찰하셨으면 좋았을 뻔했다는 뜻이다.

욥은 설령 자신이 죄를 지었다 할지라도 하나님께 별다른 해가 되지는 않았을 것을 확신한다(20a절). 자신은 너무나도 비천하고 별 볼일 없는 존재이기 때문에 설령 죄를 짓는다 해도 위대하고 놀라운 창조주이며 통치자이신 하나님과 그분의 계획에 어떠한 영향도 끼칠 수 없다는 논리에서 이런 말을 한다. 그러므로 하나님의 관심은 지나치다는 주장이다. 게다가 욥은 곧 죽을 것이기 때문에 하나님이 응징하실 만한 가치도 없는 사람이다(Clines).

욥은 한걸음 더 나아가 하나님이 자기를 과녁으로 삼아 [심장에] 활을 쏘셨다고 한다(20b절). 하나님이 쏘신 화살에 맞았다는 욥의 주장은 이번이 두 번째이다(cf. 6:4). 만일 고통이 그의 죄에 대한 징벌이라면, 도대체 자기가 얼마나 큰 죄를 지었기에 하나님이 그냥 지나치지 않으시고 독화살을 그의 가슴에 쏘셨냐는 항의이다.

욥은 분명 기억나는 죄가 없다. 그러므로 그는 친구들의 회개 종용을 받아들이지 않았다. 만일 자기도 모르는 사이에 하나님께 죄를 지었다면, 용서의 주님이 그를 용서해주시기를 간절히 바란다(21절). 하나님은 위대하고 자비로우시니 제발 자기 죄를 용서하시라는 간절한 바람이다. 하나님이 그의 죄를 용서하실 때, 욥은 어떤 결과를 기대하는가? 죽음이다!(21b절). 만일 하나님이 그를 죽게 내버려두지 않으시는 이유가 그의 죄 때문이라면, 하나님이 자비를 베풀어 그의 죄를 용서하시면 드디어 자신이 평안히 죽을 수 있을 것이라는 논리다(cf. Gordis).

욥의 말을 어떻게 이해해야 하는가? 그가 하는 말 중 일부는 분명 성경의 가르침과 위배된다. 그러나 우리는 욥의 말을 문제 삼으면 안 된다. 탈무드의 가르침처럼 사람이 고통 중에 하는 말에 대하여는 책임 추궁을 하면 안 되기 때문이다(b. B. Bat. 16b). 하나님도 주님을 원망하는 욥뿐만 아니라 예레미야도 책망하지 않으셨다. 그들의 원성은 고통에서 나왔기 때문이다.

누군가 아픔을 토로할 때 그들의 소리를 신학적으로 지적하거나 정죄하지 않는 것이 중요하다. 아픈 사람은 마음껏 소리치도록 내버려두라. 그의 아픔은 하나님의 은혜와 시간이 치료해 주어야 한다. 드디어 어느 정도 정리되면 자신이 아플 때 '거친 말'을 했다는 사실을 스스로 깨닫는다. 그때까지 우리는 기다려 주어야 한다.

Ⅲ. 욥과 친구들의 대화(4:1- 27: 23)
A. 첫 번째 사이클(4:1- 14: 22)

3. 빌닷의 담화(8:1-22)

앞 섹션에서 욥은 엘리바스의 말에 강력하게 반발하며 자기는 매우 억울하고 기가 막힌 일을 당했다고 항변했다. 그러므로 자기처럼 억울한 사람이 있는 세상은 더 이상 살고 싶지 않으니, 하나님께 생명을 거두어 달라고 호소했다. 이러한 상황을 옆에서 지켜보던 빌닷이 욥에게 발끈했다. 빌닷은 욥이 "나는 잘못한 것이 없으니 만일 내가 잘못한 것이 있으면 나를 가르쳐서 알게 하라"(cf. 6:24-26)고 한 말에 큰 자극을 받았다. 그는 욥이 참으로 뻔뻔하다고 생각하기 때문이다.

빌닷은 하나님의 심판은 참으로 정의로우며 이러한 사실은 선조들의 지혜가 증언하며 자연 세계에게서도 알 수 있다고 한다. 엘리바스는 세상에 드러난 '하나님의 계시'에 근거해 욥을 공격한 것에 반해 빌닷은 전통에 근거한 공격을 하고 있다(Smick). 빌닷은 '가르쳐 달라'는 욥에게 조상과 자연과 자신의 삶에서 배우라고 한다. 또한 빌닷은 욥이 곰곰이 생각해 보면 그의 덧없는 삶에서도 하나님의 정의로우심을 깨닫게 될 것이라고 주장한다. 빌닷이 욥을 책망하는 말로 구성된 본문은 다음과 같이 구분될 수 있다.

A. 하나님의 심판에 문제가 있다고?(8:1-7)
B. 조상에게서 배우라(8:8-10)
C. 자연의 이치에서 배우라(8:11-15)
B′. 너의 덧없는 삶에서 배우라(8:16-19)
A′. 하나님의 심판은 정의롭다!(8:20-22)

III. 욥과 친구들의 대화(4:1- 27: 23)
A. 첫 번째 사이클(4:1- 14: 22)
3. 빌닷의 담화(8:1-22)

(1) 하나님의 심판에 문제가 있다고?(8:1-7)

[1] 수아 사람 빌닷이 대답하여 이르되
[2] 네가 어느 때까지 이런 말을 하겠으며
어느 때까지 네 입의 말이 거센 바람과 같겠는가
[3] 하나님이 어찌 정의를 굽게 하시겠으며
전능하신 이가 어찌 공의를 굽게 하시겠는가
[4] 네 자녀들이 주께 죄를 지었으므로
주께서 그들을 그 죄에 버려두셨나니
[5] 네가 만일 하나님을 찾으며
전능하신 이에게 간구하고
[6] 또 청결하고 정직하면 반드시 너를 돌보시고
네 의로운 처소를 평안하게 하실 것이라
[7] 네 시작은 미약하였으나
네 나중은 심히 창대하리라

욥이 엘리바스의 말에 설득되기는커녕 오히려 맹렬하게 그의 주장을 반박하자 수아 사람 빌닷이 나섰다. 아마도 그가 세 친구 중 두 번째로 나이가 많은 사람이었기 때문에 최고 연장자인 엘리바스 다음으로 말을 하는 것으로 생각된다. 또한 빌닷이 엘리바스 다음으로 지혜로운 사람이라 하여 두 번째 발언자가 되었을 수도 있다.

욥은 자기의 생명이 한낱 바람(רוּחַ)이라며 하나님께 자기를 죽게 내버려두라고 호소한 적이 있다(7:7). 빌닷은 욥이 사용한 단어를 반복해 그가 하는 말은 '한낱 바람'이 아니라 '거센 바람'(רוּחַ כַּבִּיר)이라며 맹렬하게 비난한다(2절). '거센 바람'과 비슷한 '큰 바람'(רוּחַ גְּדוֹלָה, 1:19)은 욥의 열 아이들의 목숨을 한순간에 앗아간 적이 있다.

욥이 한 말 중 무엇이 '거센 바람'이란 말인가? 빌닷은 욥이 하나님의 정의와 공의를 의심한 것이 '거센 바람'과 같다고 한다. 욥은 지금 전통적인 신앙과 창조주의 사역에 엄청난 파장을 일으킬 만한 말을 하고 있다는 의미이다(cf. Peake). 빌닷은 두 개의 수사학적인 질문을 통하여 하나님은 절대 공의와 정의를 굽게 하시는 분이 아니라는 사실을 강조한다(3절). 그는 욥이 하나님이 공의와 정의를 굽게 하셨다고 주장하는데, 욥은 아직까지 하나님이 공의와 정의를 굽게 하셨다고 한 적이 없다. 빌닷은 욥의 담화를 어느 정도는 자기 마음대로 해석한다.

굽다(עות, 3절)는 '왜곡하다'라는 의미이다(HALOT). 하나님은 왜곡된 판단을 하시는 분이 아니라는 뜻이다. 공의(מִשְׁפָּט)는 공평을 의미하는 단어로 하나님이 모든 사람을 똑같은 기준으로 판단하시는 일을 강조한다(cf. HALOT). 정의(צֶדֶק)는 옳고 그름에 관한 것이다(cf. HALOT). 하나님은 윤리적으로 옳은 기준에 따라 판단하신다는 사실을 강조한다. 빌닷은 하나님을 세상의 질서(공의와 정의가 지배함)를 보장하는 보증인으로 생각한다. 욥은 자신이 변한 것이 아니라 하나님이 변했다고 하는데, 이러한 인식은 하나님에 대한 빌닷의 이해에 위협을 가한다(Clines). 그러므로 전통적인 견해를 지닌 빌닷은 절대 욥의 주장을 받아들일 수가 없다.

욥의 고난은 어디서 왔는가? 빌닷은 욥의 죄 때문이라고 말한다. 그의 논증은 결과에서 원인으로 진행되고 있다(Clines). 참으로 위험한 논리이다. 하나님은 공의롭고 정의로운 분이기 때문에 욥이 고난을 당했다는 것은 그가 정의와 공의의 하나님께 죄를 지었다는 의미이다.

빌닷은 욥의 가장 아픈 곳이라 할 수 있는 자녀들의 죽음에 대하여 서슴지 않고 말한다. 욥의 열 자녀가 죽은 것은 그들이 하나님께 죄를 지었기 때문이라고 한다!(4절). 빌닷은 참으로 둔감하고 잔인한 사람이다. 한순간에 자식들을 잃고 망연자실한 사람에게 이런 말을 하는 사람은 정상적인 사람이 아니다. 설령 욥의 자녀들이 죄 때문에 죽었다 할지라도, 이렇게 말을 해서는 안 된다.

그렇다면 욥의 아이들은 모두 죽었는데, 그들의 아비인 욥은 혹독한 신체적 고난에 시달릴지언정 왜 죽지는 않았는가? 빌닷의 논리에 의하면 욥도 죄를 지었지만, 하나님께 죽임을 당할 정도의 죄는 짓지 않았기 때문이다. 그러므로 그는 욥에게 아직 기회가 있을 때, 하나님을 찾으라고 한다(5절).

욥이 하나님을 찾아가 용서를 구하면 분명히 용서해주실 것이고, 다시 평안과 안식을 누릴 수 있을 것이다(6절). 빌닷은 엘리바스처럼 욥이 현재 당하고 있는 고난에 대하여는 언급하지 않고 미래에 초점을 맞추어 담화를 진행한다(Newsom). 욥의 아픈 현실에는 눈을 감은 채 아무도 보장할 수 없는 미래를 논하는 것은 위로가 되지 않는다. 아픔은 현재 진행형이기 때문이다.

고름과 구더기로 곪아터진 욥이(cf. 7:5) 겸손히 하나님께 나아가 회개하고 용서를 구하면 하나님이 기대 이상의 축복으로 그를 받아주고 위로해주실 것이다. 빌닷은 이 과정을 욥기에서 가장 유명한 글귀가 된 "네 시작은 미약하였으나, 네 나중은 심히 창대하리라"는 말로 표현한다. 그러므로 엄밀히 따지자면 이 말은 개업 예배에서 새로 사업을 시작하는 성도에게 격려로 사용할 만한 말은 아니다. 빌닷이 욥을 회개하지 않은 죄인으로 몰아세우며 회개를 권면하는 말이기 때문이다.

III. 욥과 친구들의 대화(4:1- 27: 23)
A. 첫 번째 사이클(4:1- 14: 22)
3. 빌닷의 담화(8:1-22)

(2) 조상에게서 배우라(8:8-10)

[8] 청하건대 너는 옛 시대 사람에게 물으며

조상들이 터득한 일을 배울지어다
[9] (우리는 어제부터 있었을 뿐이라
우리는 아는 것이 없으며
세상에 있는 날이 그림자와 같으니라)
[10] 그들이 네게 가르쳐 이르지 아니하겠느냐
그 마음에서 나오는 말을 하지 아니하겠느냐

하나님은 공의와 정의를 굽게 하시는 분이 아니라고 단언한 빌닷은 욥에게 조상들에게서 배우라고 한다(8절). 현세대는 잠시 지나가는 사람들이므로(한낱 그림자에 불과하므로) 시간이 많지 않기 때문에 별로 배울 기회가 없으니, 조상 대대로 쌓아온 지혜에 귀를 기울이는 것이 좋을 것이라고 한다(9절). 전통의 우월성에 대한 주장이 이보다 더 확실할 수는 없다(Clines). 만일 조상들에게 가르쳐 달라고 하면 그들은 분명 가르쳐 줄 것이다(10절).

조상들은 욥에게 무엇을 가르쳐 줄까? 빌닷은 하나님이 공의와 정의를 굽게 하는 분이 아니라는 사실을 가르쳐 줄 것이라고 생각한다. 욥이 조상들의 조언을 구하면 그들은 분명 욥의 잘못된 생각을 가르쳐 줄 것이다. 빌닷은 조상들이 욥보다 훨씬 더 지혜로우니 욥이 그들의 말을 들어야 한다는 생각에서 이런 말을 한다.

빌닷은 전통은 항상 옳다는 전제 하에 이런 말을 한다. 그러므로 우리는 '전통은 항상 옳은가?' 하고 반문해보아야 한다. 만일 전통이 항상 옳으면 개혁이 필요 없고 새로운 학문 탐구도 필요 없다. 그러므로 빌닷의 전제는 옳지 않다. 우리가 역사(전통)를 공부하는 것은 선조들이 범한 실수를 범하지 않기 위해서라는 말이 새롭게 와닿는다.

III. 욥과 친구들의 대화(4:1- 27: 23)
A. 첫 번째 사이클(4:1- 14: 22)
3. 빌닷의 담화(8:1-22)

(3) 자연의 이치에서 배우라(8:11-15)

[11] 왕골이 진펄 아닌 데서 크게 자라겠으며
갈대가 물 없는 데서 크게 자라겠느냐
[12] 이런 것은 새순이 돋아 아직 뜯을 때가 되기 전에
다른 풀보다 일찍이 마르느니라
[13] 하나님을 잊어버리는 자의 길은 다 이와 같고
저속한 자의 희망은 무너지리니
[14] 그가 믿는 것이 끊어지고
그가 의지하는 것이 거미줄 같은즉
[15] 그 집을 의지할지라도 집이 서지 못하고
굳게 붙잡아주어도 집이 보존되지 못하리라

빌닷은 앞 섹션에서 우리의 삶은 매우 짧아서 스스로 지혜를 깨달을 수 없으니 조상 대대로 축척된 지혜에 물어보아야 한다고 했다. 그리고 이번에는 "내가 잘못하고 있거든 나를 가르치라"고 말하는 욥에게 자연에서 지혜를 배우라고 말한다.

왕골(파피루스)이나 갈대는 적합한 환경이 조성되어야 잘 자란다(11절). 진펄과 물이 적절하게 공급되어야 하기 때문이다. 잘 자란 왕골은 4.5미터까지 달한다(cf. ABD). 반면에 열악한 환경에서 자란 왕골과 갈대는 쉽게 마르고 죽는다(12절, cf. 시 102:4, 11; 129:6).

하나님을 잊어버리는 사람도 마찬가지다. 물이 없어 제대로 자라지 못하고 말라비틀어지는 왕골과 갈대처럼 삶은 피폐해지고 희망은 무너진다(13절). 하나님은 자연 만물에 생명을 주는 물과 같으시다. 그러므로 빌닷은 하나님을 잊어버리는 사람도 생명을 잃을 수밖에 없다고 한다. 그는 또다시 욥의 자녀들의 죽음을 염두에 두고 이런 말을 한다. 욥의 열 자녀는 하나님을 잊어버렸기 때문에 물과 진펄이 없어 말라죽은 왕골과 갈대처럼 죽었다는 것이다(cf. 4절). 빌닷은 참 잔인한 사람이다.

사람이 하나님 외에 그 누구/무엇을 믿든 간에 그의 믿음은 아무 도움이나 힘이 되지 않는 연약한 거미줄을 의지하는 것과 같다(14절). 거미줄이 사람의 무게를 이겨내지 못하고 허무하게 끊어지는 것처럼, 사람이 의존하는 것이 그렇다. 사람이 거미의 집을 의지해도, 거미의 집에 들어갈 수 없다. 또한 사람이 거미줄을 굳게 붙잡아주어도 그가 의지하는 거미집(거미줄)은 보존되지 못한다(cf. Alden). 하나님 외에 다른 누구/무엇을 의지하는 것은 부질없는 짓이라는 의미이다.

Ⅲ. 욥과 친구들의 대화(4:1- 27: 23) A. 첫 번째 사이클(4:1- 14: 22) 3. 빌닷의 담화(8:1-22)

(4) 너의 덧없는 삶에서 배우라(8:16-19)

[16] 그는 햇빛을 받고 물이 올라
그 가지가 동산에 뻗으며
[17] 그 뿌리가 돌무더기에 서리어서
돌 가운데로 들어갔을지라도
[18] 그곳에서 뽑히면 그 자리도 모르는 체하고 이르기를
내가 너를 보지 못하였다 하리니
[19] 그 길의 기쁨은 이와 같고
그 후에 다른 것이 흙에서 나리라

이 말씀은 빌닷의 담화를 구성하고 있는 8장에서 의미를 해석하기가 가장 난해하다. 학자들은 두 가지의 대조적인 의미를 제시한다. 첫째, 빌닷은 잘 성장하다가 순식간에 죽어버린 나무 비유를 통해 악인의 운명을 묘사한다(Alden, Clines, Longman). 둘째, 빌닷은 죽음을 맞이하는 악인(cf. 13절)과 대조되는 의인의 번영을 잘 자라는 나무에 비유한다(Gordis, Habel, Hartley, Janzen, Newsom). 빌닷은 이 둘 중 어느 쪽을 의도한 것일까?

앞에서 빌닷은 물과 진토가 충분하지 않은 곳에서 자란 파피루스와 갈대가 어느 순간까지는 잘 자랄 수 있지만, 곧 말라비틀어져 죽는 것을 악인에 비교했다(11-13절). 본문에서도 그는 식물(나무) 비유를 통해 같은 교훈을 주고자 하는 것으로 해석하는 것이 바람직하다. 나무의 뿌리가 돌무더기 사이에 내렸다는 것은(17절), 결코 깊이 내리지 못했다는 것을 전제하기 때문이다. 또한 나무의 무성한 성장을 묘사하는 16-17절과 그 나무가 뽑히면 한순간에 그 나무에 대한 기억마저도 사라진다는 18절이 강력한 대조를 이룬다.

종종 악인이 무성하게 자라는 나무처럼 잘되는 듯하지만, 한순간에 뿌리째 뽑혀 나무의 흔적도 없이 사라진다. 그들은 뽑히기 위하여 자라는 나무와 같기 때문이다(Clines). 악인이 걷는 길의 기쁨(최종 결과)은 허무한 멸망이다(19절). 또한 악인을 상징하는 나무가 뽑힌 자리에는 다른 나무가 곧바로 솟아날 것이다(19절). 하나님의 심판이 임하면 악인이 세상에 남겼던 흔적마저도 모두 지워진다는 것이 빌닷이 강조하는 핵심이다.

빌닷은 욥에게 왜 이런 말을 하는 것일까? 비록 그가 욥을 직접적으로 언급하지는 않지만, 욥의 삶이 이렇다는 것이다(cf. Johnson). 욥이 그동안 왕성하게 자란 나무처럼 많은 것을 누렸지만, 하나님의 심판이 임하니 한순간에 세상은 그에 대한 기억조차도 지워버릴 정도로 비참해졌다. 그러므로 욥은 지금이라도 자신의 처량함을 생각하고 하나님께 용서를 빌라는 의미에서 이런 말을 한다.

Ⅲ. 욥과 친구들의 대화(4:1- 27: 23)
A. 첫 번째 사이클(4:1- 14: 22)
3. 빌닷의 담화(8:1-22)

(5) 하나님의 심판은 정의롭다!(8:20-22)

[20] 하나님은 순전한 사람을 버리지 아니하시고
악한 자를 붙들어주지 아니하시므로
[21] 웃음을 네 입에,
즐거운 소리를 네 입술에 채우시리니
[22] 너를 미워하는 자는 부끄러움을 당할 것이라
악인의 장막은 없어지리라

빌닷은 하나님의 공의와 정의는 아직도 세상을 지배하고 있다고 확신한다. 하나님은 의인은 선대하시지만, 악인은 벌하신다. 그러므로 욥이 고난을 당하고 있는 것은 그가 하나님께 범죄한 것에 대한 증거라는 것을 암시한다. 빌닷과 친구들은 이 세상에는 권선징악의 원리밖에 없다고 생각한다.

욥이 죄를 회개하고 하나님을 찾으면, 하나님은 그를 용서하시고 다시 건강을 회복해주실 뿐만 아니라 많은 것을 주실 것이다. 반면에 욥이 회개하기를 거부하면, 하나님은 그를 계속 악인으로 취급하여 더 큰 벌을 내리실 것이다. 빌닷은 욥이 죄를 지어 하나님의 징벌을 받은 것이라고 확신하기 때문에 이런 말을 한다. 그는 잘못한 일이 없는데 도대체 왜 이런 일이 벌어지고 있는지 친구들에게 가르쳐달라고 울부짖는 욥의 얼굴에 침을 뱉고 있다. 도대체 도움이 안 되는 매정한 친구다. 빌닷은 친구의 아픔과 탄식에 귀를 기울이기보다는 자신이 알고 있는 하나님과 세상에 대한 지식을 과시하는 데 급급하다.

III. 욥과 친구들의 대화(4:1- 27: 23)
A. 첫 번째 사이클(4:1- 14: 22)

4. 욥의 대답(9:1-10:22)

욥은 빌닷의 말에 동의하는 것 같은 말로 대답을 시작한다(9:1-4). 그러나 일단 시작한 후에는 빌닷의 담화 내용에 대하여 반박도, 동의도 하지 않고 오로지 자기의 억울함과 하나님을 만날 수 없는 절망감을 탄식한다. 이 담화는 빌닷을 반박하기보다는 극에 달한 욥의 절망감을 표현하는 것이 주목적이다(Clines).

욥의 담화는 빌닷의 것보다 약 세 배 정도 더 길다. 물론 시간이 지나면서 욥의 담화도 친구들의 담화처럼 점점 짧아질 것이다. 또한 점차 새로운 내용은 줄어들고 이미 언급된 주제들의 반복이 잦아진다. 욥의 대답은 다음과 같이 구분될 수 있다.

A. 하나님이 나를 법정에 세우셨다(9:1-35)
B. 하나님을 만날 수만 있다면!(10:1-22)

III. 욥과 친구들의 대화(4:1- 27: 23)
A. 첫 번째 사이클(4:1- 14: 22)
4. 욥의 대답(9:1-10:22)

(1) 하나님이 나를 법정에 세우셨다(9:1-35)

욥은 자기가 당하고 있는 일을 재판에 비교한다. 그는 법정 용어(28절)와 이미지를 사용해(32-33절) 자기는 하나님과 법정 공방을 다투고 있다고 한다. 문제는 욥이 여러 가지 이유로 절대 하나님을 상대할 수 없다는 현실이다. 그러므로 이 섹션은 억울한 일을 당한 욥의 절망감을 적나라하게 표현한다. 본문은 다음과 같이 구분될 수 있다.

A. 하나님 앞에 설 수 없는 사람의 절망감(9:1–4)
B. 창조주–주권자이신 하나님(9:5–14)
C. 사람은 하나님을 만날 수 없음(9:15–21)
B′. 창조주–주권자의 관심 밖에 있는 사람(9:22–24)
A′. 하나님의 관심 밖에 있는 사람의 절망감(9:25–35)

Ⅲ. 욥과 친구들의 대화(4:1– 27: 23)
A. 첫 번째 사이클(4:1– 14: 22)
4. 욥의 대답(9:1–10:22)
(1) 하나님이 나를 법정에 세우셨다(9:1–35)

a. 하나님 앞에 설 수 없는 사람의 절망감(9:1–4)

[1] 욥이 대답하여 이르되
[2] 진실로 내가 이 일이 그런 줄을 알거니와
인생이 어찌 하나님 앞에 의로우랴
[3] 사람이 하나님께 변론하기를 좋아할지라도
천 마디에 한 마디도 대답하지 못하리라
[4] 그는 마음이 지혜로우시고 힘이 강하시니
그를 거슬러 스스로 완악하게 행하고도
형통할 자가 누구이랴

욥의 대답은 빌닷의 말에 어느 정도는 동의하는 것 같은 분위기로 시작된다. 욥은 하나님에 대하여 세 가지 사실을 인정하고 확인한다.

첫째, 하나님의 의로우심은 완전하다(2절). 그러므로 세상에서 아무리 의로운 사람이라 할지라도 하나님 앞에서는 의롭다 할 수 없다. 하나님의 의로움과 인간의 의로움은 전혀 비교될 수 없는, 질적으로 다른 차원의 의로움이기 때문이다.

둘째, 하나님 앞에서 자기 의로움을 변론할 사람은 없다(3절). 하나님이 천 마디를 하실 때 한 마디라도 할 수 있는 사람은 세상에 없다. 어찌 사람이 거룩하시고 절대적으로 의로우신 하나님과 변론할 수 있겠냐는 논리이다. 하나님 앞에 서면 인간은 한없이 작아진다.

셋째, 하나님은 지혜로우실 뿐만 아니라 능력이 매우 뛰어나시므로 그가 다스리는 세상에서 주님을 거역하고 악을 행하는 사람이 성공하도록 내버려두지 않으신다(4절). 하나님은 지혜와 능력을, 세상을 공의와 정의로 다스리는 일에 사용하신다는 의미이다. 욥이 하나님을 존경해서 이런 말을 하는 것은 아니다. 자기처럼 연약한 인간이 이처럼 위대하신 하나님을 상대로 소송을 제기하면 절대 이길 수 없다는 절망감의 표현이다(Andersen).

욥의 발언은 상당 부분 빌닷의 주장에 동의하는 듯하다. 빌닷은 하나님은 이런 분이시기 때문에 욥이 고난을 당한 것은 그가 하나님께 죄를 지었다는 증거라고 했다. 그러나 욥의 동의는 전혀 다른 의미를 함축하고 있다. 그는 이처럼 공평하고 정의로운 하나님이 왜 자기를 치시는지 모르겠다며 탄식한다. 욥은 분명히 빌닷이 하나님에 대하여 주장하는 바에 동의하지만, 자기가 최근에 경험한 일들은 이러한 사실로 설명되지 않는다는 것이다. 욥은 무엇보다도 억울하게 고통을 당한 자신의 명예 회복을 갈망하고 있다(Clines).

III. 욥과 친구들의 대화(4:1- 27: 23) A. 첫 번째 사이클(4:1- 14: 22) 4. 욥의 대답(9:1-10:22) (1) 하나님이 나를 법정에 세우셨다(9:1-35)

b. 창조주-주권자이신 하나님(9:5-14)

[5] 그가 진노하심으로 산을 무너뜨리시며

옮기실지라도 산이 깨닫지 못하며
[6] 그가 땅을 그 자리에서 움직이시니
그 기둥들이 흔들리도다
[7] 그가 해를 명령하여 뜨지 못하게 하시며
별들을 가두시도다
[8] 그가 홀로 하늘을 펴시며
바다 물결을 밟으시며
[9] 북두성과 삼성과 묘성과
남방의 밀실을 만드셨으며
[10] 측량할 수 없는 큰일을,
셀 수 없는 기이한 일을 행하시느니라
[11] 그가 내 앞으로 지나시나 내가 보지 못하며
그가 내 앞에서 움직이시나 내가 깨닫지 못하느니라
[12] 하나님이 빼앗으시면 누가 막을 수 있으며
무엇을 하시나이까 하고 누가 물을 수 있으랴
[13] 하나님이 진노를 돌이키지 아니하시나니
라합을 돕는 자들이 그 밑에 굴복하겠거든
[14] 하물며 내가 감히 대답하겠으며
그 앞에서 무슨 말을 택하랴

욥은 담화를 하나님은 어떤 분이신가에 대한 두 가지 찬양/송축(doxology)으로 이어간다.

첫째, 하나님은 매우 파괴적인 능력을 지니신 전능자이다(5-7절). 하나님은 진노로 산을 무너뜨리시며, 산이 전혀 의식하지 못하는 사이에 그 산을 옮기시는 분이다(5절). 세상의 기초를 쉽게 흔드시는 분이며(6절), 해와 달이 빛을 발하지 못하게 하시는 분이다(7절, cf. 출 10:21-23). 성경은 하나님의 현현을 이처럼 파괴적으로 묘사하기도 한다(시

18:8-16; 97:1-5; 114:1-8; 나 1:1-6; 합 3:3-13). 하나님은 온 우주를 다스리시는 분이기 때문이다.

둘째, 하나님은 온 세상을 창조하고 큰일을 행하시는 분이다(8-11절). 하나님이 창조주로 부각될 때 그분의 능력도 중요하지만, 더 중요한 것은 세상의 모든 것을 완벽하게 만드신 그분의 지혜이다. 하나님은 그 누구보다 지혜로우셔서 홀로 하늘과 바다를 창조하셨다(8절, cf. 사 40:22; 42:5; 44:24; 45:12; 렘 10:12). 일부 주석가들은 하나님이 바다 물결을 밟으셨다는 말씀의 배경을 고대 근동의 신화에서 바다 괴물로 알려진 얌(Yam)과 티아맛(Tiamat)의 등을 밟아 제재하는 것이라고 한다(cf. 13절, Walton). 욥이 이방인이라는 점을 감안할 때 충분히 가능한 해석이다(Pope, Longman).

하늘에 있는 온갖 별들과 별자리들도 모두 하나님이 지혜롭게 창조하셨다(9절). 일부 주석가들은 9절이 언급하고 있는 별들/별자리가 정확히 무엇인가에 대하여 많은 관심을 쏟지만(cf. Alden, Clines), 욥의 메시지를 이해하는 데는 그다지 필요한 정보는 아니다. 그는 단지 밤하늘을 수놓는 별들이 모두 창조주 하나님의 지혜를 반영하며 반짝이고 있다고 하는 것뿐이다.

또한 하나님은 사람이 상상할 수 없는 온갖 기이한 일을 하시는 분이다(10절). 엘리바스는 5:9에서 본문과 비슷한 말을 했다. "하나님은 헤아릴 수 없이 큰일을 행하시며 기이한 일을 셀 수 없이 행하시나니." 엘리바스는 하나님의 무한한 능력에 초점을 맞추어 이 말을 했다. 하나님은 못하시는 일이 없다는 의미이다. 반면에 본문에서 욥은 하나님이 하시는 큰일과 기이한 일은 인간의 이해를 초월한다는 데 초점을 맞추어 이 말을 하고 있다. 하나님은 인간이 이해할 수 없는 신비로운 능력을 지닌 분이라는 것이다.

하나님은 이처럼 크고 놀라운 일을 사람이 알 수 없도록 은밀하게 하신다(11절). 하나님이 우리 앞으로 지나가셔도 볼 수 없고, 우리 앞에서 움직이시는 데도 우리는 깨닫지 못한다. 하나님이 일하시는 모습은 참으로 신비롭고 은밀하다는 의미이다. 누가 이처럼 놀라운 능력을 지니신 분을 상대할 수 있겠는가?

전통적인 신학과 가르침에 의하면 욥이 이 섹션에서 지금까지 하나님에 대하여 한 말은 모두 긍정적이고 좋은 것으로 생각될 수 있다(cf. 시 18, 29편; 사 5:25; 렘 4:23-26; 나 1:1-6; 합 3:3-13). 그러나 하나님이 자기를 법정에 세우고 재판하신다고 생각하는 욥은 이 모든 것이 절망스러울 뿐이라고 말한다. 이처럼 놀랍고 능력 있는 분과 자기가 어떻게 다툴 수 있겠느냐는 좌절이다(14절). 욥이 경험하고 있는 하나님은 그분의 의로움이나 창조적 능력이 아니라 강력한 분노이기 때문이다(Clines). 그러므로 그는 더욱더 좌절한다.

하나님이 빼앗으시면 막을 자가 없고, 하나님이 하시는 일에 대하여 질문할 수조차 없다(12절). 욥이 자기가 처한 상황에 대하여 이렇게 말하는 듯하다(Habel). 심지어는 고대 근동 신화에서 창조신(들)의 가장 강한 라이벌로 간주되었던 라합과 그와 함께하는 악령들도 저항하지 못하고 당한다(13절, cf. Longman). 하물며 자기가 감히 하나님께 말 한마디라도 할 수 있겠냐며 탄식한다(14절). 욥의 절망감은 하나님이 정의와 상관없는 기준으로 세상을 다스리신다는 생각에서 비롯되지는 않는다. 그의 절망감은 하나님의 무한한 진노가 사람의 어떠한 정당한 소송마저 실패로 돌아가게 할 것이라는 생각에서 비롯되었다(Clines).

고통당하는 사람에게 가장 위로가 되는 것은 창조주 하나님의 무한한 능력이다. 능력의 하나님이 그의 형편만 헤아리신다면, 분명 도와주실 것이라는 믿음이 있기 때문이다. 그러나 욥의 경우는 절망감만 안겨준다. 자기는 억울하게 고난을 당하고 있으며, 고난의 출처가 하나님이라고 생각하기 때문이다. 자기의 억울함을 하나님께 항변해야 하는데, 정작 한마디도 할 수 없을 것 같다는 생각이 들어서이다. 이러한 상황이 욥을 완전히 무기력하게 만든다. 그래도 욥은 하나님께 자기 형편을 아뢰어야 한다. 주님만이 그의 문제를 해결해주실 뿐만 아니라, 주님에게는 '들을 귀'가 있기 때문이다.

III. 욥과 친구들의 대화(4:1- 27: 23)
A. 첫 번째 사이클(4:1- 14: 22)
4. 욥의 대답(9:1-10:22)
(1) 하나님이 나를 법정에 세우셨다(9:1-35)

c. 사람은 하나님을 만날 수 없음(9:15-21)

[15] 가령 내가 의로울지라도 대답하지 못하겠고
나를 심판하실 그에게 간구할 뿐이며
[16] 가령 내가 그를 부르므로 그가 내게 대답하셨을지라도
내 음성을 들으셨다고는 내가 믿지 아니하리라
[17] 그가 폭풍으로 나를 치시고
까닭 없이 내 상처를 깊게 하시며
[18] 나를 숨 쉬지 못하게 하시며
괴로움을 내게 채우시는구나
[19] 힘으로 말하면 그가 강하시고
심판으로 말하면 누가 그를 소환하겠느냐
[20] 가령 내가 의로울지라도 내 입이 나를 정죄하리니
가령 내가 온전할지라도 나를 정죄하시리라
[21] 나는 온전하다마는 내가 나를 돌아보지 아니하고
내 생명을 천히 여기는구나

욥이 절대적인 창조주이자 통치자이신 하나님의 위대한 능력을 의식할수록 절망감만 더해간다. 그는 하나님이 능력자이지만, 공의와 정의로 사람들의 호소에 귀를 기울이는 인자한 분이 아니라고 생각하기 때

문이다. 욥은 하나님을 인간이 처한 상황에 어떤 관심도 기울이지 않는 폭군으로 생각한다(cf. Longman). 물론 욥의 생각은 옳지 않다. 그러나 자신이 억울하게 당하고 있는 고통이 하나님께로부터 왔다고 확신하는 사람은 하나님에 대해 이렇게 생각할 수 있다.

욥은 법정에서 하나님을 대면하는 순간을 상상해 본다. 욥은 처음에는 하나님을 뵙고 자기의 억울한 형편을 말하면 하나님이 모든 것을 이해하고 재앙을 거두실 것이라고 생각했다. 성경도 사람의 죄 여부와 상관없이 하나님께 아뢰는 것은 좋은 일이라며 권장한다(시 6:3, 26:11, 45:5, 51:3, 119:132). 그러나 시간이 지날수록 욥은 불안해져만 간다. 이 섹션이 욥의 개인적인 불안감에 대한 것이라는 사실이 그가 일인칭 단수 대명사(I)를 지속적으로 사용함으로써 강조된다. 또한 그가 하나님을 '나를 심판하실 이'(מְשֹׁפְטִי)라고 하는데, 영어 번역본들 중 일부는 '나의 고발자'(my accuser)로(NRS, ESV), 한 학자가 '법정에서 나와 다툴 상대'(my opponent-at-law)로 번역할 것을 제안하는 것(Alden, cf. Clines)도 욥의 불안감을 잘 반영한다. 하나님의 구원이 고통 중에 있는 사람에게 속히 임하지 않으면, 그는 욥처럼 심리적 불안을 겪는다.

욥은 하나님 뵙기를 간곡히 청해서 드디어 하나님이 그를 만나 주시고, 하나님께 자신의 억울함을 호소해 보려고 해도 별 소용이 없을 것이라며 절망한다. 하나님과 인간 사이에 공평한 재판은 불가능하기 때문이다(cf. Longman). 하나님은 너무나도 놀랍고 위대하신 창조주-통치자이시므로 자기처럼 비천한 사람이 어찌 한마디라도 제대로 아뢸 수 있겠냐는 논리이다(15a절). 또한 하나님은 자기처럼 비천한 사람의 말을 들어주실 심판관이 아니시기 때문에 억울함에 대한 호소는 접어두고 그저 자비를 바라는 기도를 드려야 할 것이라며 좌절한다(15b절). 16절은 같은 내용을 다시 한 번 반복한다. 하나님은 욥의 음성에 귀를 기울일 정도로 한가한 분이 아니시다는 논지이다.

법정에서 하나님을 대면하는 순간에 대하여 절망한 욥이 자신의 암울한 현실을 돌아본다(17-18절). 욥은 하나님이 까닭 없이 자기를 폭풍(שְׂעָרָה)으로 치셔서 자기에게 씻을 수 없는 상처를 더하셨다고 한다(17절). 일부 학자들은 폭풍(שְׂעָרָה)을 머리카락(שַׂעֲרָה)으로 수정할 것을 제안한다(Andersen, Dhorme, Gordis, Pope). 이렇게 할 경우, 본문의 의미는 "하나님이 머리카락을 위하여[무의미한 것을 위하여] 나를 치셨다"가 된다. 하나님이 별다른 의미 없이 재미 삼아 자기를 치셨다는 뜻이다.

그러나 이 단어의 의미를 '폭풍'으로 두는 것이 좋다. 욥은 이 단어를 사용하여 지난 일을 회상하고 있다. 욥의 열 자녀들의 생명을 앗아간 '큰 바람'(רוּחַ גְּדוֹלָה, 1:19)과는 표현이 다르지만 그 일을 상기시키는 단어이기 때문이다. 욥은 아직도 자녀들의 까닭 없는 죽음에 괴로워하고 있으며, 이 재앙이 하나님께로부터 온 것이라고 확신한다. 훗날 하나님은 폭풍(סְעָרָה)에서 욥에게 말씀하신다(38:1). 이 둘은 첫 자음만 다른 유성음을 지닌 단어들이다. 일종의 아이러니가 형성되고 있다(Newsom). 욥은 폭풍이 그의 삶을 송두리째 앗아갔다고 하지만, 정작 폭풍은 그가 그렇게 뵙기를 원했고, 장차 그의 모든 것을 회복시켜 주실 하나님의 음성을 들려줄 것이기 때문이다.

하나님은 그의 삶의 가장 소중한 부분을 앗아가셨을 뿐만 아니라(cf. 12절), 욥도 벌하셨다. 그러므로 욥은 자신이 하나님의 벌을 받아 숨쉬기도 힘든 상황이라며 탄식한다(18절). 하나님은 원래 생명을 창조하시고 사람이 살아갈 수 있도록 호흡을 주시는 분인데(cf. 시 23:3), 욥의 경우에는 하나님이 그것을 빼앗으려 하신다는 것이다. 그러므로 욥이 삶보다 죽음을 갈망하는 것은 당연하다. 모든 것을 잃었고, 밝은 미래가 전혀 보이지 않는 사람의 절망감이다.

원통하고 억울한 욥은 이 모든 것을 스스로 삭여야 한다. 세상에는 하나님과 힘으로 대결할 자나 논리나 논쟁으로 대결할 자가 없기 때문이다(19절). 더 나아가 욥은 분명 억울한 일을 당한 의인이지만, 그는 하나님 앞에서 자신을 변호할 엄두를 내지 못한다. 억울하다고 항변할 수록 그의 말이 그를 하나님 앞에서 정죄할 것이기 때문이다(20a절). 자신의 논리와 주장이 비교할 수 없는 지혜를 지니신 하나님을 설득하기에는 턱없이 짧다는 의미이다. 그러므로 욥은 자신의 온전함이 심판하시는 하나님 앞에서 사정없이 무너져 내려 정죄를 당할 것이라며 절망한다(20b절).

이 말씀의 핵심은 하나님은 소송을 이기기 위하여 그 무엇도 하실 필요가 없다는 것이다. 욥이 혼자 힘으로도 소송에 질 것이기 때문이다(Clines). 그러므로 욥은 하나님께 자신의 억울한 형편을 항변하는 것은 결국 자신의 생명을 천하게 여기는 것과 같다는 결론을 내린다(21절). 하나님과 논쟁해서 이길 사람은 하나도 없으며, 결국 하나님은 그 사람을 정죄하게 될 것이기 때문이다.

Ⅲ. 욥과 친구들의 대화(4:1– 27: 23)
A. 첫 번째 사이클(4:1– 14: 22)
4. 욥의 대답(9:1–10:22)
(1) 하나님이 나를 법정에 세우셨다(9:1–35)

d. 창조주–주권자의 관심 밖에 있는 사람(9:22–24)

[22] 일이 다 같은 것이라
그러므로 나는 말하기를 하나님이 온전한 자나
악한 자나 멸망시키신다 하나니
[23] 갑자기 재난이 닥쳐 죽을지라도
무죄한 자의 절망도 그가 비웃으시리라
[24] 세상이 악인의 손에 넘어갔고
재판관의 얼굴도 가려졌나니
그렇게 되게 한 이가 그가 아니시면 누구냐

성경은 종종 하나님을 선한 일과 악한 일의 출처로 지목한다(삼상 2:6-7; 사 45:7; 신 32:39). 본문에서 욥이 하는 말은 이런 유형의 말과는 질적으로 다르며 하나님의 정의로운 통치에 심각한 문제를 제기하는 발언이다. 하나님은 온전한 자(죄 없는 자)와 악한 자(죄 있는 자)를 구분하지 않고 모두 멸망시키시는 분이라는 것이 욥의 주장이다. 마치 일부 철학자들이 자주 쓰는 개미 비유를 연상시킨다. 그들은 하늘에서 사람들을 내려다보면 모두 똑같은 개미처럼 보인다고 말한다. 또한 신들은 어떤 개미가 착하고, 어떤 개미가 악한지 분간하지 못할 뿐만 아니라 분별하는 일에 관심도 없다. 하나님이 인간을 내려다보는 자세가 이렇다는 것이다. 전도자도 욥과 비슷한 말을 남겼다(전 9:1-2).

> 이 모든 것을 내가 마음에 두고 이 모든 것을 살펴본즉 의인들이나 지혜자들이나 그들의 행위나 모두 다 하나님의 손안에 있으니 사랑을 받을는지 미움을 받을는지 사람이 알지 못하는 것은 모두 그들의 미래의 일들임이니라 모든 사람에게 임하는 그 모든 것이 일반이라 의인과 악인, 선한 자와 깨끗한 자와 깨끗하지 아니한 자, 제사를 드리는 자와 제사를 드리지 아니하는 자에게 일어나는 일들이 모두 일반이니 선인과 죄인, 맹세하는 자와 맹세하기를 무서워하는 자가 일반이로다

인간의 삶에 관심이 없는 하나님은 사람이 갑자기 억울하게 죽는다 해도 그에게 별로 관심을 쏟지 않으시며, 억울한 일을 당한 사람들을 비웃으신다(22절). 빌닷은 욥이 회개하면 하나님이 그의 입을 웃음으로 채우실 것이라고 했다(8:21). 그러나 하나님은 무죄한 자들이 죽어가는 것을 보면서 웃으시는 분이다(23절). 고통으로 인해 욥의 생각이 많이 비뚤어졌다.

세상에서 일어나는 일에 대한 하나님의 무관심은 악인들이 세상을 지배하게 내버려 두시는 일과 재판관들의 불공정한 재판을 묵인하시

는 것에서 드러난다(24절). 만일 하나님이 세상을 지배하시고 지도자들을 통해 자신의 공의와 정의를 실현하시는 분이라면, 이런 일이 있어서는 안 된다는 취지의 주장이다. 전능하신 하나님이 자신이 통치하는 세상에 이런 일을 허용하셨으므로 이러한 현상은 그가 무능함을 입증하지는 않지만, 세상일에 관심이 없으시다는 사실을 입증하는 증거라는 논리이다. 이슈는 하나님이 악인들에게 세상을 다스리도록 넘겨주시는 것이 아니라, 악인들이 세상을 다스리는 데도 아무것도 하시지 않는 것이다(Clines). 전도자도 세상 법정이 썩었다며 이렇게 말했다. "또 내가 해 아래에서 보건대 재판하는 곳 거기에도 악이 있고 정의를 행하는 곳 거기에도 악이 있도다"(전 3:16).

욥이 하나님이 세상에 대하여 무관심하시다고 주장하는 것은 그가 한 가지를 간과했기 때문이다. 만일 하나님이 원래 창조하신 대로 죄가 세상에 들어오지 않았다면, 그가 하는 말은 모두 옳다. 그러나 죄가 인간을 통해 세상을 지배하게 된 이후에는 창조주의 공의와 정의가 항상 잘 실현되는 세상이 아니다. 그러므로 욥이 주장하는 바는 마치 가해자(죄를 세상에 가져온 인간)가 피해자(죄가 파괴한 아름다운 창조 세계의 주인)를 나무라는 격이다. 욥은 자기 개인의 고통에 집착하고 있는 나머지 억지 주장을 펼치고 있다.

Ⅲ. 욥과 친구들의 대화(4:1- 27: 23)
A. 첫 번째 사이클(4:1- 14: 22)
4. 욥의 대답(9:1-10:22)
(1) 하나님이 나를 법정에 세우셨다(9:1-35)

e. 하나님의 관심 밖에 있는 사람의 절망감(9:25-35)

[25] 나의 날이 경주자보다 빨리 사라져버리니

복을 볼 수 없구나

[26] 그 지나가는 것이 빠른 배 같고
먹이에 날아 내리는 독수리와도 같구나
[27] 가령 내가 말하기를 내 불평을 잊고
얼굴빛을 고쳐 즐거운 모양을 하자 할지라도
[28] 내 모든 고통을 두려워하오니
주께서 나를 죄 없다고 여기지 않으실 줄을 아나이다
[29] 내가 정죄하심을 당할진대
어찌 헛되이 수고하리이까
[30] 내가 눈 녹은 물로 몸을 씻고
잿물로 손을 깨끗하게 할지라도
[31] 주께서 나를 개천에 빠지게 하시리니
내 옷이라도 나를 싫어하리이다
[32] 하나님은 나처럼 사람이 아니신즉
내가 그에게 대답할 수 없으며
함께 들어가 재판을 할 수도 없고
[33] 우리 사이에 손을 얹을 판결자도 없구나
[34] 주께서 그의 막대기를 내게서 떠나게 하시고
그의 위엄이 나를 두렵게 하지 아니하시기를 원하노라
[35] 그리하시면 내가 두려움 없이 말하리라
나는 본래 그렇게 할 수 있는 자가 아니니라

욥은 하나님은 공의와 정의로 사람을 다스리시는 분이 아니므로 아무리 악한 사람이 세상을 호령해도 무관심하실 뿐이라고 탄식했다. 그는 세상을 통치하시는 하나님이 세상에서 성행하는 악을 마치 보지 못한 척하시니 자기처럼 억울한 일을 당한 사람은 설자리가 없다며 절망한다. 욥은 절망감을 다섯 가지로 표현한다.

첫째, 욥의 삶은 무엇을 하기에는 너무나도 짧다(9:25-26). 그는 7:6

에서 자기 삶을 베틀을 분주히 왕래하는 북에 비교한 적이 있다. 이번에는 살아 있는 날이 경주자보다 빨리 사라지고(25절), 빠른 배와 같고, 먹이에 날아 내리는 독수리와도 같다며 세 가지 비유를 사용해 탄식한다(26절). 이 세 비유는 땅(최대한 빨리 달리려는 경주자)–물(파피루스로 만든 빠른 배)–공기(먹이를 향해 전속력으로 하강하는 독수리)의 순차적으로 빨라지는 상황을 배경으로 삼고 있다(Clines, Newsom). 혹은 경주자는 삶의 짧음을, 파피루스로 만든 배는 삶의 허무함(여림)을, 먹이를 향해 질주하는 독수리는 삶의 폭력성을 암시하는 것으로 해석할 수 있다(Gordis).

이 세 가지 이미지 모두 '휙' 하고 지나가는 순간을 강조하기도 한다. 참으로 짧은 삶을 사는 사람이 어찌 선한 것(טוֹבָה)을 기대하며 또한 그것을 즐길 수 있겠는가! 자신의 삶을 베틀의 북에 비교한 7:6에서는 소망이 없는 것을 강조하지만, 본문에서는 삶에 낙이 없는 것을 강조한다.

또한 순식간에 지나가는 인간의 삶에서는 하나님을 경외하는 것과 죄인으로 살아가는 것이 별 차이가 없다는 것이 전제되고 있다. 하나님이 정당한 판결을 내리시기에는 인간의 삶이 너무나도 순식간에 지나가기 때문이다. 또한 '휙' 하고 지나는 삶을 사는 자신이 어떻게 감히 영원하신 하나님과 다툴 수 있겠냐는 절망감도 포함되어 있다.

둘째, 욥은 억지로 웃기는 웃어도 하나님의 정죄가 두려운 삶을 살고 있다(9:27-29). 사람이 억지로라도 웃는 것은 자기 몸을 어느 정도 조정할 능력을 지닌 것을 의미하기 때문에 좋은 일이다. 그러나 욥의 경우 아무리 행복한 표정을 지어보려고 해도 부질없는 짓이다(27절). 마음이 고통으로 인해 온통 두려움에 짓눌려 있기 때문이다(28절). 억지로라도 웃을 수 있는 욥은 육체적인 고통에 대하여 어느 정도는 조정 능력을 지녔다. 그러나 그 육체적인 고통이 상징하는 두려움에 대하여는 속수무책이다.

어떤 두려움인가? 하나님은 죄인을 벌하시는 분이기 때문에 욥의 고통은 곧 하나님의 정죄를 의미한다는 두려움이다(28절). 하나님의 정죄는 사람의 모든 수고를 헛되게 한다(29절). 사람이 아무리 노력해도 하나님의 정죄를 바꿀 수 없기 때문이다. 그러므로 욥처럼 하나님을 경외하는 사람이 가장 두려워하는 것이 바로 하나님의 정죄이다. 하나님의 정죄를 받으면 벌도 피할 수 없다.

셋째, 욥은 아무리 씻어도 깨끗해지지 않는 삶을 살고 있다(9:30-31). 욥이 부정한 몸을 깨끗하게 해보려고 눈 녹은 물(얼음처럼 차가운 물)로 몸을 씻어보고 독한 잿물(בֹר)로 손을 씻어보아도 소용이 없다(30절). 씻는 물에서 나오자마자 하나님이 다시 그를 개천(시궁창)에 빠지게 하시기 때문이다(31절). 욥은 하나님이 그를 영원한 부정에서 헤어나오지 못하도록 하신다며 탄식한다. 이런 상황이라면 욥이 입고 있는 옷도 욥을 싫어할 것이라고 한다. 아무리 오염된 옷을 깨끗이 빨아도 곧바로 다시 오염되어 한순간도 빛을 발하지 못하기 때문이다(cf. Habel).

넷째, 욥은 하나님과 절망적인 소송에 휘말려 있다(9:32-33). 욥은 친구들의 주장을 얼마든지 반박할 수 있다. 그러나 하나님과 논쟁하는 일은 완전히 차원이 다른 문제이다. 이 소송은 욥이 원해서 한 것이 아니다. 욥은 피고가 되어 법정에 서 있다. 문제는 재판관이자 검사인 하나님은 사람이 아니어서 욥이 상대할 수 있는 분이 아니라는 암울한 현실이다(32절). 또한 하나님과 욥 사이에 공정한 재판을 진행해줄 판결자(מוֹכִיחַ)가 없는 것도 절망스럽다(33절, cf. 창 31:37; 사 29:21; 암 5:10). 욥이 사용하는 판결자/중재인 이미지는 서로 엉켜 한참 싸우던 두 사람에게 손을 얹어 떼어주는 역할을 하는 사람이다(Alden). 마치 복싱 경기에서 주심이 싸우다가 서로 안고 있는 선수들을 떼놓는 모습이다.

다섯째, 욥의 유일한 소망은 하나님의 진노의 막대기가 조금이라도 빨리 그를 떠나는 것이다(9:34-35). 욥과 하나님의 논쟁을 중재하는 판결자가 이 일을 해주었으면 하는 바람이 이 섹션에 반영된 욥의 담화 결론이기도 하다(cf. Clines). 이러지도, 저러지도 못하는 욥의 입장에서 가장 이상적인 것은 어떠한 이유에서든지 그를 내리치고 있는 하나님의 진노의 막대기가 한순간이라도 빨리 그를 떠나주는 것이다(34a절). 그는 일방적으로 하나님께 얻어맞고 있다고 생각하기 때문이다. 그렇게만 되면 욥의 하나님에 대한 두려움도 어느 정도 해소될 것이다(34b절). 두려움이 해소되면 욥은 어느 정도 차분하게 하나님께 자기의 억울함을 호소할 수 있을 것이라고 확신한다(35절).

Ⅲ. 욥과 친구들의 대화(4:1- 27: 23)
A. 첫 번째 사이클(4:1- 14: 22)
4. 욥의 대답(9:1-10:22)

(2) 하나님을 만날 수만 있다면!(10:1-22)

빌닷의 주장에 대한 반론을 펼친 욥이 하나님께 기도한다. 친구들의 말은 욥의 상황에 전혀 맞지 않으며, 오직 그를 치신 하나님만이 자기 문제를 해결해 주실 수 있는 분이기 때문이다. 욥이 처한 상황에서 친구들과의 대화는 소모적이라고 할 수밖에 없으며, 하나님과의 대화가 유일하게 생산적인 일이라 할 수 있다. 본문을 구성하고 있는 욥의 기도문은 다음과 같이 구분될 수 있다.

A. 사람의 눈으로 저를 바라봐 주십시오(10:1-7)
B. 왜 저에게 생명을 주셨습니까?(10:8-19)
B'. 평안히 죽게 해 주십시오(10:20-22)

III. 욥과 친구들의 대화(4:1- 27: 23)
A. 첫 번째 사이클(4:1- 14: 22)
4. 욥의 대답(9:1-10:22)
(2) 하나님을 만날 수만 있다면!(10:1-22)

a. 사람의 눈으로 저를 바라봐 주십시오(10:1-7)

[1] 내 영혼이 살기에 곤비하니 내 불평을 토로하고
내 마음이 괴로운 대로 말하리라
[2] 내가 하나님께 아뢰오리니 나를 정죄하지 마시옵고
무슨 까닭으로 나와 더불어 변론하시는지 내게 알게 하옵소서
[3] 주께서 주의 손으로 지으신 것을 학대하시며 멸시하시고
악인의 꾀에 빛을 비추시기를 선히 여기시나이까
[4] 주께도 육신의 눈이 있나이까
주께서 사람처럼 보시나이까
[5] 주의 날이 어찌 사람의 날과 같으며
주의 해가 어찌 인생의 해와 같기로
[6] 나의 허물을 찾으시며
나의 죄를 들추어내시나이까
[7] 주께서는 내가 악하지 않은 줄을 아시나이다
주의 손에서 나를 벗어나게 할 자도 없나이다

욥은 자신의 삶이 어떤 일을 하기에는 참으로 짧다는 것을 탄식한 적이 있다(9:25-26). 또한 하나님은 사람이 아니시기 때문에 주님과 변론하는 일은 불가능하다고 인정했다(9:32-35). 그럼에도 불구하고 욥은 만일 그가 하나님을 만나면 꼭 하고 싶은 말을 한다. 그가 경험하고 있는 고통을 침묵하며 감수하기에는 삶이 너무 짧다고 생각하기 때문이다. 삶에서 어떠한 낙도 누리지 못하는 사람만이 이런 말을 할 수 있다. 욥은 자신이 마음에 있는 말을 하지 않고는 도저히 견딜 수 없는 고통 속에 있다는 것을 이렇게 토로한다(1절). 그러므로 그는 담대한 말로 하나님께 아뢴다.

욥이 가장 궁금해하는 것은 그에 대한 '고소장'의 내용이다(2절). 아무리 생각해 봐도 자기는 하나님의 정죄와 그 정죄로 인한 고난을 당할 만한 일을 한 적이 없다. 그러므로 욥은 하나님이 무엇 때문에 그와 더불어 변론하시는지(ריב), 자신이 무엇을 잘못했는지 가르쳐 달라고 간곡히 부탁한다. 욥은 자기가 겪고 있는 고통의 심각성과 그 고통이 지속되거나 없어지는 것은 차후 문제라고 생각한다. 그가 당장 알고 싶은 것은 고난의 이유이다. 사람이 자기가 당하는 고난의 이유라도 알면 고난을 받아들이기라도 할 수 있는데, 도저히 알 수 없는 고난을 당할 때는 참으로 당혹스럽고 억울하다는 생각을 떨칠 수가 없다. 그러므로 욥은 하나님이 고난을 거두시든지, 계속 두시든지는 하나님이 주권적으로 알아서 하시되, 고난의 이유만이라도 알려 달라고 한다.

욥이 하나님께 울부짖는 것은 하나님도 자기와 비슷한 공의와 정의 개념을 지닌 분이라고 믿기 때문이다. 욥은 창조주 하나님의 공의와 정의가 다스리는 세상에서 도저히 설명할 수 없는 일이 자기 삶에서 벌어지고 있는데, 만일 하나님이 그의 형편을 헤아리시면 하나님도 그가 경험하는 일이 참으로 미스터리라는 사실에 동의하실 것이라고 확신한다.

그러므로 만일 하나님이 계속 침묵하시고 욥에 대한 '고소장'의 내용도 알려주지 않으시면, 하나님은 자기 손으로 아름답게 지은 피조물(욥)을 스스로 학대하고 멸하는 창조주가 되신다(3a절). 또한 하나님이 욥을 학대하시는 것은 악인의 꾀에 빛을 비추는 일(축복하시는 것)을 좋게 여기시는 것과 별반 다름없다(3b절). 욥이 주장하는 바는 세상을 선하게 창조하시고, 권선징악의 원리가 세상을 지배하게 하신 하나님의 명예가 훼손될 위기에 처했다는 것이다.

욥은 하나님은 인간과 다르다는 사실을 근거로 자기 논리를 이어간다(4-6절). 하나님은 인간처럼 육신의 눈에 보이는 대로 사람을 평가하시는 분이 아니다(4절). 하나님의 판단에는 사람이 흔히 범하는 오류가 없다는 사실을 강조한다. 하나님은 사람의 마음을 보시는 분이다(cf. 삼상 16:7; 시 139:2-6). 하나님의 생명도 사람의 생명과 질적으로 다르다(5절). 잠시 지나가는 순간과 같은 인간의 삶과는 달리 하나님은 영원히 사시는 분이라는 뜻이다. 그러므로 하나님은 욥이 죽기 전에 그의 삶에서 죄를 발견해야 된다는 강박관념에 사로잡히신 분이 아니다(Clines).

욥은 이처럼 인간들과 질적으로 다른 하나님이 왜 사람처럼 그의 죄를 들추어내시는지 도대체 이해할 수 없다(6절). 이 말의 의미는 하나님이 이미 존재하지 않는 것(욥의 죄)을 찾으시려 한다는 것이다(Newsom). 사람들이 욥의 죄를 들추어낸다는 것은 아마도 친구들의 주장과 행동을 꼬집는 말일 것이다.

욥은 인간과 질적으로 다르고 다른 기준으로 사람을 평가하시는 하나님께 자기를 올바르게 평가해달라고 호소한다(7a절). 하나님이 그를 잘 살펴보시면 그가 절대 악하지 않다는 사실을 알게 되실 것이라는 확신이다. 또한 하나님이 욥이 죄가 없다는 사실을 인정하시는 것만이 그가 하나님이 내리신 재앙에서 벗어날 수 있는 유일한 길이다(7b절). 욥은 자기의 망가진 삶에 대한 유일한 해결책은 오직 하나님이 그에게 귀를 기울여 주시는 것이라고 믿는다.

이때까지 욥은 자신의 결백을 노골적으로 주장하지는 않았다. 그는 3장에서 자신의 죄에 대해서는 말하지 않고 아픔만을 토로했다. 이어 6-7장에서는 결백보다는 불행을 강조하는 담화를 했다. 이제 그는 자신의 억울함을 호소하며 하나님도 그의 결백을 아실 것이라고 한다(7절). 욥의 담화에서 하나의 이정표가 세워지고 있는 것이다(Clines).

Ⅲ. 욥과 친구들의 대화(4:1- 27: 23)
A. 첫 번째 사이클(4:1- 14: 22)
4. 욥의 대답(9:1-10:22)
(2) 하나님을 만날 수만 있다면!(10:1-22)

b. 왜 저에게 생명을 주셨습니까?(10:8-19)

[8] 주의 손으로 나를 빚으셨으며 만드셨는데
이제 나를 멸하시나이다
[9] 기억하옵소서
주께서 내 몸 지으시기를 흙을 뭉치듯 하셨거늘
다시 나를 티끌로 돌려보내려 하시나이까
[10] 주께서 나를 젖과 같이 쏟으셨으며
엉긴 젖처럼 엉기게 하지 아니하셨나이까
[11] 피부와 살을 내게 입히시며
뼈와 힘줄로 나를 엮으시고
[12] 생명과 은혜를 내게 주시고
나를 보살피심으로 내 영을 지키셨나이다
[13] 그러한데 주께서 이것들을 마음에 품으셨나이다
이 뜻이 주께 있는 줄을 내가 아나이다
[14] 내가 범죄하면 주께서 나를 죄인으로 인정하시고
내 죄악을 사하지 아니하시나이다
[15] 내가 악하면 화가 있을 것이오며
내가 의로울지라도 머리를 들지 못하는 것은
내 속에 부끄러움이 가득하고
내 환난을 내 눈이 보기 때문이니이다
[16] 내가 머리를 높이 들면
주께서 젊은 사자처럼 나를 사냥하시며
내게 주의 놀라움을 다시 나타내시나이다

[17] 주께서 자주자주 증거하는 자를 바꾸어 나를 치시며
나를 향하여 진노를 더하시니
군대가 번갈아서 치는 것 같으니이다
[18] 주께서 나를 태에서 나오게 하셨음은 어찌함이니이까
그렇지 아니하셨더라면 내가 기운이 끊어져
아무 눈에도 보이지 아니하였을 것이라
[19] 있어도 없던 것같이 되어서
태에서 바로 무덤으로 옮겨졌으리이다

욥은 자신은 하나님이 직접 빚으신 피조물이라고 한다(8a절). 배경 이미지는 토기장이가 질그릇을 만드는 모습이다. 토기장이이신 하나님은 심혈을 기울여 욥이라는 작품을 만드셨다. 그러나 토기장이가 빚어내는 질그릇은 약해서 쉽게 파손된다(Longman). 하나님은 분명 그를 애지중지 만드셨는데, 욥은 자신이 경험한 최근 일을 생각하며 하나님이 연약한 그를 파괴하기 위하여 만드신 것이라는 생각에 사로잡혀 있다(8b절). 욥의 입장에서는 충분히 이렇게 생각할 수 있다. 그러나 욥의 생각이 그렇다고 해서, 하나님이 아직도 그를 소중히 여기고 사랑하신다는 진실을 바꿀 수는 없다.

하나님이 자기를 멸하기 위해 빚으셨다는 생각을 떨칠 수 없는 욥이 하나님께 자기가 세상에 태어날 때 하나님이 얼마나 그를 심혈을 기울여 귀하게 만드셨는지를 기억해보시라고 한다. 욥은 자기는 하나님이 빚으신 작품이라고 했는데(8절), 9-10절은 하나님이 어떻게 그를 빚었는가를 회고해 보시라고 한다. 옛적 일을 생각하셔서라도 자기를 멸하지 말라는 애원이다.

하나님은 욥의 육신을 지으실 때 흙을 뭉치듯 하셨다(9a절). 이 말씀도 하나님이 흙으로 사람을 지으신 일을 기록하고 있는 창세기 2:7의 토기장이 이미지를 배경으로 한다(cf. 사 64:7; 렘 18:5). 하나님은 정성을

다해 흙으로 욥을 빚으신 토기장이다(cf. Alden). 그런데 그 토기장이가 욥을 티끌(흙)로 되돌려보내려 하신다!(9b절). 이 말씀은 사람은 흙에서 왔으니 흙으로 돌아가라는 말씀(창 3:19)을 상기시킨다. 욥은 하나님이 그를 흙으로 다시 돌려보낼 것이라면, 애초에 왜 그를 빚으셨냐며 항의한다.

하나님이 욥을 만드실 때 쏟아져 엉긴 젖처럼 엉기게 하셨다(10절). 정확하지는 않지만, 대부분 학자들은 여기서 사용되는 이미지가 우유로 치즈를 만드는 과정이라고 한다(Alden, Clines, Dhorme, Longman, Newsom). 이어 욥은 피부와 살을 입게 되었고, 하나님이 그를 뼈와 힘줄로 엮어주셨다(11절, cf. 139:13-18). 또한 욥에게 생명과 은혜를 주시고 그를 보살피시고 그의 영혼을 지켜주셨다(12절). 욥은 자신이 어머니의 태에서 처음으로 생명을 지니게 되었을 때부터 이 순간까지 하나님의 은혜와 보살핌으로 살아왔다고 한다. 하나님이 주신 생명과 은혜가 아니면 이때까지 살아 있을 수가 없었을 것이라는 고백이다.

어떤 사람은 본문이 정자와 난자가 자궁에서 만나 인간이 되어가는 과정을 말하고 있다고 하지만, 근거 없는 주장이다. 욥기는 생물학 책이 아니며, 욥은 그런 것을 묘사할 만큼 한가한 사람이 아니다. 당장 발등에 떨어진 불(재앙) 때문에 생사를 오가는 사람이다. 게다가 본문은 한 편의 시(時)이지 과학 서술이 아니다. 욥은 자신이 어머니의 자궁에 있을 때부터 하나님이 그의 삶에 깊이 연루되어 그를 가장 섬세하고 놀랍게 빚으셨다는 것을 강조하고자 할 뿐이다.

하나님이 욥을 아름답게 만드신 이유는 무엇인가? 하나님은 욥이 범죄하면 그의 죄를 용서하지 않고 대가를 치르게 하기 위해서 그를 창조하셨다(13-14절). 13절이 말하는 하나님이 마음에 품으신 '이것들'이 9-12절이 묘사하고 있는 섬세하고 자상한 생명 창조 과정인가, 아니면 14절이 말하는 응징 원칙인가? 대부분 주석가들은 14절에 기록된 응징 원칙으로 해석한다(Newsom, cf. NIV, Alden, Anderson, Gordis). 하나님은 사람이 죄를 지으면 가차없이 처벌하기 위해 인간을 지으셨다는 것이 욥의 탄식이다.

그래도 욥이 죄를 지어 화를 당하는 것은 어느 정도 견딜 수 있다(15a절). 죄에 대한 대가라고 생각하면 되기 때문이다. 그런데 하나님은 욥이 의로워도 사람들 앞에서 고개를 들지 못하도록 하기 위해 그를 창조하셨다(15b절). 욥은 하나님이 의인과 악인을 구분하지 않으신다고 주장하지 않는다(Dhorme). 욥이 아무리 자기는 의롭다고 떠들어 봐도 사람들은 재앙으로 망가진 그의 흉측한 몰골을 보면 딴생각을 할 것이라는 뜻이다. 사람들은 욥이 그처럼 혹독한 고난을 당한 것은 그의 죄 때문이라는 편견을 버리지 않을 것이다. 그를 가장 아낀다는 친구들도 그렇게 하고 있다. 그러므로 욥은 죄를 짓지 않고도 고개를 들고 다닐 수가 없다.

젊은 사자를 언급하고 있는 15절의 의미가 확실하지 않다. 하나님이 마치 젊은 사자를 사냥하는 사냥꾼이 되어 욥(젊은 사자)을 사냥하신다는 의미로 풀이할 수 있고, 하나님이 젊은 사자가 먹잇감을 공격하듯 욥을 공격하신다는 의미로 해석할 수 있다(cf. Alden, Gordis). 후자가 더 정확하고 확실한 이미지이다(Longman). 혹시라도 욥이 머리를 높이 들면 하나님은 혈기 왕성한 젊은 사자가 먹잇감이 될 짐승을 공격하듯 적극적으로 그를 사냥하신다(16절). 자기 결백을 아무리 주장할지라도 하나님의 포악함이 욥을 공격할 것이라며 탄식하고 있다(Clines).

성경에서 머리를 드는 것은 교만, 성공, 위엄의 상징이다(창 40:20; 왕하 25:27; 시 27:6). 욥은 하나님이 그에게 교만하거나 성공한 삶을 살 만한 틈을 주지 않으시고, 조금이라도 잘될 성싶으면 사정없이 짓밟는 분이라고 주장한다. 하나님께 감시를 당하고 있다고 생각하는 욥의 절망이 17절에서 극에 달한다. 그가 하나님의 감시와 징벌을 도저히 피할 수 없는 것은 하나님이 욥에 대하여 불리하게 증언할 수많은 증인들을 꾸준히 내세우고, 그들의 증언에 따라 벌을 내리시기 때문이다(17

절). 하나님은 욥의 변론을 듣기 전부터 그가 죄를 지었다고 확정하셨다. 욥은 이런 상황을 마치 군대가 번갈아가며 그를 치는 것과 같다고 한다(17c절).

욥은 하나님이 이처럼 그를 괴롭히실 작정이라면, 무엇 때문에 심혈을 기울여 그를 창조하셨는지 묻고 싶다(18a절). 만일 하나님이 욥을 빚지 않으셨다면, 욥은 태어나지 않았기 때문에 그 누구의 눈에도 띄지 않았을 것이다(18b절). 만일 하나님이 그가 어머니의 자궁에서 죽도록 내버려 두셨다면, 욥은 곧바로 무덤으로 옮겨져 고통스러운 삶을 경험하지 않았을 것이다(19절).

욥은 3장에서도 자기의 출생에 대하여 탄식했다. 자신이 태어나지 않았더라면 좋았을 거라며 태어난 일 자체를 안타까워했다. 이곳에서는 자신의 출생 과정에서 하나님의 개입과 관여가 없었더라면 좋았을 뻔했다고 탄식한다. 질그릇인 욥이 그를 빚은 토기장이이신 하나님께 왜 자기를 빚으셨냐며 절망하고 있다.

Ⅲ. 욥과 친구들의 대화(4:1- 27: 23)
A. 첫 번째 사이클(4:1- 14: 22)
4. 욥의 대답(9:1-10:22)
(2) 하나님을 만날 수만 있다면!(10:1-22)

c. 평안히 죽게 해 주십시오(10:20-22)

[20] 내 날은 적지 아니하니이까
그런즉 그치시고 나를 버려두사
잠시나마 평안하게 하시되
[21] 내가 돌아오지 못할 땅
곧 어둡고 죽음의 그늘진 땅으로
가기 전에 그리하옵소서

[22] 땅은 어두워서 흑암 같고
죽음의 그늘이 져서 아무 구별이 없고
광명도 흑암 같으니이다

앞 섹션에서 욥은 하나님을 끊임없이 자신을 감시하시는 분으로 묘사했다. 그러다 욥이 혹시 한 가지라도 잘못하면 사정없이 내리치시는 분이라며 탄식했다. 또한 그렇게 하실 바에는 왜 자기를 빚으셨냐고 항의했다. 절망한 그는 본문에서 한 가지 결론으로 치닫는다. "제발 저를 내버려 두십시오."

욥은 자신의 삶이 '휙' 하고 지나가는 짧고 무의미한 것이라고 말했다(9:25-26). 그는 다시 자기가 앞으로 살아봤자 얼마나 살겠냐며 하나님께 자신에게 관심을 보이지 말아 달라고 호소한다(20절). 하나님의 관심이 참으로 부담스러우니 더 이상 관심을 받지 않았으면 좋겠다고 하소연한다.

사람에 대한 하나님의 관심은 원래 좋은 것이 아닌가? 그런데 욥은 왜 이렇게 주님의 관심을 거부하는가? 하나님의 관심이 그의 삶에서 평안을 빼앗아 갔다고 생각하기 때문이다. 감시자 하나님이 끊임없이 욥을 지켜보시다가 한 가지만 잘못해도 사정없이 내리치신다고 생각하니 나오는 말이다. 그러므로 욥에게 하나님의 무관심은 평안이 된다(20c절).

욥은 그가 죽기 전에, 하나님의 관심이 당장 끊겼으면 좋겠다고 한다(21절). 욥은 사람이 죽으면 가는 곳(저세상)을 어둡고 죽음의 그늘진 땅으로 묘사한다(cf. 시 88:7, 13; 사 45:18-19). 죽음에 대한 매우 절망적인 그림이다. 그러나 욥의 고통이 얼마나 심한지 죽음마저도 더 나은 대안으로 생각한다.

사실 욥에게는 이 땅에서의 삶이나 죽음이나 별반 차이가 없다(22절). 삶이 매우 고통스럽다 보니 광명도 흑암처럼 느껴진다. 욥은 어느덧 죽음의 문앞에서 전혀 두려워하지 않고 오히려 그 문을 지나가고 싶어 하는 순간에 와 있다. 전혀 미래가 보이지 않는 사람들이 경험하는 절망감이다.

견디기 힘든 고통으로 욥과 같은 생각을 하는 사람에게는 그 어떤 말도 위로나 소망이 되지 않는다. 욥의 친구들처럼 하나님과 주님이 세상을 다스리시는 원리를 대변한답시고 신학적인 답을 제시해서는 안 된다. 욥은 자신이 하나님께 엄청난 상처를 경험하고 있다고 생각한다. 이러한 상황에서 욥이 가해자로 생각하고 있는 하나님을 대변하면 어떻게 되겠는가? 상처는 더 깊어지고, 반발만 심해질 뿐이다.

또한 이러한 상황에서는 그 누구도 해줄 말이 없다. 차라리 아무 말도 하지 않고 함께 아파해 주고 함께 괴로워해 주는 것이 가장 큰 치유를 가져다줄 것이다. 우리는 분명 고통 속에서 신음하는 성도들을 믿음으로 세우고 온전하게 해야 한다. 그러나 그에 앞서 먼저 그들의 신음 소리에 귀를 기울이며 아픔을 치료해 주어야 한다. 그들에게 "내가 당신이라도 그렇게 생각하겠다"며 동조해 주는 것이 좋다.

Ⅲ. 욥과 친구들의 대화(4:1- 27: 23)
A. 첫 번째 사이클(4:1- 14: 22)

5. 소발의 담화(11:1-20)

욥을 찾아온 친구들 중에 소발이 세 번째로 말한다. 그가 마지막으로 말하는 것으로 보아 아마도 셋 중 가장 나이가 어린 사람으로 추정된다. 그래서 그런지 다른 친구들은 모두 세 차례씩 말을 하는데, 소발은 두 차례만 말을 하며, 그나마 그의 담화는 다른 담화들에 비해 가장 짧다. 소발이 친구들 중 가장 어리며 가장 짧은 담화를 하지만, 그의 말은 가장 가시가 있는 말이어서 욥을 가장 맹렬하게 정죄한다. 그의 담화가 더욱더 아프게 들리는 것은 아마도 그가 세 친구들 중 욥이 한 말을 가장 많이, 체계적으로 반박하고 욥을 공격하고 있기 때문이다. 다음을 참조하라(cf. Balentine, Habel).

	소발 담화(11:13-20)	욥 담화
마음(לֵב)	13a	10:13
악/죄악(עַוְלָה)	14b	6:29, 30
들다(נשׂא)	15a	10:15
얼굴(פָּנֶה)	15a	9:27
환난(עָמָל)	16a	3:10, 20; 7:3
어두움(תָּעֻפָה)	17b	10:22
소망(תִּקְוָה)	18a, 20c	6:8; 7:6
쉬다(שׁכב)	18b	7:4, 21
찾다(חפר)	18b	3:21
사라지다(כלה)	20a	7:9

제일 먼저 말을 한 엘리바스는 만일 욥이 스스로 말하는 것처럼 죄가 없다면, 미래에 대한 소망을 가져도 좋을 것이라며 욥이 죄인이라는 것을 우회적으로 암시했다. 뒤를 이어 말한 빌닷은 욥의 자녀들이 하나님께 죄를 지어 멸망한 것이라며 욥도 자녀들처럼 되지 않으려면 하나님이 그에게 주신 기회(욥을 아직 자녀들처럼 죽이지 않으심)를 살려 용서를 빌라고 했다. 이제 소발은 욥이 죄를 지었다고 단언한다!

소발은 욥이 죄를 지었다고 확신하는데, 욥은 왜 자기의 죄를 기억하지 못하는가? 소발은 하나님이 욥에게 "자신의 죄를 잊게 하셨기 때문"(6절)이라고 한다. 이 주장이 소발 담화의 가장 핵심이다. 소발의 담화를 통해 드디어 세 친구 모두가 욥을 직접적으로 정죄하기에 이르렀다. 소발의 담화는 다음과 같이 구분될 수 있다.

A. 억울하게 당한 사람처럼 말하지 말라(11:1-6)
B. 하나님은 사람을 공평하게 심판하시는 분이다(11:7-12)
A'. 억울하다 하지 말고 차라리 회개하라(11:13-20)

Ⅲ. 욥과 친구들의 대화(4:1- 27: 23)
A. 첫 번째 사이클(4:1- 14: 22)
5. 소발의 담화(11:1-20)

(1) 억울하게 당한 사람처럼 말하지 말라(11:1-6)

[1] 나아마 사람 소발이 대답하여 이르되
[2] 말이 많으니 어찌 대답이 없으랴
말이 많은 사람이 어찌 의롭다 함을 얻겠느냐
[3] 네 자랑하는 말이 어떻게 사람으로 잠잠하게 하겠으며
네가 비웃으면 어찌 너를 부끄럽게 할 사람이 없겠느냐
[4] 네 말에 의하면 내 도는 정결하고
나는 주께서 보시기에 깨끗하다 하는구나
[5] 하나님은 말씀을 내시며
너를 향하여 입을 여시고
[6] 지혜의 오묘함으로 네게 보이시기를 원하노니
이는 그의 지식이 광대하심이라
하나님께서 너로 하여금
너의 죄를 잊게 하여 주셨음을 알라

소발은 욥이 3장 이후 이때까지 한 말을 모두 의미 없는 넋두리 내지는 변명으로 취급한다. 그러므로 그는 욥에게 말이 많다며 말 많은 사람이 어찌 말실수를 하지 않겠냐며 나무란다(2절, cf. 잠 10:8, 14, 19). 욥은 죄로 인해 벌로 재앙을 받았을 뿐만 아니라, 친구들과의 대화에서

도 계속 벌 받을 말을 하고 있다는 취지의 주장이다.

그는 하나님의 징벌을 받은 욥이 회개하기는커녕 오히려 더 교만하게 떠들어대는 말을 들어줄 수 없다고 한다(3a절). 더 나아가 욥이 친구들의 말을 비웃고 있는데, 이 또한 참을 수 없다고 한다(3b절). 그러므로 소발은 욥의 비아냥을 부끄럽게 하기 위하여 자신이 나섰다고 한다. 소발은 하나님을 대신하여 곤봉을 들고 하나님의 온전함을 변호할 의무가 자신에게 있다고 믿는 사람이다(Clines). 참으로 쓸데없는 사명감이고 참견이다. 소발의 생각과는 달리 욥은 그가 부끄럽게 할 수 있는 사람이 아니다. 욥은 친구들의 기준과 가치관이 적용될 수 없는 영역에 속한 사람이기 때문이다(cf. Newsom). 소발은 헛발질을 하고 있다.

소발을 가장 자극하는 것은 욥이 자신은 하나님께 어떠한 죄도 짓지 않았다며 결백을 주장하는 일이다(4절). 인간이 어찌 감히 하나님 앞에서 결백을 주장할 수 있느냐는 논리이다. 욥은 자기의 결백을 주장하며 하나님께 "나를 죄인 취급하지 마십시오. 무슨 일로 나 같은 자와 다투시는지 알려주십시오"(10:2, 새번역)라고 한 적이 있다. 소발은 하나님이 말씀만 하시면 욥의 결백 주장은 한 방에 날아갈 것을 확신한다(5절). 그는 욥이 참으로 파렴치한 사람이라고 생각한다. 그는 욥이 저지른 죄에 대하여 마땅히 받아야 할 벌보다 더 가볍게 벌을 받고 있다고 생각한다(Andersen).

그렇다면 인간은 왜 하나님 앞에서 결백할 수 없는가? 하나님은 인간이 상상할 수 없는 지혜로 세상을 지배하시고 사람을 판단하시는 분이기 때문이다(6a절). 하나님의 지혜는 인간이 보거나 생각할 수 없는 영역까지 통찰하고 있는 놀라운 지식을 바탕으로 하고 있으므로 사람의 지혜와 비교할 수 없는 놀라운 것이다. 개역개정이 하나님의 지식(지혜)으로 '광대하심'이라고 번역해놓은 말(כִּפְלַיִם לְתוּשִׁיָּה)을 문자적으로 풀이하면 '양면성을 지녔다'는 뜻이다[cf. NAS, NIV, CSB, cf. NRS, ESV는 '여러 면'(many-side, manifold)으로 번역함]. 이 히브리어 문구는 하나님의 지혜는 지적인 차원이나 윤리적인 차원으로 제한되지 않은 내적인 능력이며 사람이 위기에 대처할 수 있게 해주는 것이라는 의미를 지니고 있다(Fox). 그러므로 소발은 이처럼 놀라운 지혜를 지닌 하나님이 하시는 일은 무조건 옳다고 확신한다(Pope).

소발은 욥이 하나님께 죄를 지었다고 단정한다. 지혜로운 하나님이 욥에게 말씀만 하시면 곧바로 그의 죄가 드러날 것이다. 그렇다면 욥은 왜 자신의 결백을 완강하게 주장하는가? 욥이 자신을 속이고 있단 말인가? 소발도 욥이 자신을 속이고(죄를 지은 것을 알면서도 짓지 않은 것처럼 행동하는 것) 결백을 주장하고 있는 것은 아니라고 인정한다. 그렇게 생각하기에는 욥이 너무나도 확신에 찬 말로 자신의 결백을 주장하고 있으며, 평생 욥을 겪어본 사람으로서 욥이 그런 짓을 할 사람이 아니라는 것을 안다. 그러므로 소발은 하나님이 욥이 자신의 죄를 잊게 하셨기 때문에 욥이 깨닫지 못하고 있다고 한다(6b절). 그는 하나님이 욥의 눈을 열어 자신의 죄를 스스로 깨달을 수 있도록 해주실 것을 기대하며 이런 말을 한다.

Ⅲ. 욥과 친구들의 대화(4:1- 27: 23)
A. 첫 번째 사이클(4:1- 14: 22)
5. 소발의 담화(11:1-20)

(2) 하나님은 사람을 공평하게 심판하시는 분이다(11:7-12)

[7] 네가 하나님의 오묘함을 어찌 능히 측량하며
전능자를 어찌 능히 완전히 알겠느냐
[8] 하늘보다 높으시니 네가 무엇을 하겠으며
스올보다 깊으시니 네가 어찌 알겠느냐
[9] 그의 크심은 땅보다 길고
바다보다 넓으니라

[10] 하나님이 두루 다니시며 사람을 잡아 가두시고
재판을 여시면 누가 능히 막을소냐
[11] 하나님은 허망한 사람을 아시나니
악한 일은 상관하지 않으시는 듯하나 다 보시느니라
[12] 허망한 사람은 지각이 없나니
그의 출생함이 들나귀 새끼 같으니라

앞 섹션에서 하나님의 지혜는 인간의 상상력을 초월하기 때문에 아무도 그의 지혜로운 판단을 피해갈 수 없다고 단언한 소발이 이번에는 하나님의 초월성/다르심(otherness)을 강조한다. 본문은 하나님의 놀라운 성품에 대한 일종의 찬양/송축(doxology)으로 시작해(7-9절), 이러한 놀라운 능력을 지니신 분의 심판은 당연히 완벽할 수밖에 없다는 주장(10-12절)으로 마무리된다.

하나님의 오묘함은 인간이 헤아릴 수 있는 것이 아니며, 주님의 능력은 인간의 상상력을 초월한다(7절). 그는 욥이 이런 하나님의 심판에 대하여 반론을 제기하는 것은 곧 하나님의 오묘함과 능력의 한계까지 모두 다 헤아리고 있음을 전제하는 것이라 한다. 그러므로 그는 "이런 하나님의 오묘함과 능력을 네가 모두 알고 있다는 말이냐?"며 책망하는 투로 질문한다.

하나님은 사람이 가장 높다고 생각하는 하늘보다 높으신 분이며, 가장 깊은 곳이라고 생각하는 스올보다 더 깊은 분이므로 하나님이 무엇을 하시면 물어볼 수도 없고, 알 수도 없다(8절). 성경에서 스올은 주로 '무덤' 혹은 사람이 죽으면 가는 '저세상'이라는 의미로 사용되는데, 본문에서는 인간이 상상할 수 있는 세상의 가장 깊은 곳을 상징한다(Longman). 또한 하나님의 크심은 땅보다 더 길고, 바다보다 더 넓다(9절).

소발은 총체성/포괄성의 상징인 숫자 '4'를 사용해 하나님의 초월성을 강조하고 있다. 하나님은 "높기는 하늘보다 높고, 깊기는 스올보다 깊고, 길기는 땅보다 길고, 넓기는 바다보다 넓으신 분"이다. 하늘과 스올과 땅과 바다는 세상의 한계를 상징하는 네 개념이다(cf. 시 135:6; 139:8-9; 학 2:6). 또한 높이와 깊이와 길이와 넓음도 세상의 한계를 상징한다. 그러므로 욥이 하나님의 심판에 문제를 제기하는 것은 참으로 어리석고 무모한 짓이다.

평상시에는 소발의 하나님 찬양/송축은 좋은 것이다. 소발의 생각에는 욥이 도저히 알 수 없는 능력을 지니신 분과 무모한 다툼을 하고 있다. 그러므로 소발이 이런 말을 하는 것은 욥을 공격해 침묵하도록 하기 위해서이다. 요즘 말로 하면 소발의 발언은 "아무것도 모르는 자가 시끄럽게 떠들어댄다! 그 입 닥치라!" 정도 된다.

소발은 무한한 능력을 지닌 전능자께서 사람을 재판할 때 자신의 능력을 유감없이 발휘하신다고 한다(10-12절). 하나님은 세상을 두루 통찰하시면서 범죄자들을 가두시고, 그들을 재판하신다(10절). 하나님의 정의가 세상 모든 곳을 통치하고 있다는 의미이다. 또한 하나님이 죄인들을 재판하시면 그 누구도 그 재판을 막을 수 없다. 전능하신 하나님의 지혜와 능력을 막을 사람이 없기 때문이다.

하나님은 세상에서 일어나는 악한 일에 대하여 관여하지 않으시는 듯 보이기도 하지만, 사실은 모든 사람의 일거수일투족을 지켜보고 계신다(11절). 악한 일을 한 사람은 모든 것을 알고 계신 하나님의 재판을 피해갈 수 없다. 욥의 고난도 이러한 정황에서 이해되어야 한다는 것이 암시된다. 설령 욥은 자신이 어떤 죄를 지었는지 모를 수 있지만, 지혜가 뛰어나신 하나님은 그의 죄를 낱낱이 아신다. 또한 욥이 고난당한 것은 그가 모르는 죄를 아시는 하나님이 그를 심판하셨다는 증거라고 소발은 주장한다.

이 섹션을 마무리하는 12절의 의미를 파악하기가 매우 어렵다(cf. Alden, Clines). 본문이 여러 가지 불확실성을 지니고 있기 때문이다. 당시 유행했던 격언일 수 있다(Clines). 대체적으로 번역본들과 주석가들은 본문의 의미를 다음과 같이 이해한다. 하나님이 얼마나 오묘하시고 전능하신가와 그가 세상에서 행해지는 악행은 한 가지도 놓치지 않고 심판하시는 분이라는 사실을 깨닫지 못한 사람은 참으로 어리석다(12a절). 이런 사람이 지혜롭게 되는 것은 들나귀가 사람을 낳는 것보다 더 어렵다(12b절)는 것으로 해석한다(NAS, NIV, NRS, TNK, ESV). 소발이 하고자 하는 말은 분명하다. 하나님이 어떤 분이라는 것을 알지 못하고 떠들어대는 사람은 참으로 어리석고 무모한 삶을 살고 있으며, 절대로 지혜로운 사람이 될 수 없다. 소발은 가장 강력한 어조로 욥의 어리석음을 비난하며 그에게는 참 지혜를 얻을 만한 소망이 없다고 비난한다.

III. 욥과 친구들의 대화(4:1- 27: 23)
A. 첫 번째 사이클(4:1- 14: 22)
5. 소발의 담화(11:1-20)

(3) 억울하다 하지 말고 차라리 회개하라(11:13-20)

[13] 만일 네가 마음을 바로 정하고
주를 향하여 손을 들 때에
[14] 네 손에 죄악이 있거든 멀리 버리라
불의가 네 장막에 있지 못하게 하라
[15] 그리하면 네가 반드시 흠 없는 얼굴을 들게 되고
굳게 서서 두려움이 없으리니
[16] 곧 네 환난을 잊을 것이라
네가 기억할지라도 물이 흘러감 같을 것이며
[17] 네 생명의 날이 대낮보다 밝으리니
어둠이 있다 할지라도 아침과 같이 될 것이요

[18] 네가 희망이 있으므로 안전할 것이며
두루 살펴보고 평안히 쉬리라
[19] 네가 누워도 두렵게 할 자가 없겠고
많은 사람이 네게 은혜를 구하리라
[20] 그러나 악한 자들은 눈이 어두워서 도망할 곳을 찾지 못하리니
그들의 희망은 숨을 거두는 것이니라

욥을 강하게 비난한 소발이 이번에는 그에게 하나님과 친구들에게 억울하다고 항변할 시간이 있으면, 차라리 하나님께 회개의 기도를 드려 행복한 삶을 돌려받으라고 한다. 소발과 친구들은 하나님의 권선징악 원리로 세상을 다스리시는 일에는 어떤 예외도 없다고 확신한다. 그러므로 욥의 환난은 곧 그가 하나님께 죄를 지었다는 증거이며 욥이 재앙에서 벗어날 수 있는 유일한 방법은 그를 벌하신 하나님께 기도하는 일이라는 논리이다.

욥은 지금이라도 하나님께 마음을 돌려야 한다. 참된 의로움은 사람의 내적 본성에서 비롯되는 것이기 때문이다(Clines). 먼저 마음을 돌린 다음, 그가 마음의 표현으로 하나님을 향해 손을 들고 기도하면(13절), 하나님은 그를 용서하실 것이다. 그러나 중요한 것은 욥이 기도하기 전에 자신의 삶에서 모든 죄악을 제거해야 한다(14절). 주변을 살펴보고 인간관계와 그 외 모든 것들을 제자리로 돌려놓아야 한다. 그렇게만 하면 욥은 다시 하늘을 향해 머리를 들 수 있고, 두려움도 사라질 것이다.

소발은 13-15절에서 마음(심장), 손바닥(13절), 손(14절), 얼굴(15절)의 네 가지 신체 부위를 언급하면서 욥의 삶 전체가 하나님을 향해 기도할 것을 주문하는 듯하다. '마음을 바로 정하는 것'은 기도하기 전에 마음을 정돈하고 차분하게 해 온전히 기도에만 몰두할 수 있도록 하라는 의미이다. 그러므로 이곳에서도 기도하기 전에 먼저 마음을 바로 정하

라고 한다. 손(바닥)을 들고 기도하는 것은 고대 근동에서 가장 흔한 형태의 기도 자세였다(cf. 출 9:29, 33; 왕상 8:22, 38). 손에 있는 죄악을 스스로 제거한다는 것은 회개는 인간이 잘못한 일/잘못된 것을 바로잡겠다는 의지를 먼저 표현할 때 가능함을 뜻한다. 성경에서 손은 능력(ability)과 조정(control)의 상징이기 때문이다.

앞에서 욥은 자신이 머리를 들 수 없고 두려움에 휩싸여 있다고 탄식한 적이 있다(10:15-16). 소발은 욥이 지금이라도 회개하면 하나님이 이런 공포에서 그에게 평안을 주실 것을 확신한다(16a절). 설령 욥이 환난을 기억한다 할지라도 물이 흘러가는 것같이 될 것이다(16b절). 환난을 경험한 것도 추억이 되어 그리 아프지는 않을 것이라는 뜻이다. 이러한 사실을 강조하기 위하여 저자는 '잊다'(שָׁכַח)와 '기억하다'(זכר)를 함께 사용하고 있다.

욥은 자신의 삶에 죽음의 어두움이 드리워져 있다고 했는데(cf. 3:4-5, 10:20-21), 그가 회개만 하면 그의 삶은 다시 대낮보다 밝게 빛날 것이며, 어둠이 있다고 해도 아침과 같이 될 것이다(17절). 아침과 같이 되는 어두움은 새벽에 빛이 밝아오면서 어두움을 몰아내는 여명을 의미한다. 아픔이 있더라도 아침이 밝으면 어두움이 빛에 쫓기듯이 곧 사라질 것이다. 곧 끝날 것이라는 소망이 있는 아픔이라는 뜻이다.

군대를 막 제대한 사람에게 이런 말을 들었다. "국방부 시계를 아무리 꽁꽁 묶어놓아도 시간은 간다!" 삶이 아무리 힘들더라도 살아 있으면 분명 그 힘든 시간은 지나간다. 그러므로 힘이 들고 어려운 시간을 지날 때 우리의 목표는 딱 한 가지이다. 어떻게든 살아남는 것이다. 하나님은 절망스러운 상황에 처한 성도들이 "이 또한 지나가리라!"는 소망/신념으로 좋은 날이 올 때까지 그 상황을 살아내기를 원하신다.

이런 삶은 희망이 있으므로 안전하다(18a절). 욥이 그렇게 갈망하는 평안과 쉼이 있는 삶이다(18b절). 욥은 잠자리에 누워도 두려워할 자가 없다(19a절). 욥은 자신이 사냥을 당하는 느낌이라고 탄식했는데(10:16),

이 말씀은 그가 더 이상 그와 같은 위협을 의식할 필요가 없다는 뜻이다(Hartley).

또한 많은 사람이 욥에게 은혜를 구하게 될 것이다(19b절). 그러나 회개하지 않으면 이런 안락과 평안을 누리지 못할 뿐만 아니라 소망이 없다(20절). 회개를 거부하는 악한 사람들은 하나님의 눈을 피해 숨을 곳을 찾지만, 찾을 수 없으므로 그들의 유일한 소망은 숨을 거두는 일이다(20절). 소발은 욥이 죽음을 얼마나 소망하는지 알고 있다. 그러므로 그가 이런 말을 하는 것은 욥이 회개하지 않으면 욥의 유일한 소망은 죽음이 될 거라는 것을 암시한다.

욥이 죄로 인해 고통을 당하고 있다고 확신하는 소발은 회개 기도를 드리는 것이 욥의 모든 문제를 해결해주고 잃은 것을 원상 복귀시켜 주는 '만병통치약' 정도로 생각한다. 욥이 회개만 하면 그가 잃은 모든 것이 회복될 것처럼 말한다. 사실인가? 그렇지 않다. 하나님이 죄인을 용서하시는 일과 용서하신 후에 그에게 복을 주시는 일은 별개 문제이다. 그러므로 소발은 마치 오늘날 책임질 수 없는 말로 성도들을 현혹하기 위해 강단에서 허구한 날 싸구려 복음만 전하는 설교자 같다.

소발은 인간이 겪는 모든 고난은 창조주의 죄에 대한 심판이라고 확신한다. 이런 상황에서 사람이 유일하게 할 수 있는 일은 회개이다. 그러므로 그는 욥에게 회개할 것을 권장하고 있다. 그러나 세상에는 죄로 설명할 수 없는 고난들이 있다. 그러므로 소발의 주장은 권선징악의 원리로 설명할 수 없는 예외의 가능성을 배제하기 때문에 잘못되었다. 그의 신학적 사고 체계는 지나치게 편협하다. 모든 사고 체계는 예외를 염두에 두어야 하고 예외를 인정해야 한다.

소발은 왜 이처럼 편협한 신학 체계를 갖게 되었을까? 무엇보다도 그가 남(욥)에 대해 이야기하고 있기 때문일 것이다. 만일 자기가 욥이 당한 일을 직접 경험했다면, 이렇게 말하지는 않았을 것이다. 예수님은 하나님이면서도 인간이 되어 이 땅에서 33년을 사셨다. 주님은 이 땅에 사시면서 인간이 겪을 만한 모든 아픔과 고통을 직접 체험하셨다. 때로는 울기도 하셨다. 그러므로 주님은 우리가 이 땅에서 경험하는 모든 아픔과 고통 그리고 고민거리들을 아신다. 복음이 참으로 좋은 것은 예수님이 죄인인 우리와 먼저 공감대를 형성하시고 나서 우리를 구원하셨기 때문이다. 경험은 아픔을 이해하는 데 가장 중요한 요소이다.

III. 욥과 친구들의 대화(4:1- 27: 23)
A. 첫 번째 사이클(4:1- 14: 22)

6. 욥의 대답(12:1-14:22)

소발이 말을 마치자 욥이 다시 반론을 제기한다. 욥은 그 대답으로 자신과 친구들이 벌인 논쟁의 첫 번째 사이클을 마무리한다. 욥의 소발에 대한 대답은 이때까지 그가 한 담화 중 가장 길며, 가장 복잡하다. 그가 소발의 주장을 반박하고 있기는 하지만, 세 친구들을 향한 반론이라 할 수 있다. 욥의 담화는 두 부분으로 나뉜다.

A. 욥이 친구들에게 답함(12:1-13:19)
B. 욥이 하나님께 기도함(13:20-14:22)

III. 욥과 친구들의 대화(4:1- 27: 23)
A. 첫 번째 사이클(4:1- 14: 22)
6. 욥의 대답(12:1-14:22)

(1) 욥이 친구들에게 답함(12:1-13:19)

욥은 억울할 뿐만 아니라 답답하다. 친구라는 자들이 한결같이 그의 하소연에 귀를 기울이지 않는다. 그들은 누구나 아는 일반적인 말만 늘어놓으면서 욥을 정죄한다. 가뜩이나 하나님을 상대로 이길 수 없는 소송을 진행 중이라고 생각하는 욥에게는 상실감을 안겨 주는 친구들이다. 그들은 자신들이 하나님을 변호하고 있다고 생각한다. 사실 하나님은 변호인의 도움이 필요 없다. 오히려 욥이 필요하다. 답답한 심경을 토로하는 욥의 담화는 다음과 같이 구분될 수 있다.

A. 나도 너희만큼은 안다!(12:1-3)
B. 하나님이 나를 조롱거리로 만드셨다(12:4-6)
C. 하나님의 지혜가 공평하지 않은 것은 온 세상이 안다(12:7-12)
D. 모든 지혜와 권능은 하나님의 것이다(12:13-16)
C′. 하나님의 지혜는 세상의 지혜와 전혀 다르다(12:17-25)
B′. 왜 나를 조롱거리로 만드신 하나님 편에 서느냐?(13:1-12)
A′. 제발 내 말 좀 들어다오!(13:13-19)

Ⅲ. 욥과 친구들의 대화(4:1- 27: 23)
A. 첫 번째 사이클(4:1- 14: 22)
6. 욥의 대답(12:1-14:22)
(1) 욥이 친구들에게 답함(12:1-13:19)

a. 나도 너희만큼은 안다!(12:1-3)

[1] 욥이 대답하여 이르되
[2] 너희만 참으로 백성이로구나
너희가 죽으면 지혜도 죽겠구나
[3] 나도 너희같이 생각이 있어
너희만 못하지 아니하니
그같은 일을 누가 알지 못하겠느냐

욥은 답답하고 화가 난다. 그를 위로한답시고 찾아온 친구들이 도대체 위로가 되지 않는다. 오히려 상처만 주고 있다. 가장 큰 문제는 친구들이 그의 말을 알아듣지 못하는 것에 있다. 그러므로 욥은 처음으로 친구들을 격멸하는 말을 한다(2절).

친구들은 아무리 욥이 자신의 억울한 상황(죄를 짓지 않았는데도 혹독한 고통을 당하는 것)을 설명해도 도대체 들으려 하지 않는다. 그들은 신념을 가지고 하나님의 권선징악 원리가 세상을 지배한다는 것만 주장한다. 욥도 이 원리가 세상을 지배한다는 것에는 어느 정도 동의한다. 문제는 욥은 이 원리로 설명되지 않는 일을 당했다. 그러나 친구들은 이 세상 그 누구도 하나님의 권선징악의 원리에서 예외가 될 수는 없다고 주장한다. 그러므로 욥도 예외가 아니다. 욥이 고통을 당하는 것은 그의 죄 때문이라고 단정한다.

욥은 계속 같은 주장을 반복하고 있는 친구들이 교만하다고 생각한다. 그들은 마치 자신들만이 세상의 지혜자들이고, 자기들의 말만이 세상을 대표하는 지혜라고 생각한다. 그러므로 욥은 그들에 대하여 빈정대는 투로 말한다. "너희만 참으로 백성이구나"(2절)를 해석하기가 쉽지는 않지만, 친구들이 마치 세상 모든 사람을 대표하는 것처럼 행세한다는 비난으로 풀이할 수 있다(Davies). 그러므로 이런 뜻이다. "이 세상에서 너희만 참 지혜를 지닌 사람들이므로, 너희가 죽으면 지혜도 함께 죽겠구나!"(2절).

요즘 말로 "나도 배울 만큼 배웠다. 나도 너희들이 아는 것을 모두 안다. 너희들이 하는 말은 어린아이들도 알 정도로 평범한 것이다"라는 것이다(3절). 이때까지 친구들의 '위로'를 들어온 욥은 그들이 지혜로운 말을 하지 않는다고 결론지었다. 그러므로 욥은 자신이 친구들보다 더 지혜로운 사람이라고 생각하기 시작한다. 친구들의 주장과 논리는 참으로 초보적이기 때문이다.

Ⅲ. 욥과 친구들의 대화(4:1- 27: 23)
A. 첫 번째 사이클(4:1- 14: 22)
6. 욥의 대답(12:1–14:22)
(1) 욥이 친구들에게 답함(12:1–13:19)

b. 하나님이 나를 조롱거리로 만드셨다(12:4–6)

[4] 하나님께 불러 아뢰어 들으심을 입은 내가
이웃에게 웃음거리가 되었으니
의롭고 온전한 자가 조롱거리가 되었구나
[5] 평안한 자의 마음은 재앙을 멸시하나
재앙이 실족하는 자를 기다리는구나
[6] 강도의 장막은 형통하고
하나님을 진노하게 하는 자는 평안하니
하나님이 그의 손에 후히 주심이니라

욥은 친구들을 비난하는 말을 잠시 멈추고 자신이 처한 상황에 대하여 탄식한다(4–6절). 그는 평생 하나님께 기도하면 하나님이 그의 기도에 응답해주시는 은혜로운 관계를 유지했다(4a절). 욥이 하나님과 은혜로운 관계를 유지한 것은 사람들의 부러움을 샀고 그는 선망의 대상이었다. 그러나 최근에 그에게 임한 고통은 이러한 상황을 송두리째 앗아갔고, 욥은 어느덧 사람들의 조롱거리가 되었다. 욥은 자신이 겪은 재앙으로 인해 사람들의 인식이 급변한 상황이 믿기지 않는다. 그러므로 욥이 느끼는 감정을 더 정확하게 실어 4절을 번역하면 다음과 같다. "한때는 하나님께 기도하면 하나님이 곧바로 응답해 주셔서 주변 사람들의 부러움을 사던 내가 이제는 그들의 웃음거리가 되다니! 하나님이 의롭고 흠 없다고 인정해주신 내가 사람들의 조롱거리가 되다니!"

고난을 당하는 사람을 가장 힘들게 하는 것이 바로 주변 사람들의 따가운 시선이다. 대부분 사람들은 권선징악의 원리가 세상을 지배하는 유일한 원리라고 생각하기 때문에 사람이 고난을 받으면 하나님이 그를 징계하신 것이라 한다. 심지어 교회에서도 고난당한 사람은 죄인으로 취급받기 일쑤다. 그러므로 참으로 억울하고 원통한 일로 인해 큰 고난을 겪는 사람들이 아무에게도 말하지 못하고 눈물을 삼키며 조용히 지내는 경우가 많다. 억울하게 고난을 당한 시편 69편 기자도 그를 힘들게 하는 것이 주변의 비아냥과 조롱이라고 한다(시 69:10-12).

내가 굵은 베로 내 옷을 삼았더니
내가 그들의 말거리가 되었나이다
성문에 앉은 자가 나를 비난하며
독주에 취한 무리가 나를 두고 노래하나이다
여호와여 나를 반기시는 때에 내가 주께 기도하오니
하나님이여 많은 인자와 구원의 진리로 내게 응답하소서

여러 개의 희귀 단어들이 5절의 정확한 번역과 해석을 매우 어렵게 한다(cf. Alden, Clines, Pope). 그러므로 우리말 번역본들도 각각 다른 의미로 번역해놓았다(cf. 새번역, 공동, 아가페). 히브리어 텍스트의 의미에 가장 근접한 것은 NIV의 번역이다. "평안을 누리는 사람은 불행은 실족하는 사람들에게나 임하는 것이라며 멸시한다"(Those who are at ease have contempt for misfortune as the fate of those whose feet are slipping). 재앙을 경험해보지 못한 사람은 재앙을 죄인들만이 경험하는 하나님의 심판 정도로 생각한다는 뜻이다. 욥도 한때는 이런 생각을 했을지 모른다. 그러나 정작 자신이 고난을 당해보니 이러한 사고가 얼마나 잘못되고 편협한 생각인지를 깨닫게 되었다. 경험은 이처럼 사람의 관점을 완전히 바꾸어놓을 수 있다.

6절도 번역하기가 상당히 어렵다. 다행히 의미를 파악하는 것은 그다지 어렵지 않다. 세상은 참으로 하나님의 공의와 정의가 다스리는 곳인가? 욥은 만일 그렇다면, 왜 이런 일이 벌어지는가, 라며 두 가지 사례를 지적한다. 첫째, 남들에게 불법을 행하고 그들을 약탈하는 강도가 떵떵거리며 부유한 삶을 누리며 산다(6a절). 둘째, 하나님께 범죄한 사람들도 평안히 산다(6b절). 욥은 하나님이 사람이 사람에게 저지르는 죄뿐만 아니라(6a절), 인간이 하나님께 저지른 죄(6b절)까지 문제 삼지 않으신다고 탄식한다.

하나님이 사람들의 죄를 묵인하시는 것은 하나님이 공의와 정의로 세상을 다스리지 않으신다는 증거가 될 수 있다. 혹은 악인들이 어떤 비법을 통해 하나님을 조정하고 있다고 생각할 수도 있다(Habel). 이유가 무엇이든 간에 욥이 번성하는 악인들을 보며 내릴 수 있는 유일한 결론은 악인들에게 벌을 내려야 할 하나님이 오히려 그들에게 복을 주신다는 것이다(6c절).

성경의 가르침에 의하면 욥의 말은 망언에 가깝다고 할 수 있다. 하나님은 악인들을 멸하시지, 그들을 축복하시는 분이 아니기 때문이다. 그러나 욥은 살면서 악인이 번영하고 죄인이 하나님의 벌을 두려워하지 않을 뿐만 아니라 오히려 떵떵거리며 사는 것을 자주 목격했다. 우리도 이런 상황을 항상 겪고 있지 않은가? 그렇다면 무엇이 문제인가?

욥은 두 가지를 간과하고 있다.

첫째, 하나님의 심판이 항상 죄를 지은 사람에게 즉결 심판으로 임해야 하는가? 성경은 그렇지 않다고 한다. 한 예를 들자면 예수님은 알곡과 가라지 비유(마 13:24-30)를 통해 때로는 하나님의 심판이 끝날 까지 지연된다고 말씀하셨다. 반면에 욥은 하나님의 심판이 항상 죄인이 죄를 짓는 순간에 임해야 한다는 논리를 근거로 이런 말을 한다. 만일 이 논리가 우리에게도 적용되면 이 땅에서 하나님의 즉결심판에 회부되지 않을 사람이 몇이나 되는가!

둘째, 하나님의 공의와 정의가 세상을 다스리는 원칙에 예외는 없는가? 예외, 혹은 변수는 항상 있다. 죄가 없는 이상적인 세상에서는 항상 하나님의 공의와 정의가 욥이 기대하는 대로 이상적인 차원에서 지배할 것이다. 그러나 사탄과 죄가 하나님과 사람을 방해하는 세상에서는 예외가 참으로 많다. 욥이 경험한 일도 하나의 예외가 아닌가? 그런 그가 하나님이 억울하게 고난을 받은 의인은 내버려두시고 오히려 "악인들의 손에 후히 주신다"며 탄식하는 것은 잘 이해가 되지 않는다. 하나님에 대한 서운함이 그의 지적인 능력을 마비시킨 것 같다.

우리는 욥의 탄식에서 한 가지 진리를 깨달아야 한다. 성경 해석의 가장 기본적인 원리 중 하나는 하나님의 말씀이 아무리 우리가 처한 상황에 잘 맞지 않는다고 하더라도 하나님의 말씀이 우리의 삶을 석의해야지, 우리의 삶이 하나님의 말씀을 석의해서는 안 된다는 사실이다. 욥의 경우를 생각해보라. 욥은 주변에 흔한 악인의 번성과 죄인들의 평안을 보고 하나님이 그들을 축복하셨기 때문에 그들이 삶을 누리고 있다고 결론짓는다. 그의 삶이 성경 말씀을 석의하고 있고, 만일 이러한 석의 방법을 정당하다고 인정하면 그가 잘못되었다고 할 수 없다.

반면에 성경으로 그의 말을 석의하게 하면 그의 생각이 잘못되었다는 사실이 명백하게 드러난다. 과거에 한국 교계에 참으로 많은 피해를 입혔던 귀신론에 대한 잘못된 가르침도 사람의 경험으로 성경을 석의해서 빚어진 일이다. 성경이 그들의 경험을 석의하게 했다면 생기지 않을 잘못된 가르침이었다. 사탄은 오늘도 '빛의 사자'의 탈을 쓰고 성도들을 현혹한다(고후 11:14). 성경이 제시하는 진리와 비슷하지만, 2퍼센트 남거나 부족하면 모두 사탄의 농간이다. 세상에서 일어나는 일을 석의할 때, 그 출발점은 꼭 성경이 되어야 한다.

잠시 자기가 처한 상황에 대하여 한탄한 욥이 다시 친구들과의 논쟁을 재개한다(7-12절). 그러나 4-6절과 7-12절의 연결이 매끈하지가 않다. 게다가 그는 앞에서는 2인칭 남성 복수를 사용했는데(1-3절), 7-12절에서는 2인칭 남성 단수를 사용하고 있다. 그러므로 주석가들은 2인칭 남성 단수를 사용해 욥에게 한 친구들의 말을 욥이 반박하기 위하여 인용한 것으로 해석한다(cf. Clines, Gordis, Newsom).

c. 하나님의 지혜가 공평하지 않은 것은 온 세상이 안다(12:7-12)

7 이제 모든 짐승에게 물어보라
그것들이 네게 가르치리라
공중의 새에게 물어보라
그것들이 또한 네게 말하리라
8 땅에게 말하라 네게 가르치리라
바다의 고기도 네게 설명하리라
9 이것들 중에 어느 것이
여호와의 손이 이를 행하신 줄을 알지 못하랴
10 모든 생물의 생명과
모든 사람의 육신의 목숨이
다 그의 손에 있느니라
11 입이 음식의 맛을 구별함같이
귀가 말을 분간하지 아니하느냐
12 늙은 자에게는 지혜가 있고
장수하는 자에게는 명철이 있느니라

욥은 이때까지 친구들에게 2인칭 남성 복수를 사용해 말하다가 이 섹션에서 2인칭 남성 단수를 사용해 말한다. 욥은 친구들이 그동안 그에게 했던 말의 일부를 간추려 오히려 친구들을 반박한다(Gordis). 그러므로 이 말씀은 "너희들이 나한테 이렇게 말하는데, 그래 말 잘했다! 별 생각 없이 떠들어대지만 말고, 너희들이 나한테 한 말의 의미를 좀 생각해 봐라. 그러면 내 말이 틀리지 않다는 것을 알 것이다"라는 역할을 한다.

욥은 친구들이 한 말의 형식을 그대로 사용해 그들을 반박한다. "… 에게 물으라 … 네게 가르치리라"는 빌닷이 사용한 양식이다(Clines, 8:8-10). 소발은 하나님이 도저히 이해할 수 없는 일(욥에게 이유를 알 수 없는 고난을 주심)을 하셨다고 주장하는 욥을 책망하려 한다. 소발은 하나님의 지혜는 온 세상의 어떤 한계도 초월하기 때문에 욥이 절대로 하나님의 지혜에 범접할 수 없다는 주장을 폈다(11:5-9). 함부로 하나님이 하시는 일에 대하여 논하지 말라는 취지였다. 이에 대하여 욥은 이 본문에서 세상에 도저히 이해할 수 없는 일이 벌어지고 있다는 사실을 알기 위해 '하나님의 초월한 지혜'까지 필요하지 않다고 말한다. 이미 하나님이 창조하신 피조물에게 주신 지혜로도 이러한 사실을 충분히 간파할 수 있기 때문이다.

본문의 의미를 해석하는 데 가장 중요한 부분은 9절의 '이 모든 것'(כָּל־אֵלֶּה)을 어떻게 해석하느냐에 달려 있다. 이 문구가 욥이 이때까지 한 말, 특히 하나님이 강도들과 악인들에게 평강과 번영을 주시며, 욥처럼 죄 없는 사람을 웃음거리로 만드신다는 4-6절을 의미한다면, 하나님의 정의가 세상에서 매우 불공평하게 적용된다는 것을 짐승들도 모두 알고 있음을 강조한다(cf. 7-8절). 말을 못하는 짐승들도 인간이 배울 수 있는 지혜를 지니고 있는 것은 하나님이 그들을 지혜로 창조하셨기 때문이다. 한 예로 잠언 6:6-8은 다음과 같이 기록하고 있다.

> 게으른 자여 개미에게 가서 그가 하는 것을 보고 지혜를 얻으라
> 개미는 두령도 없고 감독자도 없고 통치자도 없으되
> 먹을 것을 여름 동안에 예비하며 추수 때에 양식을 모으느니라

반면에 이 말씀이 이어지는 10-12절에 기록된 내용을 가리킨다면, 사람을 포함한 모든 생명이 주님의 손에 있고, 살아 있는 사람들에게는 분별할 귀를 주셨고, 노인들에게는 명철을 주셨음을 의미한다. 이렇게 해석할 경우 욥은 친구들이 너무나도 뻔한 자연의 이치를 가지고 그가 당한 어려움을 설명하려는 어리석거나 무모한 시도를 하고 있음을 비난하는 의미가 된다.

욥이 친구들의 말을 오히려 인용해 그들을 반박하고 있다는 점을 고려할 때, '이 모든 것'(9절)은 4-6절의 내용을 지목하고 있다는 것이 더 설득력이 있다. 하나님의 정의가 세상에서 제대로 실현되지 않기 때문에 의인들은 고통을 당하고 악인들은 떵떵거리고 산다는 사실을 짐승들과 새들(7절)과 땅과 바다의 물고기(8절)도 알고 인정할 것이라는 뜻이다.

설령 '이 모든 것'이 10-12절의 내용을 지목한다고 해도 의미는 크게 달라지지 않는다. 욥은 자연 만물도(7-8절) 하나님이 세상의 모든 생물의 생명과 사람의 목숨을 주관하신다는 사실을 알고 있다고 말한다(10절). 그런데 이처럼 하나님의 절대적인 통치권이 미치는 세상에서 불의가 행해지고 있다(4-6절). 이러한 사실은 자신이 귀로 들은 것을 분별할 능력이 있는 사람과(11절) 지혜와 명철이 있는 사람이라면 모두 깨닫는 사실이다(12절). 들은 말을 곧이곧대로 믿지 않고 판단하는 사람과 많은 것을 경험한 사람은, 하나님의 정의가 세상에서 공평하게 적용되지 않는 사실을 인정한다는 의미이다. '이 모든 것'이 지혜의 한계를 강조하기 위해 저자가 의도적으로 애매모호하게 남겨둔 것이라는 해석도 있다(Newsom).

III. 욥과 친구들의 대화(4:1- 27: 23)
A. 첫 번째 사이클(4:1- 14: 22)
6. 욥의 대답(12:1-14:22)
(1) 욥이 친구들에게 답함(12:1-13:19)

d. 모든 지혜와 권능은 하나님의 것이다(12:13-16)

[13] 지혜와 권능이 하나님께 있고
계략과 명철도 그에게 속하였나니
[14] 그가 헐으신즉 다시 세울 수 없고
사람을 가두신즉 놓아주지 못하느니라
[15] 그가 물을 막으신즉 곧 마르고
물을 보내신즉 곧 땅을 뒤집나니
[16] 능력과 지혜가 그에게 있고
속은 자와 속이는 자가 다 그에게 속하였으므로

욥은 세상에서 일어나는 모든 일이 하나님께 속한 것이라며 억울한 일을 당하는 의인도, 그를 속이는 악인도 모두 하나님의 통치 아래 있다고 한다. 욥은 이런 말을 하기 전에 먼저 친구들이 주장하는 원리들에 전적으로 동의한다. 그는 친구들의 주장을 완전히 역으로 이용해 자신의 반박을 펼쳐 나간다.

첫째, 욥은 세상의 모든 지혜와 권능과 계략과 명철이 하나님께 속했다고 한다(13절). 다시 한 번 숫자 '4'로 총체성과 포괄성을 강조한다. 세상의 모든 지혜와 권능과 계략과 명철 등 네 가지는 모두 하나님의 것이라는 뜻이다. 본문에서는 지혜가 무엇인지 정확하게 정의되지 않고 있지만, 하나님만이 소유하신 신성과 실용적인 종류의 지혜인 생활지식을 포함한다(Clines). 구약에서 지혜는 오직 이론적인 지식으로만 이해될 수 없기 때문이다. 욥의 주장에 대하여 그 어느 친구도 반론을 제기하지 않을 것이다. 그들 자신이 이렇게 주장했기 때문이다.

둘째, 절대적인 주권자이자 모든 지혜의 근원이신 하나님이 헐면 세울 자가 없고, 가두면 놓아줄 자가 없다(14절). 가장 지혜로운 분이 하신 일을 감히 누가 번복할 수 있겠냐는 뜻이다. 이 또한 친구들 스스로가 주장한 바이므로 그들은 반론할 수 없다.

셋째, 그러므로 하나님이 하신 일은 그대로 진행된다. 물을 막으시면 막힌 물로 인하여 땅은 곧 마르고, 물을 보내시면 다시 그 메마른 땅이 물로 범람한다(15절). 그 누구도 하나님이 하시는 일을 막을 수는 없다는 의미이다. 친구들이 이때까지 주장한 바에 따르면 하나님이 하시는 일은 이 같은 절대성을 지닌다. 그러므로 친구들은 욥의 주장에 반론할 수 없다.

넷째, 무한한 능력과 지혜를 지니신 하나님은 세상의 모든 선과 악을 주장하시고 속은 자와 속이는 자를 주관하신다(16절). 이 논리에 의하면 세상에는 두 부류의 사람이 있는데, 바로 속이는 자들과 속는 자들이다. 속거나 속이는 사람들이 지혜를 소유할 리 만무하다. 지혜가 있는 사람은 남을 속이지 않을 것이고, 남에게 속지도 않을 것이기 때문이다. 그러므로 욥은 이 논리로 친구들이 주장하는 신학을 기만 덩어리라고 생각한다.

욥은 자신이 말하고 있는 처음 세 가지 원리에(13-15절) 동의하면, 이러한 결론에 다다를 수밖에 없다고 한다. 사실 이 세 가지는 욥이 하는 말이라기보다는 친구들의 주장이기 때문에, 친구들도 욥의 결론에 동의해야 한다. 그러나 그들은 동의하지 않는다. 만일 이 원리에 동의하면 욥의 고난은 그의 죄로 인한 것이 아니며, 절대자인 하나님이 하신 일이 되기 때문이다. 욥은 친구들의 주장으로 그들을 스스로 모순에 빠지게 하고 있다. 문제는 친구들은 들을 귀가 없다. 의도적으로 듣기를 거부한다. 그러므로 앞으로도 논쟁은 계속된다.

Ⅲ. 욥과 친구들의 대화(4:1- 27: 23)
A. 첫 번째 사이클(4:1- 14: 22)
6. 욥의 대답(12:1-14:22)
(1) 욥이 친구들에게 답함(12:1-13:19)

e. 하나님의 지혜는 세상의 지혜와 전혀 다르다(12:17-25)

[17] 모사를 벌거벗겨 끌어가시며
재판장을 어리석은 자가 되게 하시며
[18] 왕들이 맨 것을 풀어
그들의 허리를 동이시며
[19] 제사장들을 벌거벗겨 끌어가시고
권력이 있는 자를 넘어뜨리시며
[20] 충성된 사람들의 말을 물리치시며
늙은 자들의 판단을 빼앗으시며
[21] 귀인들에게 멸시를 쏟으시며
강한 자의 띠를 푸시며
[22] 어두운 가운데에서 은밀한 것을 드러내시며
죽음의 그늘을 광명한 데로 나오게 하시며
[23] 민족들을 커지게도 하시고 다시 멸하기도 하시며
민족들을 널리 퍼지게도 하시고 다시 끌려가게도 하시며
[24] 만민의 우두머리들의 총명을 빼앗으시고
그들을 길 없는 거친 들에서 방황하게 하시며
[25] 빛 없이 캄캄한 데를 더듬게 하시며
취한 사람같이 비틀거리게 하시느니라

욥은 악인들과 그들에게 당한 억울한 사람들 모두 하나님께 속했다는 사실(16절)을 추가로 설명한다. 하나님의 절대적인 권력은 그 누구도 침해할 수 없으며, 주님은 이 절대적인 권력을 사용해 사람들이 기

대하고 상상하는 것들을 모두 반전시키신다고 한다. 문제는 하나님이 어떤 상황을 반전시키시고, 어떤 상황은 그대로 두시는지 알 수가 없다. 결국 욥은 하나님이 자기 의지에 따라 이런 일을 하신다고 탄식한다. 잠언 8:14-16 등은 하나님의 지혜가 세상을 공의와 정의로 운영한다고 하는데, 욥은 이런 가르침을 풍자한다(Habel). 하나님이 공의와 정의가 세상을 지배하는 것을 방해하신다고 욥은 주장한다(Newsom).

하나님은 모사(고관들)들을 벌거벗겨 끌어가신다(17a절). 고대 근동에서 옷은 입은 사람의 신분을 상징했다. 그러므로 벌거벗긴다는 것은 모든 지위와 신분과 위상을 함께 잃는 것을 의미한다. 세상을 다스리는 가장 높은 지도자들이 전쟁 포로 행렬에 끼여 끌려가는 모습이다. 하나님은 재판장들을 어리석은 자가 되게도 하신다(17b절). 재판은 그 사회에서 가장 지혜로운 사람들이 해야 한다. 그래야 억울한 판결을 받는 사람과 죄를 짓고 오히려 큰소리치는 사람이 생산되지 않는다. 그러므로 이 말씀은 하나님이 사회의 재판 제도를 무력화시키기도 하신다는 의미이다.

하나님은 왕들이 맨 것을 풀어 그들의 허리를 동이신다(18절). 왕들이 자신의 높은 위상을 나타내느라 온갖 치장을 하며 사용한 장식용 줄과 매듭을 풀어 그들의 허리를 묶어 끌고 가신다는 의미이다. 세상을 호령하던 왕이 한순간에 전쟁 포로가 되어 끌려가는 모습을 묘사한다. 하나님은 왕에게도 이렇게 하시는 분이다.

하나님은 제사장들을 벌거벗겨 끌어가신다(19a절). 당시 사회에서 제사장들은 왕들 다음으로 가장 화려한 옷을 입었다. 또한 제사장들은 백성들이 [하나님을 포함한] 신들에게 드리는 예배를 인도하는 가장 거룩한 사람들이다. 세상에서 신들과 가장 가까운 사람들이 제사장들이었다. 하나님은 제사장들도 죄가 없다 하지 않으시고 벌을 내려 포로로 끌려가게 하신다. 제사장도 하나님의 심판을 피할 수 없는 세상에서 권력자들이라고 예외일 수는 없다. 그러므로 권력자들도 실족해

끌려간다(19b절).

하나님은 충성된(신실한) 사람들의 말이 실현되지 않도록 하시며, 삶의 연륜이 깊은 노인들의 판단을 흐리게 하신다(20절). 사회의 존귀한 사람들을 멸시하시며, 유력한 사람들의 능력을 무력화시키신다(21절). 이런 사회의 가장 큰 문제는 윤리가 무너지고 경건한 기준이 사라지는 것이다. 하나님이 스스로 사회를 혼란에 빠뜨리기도 하신다는 의미이다.

그렇다고 해서 하나님의 주권이 사람들과 사회에 모두 부정적으로 실현되는 것은 아니다. 하나님은 어두움 속에서 은밀한 것을 보여주기도 하시고, 죽음의 그늘을 빛으로 바꾸어 주기도 하신다(22절). 어두움 속에서 은밀한 것을 보여 주신다는 것은 하나님이 때로는 자기 종들에게 도저히 알 수 없는 신비로운 것들(mysteries)을 알려 주신다는 뜻이다(cf. 단 2:20-23). 시편 107:10-14은 감옥에 갇힌 사람을 어둠과 죽음의 그늘 아래 있다고 표현한다. 본문에서 하나님이 죽음의 그늘을 빛으로 바꾸어 주신다는 것은 곧 감옥에 갇혀 있는 사람이 자유를 누리게 하신다는 것을 의미한다(Newsom). 하나님의 주권이 때로는 상상을 초월하는 은혜를 베푸신다.

하나님은 민족들을 커지게 하셨다가 멸하기도 하시고, 널리 퍼지게 하셨다가 [모아서] 끌려가게도 하신다(23절). 하나님은 흥하게도 하시고 망하게도 하시는 분이라는 뜻이다. 하나님은 때로는 세상을 다스리는 사람들의 총명을 빼앗아 그들이 방황하게 하시며(24절), 깜깜한 곳을 더듬게도 하신다(25a절). 총명한 사람을 취한 사람처럼 비틀거리게도 하신다(25b절). 욥은 하나님이 이런 일을 하시는 것은 알겠는데, 어떤 기준으로 하시는지는 알 수 없다고 말한다.

이 말씀은 "하나님이 하시는 모든 일이 공의이며 정의이다"라는 주장의 위험에 대하여 경고한다. 공의와 정의를 창조주 하나님이 하시는 모든 일로 정의하는 것이 신실한 신앙의 고백처럼 들릴 수도 있다. 그러나 이런 주장은 하나님을 심지 않으신 것을 거두시는, 곧 예측할 수 없는 억지를 부리시는 분으로 몰아갈 위험을 안고 있다.

인간이 하나님의 공의와 정의에 대하여 완벽하게 알 수는 없다. 그러나 어느 정도는 알 수 있다. 인간은 하나님의 모양과 형상대로 만들어졌기 때문이다(창 1:26-28). 또한 하나님은 사람이 어느 정도 주님의 공의와 정의에 대하여 알고 있다는 사실을 전제하고 그에게 선악과를 먹지 말라고 하셨다(창 2:17). 만일 하나님이 사람에게 이해를 초월하는 공의와 정의를 요구하신다면, 하나님은 "심지 않은 데서 거두고, 헤치지 않은 데서 모으는 주인"과 별반 다를 바가 없다(cf. 달란트 비유, 마 25:14-30).

욥은 말로 표현할 수 없는 고통에 시달리고 있다. 그의 고통은 그의 신학과 세계관도 흩어놓았다. 안타까운 것은 욥은 아파서 그렇다고 하지만, 친구들은 아프지 않은 데도 서슴없이 이런 말로 하나님을 대변하려고 한다.

Ⅲ. 욥과 친구들의 대화(4:1- 27: 23)
A. 첫 번째 사이클(4:1- 14: 22)
6. 욥의 대답(12:1-14:22)
(1) 욥이 친구들에게 답함(12:1-13:19)

f. 왜 나를 조롱거리로 만드신 하나님 편에 서느냐?(13:1-12)

[1] 나의 눈이 이것을 다 보았고
나의 귀가 이것을 듣고 깨달았느니라
[2] 너희 아는 것을 나도 아노니
너희만 못하지 않으니라
[3] 참으로 나는 전능자에게 말씀하려 하며
하나님과 변론하려 하노라

[4] 너희는 거짓말을 지어내는 자요
다 쓸모 없는 의원이니라
[5] 너희가 참으로 잠잠하면
그것이 너희의 지혜일 것이니라
[6] 너희는 나의 변론을 들으며
내 입술의 변명을 들어보라
[7] 너희가 하나님을 위하여 불의를 말하려느냐
그를 위하여 속임을 말하려느냐
[8] 너희가 하나님의 낯을 따르려느냐
그를 위하여 변론하려느냐
[9] 하나님이 너희를 감찰하시면 좋겠느냐
너희가 사람을 속임같이 그를 속이려느냐
[10] 만일 너희가 몰래 낯을 따를진대
그가 반드시 책망하시리니
[11] 그의 존귀가 너희를 두렵게 하지 않겠으며
그의 두려움이 너희 위에 임하지 않겠느냐
[12] 너희의 격언은 재 같은 속담이요
너희가 방어하는 것은 토성이니라

욥은 자신이 세상에서 목격하는 일들은 하나님의 공의와 정의가 세상을 다스리고 있다는 주장에 심각한 이의를 제기한다고 생각한다. 그러므로 그는 친구들이 지혜로우신 하나님의 공의와 정의에 대해 경솔하게 말하지 말고 더 신중하게 논할 것을 바란다. 이 점을 강조하기 위하여 욥은 자기 눈과 귀가 하나님의 정의로운 통치와 일치하지 않은 일들을 수없이 보고 들었다고 한다(1절, cf. 12:17-25). 그는 세상에서 친구들보다 더 많은 것을 보고 깨달았다며 자기는 그 어떤 면에서도 친구들에게 뒤지지 않으며, 오히려 모든 면에서 그들보다 더 앞선다는 것을 분명히 하고자 한다(2절). 욥의 주장은 앞으로 계속 친구들과 논쟁을 벌이기 위한 기선제압이라 할 수 있다.

욥은 전능하신 하나님을 직접 만나 주님과 변론하고 싶은 마음이 간절하다(3절). 그는 자신이 경험하고 있는 고통에 대해 오직 하나님만이 그 이유를 말씀해 주실 수 있다는 사실을 알기 때문이다. 친구들은 자신들이 그 이유를 안다며 욥이 죄를 지었기 때문이라고 하지만, 욥은 자신이 지금 당하고 있는 고난을 당할 만한 죄를 짓지 않았으므로 만일 하나님을 만나 자기 형편을 아뢰기만 하면 모든 문제가 해결될 것이라고 확신한다. 설령 해결되지 않는다 해도 왜 자기가 고난을 당했는지는 정말 알고 싶다.

친구들은 그를 위로하겠다며 먼 길을 왔지만 도대체 위로와 격려가 무엇인지를 모르는 사람들이다. 그러므로 그들은 욥에게 모두 거짓말을 지어내는 사람들이며(cf. 시 119:69), 쓸모없는 의원들이다(4절). 본문에서 사용되는 이미지는 치료와 연관이 있다. 개역개정이 '지어내다'로 번역한 히브리어 동사(טפל)는 '[연고 등을] 바르다'라는 의미를 지녔다(HALOT, cf. NIV, AS, NRS, ESV). 그러므로 욥은 친구들이 상처에 연고를 바르듯 조언하지만, 그것은 전혀 도움이 되지 않는, 약효가 없는 약이라고 비난한다. 욥의 고통은 죄로 인한 것이라며 그가 회개해야 문제가 해결된다는 친구들의 말은 사실이 아니기 때문이다. 그는 이러한 고통을 당할 죄를 짓지 않았다. 그러므로 아픈 욥을 위로하고 치료하겠다며 찾아온 친구들은 정작 전혀 쓸모없는 의원과 다름없다. 전혀 치료와 회복이 될 만한 말을 하지 않고 오히려 상처를 키우는 말만 하고 있기 때문이다.

욥은 친구들이 차라리 침묵해주었으면 한다(5a절). 잠언 17:28은 미련한 사람이라도 잠잠하면 지혜로운 사람으로 평가되고, 침묵하면 슬기로운 자로 여겨진다고 한다. 욥은 어리석은 말을 쏟아내는 친구들에게 차라리 침묵하면 더 좋을 뻔했다고 한다. 그러므로 한 주석가는 이 섹션의 타이틀을 '입 닥쳐!'(Shut up!)라고 한다(Longman). 말만 하면 거짓말이 입에서 튀어나와 그들의 무지함을 입증하는 상황이므로 만일 침묵하면 그들이 오히려 지혜자들로 여겨질 것이라는 비아냥이다(5b절). 소발은 욥에게 그만 떠들어대라고 했는데(11:2), 욥이 소발의 비난을 맞받아치는 것으로 생각된다. 욥이 처한 상황이 어떠한지 헤아려 보려고 하지도 않고 무작정 그를 죄인으로 취급하는 말만 해대니 그의 입장에서는 당연한 바람이며 비아냥이다. 친구들이 욥에게 가장 위로가 되었던 때가 도착 후 일주일 동안 아픈 욥의 곁을 지키며 함께 아파하며 침묵했을 때라는 사실을(cf. 2:13) 생각하면 욥이 왜 이런 말을 하는지 더욱더 이해가 간다.

욥은 만일 친구들이 참으로 그와 변론하기를 원한다면 먼저 자기가 하는 말을 귀담아들어줄 것을 부탁한다(6절). 고통을 당할 만한 죄를 짓지 않았는 데도 혹독한 고통을 당하고 있는 그의 형편을 헤아려 달라는 의미이다. 욥의 특별한 상황을 인정하지 않고 계속 논쟁을 하는 것은 결국 친구들이 하나님을 변호한답시고 불의를 말하고 거짓을 말하는 것과 별반 다를 바가 없다(7절). 그들은 하나님에 대하여 거짓 증언을 하는 결과를 초래한다는 경고이다. 욥은 친구들이 그에 대하여 비난과 비아냥을 쏟아내는 것보다, 하나님을 변호한답시고 하나님과 주님이 다스리는 세상에 대해 거짓말하는 것에 더 신경이 쓰인다(Newsom).

욥의 친구들은 자신들이 하나님을 대변한다고 생각하지만, 사실 하나님은 그들의 도움이 전혀 필요하지 않으시다. 그러므로 친구들은 하나님의 낯을 따르기 위하여 친구에게 상처를 주고, 하나님을 변론하기 위하여 친구를 죄인으로 몰아가는 억지 주장을 펼칠 필요가 없다(8절). 친구들이 이러한 일을 하고 있다는 것을 하나님이 아시면 어떻게 될까? 욥은 그들이 분명 벌을 받을 것이라고 확신한다. 사람은 속여도 하나님은 속일 수 없기 때문이다(9절). 실제로 42장에 가서는 하나님이 친구들을 벌하신다.

만일 친구들이 은밀하게 하나님을 변론하려 해도 하나님이 분명히 그들을 책망하실 것이다(10절). 친구들이 펼치는 변론은 하나님께 전혀 도움이 되지 않을 뿐만 아니라, 하나님에 대하여 상당 부분 왜곡시키고 있기 때문이다. 하나님을 변호한답시고 주님의 자녀인 욥에게 씻을 수 없는 상처를 주는 것도 문제가 된다.

하나님이 친구들의 행위를 헤아리시는 날, 그들은 하나님을 두려워할 것이며, 주님의 두려움이 그들을 엄습할 것이다(11절). 하나님은 그들이 생각하는 것보다 훨씬 더 두려운 분이시며, 그 누구도 길들일 수 있는 분이 아니시기 때문이다. 그런데 욥의 친구들은 하나님을 변호한답시고 "하나님은 이런 분이시며 이런 일을 하시고, 저런 일은 하지 않으신다" 등의 생각으로 주님을 정의하고 길들이려고 했다. 그러므로 그들의 언어는 결국 다 타버리고 재만 남은 허황된 말(속담)이며, 이처럼 허황된 말로 방어한 것은 토성에 불과하다(12절). 쌓자마자 곧 무너져 내리는 흙더미(진흙)와 같다는 의미이다.

Ⅲ. 욥과 친구들의 대화(4:1- 27: 23)
　A. 첫 번째 사이클(4:1- 14: 22)
　　6. 욥의 대답(12:1-14:22)
　　　(1) 욥이 친구들에게 답함(12:1-13:19)

g. 제발 내 말 좀 들어다오!(13:13-19)

[13] 너희는 잠잠하고 나를 버려두어 말하게 하라
무슨 일이 닥치든지 내가 당하리라
[14] 내가 어찌하여 내 살을 내 이로 물고
내 생명을 내 손에 두겠느냐
[15] 그가 나를 죽이시리니 내가 희망이 없노라

그러나 그의 앞에서 내 행위를 아뢰리라
[16] 경건하지 않은 자는 그 앞에 이르지 못하나니
이것이 나의 구원이 되리라
[17] 너희들은 내 말을 분명히 들으라
내가 너희 귀에 알려줄 것이 있느니라
[18] 보라 내가 내 사정을 진술하였거니와
내가 정의롭다 함을 얻을 줄 아노라
[19] 나와 변론할 자가 누구이랴
그러면 내가 잠잠하고 기운이 끊어지리라

친구들을 향한 욥의 호소가 이어지고 있다. "제발 잠잠하고 내 말 좀 들어다오!"(13a절). 설령 그가 무엇을 잘못 말해 하나님의 벌을 받게 되더라도, 그 벌은 욥의 몫이니 친구들은 염려하지 않아도 된다(13b절). 만일 친구들이 욥의 신변에 무슨 일(하나님의 벌)이 생길까를 염려해서 하나님을 두둔하는 말을 한다면, 그러한 생각을 과감히 버리고 자기 이야기에 귀를 기울여달라는 하소연이다.

14절을 구성하고 있는 히브리어 텍스트가 정확하지 않아 두 가지로 번역된다.

첫째, 개역개정처럼 "내가 어찌하여 내 살을 내 이로 물고 내 생명을 내 손에 두겠느냐?"로 번역하는 것이다(cf. NAS, NIV, ESV). 이렇게 번역할 경우 욥이 절대 허튼 말과 행동으로 하나님을 분노케 하고 주님의 심판을 받아 죽는 일은 없을 것이라는 뜻이다. 성경에서 자기 생명을 자기 손에 둔다는 것은 항상 위험한 행동을 하려는 것을 의미하기 때문이다(Clines, cf. 삿 12:3; 삼상 19:5; 28:21).

둘째, 새번역이 번역한 것처럼 "나라고 해서 어찌 이를 악물고서라도 내 생명을 스스로 지키려 하지 않겠느냐?"이다(공동, LXX, NRS, TNK). 이렇게 번역할 경우 하나님이 그를 먼저 공격하셨으니, 자기도 잠잠히 당하고 있지만은 않을 것이라는 의미이다. 욥은 그동안 하나님이 자신을 이유 없이 공격하셨다며, 15-16절에서 자신은 무슨 일이 있어도 하나님께 할 말은 해야겠다는 의지를 밝힌다. 그런 걸 감안하면 후자가 더 정확한 번역이다. 욥은 하나님 앞에서 당당하게 말할 수 있을 정도로 참으로 억울한 일을 당했으니, 친구들이 그의 하소연에 귀를 기울여주기를 간절히 바라고 있다.

욥은 자신이 억울하게 고통을 당했다는 것에 대하여 얼마나 당당한가? 하나님이 설령 그를 죽이시더라도 주님 앞에 서서 자기의 상황을 설명한다(15절). 이 구절의 전반부에 대한 번역도 세 가지로 나누어져 있다(cf. Alden).

첫째, 개역개정처럼 "그가 나를 죽이시리니 내가 희망이 없노라"라는 번역이다(NRS, TNK, cf. 공동, 새번역). 이렇게 번역하면 욥은 이러지도 못하고 저러지도 못하는 자신의 형편을 탄식하는 것이 된다. 마소라 사본의 의미는 이 해석에 가장 가깝다.

둘째, 아가페 성경처럼 "비록 그분이 날 죽이실지라도, 나는 그분을 믿고 내 주장을 굽히지 않을 걸세"로 번역하는 것이다(NAS, NIV, ESV, CSB, KJV). 이렇게 번역하면 욥은 죽는 한이 있어도 꼭 하나님께 자기 형편을 아뢰고자 한다. 하나님은 억울한 일을 당한 사람의 형편을 헤아려주시는 분이라는 욥의 믿음과 확신이 강조되고 있다.

셋째, New Living Translation처럼 "설령 그가 나를 죽이신다고 해도, 내게는 이 방법[직접 아뢰는 것]밖에는 없다"(God might kill me, but I have no other hope)고 번역하는 것이다. 이렇게 번역하면 욥은 자신이 취할 수 있는 유일한 옵션은 죽음을 각오하고 하나님께 나아가 자기 형편을 아뢰는 일이라고 한다. 이 세 가지 중 욥이 당면하고 있는 절대적인 절망을 감안하면 첫 번째 번역이 가장 잘 어울리는 해석이다. 그는 하나님 앞에 나아가면 분명 하나님이 그를 죽이실 것을 알지만, 그래도 자기 형편을 주님께 아뢰고자 한다. 욥기에서 신앙은 욥이 하나님을 믿는가가 아니라, 하나님이 그를 믿으시는가이다. 하나님은 욥을 믿으셨기 때문에 고발자에게 그를 괴롭혀도 된다고 허락하셨다.

욥은 경건하지 않은 사람은 결코 하나님 앞에 설 수 없는데, 자신은 설 수 있다고 확신한다(16절). 하나님이 악인에게는 아예 귀를 기울이지 않으시지만, 억울한 일을 당한 욥과 같은 사람은 설령 그를 죽이실지라도(cf. 15절), 죽이기 전에 먼저 그의 호소에 귀를 기울여주실 것을 믿는다. 또한 욥은 하나님이 그의 형편을 알게 되면 분명 그를 죄가 없다고 인정하실 것을 확신한다. 욥은 한 번도 하나님을 불신한 적이 없다. 그저 혼란스러울 뿐이다. 억울하게 당한 고통 때문에 평생 그가 알고 있던 하나님에 대한 지식이 혼란을 빚고 있기 때문에, 하나님을 뵙고 그 혼란을 해결하고자 하는 마음뿐이다.

하나님께 당당한 욥은 친구들에게도 당당하다(17절). 욥은 하나님이 그의 형편을 헤아리기만 하신다면, 분명 그를 의롭다고 하실 것이라고 확신한다(18절). 하나님이 의롭다고 하는 사람을 누가 정죄할 수 있는가? 새번역은 19절을 욥이 하나님께 드리는 기도를 구성하고 있는 다음 섹션에 포함하고 있지만, 이 구절은 앞 섹션에 포함해 친구들에게 하는 말로 해석하는 것이 바람직하다(개역개정, 공동, 아가페, NAS, NIV, ESV, TNK, CSV).

욥은 자기가 잘못한 것이 있으면 지적하라고 당당하게 친구들과 맞선다(19a절). 친구들은 욥에게 말을 하지 말고 잠잠하라고 하지만, 너무나도 억울한 일을 당한 욥은 그렇게 할 수 없다. 그러나 만일 그들이 지혜 있는 말로 그의 잘못을 지적하면, 그는 더 이상 말을 하지 않고 잠잠하겠다고 한다(19b절).

Ⅲ. 욥과 친구들의 대화(4:1- 27: 23)
A. 첫 번째 사이클(4:1- 14: 22)
6. 욥의 대답(12:1-14:22)

(2) 욥이 하나님께 기도함(13:20-14:22)

강력한 어조로 친구들을 비난한 욥이 하나님을 향한다. 친구들은 도대체 그의 상황을 이해하려고 하지 않고 별 의미 없는 말로만 반박한다. 그러므로 욥이 하나님께 기도해 자기의 어려운 형편을 아뢰는 것은 당연한 일이다. 이 첫 번째 사이클에서 욥은 친구들에 대한 반박을 항상 하나님께 드리는 긴 기도로 마무리하고 있다(7:7-21, 10:2-22, 13:20-14:22). 첫 번째 사이클이 지나면 욥이 하나님께 드리는 긴 기도문은 발견되지 않는다. 본문에 기록된 그의 기도는 다음과 같이 구분될 수 있다.[10]

A. 치시는 손을 거두어 주십시오(13:20-28)
B. 저는 재판에 회부할 만한 가치가 없습니다(14:1-6)
C. 저의 삶은 그 흔한 나무보다 못합니다(14:7-12)
B′. 저는 재판을 피하고 싶습니다(14:13-17)
A′. 짓누르는 손을 거두어 주십시오(14:18-22)

---

10 다음은 본문의 일부인 13:28-14:6의 구조에 대한 제안이다(Smick).
서론: 여자에게서 난 사람은 좀에 옷이 헤지듯 사라진다(13:28-14:1a)
A. 사람은 잠시 피었다 지는 꽃, 지나가는 그림자(14:1b-2)
B. 왜 이처럼 허무한 사람을 상관하십니까?(14:3)
핵심: 누가 순수하지 못한 것에서 순수함을 낼 수 있는가?(14:4)
A′. 사람의 날은 정해져 있다(14:5)
B′. 사람에게서 눈을 떼고 그를 내버려 두십시오(14:6)

III. 욥과 친구들의 대화(4:1- 27: 23) A. 첫 번째 사이클(4:1- 14: 22) 6. 욥의 대답(12:1-14:22) (2) 욥이 하나님께 기도함(13:20-14:22)

a. 치시는 손을 거두어 주십시오(13:20-28)

[20] 오직 내게 이 두 가지 일을 행하지 마옵소서
그리하시면 내가 주의 얼굴을 피하여 숨지 아니하오리니
[21] 곧 주의 손을 내게 대지 마시오며
주의 위엄으로 나를 두렵게 하지 마실 것이니이다
[22] 그리하시고 주는 나를 부르소서 내가 대답하리이다
혹 내가 말씀하게 하옵시고 주는 내게 대답하옵소서
[23] 나의 죄악이 얼마나 많으니이까
나의 허물과 죄를 내게 알게 하옵소서
[24] 주께서 어찌하여 얼굴을 가리시고
나를 주의 원수로 여기시나이까
[25] 주께서 어찌하여 날리는 낙엽을 놀라게 하시며
마른 검불을 뒤쫓으시나이까
[26] 주께서 나를 대적하사 괴로운 일들을 기록하시며
내가 젊었을 때에 지은 죄를 내가 받게 하시오며
[27] 내 발을 차꼬에 채우시며
나의 모든 길을 살피사 내 발자취를 점검하시나이다
[28] 나는 썩은 물건의 낡아짐 같으며
좀 먹은 의복 같으니이다

욥은 하나님이 일방적으로 자기를 징계하신다고 생각한다. 이러한 상황에서는 공평한 재판이 불가능하다. 그러므로 그는 하나님께 두 가지를 간구한다(20a절). 첫째, 주님의 손이 더 이상 그를 치지 않는 것

이다(21a절). 그는 하나님이 까닭 없이 그를 치셨다는 생각을 떨칠 수가 없다. 그러므로 욥은 하나님이 그를 내리치시는 일을 멈추어 달라고 기도한다. 둘째, 주님이 그를 두렵게 하는 일을 멈추어 주시는 것이다(21b절). 하나님이 손을 멈추시는 것이 육체적인 고난을 더 이상 주지 말라는 간구라면, 두려움을 멈추어 달라는 것은 정신적인 고통과 압박에서 풀려나게 해 달라는 호소이다.

욥은 하나님이 이렇게만 해주시면 주님의 얼굴을 피하여 숨지 않겠다고 한다. 하나님이 이 두 가지를 자제해주시면 하나님과의 공평한 재판이 가능하기 때문이다. 욥은 하나님 앞에 서서 당당하게 자기 형편을 말할 수 있는 기회를 얻기를 간절히 바라지만, 다른 한편에서는 하나님이 너무 두려워 자꾸 숨고자 하는 생각을 떨칠 수가 없다.

그럼에도 불구하고 만일 하나님이 그의 두 가지 바람(손을 거두시고, 두렵게 하지 않으시면)을 들어주신다면, 하나님의 부르심에 응하겠다고 한다(22a절). 또한 하나님이 자신의 질문에 답을 해 주시면 좋겠다는 바람도 말한다(22b절). 만일 욥이 하나님을 만나게 되면 그는 하나님께 어떤 질문을 하려 하는가? 욥은 하나님께 세 가지 질문을 하고 싶어 한다(23-25절).

첫째, 욥은 자기가 하나님께 지은 죄가 얼마나 되는지 묻고 싶다(23절). 만일 그의 고통이 죄에 대한 대가라면 너무 가혹하다는 것을 전제한 질문이다. 욥은 아무리 생각해도 자신이 겪고 있는 고통을 정당화할 만한 죄를 짓지 않았다고 확신한다. 그러므로 그는 자기가 어떤 죄를 얼마나 지었는지 알고 싶다.

둘째, 하나님이 왜 욥을 원수 취급하시는지 묻고 싶다(24절). 욥은 하나님이 그에게 얼굴을 가리시는 것(만나 주지 않으시는 것)은 그를 원수로 생각하시기 때문이라고 한다. 예전에는 죄를 지어도 용서하시던 분이 도대체 이번에는 왜 욥을 만나기를 거부하시는지 알 수가 없다. 하나님이 욥을 만나 잘못된 점을 지적해주시면 욥이 당장 시정해 문제가 해결될 것인데 말이다. 욥은 참으로 답답하다.

셋째, 하나님이 왜 욥처럼 보잘것없는 사람을 힘들게 하시는지 묻고 싶다(25절). 욥은 자기 자신을 날리는 낙엽과 마른 검불에 비교한다. 이 두 가지는 전혀 가치가 없는 것들이다. 욥은 자신이 세상을 호령하는 귀족도, 재벌도 아니며 삶에서 모든 것을 잃고 실의에 빠진 별 볼일 없는 사람이라고 생각한다. 그러므로 하나님의 특별한 관심뿐만 아니라 징벌도 부담스럽다. 괜히 자기가 뭐나 되는 사람처럼 생각되기 때문이다.

하나님에 대하여 많은 묵상을 해본 욥은 하나님이 날리는 낙엽과 같은 그를 벌하시는 이유는 두 가지 중 하나일 것이라고 한다(26-27절). 먼저, 욥이 어렸을 때부터 이때까지 지은 죄를 모두 기록해두었다가 한꺼번에 벌하셨다(26절, cf. 잠 22:15). 욥은 하나님이 사람의 죄를 그때그때 벌하지 않고 모아두었다가 한꺼번에 치시는 분이라면 그가 경험하고 있는 고난이 어느 정도 설명된다고 고백한다. 그가 아무리 경건하게 살려고 노력했어도 일생 동안 하나님께 많은 죄를 지었을 것이기 때문이다.

다른 가능성은 하나님이 욥의 수족에 족쇄를 채우시고 그의 일거수일투족을 감시하시기 때문이다(27절). 욥은 감옥에 수감된 범죄자의 모습을 사용해 자신의 형편을 묘사한다. 하나님이 그를 창조하신 유일한 이유는 그가 조금이라도 잘못하면 가차없이 벌하기 위해서라는 생각을 그의 주장은 전제하고 있다. 욥은 하나님을 자비로우신 분이 아니라, 냉혹한 심판자로만 생각한다.

위 두 가지 모두 욥이 하나님에 대하여 잘못 생각한 결과이다. 그러나 그가 처한 상황에서는 이렇게 생각할 수도 있다. 그러므로 그의 신학과 사고가 잘못된 것이라고 지적하기에 앞서 그의 아픔과 절망감을 이해하려고 노력해야 한다. 고통을 당하고 있는 사람에게 균형 잡힌 신학 사고 체계와 자신이 처한 상황에 대한 냉철한 판단을 요구하는 것은 옳지 않기 때문이다. 먼저 함께 아파해주고 그 사람이 어느 정도 치유가 되고 회복되면 균형 잡힌 신학 사고 체계는 스스로 정비할 것이다. 주변 사람들은 별말을 하지 않고 그때까지 기다려야 한다.

욥은 하나님이 위 두 가지 이유 중 하나로 인해 그를 벌하신다 할지라도 받아들이기가 힘들다. 그는 자기는 하나님이 어떠한 이유에서든지 관심을 가질 만한 존재가 아니라고 생각하기 때문이다(28절). 25절에서는 자신을 날리는 낙엽과 마른 검불에 비교했던 욥이 이번에는 썩은 물건, 그것도 낡고 썩은 물건과 좀이 먹어 입지 못하게 된 의복에 비교한다(28절).

Ⅲ. 욥과 친구들의 대화(4:1- 27: 23)
A. 첫 번째 사이클(4:1- 14: 22)
6. 욥의 대답(12:1-14:22)
(2) 욥이 하나님께 기도함(13:20-14:22)

b. 저는 재판에 회부할 만한 가치가 없습니다(14:1-6)

1 여인에게서 태어난 사람은
생애가 짧고 걱정이 가득하며
2 그는 꽃과 같이 자라나서 시들며
그림자같이 지나가며 머물지 아니하거늘
3 이와 같은 자를 주께서 눈여겨보시나이까
나를 주 앞으로 이끌어서 재판하시나이까
4 누가 깨끗한 것을 더러운 것 가운데에서 낼 수 있으리이까
하나도 없나이다
5 그의 날을 정하셨고 그의 달 수도 주께 있으므로
그의 규례를 정하여 넘어가지 못하게 하셨사온즉
6 그에게서 눈을 돌이켜

그가 품꾼같이 그의 날을 마칠 때까지
그를 홀로 있게 하옵소서

욥은 바로 앞 섹션의 마지막 구절(13:28)에서 했던 말을 본문을 통해 더 자세하게 설명한다. 13:28과 본문의 주제가 같다고 해서 주석가들은 13:28을 앞 섹션이 아니라, 이 섹션에 포함하기도 한다(cf. Alden, Longman). 욥은 자신뿐만 아니라 모든 사람은 참으로 하나님이 관심을 가질 만한 대상이 아니라고 항변한다. 사람은 참으로 볼품도 없고 가치도 없다는 것이 그의 주장이다.

욥은 그 이유로 인간의 짧은 삶을 지적한다(1-2절). 일부 주석가들은 '여인에게서 태어난 사람'이 본질적으로 연약하다는 뜻이지만(Dhorme), 이 표현은 단지 [여인에게서 태어나는] 모든 사람을 뜻할 뿐 다른 어떤 부정적인 뉘앙스를 풍기지 않았다(cf. Alden).

욥은 두 가지 비유를 사용해 이같은 사실을 강조한다(2절, cf. 8:9; 대상 29:15; 시 37:2; 90:5-6; 102:11; 103:15; 144:4; 전 6:12; 사 40:6-7; 약 1:20).

첫째, 사람은 꽃과 같아서 잠시 피었다가 순식간에 시든다. 사람이 태어날 때는 한 송이 꽃처럼 미래에 대한 희망과 삶에 대한 열정을 가지고 아름답게 피어나지만, 태어나자마자 얼마 지나지 않아 곧바로 시들고 말라비틀어지는 것이 인생이다.

둘째, 사람은 그림자와 같아서 순식간에 지나가며 그 어느 곳에도 오래 머물지 않는다. 꽃은 어느 정도 물질이라도 있지만, 그림자는 아무런 물질도 없다. 그림자는 인생의 허무함을 더 확실하게 강조하는 표현이다. 꽃과 그림자는 모두 인간의 삶의 덧없음을 강조하는 비유들이다. 게다가 이처럼 짧은 삶을 사는 동안 인간은 끊임없이 온갖 걱정에 시달리다 죽는다(1절).

사람의 삶이 이처럼 덧없건만 하나님은 미천한 사람을 눈여겨보신다(3절). 그런데 하나님이 사람을 눈여겨보시는 것은 축복하고 위로해 주시기 위함이(cf. 사 37:17; 렘 32:19) 아니라, 그를 심판하고 재판하기 위함이다(3b절). 참으로 짧은 삶을 사는 것도 만족스럽지 않은데, 그나마 하나님의 감시를 피할 수 없으니 인간의 삶은 더 고단하다.

욥은 하나님의 재판이 마치 더러운 것(온갖 죄로 오염된 사람의 삶)에서 깨끗한 것(공의와 정의)을 찾으려 하는 것과 같다며 절망한다(4절). 세상에는 하나님의 심판을 견뎌낼 정도로 경건한 사람이 하나도 없기 때문이다. 그렇다면 심판주께서 도저히 경건한 삶을 살 수 없는 인간을 위해 하실 수 있는 최선의 배려는 무엇인가?

욥은 사람이 죽을 때까지 하나님이 그를 내버려두시는 것이라고 한다(5-6절). 사람의 수명은 하나님이 이미 정하셨기 때문에 그 누구도 그 기간을 넘어 살 수 없다(5절). 그러므로 품꾼을 고용한 사람이 품꾼이 하루 일과를 마칠 때까지 내버려두는 것처럼, 하나님도 인간을 죽을 때까지 내버려 두시기를 바랄 뿐이다(6절). 하나님의 심판에서 의롭다고 칭찬을 받을 사람은 아무도 없다(4절). 하나님이 심판하시는 날, 그 누구도 하나님의 징벌을 피할 수 없다는 뜻이다. 그러므로 그때까지라도 하나님이 사람을 내버려 두시는 것이 인간이 바랄 수 있는 최고의 선이라는 것이 욥의 결론이다.

Ⅲ. 욥과 친구들의 대화(4:1- 27: 23)
A. 첫 번째 사이클(4:1- 14: 22)
6. 욥의 대답(12:1-14:22)
(2) 욥이 하나님께 기도함(13:20-14:22)

c. 저의 삶은 그 흔한 나무보다 못합니다(14:7-12)

[7] 나무는 희망이 있나니
찍힐지라도 다시 움이 나서
연한 가지가 끊이지 아니하며

[8] 그 뿌리가 땅에서 늙고
줄기가 흙에서 죽을지라도
[9] 물 기운에 움이 돋고 가지가 뻗어서
새로 심은 것과 같거니와
[10] 장정이라도 죽으면 소멸되나니
인생이 숨을 거두면 그가 어디 있느냐
[11] 물이 바다에서 줄어들고
강물이 잦아서 마름같이
[12] 사람이 누우면 다시 일어나지 못하고
하늘이 없어지기까지 눈을 뜨지 못하며
잠을 깨지 못하느니라

이 섹션도 욥의 기도의 일부인데(cf. 새번역, 공동, 아가페), 개역개정은 마치 욥이 친구들에게 말하는 것처럼 번역해놓았다. 그러므로 10절의 "어디 있느냐?"를 "어디 있나이까?"로, 12절의 "깨지 못하느니라"를 "깨지 못하나이다" 등으로 바꿔야 한다. 욥은 자신을 포함한 사람의 삶이 나무보다도 못하다고 탄식한다.

성경에서 나무는 생명과 장수와 회복의 상징이다(Perdue, cf. 시 1:3; 92:13–15; 잠 3:18; 단 4:7–9; 호 14:6–9). 나무는 아무리 도끼에 찍혀도 뿌리만 살아 있으면 다시 회복된다(7절). 때로는 나무의 뿌리가 늙고(8a절), 줄기가 말라 죽는 듯해도(8b절) 다시 물이 공급되면 마치 새로 심은 것처럼 움이 돋고 가지가 뻗는다(7–9절).

나무는 끈질긴 생명력을 상징한다. 근동 지역에서 가장 생명력이 강한 나무인 올리브 나무는 가뭄과 홍수를 가장 잘 견디는 나무이며 천년 이상을 사는 것으로 알려져 있다. 욥은 아마도 올리브 나무를 마음에 두고 이런 말을 하는 것으로 생각된다(Alden).

반면에 사람은 어떤가? 장정이라도 죽으면 끝이다(10a절). 아무리 화려한 삶을 살았다 할지라도 숨을 거두면 더 이상 존재하지 않는다(10b절). 욥은 삶의 허무함을 순식간에 바닷물이 줄고 강물이 땅속으로 사라지는 이미지에 비교한다(11절). 이것은 지진 같은 자연 현상으로 지면에 있던 물이 순식간에 땅속으로 스며들어 사라지는 현상을 배경으로 한다(Newsom).

그러나 비가 오면 메말랐던 시내와 호수는 다시 물로 가득하다. 이때 나무는 생명의 상징인 물을 접하면 회복되는데, 사람의 생명은 순식간에 마르고 다시는 회복되지 않는다(cf. Peake). 그러므로 사람이 누우면(죽으면) 다시 일어나지 못하고, '하늘이 없어지지 않는 한' 죽음에서 일어나지 못한다(12절). 이 말씀은 하늘이 언젠가는 없어진다는 것을 의미하는 것이 아니라, 하나의 숙어로 '영원히'를 의미한다(Longman). 사람은 죽으면 영원히 다시 살아나지 못한다는 것이다.

Ⅲ. 욥과 친구들의 대화(4:1- 27: 23)
A. 첫 번째 사이클(4:1- 14: 22)
6. 욥의 대답(12:1-14:22)
(2) 욥이 하나님께 기도함(13:20-14:22)

d. 저는 재판을 피하고 싶습니다(14:13-17)

[13] 주는 나를 스올에 감추시며
주의 진노를 돌이키실 때까지 나를 숨기시고
나를 위하여 규례를 정하시고 나를 기억하옵소서
[14] 장정이라도 죽으면 어찌 다시 살리이까
나는 나의 모든 고난의 날 동안을 참으면서
풀려나기를 기다리겠나이다
[15] 주께서는 나를 부르시겠고 나는 대답하겠나이다
주께서는 주의 손으로 지으신 것을 기다리시겠나이다

[16] 그러하온데 이제 주께서 나의 걸음을 세시오니
나의 죄를 감찰하지 아니하시나이까
[17] 주는 내 허물을 주머니에 봉하시고
내 죄악을 싸매시나이다

욥은 어떤 경우에라도 하나님의 심판을 받고 싶지 않다. 좋은 결과를 기대하기 어렵기 때문이다. 그러므로 그는 하나님께 하나님의 진노가 멈출 때까지 그를 스올에 숨겨달라고 한다(13a-b절). 하나님께 하나님의 진노를 피할 수 있도록 숨겨달라는 그의 기도는 다소 모순적이다. 그러나 그를 치신 이가 하나님이시니, 그를 환난에서 구원하실 이도 하나님뿐이다. 그러므로 그의 기도는 확고한 신앙에 근거한 것이라 할 수 있다.

욥은 살아 있는 사람이기 때문에 하나님의 심판을 피해 스올로 내려갔다 다시 돌아올 수 없다. 그는 하나님이 이 일을 하셔야 한다고 한다. 욥은 하나님이 그를 스올로 보내셨다가 주님이 정한 규례에 따라 그를 기억하고 다시 이 세상으로 데려와 주시기를 원한다(13c절). 욥은 하나님께 그를 죽음에서 부활시켜 달라고 하는 것이 아니다. 장정이라도 죽어 스올로 가면 다시 돌아올 수 없다는 말씀(14절)이 이러한 가능성을 배제한다.

하나님이 욥의 간구대로 해주시면, 욥은 스올에서 모든 고난(צָבָא)의 날을 참을 것이다. '고난'은 불편하거나 피곤한 군 복무를 뜻하는 단어이며, 본문에서는 욥이 스올의 어두운 곳에서 생활하면서 보낼 시간을 의미한다(Clines). 드디어 고난('스올 복무')이 끝나면 욥은 그곳에서 풀려나기를 기다릴 것이다(14b-c절). 하나님이 그를 스올에서 풀어 주시는 날, 욥을 부르시면 그는 대답할 것이다(15a절). 이날 주님은 자기 손으로 지은 욥을 기다리실 것이다(15b절). 욥은 하나님과의 관계가 회복될 것을 기대할 뿐만 아니라, 언젠가는 하나님이 그를 그리워할 때가 올 것이라고 생각한다.

하나님과 욥의 관계가 회복되면 욥의 죄는 더 이상 하나님께 문제가 되지 않을 것이다(16-17절). 하나님은 그의 걸음을 세신다(16a절). 하나님이 가능한 한 최대한 가까운 곳에서 욥을 살피신다는 의미이다(cf. 31:4, 37; 34:21; 애 4:18). 그러나 하나님은 욥의 행실을 문제 삼지는 않으신다(16b절). 이 문장은 "나의 죄를 감찰하지 아니하십니다"로 번역해야 더 정확한 번역이다. 심지어는 욥의 죄를 모두 모아 주머니에 넣고 봉하며, 그의 죄악을 싸매신다(17절). 주머니에 들어간 죄와 꽁꽁 싸맨 죄는 보이지 않는다(Longman). 욥은 하나님이 그의 죄를 문제 삼지 않으실 것이라고 확신한다.

Ⅲ. 욥과 친구들의 대화(4:1- 27: 23)
A. 첫 번째 사이클(4:1- 14: 22)
6. 욥의 대답(12:1-14:22)
(2) 욥이 하나님께 기도함(13:20-14:22)

e. 짓누르는 손을 거두어 주십시오(14:18-22)

[18] 무너지는 산은 반드시 흩어지고
바위는 그 자리에서 옮겨가고
[19] 물은 돌을 닳게 하고
넘치는 물은 땅의 티끌을 씻어버리나이다
이와 같이 주께서는 사람의 희망을 끊으시나이다
[20] 주께서 사람을 영원히 이기셔서 떠나게 하시며
그의 얼굴 빛을 변하게 하시고 쫓아보내시오니
[21] 그의 아들들이 존귀하게 되어도 그가 알지 못하며
그들이 비천하게 되어도 그가 깨닫지 못하나이다
[22] 다만 그의 살이 아프고

그의 영혼이 애곡할 뿐이니이다

잠시라도 하나님과의 관계가 회복될 날을 소망한 욥이(cf. 15-17절) 다시 암담한 현실을 생각한다. 그는 자기 같은 사람은 죽음을, 영존하시는 하나님은 생명을 상징하시기 때문에 이 땅에서 하나님과 함께 공존할 수 없는 현실을 탄식한다(cf. Newsom). 저자는 점차 작아지는 네 개의 이미지, 산-바위-돌-티끌을 사용해 말을 이어간다(18-19절). 산이 티끌이 되고, 바위가 돌이 되는 점을 감안할 때, 이 이미지는 A-B-B-A구조를 지녔다.

설령 사람의 희망이 높은 산 같을지라도, 하나님은 산을 티끌처럼 씻어내는 물과 같다(18a, 19b절). 또한 사람의 희망이 단단한 바위 같을지라도 하나님은 그 바위를 조금씩 닳게 해 끝에 가서는 흔적도 없게 하는 물과 같다(18b, 19a절). 욥은 자기 삶을 은밀하게 옷을 파괴하는 좀에 비교한 적이 있는데(13:28), 이번에는 하나님의 지속적이고 은밀한 파괴력을 물이 돌을 조금씩 닳게 하는 일에 비교한다. 물줄기가 바위에 부딪칠 때, 바위에는 어떠한 자국도 남지 않는 것처럼 보이지만, 많은 세월이 지나면서 물은 바위를 깎아 흔적도 없이 사라지게 한다. 하나님이 사람의 희망을 닳게 하신다.

결국 생명의 근원이신 하나님 앞에서 쫓겨난 인간(죽은 사람)은 주님이 통치하시는 이 땅에서 살 수 없어 스올로 가야 한다(20절). 사람이 스올로 가면 이 세상에 대한 소식을 접할 수가 없다. 그러므로 스올로 간 사람은 그의 아들들이 존귀하게 되어도 알지 못하고, 그들이 비천하게 되어도 깨달을 길이 없다(21절). 이 세상과 스올은 완전히 단절되어 있기 때문이다. 고대 사람들은 죽은 사람이 이 세상에 남겨둔 자식들이 이 세상과 저세상의 연결고리라고 생각했는데, 욥은 이 세상과 저세상에는 어떠한 연결고리도 없다고 탄식한다.

스올에는 어떠한 소망도 없고, 이 세상과의 접촉도 불가능하다. 그러므로 스올로 내려간 사람(죽은 사람)은 그저 몸이 아프고 마음이 슬플 뿐이다(22절). 몸(살)과 마음(영혼)은 한 쌍을 형성하는 단어들이며, 사람을 총체적으로 표현한다. 욥은 스올은 참으로 참담한 곳이며, 암울한 곳이며, 절망스러운 곳이라 한다. 그러나 욥을 가장 슬프게 하는 것은 스올은 생명의 주인이신 하나님과 단절된 곳이라는 사실이다.

이렇게 해서 세 개로 구성된 친구들과 욥의 대화(논쟁) 중 첫 번째 사이클이 끝이 났다. 친구들은 환난 중에 있는 욥에게 어떠한 도움도 되지 않았으며, 그를 죄인으로 몰았다. 그가 환난을 당하는 것은 그의 죄 때문이다. 공의와 정의로 세상을 다스리시는 하나님이 까닭 없이 그를 벌하실 리가 없기 때문이다. 욥도 하나님이 세상을 공의로 다스리신다는 것을 인정하지만, 자신의 문제는 다르다고 항변한다. 자기는 이러한 고난을 받을 만한 짓을 한 적이 없다고 주장한다. 결국 쌍방은 합의점에 도달하지 못하고 서로의 입장 차이만 확인했을 뿐이다.

친구들이 그를 이해하지 못한다고 생각하는 욥은 하나님께 직접 자기 상황을 설명할 기회를 달라고 하지만, 하나님을 만날 수 없다. 많은 한계와 결점을 지닌 인간이 어찌 전능자를 만나 자신의 입장을 항변할 수 있겠는가! 결국 욥은 모든 희망을 포기하고 절망하며 이 섹션을 마무리한다.

Ⅲ. 욥과 친구들의 대화(4:1- 27: 23)

B. 두 번째 사이클(15:1-21:34)

욥과 친구들은 첫 번째 사이클의 논쟁을 통해 많은 말을 주고받았지만, 합의점에는 도달하지 못했다. 친구들은 계속 욥이 죄를 지었기 때문에 공의와 정의의 하나님이 그를 벌하신 것이라고 했고, 욥은 자기는 이러한 고통을 당할 만한 일을 한 적이 없다며 자기 고통과 죄 사이에 분명한 선을 그었다.

이제 친구들과 욥은 두 번째 사이클의 논쟁에 접어든다. 친구들과 욥은 이미 하고 싶은 말을 대부분 했다. 그러므로 이번 사이클에 기록된 그들의 말은 첫 번째 사이클보다 상대적으로 짧다. 그러므로 그들의 담화를 더 간략하게 살피고자 한다. 친구들과 욥의 두 번째 대화(논쟁)는 다음과 같이 진행된다.

A. 엘리바스의 주장(15:1-35)
B. 욥의 반론(16:1-17:16)
A'. 빌닷의 주장(18:1-21)
B'. 욥의 반론(19:1-29)
A". 소발의 주장(20:1-29)
B". 욥의 반론(21:1-34)

III. 욥과 친구들의 대화(4:1- 27: 23) B. 두 번째 사이클(15:1- 21: 34)

1. 엘리바스의 주장(15:1-35)

친구들 중 가장 나이가 많은 엘리바스가 다시 말을 시작한다. 그는 첫 번째 담화(4-5장)에서 상당히 조심스럽게 욥이 죄로 인해 고난을 받고 있다는 식으로 말을 했다. 그러나 이번에는 다르다. 엘리바스는 욥이 매우 뻔뻔하다고 생각하며, 전능하신 하나님께 무모한 도전을 하고 있다고 생각한다. 자극을 받은 엘리바스는 매우 강력한 어조로 욥을 비판하며 그를 죄인으로 정죄한다. 본문은 다음과 같이 구분될 수 있다.

A. 네 말이 너를 악인이라고 증명한다!(15:1-6)
B. 너는 참으로 어리석구나!(15:7-10)

C. 네가 지혜롭다고? 건방 떨지 마라!(15:11–16)
B′. 어리석은 자여, 내게서 배우라!(15:17–26)
A′. 너 같은 악인의 종말은 이러하다!(15:27–35)

Ⅲ. 욥과 친구들의 대화(4:1– 27: 23)
B. 두 번째 사이클(15:1– 21: 34)
1. 엘리바스의 주장(15:1–35)

(1) 네 말이 너를 악인이라고 증명한다!(15:1–6)

[1] 데만 사람 엘리바스가 대답하여 이르되
[2] 지혜로운 자가 어찌 헛된 지식으로 대답하겠느냐
어찌 동풍을 그의 복부에 채우겠느냐
[3] 어찌 도움이 되지 아니하는 이야기,
무익한 말로 변론하겠느냐
[4] 참으로 네가 하나님 경외하는 일을 그만두어
하나님 앞에 묵도하기를 그치게 하는구나
[5] 네 죄악이 네 입을 가르치나니
네가 간사한 자의 혀를 좋아하는구나
[6] 너를 정죄한 것은 내가 아니요 네 입이라
네 입술이 네게 불리하게 증언하느니라

세 친구들 중 가장 나이가 많고 첫 번째 발언에서는 욥에게 부드럽게 말하던 엘리바스의 태도가 두 번째 발언에서는 돌변했다. 그는 매우 강력한 어조로 욥을 비판한다. 지혜로운 사람은 헛된 지식으로 대답하지 않고 바람과 별반 다를 바 없는 헛된 말을 하지 않는다(2절, cf. 사 41:29; 전 1:14, 17). 또한 지혜로운 사람은 도움이 되지 않는 이야기와 무익한 말을 하지 않는다(3절). 엘리바스가 이런 말을 하는 것은 욥이 지혜로운 사람처럼 말하지 않는다는 것을 강조하기 위해서이다. 그는 욥이 참으로 어리석은 사람처럼 말하고 있다고 생각한다.

엘리바스는 욥이 어리석은 사람처럼 말할 뿐만 아니라, 경건 생활도 버린 사람처럼 말한다고 비난한다. "정말 너야말로 하나님을 두려워하는 마음도 내던져버리고, 하나님 앞에서 뉘우치며 기도하는 일조차도 팽개쳐버리는구나"(4절, 새번역). 그는 욥을 고난 때문에 인생관을 바꿨을 뿐만 아니라, 신앙까지 버리다시피 한 사람으로 취급한다.

엘리바스는 신앙을 버리다시피 한 욥에게서 좋은 말과 행실이 나올 수 없다고 확신한다. 그러므로 욥의 입은 어느덧 죄악이 지배하고 있고, 욥은 그가 옳다고(억울하다고) 인정해 주는 사람들의 혀를 좋아한다고 비난한다(5절). 엘리바스는 자신이 욥을 정죄하는 것이 아니라, 악의 지배를 받고 있는 욥의 입이 그를 정죄하며, 그의 입술이 그에게 불리하게 증언하고 있다고 단언한다(6절). 욥은 자기가 한 말의 대가를 치를 것이라는 주장이다.

엘리바스는 욥의 말을 문제 삼는 것으로 시작해(2-3절), 욥의 말을 문제 삼는 것으로 이 섹션을 마무리한다(5-6절). 그가 문제 삼는 것은 불신자처럼 되어버린 욥의 신앙이다(4절). 그러므로 이 섹션에 기록된 엘리바스의 담화는 A-B-A 구조를 지녔다. 이러한 구조와 내용을 통해 그는 욥이 죄를 지어서 고난을 당하고 있다고 확신한다.

III. 욥과 친구들의 대화(4:1- 27: 23)
B. 두 번째 사이클(15:1- 21: 34)
1. 엘리바스의 주장(15:1-35)

(2) 너는 참으로 어리석구나!(15:7-10)

[7] 네가 제일 먼저 난 사람이냐

산들이 있기 전에 네가 출생하였느냐

[8] 하나님의 오묘하심을 네가 들었느냐
지혜를 홀로 가졌느냐
[9] 네가 아는 것을 우리가 알지 못하는 것이 무엇이냐
네가 깨달은 것을 우리가 소유하지 못한 것이 무엇이냐
[10] 우리 중에는 머리가 흰 사람도 있고 연로한 사람도 있고
네 아버지보다 나이가 많은 사람도 있느니라

엘리바스는 욥이 세 친구보다 더 지혜로운 사람처럼 말하는 것이 싫다. 자기와 두 친구도 학벌과 연륜을 따져보면 욥에게 뒤지지 않는다. 그런데 욥은 마치 자기가 세상에서 최고의 지혜자인 것처럼 말한다. 그러므로 엘리바스는 이 섹션에서 욥에게 잘난 체하지 말라며 그의 어리석음을 비난한다.

엘리바스는 여섯 개의 수사학적인 질문을 던짐으로써 욥을 추궁한다(7-9절). 그는 욥이 온 세상에서 제일 먼저 난 사람, 산들보다 먼저 태어난 사람이냐고 묻는다(7절). 답은 당연히 '아니다'이다. 세상 말로 하자면 엘리바스는 '머리에 피도 안 마른' 욥이 함부로 날뛴다며 일침을 가한다.

엘리바스는 만약에 욥의 연륜이 그다지 길지 않다면, 혹시 그가 하나님과의 특별한 관계를 통해 다른 사람들이 알지 못하고 접해보지 못한 하나님의 오묘하심과 지혜를 가졌느냐고 질문한다(8절). 이 질문에 대해서도 욥은 '아니다'라고 대답할 수밖에 없다. 그가 아무리 하나님을 만나고 싶어도 하나님이 그를 만나 주지 않으시기 때문이다.

엘리바스는 만일 욥이 그 누구보다도 긴 연륜을 지닌 것도, 그 누구도 가지지 못한 하나님의 특별한 오묘하심과 지혜를 가진 것도 아니라면, 도대체 그가 친구들보다 무엇을 더 알고, 무엇을 더 깨달았는가를 묻는다(9절). 이 질문에 대해서도 욥은 '없다'라고 말할 수밖에 없다. 그가 친구들에 비해 특별히 더 지혜롭다 할 수 없기 때문이다.

엘리바스는 욥을 나무라듯 결론을 말한다. "우리 중에는 너보다 훨씬 더 나이도 많고 더 지혜로운 사람들이 있다"(10절). 그는 욥에게 어리석게 입을 놀리지 말라고 경고하고 있다. 좀 더 현실감 있게 말하자면, 엘리바스는 욥에게 "너 자신을 알라!"고 조언한다.

III. 욥과 친구들의 대화(4:1- 27: 23) B. 두 번째 사이클(15:1- 21: 34) 1. 엘리바스의 주장(15:1-35)

(3) 네가 지혜롭다고? 건방 떨지 마라!(15:11-16)

[11] 하나님의 위로와 은밀하게 하시는 말씀이
네게 작은 것이냐
[12] 어찌하여 네 마음에 불만스러워하며
네 눈을 번뜩거리며
[13] 네 영이 하나님께 분노를 터뜨리며
네 입을 놀리느냐
[14] 사람이 어찌 깨끗하겠느냐
여인에게서 난 자가 어찌 의롭겠느냐
[15] 하나님은 거룩한 자들을 믿지 아니하시나니
하늘이라도 그가 보시기에 부정하거든
[16] 하물며 악을 저지르기를 물 마심같이 하는
가증하고 부패한 사람을 용납하시겠느냐

엘리바스는 하나님과 세상에 대한 전통적인 가르침으로 욥을 위로하려 했다(4-5장). 그는 자신이 "하나님의 위로와 은밀하게 하시는 말씀"을 전통적인 가르침을 통해 욥에게 충분히 전달해주었다고 생각한다(Newsom). 그러나 욥은 그 주장을 받아들이려 하지 않았다. 그러자 감정이 상한 엘리바스는 "내가 네게 해준 말이 작은 것이냐?"며 그를 공격한다(11절).

엘리바스가 보기에 욥은 어느덧 불만주의자가 되어 있다. 그러므로 누가 어떤 말을 해도 욥은 불만스러운 표정으로 눈을 부릅뜨고 말하는 사람을 뚫어지게 쳐다볼 것이다(12절). 욥은 사람에게만 불만을 토로하는 것이 아니라, 하나님께도 화를 내며 함부로 말하고 있다(13절). 욥은 참으로 교만하다.

엘리바스는 욥이 그렇게 하면 안 되고, 겸손해야 한다고 조언한다. 욥이 왜 겸손해야 하는가 하면 세상에는 그를 포함해 어느 누구도 거룩하신 하나님 앞에서 의롭다고 인정받을 만한 사람이 없기 때문이다. 하나님께 사람은 깨끗하거나 의롭지 않다(14절). 그저 부정하고 많은 죄로 오염된 것이 인간이다. 게다가 하나님은 가장 거룩하다고 하는 거룩한 자들(천사들)도 믿지 않으시며, 그들이 거하는 하늘도 하나님 보시기에는 부정하다(15절). 하늘과 천사들도 하나님께 부정하다면, 하물며 매일 죄 짓기를 물 마시듯 하는 사람은 오죽하겠는가!(16절). 그러므로 자신은 죄가 없다는 욥의 주장이 헛된 망상에서 비롯되었다고 엘리바스는 결론을 내린다. 욥은 매일 죄를 짓지 않고는 살 수 없는 연약한 인간들 중 하나이기 때문이다.

Ⅲ. 욥과 친구들의 대화(4:1- 27: 23)
B. 두 번째 사이클(15:1- 21: 34)
1. 엘리바스의 주장(15:1-35)

(4) 어리석은 자여, 내게서 배우라!(15:17-26)

[17] 내가 네게 보이리니 내게서 들으라
내가 본 것을 설명하리라
[18] 이는 곧 지혜로운 자들이 전하여준 것이니

그들의 조상에게서 숨기지 아니하였느니라
[19] 이 땅은 그들에게만 주셨으므로
외인은 그들 중에 왕래하지 못하였느니라
[20] 그 말에 이르기를 악인은 그의 일평생에 고통을 당하며
포악자의 햇수는 정해졌으므로
[21] 그의 귀에는 무서운 소리가 들리고
그가 평안할 때에 멸망시키는 자가 그에게 이르리니
[22] 그가 어두운 데서 나오기를 바라지 못하고
칼날이 숨어서 기다리느니라
[23] 그는 헤매며 음식을 구하여 이르기를 어디 있느냐 하며
흑암의 날이 가까운 줄을 스스로 아느니라
[24] 환난과 역경이 그를 두렵게 하며
싸움을 준비한 왕처럼 그를 쳐서 이기리라
[25] 이는 그의 손을 들어 하나님을 대적하며
교만하여 전능자에게 힘을 과시하였음이니라
[26] 그는 목을 세우고
방패를 들고 하나님께 달려드니

욥의 교만과 어리석음을 맹렬하게 비난한 엘리바스가 다시 한 번 욥을 깨우쳐주겠다는 취지로 말한다(17절). 그가 하고자 하는 말이 단지 자신이 하는 말이 아니라, 오랜 전통과 조상들의 지혜를 반영하고 있다고 한다(18-19절, cf. Clines). NIV는 19절만, RSV는 18-19절을 괄호로 감싸고 있다. 문맥의 흐름에 필요 없는 말이며, 훗날 누군가가 삽입한 부연 설명이라는 뜻이다. 엘리바스는 전통적인 신앙과 보수적인 신학을 매우 중요하게 여기는 사람임이 확실하다.

조상들의 지혜와 전통이 엘리바스에게 가르쳐주고, 그도 전적으로 동의하는 지혜는 악인의 삶과 운명에 대하여 몇 가지 통찰을 준다

(20-26절).

첫째, 악인은 평생 고통을 당하며, 하나님은 그들이 사는 햇수를 정해두셨다(20절). 악인들은 평생 하나님의 심판을 벗어나지 못해 괴로워하다가 하나님이 정하신 때가 되면 죽는다.

지금부터 엘리바스는 욥이 이때까지 한 말을 상당 부분 암시적으로 인용하면서 그를 공격할 것이다. 소발의 담화가 이런 식으로 진행되었다(cf. 11:13-20). 다음을 참조하라(cf. Balentine, Habel).

	엘리바스 담화 (15:20-35)	욥 담화
고통으로 괴로워하다(חיל)	20	6:10
두려운 소리(פַּחַד)	21	3:25
파괴자(שׁוֹדֵד)	21	12:6
돌아오다(שׁוּב)	22	7:9-10
고통(צַר)	24	7:11
두려워하다(בעת)	24	7:14
무서워하다(תקף)	24	14:20
이루다(גבר)	25	3:3
텅 빔(שָׁוְא)	31	7:3
메마름(גַּלְמוּד)	34	3:7
불(אֵשׁ)	34	1:16
죄악(עָמָל)	35	3:10
뱃속(בֶּטֶן)	35	3:10-11

둘째, 악인은 살아 있는 동안에도 삶의 질이 매우 낮다(21-22절). 그는 무서운 환청에 시달리기 일쑤이며, 어느 정도 평안을 누린다 싶을 때에 죽음이 그를 찾아온다(21절). 그러므로 악인은 항상 어두운 곳에 거하며 칼날의 위협을 받는다(22절). 악인의 삶은 우환이 끊일 날이 없다.

셋째, 악인이 음식을 구하는 일도 쉽지 않아, 죽음의 날이 가까워지면 스스로 임박한 죽음을 의식한다(23절). 악인은 이 세상에서 음식도 마음껏 먹지 못하고, 결국에는 아사 상태에 이르게 된다는 것이다. 사람이 배고픔에 시달리는 것처럼 비참한 일은 없다.

넷째, 악인은 항상 환난과 역경을 두려워하며 산다(24절). 전쟁에서 적을 공격하는 왕처럼 환난과 역경이 그를 칠 것이기 때문이다. 도저히 피할 수 없는 어려움이 악인을 항상 괴롭힐 것이라는 의미이다.

악인들은 왜 이처럼 평생 두려움에 살다가 결국 비참한 죽음을 맞이하게 되는가? 엘리바스는 그들이 하나님을 대적하고 교만을 떨기 때문이라고 한다(25절). 그는 악인의 이 같은 행위가 한 손에는 방패를 들고 한 손에는 칼을 든 군인이 적을 공격하는 것처럼 하나님을 공격하는 것이라고 한다(26절). 목을 세우는 모습은 목을 쑥 내민다는 의미인데, 이 자세는 오만의 상징이다(Clines). 교만한 악인에게 공격을 당한 하나님이 그를 내버려두실 리 없다. 그러므로 악인은 엘리바스가 말한 네 가지 일을 겪게 된다.

엘리바스는 욥이 악인이라는 말을 직접적으로 하지는 않지만, 다분히 암시하고 있다. 욥이 겪고 있는 일은 그가 악인들의 삶이 이렇다 하면서 말한 네 가지와 비슷하다. 그렇다면 욥이 이런 일을 당하는 것은 그가 교만해 하나님을 대적했기 때문이라는 것을 엘리바스는 암시한다. 엘리바스의 신학이 욥이 처한 상황을 잘 파악하지 못하게 그를 맹인으로 만들고 있다(Longman).

Ⅲ. 욥과 친구들의 대화(4:1- 27: 23)
B. 두 번째 사이클(15:1- 21: 34)
1. 엘리바스의 주장(15:1-35)

(5) 너 같은 악인의 종말은 이러하다!(15:27-35)

27 그의 얼굴에는 살이 찌고
허리에는 기름이 엉기었고

[28] 그는 황폐한 성읍,
사람이 살지 아니하는 집,
돌무더기가 될 곳에 거주하였음이니라
[29] 그는 부요하지 못하고
재산이 보존되지 못하고
그의 소유가 땅에서 증식되지 못할 것이라
[30] 어두운 곳을 떠나지 못하리니
불꽃이 그의 가지를 말릴 것이라
하나님의 입김으로 그가 불려가리라
[31] 그가 스스로 속아 허무한 것을 믿지 아니할 것은
허무한 것이 그의 보응이 될 것임이라
[32] 그의 날이 이르기 전에 그 일이 이루어질 것인즉
그의 가지가 푸르지 못하리니
[33] 포도 열매가 익기 전에 떨어짐 같고
감람 꽃이 곧 떨어짐 같으리라
[34] 경건하지 못한 무리는 자식을 낳지 못할 것이며
뇌물을 받는 자의 장막은 불탈 것이라
[35] 그들은 재난을 잉태하고 죄악을 낳으며
그들의 뱃속에 속임을 준비하느니라

엘리바스는 남을 약탈한 것으로 잘 먹어 일시적으로 피둥피둥해진 악인들을 예로 삼으며 이야기를 진행해 나간다. 그들의 얼굴은 살이 찌고 허리에는 기름이 엉기었다(27절). 먹을 것이 충분하지 않고 기근이 자주 오던 농경 사회에서 사람의 이러한 모습은 풍요의 상징이며, 선망의 대상이다(삼하 1:22; 느 9:25). 그러나 전쟁에 임하는 군사가 이렇다면 그는 싸우기에 부적절한 사람이라는 뜻이다(Clines). 구약에서 피둥피둥함은 교만한 자들의 모습이기도 하다(신 32:15; 시 73:3; 렘 5:28).

악인들의 풍요는 오래가지 못한다(cf. 잠 13:11). 그들은 쫄딱 망해 사람이 살지 않는 폐허에서 살게 된다(28절). 재산도 모두 잃는다(29절). 이 모든 일이 하나님의 심판이다(30절). 하나님의 심판의 "불꽃이 악인의 가지를 말리는 것"은 욥이 재앙으로 인해 자식들을 잃은 일을 의미할 수 있다(Alden). 하나님의 입김으로 불려간다는 것은 죽음을 의미한다(Habel).

이러한 상황에서 악인은 비전과 소망이라며 허무한 것을 떠올릴 수도 있지만, 상황이 너무나도 힘이 들면 이마저도 사치품으로 느껴진다. 그러므로 그는 자신의 허무한 것(꿈, 비전)을 믿지 않게 될 것이다(31절). 악인은 결국 인생이 피어보기도 전에 죽는다(32절). 하나님의 심판으로 일찍 죽음을 맞는 것은 성경이 종종 언급하는 주제이다(cf. 22:16; 시 55:24; 전 7:17).

악인들이 하나님의 심판을 받아 일찍 죽는 것은 마치 포도 열매가 익기 전에 떨어지는 것과 같고 올리브 꽃이 피자마자 곧바로 떨어지는 것과 다를 바 없다(33절). 시편 1편의 잎이 마르지 않고 오래 사는 의인과 정반대의 운명이다(Clines). 또한 악인은 자식을 낳지 못할 것이며, 그들의 삶의 터전은 불에 탈 것이다(34절). 하나님이 그들의 불의를 심판하시기 때문이다. 악인들은 재난과 죄악을 생산하며 스스로 속이는 자들이다(35절, cf. 시 7:14; 사 59:4).

엘리바스는 악인의 상황을 묘사하면서 욥이 처한 일과 상당 부분 직접적으로 연결하고 있다(Smick). 태우는 불(30, 34절, cf. 1:14), 파괴하는 자들의 습격(21절, cf. 1:17), 재산을 잃음(29절, cf. 1:17), 무너진 집(28절, cf. 1:19). 그는 욥이 이런 일을 당하게 된 것은 두 가지 잘못 때문이라고 한다(Clines). 첫째, 가장 의로운 사람도 하나님이 보실 때는 흠이 있다는 것을 인정하지 않는 지적인 잘못이다. 둘째, 그에게 닥친 고난을 인내하며 꿋꿋하게 견디지 않은 도덕적인 잘못이다. 욥이 엘리바스의 말을 들으며 얼마나 자극을 받고 분노했을까를 생각하면 참으로 안쓰럽다. 친구가 위로한답시고 한 말이 이 정도니 말이다. 참으로 잔인한 친구들이다.

Ⅲ. 욥과 친구들의 대화(4:1- 27: 23)
B. 두 번째 사이클(15:1- 21: 34)

2. 욥의 반론(16:1-17:16)

친구들과의 대화가 지속될수록 욥은 답답하고 분하다. 친구들이 그가 죄를 지어서 고통을 당하는 것이라고 자꾸 억지를 쓰기 때문이다. 그러므로 이 섹션에서 욥은 친구들에게 도움과 위로가 될 말을 해주지 않을 것이라면, 차라리 자기를 내버려두라고 울부짖는다.

하나님과 해결할 문제가 태산 같은데, 친구들마저 그의 발목을 잡는다는 느낌을 떨칠 수가 없다. 본문에서 욥은 엘리바스의 억지 주장에 반론을 제기하지만, 실제로는 모든 친구의 주장을 반박하고 있다. 본문의 핵심 내용은 욥은 자신의 억울함을 입증하기 위해 할 수 있는 일은 모두 했고, 그의 억울함을 풀어 줄 증인은 하늘에 있다는 것이다(16:19). 이 섹션은 다음과 같이 구분될 수 있다.

A. 나를 내버려 두라(16:1-6)
B. 하나님이 나를 버리셨다(16:7-8)
C. 하나님이 내 삶을 완전히 망치셨다(16:9-17)
D. 나는 참으로 억울하다(16:18-17:2)
C′. 하나님은 망가진 나의 삶의 증인이시다(17:3-4)
B′. 세상이 나를 버렸다(17:5-9)
A′. 나는 희망을 포기했다(17:10-16)

III. 욥과 친구들의 대화(4:1- 27: 23)
B. 두 번째 사이클(15:1- 21: 34)
2. 욥의 반론(16:1-17:16)

(1) 나를 내버려 두라(16:1-6)

[1] 욥이 대답하여 이르되
[2] 이런 말은 내가 많이 들었나니
너희는 다 재난을 주는 위로자들이로구나
[3] 헛된 말이 어찌 끝이 있으랴
네가 무엇에 자극을 받아 이같이 대답하는가
[4] 나도 너희처럼 말할 수 있나니
가령 너희 마음이 내 마음 자리에 있다 하자
나도 그럴듯한 말로 너희를 치며
너희를 향하여 머리를 흔들 수 있느니라
[5] 그래도 입으로 너희를 강하게 하며
입술의 위로로 너희의 근심을 풀었으리라
[6] 내가 말하여도 내 근심이 풀리지 아니하고
잠잠하여도 내 아픔이 줄어들지 않으리라

욥은 사람이 고난을 당하는 이유가 하나님께 범죄했기 때문이라는 일반적인 원칙에는 동의하지만, 자기가 겪고 있는 고난도 죄 때문이라는 친구들의 주장에는 동의하지 않는다. 자기는 이 같은 고난을 당할 만한 일을 하지 않았기 때문이다. 욥은 아무리 자기의 억울한 입장을 말해도 같은 말만 반복하는(2a절) 친구들이 밉다. 그러므로 그는 친구들을 '재난을 주는 위로자들'(מְנַחֲמֵי עָמָל)이라고 몰아붙인다(2b절). 위로자는 원래 평안과 안정을 주는 사람인데, 그들은 도대체 도움이 되지 않을 뿐만 아니라, 오히려 번뇌만 늘리는 위로자들이다(Rowley). 그들은 욥이 분노할 정도로 그를 공격하기 때문이다.

욥은 친구들과의 대화를 2인칭 남성 복수를 사용해 진행한다(3, 4-5절). 유일한 예외가 3절이다. 그는 3절에서 2인칭 남성 단수를 사용한다. 그러므로 주석가들은 3절은 원래 친구들이 욥에게 한 말인데, 욥이 인용하는 것으로 해석한다(Clines, Newsom). "헛된 말이 어찌 끝이 있으랴. 네가[2인칭 남성 단수] 무엇에 자극을 받아 이같이 대답하는가?"는 친구들이 욥에게 했던 말이라는 것이다(cf. 15:2). 욥은 친구들이 그에게 했던 말을 인용해 그들을 비난하고 있다. "너희들이야말로 헛된 말의 끝을 모르는 사람들이다. 너희들은 도대체 무엇에 자극을 받았기에 친구인 나에게 이처럼 매정하게 구느냐?"

욥은 친구들과 입장과 위치가 바뀌었다면, 자기도 친구들이 그에게 해댄 것처럼 했을 것이라고 한다(4절). 머리를 흔드는 것(4절)은 동정(2:11) 혹은 조롱(왕하 19:21; 시 22:7; 44:15)을 표현할 수 있는 애매한 몸짓이며 고난을 당한 사람으로부터 거리를 두는 표현이기도 하다(애 2:15; 렘 18:16). 그러므로 머리를 흔드는 것은 보는 관점에 따라 다른 의미로 해석될 수 있다(Clines). 욥은 친구들의 말과 몸짓이 동정을 뜻했겠지만, 자기 관점에서는 격멸의 표현으로 해석되었음을 암시한다. 만일 그와 친구들의 위치가 바뀌었다면, 욥은 자신이 분명 친구들을 강하게 하고 위로해 그들의 근심을 해소해 주었을 것을 확신한다(5절). 약한 자를 강하게 하는 일은 위로의 본질이다(Clines). 자기는 친구들보다 더 좋은 위로자가 되었을 것이라는 뜻이다.

반면에 친구들은 욥에게 전혀 도움이 되지 않는다. 그러므로 욥이 아무리 친구들에게 말해보아도 그의 근심은 풀리지 않는다(6a절). 친구들이 아픔을 토로하는 욥을 어떻게 위로하는지를 모르고 있다는 뜻이다. 사실 그들은 욥을 위로하는 것이 아니라 정죄하기에 급급하다. 욥이 친구들은 대화 상대가 되지 못한다는 사실을 의식해 말을 줄이고 잠잠해도 아픔은 줄어들지 않는다(6절). 욥은 친구들이 그저 아무 말도 하지 않고 그를 내버려 두었으면 좋겠다고 생각한다.

새번역은 6절을 욥이 하나님께 드리는 탄식(7-8절)의 시작으로 번역했다. 그러나 대부분의 번역들처럼 이 구절은 욥이 친구들에게 한 말로 해석해야 한다(공동, 아가페, NIV, NAS, NRS, ESV, TNK). 6절은 앞 섹션에 연결해야지, 뒤 섹션과 연결하지 말아야 한다.

III. 욥과 친구들의 대화(4:1- 27: 23)
B. 두 번째 사이클(15:1- 21: 34)
2. 욥의 반론(16:1-17:16)

(2) 하나님이 나를 버리셨다(16:7-8)

7 이제 주께서 나를 피로하게 하시고
나의 온 집안을 패망하게 하셨나이다
8 주께서 나를 시들게 하셨으니
이는 나를 향하여 증거를 삼으심이라
나의 파리한 모습이 일어나서 대면하여
내 앞에서 증언하리이다

개역개정과 대부분의 번역본들은 7절을 욥이 하나님께 드리는 기도로 해석하지만, 마소라 사본은 이런 내용이 없이 단순히 3인칭 남성 단수로 구성되어 있다. 그러므로 Revised English Bible의 경우 하나님이 아니라 욥의 친구('my friend')가 그를 피로하게 했다고 번역했다(cf. KJV). 문맥과 정황을 고려하면 욥이 하나님께 이 말씀을 드리는 것으로 해석해야 한다(새번역, 공동, 아가페, NAS, NIV, NRS, ESV, TNK).

욥은 자기가 겪고 있는 고통이 멈추는 것보다 무엇 때문에 환난이 임했는가를 더 알고 싶어 한다. 그는 하나님이 그에게 이 모든 고난을 주셨다는 것을 기정사실화한다. 욥은 하나님이 그에게 알 수 없는 폭력을 행사해 그와 그의 집안을 풍비박산내셨다고 탄식한다(7절). 하나님의 폭력은 성경 저자들이 종종 논하는 주제이다(시 32:4; 38:3; 39:11; 애 3장). 학자들은 오래전부터 16:7-17과 애가 3장이 여러 가지 비슷한 표현을 사용하는 것을 의식했다. 다음을 참조하라(cf. Balentine).

	욥 담화(16:7-17)	애가 3장
하나님을 공격하는 짐승으로 묘사	9	10-11
입을 벌림	10a	46
뺨을 때림	10b	30
활과 화살로 공격	12b-13a	12-13
주요 장기 손상	13b	13
하나님이 자비를 보이지 않으심	13b	43
내 쓸개즙을 부음	13c	15, 19
포위된 성읍	14	5-9
잿더미 위에 앉음	15	16, 29
눈물 흘림	16	48, 49

하나님은 욥의 육신도 치셨으므로 그의 몰골은 식물이 물이 없어 시든 모습과 같다(8a절). 욥의 몸이 고난을 받아 많이 수척해지고 야위었다는 뜻이다(Fohrer, Gordis, Pope). 더 커다란 문제는 욥의 흉측한 몰골이 그에 대한 증거로 채택된다는 것이다(8b-d절). 무엇에 대한 증거가 된단 말인가? 욥의 친구들은 그의 피폐해진 몸이 하나님이 그를 치셨다는 증거이며, 그것은 욥이 하나님께 죄를 지었기 때문이다. 그러므로 재앙으로 망가진 욥의 몸은 그가 하나님께 죄를 지었다는 가장 확실한 증거가 된다.

물론 욥은 이러한 추론에 동의하지 않는다. 그러므로 그는 친구들이 주장하는 전통적인 견해와 관점에서 자신이 당면하고 있는 문제를 해석하면 이런 한계에 부딪친다는 것을 지적하고자 할 뿐이다. 자기 문제는 전통적인 논리로 설명할 수 없는 것이라는 의미이다.

III. 욥과 친구들의 대화(4:1- 27: 23)
B. 두 번째 사이클(15:1- 21: 34)
2. 욥의 반론(16:1-17:16)

(3) 하나님이 내 삶을 완전히 망치셨다(16:9-17)

[9] 그는 진노하사 나를 찢고 적대시하시며
나를 향하여 이를 갈고 원수가 되어
날카로운 눈초리로 나를 보시고
[10] 무리들은 나를 향하여 입을 크게 벌리며
나를 모욕하여 뺨을 치며
함께 모여 나를 대적하는구나
[11] 하나님이 나를 악인에게 넘기시며
행악자의 손에 던지셨구나
[12] 내가 평안하더니 그가 나를 꺾으시며
내 목을 잡아 나를 부숴뜨리시며
나를 세워 과녁을 삼으시고
[13] 그의 화살들이 사방에서 날아와 사정 없이 나를 쏨으로
그는 내 콩팥들을 꿰뚫고
그는 내 쓸개가 땅에 흘러나오게 하시는구나
[14] 그가 나를 치고 다시 치며
용사같이 내게 달려드시니
[15] 내가 굵은 베를 꿰매어 내 피부에 덮고
내 뿔을 티끌에 더럽혔구나
[16] 내 얼굴은 울음으로 붉었고
내 눈꺼풀에는 죽음의 그늘이 있구나
[17] 그러나 내 손에는 포학이 없고
나의 기도는 정결하니라

욥과 친구들이 동의하는 한 가지가 있다. 욥의 고난은 하나님이 그를 치셨다는 증거라는 것이다. 그들은 이 사실에 모두 동의하지만, 하나님이 왜 욥을 치셨는가에 대해서는 서로 다른 입장을 고수한다. 친구들은 욥이 하나님께 죄를 지었기 때문이라 하고, 욥은 자기는 하나님께 이런 징벌을 받을 만한 죄를 지은 적이 없다고 주장한다.

욥은 이 섹션에서 여러 가지 비유와 이미지를 사용해 하나님이 그의 삶을 완전히 망가뜨리셨다고 탄식한다. 또한 욥은 하나님이 그를 적으로 생각해 치신 것을 묘사하면서 처음에는 단순한 적대적 관계로 시작해 점차적으로 더 강력한 폭력의 이미지를 사용하다가 끝에 가서는 자신을 하나님의 화살 세례를 받아야 하는 과녁으로 표현한다.

첫째, 하나님은 욥을 원수 대하듯 하신다(9절). 하나님은 마치 원수에게 진노하듯 욥에게 진노하셨다. '적대시하다'(שׂטם)는 증오를 의미한다(HALOT). 하나님이 지속적으로 욥을 증오하고 계시다는 것이다. 심지어 하나님은 욥을 향해 이를 갈고 계시며, 매서운 눈초리로 그를 보신다. 사용되고 있는 이미지는 사람을 공격하는 들짐승이다(Clines). 하나님은 마치 들짐승처럼 맹렬하게 욥을 공격하셨다. 당장 욥을 어떻게 처단하실 것처럼 위협적으로 대하신다.

둘째, 하나님은 욥을 악인들의 손에 넘기셨다(10-11절, cf. 시 21:13-14; 애 3:30). 욥이 하나님의 진노를 감당하기도 너무 힘이 드는데, 하나님은 그를 주변에 있는 사람들의 손에도 넘기셨다. 그들은 잡아먹을 듯이 욥에게 대들고 그를 모욕한다. 또한 악인들은 욥이 그들의 공통적인 적이라고 생각해 똘똘 뭉쳐 그를 괴롭힌다. '함께 모여 대적한다'(10절)는 군사적 은유이다. 욥은 자신의 형편을 포위된 채 큰 군대에게 공격당하는 외로운 성에 비교하고 있다. 그런데 그는 누구를 두고 그를 괴롭히는 악인들이라고 하는 것일까? 욥이 그의 집에 재앙을 가져다준 스바 사람들(1:15)과 갈대아 사람들(1:17)을 염두에 두었을 수도 있지만(cf. Alden), 아마도 세 친구들도 염두에 두고 한 말일 것이다.

셋째, 하나님은 맹수가 먹잇감을 사냥하듯 욥을 사냥하셨다(12a-b절, cf. 애 3:10-11; 호 5:14; 6:1). 욥은 자신을 맹수의 습격을 받을 때까지 평안히 풀을 뜯던 초식동물에 비유한다. 갑자기 달려든 맹수는 욥을 꺾고 목뼈를 부서뜨려 꼼짝 못하게 했다. 이제는 죽음만 남은 절박한 상황이다.

넷째, 하나님은 욥을 활쏘기의 과녁으로 삼으셨다(12c-13절). 하나님이 쏘신 화살이 쉴 새 없이 날아오지만, 욥은 날아오는 화살들 중 하나도 피할 수 없다. 자신은 움직일 수 없는 표적이기 때문이다. 결국 하나님의 화살은 그의 콩팥들과 쓸개를 뚫는다. 고대 사람들은 콩팥이 사람의 감정의 중심이라고 생각했다. 그들은 오늘날 우리가 심장을 생각하는 것처럼 콩팥을 생각했다. 그러므로 욥은 하나님의 공격이 치명적일 뿐만 아니라 그의 감정에도 심각한 파괴를 안겨주었다고 탄식한다. 쓸개는 쓴맛의 상징이다(cf. 룻 1:20). 욥은 하나님께 자기 몸의 중심부를 관통하는 치명적인 상처를 입어 삶이 온통 쓴맛으로 가득하다고 한다.

다섯째, 하나님은 마치 용사가 전쟁터에서 적을 치듯이 욥을 치셨다(14절). 욥은 포위된 성읍 같으며 하나님은 그의 방어막을 뚫으려는 돌격 대원이다(Clines). 신적 전사이신 하나님의 칼과 창을 누가 피할 수 있단 말인가! 결국 욥은 하나님이 치고 찌르신 대로 당하여 치명상을 입었다.

하나님께 온갖 공격을 당한 욥은 문제를 해결할 방법이 없다. 심지어는 지속되는 하나님의 공격을 피할 방법도 없다. 그러므로 그는 슬픔의 상징인 굵은 베옷(cf. 창 37:34; 왕하 6:30; 시 35:13)이 자기 몸과 영원히 분리되지 않도록 살에 꿰맸다(15a절). 또한 위상과 힘의 상징인 뿔을(삼상 2:1; 시 75:5-6; 92:11) 수치의 상징인 티끌로 덮었다(15절, cf. 애 3:16, 29). 지체할 수 없는 슬픔과 아픔으로 그는 울음을 터뜨리며 죽음을 기다리고 있다(16절).

이처럼 절망하는 욥이 가장 힘들어하는 부분은 자기는 하나님께 이런 대우를 받을 만한 일을 한 적이 없다는 사실이다. 욥은 자기 손에는 포학이 없다고 한다(17a절). 깨끗한 손은 결백을 상징하므로(cf. 9:30; 31:7; 시 7:4), 의로운 사람은 깨끗한 손을 가졌다(시 24:4). 욥은 자기 손은 깨끗하다며 결백을 주장한다. 또한 욥은 자기가 드리는 기도는 정결하다고 한다(17b절). 자기는 거짓말이나 왜곡된 말로 기도하고 있지 않다는 것이다.

Ⅲ. 욥과 친구들의 대화(4:1- 27: 23)
B. 두 번째 사이클(15:1- 21: 34)
2. 욥의 반론(16:1-17:16)

(4) 나는 참으로 억울하다(16:18-17:2)

18 땅아 내 피를 가리지 말라
나의 부르짖음이 쉴 자리를 잡지 못하게 하라
19 지금 나의 증인이 하늘에 계시고
나의 중보자가 높은 데 계시니라
20 나의 친구는 나를 조롱하고
내 눈은 하나님을 향하여 눈물을 흘리니
21 사람과 하나님 사이에와
인자와 그 이웃 사이에 중재하시기를 원하노니
22 수년이 지나면
나는 돌아오지 못할 길로 갈 것임이니라
17:1 나의 기운이 쇠하였으며
나의 날이 다하였고
무덤이 나를 위하여 준비되었구나
2 나를 조롱하는 자들이 나와 함께 있으므로

내 눈이 그들의 충동함을 항상 보는구나

옛적에는 19-22절이 메시아의 고난을 예언하는 것으로 해석되기도 했다(cf. Kaiser). 그러나 본문을 메시아와 연관시키는 것은 잘못된 해석이다(Longman). 땅에게 자기 피를 가리지 말라는 욥의 외침은(18절) 흙이 피를 덮으면 억울하게 죽은 사람의 생명이 보복을 받지 못한다는 고대 사회의 생각을 반영한다(cf. 창 4장; 9:5-6; 민 35:16-21; 사 26:21; 겔 24:7-8). 욥은 자기의 고난(피흘림)이 매우 억울한 일이며, 그의 억울함이 하늘에 닿도록 결코 부르짖음을 멈추지 않을 것이라고 한다(18절). 하나님의 관심을 얻을 때까지 계속 울부짖겠다는 뜻이다. 문제는 바로 하나님이 그에게 억울한 피해를 입힌 가해자시라는 현실이다(Newsom).

욥은 하나님이 그를 치셨다고 확신하지만, 가해자이신 하나님만이 그의 문제에 대한 해결의 실마리를 가지고 계신다는 사실을 안다. 그러므로 그는 자기를 위해 증인이 되어줄 분이 하늘에 계시고, 중보자가 높은 곳에 계신다고 한다(19절). 일부 학자들은 욥이 소망하는 하늘에 계신 중보자가 그가 9:33에서 하나님과 욥 사이를 공평하게 중재해 줄 존재를 염두에 둔 것이라고 해석한다(Longman). 그러나 그가 본문에서 언급하는 중보자를 하늘에 계신 하나님으로 간주해도 문제는 없다(cf. Wilson). 욥은 하나님이 그에게 일어난 모든 일과 행실을 모두 알고 계시니, 주님에게 알리기만 하면 문제가 해결될 것으로 생각한다.

20절 전반부는 텍스트가 불완전해 정확한 번역과 해석이 매우 어렵다. 번역본들은 크게 두 가지로 나뉘어 있다. (1) “나의 친구들은 나를 조롱한다”(개역개정, 아가페, NAS, NRS, ESV, CSB), (2) “내 중재자는 내 친구이다”(새번역, 공동, NIV, TNK). 만일 첫 번째 “나의 친구들은 나를 조롱한다”로 번역하면 “내가 친구들로 여겼던 사람들마저 나를 조롱하니 내 눈은 하나님을 향하여 눈물을 흘릴 수밖에 없다”가 된다. 만일 두 번째 "내 중재자는 내 친구이다"로 번역하면, 욥은 중재자이신 하나님을(cf. 19b절) 자신의 친구라고 표현하는 것이다. 첫 번째 번역을 따르면 친구들이 전혀 도움이 안 되므로 자기는 하나님께 중재해달라고 눈물을 흘리며 기도할 수밖에 없다는 뜻이다. 두 번째 번역을 따르자면 욥은 자기를 도우실 수 있는 분은 친구이자 중재자이신 하나님밖에 없으니, 자기는 오직 하나님께 눈물로 기도할 수밖에 없다가 된다. 욥이 하나님을 중재자이자 친구로 부르는 일은 아직 낯선 현상이다. 그러므로 첫 번째 해석이 바람직하다.

욥은 하나님이 자신의 억울한 형편을 헤아려 자기와 하나님 사이를 공평하게 중재하시고, 자기와 이웃 사이도 중재해 주시기를 바랄 뿐이다(21절). 그러나 욥은 하나님이 언젠가는 이렇게 해주실 것을 믿고 마냥 기다릴 수는 없다. 자기 수명이 얼마 남지 않았기 때문이다(22절). 욥은 죽기 전에 하나님의 공의와 정의가 자기 삶에서 실현되기를 간절히 바란다.

욥이 머지않아 자기는 죽을 것이라고 하는 말이 엄살을 떠는 것은 아니다. 그는 자기는 늙어 기운이 쇠하여 살 날이 많아 남아 있지 않음을 안다(17:1). 이런 상황에서 그가 하나님의 중재가 속히 임하기를 바라는 이유가 또 하나 있다. 그를 조롱하는 사람들의 눈초리가 너무나도 따갑게 느껴지기 때문이다(2절). 아마도 욥은 엘리바스, 빌닷, 소발을 염두에 두고 이런 말을 하는 것 같다(Longman). 그러므로 욥은 하나님의 공의롭고 정의로운 중재가 속히 이루어져 자기가 얼마나 억울한 일을 당했고, 그를 조롱하는 사람들이 얼마나 잘못되었는가를 증명하고 싶다.

III. 욥과 친구들의 대화(4:1- 27: 23)
B. 두 번째 사이클(15:1- 21: 34)
2. 욥의 반론(16:1-17:16)

(5) 하나님은 망가진 나의 삶의 증인이시다(17:3-4)

3 청하건대 나에게 담보물을 주소서
나의 손을 잡아줄 자가 누구리이까
4 주께서 그들의 마음을 가리어
깨닫지 못하게 하셨사오니
그들을 높이지 마소서

욥은 세상 사람뿐만 아니라 자기 친구들까지 그를 조롱한다는 말로 앞 섹션을 마무리했다. 이제 그는 하나님께 그들이 잘못되었고, 자기는 억울하게 고통을 당하고 있다는 사실을 입증해 줄 만한 담보물을 달라고 하나님께 간구한다(3절). 만일 하나님이 욥의 억울함을 확인해 주지 않으시면, 세상에는 그 누구도 욥의 손을 잡아줄 자(그가 억울하다는 것을 확인해줄 자)가 없다. 욥은 하나님이 그의 삶에 대한 모든 것을 알고 계시기 때문에, 진실된 증인이 되어주실 수 있다고 확신한다.

4절도 번역이 매우 어렵다(cf. Clines, Longman, Newsom). 전반적인 의미는 욥은 그를 조롱하는 사람들이 사회에서 높임 받기를 원치 않는다는 의미이다. 그들이 높임을 받으면 욥이 잘못했다는 간접적인 증거로 악용될 수 있기 때문이다. 그러나 더 큰 이유는 그들은 높임을 받을 만한 사람이 아니기 때문이다. 하나님은 그들의 마음을 가려 진실을 깨닫지 못하게 하셨다. 그러므로 진실을 보고 깨달을 만한 지혜가 없거나, 보고도 눈을 감거나 왜곡하는 사람들이 사회에서 높임을 받는 것은 그 사회의 건강과 건전성을 위해서도 바람직한 일이 아니다.

Ⅲ. 욥과 친구들의 대화(4:1- 27: 23)
B. 두 번째 사이클(15:1- 21: 34)
2. 욥의 반론(16:1-17:16)

(6) 세상이 나를 버렸다(17:5-9)

[5] 보상을 얻으려고 친구를 비난하는 자는
그의 자손들의 눈이 멀게 되리라
[6] 하나님이 나를 백성의 속담거리가 되게 하시니
그들이 내 얼굴에 침을 뱉는구나
[7] 내 눈은 근심 때문에 어두워지고
나의 온 지체는 그림자 같구나
[8] 정직한 자는 이로 말미암아 놀라고
죄 없는 자는 경건하지 못한 자 때문에 분을 내나니
[9] 그러므로 의인은 그 길을 꾸준히 가고
손이 깨끗한 자는 점점 힘을 얻느니라

욥은 친구들을 비난한다. 그들은 보상을 얻으려고 친구를 비난한 사람들이다(5절). 욥은 그의 친구들이 개인적인 이익을 위하여 우정을 버렸다고 한다. 그들이 친구를 배신해 당장 어떠한 이익을 얻던 간에 장기적으로는 자손들에게 해가 될 것이다. 부모의 죄가 자식들에게 부정적인 영향을 미친다는 말이지만, 핵심은 친구들이 욥과의 우정을 저버렸다는 뜻이다. 자식들은 부모를 답습하면서 세계관과 가치관을 형성한다. 그러므로 부모들이 눈에 보이는 잇속을 챙기기 위해 친구를 배신하면, 자식들도 친구를 배신한 부모와 똑같은 생각을 갖게 될 것이며, 결국 부모와 똑같은 악을 행하게 될 확률이 매우 높아진다.

친구들마저 욥을 배신하니, 세상 사람들이 더욱더 욥을 비난하고 웃음거리로 만든다(6절). 심지어 그들은 욥의 얼굴에 침을 뱉는 일까지 한다. 실제적으로 욥의 얼굴에 침을 뱉은 사람은 없었을 것이다. 욥은 비유로 말하고 있으며, 얼굴에 침을 뱉는다는 것은 가장 큰 치욕과 경멸을 상징한다. 가장 심각한 인격모독이다. 욥은 자신이 세상에서 가장 큰 천덕꾸러기가 되었다며 탄식하고 있다.

그러므로 욥의 눈은 근심으로 가득 찼고, 온몸은 존재감이 없는 그림자처럼 쇠하게 되었다. 우리는 사람이 고난을 당할 때 그를 가장 힘들게 하는 것이 주변의 비아냥이라는 것을 기억해야 한다. 욥은 육체적으로도 참으로 어려운 시간을 보내고 있지만, 주변의 격멸과 멸시가 그를 더 절망하게 했다. 아픈 사람이 회복될 때까지 상처가 되는 말은 삼가야 한다.

8-9절의 번역과 해석이 매우 어렵다. 많은 번역본들뿐만 아니라 학자들도 제각각 해석한다(cf. Andersen, Clines, Delitzsch, Pope). 가장 간단하면서도 합리적인 해석은 욥이 그를 비난하고 경멸하는 친구들과 세상 사람들에 대하여 역설적인 표현을 하거나 냉소적인 표현을 하는 것으로 간주하는 것이다(cf. Longman, Newsom). 결국 본문은 욥을 정죄하는 사람들이 하나님의 벌을 받아 흉측해진 욥의 몰골을 보고 놀라서, 욥이 도대체 얼마나 큰 죄를 지었기에 이렇게 되었냐며 그에게 화를 낸다는 뜻이 된다(8절).

또한 그들은 자신들이 욥처럼 환난을 당하지 않은 것은 자신들이 의롭기 때문이라며 자기 의(self-righteousness)에 도취되어 욥의 고난이 그의 죄 때문이라는 입장을 당당하게 고수한다(9a절). 더 나아가 그들은 욥의 고난에 대하여 자신들의 입장이 옳다며 스스로 더 힘을(확신을) 얻는다(9b절). 자기 의와 자아도취의 위험성을 지적하는 대목이다.

Ⅲ. 욥과 친구들의 대화(4:1- 27: 23)
B. 두 번째 사이클(15:1- 21: 34)
2. 욥의 반론(16:1-17:16)

(7) 나는 희망을 포기했다(17:10-16)

[10] 너희는 모두 다시 올지니라
내가 너희 중에서 지혜자를 찾을 수 없느니라
[11] 나의 날이 지나갔고 내 계획,
내 마음의 소원이 다 끊어졌구나
[12] 그들은 밤으로 낮을 삼고
빛 앞에서 어둠이 가깝다 하는구나
[13] 내가 스올이 내 집이 되기를 희망해
내 침상을 흑암에 펴놓으매
[14] 무덤에게 너는 내 아버지라,
구더기에게 너는 내 어머니, 내 자매라 할지라도
[15] 나의 희망이 어디 있으며
나의 희망을 누가 보겠느냐
[16] 우리가 흙 속에서 쉴 때에는
희망이 스올의 문으로 내려갈 뿐이니라

욥이 친구들에게 변론하자며 다시 자기에게 오라고 한다(10a절). 욥은 친구들이 입장을 바꿀 것을 기대하지 않는다. 그래서 진짜 오라는 것이 아니라, 아마도 냉소적으로 그들을 부르는 것으로 생각된다(Newsom). 친구들에 대한 욥의 가장 큰 불만은 그들이 참으로 많은 말을 했지만, 그들이 한 말 중에 지혜(10b절)와 진실(12절)을 찾을 수 없다는 것이다. 욥은 친구들의 논리에 설득되지 않았다. 친구들은 스스로 당대를 대표할 만한 지혜자들이라고 생각한다. 지혜자들은 지혜롭게 말해서 상대방을 설득시키고, 진실을 사람들에게 가르치는 일을 하는 사람들이다. 그러나 그들에게는 지혜나 진실이 없으니, 그들의 지혜는 헛것에 불과하다.

욥은 자신이 살날이 얼마 남지 않았으므로 삶에 대한 계획과 소원이 모두 끊긴 바와 다름이 없다고 한다(11절). 특히 지혜와 진실을 찾을 수 없으니 절망감은 더욱더 크다. 욥은 친구들이 소망이 있다고 했던 말을(5:29-36; 8:21; 11:15-19) 부인한다. 친구들은 욥에게 어두움도 아침처럼 밝게 변할 수 있다고 했다(12절, cf. 11:17). 욥은 이러한 사실도 부인한다. 그러므로 그는 스올이 그의 집이 되기를 원하며, 그가 눕는 자리가 흑암에 펼쳐지기를 원한다(13절). 어떠한 소망도 갖지 않고 오직 죽음만 바랄 뿐이며 하루 속히 스올로 내려가고 싶다는 뜻이다.

욥이 이처럼 간절하게 죽음을 원하는데 죽음마저도 그를 외면했다. 그러므로 그가 무덤을 아버지라고 부르며, 삶(죽음)에 대한 모든 권한을 무덤에게 넘겨주고(Andersen), 사람의 몸이 썩어 생기는 구더기에게 어머니, 자매라고 부를지라도(14절) 삶이 끝난다는 희망을 누릴 수 없다(15절). 우여곡절 끝에 죽어 한 줌의 흙이 되고 나면, 마침내 죽음을 간절히 바랐던 그의 소망도 드디어 성취될(스올의 문을 지나감) 것이다(16절).

III. 욥과 친구들의 대화(4:1- 27: 23)
B. 두 번째 사이클(15:1- 21: 34)

3. 빌닷의 주장(18:1-21)

욥의 자극적인 담화에 화가 난 빌닷이 되받는 말을 한다. 그의 두 번째 발언은 첫 번째 것(8장)과 비슷한 길이를 유지한다. 그러나 그가 사용하는 언어는 훨씬 더 강력하다. 처음 사이클에서도 빌닷은 엘리바스보다 더 강력한 언어를 사용해 욥을 권면했는데, 이번에도 엘리바스의 두 번째 담화보다 더 강한 어조로 욥을 비난한다.

빌닷은 사람이 이 땅에서 고난을 경험하는 것은 그의 죄 때문이라는 원칙을 고수한다(cf. 4:7-11; 5:2-7; 8:3-4, 11-21; 11:11; 15:20-35). 그는 이러한 원칙을 재차 확인해 주며 욥이 생각을 고치도록 권장한다. 빌닷은 욥이 아무리 자기 억울함을 호소한다 할지라도 세상은 바뀌지 않을 것이기 때문에 욥이 달리 생각하는 것이 현명한 일이라고 한다(cf. 4절). 욥에게 세상을 바꾸려 하지 말고, 스스로 변화하라는 뜻이다. 빌닷의 담화는 다음과 같이 두 부분으로 나뉜다.

A. 그만 좀 떠들어라(18:1-4)
B. 악인의 종말은 이러하다(18:5-21)

Ⅲ. 욥과 친구들의 대화(4:1- 27: 23)
B. 두 번째 사이클(15:1- 21: 34)
3. 빌닷의 주장(18:1-21)

(1) 그만 좀 떠들어라(18:1-4)

[1] 수아 사람 빌닷이 대답하여 이르되
[2] 너희가 어느 때에 가서 말의 끝을 맺겠느냐
깨달으라 그 후에야 우리가 말하리라
[3] 어찌하여 우리를 짐승으로 여기며
부정하게 보느냐
[4] 울분을 터뜨리며 자기 자신을 찢는 사람아
너 때문에 땅이 버림을 받겠느냐
바위가 그 자리에서 옮겨지겠느냐

빌닷의 담화가 다소 혼란스럽다. 2-3절이 2인칭 남성 복수를 사용하고 있기 때문이다. 만일 그가 욥에게 말하고 있다면, 가장 자연스러운 방식은 2인칭 남성 단수를 사용하는 것이다. 그러므로 일부 학자들은 빌닷이 욥이 아니라 엘리바스와 소발에게 이 말을 하고 있다고 해석한다(Dhorme). 그러나 세 친구가 연합해 욥을 공격하고 있는 상황에서 빌닷이 아군격인 두 친구를 향해 이런 말을 했을 가능성은 없다. 그러므로 원래 본문이 2인칭 남성 단수로 되어 있었는데, 필사가들의 실수로 복수로 변한 것이든지, 욥과 그의 입장을 지지하는 사람들을 향해 한 말로(cf. Alden) 해석하는 것이 바람직하다. 혹은 욥과 친구들의 논쟁을 듣고 있는 청중들에게 하는 수사학적인 표현일 수 있다.

빌닷은 욥이 말을 너무 많이 한다고 생각한다(2a절). 성경은 말이 생각을 앞서는 것을 어리석은 사람의 특징이라고 말하며(잠 18:3), 말이 많은 사람은 어리석은 사람들보다 소망이 더 없다고 한다(잠 29:20). 빌닷은 말이 많은 욥이 어리석은 사람이고, 그가 말을 많이 하는 것은 곧 실수를 많이 한다는 것을 전제한다. 또한 욥이 말을 마쳐야 자신들이 할 말을 하지 않겠냐고 한다(2b절). 욥에게 제발 말을 그만하고 자신들의 말에 귀를 기울이라는 뜻이다. 아직까지 욥에게 깨달음이 없는 것은 그가 친구들의 말을 전혀 듣지 않았다는 증거이므로 다시 똑같은 말을 반복하겠다는 취지의 발언이다.

빌닷은 욥이 부정한 짐승을 대하듯 친구들을 대한다고 항의한다(3절). 욥이 친구들의 주장에 동조하지 않을 뿐 아니라, 오히려 하나님이 세상을 운영하시는 원리에 대하여 그들이 가진 지식보다 더 우월한 지식을 가졌다고 주장하기 때문이다. 빌닷은 욥의 주장이 친구들의 신학을 인간 이하의 수준으로 격하시키는 것으로 느낀다(Clines). 그러므로 그는 욥이 친구들을 부정한 짐승처럼 취급한다며 불만을 토로한다.

빌닷은 욥이 친구들의 말을 전적으로 무시하고 자기만 옳다고 주장하는 상황을 울분을 이기지 못해 스스로 자기 마음을 찢어 삶을 망가뜨리는 사람에 비교한다(4a절). 욥의 '억울하다'는 주장은 그의 삶에 전혀 도움이 되지 않을 뿐만 아니라, 오히려 해를 끼칠 뿐이다. 빌닷은 욥의 상처는 그가 스스로 초래한 것이라고 말한다. 하나님이 그에게 내리신 결정에 순응하기를 거부해 자신을 할퀴고 물어뜯는 결과를 초래했다는 것이다. 그러면서도 욥은 친구들을 인간 이하의 지능을 가진 짐승들로 여긴다! 빌닷이 도저히 받아들일 수 없는 논리이다.

빌닷은 욥이 이성을 되찾고 현실을 직시하기를 원한다. 어떤 현실인가? 그가 아무리 떠들어대도 세상의 이치는 바뀌지 않는다는 것이다(4b-c절). 욥이 당한 일 때문에 땅이 버림받을 일은 없으며, 바위가 옮겨지는 일도 없을 것이다. 하나님이 세상을 통치하시는 이치가 욥의 일 때문에 바뀌지 않을 것이라는 뜻이다. 죄인은 벌하시고, 의인은 축복하는 하나님의 권선징악의 원칙은 절대 변하지 않을 것이다. 빌닷은 욥이 죄를 지어 고통을 당하고 있다는 것을 우회적으로 주장하고 있다.

Ⅲ. 욥과 친구들의 대화(4:1- 27: 23) B. 두 번째 사이클(15:1- 21: 34) 3. 빌닷의 주장(18:1-21)

(2) 악인의 종말은 이러하다(18:5-21)

[5] 악인의 빛은 꺼지고
그의 불꽃은 빛나지 않을 것이요
[6] 그의 장막 안의 빛은 어두워지고
그 위의 등불은 꺼질 것이요
[7] 그의 활기찬 걸음이 피곤하여지고
그가 마련한 꾀에 스스로 빠질 것이니
[8] 이는 그의 발이 그물에 빠지고
올가미에 걸려들며
[9] 그의 발 뒤꿈치는 덫에 치이고

그의 몸은 올무에 얽힐 것이며
[10] 그를 잡을 덫이 땅에 숨겨져 있고
그를 빠뜨릴 함정이 길목에 있으며
[11] 무서운 것이 사방에서 그를 놀라게 하고
그 뒤를 쫓아갈 것이며
[12] 그의 힘은 기근으로 말미암아 쇠하고
그 곁에는 재앙이 기다릴 것이며
[13] 질병이 그의 피부를 삼키리니
곧 사망의 장자가 그의 지체를 먹을 것이며
[14] 그가 의지하던 것들이 장막에서 뽑히며
그는 공포의 왕에게로 잡혀가고
[15] 그에게 속하지 않은 자가 그의 장막에 거하리니
유황이 그의 처소에 뿌려질 것이며
[16] 밑으로 그의 뿌리가 마르고
위로는 그의 가지가 시들 것이며
[17] 그를 기념함이 땅에서 사라지고
거리에서는 그의 이름이 전해지지 않을 것이며
[18] 그는 광명으로부터 흑암으로 쫓겨 들어가며
세상에서 쫓겨날 것이며
[19] 그는 그의 백성 가운데 후손도 없고 후예도 없을 것이며
그가 거하던 곳에는 남은 자가 한 사람도 없을 것이라
[20] 그의 운명에 서쪽에서 오는 자와
동쪽에서 오는 자가 깜짝 놀라리라
[21] 참으로 불의한 자의 집이 이러하고
하나님을 알지 못하는 자의 처소도 이러하니라

빌닷은 4절에서 욥이 아무리 자기는 억울한 일을 당했다며 떠들어 대

도 세상을 지배하는 권선징악의 이치는 결코 바뀌지 않을 것이라고 했다. 이 섹션에서는 바뀌지 않는 그 원리에 따라 악인은 비참한 최후를 맞을 거라며 여러 가지 비유를 사용해 말을 이어간다. 지혜문학에서도 악인은 슬픈 종말을 맞이할 것이라는 가르침이 자주 나온다(잠 11-13장, cf. 시 7:15-17; 49:14-21; 73:17-28). 그러므로 빌닷의 말은 욥을 죄인으로 정죄할 뿐만 아니라, 이런 종말을 맞이하기 전에 회개하라는 권면이다(Andersen, Habel, Janzen). 고대 사회는 의인이 억울한 일을 당하는 것보다, 악인이 성공하는 것이 더 큰 윤리적인 문제라고 생각했다(Newsom).

첫째, 악인은 그 누구도 알아주지 않는 완전히 잊히는 죽음을 당할 것이다(5절). 성경에서 빛은 생명을 상징한다(3:20; 10:21-22; 15:22; 17:13). 착한 사람이나 악한 사람이나 죽기는 마찬가지이지만, 악인의 경우 그 누구도 그의 죽음을 슬퍼하거나 기억하지 않는다. 악인은 조용히 사람들의 기억에서 사라지는 종말을 맞는다. 악인이 죽으면서 남긴 유일한 흔적은 한때는 그가 살았지만 이제 더 이상 아무도 살지 않는 깜깜한 폐가처럼 변한 집이다(6절, cf. 잠 13:9; 24:20). 집에서 타는 등불은 그 집 주인의 재산이 아직은 손상되지 않았다는 상징이다(Gray). 등불이 꺼진 악인의 집은 잠시 후 다른 사람에게 넘어갈 것이다. 악인은 세상 그 어디에도 그가 살았던 흔적을 남기지 못할 것이며, 사람들도 그를 기억하지 못할 것이다.

둘째, 악인은 삶의 활기를 오래 지속하지 못한다(7a절). 하나님이 결코 그가 왕성하게 번성하고 활동하도록 내버려두지 않으실 것이기 때문이다(cf. 시 18:37; 잠 4:12). 악인이 삶의 활기를 잃는 가장 큰 이유는 그가 스스로 자기 꾀에 빠질 것이기 때문이다(7b절). 악인들 중 많은 사람이 '잔머리의 귀재들'이다. 그들은 남들을 잡으려고 함정을 파는데, 오히려 자신들이 그 함정에 빠진다(잠 11:3-6; 26:27). 이러한 상황은 하나님이 보시기에는 '미련한 잔머리'에 불과하다.

셋째, 악인은 사냥을 당하는 짐승과 같다(8-10절). 때로는 악인들이 세상에서 번영과 평안을 누리는 것 같지만, 실제로는 그렇지 않다는 것이 빌닷의 주장이다. 악인들은 원수들이 그를 잡으려고 파놓은 함정과 세워놓은 올무를 피해 다녀야 한다(cf. 렘 18:22; 48:44; 시 9:16; 124:7; 140:6). 악인들에게 이런 일을 하는 이들은 다른 악인들일 수도 있고, 그들에게 억울한 일을 당하고 앙심을 품은 사람들일 수도 있다. 하나님도 악인들을 잡으려는 무리에 포함되실 수 있다. 악인들은 남을 해하지만, 그들의 행실을 미워하고 해하려는 원수들이 그들을 둘러싼다. 악인들은 심은 대로 거두게 될 것이다. 그러므로 사냥을 당하는 짐승처럼 살아가는 악인들은 결코 평안한 삶을 누릴 수 없다.

넷째, 악인은 파괴하려는 힘에 쫓기는 삶을 산다(11-13절). 악인들의 걱정거리는 그를 잡고자 하는 사람들이 놓은 덫과 함정만이 아니다. 악인들은 그들을 파괴하려는 어떤 힘에 끊임없이 쫓기는 삶을 산다. 온갖 무서운 일들이 주변에서 일어나며(11절), 자연재해가 그들을 급습하며(12절), 질병들이 그들을 공격한다(13절). 빌닷이 이 말을 할 때는 욥이 경험한 일들을 염두에 둔 것으로 생각된다. 하나님이 바로 욥을 급습한 '그 힘'이라는 의미이다.

다섯째, 악인은 죽임을 당한다(15절). 악인은 살기 위하여 온갖 덫을 피하고, 그를 추격하는 힘에서 벗어나려고 노력하지만, 이런 문제들에서 영원히 도망할 수는 없다. 그러므로 그는 죽고, 그의 집은 그와 상관없는 사람에게 넘어간다. 그의 집을 넘겨받은 사람은 유황을 뿌려 그곳을 소독할 뿐만 아니라(Newsom), 더 이상 사람이 살 수 없는 곳임을 표시한다(cf. 신 29:23; 삿 9:45). 이 땅에서 악인의 흔적을 말끔히 지워 없애는 일이다. 악인은 사람들의 기억에서만 잊히는 것이 아니라, 그가 이 땅에 머물렀던 흔적까지 지워진다.

여섯째, 세상은 악인에 대한 기억을 말끔히 지운다(16-19절). 악인이 죽으면 그의 집안은 쇠퇴해(16절), 결국 자손들과 후예들도 없게 된다(19절). 하나님이 그가 이 세상에 남긴 흔적을 모두 지우실 것이기 때문이다. 세상 사람들은 그를 추억하지 않을 것이며, 그의 이름을 기억하는 사람도 없을 것이다(17절). 이러한 상황은 마치 모든 것이 밝게 드러나는 빛에 있던 사람이 흑암으로 쫓겨 들어가는 것과 같다(18절). 또한 빛과 흑암은 삶과 죽음을 상징하기도 한다.

일곱째, 악인은 온 세상이 혐오하는 죽음을 맞는다(20절). 악인의 죽음에 대한 소식을 접한 사람들은 깜짝 놀랄 것이라고 하는데, 그의 비참하고 혐오스러운 종말에 대해 충격을 받을 것이라는 의미이다. 원래 사람이 죽으면 슬퍼해주어야 하는데, 악인의 죽음은 충격을 남길 뿐 슬퍼해 주는 사람은 없다.

빌닷은 위에 나열된 일곱 가지 비유를 통해 악인의 비참한 삶과 종말을 묘사한 다음, 21절에서 최종적인 결론을 내린다. 악인과 그의 집안은 이처럼 비참한 삶을 살다가 몰락해 잊힌다. 빌닷은 악인을 하나님을 알지 못하는 사람이라고 하는데, 그것은 욥이 악인일 뿐 아니라, 하나님을 모르는 사람이라는 의미일 것이다.

Ⅲ. 욥과 친구들의 대화(4:1- 27: 23)
B. 두 번째 사이클(15:1- 21: 34)

4. 욥의 반론(19:1-29)

빌닷의 비난과 정죄를 받은 욥의 반론이 만만치 않다. 그도 친구들을 강력하게 비난한다. 욥은 환난을 당한 사람이 가장 힘들어하는 외로움에 대해서도 토로한다. 친구들과 실랑이를 하는 과정에서 욥은 매우 중요한 진리에 도달한다. 그를 치신 이가 곧 그의 구원자이기도 하다는 사실이다. 어떻게 생각하면 친구들과 친지들과 이웃들도 자신을 외면하는 상황에서 하나님이 자신의 유일한 구원자라는 사실을 드디어 욥이 깨달은 것은 당연한 일이다. 욥은 참으로 먼 길을 돌아 이 결론에 도달했다. 빌닷에 대한 욥의 반론을 담고 있는 본문은 다음과 같이 구분된다.

A. 너희는 창피스럽지도 않느냐(19:1-6)
B. 하나님은 나의 심판자이시다(19:7-12)
C. 모든 사람이 나를 따돌린다(19:13-22)
B'. 하나님은 나의 구원자이시다(19:23-27)
A'. 하나님이 너희를 심판하실 것이다(19:28-29)

III. 욥과 친구들의 대화(4:1- 27: 23)
B. 두 번째 사이클(15:1- 21: 34)
4. 욥의 반론(19:1-29)

(1) 너희는 창피스럽지도 않느냐(19:1-6)

[1] 욥이 대답하여 이르되
[2] 너희가 내 마음을 괴롭히며 말로
나를 짓부수기를 어느 때까지 하겠느냐
[3] 너희가 열 번이나 나를 학대하고도
부끄러워 아니하는구나
[4] 비록 내게 허물이 있다 할지라도
그 허물이 내게만 있느냐
[5] 너희가 참으로 나를 향하여 자만하며
내게 수치스러운 행위가 있다고 증언하려면 하려니와
[6] 하나님이 나를 억울하게 하시고
자기 그물로 나를 에워싸신 줄을 알아야 할지니라

욥은 억울하다는 자기 말을 들으려 하지 않는 친구들을 맹렬하게 비난하면서 서운함을 드러낸다. 욥은 친구들의 말이 그를 괴롭히며 아예 짓부순다고 한다(2절, cf. 16:2-3). '짓부수다'(דכא)는 큰 불행을 경험하는 사람이 느끼는 공허와 하찮음을 의미한다(Hartley, cf. HALOT). 친구들은 재앙으로 인해 가뜩이나 서 있기조차 힘들어하는 욥에게 상처가 되는 말을 해서 그를 완전히 무너지게 한다. 욥은 친구들의 이 같은 행위를 그들이 열 번이나 그를 '학대했다'(הכר)고 한다(3절).

구약에서 '학대하다'(הכר)는 이곳에 단 한번 나오는 단어이며 정확한 의미를 파악하기는 어렵지만 이 해석이 대체적으로 무난해 보인다(Dhorme, Driver). 욥은 친구들에게 '어느 때까지' 괴롭히려고 하느냐고 물었는데(2절), 그는 그들이 이미 '열 번'이나 그를 괴롭혔다고 한다(3절). 친구들은 욥을 충분히 괴롭혔으니 이제는 그만하라는 의미이다. 친구라면서 욥을 이처럼 괴롭게 하고도 전혀 양심에 거리낌이 없는 세 사람은 참으로 잔인하다.

4절을 정확하게 번역하는 것은 매우 어렵다(cf. Clines). 이 구절의 기본적인 의미는 설령 욥이 죄를 지었다 할지라도 그 죄는 욥에게 있는 것이지, 친구들에게 있지 않다는 뜻이다. 그러므로 대부분 번역본들은 "설령 내 잘못이라 해도 그것이 자네들과 무슨 상관이란 말인가?"(아가페)의 의미로 번역한다(새번역, NAS, NIV, NRS, ESV, TNK). 욥은 자신이 죄를 짓지 않았지만, 설령 죄를 지어서 하나님께 벌을 받고 있다고 할지라도 친구들이 지금처럼 그를 공격할 필요는 없다며 원통함을 표현하고 있다.

반면에 개역개정은 "나만 죄를 짓는 것이 아니라, 너희도 죄를 짓기는 마찬가지 아니냐?"는 의미로 번역했다. 욥이 일종의 "뭐 묻은 개가 재 묻은 개를 나무란다"는 식으로 친구들의 비난에 되받아친 것으로 해석했다. 첫 번째 해석이 이때까지 욥이 한 말과 더 잘 어울린다. 욥은 아직까지 친구들도 자기처럼 죄인인 건 마찬가지라는 말을 한 적이 없다.

친구들과의 대화에서 욥을 가장 힘들게 하는 것은 그들의 교만으로 비롯된 정죄이다(5절). 그들은 어떤 상황인지도 잘 모르면서 하나님이 욥을 치신 이유가 그가 죄를 지었기 때문이라고 단정한다. 또한 그들은 욥의 죄를 지적해 주려고 안간힘을 쓴다. 반면에 자기들은 의인이기 때문에 벌을 받지 않았다고 자만한다. '자만하다'(גָּדַל)는 불법적이고, 주제 넘고, 오만한 당당함을 뜻한다(TDOT).

욥은 다시 억울함을 항변한다(6절). 하나님이 그가 억울한 일을 당하게 하셨다. 하나님이 덫을 놓아 욥을 잡으셨다. 욥은 자신을 사냥꾼이 놓은 덫에 잡힌 짐승에 비교한다. 욥을 잡은 사냥꾼이 다름 아닌 하나님이신데 누가 그가 놓으신 덫을 피할 수 있겠는가! 하나님께 당한 것도 원통한데, 친구들마저 그를 괴롭히니 욥은 참으로 마음을 둘 곳이 없는 불쌍한 사람이다.

III. 욥과 친구들의 대화(4:1- 27: 23) B. 두 번째 사이클(15:1- 21: 34) 4. 욥의 반론(19:1-29)

(2) 하나님은 나의 심판자이시다(19:7-12)

[7] 내가 폭행을 당한다고 부르짖으나 응답이 없고
도움을 간구하였으나 정의가 없구나
[8] 그가 내 길을 막아 지나가지 못하게 하시고
내 앞길에 어둠을 두셨으며
[9] 나의 영광을 거두어가시며
나의 관모를 머리에서 벗기시고
[10] 사면으로 나를 헐으시니 나는 죽었구나
내 희망을 나무 뽑듯 뽑으시고
[11] 나를 향하여 진노하시고
원수같이 보시는구나

[12] 그 군대가 일제히 나아와서 길을 돋우고
나를 치며 내 장막을 둘러 진을 쳤구나

우리는 욥의 담화(16:7-17)와 예레미야애가 3장이 상당히 비슷한 표현을 사용하고 있음을 포착했다. 이번에도 비슷한 현상이 포착된다. 다음을 참조하라(cf. Balentine).

	욥 담화(19:7-12)	애가 3장
부르짖다(שׁוע)	7	8
막히다(גָּדַר)	8	7, 9
어두움(חֹשֶׁךְ)	8	6
길(נְתִיבָה)	8	9

고통스러운 시간을 보내는 욥이 가장 힘들었던 것이 견딜 수 없는 외로움과 고립감이다. 주변 사람들은 물론이고 위로하겠다며 먼 길을 찾아온 친구들까지도 욥을 이해하지 못했다. 하나님과 사람들에게 아무리 소리를 질러보아도 아무도 응답하지 않는다(7절). 이 말씀은 도시 생활의 위험을 배경으로 하고 있다. '부르짖음'(צְעָק)은 습격을 당한 사람이 구조를 바라는 외침이다(HALOT). 욥의 부르짖음은 억울한 일을 당한 사람이 정당한 변론을 원하는 외침이다(Clines). 그는 하나님께 억울한 일을 당하고 있는 자신의 처지를 알리고 싶다. 그러나 욥은 알릴 수 없을 뿐만 아니라, 자신은 하나님과 사람에게서 고립되어 있다는 생각을 떨칠 수가 없다.

주변 사람들은 욥이 하나님께 벌을 받고 있다고 생각해 그를 멀리한다. 욥도 자신이 하나님께 버림받았다고 생각한다. 욥은 하나님이 자기를 괴롭게 하신 일을 세 가지에 비교한다. 모두 다 하나님을 폭력을 행사하시는 분으로, 자기는 그 폭력에 대하여 아무런 대응도 할 수 없어 일방적으로 얻어맞는 연약한 사람으로 묘사한다.

첫째, 주님은 욥이 가는 길을 막아 지나가지 못하게 하시고, 가야 할 길을 깜깜하게 해서 아무것도 보이지 않게 하셨다(8절, cf. 민 22:24; 애 3:7; 호 2:6). 길을 가는 사람이 막힌 길을 만나는 순간 어두움이 동시에 그 길을 덮으면 참으로 난감하고 불안하다. 가던 길을 더 이상 갈 수 없으며 사고와 폭력에서 자신을 보호할 수 있는 상황도 아니기 때문이다. 욥은 하나님이 자기 삶이 제대로 진행하지 못하도록 훼방을 놓으셨다며 탄식한다. 불기둥으로 이스라엘이 갈 길을 밝히시는 하나님의 모습과 매우 대조적이다(출 13:21, cf. 시 27:1).

둘째, 하나님은 욥이 평생 누리고 즐기던 영광과 명예를 모두 거두어가셨다(9절). 한 사회의 지도자/유지가 전쟁 포로가 되어 끌려가기 전에 적들에게 그의 모든 영광과 명예를 빼앗기는 모습을 연상시킨다(Newsom). 욥은 재산뿐만 아니라 사회적 지위와 의인의 명예까지 모두 잃었다며 아파한다.

셋째, 하나님은 마치 군인들이 포위한 성읍을 사방에서 공격해 함락시키듯이 욥을 공격해 그가 죽게 하셨다(10a절, cf. 애 3:5, 7). 하나님이 욥을 공격해 죽음에 이르게 하셨으니, 삶에 대한 그의 희망은 나무가 뽑히듯이 송두리째 뽑혔다(10b절). 나무가 상하더라도 뿌리만 온전하면 다시 회복될 소망이 있지만(cf. 18:16), 욥은 자신의 경우 뿌리까지 뽑혔으니 어떤 소망도 없다고 탄식한다. 그러므로 뿌리째 뽑힌 나무 이미지는 함락된 성읍 이미지보다 더 절망적이다.

욥은 하나님이 그를 이렇게 하시는 것은 그를 원수로 생각하시기 때문이라고 한다(11절). 그러므로 욥은 하나님이 보내신 군대에게 자기가 공격을 당하고 있다고 생각한다(12절). 욥이 사용하는 이미지가 인상적이다. 하나님이 보내신 수많은 군대가 포위하고 공격하는 것은 고작 욥이 사는 '장막'(텐트)이다. 하나님의 거창한 공격은 과잉이라는 뜻이다(Habel). 욥은 하나님의 지나친 힘 과시에 자신이 희생되고 있다고 한다. 욥이 느끼는 절망감은 커지고 있다.

Ⅲ. 욥과 친구들의 대화(4:1– 27: 23)
B. 두 번째 사이클(15:1– 21: 34)
4. 욥의 반론(19:1–29)

(3) 모든 사람이 나를 따돌린다(19:13–22)

[13] 나의 형제들이 나를 멀리 떠나게 하시니
나를 아는 모든 사람이 내게 낯선 사람이 되었구나
[14] 내 친척은 나를 버렸으며
가까운 친지들은 나를 잊었구나
[15] 내 집에 머물러 사는 자와 내 여종들은 나를 낯선 사람으로 여기니
내가 그들 앞에서 타국 사람이 되었구나
[16] 내가 내 종을 불러도 대답하지 아니하니
내 입으로 그에게 간청하여야 하겠구나
[17] 내 아내도 내 숨결을 싫어하며
내 허리의 자식들도 나를 가련하게 여기는구나
[18] 어린아이들까지도 나를 업신여기고
내가 일어나면 나를 조롱하는구나
[19] 나의 가까운 친구들이 나를 미워하며
내가 사랑하는 사람들이 돌이켜 나의 원수가 되었구나
[20] 내 피부와 살이 뼈에 붙었고
남은 것은 겨우 잇몸뿐이로구나
[21] 나의 친구야 너희는 나를 불쌍히 여겨다오
나를 불쌍히 여겨다오 하나님의 손이 나를 치셨구나
[22] 너희가 어찌하여 하나님처럼 나를 박해하느냐
내 살로도 부족하냐

이 섹션은 욥기에서 가장 애처롭고 가련한 담화다(Alden). 욥이 재앙을 겪으면서 가장 힘들어한 점은 견딜 수 없는 소외감이다. 그가 고난을 겪기 전까지는 주변에 많은 벗과 친척들과 이웃들이 함께했다. 그러나 재앙이 욥에게 임한 후부터 사람들은 그를 떠났고(cf. 42:11), 아는 사람도 그를 피한다. '떠나다'(רָחַק)의 더 정확한 의미는 '돌아서다'이다(HALOT). 형제들이 의도적으로 욥에게 등을 돌렸다는 뜻이다. 어떤 사람은 창조주의 벌을 받은 욥과 함께 있으면 자신들도 벌을 받을 수 있다고 생각해 그를 떠났다. 다른 사람들은 그가 잘나갈 때는 '떡고물'이라도 얻고자 주변에 머물렀지만, 그가 모든 것을 잃자 더 이상 얻을 것이 없다며 떠났을 것이다. 이유야 어찌되었건 욥은 홀로 남아 고독하다. 심지어는 아내도 그의 고독을 달래주지 못한다(17절). 욥은 이 모든 일을 하나님이 하셨다고 말한다(13절). 그는 자신의 홀로됨을 여러 가지 이미지로 표현한다.

첫째, 욥이 알던 이들이 한순간 모두 낯선 사람이 되었다(13-14절). 형제들과 친지들이 욥과 정신적인 거리감을 유지하며 그를 모두 낯선 사람 대하듯이 한다. 어떠한 이유에서든 그들은 욥과 친근한 관계를 유지하고 싶어 하지 않는다. 그러므로 멀찌감치 떨어져 욥을 마치 모르는 사람을 대하듯 대한다.

둘째, 욥이 거느리던 식솔은 그를 타국 사람 대하듯이 대한다(15-16절). 욥의 종들은 그를 주인으로 대하지 않고 마치 낯선 사람을 대하듯이 한다. '낯선 사람'(זָר)은 인종이 다른 외국 사람을 의미한다(HALOT). 욥은 집안 사람들에게 '이방인' 취급을 받고 있다. 아무리 종들을 불러도 대답하지 않는다. 결국 자기 종에게 간청해야 그들이 겨우 반응하는 상황이 되었다. 주인 노릇하기 참 힘들다!

셋째, 욥은 가족들마저도 기피하는 가장이 되었다(17절). 그의 아내는 욥이 숨 쉬는 것조차 싫어하고(cf. 2:9), 자식들도 그를 가련하게 여긴다. '내 허리의 자식들'(בְּנֵי בִטְנִי)이 욥의 형제들을 의미하는지, 혹은 그의 자식들을 뜻하는지 확실하지 않다(cf. Driver, Peake, Rowley). 욥은 이미 모든 자녀들을 잃었고, 형제들은 13절에서 이미 언급했기 때문이다. 이 말은 자식은 없지만 가족에게도 버림받은 자신의 기막힌 상황을 표현하기 위하여 '처와 자식'을 동원하는 것으로 간주해야 한다(cf. Longman, Newsom). 온 가족이 그를 위엄이 있는 가장으로 취급하지 않고 매우 처량한 천덕꾸러기 정도로 취급한다.

넷째, 욥은 동네 아이들에게도 조롱을 받는다(18절). 아이들은 사회에서 가장 연약하고 순수하지만, 가장 잔인한 계층이라고 할 수 있다. 사람이 장애를 지녔거나 조금이라도 놀림거리를 지니고 있으면 가차없이 놀려대는 무리이기 때문이다. 욥은 온갖 재앙으로 몰골이 흉측해져 있다. 동네 아이들에게 욥의 흉측한 몰골은 놀림거리가 되었다.

다섯째, 욥은 친구들과 사랑하는 이들에게 미워하는 사람이 되었다(19절). 욥은 위로한답시고 그를 찾아온 세 친구들을 두고 이런 말을 하는 듯하다. 그는 친구들의 말을 통해 위로를 받기 원했다. 그러나 친구들은 욥이 겪고 있는 고난의 의미가 무엇인가에 대하여 욥과 논쟁을 벌이며 잔인한 말로 욥에게 상처를 주고 있다. 결국 그를 사랑하던 친구들은 마음을 돌이켜 원수가 되었다.

욥은 평생 이때까지 나열한 다섯 종류의 사람들을 모두 사랑했다. 그러나 그들은 모두 욥을 미워하고 외면한다. 욥은 가장 사랑한 사람들에게 배신을 당했다(Alden). 그러므로 욥은 허탈하고 많이 아프다. 그는 참으로 외롭다.

결국 욥은 모든 것을 잃었다. 자식과 재산뿐만 아니라, 대인관계도 잃었다. 그에게 유일하게 남은 것은 몸뚱어리뿐이다(20절). 짓이겨진 피부와 앙상한 뼈만 남아 있는 흉하디 흉한 몸뚱어리다. 이 구절은 욥기 전체에서 가장 난해한 말씀에 속한다(Clines). 욥이 자기 몸에 살이 얼마나 남아 있는지를 표현한 말을 우리말 번역본들은 "잇몸뿐이로구나"(עוֹר שִׁנָּי)라고 하는데(개역개정, 새번역, 공동, 아가페), 더 정확한 번역은

"이빨에 살이 남은 것처럼"(skin of teeth)으로 번역한다(NAS, NIV, NRS, ESV, TNK). 사람의 이에는 살이 없다. 그러므로 마를 대로 말라 앙상한 피부만 뼈에 붙어 있는 욥의 절박한 상황을 이렇게 표현한 것이다.

그러므로 욥은 친구들에게 제발 자기를 불쌍히 여겨달라고 호소한다(21절). 이때까지 들어보지 못한 요구이다(Delitzsch). 욥은 하나님이 그를 치신 일이 참으로 견디기 힘들다. 그런데 친구들은 마치 그들이 하나님의 진노의 막대기나 되는 것처럼 생각하고 행동한다. 나아가 욥을 괴롭게 하는 것이 그들이 해야 할 하나님의 일인 것처럼 그를 친다(22절). 그러므로 욥은 친구들에게 동정보다는 침묵을 원한다(Habel). 욥은 세상에서 가장 외롭고 불쌍한 사람이 되어 친구들에게 탄식하며 애원한다.

(4) 하나님은 나의 구원자이시다(19:23-27)

[23] 나의 말이 곧 기록되었으면,
책에 씌어졌으면,
[24] 철필과 납으로 영원히
돌에 새겨졌으면 좋겠노라
[25] 내가 알기에는 나의 대속자가 살아 계시니
마침내 그가 땅 위에 서실 것이라
[26] 내 가죽이 벗김을 당한 뒤에도
내가 육체 밖에서 하나님을 보리라
[27] 내가 그를 보리니 내 눈으로 그를 보기를
낯선 사람처럼 하지 않을 것이라
내 마음이 초조하구나

욥은 자신의 말이 기록되어 영구적으로 보존되었으면 좋겠다고 한다(23절). 학자들은 '책-철필과 납-돌'을(24절) 점차적으로 더 영구적인 세 가지 필기도구를 의미하는 것으로 해석하기도 하고(Driver & Gray), 한 가지(바위/비석에 새기는 일)를 묘사하는 것으로 해석하기도 한다(Habel). 욥은 무엇을 바위에 새겨 후대에 알리기를 원하는가?

욥은 자기를 대속하실 대속자가 살아 계시고, 자신이 얼마나 그 대속자를 만나기를 간절히 바랐는지 후대에도 전해지기를 원한다(25-27절). "내가 알기에는 나의 대속자가 살아 계시니 마침내 그가 땅 위에 서실 것이다"(25절)는 욥기에서 가장 잘 알려진 말씀에 속한다. 헨델의 오라토리오 〈메시아〉도 이 말씀을 담고 있다. 대속자(גֹּאֵל)에 대한 해석이 분분하다. 첫째, 대부분 번역본들은 이 단어가 하나님으로 간주한다(개역개정, 새번역, 아가페, NAS, NRS, ESV, TNK). 둘째, 일부 번역본들은 이 단어가 일반 명사라는 점을 근거로 욥을 도와줄 '친척 구원자'(kinsman redeemer)라고 하기도 한다(공동, NIV, KJV, cf. 레 25:25; 룻 4:4-6; 렘 32:6-7). 셋째, 욥은 하나님과 자기 사이에 공정한 판결자가 필요하다고 한 적이 있는데(16:18-21), 바로 이 사람/천사를 가리키는 말이다(Newsom). 넷째, 대속자는 욥의 정의에 대한 울부짖음을 의인화한 것이다(Clines). 어느 쪽이 문맥과 더 잘 어울리는가?

셋째와 넷째 해석은 별 설득력이 없으므로 배제해도 된다(cf. Longman). 욥은 이미 자기를 자비롭게 대하는 친척이 하나도 없다고 탄식했다(13-14절). 이런 상황에서 어떤 친척이 나타나 그를 도울 것을 기대한다는 두 번째 해석은 별 설득력이 없다. 게다가 욥은 그 대속자가 누구인지 바로 다음 절에서 밝힌다. 다름 아닌 하나님이시다(26절). 그러므로 대부분의 번역본들이 해석한 것처럼 욥은 하나님을 그의 대속자라고 주장한다.

욥은 아무것도 보이지 않는 암흑에서 살고 있다. 그러나 그는 언젠가는 하나님이 꼭 그를 찾아오실 것을 확신한다(25절). 이 순간에는 하나님이 욥에게 심판주로 임하셨다. 그러나 그날이 되면 여호와께서는 욥에게 대속자로 오셔서 그를 구원하실 것이다. 욥의 바람은 42장에서 성취되었다고 할 수 있다.

만일 욥이 살아 있는 동안 하나님이 오시지 않으면, 그는 죽어서라도 주님을 볼 것이다(26절). 이 말씀이 부활을 의미하는 것인지에 대하여 상당한 논란이 있다(cf. Clines, Pope). 설령 이 말씀이 부활을 전제하는 것이 아니라 할지라도 사람이 죽은 후에라도 하나님을 뵐 수 있다는 것을 암시한다(Andersen). 드디어 욥이 하나님을 뵐 때, 욥은 낯선 사람 보듯 하나님을 보지 않을 것이다(27a-b절). 마치 옛 친구처럼 간절하고 사모하는 마음으로 주님을 뵐 것이다. 욥이 주님 앞에 설 날을 상상하니 흥분이 되기도 하지만, 초조해진다. '그날이 정말 올까?' 하는 불안감 때문이다.

III. 욥과 친구들의 대화(4:1- 27: 23)
B. 두 번째 사이클(15:1- 21: 34)
4. 욥의 반론(19:1-29)

(5) 하나님이 너희를 심판하실 것이다(19:28-29)

[28] 너희가 만일 이르기를
우리가 그를 어떻게 칠까 하며
또 이르기를 일의 뿌리가 그에게 있다 할진대
[29] 너희는 칼을 두려워할지니라
분노는 칼의 형벌을 부르나니
너희가 심판장이 있는 줄을 알게 되리라

욥은 담화를 친구들에 대한 매우 강력한 경고로 마무리한다. 그들이 계속 욥을 음해하며 문제의 책임이 욥에게 있다며 그를 괴롭히면

(28절), 하나님이 그들을 칼로 심판하실 것이라고 한다(29절). 욥은 비록 자신이 온갖 재앙에 시달리고 있지만, 하나님이 그의 형편을 알게 되시면 재앙을 거두시고, 억울한 일을 당한 그를 괴롭힌 친구들을 벌하실 것이라고 확신한다. 욥이 착각하는 것일까? 아니다. 드디어 하나님이 욥을 찾아오셨을 때, 욥이 본문에서 경고한 모든 것이 이루어졌다(cf. 42장).

Ⅲ. 욥과 친구들의 대화(4:1- 27: 23)
B. 두 번째 사이클(15:1- 21: 34)

5. 소발의 주장(20:1-29)

엘리바스와 빌닷의 말이 욥을 설득시키지 못하자 소발이 다시 나섰다. 이번이 소발의 두 번째 담화이자 마지막 담화다. 소발은 이번에도 욥을 설득시키지 못한다. 그는 이때까지 친구들이 했던 말을 반복할 뿐, 새로운 내용을 말하지 않기 때문이다.

소발은 악인은 결코 이 땅에서 뿌리를 내리지 못한다고 한다. 심판하시는 하나님이 결코 허락하지 않으실 것이기 때문이다. 욥이 세상에 뿌리를 내리지 못하고 쫄딱 망한 것은 그가 악인이기 때문이라는 것을 암시한다. 소발은 이러한 논리를 제기하기 위하여 욥이 처한 상황과 전혀 상관이 없는 듯한 말만 해댄다. 소발의 담화는 다음과 같이 구분될 수 있다.

A. 네가 나를 모욕하고 있다(20:1-3)
B. 끝까지 잘되는 악인은 없다(20:4-11)
C. 악인은 절대 삶을 누리지 못한다(20:12-19)
B'. 하나님이 악인의 운명을 정해놓으신다(20:20-29)

III. 욥과 친구들의 대화(4:1- 27: 23)
B. 두 번째 사이클(15:1- 21: 34)
5. 소발의 주장(20:1-29)

(1) 네가 나를 모욕하고 있다(20:1-3)

[1] 나아마 사람 소발이 대답하여 이르되
[2] 그러므로 내 초조한 마음이 나로 하여금 대답하게 하나니
이는 내 중심이 조급함이니라
[3] 내가 나를 부끄럽게 하는 책망을 들었으므로
나의 슬기로운 마음이 나로 하여금 대답하게 하는구나

소발은 빌닷처럼(cf. 18:4) 욥의 발언에 큰 자극을 받았다. 만일 욥이 옳다면 그를 포함한 친구들이 옳다고 생각하는 모든 것이 잘못되기 때문이다. 그러므로 친구들의 조언을 받아들여 자신을 성찰하는 것이 아니라, 오히려 친구들이 잘못 생각하고 있다며 맹렬하게 반박하는 욥을 괘씸하게 생각한다.

소발은 자신이 옳고 욥이 잘못되었든, 욥이 옳고 자기가 잘못되었든 둘 중 하나라고 생각한다(Clines). 그는 확고한 흑백 논리로 욥과의 논쟁을 이어간다. 또한 욥의 모든 반박을 자신에 대한 인신공격으로 간주한다(2-3절). 한심한 사람이다. 감정이 격해진 나머지 그는 사람이 논쟁에서 절대 보여서는 안 되는 자세를 보인다. 논쟁할 때 감정을 드러내면 진다. 논쟁은 증거와 논리로 하는 것이지, 감정으로 하는 것이 아니다. 논쟁에서 감정을 드러내는 이유는 자신이 코너로 몰렸다고 생각하기 때문이다.

소발은 자만에 빠져 있기도 하다. 그는 스스로 슬기로운 자라고 생각한다. 그런데 욥이 결백을 주장하며 억지를 부리는 상황을 보자 대답하지 않고는 견디지 못하게 된다(3절). 소발이 하고 싶어서가 아니라 그의 슬기로움이 침묵하도록 내버려두지 않는다(Dhorme, Gordis, Habel).

'지혜'가 대답하도록 그를 몰아간다. 교만도 참 여러 가지다!

'나의 슬기로운 마음'(רוּחַ מִבִּינָתִי)(3절)에서 '마음/영'(רוּחַ)은 그가 슬기롭게 된 것은 스스로 노력한 결과가 아니라, 더 높은 존재(하나님)가 그에게 슬기로움을 주었기 때문이라는 사실을 전제한다(Longman, cf. 4:12-17; 32:8). 그러므로 소발은 자기 생각만이 옳고 욥의 생각은 잘못되었다고 한다. 그는 자신을 신적인 지식을 가진 자라고 생각하기 때문이다. 소발은 영적 교만의 극치가 현현한 사람이다. 이런 사람은 이웃의 아픔을 헤아리지 못할 뿐만 아니라, 알려고도 하지 않는다.

Ⅲ. 욥과 친구들의 대화(4:1- 27: 23)
B. 두 번째 사이클(15:1- 21: 34)
5. 소발의 주장(20:1-29)

(2) 끝까지 잘되는 악인은 없다(20:4-11)

4 네가 알지 못하느냐
예로부터 사람이 이 세상에 생긴 때로부터
5 악인이 이긴다는 자랑도 잠시요
경건하지 못한 자의 즐거움도 잠깐이니라
6 그 존귀함이 하늘에 닿고
그 머리가 구름에 미칠지라도
7 자기의 똥처럼 영원히 망할 것이라
그를 본 자가 이르기를 그가 어디 있느냐 하리라
8 그는 꿈같이 지나가니 다시 찾을 수 없을 것이요
밤에 보이는 환상처럼 사라지리라
9 그를 본 눈이 다시 그를 보지 못할 것이요
그의 처소도 다시 그를 보지 못할 것이며
10 그의 아들들은 가난한 자에게 은혜를 구하겠고

그도 얻은 재물을 자기 손으로 도로 줄 것이며
[11] 그의 기골이 청년같이 강장하나
그 기세가 그와 함께 흙에 누우리라

소발은 악인의 승리와 즐거움은 오래가지 못한다며 욥을 다그친다(4-5절). 살다 보면 악인이 성공하여 즐거워하는 모습을 목격하기도 하는데, 이러한 상황은 결코 오래가지 못한다. 심판하시는 하나님이 오랫동안 묵인하지 않으실 것이기 때문이다. 소발은 몇 가지 비유를 통해 욥을 가르치려 한다.

첫째, 악인의 위상과 지위가 하늘에 닿을 정도로 높아질지라도 오래지 않아 사람의 배설물처럼 된다(6-7절). 악인의 명예는 땅에 떨어질 뿐만 아니라, 냄새가 나는 배설물처럼 혐오의 대상이 될 것이다. 또한 똥이 오래지 않아 썩어 땅에 흡수되어 사라지는 것처럼 악인의 위상과 지위도 흔적도 없이 사라진다(Longman). 그러므로 사람들은 그를 신속하게 잊는다. 악인이 얻는 명예와 위상은 오래 기억되지 않는다는 주장에서 소발은 욥과 생각을 같이한다.

둘째, 성공한 악인은 밤에 꾼 꿈처럼 순식간에 지나간다(8-9절). 사람이 잠에서 깨어나면 그가 꾼 꿈은 순식간에 사라지는 것처럼 악인도 순식간에 사라진다. 사람들이 다시는 그를 보지 못할 것이며, 그가 살던 집도 주인을 다시 보지 못한다. 악인은 단명할 것이며 매우 빨리 잊힐 것이다.

셋째, 성공한 악인의 자손들은 순식간에 거지가 된다(10절). 이 구절은 해석이 참으로 난해하다(cf. Clines, Pope). 악인이 죽으면 그의 자녀들은 가진 것이 없는 가난한 사람들에게 은혜를 구할 것이다(동냥을 할 것이다). 그들을 불쌍히 여긴 가난한 사람들이 그나마 없는 것에서 조금 나누어 주어 악인들의 자식들에게 긍휼을 베푼다. 한때 떵떵거리고 부유하게 살던 악인의 자식들이 가난한 사람들의 적선으로 겨우 살아간다. 악인이 쌓은 부는 결코 오래가지 못할 것이며, 그가 죽는 순간 모든 것이 사라질 것이다.

왜 이런 일이 일어나는가? 악인이 왕성할 때는 마치 청년 같지만, 그가 죽으면 순식간에 그 기세가 꺾이기 때문이다(11절). 악인이 쌓은 업적과 부는 모래성처럼 한순간에 무너져 내린다. 하나님이 그를 심판하여 죽이실 것이기 때문이다. 소발이 욥에게 이런 말을 하는 이유는 "너도 회개하지 않으면 그나마 겨우 유지하던 생명까지 잃게 될 것이다"라는 경고를 하기 위해서이다. 하나님이 욥을 재앙으로 치신 것은 주님의 심판의 일부에 불과하며, 마지막 심판인 죽음이 아직 남아 있다는 뜻이다. 소발은 고통을 당한 욥에게 도무지 도움이 되지 않는 위로자이다.

Ⅲ. 욥과 친구들의 대화(4:1- 27: 23)
B. 두 번째 사이클(15:1- 21: 34)
5. 소발의 주장(20:1-29)

(3) 악인은 절대 삶을 누리지 못한다(20:12-19)

[12] 그는 비록 악을 달게 여겨
혀 밑에 감추며
[13] 아껴서 버리지 아니하고
입천장에 물고 있을지라도
[14] 그의 음식이 창자 속에서 변하며
뱃속에서 독사의 쓸개가 되느니라
[15] 그가 재물을 삼켰을지라도 토할 것은
하나님이 그의 배에서 도로 나오게 하심이니
[16] 그는 독사의 독을 빨며
뱀의 혀에 죽을 것이라

[17] 그는 강 곧 꿀과 엉긴 젖이 흐르는
강을 보지 못할 것이요
[18] 수고하여 얻은 것을 삼키지 못하고 돌려주며
매매하여 얻은 재물로 즐거움을 삼지 못하리니
[19] 이는 그가 가난한 자를 학대하고 버렸음이요
자기가 세우지 않은 집을 빼앗음이니라

소발은 악인이 누리는 악의 열매는 결국 그를 죽일 것이라고 한다. 본문에서 그가 반복적으로 사용하는 이미지는 입과 혀와 음식이다. 소발은 사람이 음식을 먹는 일에 비교하며 악인의 종말을 묘사한다. 악인의 비참한 종말에는 하나님의 심판이 암시되어 있다. 그가 제시하는 몇 가지 비유를 생각해보자.

첫째, 악인이 이룩한 업적은 그의 입에는 달지만, 삼키면 그를 죽이는 독과 같다(12-14절). 의인이 자기 의의 열매를 누리는 것처럼, 악인도 분명 자기 악의 열매를 누릴 것이다. 사람이 자기 행실의 열매를 누리는 것은 당연한 일이기 때문이다.

악인은 자기 노력의 열매를 달게 여겨 입에서 오물거리며 삼키려 하지 않는다(12-13절). 맛을 최대한 극대화하여 즐긴다. 그러나 일단 삼키면 입에서는 그처럼 달던 것이 독(독사의 쓸개)으로 변하여 그를 죽인다(14, cf. 16절). 악인이 행한 일들이 증거가 되어 하나님의 심판이 그를 죽인다는 뜻이다.

둘째, 하나님은 악인이 착취한 재물을 모두 토해 내게 하실 것이다(15, 18절). 사람이 음식을 삼키듯 악인이 약탈한 재물을 꿀꺽 삼키지만, 그 재물은 그의 소유로 남지 않는다. 사람이 잘못 먹은 음식을 토해 내듯, 하나님이 모든 것을 토해 내게 하실 것이기 때문이다.

셋째, 악인은 결국 독사의 독에 죽음을 당하는 것과 같은 운명을 맞는다(16절). 그를 죽이는 독사의 독은 다름 아닌 그가 행한 악과 부정하게 모은 부이다(cf. 19절). 그러므로 그는 꿀과 엉긴 젖이 흐르는 강을 얻기 위하여 온갖 악행을 저질렀지만, 결국 그가 꿈꾸던 꿀과 젖이 흐르는 강은 보지 못하고 죽는다(17절). 그가 수고하여(착취하여) 얻은 모든 것뿐만 아니라 심지어는 정당하게 구입한 것까지 그에게 즐거움을 주지 못한다(18절). 그가 가난한 사람들을 학대하고 착취해 재산을 모았기 때문이다(19절). 이 섹션의 결론 역할을 하는 19절은 더 이상 은유가 아니다. 이때까지 은유로 묘사한 처참한 삶의 이유를 제시하기 때문이다.

Ⅲ. 욥과 친구들의 대화(4:1- 27: 23)
B. 두 번째 사이클(15:1- 21: 34)
5. 소발의 주장(20:1-29)

(4) 하나님이 악인의 운명을 정해놓으신다(20:20-29)

[20] 그는 마음에 평안을 알지 못하니
그가 기뻐하는 것을 하나도 보존하지 못하겠고
[21] 남기는 것이 없이 모두 먹으니
그런즉 그 행복이 오래가지 못할 것이라
[22] 풍족할 때에도 괴로움이 이르리니
모든 재난을 주는 자의 손이 그에게 임하리라
[23] 그가 배를 불리려 할 때에
하나님이 맹렬한 진노를 내리시리니
음식을 먹을 때에
그의 위에 비같이 쏟으시리라
[24] 그가 철 병기를 피할 때에는
놋화살을 쏘아 꿰뚫을 것이요
[25] 몸에서 그의 화살을 빼낸즉

번쩍번쩍하는 촉이 그의 쓸개에서 나오고
큰 두려움이 그에게 닥치느니라
[26] 큰 어둠이 그를 위하여 예비되어 있고
사람이 피우지 않은 불이 그를 멸하며
그 장막에 남은 것을 해치리라
[27] 하늘이 그의 죄악을 드러낼 것이요
땅이 그를 대항하여 일어날 것인즉
[28] 그의 가산이 떠나가며
하나님의 진노의 날에 끌려가리라
[29] 이는 악인이 하나님께 받을 분깃이요
하나님이 그에게 정하신 기업이니라

소발은 본문에서 크게 두 가지를 말하고자 한다.

첫째, 악인에게는 평안이 없다(20-22절). 사람이 삶에서 가장 원하는 것은 평안이다. 사람은 평안을 얻기 위하여 많은 노력을 하기도 한다. 악인들은 아무리 많은 재물을 축적해도 평안하지 못하다. 아무리 많이 먹어도 행복하지 않으며(21절), 물질적인 풍요를 누려도 마음은 괴롭다(22절). 남들에게 빼앗은 재물이 악인을 부자로 만드는 것이 아니라 오히려 가난하게 만든다(Weiser). 악인의 탐욕이 그가 불행하고 평안하지 못하게 된 원인이다(Clines).

둘째, 악인은 하나님의 쉴 새 없는 심판을 피할 수 없다(23-28절). 하나님은 악인이 자기 배를 채우려 할 때(삶을 누리려 할 때) 그에게 맹렬한 진노를 내리시기를 야외에서 음식을 먹을 때 비가 내리듯 하신다(23절). 악인의 즐거움을 완전히 망치실 것이라는 경고이다. 이것이 끝이 아니며, 하나님의 악인에 대한 심판은 계속된다.

하나님이 악인을 철 병기로 심판하시는데, 혹시 그가 철 병기를 피하면 놋화살을 쏘아 그의 몸을 꿰뚫을 것이다(24절). 한 가지 재앙을 피했다고 해서 안도하는 숨을 쉴 수가 없는 것은 더 곤혹스러운 재앙을 대면해야 하기 때문이다. 만일 그가 몸에서 꿰뚫은 화살을 빼면, 번쩍번쩍하는 화살촉이 그의 쓸개를 꿰뚫을 것이다(25절). 끊이지 않고 연속되는 심판은 아모스 5:19을 연상시킨다. "마치 사람이 사자를 피하다가 곰을 만나거나 혹은 집에 들어가서 손을 벽에 대었다가 뱀에게 물림 같도다." 하나님의 악인을 치시는 심판은 멈추지 않을 것이라는 의미이다(cf. 사 24:18; 암 5:19). 그러므로 악인은 큰 두려움에 휩싸이게 된다(25절).

하나님은 악인을 위하여 큰 어둠을 준비해두셨으며, 사람이 피우지 않은 불로 그와 그의 집을 심판하실 것이다(26절). 사람이 피우지 않은 불은 천둥/벼락 등을 의미할 수도 있고(Smick), 단순히 하나님의 거룩한(심판하시는) 불일 수도 있다(Gordis). 악인뿐만 아니라 그의 집까지 불사르시는 이유는 그가 악한 일로 얻은 수익으로 세운 집이기 때문이다. 하나님은 악인이 한 행실을 그대로 갚아주신다.

그날이 되면 온 천하(하늘과 땅)가 악인의 죄악을 드러낼 것이며, 억울하게 당했던 사람들이 그의 죄에 대하여 증언할 것이다(27절). 결국 그는 모든 재산을 잃게 될 것인데, 본문이 사용하는 이미지는 홍수에 온 집안이 떠내려가는 모습이다(28절). "하나님이 진노하시는 날에 그 집의 모든 재산이 홍수에 쓸려가듯 다 쓸려갈 것이다"(새번역, cf. 공동, 아가페, NAS, NIV). 악인이 모은 것들 중 아무것도 남지 않는 비참한 죽음과 멸망이 그를 맞이할 것이라는 뜻이다.

악인이 이처럼 삶을 누리지도 못하고 끝에 가서는 비참한 종말을 맞는 것은 하나님이 그의 종말을 예비해 두셨기 때문이다(29절). 한동안은 잘나가는 것 같고, 모든 것이 잘되는 것 같지만, 끝에 가서는 한결같이 비참한 종말을 맞는 것이 악인들의 운명이다. 하나님이 그들의 행실에 적합한 운명을 예비해두셨기 때문이다.

욥은 소발이 하는 말과 별로 상관없는 삶을 살아왔다. 그런데도 소발이 이런 말을 하는 것은 욥이 자기가 말하는 악인들 중 하나라는 것을 암시하기 위해서이다. 그러므로 소발은 욥의 고난이 상당 부분 그의 죄에서 비롯되었으며, 하나님의 심판이 아직 다 끝난 것이 아니라고 경고한다. 이미 모든 것을 잃은 욥에게 아직도 잃을 것이 한 가지 있다는 것이다. 바로 하나님이 악인들을 위해 예비해 두신 비참한 운명이다. 그는 욥이 회개하면 이러한 운명을 피할 수도 있다는 가능성마저 배제하고 있다(Andersen). 소발은 참 잔인한 친구다! 이런 친구 하나 있으면 따로 원수가 필요 없다!

III. 욥과 친구들의 대화(4:1- 27: 23)
B. 두 번째 사이클(15:1- 21: 34)

6. 욥의 반론(21:1-34)

욥은 답답하다. 친구들은 하나님의 공의와 정의가 세상을 다스리기 때문에 권선징악 원리가 아무 문제 없이 작동하고 있다고 주장한다. 그러나 욥이 경험하는 세상은 다르다. 세상에는 욥처럼 억울하게 고난을 받는 사람들이 많다. 또한 욥은 공의와 정의가 세상을 지배하지 않는다고 확신한다.

만일 친구들 말대로 공의와 정의가 세상을 지배한다면, 어째서 악인들은 벌을 받기는커녕 오히려 성행하는가? 더 나아가 악인들은 어떤 벌도 받지 않고 평안히 죽는다. 이런 현실을 고려할 때 욥은 친구들의 주장에 심각한 오류가 있다고 확신한다. 욥은 세상에는 도덕과 질서도, 권선징악의 원리도, 하나님의 공의와 정의도 없다고 생각한다(Clines). 두 번째 사이클을 마무리하고 있는 욥의 담화는 다음과 같이 구분된다.

A. 너희는 빈말을 멈추고 내 현실을 헤아려다오(21:1-6)

B. 악인은 마음껏 삶을 누리다가 죽는다(21:7–16)
C. 악인이 벌을 받는 것을 본 적이 있느냐(21:17–22)
B′. 죽음은 악인을 차별하지 않는다(21:23–26)
A′. 너희는 현실을 외면하는 빈말을 멈추라(21:27–34)

Ⅲ. 욥과 친구들의 대화(4:1- 27: 23)
B. 두 번째 사이클(15:1- 21: 34)
6. 욥의 반론(21:1–34)

(1) 너희는 빈말을 멈추고 내 현실을 헤아려다오(21:1–6)

[1] 욥이 대답하여 이르되
[2] 너희는 내 말을 자세히 들으라
이것이 너희의 위로가 될 것이니라
[3] 나를 용납하여 말하게 하라
내가 말한 후에 너희가 조롱할지니라
[4] 나의 원망이 사람을 향하여 하는 것이냐
내 마음이 어찌 조급하지 아니하겠느냐
[5] 너희가 나를 보면 놀라리라
손으로 입을 가리리라
[6] 내가 기억하기만 하여도 불안하고
두려움이 내 몸을 잡는구나

욥은 친구들의 위로가 오히려 그를 괴롭힌다고 말했다(16:2). 욥은 그의 말에 귀를 기울이지는 않으면서 그저 자신들이 원하는 말을 하는 친구들에게 다시 한 번 그의 말에 귀를 기울여 주기를 원한다. 친구들이 욥에게 할 수 있는 최고의 위로는 침묵하고 욥의 이야기를 들어주는 일이다. 그들이 욥의 이야기를 들어 주기만 하면, 그들은 욥에게 큰 위로가 될 것이다(2절).

욥은 잘 듣지 않고 성급하게 말하는 친구들에게 설령 그들이 욥을 조롱할 일이 있다 할지라도, 꼭 그의 말을 먼저 들어보고 하라고 당부한다(3절). 마소라 사본은 '조롱하다'가 단수로 표기되어 있지만, 욥이 소발에게만 말하는 것이 아니고 모두에게 말하고 있으므로 개역개정처럼 복수로 취급해야 한다(Driver & Gray, Habel). 욥은 자기 말이 끝나면 친구들이 조롱할 줄 안다. 자기 담화가 친구들을 설득하지 못할 것을 직감하기 때문이다. 그러나 그는 친구들에게 최소한 자기 말을 끝까지 들어주는 미덕을 보여달라고 부탁한다.

오죽이나 답답하고 억울하면 욥이 이런 말을 다 할까 하는 안타까움이 앞선다. 욥은 친구들의 관점이 변하지 않을 것을 알면서도 말을 해야 하는가? 욥은 친구들의 반응에 상관 없이 말을 해야 한다. 그는 친구들이 들어주지 않더라도 말을 하며 자기 생각과 마음을 정리하며 추슬러야 한다. 그래야 아픔을 견딜 수 있다. 아프고 힘들어 하는 사람들은 누군가가 그들의 말을 들어 주는 것만으로도 큰 치유와 위로를 경험한다.

욥은 사람을 원망하지 않는다. 그는 하나님을 원망한다(4절). 사람이 하나님을 원망하는 것은 결코 쉬운 일이 아니다. 그러므로 욥은 큰 용기를 내서 이런 일을 하고 있지만, 마음은 상당히 불안하고 조급하다. 하나님이 듣기를 거부하시면 욥은 하소연할 곳이 없기 때문이다.

욥은 친구들이 열린 마음으로 그의 이야기를 들으면, 그들도 충격을 받고 놀랄 거라고 확신한다(5절). 욥은 믿기지 않는 일을 겪고 있기 때문이다. 욥은 그동안 경험한 일을 떠올리기만 해도 불안하다. 큰 두려움이 그를 휘어잡는다(6절). 욥은 인간이 감당하기 힘든 일을 겪었다며 탄식한다.

Ⅲ. 욥과 친구들의 대화(4:1- 27: 23)
B. 두 번째 사이클(15:1- 21: 34)
6. 욥의 반론(21:1-34)

(2) 악인은 마음껏 삶을 누리다가 죽는다(21:7-16)

[7] 어찌하여 악인이 생존하고
장수하며 세력이 강하냐
[8] 그들의 후손이 앞에서 그들과 함께 굳게 서고
자손이 그들의 목전에서 그러하구나
[9] 그들의 집이 평안하여 두려움이 없고
하나님의 매가 그들 위에 임하지 아니하며
[10] 그들의 수소는 새끼를 배고
그들의 암소는 낙태하는 일이 없이 새끼를 낳는구나
[11] 그들은 아이들을 양 떼같이 내보내고
그들의 자녀들은 춤추는구나
[12] 그들은 소고와 수금으로 노래하고
피리 불어 즐기며
[13] 그들의 날을 행복하게 지내다가
잠깐 사이에 스올에 내려가느니라
[14] 그러할지라도 그들은 하나님께 말하기를 우리를 떠나소서
우리가 주의 도리 알기를 바라지 아니하나이다
[15] 전능자가 누구이기에 우리가 섬기며
우리가 그에게 기도한들 무슨 소용이 있으랴 하는구나
[16] 그러나 그들의 행복이 그들의 손안에 있지 아니하니
악인의 계획은 나에게서 멀구나

친구들은 권선징악의 원리가 세상을 지배한다고 주장했다. 욥은 그들의 주장에 심각한 이의를 제기한다. 친구들은 하나님이 의인은 축복

하고 악인은 벌하신다고 하는데, 욥의 경험으로는 하나님이 오히려 악인을 축복하시는 것이 확실하다. 엘리바스의 주장에 의하면 의인들이 받아야 할 하나님의 축복을(cf. 5:23-26) 모두 악인들이 받기 때문이다.

첫째, 악인들은 오래 산다(7절). 예레미야 선지자도 욥이 한 것과 비슷한 문제를 제기했다(렘 12:1-2). 성경은 사람이 오래 사는 것이 하나님의 축복이라고 한다. 그런데 악인들이 장수를 누리며 산다! 그렇다면 악인들이 오래 사는 것은 분명 하나님의 축복이다. 욥은 하나님이 악인들을 축복하셨기 때문에 그들이 오래 산다는 논리를 펼치고 있다.

둘째, 악인들의 자손들은 번성하고 강인하다(8절). 자녀들은 분명 하나님이 사람에게 내려 주시는 축복이다. 성경은 사람이 자손들의 번성을 보고 죽는 것은 매우 행복한 일이라고 한다(시 127:4; 창 45:10). 악인들의 자손들이 강하고 번성하는 것은 하나님이 그들을 축복하셨기 때문이다. 욥은 자손 번성에 대하여 잠시 후 더 자세히 언급한다(cf. 11-12절).

셋째, 악인들의 집은 평안하며, 하나님의 심판이 그들에게 임하지 않는다(9절). 하나님이 허락하셔야만 사람은 삶에서 평안을 누릴 수 있다. 또한 권선징악의 원리가 다스리는 세상에서는 악인들이 평안하면 안 된다. 그런데 세상을 보면 악인들이 어떠한 두려움도 없이 평안하게 산다. 하나님이 그들을 축복하셨기 때문이다. 욥은 누군가가 하나님의 내리치는 막대기를 그에게서 옮겨주었으면 했다(9:34). 억울한 욥과는 달리 악인들은 하나님의 막대기가 그들에게 임하는 것을 두려워하지도 않는다. 하나님이 악인들을 막대기로 치지 않으시기 때문이다.

넷째, 악인들이 거느리는 짐승들은 암수를 가리지 않고 모두 잘된다(10절). 수소가 암소와 교배를 하면, 암소가 대번에 새끼를 배고, 낙태하는 일이 없이 모두 새끼를 낳는다. 그러므로 악인들의 부가 지속적으로 늘어난다. 하나님의 심판을 받아야 할 악인들이 계속 번성하니 의인들은 할 말을 잃은 세상이 되었다.

다섯째, 악인들의 자손은 숫자가 많을 뿐만 아니라 매우 행복한 삶을 산다(11-12절). 양 떼같이 많은 아이들이 즐겁게 춤을 추며 노래하며 삶을 즐긴다. 악인들은 공포와 두려움에 떨어야 하는데, 전혀 그런 기색 없이 행복하게 삶을 즐긴다. 행복한 자손들을 지켜보며 흡족해하던 악인들은 잠깐 사이에 죽음을 맞는다(13절, cf. 전 8:10). 삶을 충분히 즐긴 노년에 특별한 고난이나 질병 없이 무난하게 죽음을 맞이한다는 뜻이다(cf. 29:18).

이처럼 살아 있는 동안 마음껏 행복을 누린 사람들은 어떤 사람들인가? 하나님을 경외하지 않고 주님의 가르침을 거부한 사람들이다(14절). 전능하신 하나님을 인정하지 않고 주님을 섬기기를 거부한 사람들이다(15a절). 하나님께 기도하지도 않는 사람들이다(15b절). 악인들이 이렇게 하는 것은 그들이 하나님을 모르기 때문이다(Clines).

16절의 정확한 해석이 어렵다(Gordis, cf. NAS, NIV, NRS, ESV). 그러나 전반적인 의미는 쉽게 파악할 수 있다. 악인들의 행복은 그들의 손안에 있지 않다(16절). 행복은 그들이 스스로 노력해서 얻은 것이 아니라, 하나님이 그들에게 주신 것이다(Alden, Longman). 하나님이 주님을 인정하지도 않고, 기도하지도 않는 사람들에게 번영과 평안을 주셨다! 그러므로 욥은 좌절한다. 자기는 악인처럼 계획하거나 행동하지도 않았는데 고통을 당하고 있기 때문이다.

Ⅲ. 욥과 친구들의 대화(4:1- 27: 23)
B. 두 번째 사이클(15:1- 21: 34)
6. 욥의 반론(21:1-34)

(3) 악인이 벌을 받는 것을 본 적이 있느냐(21:17-22)

[17] 악인의 등불이 꺼짐과
재앙이 그들에게 닥침과

하나님이 진노하사 그들을 곤고하게 하심이 몇 번인가
[18] 그들이 바람 앞에 검불같이,
폭풍에 날려가는 겨같이 되었도다
[19] 하나님은 그의 죄악을 그의 자손들을 위하여 쌓아두시며
그에게 갚으실 것을 알게 하시기를 원하노라
[20] 자기의 멸망을 자기의 눈으로 보게 하며
전능자의 진노를 마시게 할 것이니라
[21] 그의 달수가 다하면
자기 집에 대하여 무슨 관계가 있겠느냐
[22] 그러나 하나님께서는 높은 자들을 심판하시나니
누가 능히 하나님께 지식을 가르치겠느냐

욥은 이 섹션에서도 하나님이 악인을 심판하지 않으신다는 말을 이어간다. 악인의 등불(생명과 평안)은 꺼지지 않으며, 재앙이 그들에게 닥치는 일도, 하나님이 그들을 곤고하게 하시는 일도 없다(17절). 개역개정은 18절을 보통 문장으로 번역했는데, 욥이 주장하는 논리와 맞지 않는다. 그러므로 새번역처럼 이 문장도 질문형으로 번역해야 한다. “그들이 바람에 날리는 검불과 같이 된 적이 있느냐? 폭풍에 날리는 겨와 같이 된 적이 있느냐?”(NAS, NIV, NRS, ESV, CSV). 욥은 악인들이 하나님의 심판을 받지 않는다는 논리를 이어가는 것이다.

개역개정은 19절을 마치 욥이 악인들을 저주하는 말로 해석했는데, 이 또한 문제가 많다. 이 문장도 하나님이 악인들을 벌하지 않는다는 논리를 이어가는 말이기 때문이다. 그러므로 대부분의 번역본들이 ‘너희들이 말하기를’(새번역, NAS, NRS, ESV, TNK) 혹은 ‘세상은 말하기를’(it is said, 공동, 아가페, NIV)을 더해 “하나님은 그의 죄악을 그의 자손들을 위하여 쌓아두신다”를 당시 유행하는 말로, 혹은 욥의 친구들이 한 말로 처리한다. 그러므로 본문의 의미는 새번역의 “너희는 ‘하나님이 아

버지의 죄를 그 자식들에게 갚으신다'라고 말하지만, 그런 말 말아라! 죄 지은 그 사람이 벌을 받아야 한다. 그래야만 그가 제 죄를 깨닫는다"로 해석하는 것이 합리적이다.

욥은 악인들이 자기 멸망을 스스로 보아야 하며, 하나님의 진노의 컵(재앙과 심판)을 마셔야 한다고 말한다(20절). 전도자는 그래야만 세상에서 악이 성행하지 않을 것이라고 한다(전 8:11). 악인이 죽을 때 그가 경험하는 혹독한 고통으로 인해 자신이 남기고 죽는 재산이나 사람들(가족들)에게 별 애착이나 미련을 남기지 않고 죽어야(21절) 공의와 정의가 지배하는 세상이라고 할 수 있다. 그러나 욥이 경험한 현실은 그렇지 않다. 세상은 분명 바로잡을 필요가 있는 부분이 있다. 그러나 욥은 전능자께서 세상을 이렇게 운영하시는 데 누가 그에게 잘못되었으니 다르게 하라고 가르칠 수 있겠냐고 탄식한다(22절).

Ⅲ. 욥과 친구들의 대화(4:1- 27: 23)
B. 두 번째 사이클(15:1- 21: 34)
6. 욥의 반론(21:1–34)

(4) 죽음은 악인을 차별하지 않는다(21:23–26)

[23] **어떤 사람은 죽도록 기운이 충실하여**
안전하며 평안하고
[24] **그의 그릇에는 젖이 가득하며**
그의 골수는 윤택하고
[25] **어떤 사람은 마음에 고통을 품고 죽으므로**
행복을 맛보지 못하는도다
[26] **이 둘이 매한가지로 흙 속에 눕고**
그들 위에 구더기가 덮이는구나

욥은 의인이나 악인이나 죽을 때에는 별반 다르지 않다고 생각한다. 의인들과 악인들 중 어떤 사람은 죽을 때까지 건강하고 왕성하게 살다가 평안하게 죽는다(23절). 악인이나 의인이나 상관없이 어떤 사람은 풍요로운 삶을 살다가 죽는다(24절).

반면에 어떤 사람은 온갖 고통을 당하다가 끝까지 그 고통을 품고 죽는다(25절). 이런 사람들에게 삶의 낙은 없다. 살아 있는 것이 그저 끊이지 않는 고통일 뿐이다. 욥은 마치 자기 이야기를 하듯 이 말을 한다. 그는 삶에 대한 애착이나 의욕은 포기한 지 오래되었다. 단지 죽지 못해서 살고 있다.

의인이나 악인이나 죽으면 다를 바가 없다. 그들이 흙에 묻히는 것도 같고, 그들의 몸이 썩는 것도 같다(26절). 죽음은 의인과 악인을 구별하지 않고 모두 동일하게 대한다. 전도자도 비슷한 말을 남겼다.

> 너나 나나 할 것 없이 꼭같은 운명이 기다리고 있다. 죄 없는 사람이나 죄 있는 사람이나, 선한 사람이나 악한 사람이나, 깨끗한 사람이나 더러운 사람이나, 제사를 드리는 사람이나 제사를 드리지 않는 사람이나 마찬가지다. 선한 사람이라고 해서 죄인과 다를 바 없고 하느님 앞에서 맹세를 하는 사람이라고 해서 맹세를 꺼려하는 사람과 다를 바 없다(전 9:2, 공동번역).

III. 욥과 친구들의 대화(4:1- 27: 23) B. 두 번째 사이클(15:1- 21: 34) 6. 욥의 반론(21:1-34)

(5) 너희는 현실을 외면하는 빈말을 멈추라(21:27-34)

[27] 내가 너희의 생각을 알고

너희가 나를 해하려는 속셈도 아노라

[28] 너희의 말이 귀인의 집이 어디 있으며
악인이 살던 장막이 어디 있느냐 하는구나
[29] 너희가 길 가는 사람들에게 묻지 아니하였느냐
그들의 증거를 알지 못하느냐
[30] 악인은 재난의 날을 위하여 남겨둔 바 되었고
진노의 날을 향하여 끌려가느니라
[31] 누가 능히 그의 면전에서 그의 길을 알려주며
누가 그의 소행을 보응하랴
[32] 그를 무덤으로 메어가고
사람이 그 무덤을 지키리라
[33] 그는 골짜기의 흙덩이를 달게 여기리니
많은 사람들이 그보다 앞서갔으며
모든 사람이 그의 뒤에 줄 지었느니라
[34] 그런데도 너희는 나를 헛되이 위로하려느냐
너희 대답은 거짓일 뿐이니라

욥은 친구들이 자신의 말은 들으려 하지 않고 오로지 권선징악의 원리만 말하는 것은 그를 해치려는 속셈이라고 비난한다(27절). 욥이 이런 말을 하는 것은 친구들이 그를 억지스러운 말로 공격하고 있다고 생각하기 때문이다(Andersen, Habel). 그들은 악인이 하나님의 벌을 받아 망한다고 한다. 그런데 욥은 망했다. 그러므로 욥은 악인이라는 논리를 계속 펼치고 있기 때문에 그가 발끈한 것이다.

그렇다면 친구들은 욥의 강력한 반발에도 불구하고 왜 계속 권선징악이 세상을 지배하는 유일한 원리라고 고집을 부리는 것일까? 만일 그들이 주장하는 권선징악이 항상 적용되는 것이 아니며, 예외가 있다고 인정하면, 이때까지 주장했던 모든 논리가 한순간에 무너지기 때문이다. 그들은 자신들의 입장을 고수하기 위하여 오랜 친구인 욥을 죄인으로 몰아갔다.

악인은 하나님의 심판을 받아 모두 망하기 때문에 그들의 집은 세상에서 흔적도 없이 사라진다고 친구들은 말하지만(28절), 욥은 악인의 집이 왕성하고 건재한 것을 굉장히 많이 보아왔다(cf. 7-8절). 이러한 사실은 욥만 아는 것이 아니라, 어느 정도 여행을 해본 사람들 혹은 길거리에 있는 사람들(Longman)은 모두 안다(29절). 조금만 관심을 가지고 주변을 살펴보면 이런 일이 허다하다. 그러므로 욥은 친구들의 제한된 시각을 비난한다. 그들은 세상에서 어떤 일이 벌어지고 있는지 전혀 깨닫지 못하는 '우물 안의 개구리'처럼 말하고 있다.

개역개정이 30절의 의미를 잘못 번역하고 있다. 이 번역본은 마치 하나님이 악인들을 환난 날까지 남겨두었다가 그때 가서 심판하시는 것으로 해석했는데(cf. 아가페, NAS, 마 13:24-30), 본문의 의미는 하나님이 심판 날에도 악인은 벌하지 않으신다는 뜻이다(새번역, 공동, NIV, NRS, ESV, TNK). 그러므로 새번역이 더 정확하게 표현한다. "그들이 하는 말을 들어보아라. 하나님이 진노하셔서 재앙을 내리셔도, 항상 살아남는 사람은 악한 자라고 한다."

악인들은 심판하시는 창조주로부터 이처럼 특별한 '특권'을 누리는 자들인데 감히 누가 그 악인들에게 길을 알려 주며, 그들이 행한 악한 일을 응징할 수 있다는 말인가?(31절). 게다가 악인들은 평생 평안하게 잘살 뿐만 아니라, 죽을 때에도 좋은 장례식을 치른다(32절). 악인들에게는 "골짜기의 흙덩어리도 달게 느껴진다"는 것은 그들이 죽음마저도 즐길 정도로 평안히 살다가 죽는다는 뜻이다(Alden). 평안히 무덤에 안치된 악인 이야기는 예외적인 일이 아니다. 수많은 악인들이 욥을 앞서갔고, 앞으로도 그의 뒤를 이을 것이다(33절).

상황이 이런데도 욥의 친구들은 권선징악이 세상을 지배하는 유일한 원리라고 떠들어댄다. 그러므로 그들의 말은 억울한 일을 당한 욥에게 전혀 위로가 되지 않는다(34절). 오히려 많은 상처가 되었으며, 욥은 아직 친구들이 준 상처에서 자신을 추스르지 못하고 있다. 친구들은 현실을 왜곡하며 거짓을 말하고 있을 뿐이다(cf. 24절). 욥과 친구들의 대화는 시간이 갈수록 골이 깊어져만 간다.

C. 세 번째 사이클(22:1- 27:23)

처음 두 사이클에서 세 번째로 발언했던 소발이 더 이상 말을 하지 않는 것이 이 섹션의 특징이다. 그래서 학자들은 오래전부터 이 세 번째 사이클, 특히 25-27장에 대해 다양한 견해를 내놓았다. 그들이 25-27장에 집중하는 것은 빌닷의 담화는 매우 짧은데(6절로 구성됨), 욥의 반박은 그에 비해 상대적으로 길기 때문이다(37절로 구성됨). 그러므로 학자들은 욥의 담화 중 일부를 소발의 것이라고 하기도 한다. 다음은 이 이슈에 대한 여러 주석가들의 견해를 정리한 것이다(cf. Driver, Gordis, Dhorme, Pope, Habel, Newsom).

	빌닷	욥	소발
Driver	25:1-6	26:1-14, 27:11-12	27:13-23
Gordis	25:1-6, 26:5-14	26:1-4, 27:1-12	27:13-23
Dhorme	25:1-6, 26:5-14	26:1-4, 27:2-12	27:13-23, 24:18-24
Pope	25:1-6, 26:5-14	27:1, 26:1-4, 27:2-7	27:8-23, 24:18-25
Habel	25:1-6, 26:5-14	26:1-4, 27:1-12	27:13-23
Newsom	25:1-6, 26:4-14	26:1-4, 27:1-2	

대부분 주석가들은 소발이 이 사이클에서 말을 하지 않는 것을 불편해한다. 별로 설득력이 없는 다양한 추론을 내놓기보다 더 이상 할 말이 없어서 침묵한 것으로 간주하면 된다. 또한 위 제안은 마소라 사본

에서 지나친 재조정을 요구하는데, 실익은 크지 않다. 그러므로 우리가 전수받은 본문의 흐름을 따라가는 것이 가장 현명한 처사이다.

욥이 친구들의 주장에 수긍하지 않자, 급기야 친구들은 그를 강력한 언어로 정죄한다. 두 번째로 말하는 빌닷의 담화도 매우 짧다. 그도 이 논쟁에 더 이상 더할 것이 없음을 표시하는 듯하다. 욥과 친구들 사이에 격한 감정을 드러내고 있는 본문은 다음과 같이 구성되어 있다.

A. 엘리바스의 정죄(22:1–30)
B. 욥의 반론(23:1–24:25)
A′. 빌닷의 정죄(25:1–6)
B′. 욥의 반론(26:1–27:23)

Ⅲ. 욥과 친구들의 대화(4:1- 27: 23)
C. 세 번째 사이클(22:1- 27: 23)

1. 엘리바스의 정죄(22:1–30)

엘리바스가 마지막 담화를 하고 있다. 내용을 살펴보면 별로 새로운 것은 없다. 다만 그는 욥이 처음 두 담화에 귀를 기울이지 않자, 이번에는 노골적으로 욥을 정죄하고 나선다. 그가 욥이 죄를 짓는 것을 목격한 것도 아닌데 말이다.

엘리바스는 아직도 권선징악이 세상을 지배하는 유일한 원리라는 생각에 사로잡혀 있다. 이 원리에 의하면 욥이 고난을 당한 이유는 그가 죄를 지었기 때문이다. 엘리바스는 만일 욥이 전능하신 분에게 나아가면 하나님이 그를 회복시켜 주실 것이라고 하지만(23절), 이 말도 욥이 죄를 지어 벌을 받은 것을 전제한다. 엘리바스의 마지막 담화는 다음과 같이 구분된다.

A. 너는 하나님께 많은 죄를 지었다(22:1-11)
B. 하나님은 죄인을 심판하신다(22:12-20)
A′. 너는 겸손히 하나님의 용서를 구하라(22:21-30)

Ⅲ. 욥과 친구들의 대화(4:1- 27: 23)
C. 세 번째 사이클(22:1- 27: 23)
1. 엘리바스의 정죄(22:1-30)

(1) 너는 하나님께 많은 죄를 지었다(22:1-11)

[1] 데만 사람 엘리바스가 대답하여 이르되
[2] 사람이 어찌 하나님께 유익하게 하겠느냐
지혜로운 자도 자기에게 유익할 따름이니라
[3] 네가 의로운들 전능자에게 무슨 기쁨이 있겠으며
네 행위가 온전한들 그에게 무슨 이익이 되겠느냐
[4] 하나님이 너를 책망하시며
너를 심문하심이 너의 경건함 때문이냐
[5] 네 악이 크지 아니하냐
네 죄악이 끝이 없느니라
[6] 까닭 없이 형제를 볼모로 잡으며
헐벗은 자의 의복을 벗기며
[7] 목마른 자에게 물을 마시게 하지 아니하며
주린 자에게 음식을 주지 아니하였구나
[8] 권세 있는 자는 토지를 얻고
존귀한 자는 거기에서 사는구나
[9] 너는 과부를 빈손으로 돌려보내며
고아의 팔을 꺾는구나
[10] 그러므로 올무들이 너를 둘러 있고

두려움이 갑자기 너를 엄습하며
[11] 어둠이 너로 하여금 보지 못하게 하고
홍수가 너를 덮느니라

엘리바스는 사람의 진실함과 성실함이 하나님께는 부질없는 일이라는 논리로 담화를 시작한다(2절). 많은 한계를 지닌 인간이 이 땅에서 아무리 경건과 거룩을 추구하며 산다 할지라도 차원이 다른 기준으로 세상을 다스리시는 하나님께는 별 의미가 없는 노력이라는 뜻이다. 그러므로 지혜와 의를 포함한 모든 것이 오로지 그것을 소유한 사람을 위한 것이지 하나님을 위한 것은 아니다(2-3절). 하나님은 인간의 행위에서 어떤 이익도 얻는 분이 아니시기 때문이다.

엘리바스는 하나님이 인간의 선행에 대해서도 별 관심이 없으신 분이라고 하는데, 정말 그런가? 성경은 하나님이 사람의 선행을 헤아리시며, 그 선행에 상응하는 축복을 내리시는 분으로 기록한다. 그러므로 엘리바스의 주장은 절대 성경의 가르침에 바탕을 두지 않았다. 성경은 분명 사람의 의와 지혜는 중요하며, 이 땅에서 사람이 행하는 선은 하늘에도 영향을 미친다고 한다. 엘리바스가 욥을 설득시키지 못하자 이제는 아예 하나님의 가르침과 전혀 상관이 없는 '개똥 신학'으로 하나님을 옹호하려고 한다. 그러므로 훗날 하나님이 엘리바스에게 화를 내시는 것은 당연하다.

인간이 행하는 선과 의는 하나님께 전혀 의미가 없다고 주장한 엘리바스는 사람이 악을 저지르면 분명 하나님의 처벌을 받는다고 주장한다(4-5절). 만일 하나님이 인간의 선과 악에 대하여 전혀 관심이 없는 분이라고 주장했다면 그나마 어느 정도 이해가 갈 텐데, 그는 하나님은 인간의 선에는 관심이 없지만, 악은 응징하시는 분이라고 한다. 전혀 균형이 없는 논리이다.

엘리바스는 욥이 저지른 죄의 구체적인 예로 네 가지를 지적한다(6-

9절). 그러나 그가 욥이 이런 죄를 짓는 것을 목격한 것은 아니다. 엘리바스는 단지 욥의 지위와 부를 지닌 사람이 지을 만한 죄를 나열한다. 무자비와 탐욕과 권력 남용 등 당시 통치자들이 흔히 범했던 유형의 죄들이다(Davidson).

첫째, 욥은 가난한 사람들의 눈에서 피눈물이 나게 했다(6절). 필요 이상의 법적 권리 행사를 통해 약자들을 힘들게 하는 인상을 준다(cf. 출 22:25-26; 신 24:6, 17).

둘째, 욥은 참으로 도움이 필요한 사람들에게 매정하게 굴었다(7절). 욥은 목마른 사람에게 그 흔하고 값이 나가지도 않는 물을 주지 않았고, 배고픈 사람에게 음식을 주지 않았다. 목마름과 굶주림은 인간의 가장 기본적인 필요가 채워지지 않음을 상징한다. 참으로 부자였던 욥이 사회의 가장 연약한 약자들에게 어떠한 도움도 주지 않았다는 주장이다.

셋째, 욥은 약자들에게는 매정하게 굴었지만, 강자들에게는 굽실거리며 뇌물을 바치며 살았다(8절). 일부 주석가들은 8절을 불만을 토로한 욥의 말에 엘리바스가 반박하는 것으로 이해한다(Gordis, Hartley). 사실 정확한 번역이 어렵다(cf. NAS, NIV, TNK). 그러나 엘리바스가 욥을 비난하는 상황에서 이런 말을 하고 있는 것을 감안해 보자. 그는 욥을 권력과 신분이 높은 사람들에게는 아부했지만, 가난하고 힘없는 사람들은 사정없이 짓밟은 파렴치한으로 몰아가고 있다(cf. Longman).

넷째, 욥은 그에게 도움을 청하는 고아들과 과부들을 매정하게 돌려보냈다(9절). 고아와 과부는 사회의 가장 연약하고 힘없는 약자들을 상징한다.

엘리바스는 무엇을 근거로 이런 말을 하는 것일까? 그가 욥이 이런 일을 했다는 것을 어떻게 알았을까? 우리가 지금까지 욥기에 묘사된 욥의 삶을 보면 그는 절대 이런 짓을 할 사람이 아니다. 그런데도 엘리바스는 당당하게 마치 직접 본 것처럼 말을 한다!

엘리바스가 이런 주장을 하는 데는 두 가지 가능성이 있다. 첫째, 그는 자기 주장을 고수하기 위해 거짓을 지어내고 있다. 둘째, 그가 나름대로 욥이 왜 고난을 당했는지에 대해 주변 사람들에게 알아봤는데, 그들이 이런 것들을 알려주었기 때문이다. 만일 첫 번째라면, 거짓을 지어낸 엘리바스가 하나님의 벌을 받아야 한다. 만일 두 번째라면 이러한 것들을 엘리바스에게 알려준 사람들도 하나님께 범죄하고 있다. 왜냐면 그들은 자신들이 목격한 사실이 아니라 항간에 흉흉하게 떠돌아다니는 '카더라 통신'을 근거로 이런 말을 엘리바스에게 해주었기 때문이다. 또한 엘리바스도 회개해야 한다. '카더라 통신원들'이 들려준 이야기가 사실인지 아닌지 확인도 해보지 않고 마치 사실인 것처럼 욥을 공격하는 데 사용하고 있기 때문이다.

엘리바스는 욥이 이런 삶을 살았기 때문에 하나님의 심판을 받아 고통을 당하고 있다고 한다(10-11절). 욥에게 깊은 상처를 주는 참으로 뻔뻔하고 어이없는 주장이다. 욥은 아마도 "도대체 네가 나에 대하여 무엇을 안다고 그렇게 나불대느냐?"라고 반문하고 싶었을 것이다. 고난 속에 있는 사람을 가장 힘들게 하는 것이 바로 이런 '카더라 통신'이다. 상황을 알지도 못하면서 죄인으로 단정해버리기 때문이다.

Ⅲ. 욥과 친구들의 대화(4:1- 27: 23)
C. 세 번째 사이클(22:1- 27: 23)
1. 엘리바스의 정죄(22:1-30)

(2) 하나님은 죄인을 심판하신다(22:12-20)

[12] 하나님은 높은 하늘에 계시지 아니하냐
보라 우두머리 별이 얼마나 높은가
[13] 그러나 네 말은 하나님이 무엇을 아시며
흑암 중에서 어찌 심판하실 수 있으랴

[14] 빽빽한 구름이 그를 가린즉 그가 보지 못하시고
둥근 하늘을 거니실 뿐이라 하는구나
[15] 네가 악인이 밟던 옛적 길을 지키려느냐
[16] 그들은 때가 이르기 전에 끊겨버렸고
그들의 터는 강물로 말미암아 함몰되었느니라
[17] 그들이 하나님께 말하기를 우리를 떠나소서 하며
또 말하기를 전능자가 우리를 위하여 무엇을 하실 수 있으랴 하였으나
[18] 하나님이 좋은 것으로 그들의 집에 채우셨느니라
악인의 계획은 나에게서 머니라
[19] 의인은 보고 기뻐하고
죄 없는 자는 그들을 비웃기를
[20] 우리의 원수가 망하였고
그들의 남은 것을 불이 삼켰느니라 하리라

엘리바스는 욥에게 하나님은 높은 곳에 계시는 분이기 때문에 그를 심판하지 않으실 것이라는 생각을 버리라는 취지의 말을 한다(12-14절). 인간 세상에서 참으로 멀리, 높이 떨어져 계신 분이 사람들의 죄를 심판하실 정도로 인간의 삶에 관심이 있으신가? 엘리바스는 그렇다고 주장한다. 개역개정은 13절을 '그러나'로 시작해 다소 혼란을 준다. 이 접두사를 '그러므로'로 번역하면(NRS, cf. NAS, TNK) 의미가 훨씬 더 정확해진다. 엘리바스는 욥이 하나님이 참으로 멀리 계시기 때문에 사람의 죄에 대하여 알지도 못하시고, 심판하지도 않으신다는 주장을 펼치고 있다며 그를 비난한다(cf. 시 10:11; 73:11; 사 29:15; 렘 23:23-24).

엘리바스는 욥이 이런 생각을 하는 것은 곧 악인이 밟던 옛적 길을 가는 것과 같다고 한다(15절). 그의 논리에 의하면 창조주 하나님이 사람의 죄를 심판하지 않는다고 생각하는 것은 악인의 길을 가는 것이다. 반면에 그는 같은 하나님이 사람의 의와 성실함에는 관심이 없으

시다고 했다(2-3절). 그의 주장은 설득력이 부족하다.

하나님이 악을 심판하지 않으신다고 생각한 악인들은 모두 제명에 못 죽고 그들이 살던 집들도 모두 무너질 것이다(16절, cf. 15:32). 그들은 죽는 순간에도 하나님을 경외하기를 거부하고 하나님이 그들의 삶에 개입하시는 것도 거부한다(17절). 그러나 창조주 하나님은 악인들이 원하든 원하지 않든 그들의 삶에 한번은 꼭 개입하셔야 한다. 그들을 심판하실 때이다.

엘리바스는 욥의 말을 인용해 그를 악인으로 몰아가고 있다(cf. 21:14). 하나님은 악인들의 집을 '좋은 것'(죽음)으로 채우시며 "악인의 계획은 나에게 머니라"고 말씀하신다(18절). 이런 상황을 지켜본 의인들은 기뻐하고, 죄 없는 사람들은 악인들을 비웃는다(19절). 그들은 하나님의 심판으로 멸망하는 악인들을 보며, 원수들과 그들의 소유가 모두 하나님의 심판을 받아 사라졌다면서 기뻐할 것이다(20절). 의인들이 바라던 정의가 드디어 실현되었기 때문이다.

Ⅲ. 욥과 친구들의 대화(4:1- 27: 23)
C. 세 번째 사이클(22:1- 27: 23)
1. 엘리바스의 정죄(22:1-30)

(3) 너는 겸손히 하나님의 용서를 구하라(22:21-30)

[21] 너는 하나님과 화목하고 평안하라
그리하면 복이 네게 임하리라
[22] 청하건대 너는 하나님의 입에서 교훈을 받고
하나님의 말씀을 네 마음에 두라
[23] 네가 만일 전능자에게로 돌아가면
네가 지음을 받을 것이며
또 네 장막에서 불의를 멀리하리라

[24] 네 보화를 티끌로 여기고
오빌의 금을 계곡의 돌로 여기라
[25] 그리하면 전능자가 네 보화가 되시며
네게 고귀한 은이 되시리니
[26] 이에 네가 전능자를 기뻐하여
하나님께로 얼굴을 들 것이라
[27] 너는 그에게 기도하겠고
그는 들으실 것이며
너의 서원을 네가 갚으리라
[28] 네가 무엇을 결정하면 이루어질 것이요
네 길에 빛이 비치리라
[29] 사람들이 너를 낮추거든 너는 교만했노라고 말하라
하나님은 겸손한 자를 구원하시리라
[30] 죄 없는 자가 아니라도 건지시리니
네 손이 깨끗함으로 말미암아 건지심을 받으리라

엘리바스는 욥이 죄를 지어 하나님과 대립하고 있다고 생각한다. 그러므로 그는 욥에게 하나님과 화평하고 복을 누리라고 한다(21절). 죄를 회개하고 주님께 나아가라는 의미이다. 하나님 앞에 나아가 겸손히 주님의 말씀과 권면을 듣고 마음에 새기라고 권한다(22절).

엘리바스는 욥이 하나님께 돌아가기만 하면 주님은 그의 죄를 용서하실 뿐만 아니라, 다시 그를 회복시켜 주실 것이라고 말한다. 결국 욥이 드디어 악을 멀리하게 될 것이라고 말한다(23절). 욥이 세상의 진귀한 것들을 멀리하면, 하나님이 그의 보화가 되어 주실 것이다(24-25절). 그는 욥이 재물에 눈이 어두워 죄를 지었다고 생각해서 이런 말을 한다. 엘리바스의 논리가 억지라는 사실이 욥은 더 이상 버릴 재물을 소유하지 않았다는 것에서 역력하게 드러난다.

하나님이 욥의 보배가 되어주시면, 욥은 기쁜 마음으로 더욱더 하나님께 나아가게 될 것이다(26절). 사람이 얼굴을 든다는 것은 수치나 패배에서 자유로워지는 것(시 27:6; 삿 8:28), 혹은 윗사람이 아랫사람을 받아준다는 의미이다(에 2:9, 17; 렘 52:31). 욥은 하나님께 기도하고, 하나님은 그의 기도를 들으실 것이다(27절). 욥이 기도하는 마음으로 무엇을 결정하면, 하나님이 이루어주실 것이며, 주께서 그의 앞길을 밝혀주실 것이다(28절). 모든 것이 잘될 것이라는 확신이다.

29절은 해석이 상당히 어려운 문장이지만(cf. Clines), 기본적인 의미는 혹시 사람들이 욥을 낮추면, 그는 "내가 교만했다"라고 말하라는 뜻이다. 하나님은 겸손한 사람을 구원하시기 때문이다. 하나님의 구원의 범위는 의인들뿐만 아니라, 겸손히 잘못을 비는 죄인들도 포함한다(30절).

엘리바스의 이 같은 발언은 마치 한 편의 복음 전도 설교 같다. 문제는 욥은 하나님께 이렇게 고백할 만한 죄를 지은 적이 없다는 사실이다. 엘리바스는 엉뚱한 사람을 대상으로 현실성이 없는 권면을 하고 있다.

III. 욥과 친구들의 대화(4:1- 27: 23)
C. 세 번째 사이클(22:1- 27: 23)

2. 욥의 반론(23:1-24:25)

엘리바스의 정죄하는 발언을 들은 욥의 마음은 답답하고 화가 난다. 상황을 이해하려고 하지도 않고, 그의 이야기에 귀를 기울이려 하지 않는 친구들이 그저 밉다. 욥은 엘리바스와 대화를 진행하는 것은 쇠귀에 경 읽기라는 것을 알고 있다. 그러므로 이 섹션에서 욥은 친구들에게 항변하기보다는 하나님에 대한 안타까움과 서운함을 토로한다. 하나님에 대해 욥이 느끼는 서운함과 안타까움은 "그분이 계신 곳을 알 수만 있다면!"(23:3)과 "어찌하여 전능하신 분께서는 심판하실 때를 정하여두지 않으셨을까?"(24:1) 등에서 절정에 달한다(Clines).

이 섹션에서 가장 해석이 어려운 부분이 24:18-25이다. 이 본문의 내용이 욥의 말이라기보다는 오히려 친구들의 말처럼 여겨지기 때문이다(cf. Gordis, Long, Longman, Newsom). 그러므로 일부 학자들은 24:18-25을 27장 뒤로 옮겨 세 번째 사이클에 없는 소발의 담화로 간주하기도 하고(Habel), 28장처럼 욥과 친구들에게서 완전히 독립된 담화로 간주하기도 한다(Andersen). 그러나 24:18-25을 친구들의 주장처럼 하나님은 악인들을 심판하신다는 논리에 따라 욥이 세상에서 악을 행하는 자들을 심판해달라고 간구하는 것으로 보면 별 문제는 없다(cf. Hartley, Longman). 본문은 다음과 같이 구분될 수 있다.

A. 심판주를 만날 수만 있다면(23:1-7)
B. 결코 만날 수 없는 심판주(23:8-12)
C. 돌이킬 수 없는 하나님의 계획(23:13-17)
D. 때가 정해지지 않은 하나님의 심판(24:1-4)
C′. 사람들의 고난은 하나님의 계획(24:5-12)
B′. 심판주가 없는 세상(24:13-17)
A′. 심판주여, 악인들을 심판하소서(24:18-25)

Ⅲ. 욥과 친구들의 대화(4:1- 27: 23)
C. 세 번째 사이클(22:1- 27: 23)
2. 욥의 반론(23:1-24:25)

(1) 심판주를 만날 수만 있다면(23:1-7)

[1] 욥이 대답하여 이르되
[2] 오늘도 내게 반항하는 마음과 근심이 있나니

내가 받는 재앙이 탄식보다 무거움이라
[3] 내가 어찌하면 하나님을 발견하고
그의 처소에 나아가랴
[4] 어찌하면 그 앞에서 내가 호소하며
변론할 말을 내 입에 채우고
[5] 내게 대답하시는 말씀을 내가 알며
내게 이르시는 것을 내가 깨달으랴
[6] 그가 큰 권능을 가지시고 나와 더불어 다투시겠느냐
아니로다 도리어 내 말을 들으시리라
[7] 거기서는 정직한 자가 그와 변론할 수 있은즉
내가 심판자에게서 영원히 벗어나리라

욥이 기회가 생길 때마다 "하나님은 불의하다"라고 말하는데, 일부 주석가들은 2절을 그 가운데 하나라고 생각한다(Clines). 그러나 이 섹션의 핵심은 "하나님은 내 형편을 모르신다"이다. 욥이 나중에 가서 하나님을 불의하다고 하지만, 본문에서는 아직 그런 정서가 반영되어 있지 않다.

욥이 가장 힘들어하는 것은 자기의 억울한 사정을 공의와 정의로 심판하시는 하나님께 아뢸 수 없는 현실이다. 그는 하나님께 나아가기를 간절히 바란다(3절). 일부 주석가들이 주장하는 것처럼 하나님께 따지거나 주님과 대결하기 위해서가 아니다(cf. Clines). 하나님께 말씀만 드리면 자기의 억울함이 인정될 것이라고 확신하기 때문이다. 욥이 가장 불안해하는 것은 하나님이 모르시는 사이에 자기가 고통을 당했을 수도 있다는 생각이다. 그러므로 욥은 하나님을 만나면 주님께 아뢸 말도 모두 준비해두었다(4절). 욥이 언젠가 하나님을 만나면, 자기의 억울한 형편을 아뢸 뿐만 아니라, 하나님이 그에게 하시는 말씀은 한마디도 놓치지 않을 것이다(5절).

그는 하나님을 만나 자기의 형편을 아뢰기만 하면 하나님이 그에게 반론하지 않으시고 오히려 그의 말에 수긍하실 것을 확신한다(6절). 욥의 형편을 헤아리신 하나님은 곧바로 정당한 판단을 내리실 것이다. 욥은 심판자께서 내리신 재앙에서 영원히 벗어날 것을 의심하지 않는다(7절). 욥은 하나님의 '무죄판결'(acquittal, NRS, ESV)에 관심이 없다. 욥은 오로지 하나님의 심판에서 '벗어나는 일'(TNK, CSB)에만 관심이 있다. 이러한 해석이 '벗어나다'(פלט)의 정확한 의미를 반영한다(cf. HALOT). 욥은 하나님께 무죄로 인정받는 일보다 당장 혹독한 환난에서 벗어나기를 원한다.

욥은 하나님이 그가 당한 일에 대하여 모르시기 때문에 그가 고통을 당하고 있다고 확신한다. 우리가 잘 알다시피 하나님은 모든 것을 알고 계시고, 욥이 겪고 있는 일들에 대해 일조하셨다. 그렇다면 욥의 이런 발언을 어떻게 이해해야 하는가?

고난 속에 있는 사람들이 가장 힘들어하는 것이 바로 하나님이 자신들이 고통을 당하고 있는 사실을 모르시지 않는가 하는 불안감이다. 물론 전지전능한 하나님은 모든 것을 아신다. 욥의 형편도 모두 아신다. 그러나 고난을 당하는 사람의 입장에서는 하나님이 그의 형편을 헤아리고 계신다는 확신이 서지 않는다. 그러므로 욥도 이 같은 간절함을 가지고 하나님을 만나고자 한다. 자신이 고난을 당하고 있음을 하나님이 모르신다고 확신하기 때문이다. 만일 하나님이 아신다면 그를 지금처럼 내버려두지 않으셨을 것이라는 확신과 믿음으로 하는 신앙고백이다.

(2) 결코 만날 수 없는 심판주(23:8-12)

[8] 그런데 내가 앞으로 가도 그가 아니 계시고
뒤로 가도 보이지 아니하며
[9] 그가 왼쪽에서 일하시나 내가 만날 수 없고
그가 오른쪽으로 돌이키시나 뵈올 수 없구나
[10] 그러나 내가 가는 길을 그가 아시나니
그가 나를 단련하신 후에는
내가 순금같이 되어 나오리라
[11] 내 발이 그의 걸음을 바로 따랐으며
내가 그의 길을 지켜 치우치지 아니하였고
[12] 내가 그의 입술의 명령을 어기지 아니하고
정한 음식보다 그의 입의 말씀을 귀히 여겼도다

욥은 하나님을 만나 자기 형편을 아뢰기만 하면 모든 문제가 해결될 것이라는 소망을 가졌지만, 그를 낙심하게 하는 것이 한 가지 있다. 하나님께 나아갈 길이 없다는 절망감이다. 그러므로 욥은 3절에서 언급했던 이슈, 곧 하나님을 알현하는 주제로 다시 돌아간다. 만일 욥이 하나님을 만나지 못한다면, 실패의 원인은 그의 노력이 부족해서가 아니다(Peake).

욥은 앞으로 가도, 뒤로 가도 하나님을 만날 수 없다(8절). 좌로 가도, 우로 가도 만날 수 없다(9절). 세상은 하나님이 일하시는 흔적들로 가득하지만, 정작 주님을 만날 수는 없는 절망감이 그를 낙심하게 한다(9절).

그러면서도 욥이 스스로 위로로 삼는 것은 하나님이 그의 길을 아실 것이라는 막연한 희망이다(10a절). 만일 하나님이 그의 길을 아신다면, 이 모든 고난이 끝나면 욥은 분명히 순금같이 빛날 것이다(10b절). 욥이 사용하는 이미지는 용광로/화덕 이미지이다. 불순물이 끼어 있는 금의 순도를 높이는 방법은 뜨거운 불로 녹여 불순물을 제거하는 일이다. 욥은 자기가 당하는 고난을 그의 신앙의 순도를 높이는 연단(제련) 과정으로 보고 있다. 옳은 말이고, 현명한 판단이다. 그러나 이렇게 판단한다고 해서 아픔이 작아지는 것은 아니다. 그러므로 이 말씀 또한 욥이 스스로 자신을 위로하기 위하여 하는 말이다.

지난날을 돌아볼 때, 욥은 하나님 앞에서 전혀 거리낌도 없다. 그는 하나님의 발자취를 따라가려고 노력했고(11절, cf. 시 1:1, 6; 119:105; 잠 9:9; 10:9), 하나님의 말씀대로 살려고 노력했다(12절). 그러므로 욥은 하나님이 그가 처한 상황을 헤아리기만 하신다면, 그는 곧바로 고난에서 해방되게 될 것이라고 확신한다. 자기는 이러한 고통을 당할 만한 일을 하지 않았기 때문이다.

Ⅲ. 욥과 친구들의 대화(4:1- 27: 23)
C. 세 번째 사이클(22:1- 27: 23)
2. 욥의 반론(23:1-24:25)

(3) 돌이킬 수 없는 하나님의 계획(23:13-17)

[13] 그는 뜻이 일정하시니 누가 능히 돌이키랴
그의 마음에 하고자 하시는 것이면 그것을 행하시나니
[14] 그런즉 내게 작정하신 것을 이루실 것이라
이런 일이 그에게 많이 있느니라
[15] 그러므로 내가 그 앞에서 떨며
지각을 얻어 그를 두려워하리라
[16] 하나님이 나의 마음을 약하게 하시며

전능자가 나를 두렵게 하셨나니
[17] 이는 내가 두려워하는 것이 어둠 때문이나
흑암이 내 얼굴을 가렸기 때문이 아니로다

하나님을 만날 방법이 없는 것만이 욥의 불안 요소가 아니다(cf. 8-9절). 이 세상 그 누구도 하나님의 계획을 바꿀 수 없다는 사실도 그를 불안하게 한다. 일단 하나님이 뜻을 정하시면, 그 누구도 반대할 수 없으므로 하나님은 모든 것을 계획대로 행하신다(13절). 욥을 불안하게 하는 것이 바로 이것이다. 그가 간곡히 주님을 찾아도 주님을 찾을 수 없다(cf. 8-9절). 욥이 의로운 데도 주님이 그를 피하시는 것은(cf. 10-12절), 하나님이 계획대로 욥을 괴롭게 하기로 결심하셨기 때문이다(Clines, cf. 13-14절). 욥은 자기가 고난을 당하고 있는 것은 하나님의 계획이 이루어지고 있기 때문이라고 생각한다(14절). 욥의 억울하다는 생각이 절정에 달하고 있다.

욥은 자기가 참으로 억울한 일을 당하고 있지만 하나님이 계획하신 일이 마무리될 때까지 별 도리가 없다며 낙심한다. 그나마 위로를 삼는 것은 이런 일이 자기에게만 일어나는 것은 아니라는 사실이다. 하나님은 종종 이런 일(억울한 사람들이 고난을 당하게 하는 일)을 하신다(14절). 욥은 하나님에 대한 서운함을 이렇게 토로한다. 공의롭고 정의로운 하나님이 통치하시는 세상에서는 이런 일이 없어야 하는데, 종종 억울한 희생자들이 생긴다는 뜻이다.

욥은 불현듯 자기가 고난을 당하는 이유가 하나님의 뜻이라고 생각하니 굉장히 두려움을 느낀다(15절). 하나님을 만나기만 하면 모든 일이 해결될 것이라고 생각했던 그는 이제 하나님 앞에 서는 것이 두렵다(cf. Habel). 하나님은 공평하게 욥의 억울함을 헤아려 주실 분이 아니라 오직 자기 일을 계획대로 진행하시는 분이라는 것을 새롭게 깨달았기 때문이다. 욥은 하나님이 주신 두려움에 휩싸여 있다(16절). 그가 경험하고 있는 어둠과 흑암(고난과 아픔) 때문만이 아니라, 그의 형편에 아랑곳하지 않고 뜻한 바를 이루는 것에만 관심을 갖고 계신 하나님이 그를 두렵게 한다.

Ⅲ. 욥과 친구들의 대화(4:1- 27: 23) C. 세 번째 사이클(22:1- 27: 23) 2. 욥의 반론(23:1-24:25)

(4) 때가 정해지지 않은 하나님의 심판(24:1-4)

[1] 어찌하여 전능자는 때를 정해놓지 아니하셨는고
그를 아는 자들이 그의 날을 보지 못하는고
[2] 어떤 사람은 땅의 경계표를 옮기며
양 떼를 빼앗아 기르며
[3] 고아의 나귀를 몰아가며
과부의 소를 볼모 잡으며
[4] 가난한 자를 길에서 몰아내나니
세상에서 학대받는 자가 다 스스로 숨는구나

친구들은 하나님이 세상의 모든 악을 심판하고, 욥의 죄를 심판하실 때가 이르렀기 때문에 그가 벌을 받아 고통을 당한다고 주장한다. 마치 전도자가 모든 것에는 때가 있다고 한 것처럼 말이다(cf. 전 3:1-8). 그러나 욥은 하나님이 이러한 때를 정해 두지 않으셨다며 탄식한다(1a절).

만일 하나님이 심판의 때를 정해 두셨다면, 욥이 죄를 지었어도 그 날이 임할 때까지 고난을 받지 않았을 것이다. 만일 그날이 바로 욥이 고난을 당하기 시작한 날이라면, 수많은 사람들 중에 욥만 홀로 하나님의 심판을 받았을 리 없다. 그러므로 하나님은 인간을 심판하는 때를 정해 두시지 않았다. 설령 하나님의 심판의 때가 정해져 있다 할지라도, 그때는 사람이 도저히 알 수 없다(cf. 행 1:7).

욥은 자신의 주장을 입증하는 증거로 두 가지를 내세운다.

첫째, 하나님을 아는 사람들이 심판의 날을 보지 못하고 죽는다(1b절). 지혜문학에서 하나님을 '아는 것'(ידע)은 흔한 표현이 아니다. 하나님을 아는 것은 본질적으로 주님과 그의 권위와 권리를 인정하는 일이다. 하나님이 신이라는 것을 인정하는 것이 아니라 하나님을 신으로 존중한다는 의미이다(Clines).

창조주가 악인들을 심판하신다는 사실을 믿기 때문에 온갖 불이익과 악인들의 핍박을 견디면서 하나님의 심판을 기다리는 사람들이 그때를 목격하지 못하고 죽어간다. 욥은 억울한 일을 당한 사람들이 낙심하며 죽어가는 것이 세상의 이치라고 말한다. 하나님이 악인들을 심판하시더라도 의인들이 기대하는 때에 하지 않으시기 때문이다.

둘째, 하나님의 심판을 두려워하지 않고 살아가는 악인들의 사례들이 욥의 주장을 뒷받침한다. 어떤 사람들은 후환을 두려워하지 않고 땅의 경계표를 옮기고 남의 양 떼를 빼앗는다(2절). 고대 근동 사회는 땅에 돌을 박아 땅의 소유권을 확인했다. 이것을 경계표라고 하는데, 대체적으로 조상 대대로 같은 곳에 박힌 채 자손들에게 전해졌다(cf. 잠 22:28). 이 돌을 움직인다는 것은 자기의 땅의 범위를 넓히기 위하여 이웃의 소유권을 침해한다는 뜻이다. 그러므로 이러한 일은 그 땅을 소유한 이웃뿐만 아니라 지역 사람들의 암묵적인 승인이 있을 때 해야 한다.

율법은 한밤중에 남들 모르게 임의적으로 경계석을 옮기는 행위도 저주한다(신 19:14; 27:17, cf. 호 5:10; 잠 22:28; 23:10). 경계석은 사람이 함부로 옮기는 것이 아니다. 그런데 악인들이 백주 대낮에 경계석을 옮기고 있다! 특권층이 권력을 남용해 약자들을 착취하는 데도 하나님은 침묵하시고 지켜만 보신다는 취지의 원망이다.

어떤 자들은 고아와 과부를 착취한다(3절). 고아와 과부는 사회의 가장 약자이다. 그러므로 이들을 짓밟는 것은 세상에서 가장 비겁한 일이며 반인륜적인 행위이다. 이 약자들은 가진 것이 없다. 벼룩의 간을 빼먹는다고 가장 가진 것이 없는 사람들의 진을 빼먹는 흡혈귀들 같은 자들이다. 율법은 이들을 착취하는 일을 금한다(출 22:22). 또한 하나님은 이들을 특별히 보호하신다고 한다(신 10:18; 시 72:12-14; 잠 23:11; 사 1:23). 이 범죄도 상류층의 권력 남용을 전제한다. 2-3절이 언급하고 있는 죄가 지주들이 꾸어준 돈을 갚지 못하는 소작민들에게 하는 권력 행사라는 해석도 있다(Clines).

어떤 자들은 가난한 자들이 설 땅을 모두 빼앗는다(4a절). '몰아내다'(נָטָה)는 '옆으로 밀다'라는 의미를 지녔다(HALOT). 이미지는 사람이 길을 걷지 못하도록 길옆으로 밀어내는 행위이다. 권력을 지닌 사람이 앞에 펼쳐진 대로가 마치 자기 길인 것처럼 자기만 그 길을 걷겠다며 가난한 사람들을 길옆으로 밀어내는 행위이다. 아마도 억울한 일을 당해 공정한 재판을 원하는 약자들에게 아예 재판의 기회를 빼앗는 행위를 이렇게 표현하는 것으로 생각된다(Clines). 결국 힘이 없어 학대받고 착취당하는 사람들은 모두 억압하는 자들에게서 숨기에 급급하다(4b절). 힘의 논리로 약자들을 괴롭히는 강자들의 횡포를 비난하는 말씀이다. 하나님의 공의와 정의가 다스리는 세상이라면 결코 있어서는 안 될 일이 일어나고 있다.

Ⅲ. 욥과 친구들의 대화(4:1- 27: 23)
C. 세 번째 사이클(22:1- 27: 23)
2. 욥의 반론(23:1-24:25)

(5) 사람들의 고난은 하나님의 계획(24:5-12)

[5] 그들은 거친 광야의 들나귀 같아서
나가서 일하며 먹을 것을 부지런히 구하니

빈 들이 그들의 자식을 위하여 그에게 음식을 내는구나
[6] 밭에서 남의 꼴을 베며
악인이 남겨둔 포도를 따며
[7] 의복이 없어 벗은 몸으로 밤을 지내며
추워도 덮을 것이 없으며
[8] 산중에서 만난 소나기에 젖으며
가릴 것이 없어 바위를 안고 있느니라
[9] 어떤 사람은 고아를 어머니의 품에서 빼앗으며
가난한 자의 옷을 볼모 잡으므로
[10] 그들이 옷이 없어 벌거벗고 다니며
곡식 이삭을 나르나 굶주리고
[11] 그 사람들의 담 사이에서 기름을 짜며
목말라하면서 술틀을 밟느니라
[12] 성중에서 죽어가는 사람들이 신음하며
상한 자가 부르짖으나
하나님이 그들의 참상을 보지 아니하시느니라

하나님이 이 땅의 통치를 포기하셨기 때문에(Clines), 정의로운 심판을 기대할 수 없는 가난하고 힘없는 사람들이 스스로 살길을 찾아 나선다. 5절은 정확한 번역이 매우 난해하다(Rowley, cf. 새번역, 공동, NIV, NRS, TNK). 이러한 상황에서 개역개정의 번역도 괜찮은 대안이다. 그들은 거친 광야와 같은 삶에서 들나귀처럼 열심히 먹을 것을 구해야 겨우 자녀들을 먹일 수 있다(5절). 풀이 별로 없는 근동의 광야에서 들나귀는 닥치는 대로 먹기 때문에 '광야의 청소동물'로 간주되었다. 혹독한 노동이 그들의 삶을 지배하고 있는데 부귀영화를 누리기 위해서가 아니라 단순히 생존을 위해서(자식들과 먹고살기 위해서)이다. 참으로 고단한 삶을 상징한다. 성경은 인간이 죄를 지어 땅이 생산성을 잃었다고 말하는데(cf. 창 3-4장), 본문은 이러한 상황 중에서도 최악의 예를 회고한다.

의인들의 고난은 참으로 슬픈 일이다. 그러나 이것보다 더 슬픈 일은 그들을 억압하는 악인들의 성공이다. 가난한 의인들은 부자인 악인들의 밭에 들어가 꼴을 베며 산다(6a절). 의인들이 악인들에게 품을 팔아야 살 수 있다. 그러나 더 슬픈 일이 있다. 의인들이 자신들을 학대하는 악인들이 추수하고 버려둔 포도를 따먹고 산다(6b절). 의인들이 악인들의 적선에 의존해야 살 수 있다는 현실은 참으로 비참하다. 추수하고 남은 찌꺼기를 가난한 사람들에게 거두게 하는 것은 윤리적인 이슈가 아니라, 부자들이 당연히 해야 하는 일이기 때문에 '악인'(רָשָׁע)을 '부자'로 읽어야 한다는 주석가들도 있다(Driver & Gray). 이렇게 해석할 경우 부자를 모두 악인으로 간주하는 위험이 있으므로 악인으로 해석하는 것이 바람직하다. 성경은 부자들이 모두 악하다고 하지 않는다. 보아스처럼 좋은 부자들도 얼마든지 있다.

가난한 사람들은 이불로 덮을 만한 겉옷이 없어 맨몸으로 밤을 지내고 추위도 견뎌야 한다(7절). 원래 가난해서 겉옷이 없는 상황이거나, 악인들에게 겉옷을 담보로 잡히고 돈을 빌려 쓴 상황이다. 말씀의 정황과 문맥을 고려할 때 전자일 것이다. 돈을 빌려주고 겉옷을 담보로 잡는 상황이 9-10절에 따로 묘사되어 있기 때문이다.

가난해서 겉옷이 없는 사람은 길을 가다가 소나기를 만나도 자신을 감쌀 방법이 없어 홀딱 젖는다(8a절). 그가 유일하게 비에 젖지 않는 방법은 바위 밑에 숨는 것이다(8b절). 욥은 참으로 처참하고 절박하게 가난한 사람의 형편을 묘사하고 있다. 상황이 이런데도 하나님이 침묵하신다는 사실이 화가 난다.

욥은 이때까지 가난한 사람의 어려운 형편을 말했지만, 9절부터는 악인들에게 착취당하는 가난한 사람들의 이야기를 한다. 악인들은 아버지가 없는 아이를 어미의 품에서 빼앗아 노예로 부리거나 아예 남에게 판다(9a절). 분명 가난한 사람에게 빌려준 돈을 받지 못해 발생한 일이다. 법은 분명히 채권자에게 이러한 권리를 보장한다. 그럼에도 불구하고 채권자에게는 있어도 되고 없어도 될 돈이라면, 이러한 반인류적인 행위를 해서는 안 된다.

악인들은 가난한 사람들에게 겉옷을 담보로 돈을 빌려준다(9b절). 성경은 겉옷을 담보로 돈을 빌려줄 경우 해가 지기 전에 돌려주라고 한다(출 22:27). 그러나 악인들은 채무자들이 돈을 갚을 때까지 옷을 돌려줄 생각이 없다. 그러므로 옷을 담보로 잡힌 사람은 입을 옷이 없어 벌거벗고 다니며, 악인들의 추수 밭에서 곡식을 나르지만 굶주린다(10절). 또한 그들은 악인들에게 품을 팔아 그들이 수확한 올리브로 기름을 짜고, 포도로 가득한 술틀을 밟지만 정작 얻는 것은 별로 없어 항상 배가 고프다(11절).

10–11절은 고대 근동 사회의 주요 수확기 세 개를 언급하고 있다. 첫째, 4–5월에는 보리, 5–6월에는 밀 수확이 있었다. 기계가 동원되지 않은 사회에서 곡식 수확은 많은 노동력을 요구했다. 익은 곡식을 일일이 베어야 하고 한 다발씩 묶어 짐승들이 끄는 수레에 실어 날랐다(cf. 10b절).

둘째, 10–11월에는 올리브를 수확했다. 올리브유는 고대 팔레스타인의 주된 농작물이었다. 일꾼들은 가지를 흔들거나 장대로 가지를 내려쳐 땅에 떨어진 올리브를 모아다가 압착기로 가져가 기름을 생산했다(cf. 11a절). 다양한 방법으로 올리브에서 기름을 추출했지만, 어떤 방법을 쓰든지 많은 노동력이 필요했다. 당시 올리브 기름이 사람의 체력과 체중을 유지하기 위한 매우 중요한 농산물이었다는 사실을 감안하면 올리브 수확에 종사하는 사람들이 굶주리고 지쳐 있다는 것은 지주들의 착취와 포악함을 극대화시키는 이미지라고 생각할 수 있다.

셋째, 근동 지역에서 포도 수확은 8–9월에 있었다. 일꾼들은 포도를 수확해 '술틀'(יֶקֶב)이라는 돌을 파놓은 구덩이에 넣고 질근질근 밟아 포도의 알갱이와 즙을 분리했다(cf. 11b절). 분리된 포도즙은 미리 파놓은 가느다란 통로를 따라가 아래 구덩이에 고였다. 이 또한 많은 노동을 요구하는 일이었다. 일꾼들은 목이 말라도 자신들이 밟고 있는 포도나, 생산된 포도즙을 마실 수 없었다.

성경은 곡식을 타작하는 소에게 망을 씌우지 말고 마음껏 곡식을 먹게 하라고 하는데(신 25:4), 가난한 사람들은 자기 노동의 열매를 누리기는커녕 심지어 짐승보다도 못한 대우를 받는다. 풍요로운 사회에서 일부 사람들이 굶주린다는 것은 그 사회에 구조적인 문제가 있다는 것을 의미한다. 그렇다고 해서 욥이 하나님께 사회적 구조를 바꿔달라고 하는 것은 아니다. 욥은 하나님이 이런 일을 보고도 침묵하심에 문제를 제기하고 있다. 변해야 될 것은 사회가 아니라 하나님이라는 뜻이다(Clines). 많은 사람들이 굶주림 속에 죽어가며 신음 소리를 내보지만, 하나님은 침묵하실 뿐이다(12절). 개역개정이 '죽어가는 사람'으로 해석한 히브리어 단어(מְתִים)는 '사람들, 남자들'이라는 의미를 지녔다(HALOT). 본문에서는 다음 행에 나오는 '상한 자들'(חֲלָלִים)과 평행을 이루고 있기 때문에 '죽어가는 사람들'로 해석하는 것이 바람직하다.

하나님이 정의와 공의로 세상을 다스리신다면 어찌 이런 일이 있을 수 있냐는 것이 욥의 주장이다. 하나님은 왜 이런 일을 보고도 침묵하시는 것일까? 주님이 이 세상에서 벌어지는 일에 관심이 없으셔서 빚어지는 일일까? 어떠한 이유에서인지는 모르지만 욥처럼 세상에서 빚어지는 현상만을 놓고 본다면 하나님은 자신이 창조하고 다스리는 세상에서 일어나는 나쁜 일들에 대하여 그 누구도 책망하지 않으신다. 욥은 그저 이러한 상황이 안타깝고, 하나님의 침묵이 견디기 힘든 현실이라고 토로한다.

III. 욥과 친구들의 대화(4:1- 27: 23)
C. 세 번째 사이클(22:1- 27: 23)
2. 욥의 반론(23:1-24:25)

(6) 심판주가 없는 세상(24:13-17)

[13] 또 광명을 배반하는 사람들은 이러하니
그들은 그 도리를 알지 못하며
그 길에 머물지 아니하는 자라
[14] 사람을 죽이는 자는 밝을 때에 일어나서
학대받는 자나 가난한 자를 죽이고
밤에는 도둑같이 되며
[15] 간음하는 자의 눈은 저물기를 바라며
아무 눈도 나를 보지 못하리라 하고 얼굴을 가리며
[16] 어둠을 틈타 집을 뚫는 자는
낮에는 잠그고 있으므로 광명을 알지 못하나니
[17] 그들은 아침을 죽음의 그늘같이 여기니
죽음의 그늘의 두려움을 앎이니라

욥은 앞 섹션에서 악인들에게 억압받는 억울하고 가난한 사람들의 형편을 탄식했다. 본문에서는 하나님의 심판을 두려워하지 않고 온갖 만행을 저지르는 악인들을 고발한다. 욥은 악인들을 광명을 배반하고 피하는 '어둠의 자식들'이라 한다. 빛이 악인들의 죄를 드러내기 때문에 그들은 본능적으로 빛을 피한다는 논리가 이 말씀의 배경에 깔려 있다.

광명(하나님)을 배반하는 사람들로 묘사된(13절) 악인들은 창조주가 모든 사람에게 주신 도리를 거부하며, 하나님이 가르쳐 주신 길로 행하지도 않는다. 악인들은 본능적으로 하나님과 그분의 모든 가르침을 거역하는 사람이라는 것이다.

악인들은 낮과 밤을 구분하지 않으며 온갖 만행을 저지른다. 욥은 구체적으로 살인, 간음, 도둑/강도질 세 가지 죄악을 지적한다. 모두 가정과 사회를 파괴하는 죄들이다.

첫째, 그들은 백주 대낮에 힘없는 사람들과 가난한 사람들을 죽이기를 주저하지 않는다(14절). 사람들이 지켜보는 가운데 이런 일을 서슴지 않고 행한다는 의미이다. 또한 이 악인들은 밤에도 남의 물건을 도둑질하느라고 분주하다. 세상에는 밤낮을 가리지 않고 악을 일삼는 사람들이 허다하다는 것이다.

둘째, 간음하는 자들은 속히 날이 저물기를 바란다(15절). 사람들의 눈을 피해 성적인 죄를 저지르기 위해서이다. 그들이 남들의 눈을 피해 죄를 지으려고 하는 것은 어느 정도 양심이 남아 있다는 증거이다. 요즈음에는 사람들 앞에서 대놓고 죄를 지으며, 그 죄에 대하여 당당한 사람들이 많다. 동성애자들도 이런 부류에 속한다. 사람들이 그나마 숨어서 죄를 짓는다는 것은 조그만 소망이라도 있음을 암시한다. 자기 행동에 대해 부끄럽게 생각하기 때문에 숨는다. 반면에 죄인이 자신의 죄에 대해 뻔뻔하게 행동하면 하나님의 심판이 매우 가까이 와 있음을 의식해야 한다.

셋째, 밤이면 남의 집에 들어가 물건을 훔치는 사람들이 있다(16절). 도둑들은 걸어서가 아니라 '벽을 뚫어' 침입하는데, 문지방을 신성시했던 근동의 강도들은 문을 통해 집으로 침입하는 것을 주저했기 때문이다(Peake). 이 사람들은 상습적으로 이런 짓을 한다. 그러므로 밤새 일한 그들은 낮이면 조용한 곳에 숨어 쉰다.

밤새 도둑질한 사람들에게 아침은 죽음의 그늘처럼 여겨진다(17절). 일할 시간이 지났기 때문이다. 이런 삶을 지속하다 보니 그들은 낮에 빛을 볼 일이 없다. 그들은 밤이 훨씬 더 편하다. 자신의 부족함을 채우기 위해 일시적으로 남의 것을 훔치는 일도 하나님의 심판을 받아야 할 죄인데, 이 사람들은 매일 밤 남의 물건을 도둑질하고도 하나님의 심판을 받지 않는다.

하나님은 왜 이처럼 '전문적으로 악을 행하는 자들'을 그대로 내버려 두시는 것일까? 만일 욥의 친구들 말대로 하나님이 세상의 모든 죄를 심판하신다면 도대체 있을 수 없는 일이다. 그러므로 욥은 세상에서 이런 일이 일어나는 것은 하나님이 악인들을 심판하지 않으시기 때문이라고 결론짓는다. 세상에는 심판주가 없다는 것이다.

III. 욥과 친구들의 대화(4:1- 27: 23) C. 세 번째 사이클(22:1- 27: 23) 2. 욥의 반론(23:1-24:25)

(7) 심판주여, 악인들을 심판하소서(24:18-25)

[18] 그들은 물 위에 빨리 흘러가고
그들의 소유는 세상에서 저주를 받나니
그들이 다시는 포도원 길로 다니지 못할 것이라
[19] 가뭄과 더위가 눈 녹은 물을 곧 빼앗나니
스올이 범죄자에게도 그와 같이 하느니라
[20] 모태가 그를 잊어버리고
구더기가 그를 달게 먹을 것이라
그는 다시 기억되지 않을 것이니
불의가 나무처럼 꺾이리라
[21] 그는 임신하지 못하는 여자를 박대하며
과부를 선대하지 아니하는도다
[22] 그러나 하나님이 그의 능력으로 강포한 자들을 끌어내시나니
일어나는 자는 있어도 살아남을 확신은 없으리라
[23] 하나님은 그에게 평안을 주시며
지탱해주시나 그들의 길을 살피시도다

[24] 그들은 잠깐 동안 높아졌다가 천대를 받을 것이며
잘려 모아진 곡식 이삭처럼 되리라
[25] 가령 그렇지 않을지라도
능히 내 말을 거짓되다고 지적하거나
내 말을 헛되게 만들 자 누구랴

욥은 이때까지 온갖 악인들이 성행하는 현실과 그들에게 짓밟히고 착취당하는 억울한 사람들에 대하여 불만을 토로하며, 창조주 하나님이 권선징악의 원리를 통해 세상을 다스린다는 친구들의 주장을 반박했다. 그런 그가 이번에는 친구들의 주장에 동의하는 듯한 말을 한다. 욥이 친구들에게 설득된 것일까? 아니다. 답답하고 절박한 욥이 친구들이 주장하는 것처럼 하나님이 악인들을 벌하신다면 참으로 좋겠다는 생각에서 일종의 희망사항을 말하고 있다. 또한 세상이 이렇다면 의인들이 참으로 살 만한 세상이 될 것이라는 바람도 서려 있다.

욥이 희망하는 세상은 악인들이 흐르는 물에 떠내려가는 나뭇조각처럼 하나님의 심판을 받아 그 어디에도 뿌리를 내리지 못하는 것이다(18절). 그들이 악한 방법으로 모은 재산은 모두 창조주의 저주를 받아 그 어느 것도 누리지 못하는 세상이다. 하나님이 이렇게만 해주시면 많은 사람이 주님을 경외하고 의롭게 살아갈 것이다. 세상은 하나님의 계획대로 지상낙원이 될 수 있다.

욥은 죽음이 악인들을 데려가는 것이 마치 가뭄과 더위로 메마른 땅이 물을 순식간에 흡수하는 것처럼 일어나는 세상이라면 얼마나 좋을까 하고 바란다(19절, cf. 시 49:14). 이렇게 되면 악인들이 태어난 날은 잊히고, 그들의 몸은 썩어 없어질 것이며, 사람들의 기억에서 영원히 지워질 것이다(20a-c절). 악인들에게 임하는 심판을 목격한 사람들은 그들이 저지른 불의가 하나님의 심판에 완전히 꺾인 것을 보고 악을 자제할 것이다(20d절).

죄인들의 특징은 약하고 힘없는 사람들을 상대로 악을 행한다는 것이다. 악인들은 당시 사회의 약자였던 여인들 중에서도 형편이 가장 좋지 않은 불임 여인과 과부를 괴롭히기를 일삼는다(21절). 대체적으로 악인들의 성향이 이렇다. 그들은 자기보다 강한 사람들은 피하고 약한 자들을 먹잇감으로 삼는다. 악인들은 대부분 비겁하고 야비한 사람들이기 때문이다.

22-24절은 번역이 매우 어렵다. 우리말 번역본들뿐만 아니라 영어 번역본들의 다양성이 이러한 상황을 반영한다(cf. 새번역, 공동, 아가페, NAS, NRS, NIV, TNK). 그중에서도 새번역의 해석이 가장 문맥에 잘 어울린다.

하나님이 그분의 능력으로 강한 사람들을 휘어잡으시니,
그가 한번 일어나시면 악인들은 생명을 건질 길이 없다.
하나님이 악한 자들에게 안정으로 주셔서
그들을 평안하게 하여주시는 듯하지만,
하나님은 그들의 행동을 낱낱이 살피신다.
악인들은 잠시 번영하다가
곧 사라지고 풀처럼 마르고 시들며,
곡식 이삭처럼 잘리는 법이다.

때로는 악인들이 세상에서 잠시 성공하는 것 같고, 심지어는 하나님이 그들에게 평안을 주시는 것 같기도 하다. 그러나 하나님은 그들의 행동을 모두 지켜보신다. 드디어 때가 되면 그들을 심판하신다. 이 또한 욥이 희망하는 세상이다. 하나님의 공의가 이런 형태로 세상을 지배하면 악인들이 많이 줄어들 것이라는 아쉬움이 포함된 희망 사항이다.

욥의 담화를 마무리하고 있는 25절도 새번역이 가장 정확하게 해석했다. "내가 한 말을 부인할 사람이 누구냐? 내가 한 말이 모두 진실이 아니라고 공격할 자가 누구냐?" 욥은 친구들과 신학적 논쟁을 하고 있는 것이 아니라 그가 세상에서 관찰한 다양한 현상을 지적하고 있다. 친구들도 분명 욥이 경험한 일들을 목격했을 것이다. 더욱이 친구들은 그의 논리에 어떠한 반론을 제기하지 못할 것이다. 욥이 하는 이야기가 모두 그들의 주장을 반영하고 있기 때문이다.

3. 빌닷의 정죄(25:1-6)

[1] 수아 사람 빌닷이 대답하여 이르되
[2] 하나님은 주권과 위엄을 가지셨고
높은 곳에서 화평을 베푸시느니라
[3] 그의 군대를 어찌 계수할 수 있으랴
그가 비추는 광명을 받지 않은 자가 누구냐
[4] 그런즉 하나님 앞에서 사람이 어찌 의롭다 하며
여자에게서 난 자가 어찌 깨끗하다 하랴
[5] 보라 그의 눈에는 달이라도 빛을 발하지 못하고
별도 빛나지 못하거든
[6] 하물며 구더기 같은 사람,
벌레 같은 인생이랴

욥이 친구들의 주장에 동조하며 엘리바스의 주장에 대한 반박을 끝냈지만(24:18-25), 빌닷은 마음이 편치 않다. 하나님께 악인들을 심판해 달라는 욥의 말을 듣고 있자니 욥이 자신을 하나님의 벌을 받아야 하는 악인에 포함시키지 않는다는 것이 확실하기 때문이다. 그러므로 빌닷은 욥도 하나님의 벌을 받아야 할 죄인에 포함되어 있다는 취지의 말을 한다.

빌닷은 자기가 하는 말이 욥을 설득시키지 못할 것이라는 사실을 알고 있다. 또한 더 이상 새롭게 할 말도 없다(Longman). 그래서 그는 매우 짧은 담화를 한다. 세 번째 친구인 소발은 아예 침묵한다. 그도 더 이상 할 말이 없다.

빌닷의 논리는 크게 두 가지다. (1) 하나님은 그 누구와 비교할 수 없는 완전히 다른 존재이시다(2-3, 5절), (2) 모든 인간은 하나님 앞에 죄인이다(4, 6절). 첫째, 하나님은 우리가 경험하고 상상할 수 있는 모든 것과 완전히 다른 분이시다. 주님은 참으로 위대한 주권과 위엄을 지니셨고, 가장 높은 곳에 거하시는 분이다(2절). 또한 상상을 초월하는 군대를 지니셨고, 세상 그 어디도 주님의 지배를 받지 않는 곳이 없다(3절). 심지어는 밤하늘에 빛나는 달과 별도 하나님 앞에서는 빛을 발하지 못한다(5절). 여기까지는 빌닷의 말이 모두 옳다.

문제는 이러한 진리의 적용(implication)이다. 빌닷은 이처럼 위대하고 비교할 수 없는 하나님 앞에 감히 누가 의롭다고 할 수 있고, 누가 떳떳할 수 있냐고 한다(4절). 그는 자기는 억울한 일을 당했다고 하는 욥을 우회적으로 정죄하고 있다. 더 나아가 빌닷은 한낱 구더기 같고 벌레 같은 사람이 어찌 거룩하신 하나님 앞에 떳떳할 수 있겠냐고 한다(6절). 인간은 단순히 하찮은 것이 아니라 절대적으로 부정하기 때문에 하나님께 나아갈 수 없다며 스스로 낙인을 찍는다(Clines, cf. Rowley). 빌닷은 자기 논리와 욥의 가슴에 대못을 박는 것으로 담화를 마무리한다. 구더기처럼 천하고 부정한 인간으로 태어난 욥이 감히 거룩하신 하나님 앞에서 의로움을 논할 수 있을까?

하나님 앞에서 인간은 참으로 볼품없는 존재이며, 죄인이라는 것은 성경의 가르침이다(롬 3:23). 그럼에도 불구하고 인간은 하나님이 창조하신 피조물들 중 가장 존귀한 존재들이며, 하나님의 형상과 모양을 많이 닮은 자들이다. 그러므로 인간을 천한 구더기와 벌레에 비교하는 빌닷의 담회는 지나치다. 모든 사람은 창조주 하나님이 가장 소중하고 존귀하게 여기는 피조물이다. 인간은 하나님 앞으로 나아가 자기 형편을 하나님께 아뢸 수 있다.

Ⅲ. 욥과 친구들의 대화(4:1- 27: 23)
C. 세 번째 사이클(22:1- 27: 23)

4. 욥의 반론(26:1-27:23)

빌닷이 앞 섹션(25:1-6)에서 욥을 우회적으로 비난했던 것처럼, 욥도 이 섹션에서 친구들을 우회적으로 비난한다. 그는 악인들과 어리석은 자들을 번갈아 사용하며 둘을 동일시한다. 또한 욥은 자기 친구들이 바로 그가 비난하고 있는 악인들이라며 그들을 공격한다. 욥은 하나님이 벌할 자는 자신이 아니라, 그의 친구들이라는 것을 분명히 한다. 본문은 다음과 같이 구분될 수 있다.

A. 너희는 참으로 어리석은 자들이다(26:1-4)
B. 하나님이 온 세상을 다스리신다(26:5-14)
C. 나는 결백하다(27:1-6)
C′. 나를 악하다 하는 자들은 심판을 받을 것이다(27:7-10)
B′. 너희는 하나님이 두렵지 않느냐(27:11-12)
A′. 어리석은 자들은 심판을 받을 것이다(27:13-23)

Ⅲ. 욥과 친구들의 대화(4:1- 27: 23)
C. 세 번째 사이클(22:1- 27: 23)
4. 욥의 반론(26:1-27:23)

(1) 너희는 참으로 어리석은 자들이다(26:1-4)

[1] 욥이 대답하여 이르되
[2] 네가 힘없는 자를 참 잘도 도와주는구나
기력 없는 팔을 참 잘도 구원하여주는구나
[3] 지혜 없는 자를 참 잘도 가르치는구나
큰 지식을 참 잘도 자랑하는구나
[4] 네가 누구를 향하여 말하느냐
누구의 정신이 네게서 나왔느냐

욥은 친구들이 참으로 한심하게 느껴진다. 그들은 분명 곤경에 처한 욥을 위로하겠다며 먼 길을 왔지만, 정작 그에게 도움이 될 말이나 위로는 하지 않고 오히려 그를 가르치려 들며 정죄하고 있기 때문이다. 그러므로 욥은 친구들의 불량한 태도를 빈정대는 투로 비난한다.

첫째, 욥은 친구들이 연약한 자들을 전혀 도와주지 않는 매정한 사람들이라고 한다(2절). 잘잘못은 나중에 따지더라도 먼저 연약해 쓰러진 사람을 일으켜 세우고 힘을 북돋아 주는 것이 인간의 도리이건만, 친구들은 이런 자세로 욥을 대하지 않았다. 그들은 오히려 힘없는 욥을 짓밟으려 했고, 기력이 없는 그의 팔을 꺾으려 했다. 그러므로 그들은 욥의 비난을 받아도 싸다.

둘째, 욥은 친구들이 참으로 어리석은 사람들이라고 한다(3절). 그들은 마치 큰 지혜를 지닌 것처럼 말하고 있지만, 욥은 그들의 논리와 주장에 전혀 설득되지 않았다. 그러므로 그들의 가르침은 열매를 맺지 못했고, 그들의 지식인 행세는 자기 자랑밖에 되지 않았다. 친구들의 지혜가 지닌 가장 큰 문제는 고통 속에서 신음하는 욥의 하소연을 귀담아들으려 하지 않은 것이다. 욥과 친구들의 논쟁을 보며, 우리에게 입은 한 개만 주신 창조주께서 귀는 두 개를 주셨다는 사실을 숙고할 필요가 있다. 들을 귀가 없는 지혜는 허구에 불과하기 때문이다.

셋째, 욥은 친구들이 자기들보다 더 지혜로운 자(욥)를 가르치려 든다고 비난한다(4a절). 이때까지 욥은 친구들이 말하는 것을 모두 알고 이해하지만, 자기가 경험한 것은 그들의 논리와 지혜로 설명이 될 수 없는 것이라는 사실을 강조해왔다. 반면에 욥의 친구들은 하나님이 세상을 다스리시는 여러 방법들 중 가장 초보적인 원리라 할 수 있는 권선징악만을 고수해왔다. 그러므로 욥은 친구들의 이러한 태도와 주장은 결코 그가 당면한 문제를 해결하거나 설명할 수 없다는 취지에서 그들에게 "너희들이 누구를 가르치려 하느냐?"라고 말한다.

넷째, 욥은 친구들의 주장이 하나님의 지혜를 반영하고 있다는 것에도 문제를 제기한다(4b절). 그들은 자신들이 마치 하나님을 변론하는 것으로 생각하고 있지만, 욥은 착각에 불과하다고 한다. 자기가 아는 하나님은 친구들이 말하는 냉혹하게 권선징악으로 세상을 다스리는 분이 아니시기 때문이다. 그러므로 욥은 그들이 하나님의 뜻을 대변하고 있다는 것에 반론을 제기한다.

Ⅲ. 욥과 친구들의 대화(4:1- 27: 23)
C. 세 번째 사이클(22:1- 27: 23)
4. 욥의 반론(26:1-27:23)

(2) 하나님이 온 세상을 다스리신다(26:5-14)

[5] 죽은 자의 영들이 물 밑에서 떨며
물에서 사는 것들도 그러하도다
[6] 하나님 앞에서는 스올도 벗은 몸으로 드러나며
멸망도 가림이 없음이라

[7] 그는 북쪽을 허공에 펴시며
땅을 아무것도 없는 곳에 매다시며
[8] 물을 빽빽한 구름에 싸시나
그 밑의 구름이 찢어지지 아니하느니라
[9] 그는 보름달을 가리시고
자기의 구름을 그 위에 펴시며
[10] 수면에 경계를 그으시니
빛과 어둠이 함께 끝나는 곳이니라
[11] 그가 꾸짖으신즉
하늘 기둥이 흔들리며 놀라느니라
[12] 그는 능력으로 바다를 잔잔하게 하시며
지혜로 라합을 깨뜨리시며
[13] 그의 입김으로 하늘을 맑게 하시고
손으로 날렵한 뱀을 무찌르시나니
[14] 보라 이런 것들은 그의 행사의 단편일 뿐이요
우리가 그에게서 들은 것도 속삭이는 소리일 뿐이니
그의 큰 능력의 우렛소리를 누가 능히 헤아리랴

욥은 하나님의 창조 섭리와 통치를 사람이 상상할 수 있는 모든 곳에서 목격할 수 있다고 한다. 그는 먼저 하나님의 창조 능력을 네 가지로 노래하며 고백한다. 이미 수차례 언급했듯이 숫자 4는 총체성을 상징한다. 하나님의 창조 능력과 통치 능력이 온 세상을 가득 채웠다는 의미이다. 첫째, 사람의 눈이 볼 수 없는 죽은 자들의 영역도 창조주 하나님 앞에서는 모두 드러난다(5-6절). 둘째, 사람이 사는 땅뿐만 아니라 당시 세상에서 가장 높다고 여겨진 북쪽(צָפוֹן) 하늘도 하나님이 창조하신 영역이다(7절). 하나님은 마치 아무것도 없는 뜰에다 기둥을 세우시고 그 위에 천막을 펼치듯 하늘을 펴셨다(cf. Hartley).

셋째, 가벼운 구름이 많은 물을 머금고 있어도 터지지 않는 것은 창조주 하나님의 솜씨이다(8절). 본문의 배경은 구름을 물로 가득 찬 가죽부대에 비교하는 이미지이다(Clines). 하나님은 구름으로 보름달을 가리기도 하신다(9절). 일부 주석가들과 번역본들은 보름달(כֶּסֶה)을 보좌(כִּסֵּא)로 수정하기를 제안하지만(Gordis, 공동, LXX, TNK, KJV), 그대로 두는 것이 문맥과 더 잘 어울린다(새번역, 아가페, NAS, NIV, NRS, ESV). 넷째, 창조주 하나님은 수평선을 빛과 어두움의 경계선으로 세우셨다(10절). 욥은 하나님의 창조 섭리에 따라 모든 것이 제자리에서 질서 있게 운영되고 있다고 고백한다.

욥은 이어서 하나님의 통치 능력도 네 가지로 노래한다. 첫째, 하나님은 하늘을 호령하시는 분이다(11절). 둘째, 하나님은 바다도 지배하시며, 모든 바다 괴물들(라합[רָהַב]으로 상징됨)도 다스리신다(12절). 셋째, 하나님은 기후와 날씨도 주장하신다(13a절). 넷째, 하나님은 창조 질서를 위협하는 모든 괴물들(날렵한 뱀으로 상징됨)도 가차없이 무찌르시는 분이다(13b절, cf. Newsom).

욥은 하나님의 창조 섭리와 통치를 참으로 대단한 것들로 묘사했지만, 이러한 것들은 하나님 사역의 지극히 제한된 일부(단편)일 뿐이다(14절). 하나님은 우리가 보고 상상할 수 있는 것보다 훨씬 더 위대하고 놀라우신 분이라는 의미이다. 하나님에 대한 모든 지식을 우렛소리에 비교하면 사람이 하나님께 들어 아는 것은 속삭임(귓속말)에 불과하다(14절). 인간이 하나님에 대하여 아는 지식은 참으로 부족하다는 뜻이다.

욥은 분명 하나님에 대한 진리를 말하고 있지만, 욥이 참으로 안쓰럽다. 연약한 피조물에 불과한 그가 이처럼 놀랍고 두려운 하나님과 변론을 해야 하기 때문이다. 그러나 중요한 것은 끝에 가서는 놀라운 창조주이자 통치자인 하나님이 욥을 인정하신다는 사실이다. 하나님의 위대하심이 인간의 볼품없음을 짓밟지 않는다. 위대하신 하나님은 볼품없는 인간의 형편을 헤아리고 공의롭게 판단하신다.

Ⅲ. 욥과 친구들의 대화(4:1- 27: 23)
C. 세 번째 사이클(22:1- 27: 23)
4. 욥의 반론(26:1-27:23)

(3) 나는 결백하다(27:1-6)

[1] 욥이 또 풍자하여 이르되
[2] 나의 정당함을 물리치신 하나님,
나의 영혼을 괴롭게 하신 전능자의 사심을 두고 맹세하노니
[3] (나의 호흡이 아직 내 속에 완전히 있고
하나님의 숨결이 아직도 내 코에 있느니라)
[4] 결코 내 입술이 불의를 말하지 아니하며
내 혀가 거짓을 말하지 아니하리라
[5] 나는 결코 너희를 옳다 하지 아니하겠고
내가 죽기 전에는 나의 온전함을 버리지 아니할 것이라
[6] 내가 내 공의를 굳게 잡고 놓지 아니하리니
내 마음이 나의 생애를 비웃지 아니하리라

욥은 하나님께 한없이 서운한 마음을 숨기지 않는다. 하나님이 그가 고통당하도록 내버려두신 것은 주님이 욥의 억울함을 인정하지 않으셨기 때문이다(2a절). 그러므로 그는 하나님의 사심을 두고 자신의 억울함을 맹세한다(2b절). 이 말은 일부 주석가들의 주장처럼 하나님이 살아 계신 것이 확실한 것처럼 자기의 억울함도 확실하다는 뜻이 아니다(Dhorme). 만일 욥이 억울한 희생자가 아니라면 하나님도 살아 계시지 말아야 한다는 그의 소원을 표현한다(Fohrer). 그러므로 학자들은 이 말씀을 하나님에 대한 '잠재적 저주'(potential curse)라고 하기도 한다(Clines). 하나님은 어느덧 억울한 일을 당한 욥의 영혼을 괴롭게 하신 분이 되었다(2b절).

절대적인 하나님 앞에서는 그 어떤 사람도 의롭다 할 수 없다는 친구들의 말이 옳은 것일까? 아니다. 비록 욥이 하나님에 대한 서운함을 감추지 않지만, 욥은 전능하신 하나님의 판단을 전적으로 믿는다. 무엇보다도 자기 안에는 아직도 창조주 하나님의 숨결이 있다고 믿기 때문이다(3절, cf. 창 2:7). 그가 아직 살아 있는 것은 하나님이 그의 목숨을 거두지 않으셨기 때문이다.

욥은 소망을 버리지 않는다. 만일 친구들 말대로 하나님이 그를 심판하셨기 때문에 고난을 당했다면, 그는 이미 죽었어야 한다. 그런데 아직도 그가 살아 있다는 것은 다른 가능성에 대한 희망이다. 그러므로 그는 자신이 불의와 거짓을 말하지 않았으며, 앞으로도 그렇게 하지 않을 것을 다짐한다(4절). 자기는 하나님께 이처럼 혹독한 벌을 받을 만한 죄를 범한 적이 없다는 것이다.

욥은 또한 친구들의 주장에 굴복하는 일은 없을 것이라고 선언한다(5절). 친구들은 자꾸 욥이 죄를 지었기 때문에 하나님이 그를 벌하신 것이라고 말하지만, 그는 이러한 주장에 절대 수긍할 수 없다. 욥은 자신에게 부끄러운 삶을 살지 않았기 때문이다(6절). 욥은 죽는 날까지 자기는 억울하다는 주장을 굽히지 않을 것이라는 5-6절 말씀이 이 섹션의 핵심이다. 설령 하나님이 욥의 의로움을 인정하지 않으시더라도 그는 끝까지 자기의 결백을 주장할 것이다.

친구들은 욥이 죄를 지어 하나님께 벌을 받았다고 주장한다. 반면에 욥은 절대 그런 적이 없다고 한다. 하나님의 공의와 욥의 억울함이 대립하고 있다. 친구들은 하나님께 인간의 의로움은 아무것도 아니라며 하나님의 공의가 욥의 억울함을 침몰시킬 수 있다는 논리를 편다. 반면에 욥은 하나님이 각 사람의 형편과 의로움을 헤아려 주시는 분이기 때문에 자기의 억울함이 분명 하나님께 열납될 것을 확신한다. 저자는 이 대립의 관점에서 욥이 옳다고 한다. 하나님은 각 개인의 형편과 의를 헤아리시는 분이기 때문이다.

III. 욥과 친구들의 대화(4:1- 27: 23)
C. 세 번째 사이클(22:1- 27: 23)
4. 욥의 반론(26:1-27:23)

(4) 나를 악하다 하는 자들은 심판을 받을 것이다(27:7-10)

[7] 나의 원수는 악인같이 되고
일어나 나를 치는 자는 불의한 자같이 되기를 원하노라
[8] 불경건한 자가 이익을 얻었으나
하나님이 그의 영혼을 거두실 때에는 무슨 희망이 있으랴
[9] 환난이 그에게 닥칠 때에
하나님이 어찌 그의 부르짖음을 들으시랴
[10] 그가 어찌 전능자를 기뻐하겠느냐
항상 하나님께 부르짖겠느냐

일부 주석가들은 본문을 욥의 담화가 아니라 소발의 말이라 한다(Clines).[11] 소발의 세 번째 담화가 없기 때문이다. 일부 주석가들은 욥이 하나님을 자기 원수라고 한다고 하지만(Good, Habel), 설득력이 부족한 논리이다. 그가 구체적으로 지적하고 있지는 않지만, 그를 괴롭게 하는 친구들을 원수라고 해석하는 것이 옳다(Alden, Longman). 하나님이 자기의 억울함을 인정하실 것이라고 확신하는 욥은 당당하게 그를 죄인으로 몰아가며 비난하는 사람들에게 경고한다. 하나님의 벌을 받을 악인은 억울한 일을 당한 자기가 아니라, 그를 죄인으로 몰아간 사람들이다(7절). 욥은 그를 괴롭힌 자들이 마치 불의한 이익을 보았다가 하나님의 심판대 앞에 서는 사람들처럼 절망하기를 간절히 바란다(8절).

욥은 원수들이 환난에 처한 악인이 하나님께 부르짖는 것과 같은 처

11 본문(27:7-10) 외에도 27:13-27과 24:18-24과 27:18-23이 소발의 담화며 이 순서로 읽혀야 한다고 주장한다(Clines). 주제가 소발이 말한 악인의 운명(20장)과 같기 때문이다. 그러나 우리에게 전수된 욥기가 시사하는 바에 따라 본문을 욥의 담화로 이해하는 것이 바람직하다.

지가 되기를 바란다(9절). 하나님이 절대 이런 사람들의 부르짖음을 들어주지 않으실 것이기 때문에 그들의 부르짖음은 헛될 것이라는 뜻이다(cf. TNK). 게다가 악인들은 하나님을 기뻐하지 않는다(10절). 주님은 악을 심판하시는 분이기 때문이다. 그럼에도 불구하고 다급해진 악인들이 하나님께 부르짖어보지만, 부질없는 짓이다.

욥도 하나님이 세상을 다스리시는 원칙이 권선징악이라는 사실을 조금씩 더 인정하고 있다. 친구들의 말이 완전한 헛소리는 아니다. 다만 권선징악이 세상을 다스리시는 하나님의 유일한 원칙이라는 것에는 동의하지 않으며, 예외는 항상 있을 수 있다고 생각한다. 반면에 친구들은 권선징악이 유일한 원칙이라는 주장을 굽히지 않기 때문에 다툼이 생겼다.

III. 욥과 친구들의 대화(4:1- 27: 23)
C. 세 번째 사이클(22:1- 27: 23)
4. 욥의 반론(26:1-27:23)

(5) 너희는 하나님이 두렵지 않느냐(27:11-12)

[11] 하나님의 솜씨를 내가 너희에게 가르칠 것이요
전능자에게 있는 것을 내가 숨기지 아니하리라
[12] 너희가 다 이것을 보았거늘
어찌하여 그토록 무익한 사람이 되었는고

욥은 하나님에 대한 친구들의 지식은 부족하고 심각한 결함을 지니고 있다고 생각한다. 그러므로 그는 자신의 지식과 지혜로 그들을 가르치기를 원한다. 욥은 하나님에 대해 자기가 아는 것 중 하나도 빠짐없이 그들에게 전수해 주겠다고 제안한다(11절).

사실 친구들은 욥이 하나님에 대하여 알고 있는 것을 모르는 바는 아니다. 그들도 분명 하나님에 대하여 어느 정도의 올바른 지식을 지녔을 텐데 욥이 처한 상황을 설명하는 과정에서 억지를 쓴 것이다. 그러므로 욥에게 유익을 주기 위해 찾아온 친구들이 결국 무익한 사람들이 되었다(12절).

> III. 욥과 친구들의 대화(4:1- 27: 23)
> C. 세 번째 사이클(22:1- 27: 23)
> 4. 욥의 반론(26:1-27:23)

(6) 어리석은 자들은 심판을 받을 것이다(27:13-23)

[13] 악인이 하나님께 얻을 분깃,
포악자가 전능자에게서 받을 산업은 이것이라
[14] 그의 자손은 번성하여도 칼을 위함이요
그의 후손은 음식물로 배부르지 못할 것이며
[15] 그 남은 자들은 죽음의 병이 돌 때에 묻히리니
그들의 과부들이 울지 못할 것이며
[16] 그가 비록 은을 티끌같이 쌓고
의복을 진흙같이 준비할지라도
[17] 그가 준비한 것을 의인이 입을 것이요
그의 은은 죄 없는 자가 차지할 것이며
[18] 그가 지은 집은 좀의 집 같고
파수꾼의 초막 같을 것이며
[19] 부자로 누우려니와 다시는 그렇지 못할 것이요
눈을 뜬즉 아무것도 없으리라
[20] 두려움이 물같이 그에게 닥칠 것이요
폭풍이 밤에 그를 앗아갈 것이며
[21] 동풍이 그를 들어 올리리니 그는 사라질 것이며

그의 처소에서 그를 몰아내리라
[22] 하나님은 그를 아끼지 아니하시고 던져버릴 것이니
그의 손에서 도망치려고 힘쓰리라
[23] 사람들은 그를 바라보며 손뼉치고
그의 처소에서 그를 비웃으리라

욥이 본문을 통해 자신의 생각을 표현하고 있는지, 아니면 친구들의 말을 직접 인용하며 그들을 비난하고 있는지, 혹은 본문이 '잊힌' 소발의 세 번째 발언인지에 대해 학자들 사이에 논란이 있다(cf. Clines, Habel, Janzen). 정황을 고려할 때 굳이 친구들의 말을 인용하는 것으로, 혹은 소발의 세 번째 발언으로 간주할 필요는 없다(Alden). 욥은 자신의 생각을 표현하고 있다.

욥이 본문에서 그의 친구들을 악인이라고 부르는지, 아니면 악인은 결국 망한다는 세상의 이치를 말하는지는 확실하지 않다. 아마도 둘 다일 것으로 생각된다. 욥은 악인이 순간적으로는 번영하는 것 같아도 끝에 가서는 망한다고 확신한다. 세상을 다스리는 하나님이 꼭 그렇게 하실 것이기 때문이다(13절). 욥은 여러 가지 비유를 들어 악인들은 꼭 하나님의 심판을 받을 것이라고 한다.

첫째, 악인들의 자손은 번성한다 해도 결국 멸망할 것이다(14-15절). 지혜문학은 악인들의 후손들이 비참한 운명을 맞을 것이라는 말을 자주 한다. 악인이 경험하는 가장 비참한 말로는 재난으로 자녀들을 잃는 일이다. 아무리 많은 재산과 명예를 얻는다 해도 자식들이 비운에 죽는다면 무슨 의미가 있겠는가? 게다가 악인들은 나쁜 짓을 해서 재산과 명예를 얻었으니 그것들이 사라진다 해도 아무도 슬퍼하지 않을 것이다.

본문은 고대사회에서 흔히 사람을 죽음으로 몰아가는 전쟁, 기근(굶주림), 전염병, 세 가지를 모두 언급한다. 전쟁을 상징하는 칼이 악인의 자녀를 죽일 것이며, 생존자들은 먹을 것이 없어(기근) 굶주릴 것이다(14절). 업친 데 겹친 격으로 전쟁에서 살아남은 악인의 후손은 사람을 죽이는 전염병이 돌 때에 모두 죽을 것이다. 개역개정이 '죽음의 병'이라고 번역한 히브리어 단어(מָוֶת)의 문자적인 의미는 '죽음'이다. 그러나 여러 버전들은 본문에서 이 단어의 의미를 '사람을 죽이는 전염병/역병'으로 해석한다(새번역, 아가페, ESV, NAS, NIV, NRS, TNK). 죽은 사람들의 아내들은 남편들의 죽음을 슬퍼할 겨를도 없다(15절). 그들의 생존도 큰 위협을 받기 때문이다.

둘째, 악인들은 아무리 재산을 많이 모아도 그것을 누리지 못할 뿐만 아니라 순식간에 잃을 것이다(16-19절). 악인들은 은(돈을 상징)을 티끌같이, 옷을 흙처럼 많이 모아도 누리지 못한다(16절). 심판하는 하나님이 그것들을 빼앗아 의인들에게 주시고 죄 없는 자들(악인들에게 착취당한 사람들)에게 돌려주실 것이기 때문이다(17절).

결국 악인의 집은 좀의 집과 파수꾼의 초막같이 초라해질 것이다(18절). 파수꾼이 세운 초막은 매우 엉성하게 지어진 간이 거주지이며, 추수가 끝이 나면 철거된다(Delitzsch). 재산을 모두 잃고 가난해질 것이라는 뜻이다. 욥은 이러한 악인의 상황을 밤에 부자로 잠자리에 누운 사람이 아침에 거지로 눈을 뜨게 되는 일에 비교한다(19절). 하나님의 심판이 악인들에게 순식간에 임할 것이라는 경고이다. 악인이 맞는 종말의 순서는 분명하다. 먼저 재산이 사라지고, 그다음 죽음이 온다(Clines).

셋째, 악인은 심한 두려움에 떨 것이다(20절). 사람이 가진 것을 모두 순식간에 잃으면 당연히 두려움을 느낀다. 여기에 하나님이 자연재해에 대한 두려움을 더하신다. 천재지변은 신(들)의 심판이라는 고대 근동의 정서에서 하나님의 진노로 해석될 수밖에 없다. 결국 그는 하나님의 심판을 받아 폭풍이 몰아치는 밤에, 혹은 모든 풀을 순식간에 말려버리는 동풍에 죽을 것이다(21절). '동풍'(קָדִים)은 욥의 열 자녀들을 죽인 '거센 바람'(רוּחַ גְּדוֹלָה)을 연상시키는 파괴적인 바람이다(cf. 1:19).

넷째, 악인은 아무리 하나님의 심판을 피해보려고 안간힘을 써도 피할 수 없다(22절). 하나님이 그를 심판하기로 작정하셨기 때문에 끝까지 그를 내버려두지 않으실 것이다. 개역개정은 사람들이 악인이 멸망하는 것을 목격하고는 손뼉을 치며 기뻐한다고 하는데(23a절, cf. 공동, 아가페, NAS), 마소라 사본에는 주어가 없다. 단지 3인칭 남성 단수 동사와 접미사가 사용된다. 그러므로 대부분 영어 번역본들은 악인의 멸망을 기뻐하는 것을 동풍이라 하고 '그것'(it)으로 남겨둔다(NIV, NRS, ESV, TNK). 하나님이 보내신 바람이 악인을 파멸에 이르게 하고 기뻐한다는 의인법이 사용되고 있는 것이다. 다음 행에서 비웃는 것이 사람의 비웃음이 아니라 바람이 내는 '쉬익 하는 소리'(hissing)라는 것(שָׁרַק)도 이 같은 해석을 지지한다(cf. NAS, NIV, NRS, ESV).

사람은 죽을 때 일생에 대한 평가를 받는다. 많은 사람이 그의 죽음을 슬퍼하면 그는 참으로 좋은 삶을 살았다는 증거이다. 반면에 많은 사람이 그의 죽음을 기뻐한다면, 그는 분명 악한 삶을 살았다. 더욱이 그를 죽인 바람까지도 소리를 내며 기뻐한다면 그 사람은 잘못 살았다 할 수 있다.

이렇게 해서 욥과 친구들은 3차(round)에 걸쳐 대화를 주고받았다. 대화가 진행되면서 한 가지 확실해지는 것은 욥을 위로하러 왔던 친구들은 전혀 위로자들이 되지 못했다는 사실이다. 또한 그들은 시간이 지날수록 더 강경해져서 결국 노골적으로 욥을 죄인으로 정죄했다.

반면에 욥은 하나님이 권선징악의 원리로 세상을 다스리신다는 친구들의 주장에 어느 정도는 마음을 열었다. 그도 하나님이 의인은 축복하고 악인은 심판하신다는 원리에는 동의한다. 이것이 창조주 하나님이 만드신 세상을 지배하는 전반적인 원리이기 때문이다. 다만 문제는 이 원칙에 어떠한 예외도 없다며 욥을 죄인으로 정죄한 친구들의 단호한 입장이다. 모든 원리와 시스템에는 예외가 있을 수 있고, 있어야 한다. 그렇지 않으면 삶이 너무 팍팍하고 고달플 수밖에 없다. 또한 많은 경우에 '예외'는 하나님의 주권이 운행하시는 은혜로운 공간이다.

Ⅳ. 지혜의 노래
(28:1-28)

욥과 친구들의 대화가 마무리되고 저자의 지혜에 대한 노래가 시작된다. 일부 학자들은 28장을 37장 이후로 옮겨 엘리후 담화의 일부로 보아야 한다고 주장하고(Clines), 욥의 담화에 포함하기도 하지만(cf. Longman), 이 섹션은 내레이터가 하는 말로 간주하는 것이 바람직하다. 이곳에 지혜의 노래가 등장하는 것은 욥기의 핵심 이슈가 지혜이기 때문이다. 욥과 친구들의 대화는 결국 누가 세상의 이치를 더 확실하게 깨닫는 지혜를 지녔는가에 관한 것이었다. 그러므로 모든 대화가 끝이 난 이 시점에 지혜에 대한 노래가 나오는 것은 당연하다.

또한 지혜의 노래는 이 소송에 연루된 모든 이들에게 잠시 숨을 고를 수 있는 여백을 할애한다. 법정 드라마에 비교하자면 피고와 원고의 치열한 공방 후 최종 변론에 들어가기 전에 잠시 휴회(recess)하는 것과 마찬가지 역할을 한다(cf. Alden). 본문은 다음과 같이 구분될 수 있다.

A. 지혜는 광에서 캘 수 없다(28:1-11)
B. 지혜는 돈으로 살 수 없다(28:12-19)
C. 지혜는 세상 어디서도 찾을 수 없다(28:20-22)

D. 지혜는 하나님과 함께 있다(28:23-28)

IV. 지혜의 노래(28:1- 28)

A. 지혜는 광에서 캘 수 없다(28:1-11)

[1] 은이 나는 곳이 있고 금을 제련하는 곳이 있으며
[2] 철은 흙에서 캐내고 동은 돌에서 녹여 얻느니라
[3] 사람은 어둠을 뚫고 모든 것을 끝까지 탐지하여
어둠과 죽음의 그늘에 있는 광석도 탐지하되
[4] 그는 사람이 사는 곳에서 멀리 떠나
갱도를 깊이 뚫고 발길이 닿지 않는 곳
사람이 없는 곳에 매달려 흔들리느니라
[5] 음식은 땅으로부터 나오나
그 밑은 불처럼 변하였도다
[6] 그 돌에는 청옥이 있고
사금도 있으며
[7] 그 길은 솔개도 알지 못하고
매의 눈도 보지 못하며
[8] 용맹스러운 짐승도 밟지 못하였고
사나운 사자도 그리로 지나가지 못하였느니라
[9] 사람이 굳은 바위에 손을 대고
산을 뿌리까지 뒤엎으며
[10] 반석에 수로를 터서
각종 보물을 눈으로 발견하고
[11] 누수를 막아 스며 나가지 않게 하고
감추어져 있던 것을 밝은 데로 끌어내느니라

세상에는 다양한 광물이 있으며, 이런 것들을 생산하는 광(鑛)과 장소는 모두 다르다(1-2절). 본문은 고대 사회에서 가장 중요했던 네 가지 광물인 금, 은, 철, 동의 채굴을 언급한다. 이 광물들을 필요로 하는 인간은 그것들을 찾기 위해 사람이 살지 않는 곳, 혹은 매우 위험한 곳(죽음의 경계선)까지 가서 갱도를 깊이 뚫는다(3-4절). 인간은 이러한 광물들이 어디에 있고, 어떻게 얻는지에 대한 지식을 터득했기 때문이다.

4절의 정확한 번역과 해석은 매우 어려운 일이다(cf. Andersen). 그러나 개역개정의 번역을 따르자면 인간은 참으로 어려운 곳까지 진출해 보배들을 캐내는 능력을 지녔다는 의미이다. 당시 채굴 작업은 가장 위험한 일이었기 때문에 주로 노예들과 전쟁 포로들이 투입되었다(Clines).

인간이 살고 있는 지면(땅)은 온갖 곡식과 과일을 생산해 사람과 짐승들에게 음식으로 제공한다(5a절). 그러나 그 땅 밑에는 뜨거운 불이 존재하며(5b절), 온갖 보석도 있다(6절). 땅속 깊이 내려가면 생명을 위협하는 마그마도 있지만, 부를 안겨주는 보석들도 있는 모순을 표현하고 있다.

1-6절은 사람이 땅에서 채굴할 수 있는 광물에 대한 말씀이라면 7-11절은 그 광물이 숨겨진 곳으로 가는 길에 관한 말씀이다. 눈매가 매섭기로 소문난 매도 땅 밑에 있는 불이나 보석들에게 가는 길을 모른다(7절). 용맹스러운 짐승들도 보석이 있는 곳으로 가는 길을 몰라 그 길을 밟아본 적이 없다. 심지어는 짐승의 왕이라는 사자도 가본 적이 없다(9절).

반면에 사람은 굳은 바위와 산 깊은 곳까지 갱도를 만들어 침투한다(9절). 결국 사람은 생명력과 물이 메마른 반석을 뚫어 수로를 만들어 누수를 막으며 갱도 깊은 곳에 숨겨진 온갖 보석들을 찾아 밝은 빛이 있는 곳으로 끌어낸다(10-11절). 사람은 세상 그 어떤 짐승들보다도 놀라운 학습력과 경험을 바탕으로 이런 일을 해낸다. 안타깝게도 세상의 빛이 되는 지혜는 이 같은 방법으로 숨겨진 곳에서 채굴해 빛으로 끌어낼 수 없다(Gordis).

인간의 놀라운 학습력과 경험은 그에게 지혜를 줄 수 있는가? 만일 지혜가 땅에 숨겨진 보석처럼 사람이 캐낼 수 있는 것이라면 인간은 이미 오래전에 지혜를 습득했을 것이다. 그러나 그렇지 않다는 것이 저자의 주장이다. 또한 인간이 온갖 광물과 보석들을 얻는 방법은 알아도 지혜를 얻는 방법은 모른다는 것은 지혜가 온갖 보석보다 귀하다는 것을 전제한다.

Ⅳ. 지혜의 노래(28:1- 28)

B. 지혜는 돈으로 살 수 없다(28:12-19)

[12] 그러나 지혜는 어디서 얻으며
명철이 있는 곳은 어디인고
[13] 그 길을 사람이 알지 못하나니
사람 사는 땅에서는 찾을 수 없구나
[14] 깊은 물이 이르기를 내 속에 있지 아니하다 하며
바다가 이르기를 나와 함께 있지 아니하다 하느니라
[15] 순금으로도 바꿀 수 없고
은을 달아도 그 값을 당하지 못하리니
[16] 오빌의 금이나 귀한 청옥수나 남보석으로도
그 값을 당하지 못하겠고
[17] 황금이나 수정이라도 비교할 수 없고
정금 장식품으로도 바꿀 수 없으며
[18] 진주와 벽옥으로도 비길 수 없나니
지혜의 값은 산호보다 귀하구나

[19] 구스의 황옥으로도 비교할 수 없고
순금으로도 그 값을 헤아리지 못하리라

인간은 온갖 광물과 보석이 어디에 숨겨져 있는지를 알고, 세상의 가장 은밀하고 깊은 곳까지 길을 만들어 그것을 채굴한다. 그러나 정작 지혜가 있는 곳은 알지 못한다(12절). 지혜가 있는 곳을 모르니 그것으로 나아가는 길은 더욱더 모른다(13절). 깊은 물과 바다는 자신들이 지혜를 품지 않았다고 증언한다(14절). 일부 주석가들은 '깊은 물'(תְּהוֹם)을 근동의 신화와 연결해 가장 오래된 세상의 기반으로 해석하지만(Clines), 간단하게 '깊은 바다'로 해석해도 문제는 없다. 지혜는 세상의 가장 깊고 어두운 곳에도 없다는 뜻이다.

그렇다 보니 지혜의 가치는 상상을 초월한다. 지혜는 금이나 은을 달아주고 얻을 수 있는 것이 아니다(15절, cf. 잠 8:10; 16:16). 심지어는 세상에서 가장 귀한 광물과 보석들인 오빌의 금, 청옥수, 남보석, 황금, 수정, 정금, 진주, 벽옥, 산호, 구스의 황옥, 순금으로도 지혜의 가치를 헤아릴 수 없다. 이것들을 지불하고도 얻을 수 없는 것이 지혜이다. 오빌은 오늘날 소말리아에 위치한 푼트(Punt)를 뜻한다(Clines). 이 보석들 중 일부의 번역은 확실하지 않지만(cf. Pope), 저자가 상상할 수 있는 최고의 귀중품들을 나열하고 있다. 지혜는 세상에서 가장 진귀한 보석보다도 더 귀하고 가치가 있다.

IV. 지혜의 노래(28:1- 28)

C. 지혜는 세상 어디서도 찾을 수 없다(28:20-22)

[20] 그런즉 지혜는 어디서 오며
명철이 머무는 곳은 어디인고

[21] 모든 생물의 눈에 숨겨졌고
공중의 새에게 가려졌으며
[22] 멸망과 사망도 이르기를
우리가 귀로 그 소문은 들었다 하느니라

지혜는 사람이 광물을 캐듯이 캘 수 없으며, 가장 진귀한 보물을 지불하고도 살 수 없다면 과연 어떻게 그것을 얻을 수 있단 말인가? 저자는 사람이 지혜를 얻는 것은 둘째치고, 지혜가 어디서 오는지도 모른다고 탄식한다(20절). 지혜는 모든 생물의 눈으로부터 숨겨져 있다(21a절). '모든 생물'(כָּל־חָי)은 사람과 짐승들을 총체적으로 칭하는 말이다(Dhorme). 지혜는 세상을 가장 넓게 볼 수 있는 새들의 눈에도 가리워져 있다(21b절).

심지어는 멸망과 사망도 지혜에 대하여 풍문으로만 들었을 뿐 직접 접하지는 못했다고 인정한다(22절). '멸망'(אֲבַדּוֹן)은 스올의 다른 명칭이다(Clines). 성경은 지혜를 죽음이 아니라 생명을 탄생시키고 세상에 생기를 더하는 것이라고 한다. 죽음은 지혜의 영역 밖에 있는 것이기 때문에 스올과 죽음은 결코 지혜를 알 수 없다.

D. 지혜는 하나님과 함께 있다(28:23-28)

[23] 하나님이 그 길을 아시며
있는 곳을 아시나니
[24] 이는 그가 땅 끝까지 감찰하시며
온 천하를 살피시며
[25] 바람의 무게를 정하시며

물의 분량을 정하시며

[26] 비 내리는 법칙을 정하시고

비구름의 길과 우레의 법칙을 만드셨음이라

[27] 그때에 그가 보시고 선포하시며

굳게 세우시며 탐구하셨고

[28] 또 사람에게 말씀하셨도다

보라 주를 경외함이 지혜요

악을 떠남이 명철이니라

세상에서 지혜가 어디에 있고, 그 지혜로 나아가는 길을 아는 이는 딱 한 분뿐이시다. 바로 하나님이시다(23절). 24-26절은 세상을 다스리는 하나님이 현재 하시는 일이 아니라, 태초에 천지를 창조했을 때 이미 하신 일이기 때문에 과거로 해석되어야 한다(Clines). 하나님은 천지를 창조할 때 땅끝까지 감찰하고 온 천하를 살피셨다(24절, cf. 시 33:13-14).

고대 사람들은 바람을 세상에서 가장 가벼운 것으로 생각했다(Dhorme). 하나님은 인간이 도저히 가름할 수 없는 바람의 무게를 이미 천지를 창조할 때 정하셨고, 세상에 있는 모든 물의 분량도 정하셨다(25절). 또한 비가 언제, 어디서, 얼마나, 어떻게 내리는가에 대한 원리를 정하셨고, 비구름과 우레의 법칙도 정하셨다(26절). 하나님은 이 외에도 세상을 다스리는 온갖 법칙을 태초에 굳게 세우셨다(27절). 하나님은 이 모든 일을 지혜로 하셨으며, 온 우주 그 어디에도 하나님처럼 지혜로우신 창조자는 없다. 하나님이 천지를 창조하실 때 이 모든 원칙을 함께 창조해 세상을 운영하도록 하셨다.

이 놀라운 창조주 하나님은 '주님을 경외함'(יִרְאַת אֲדֹנָי)이 '지혜'(חָכְמָה)이고, 악의 길에서 떠나는 것이 '명철'(בִּינָה)이라고 말씀하셨다(28절). 동사 '떠나다'(סוּר)의 더 정확한 개념은 '피하다'이다(cf. HALOT). 정리를 하자면 지혜는 두 가지로 구성되어 있는데, 바로 창조주를 경외하는 것과 악을 의도적으로 피하는 일이다. 이 말씀이 이 시의 절정이다. 이 말씀은 여호와를 경외함(יִרְאַת יְהוָה)이 지식의 근본이라는 지혜 사상의 가르침과 맥을 같이한다(cf. 잠 1:9).

하나님을 경외하지 않는 지혜는 세상에 존재하지 않는다. 하나님을 경외하지 않는 지혜는 지혜의 흉내를 낼 뿐 참 지혜가 아니라는 것이 저자의 주장이다. 하나님이 세상을 지혜로 창조하셨고, 창조 곳곳에 주님의 지혜가 스며 있으므로 창조주에 대한 경외가 없는 지식과 탐구는 결코 온전할 수 없기 때문이다.

V. 욥의 의에 대한 재확인
(29:1-31:40)

마치 법원에서 진행되는 소송에서 잠시 휴회가 있은 다음 판사의 판결이 있기 전에 쌍방의 최후 진술이 진행되는 것처럼 피고인 욥이 자기 입장을 정리해 마지막으로 자신의 억울함을 호소한다(cf. Clines, Murphy, Whybray). 욥이 증언하는 내용을 살펴보면 먼저 그는 하나님의 축복을 받으며 행복했던 옛날을 회고한다(29장). 이어 당면한 암울한 현실을 토로하고(30장), 그가 현실에서 겪고 있는 일들에 대한 억울함을 호소한다(31장). 욥은 자기는 절망적으로 바뀐 운명으로 인해 견딜 수 없는 고통을 당하지만, 이런 일을 당할 만한 일을 하지 않았다는 것을 강조한다(cf. Longman). 욥의 최후 진술은 다음과 같이 구성되어 있다.

A. 욥의 회고(29:1-25)
B. 욥의 탄식(30:1-31)
C. 욥의 억울함 호소(31:1-40)

V. 욥의 의에 대한 재확인(29:1- 31:40)

A. 욥의 회고(29:1-25)

욥은 환난으로 얼룩진 현실에 대한 억울함을 호소하기에 앞서 한때 참으로 행복하고 좋았던 나날들을 회상한다. 그때는 하나님이 그를 축복하셔서 모든 것이 평안하고 풍요로웠다. 또한 욥은 모든 사람의 존경을 받는 사람이었다.

욥은 본문을 통해 자신을 훌륭한 왕이 지녀야 할 성품, 더 나아가 하나님의 속성을 지닌 사람으로 묘사한다. 잠언 16:15에서는 '왕의 얼굴빛'이 백성들에게 생명을 주고, 왕의 배려가 백성들에게는 늦은 비(봄에 내려 곡식을 여물게 하는 비)와 같다고 했다. 욥도 자신에 대하여 이런 이미지를 사용한다(23-24절, cf. 시 72:6). 지혜로운 조언은 왕이 지녀야 할 필수적인 요소인데, 욥도 자기는 공동체가 인정하는 상담자였다고 말한다(7-10, 21-22절, cf. 사 9:6). 욥은 어떻게 사회적 약자들을 도왔는가를 회고하는데(11-17절), 욥의 이런 모습과 그의 행위는 이상적인 왕의 모습을 상징한다(시 72:12-14, cf. 사 9:7).

욥은 자신을 비에 묘사하는데(23절), 하나님이 내리시는 비를 연상시킨다(신 11:14; 렘 5:4; 호 6:3). 욥의 '얼굴빛' 또한 임재를 상징하는 하나님의 얼굴을 연상케 한다(민 6:25; 시 4:6; 44:3; 89:15). 욥이 자신을 이상적인 왕과 하나님이 지니신 성품에 비교하는 것을 "욥이 하나님을 대체하고 있다"며 부정적인 시각으로 해석하는 주석가도 있지만(Habel), 이러한 해석은 옳지 않다. 욥은 자신이 참으로 하나님 닮은 삶을 살려고 노력했다는 사실을 회고할 뿐이다. 본문은 다음과 같이 구분된다.[12]

---

12 한 주석가는 본문의 구조를 다음과 같이 분석한다(cf. Smick).
서론(29:2)
A. 과거의 축복(29:3-6)
B. 과거의 명예(29:7-10)
C. 과거의 정의 집행(29:11-17)

A. 하나님이 축복하신 삶(29:1-10)
B. 하나님의 축복을 나누던 삶(29:11-17)
B′. 만수무병의 축복을 기대한 삶(29:18-20)
A′. 사람들을 축복한 삶(29:21-25)

V. 욥의 의에 대한 재확인(29:1- 31:40)
A. 욥의 회고(29:1-25)

1. 하나님이 축복하신 삶(29:1-10)

[1] 욥이 풍자하여 이르되
[2] 나는 지난 세월과 하나님이 나를 보호하시던 때가
다시 오기를 원하노라
[3] 그때에는 그의 등불이 내 머리에 비치었고
내가 그의 빛을 힘입어 암흑에서도 걸어다녔느니라
[4] 내가 원기 왕성하던 날과 같이 지내기를 원하노라
그때에는 하나님이 내 장막에 기름을 발라주셨도다
[5] 그때에는 전능자가 아직도 나와 함께 계셨으며
나의 젊은이들이 나를 둘러 있었으며
[6] 젖으로 내 발자취를 씻으며
바위가 나를 위하여 기름 시내를 쏟아냈으며
[7] 그때에는 내가 나가서 성문에 이르기도 하며
내 자리를 거리에 마련하기도 하였느니라
[8] 나를 보고 젊은이들은 숨으며
노인들은 일어나서 서며

A′. 기대하는 축복(29:18-20)
B′. 과거의 명예(29:21-24)
요약(29:25)

[9] 유지들은 말을 삼가고
손으로 입을 가리며
[10] 지도자들은 말소리를 낮추었으니
그들의 혀가 입천장에 붙었느니라

욥은 하나님이 그와 함께하시던 시절에 대한 향수에 젖어 있다. 그때는 모든 것이 좋았고 욥은 행복했다. 욥의 어려운 현실이 평화로웠던 그때와 더욱 대조가 된다. 사람은 자신이 처한 현실이 어려울 때 과거를 미화하는 경향이 있다. 이런 능력도 하나님의 은혜이다. 현실을 이겨낼 수 있는 힘을 주기 때문이다. 그러나 욥의 경우에는 과거를 미화하는 것이 아니라, 있는 그대로 말하고 있다(cf. 1:1-5). 욥은 참으로 많은 것을 누리던 옛적을 회상하고 있다.

욥은 지난날 자신이 누린 모든 것이 하나님의 축복이었음을 고백하면서 회상을 시작한다. 그러므로 그는 단지 풍요를 누리던 지난날이 다시 찾아오기를 기대하는 것이 아니라, 그때 함께 누렸던 하나님의 보호하심이 다시 찾아오기를 간절히 소망하고 있다(2절). 욥은 새로운 축복을 추구하지 않고 그가 과거에 누렸던 것들이 원상태로 회복되기만을 간절히 소원한다. 그는 자신이 무엇 때문에 많은 축복을 누렸는지를 확실히 알고 있다. 바로 하나님이 그와 함께하셨기 때문이다.

하나님이 그와 함께하시던 그때는 주님의 등불이 욥의 머리에 비쳤고, 하나님의 축복이 빛처럼 임해서 그가 가는 길을 밝혀주었기 때문에 칠흑 같은 어두움도 두려워하지 않고 걸어 다녔다(3절). 성경에서 빛은 하나님의 축복의 상징으로 자주 언급된다(욥 22:28; 33:28; 출 10:23; 시 43:3; 112:4). 욥은 항상 하나님과 교통해 하나님의 지혜가 모든 일을 결정하게 했다. 그는 하나님의 인도하심에 따라 모든 것을 결정했다는 뜻이다(cf. 전 2:12-13; 시 119편). 욥은 모든 신앙인이 꿈꾸는 하나님과 완벽한 동행을 누렸던 때를 회상하고 있다.

욥의 담화는 집에서 시작해 성문에서 마무리되는 이동성(movement)을 지녔다(Newsom). 가화만사성(家和萬事成) 원리가 그의 삶에서 역력하게 드러난 것이다. 하나님이 함께하시니 욥은 당당하고 자신 있게 살았고 그의 집안도 평안하고 행복했다(4절). 개역개정이 '기름'으로 번역한 히브리어 단어(סוֹד)의 기본적인 의미는 '조언, 충고, 긴밀한 대화'이다(HALOT). 그러므로 대부분 번역본들이 욥과 하나님의 긴밀한 관계를 염두에 두고 이 구절을 번역한다. '하나님과 친밀하게 사귀던'(새번역), '하나님과 달콤한 교재를 나누던 날'(아가페), '하나님의 우정'(friendship of God, NAS, NIV, NRS, ESV), '하나님의 함께하심'(company of God, TNK)으로 번역된다.

욥이 사용하는 언어는 노예로 팔려간 요셉이 보디발의 집을 번성하게 한 것을 연상시킨다(Longman, cf. 창 39:2, 3, 21, 23). 주변 사람들은 하나님이 욥과 함께하신다는 사실을 깨닫고 그에게 몰려들었다(5절). 하나님이 누구와 함께하시면, 선한 사람들은 그를 부러워하며 주변에 머문다는 의미를 포함한다. 반면에 악한 사람들은 하나님이 함께하시는 이와 함께 있기를 싫어한다. 하나님이 욥과 함께하시는 것이 어떤 현상적인 일로 드러났을까? 삶이 평온하고, 가정이 화목하며, 물질적인 풍요도 누리던 것이 하나님이 그와 함께하신 것으로 간주되었을 것이다(cf. 1:1-5).

하나님이 동행하면서 욥을 축복하시자 그의 삶은 온갖 풍요로움으로 넘쳤다(6절, cf. 신 32:12; 시 81:16; 133편). 젖(버터, 요구르트)과 기름은 풍요의 상징이다(cf. 창 18:8; 삿 5:25). 그러나 하나님이 함께하신다고 해서 성도의 삶이 항상 그렇게 풍요로워진 것은 아니다. 때로는 하나님이 함께하시기 때문에 오히려 궁핍을 경험할 수도 있다. 선지자들의 삶이 대체적으로 이러했다. 반면에 욥의 경우에는 하나님이 풍요로움을 주셨다. 그러나 욥이 한때 누린 풍요로움도 이제는 옛이야기에 불과하다.

욥과 동행하는 하나님이 모든 일이 잘되도록 하셨기 때문에 욥은 사회에서 존경받는 사람이 되었다. 욥이 그가 살던 사회가 지향하는 가치들을 추구하는 삶을 살았기 때문이다(Newsom). 그는 성문에 앉아 리더십을 발휘하던 유지들 중 앉기도 했고, 거리에는 그의 자리가 마련되어 있기도 했다(7절). 욥은 많은 사람이 찾아 조언을 구하는 지혜로운 사람이었다.

욥을 본 젊은이들은 숨고, 노인들은 일어났다(8절, cf. 레 19:32; 사 49:7). 실수를 많이 저지르는 연령층인 젊은이들은 지혜로운 판단을 하는 욥을 두려워했고, 반면에 많은 경험을 축적한 노인들은 욥의 지혜와 가치를 인정하고 존경의 표시로 자리에서 일어나 그를 맞이했다는 뜻이다. 이 말씀은 욥이 환난을 당했을 때 중년 남자였던 것을 암시하는 듯하다(Clines). 유지들마저 욥 앞에서는 함부로 말하지 않았다(9절). 지혜롭고 신앙이 투철한 욥이 말하자 모두 침묵하며 그의 말을 경청했다.

사회 지도자들도 욥 앞에서는 신중에 신중을 기했다(10절). 욥은 신앙과 재산뿐만 아니라 지혜와 지위에서도 그 누구도 부럽지 않은 삶을 살았던 것이다. 모두 다 하나님이 그와 함께하시면서 내려주신 축복이었다. 욥은 참으로 모든 것이 평온하고 행복했던 나날들을 회고하고 있다.

V. 욥의 의에 대한 재확인(29:1- 31:40)
A. 욥의 회고(29:1-25)

2. 하나님의 축복을 나누던 삶(29:11-17)

[11] 귀가 들은즉 나를 축복하고
눈이 본즉 나를 증언하였나니
[12] 이는 부르짖는 빈민과 도와줄 자 없는 고아를
내가 건졌음이라
[13] 망하게 된 자도 나를 위하여 복을 빌었으며

과부의 마음이 나로 말미암아 기뻐 노래하였느니라
[14] 내가 의를 옷으로 삼아 입었으며
나의 정의는 겉옷과 모자 같았느니라
[15] 나는 맹인의 눈도 되고
다리 저는 사람의 발도 되고
[16] 빈궁한 자의 아버지도 되며
내가 모르는 사람의 송사를 돌보아주었으며
[17] 불의한 자의 턱뼈를 부수고
노획한 물건을 그 잇새에서 빼내었느니라

욥은 하나님이 자신을 축복하신 것이 단지 자신을 위함이 아니라는 사실을 익히 알고 있었다. 그는 자신이 하나님의 축복의 통로가 되어 주변 사람들, 특히 하나님의 도움이 절실히 필요한 약자들에게 복을 끼치는 삶을 살아야 한다는 사명을 깨달은 사람이었다. 그러므로 욥은 지역 유지/지도자로서 지난날 자신이 얼마나 헌신적으로 사회적 약자들을 배려하는 삶을 살았는가를 회고한다.

욥은 울부짖는 가난한 사람들과 도움이 필요하지만 도울 자가 없는 고아들을 마치 물에 빠진 사람을 건져내듯 도왔다(12절). 고대 사회에서 '고아'(יָתוֹם)는 부모가 없는 사람이 아니라 누구든 권리를 누리지 못하는 사회적 약자를 의미했다(Clines). 사람들은 사회적 약자들을 돕겠다고 팔을 걷어붙이고 나선 욥의 이름을 들을 때마다 그를 축복했고, 그를 볼 때마다 그의 선행에 대하여 증언했다(11절). 욥은 대가를 바라고 선을 행하지 않았지만, 그가 선을 행했기 때문에 사람들은 그를 존경하고 귀하게 여겼다는 뜻이다. 그러므로 욥도 선을 행하며 기쁨과 보람을 느꼈다.

망하게 된 자도 욥을 위하여 복을 빌었다고 한다(13절). '망하게 된 자'(אֹבֵד)의 더 정확한 번역은 '죽어가는 자'이다(HALOT, cf. 새번역, 공동,

NAS, NIV, ESV, CSB). 고대 사회에서 죽어가는 사람의 축복은 각별한 의미를 지녔다(Delitzsch). 아마도 욥이 죽어가는 사람들이 조금 더 편안하게 죽을 수 있도록 배려한 일이 고마워서 그 사람들이 숨을 거두기 전에 특별히 욥을 축복했을 것이다. 세상에 의지할 곳 없는 과부들도 욥의 도움을 받고 기뻐 노래했다(13절). 욥은 참으로 많은 사람에게 구원의 손을 내밀어 그들이 살아갈 수 있는 소망이 되었던 하나님의 축복의 통로였다.

욥이 이런 삶을 산 것은 무엇보다도 그가 의로 옷을 삼고, 정의를 겉옷으로 삼았기 때문이다(14절, cf. 시 232:9; 사 52:1; 59:17; 61:10; 엡 6:13-17; 골 3:9-10). 의는 하나님께 속한 것이다. 욥은 하나님을 닮기 위해 마치 사람이 옷을 입듯이 공의와 정의를 입고 살았다. 그 결과 욥은 맹인의 눈이 되었고, 다리를 저는 사람의 발도 되었다(15절). 또한 가난한 사람의 아버지도 되어주었다. 욥이 살았던 족장 사회에서 사회적 약자들이 필요한 것은 아버지였다. 아버지는 힘과 능력을 상징하기 때문이다(cf. 시 68:6). 심지어는 전혀 모르는 사람의 송사도 돌봐주었다(16절). 욥은 자신이 도운 네 부류의 사람들, 맹인, 다리 저는 사람, 가난한 사람, 전혀 모르는 사람을 언급한다. '전혀 모르는 사람'은 외국인을 의미하는 것으로 보인다(Clines). 모두 사회적인 약자들이다. 욥은 도움이 절실한 사람들을 도운 의인이었다.

부조리한 사회에 쉽게 희생되는 네 부류의 약자들을 언급한 욥은 17절에서는 그들을 희생물로 삼는 악인들에게 어떻게 했는가를 회고한다. 욥은 연약하고 억울한 사람들을 먹이로 삼는 악인들의 턱뼈를 부수었고 그들의 이빨 사이에서 약자들로부터 약탈한 물건들을 빼냈다(17절). 이 비유의 배경이 되는 이미지는 사자와 같은 강인한 야생동물이 먹잇감을 사정없이 물어뜯는 모습이다(cf. 잠 30:14; 시 3:7; 58:6). 욥이 그들의 턱뼈를 부순다는 것은 그가 이 사람들을 짐승 이하로 취급했다는 뜻이다(Clines). 욥은 악인들이 힘없는 사람들을 착취해 얻은 모든 것을 빼앗아 원래 주인들에게 돌려주었다.

욥은 이렇게 하나님의 정의와 공의를 이 땅에서 실현하는 축복의 통로가 되었다. 또한 악인들이 정의의 하나님과 그의 자녀들을 두려워하도록 했다. 욥은 하나님이 창조하신 세상을 사람이 살 만한 세상으로 만들기 위하여 노력을 아끼지 않았다.

이런 삶을 살아왔던 사람이 고통을 당하고 있으니 참으로 혼란스러울 수밖에 없다. 설령 그가 창조주 하나님께 어떤 대가도 바라지 않고 이런 삶을 살았다 할지라도 세상이 욥과 같은 사람들로 가득하기를 원하시는 하나님이 그를 괴롭게 하신 것은 도대체 납득이 가지 않는다. 옆에서 지켜보는 우리마저 이런 생각을 저버릴 수 없는데 당사자인 욥은 얼마나 힘들었을까!

V. 욥의 의에 대한 재확인(29:1- 31:40)
A. 욥의 회고(29:1-25)

3. 만수무병의 축복을 기대한 삶(29:18-20)

[18] 내가 스스로 말하기를
나는 내 보금자리에서 숨을 거두며
나의 날은 모래알같이 많으리라 하였느니라
[19] 내 뿌리는 물로 뻗어나가고
이슬이 내 가지에서 밤을 지내고 갈 것이며
[20] 내 영광은 내게 새로워지고
내 손에서 내 화살이 끊이지 않았노라

앞 섹션은 욥이 하나님이 그에게 내려주신 축복을 개인의 소유로 생각하지 않고 그가 사는 공동체를 형성하는 사회적 약자들에게 흘려보냈다고 했다. 욥은 이 땅에서 하나님의 공의와 정의를 실현하려고 참으로 많은 선을 행했다. 거룩한 열정으로 살았던 욥은 당연히 하나님의 축복을 누리며 죽을 때까지 행복하고 건강한 삶을 살게 될 거라고 기대했다.

욥은 만수(曼壽)를 누리고 보금자리에서 친지들이 지켜보는 가운데 편안하게 죽는 복된 죽음을 소망했다(18절). 욥이 사용하는 이미지는 늙은 새가 자기 둥지에서 편안하게 죽어가는 모습이다(Longman). 창세기는 아브라함(창 25:8-9), 이삭(창 35:29), 야곱(창 49:33; 50:1-14), 요셉(창 50:24-26) 등 욥이 꿈꾸던 죽음으로 생을 마감한 사람들의 이야기로 가득하다. 욥이 꿈꾸는 죽음—만수를 누리고 사랑하는 가족들에게 둘러싸여 평안하게 맞이하는 죽음—은 그가 악인의 죽음에 대하여 묘사한 것과 일치한다(cf. 21:7-13). 세상은 의인이 누려야 할 복된 죽음을 악인이 누리고, 악인이 겪어야 할 비참한 죽음을 의인이 당해야 할 정도로 뒤죽박죽되었다.

욥의 뿌리는 물을 흡수하고 가지는 이슬을 모았다(19절). 비가 거의 내리지 않는 사막에서 나무는 뿌리로 땅의 물을 흡수하고 가지로 밤새 내린 이슬을 모아 자란다(cf. 시 1:3; 렘 17:8; 창 27:28; 왕상 17:1). 욥은 메마른 광야에서도 충분한 물을 모아 왕성하게 자라는 나무에 자신의 삶을 비교하고 있다. 중요한 것은 나무가 필요로 하는 물은 하나님이 주신다는 사실이다. 그러므로 욥은 나무 비유를 통해 하나님이 그를 왕성하게 하셨다고 고백한다(Newsom). 욥은 하나님이 주신 생명력을 자기가 속한 공동체에 속한 사람들에게 흘려보내고 있다(cf. 20절).

욥이 환난을 당하기 전에 누린 삶을 한마디로 요약하면 '영광'(כָּבוֹד)이다(Clines). 그는 하나님이 그 영광을 빼앗으셨다고 탄식한 적이 있다(19:9). 한때 그는 자기가 누리는 영광이 항상 새로울 것으로 기대했다(20절). 그의 영광은 항상 '싱싱하여'(חָדָשׁ, HALOT) 영원히 끝나지 않을 것이라고 생각했다는 뜻이다. 강인함과 능력의 상징인 화살도 그의 손에서 영원히 끊이지 않을 것으로 생각했다. 이 땅에서 욥처럼 하나님의 선하심을 닮아가려고 노력하는 삶을 산 사람이라면 당연히 하나님께 기대하는 축복이라고 할 수 있다.

V. 욥의 의에 대한 재확인(29:1- 31:40)
A. 욥의 회고(29:1-25)

4. 사람들을 축복한 삶(29:21-25)

[21] 무리는 내 말을 듣고 희망을 걸었으며
내가 가르칠 때에 잠잠하였노라
[22] 내가 말한 후에는 그들이 말을 거듭하지 못하였나니
나의 말이 그들에게 스며들었음이라
[23] 그들은 비를 기다리듯 나를 기다렸으며
봄비를 맞이하듯 입을 벌렸느니라
[24] 그들이 의지 없을 때에 내가 미소하면
그들이 나의 얼굴 빛을 무색하게 아니하였느니라
[25] 내가 그들의 길을 택하여주고
으뜸되는 자리에 앉았나니
왕이 군대 중에 있는 것과도 같았고
애곡하는 자를 위로하는 사람과도 같았느니라

일부 주석가들은 이 섹션을 10절 바로 뒤로 옮겨야 한다고 주장한다(Habel). 그러나 별로 설득력이 있는 제안은 아니다. 욥은 지혜가 많아서 많은 사람에게 위로가 되고 희망을 주는 말을 했다(21a절). 그의 말이 얼마나 지혜로운지 그가 가르칠 때마다 반론하는 사람이 없었다(21b절). 또한 욥은 얼마나 설득력 있는 말을 했는지 그가 말을 할 때마다 물이 마른 땅에 스며들 듯 사람들의 마음에 스며들었다(22절). 그러므로 사람들은 땅이 가뭄에 비를 기다리듯 욥을 기다렸으며, 마른 대

지가 봄비를 맞이하듯 그를 환영했다(23절).

심지어 삶의 무게에 짓눌려 무표정으로 살아가는 사람들에게 욥이 미소를 지으면 그들은 미소로 화답했다(24절). 욥은 방황하는 사람들에게는 갈 길을 알려주는 지혜로운 사람의 자리에 앉았다(25a-b절). 이런 욥의 모습은 마치 군대를 통솔하는 왕과 같았고, 슬픈 일을 당해 애곡하는 사람을 위로하는 사람과 같았다(25절). 일부 주석가들은 이 말씀이 그동안 책에서 암시되어왔지만, 직접 표현되지는 않았던 욥의 왕족 신분을 보여준다고 주장한다(Clines).

일부 주석가는 '애곡하는 자를 위로하는 사람' 이미지가 군대를 거느리고 있는 왕의 이미지와 어울리지 않는다고 하며, '군사들을 보내는 사람[장군]'으로 해석할 것을 제안한다(Dhorme). 그러나 그대로 두어 욥의 말이 친구들을 비난하는 것으로 간주하는 것이 바람직하다. 욥은 자신을 백성을 다스리는 왕이 아니라, 군대를 거느린 왕에 비교하기 때문이다. 백성을 다스리는 왕은 백성을 착취할 수도 있지만, 왕이 군대를 거느리는 이유는 자기 백성들을 보호하기 위해서이다. 그러므로 왕이 군사력으로 백성을 보호하는 것은 욥이 애곡하는 사람을 위로하고 보호하는 일과 맥을 같이한다.

욥은 자신이 사회에서 존경받는 위치에 있었을 때 슬퍼하는 사람들을 위로했다며 제 역할을 하지 못하는 친구들을 우회적으로 비난한다. 그들은 위로한답시고 욥을 찾아왔지만, 오히려 상처만 입히고 있기 때문이다. 위로는 고통당한 사람에게 고통에 대한 이유를 말해주는 것이 아니다. 위로는 고통당한 사람이 도움을 청할 수 있고 의지할 수 있는 사람들이 주변에 있다는 것을 확인해 주는 것이다. 우리가 고통 속에서 신음하는 사람들을 위로하고자 한다면, 이 사실을 절대 잊어서는 안 된다. 욥은 참으로 절망을 소망으로 바꾸어주는 삶을 살았으며, 죽음이 있는 곳에 생명을 선사하는 삶을 살았다.

V. 욥의 의에 대한 재확인(29:1– 31:40)

B. 욥의 탄식(30:1–31)

행복했던 지난날들에 대하여 한동안 향수에 젖었던 욥이 다시 암울한 현실로 돌아왔다. 지난날들을 생각하면 힘이 나지만, 현실을 보니 힘이 빠지게 하는 절망뿐이다. 욥의 과거와 현재가 가장 강력한 대조를 이룬다. 본문은 다음과 같이 구분될 수 있다.

A. 사람들의 학대(30:1–15)
A′. 하나님의 학대(30:16–19)
B. 욥의 기도(30:20–23)
B′. 욥의 절망(30:24–31)

V. 욥의 의에 대한 재확인(29:1– 31:40)
B. 욥의 탄식(30:1–31)

1. 사람들의 학대(30:1–15)

[1] 그러나 이제는 나보다 젊은 자들이 나를 비웃는구나
그들의 아비들은 내가 보기에
내 양 떼를 지키는 개 중에도 둘 만하지 못한 자들이니라
[2] 그들의 기력이 쇠잔하였으니
그들의 손의 힘이 내게 무슨 소용이 있으랴
[3] 그들은 곧 궁핍과 기근으로 인하여 파리하며
캄캄하고 메마른 땅에서 마른 흙을 씹으며
[4] 떨기나무 가운데에서 짠 나물을 꺾으며
대싸리 뿌리로 먹을거리를 삼느니라
[5] 무리가 그들에게 소리를 지름으로

도둑같이 사람들 가운데에서 쫓겨나서
[6] 침침한 골짜기와 흙 구덩이와 바위 굴에서 살며
[7] 떨기나무 가운데에서 부르짖으며
가시나무 아래에 모여 있느니라
[8] 그들은 본래 미련한 자의 자식이요
이름 없는 자들의 자식으로서
고토에서 쫓겨난 자들이니라
[9] 이제는 그들이 나를 노래로 조롱하며
내가 그들의 놀림거리가 되었으며
[10] 그들이 나를 미워하여 멀리하고
서슴지 않고 내 얼굴에 침을 뱉는도다
[11] 이는 하나님이 내 활시위를 늘어지게 하시고
나를 곤고하게 하심으로
무리가 내 앞에서 굴레를 벗었음이니라
[12] 그들이 내 오른쪽에서 일어나
내 발에 덫을 놓으며
나를 대적하여 길을 에워싸며
[13] 그들이 내 길을 헐고
내 재앙을 재촉하는데도 도울 자가 없구나
[14] 그들은 성을 파괴하고
그 파괴한 가운데로 몰려드는 것같이 내게로 달려드니
[15] 순식간에 공포가 나를 에워싸고
그들이 내 품위를 바람같이 날려버리니
나의 구원은 구름같이 지나가버렸구나

고통 속에 있는 욥을 정말로 힘들게 하는 것 한 가지는 바로 사람들의 비아냥이다. 체면을 매우 중요하게 여겼던 고대 근동의 정서에서 사람들의 비아냥은 신음하는 욥을 더욱더 힘들게 했을 것이다. 특히 한국 같은 '체면 문화'에서 욥의 고충을 이해하는 데 별 문제가 없다.

옛적에는 모든 사람의 존경을 한 몸에 받던 가장 위대한 사람이(cf. 1:1) 어느덧 사회의 천덕꾸러기가 되었다. 욥이 그들에게 실수를 하거나 무언가 잘못해서 빚어진 일이라면 그래도 조금은 견딜 만하다. 욥은 아무런 죄도 짓지 않았지만 고통을 당하고 있다. 게다가 그는 사람들에게 아무 일도 하지 않았는 데도 이런 대접을 받고 있다. 단지 그가 모든 것을 잃고 고통 속에 있다는 이유만으로 말이다.

욥의 세 친구처럼 사람들은 욥의 고통이 하나님이 그의 죄를 심판하신 결과라고 생각한다. 그러므로 그들은 욥을 격멸한다. 하나님께 이유를 알 수 없는 심판을 받아 신음하고 있는 욥을 사람들이 한 번 더 심판한 것이다. 논리적으로 생각하면 있어서는 안 될 일이다. 누구든 죄에서 자유하지 못한 사람은 언제든 하나님의 심판을 받을 수 있기 때문에, 만일 우리 중 누가 하나님의 심판을 받으면 그를 멸시하고 비난할 것이 아니라, 오히려 위로하고 격려해 주어야 한다. 그래야 훗날 우리가 하나님의 심판을 받아 괴로워하면 그들이 우리를 위로해 줄 것이 아닌가! 그러나 인간은 악하다. 그러므로 아파하는 자들의 상처에 소금 뿌리기를 즐긴다. 욥도 이처럼 어이없는 일을 경험하고 있다.

욥이 옛적에는 많은 사람들, 특히 사회적 약자들을 참으로 많이 도우며 살았다(cf. 29:11-17). 심지어 욥은 자기는 앞을 못 보는 이에게는 눈이 되어주고, 발을 저는 이에게는 발이 되어준 삶을 살았다고 한다(29:15). 그런 그가 고통을 당하니 예전에 그가 도왔던 사람들보다 더 낮고 보잘것없는 사람들이 그를 무시하고 비아냥거린다!

욥은 그를 비웃는 사람들이 옛적에 그의 양 떼를 지키던 개들 중에도 둘 만하지 못했던 천박한 자들의 자식들이라고 한다(1절). 욥은 남을 모욕하는 일의 달인이다!(Newsom). 이 사람들은 힘이 매우 약해 설령 그들이 욥을 내리친다고 해도 욥은 별 피해를 입지 않는다(2절). 그들은 참으로 볼품없는 사람들이며(3-4절), 사회에서 사람 취급도 받지 못한다(5절). 결국 그들은 사람들이 사는 곳에서 쫓겨나 허름하고 침침한 골짜기와 흙구덩이와 바위 굴에서 산다(6절). 그나마 굴을 차지하지 못한 사람들은 떨기나무 가운데와 가시나무 아래에 모여 있다(7절). 떨기 나무 주변과 가시 나무 아래는 사람이 살 만한 곳이 아니다. 거지들 중에서도 상거지들만이 이런 곳에 머문다.

그들은 원래 미련한 자들이며 이름도 없이 사는 사람들이다(8절). 신분적으로 가장 비천한 사람들이다. 그런 그들이 욥을 조롱하는 노래를 부르며 놀려댄다(9절). 그들은 욥을 멀리하고 혹시라도 마주치게 되면 그의 얼굴에 침을 뱉는 일도 서슴지 않는다(10절). 욥은 사회에서 쫓겨난 자들처럼 볼품없는 사람들에게 마음의 상처를 크게 받은 것이다.

이 모든 일이 하나님이 욥을 치셨기 때문에 일어났다. 하나님은 욥의 활시위를 푸셨다(11절). 군인이 활시위를 늘어뜨리면 싸울 수가 없다. 활시위가 탄탄해야 활을 쏠 수 있기 때문이다. 그러므로 이 표현은 하나님이 욥을 무력하게, 혹은 무장을 해제해 싸울 수 없는 군인으로 만드셨다는 뜻이다(cf. TNK). 하나님이 욥의 모든 권력과 위상을 빼앗으셨다(Habel).

하나님이 욥을 대적으로 여기시기 때문에 사람들도 욥을 공격하고 핍박해야 하는 대적으로 생각한다(12절). 공격을 받은 욥은 절망한다. 그를 도울 자가 없기 때문이다(13절). 욥은 참으로 많은 사람을 도왔는데, 정작 욥이 도움이 필요한 상황에 처하자 아무도 도울 사람이 없다. 결국 욥은 적들의 공격에 노출된 성처럼, 그저 두렵고 떨릴 뿐이다(14절). 순식간에 공포가 욥을 에워쌌다. 옛날에 누리던 품위이고, 체통이고 버린 지 오래되었다(15절). 욥은 이러한 상황에서 절망의 나날들을 보내고 있다.

2. 하나님의 학대(30:16-19)

[16] 이제는 내 생명이 내 속에서 녹으니
환난 날이 나를 사로잡음이라
[17] 밤이 되면 내 뼈가 쑤시니
나의 아픔이 쉬지 아니하는구나
[18] 그가 큰 능력으로 나의 옷을 떨쳐버리시며
나의 옷깃처럼 나를 휘어잡으시는구나
[19] 하나님이 나를 진흙 가운데 던지셨고
나를 티끌과 재 같게 하셨구나

욥은 환난으로 인해 세상에서 가장 볼품없는 자들의 멸시를 당하고 있다. 그러므로 그는 자신이 당면하고 있는 환난을 생각할 때마다 생명이 녹아내리는 듯한 아픔을 느낀다(16절). 육체적인 아픔과 심적인 고통이 동시에 그를 엄습하기 때문이다. 밤이 되면 잠이라도 편안히 자고 싶은데 그것마저도 마음대로 되지 않는다. 온몸이 쑤시고 고통이 멈추지 않기 때문이다(17절).

종종 육체적인 고통은 별것 아니라며 영적인 고통만 부각시키는 사람들을 자주 본다. 그러나 인간의 고통에 대하여 그렇게 간주하는 것은 옳지 않다. 하나님은 인간을 창조하실 때 영적이면서 동시에 육체적인 존재로 만드셨다. 그래서 인간의 영적인 영역이 침해를 당하면 육체적인 영역에도 영향을 주며, 육체적인 영역이 침해를 당하면 영적인 영역에도 영향을 준다. 인간의 고통은 전체적(holistic)으로 연결되어 있기 때문에 영적인 영역과 육체적인 영역으로 나누어 취급하는 것은 옳지 않다. 실제로 육체적인 고통이 영적인 고통보다 더 혹독할 때가 많다. 하루 24시간 계속 육체적인 고통에 시달리는 사람들의 경우이다. 영적인 고통은 좋은 생각을 하고 좋은 위로자를 만나 즐거운 상상을 하면 잠시나마 잊을 수 있지만 계속되는 육체적 고통은 한순간도 잊을 수 없기 때문이다.

고통을 당하는 욥을 가장 힘들게 하는 것은 이 모든 재앙이 하나님에게서 왔다는 생각이다(18-19절). 그는 하나님이 자기를 발가벗기고 스스로 옷깃이 되어 그를 휘어감고 숨통을 조이신다는 기분을 떨칠 수가 없다(18절). 더 나아가 하나님이 그를 땅에 내팽개치고 흙과 재처럼 취급하신다는 생각을 떨칠 수가 없다(19절). 욥은 평생 자기가 사모하고 사랑했던 하나님께 배신당하고 버림받았다는 생각에서 벗어날 수가 없다.

V. 욥의 의에 대한 재확인(29:1- 31:40)
B. 욥의 탄식(30:1-31)

3. 욥의 기도(30:20-23)

[20] 내가 주께 부르짖으나 주께서 대답하지 아니하시오며
내가 섰사오나 주께서 나를 돌아보지 아니하시나이다
[21] 주께서 돌이켜 내게 잔혹하게 하시고
힘 있는 손으로 나를 대적하시나이다
[22] 나를 바람 위에 들어 불려가게 하시며
무서운 힘으로 나를 던져버리시나이다
[23] 내가 아나이다 주께서 나를 죽게 하사
모든 생물을 위하여 정한 집으로 돌려보내시리이다

새번역은 24절도 욥의 기도에 포함하지만, 그의 기도는 23절에서 끝이 난다(cf. Alden). 욥은 자신의 고통이 하나님께로부터 왔다는 생각을 떨칠 수 없다. 욥을 참으로 힘들게 하는 것은 그가 아무리 하나님께 나아가 자기 형편을 아뢰려고 해도 하나님이 그를 일부러 피하신다는 생각이다. 그가 아무리 부르짖어도 하나님은 응답하지 않으시고, 주님 앞에 서려고 해도 눈길도 주지 않으신다(20절). 물론 욥의 이런 생각은 사실이 아니다. 하나님은 그를 분명히 지켜보고 계시며, 그의 가장 작은 신음 소리까지 헤아리고 계신다. 그러나 고통당하는 사람의 입장에서는 이 같은 소외감을 느끼는 것은 당연하다.

욥은 하나님이 그를 만나주지 않으실 뿐만 아니라 더 나아가 하나님이 직접 그를 치신다고 탄식한다(21절). 하나님의 힘 있는 손이 그를 치고, 마치 돌풍에 물건이 날라가듯 욥을 무서운 힘으로 던지신다(22절). 창조주가 피조물을 이처럼 학대하니 피조물이 어떻게 살아남을 수 있겠는가! 그러므로 욥은 하나님이 그를 죽이시기 위해 이렇게 하셨다고 절망한다(23절). 아무리 생각해도 그가 당면하고 있는 고통의 유일한 목적은 하나님이 그를 죽이시는 것이다.

욥이 하나님께 이런 기도를 드리는 것은 만일 자기 말이 사실이 아니라면 꼭 사실이 아니라고 응답해 달라는 간절한 바람의 표현이다. 하나님이 이런 기도를 듣고도 침묵하시면, 욥은 자기 말이 모두 사실이라고 생각할 수밖에 없는 상황에 처했다. 그러므로 이 기도는 절박한 상황에 처한 사람이 하나님의 응답을 간절히 구하는 기도라고 할 수 있다.

V. 욥의 의에 대한 재확인(29:1- 31:40) B. 욥의 탄식(30:1-31)

4. 욥의 절망(30:24-31)

[24] 그러나 사람이 넘어질 때에 어찌 손을 펴지 아니하며
재앙을 당할 때에 어찌 도움을 부르짖지 아니하리이까
[25] 고생의 날을 보내는 자를 위하여 내가 울지 아니하였는가
빈궁한 자를 위하여 내 마음에 근심하지 아니하였는가

[26] 내가 복을 바랐더니 화가 왔고
광명을 기다렸더니 흑암이 왔구나
[27] 내 마음이 들끓어 고요함이 없구나
환난 날이 내게 임하였구나
[28] 나는 햇볕에 쬐지 않고도 검어진 피부를 가지고 걸으며
회중 가운데 서서 도움을 부르짖고 있느니라
[29] 나는 이리의 형제요
타조의 벗이로구나
[30] 나를 덮고 있는 피부는 검어졌고
내 뼈는 열기로 말미암아 탔구나
[31] 내 수금은 통곡이 되었고
내 피리는 애곡이 되었구나

세상 사람들은 하나님께 울부짖는 욥을 보며 주님께 죄를 지어 벌을 받는 사람이 말이 많다며 비난할 수 있다. 심지어 그의 아내마저도 하나님을 저주하고 죽어버리라며 악담을 했다(2:9). 그러나 욥은 침묵할 수가 없다. 자신이 당한 일은 너무나도 억울한 일이며, 또한 사람이 이 땅에서 하나님을 섬기고 경외하는 목적 중 하나는 환난이 임하면 주님께 도움을 청하기 위해서이기 때문이다(24절). 욥은 사람이 고통을 당하고도 하나님께 부르짖지 않는 것이 오히려 더 이상하다고 생각한다. 하나님은 참으로 사람을 돕는 분이기 때문이다. 사람이 힘들고 어려울 때 주님께 울부짖는 것도 하나님에 대한 믿음과 신뢰의 중요한 표현이다.

욥이 고난의 날에 하나님께 당당하게 울부짖을 수 있는 또 한 가지 이유는 그 자신이 하나님 앞에서 참으로 경건하고 의로운 삶을 살아왔다고 확신하기 때문이다. 그는 아파하는 사람들과 함께 울고, 가난한 사람들의 형편을 염려하며 그들과 함께 나누는 삶을 살았다(25절, cf.

29:12-16). 그러므로 그는 이런 삶을 살아온 그에게 평생 하나님의 축복과 보호가 함께할 것으로 기대했다. 인간은 하나님이 각자의 삶에서 심은 대로(투자한 대로) 거두게 하신다는 생각을 마음에 두고 살기 때문이다.

그러나 욥이 최근에 경험한 일은 이러한 기대를 완전히 무너뜨려버렸다. 그는 자신의 삶에서 하나님의 축복(행복)을 바랐는데, 오히려 주님의 화(불행)가 임했고, 하나님의 구원의 빛(생명)을 바랐는데, 오히려 흑암(죽음)이 왔다(26절). 욥의 삶은 온갖 걱정과 근심과 원망으로 가득 차 있고 평안은 없다. 평안이 있어야 할 자리를 환난이 대신 채웠다(27절). 그가 앓고 있는 온갖 질병 때문에 그의 피부는 검어졌고, 예전에는 주변 사람들에게 온갖 도움을 베풀던 사람이 이제는 그들의 도움을 구하는 처지가 되었다(28절).

이처럼 처량한 신세가 된 욥은 자신의 형편을 마치 사람들이 사는 땅에서 쫓겨나 광야에서 들짐승들과 함께 거하는 것에 비유한다(29절). 자기는 인간의 가장 기본적인 존엄성도 인정받지 못하는 삶을 살고 있다는 의미이다. 결국 욥의 피부는 더 검어졌고(건강이 더 악화되었고), 그의 뼈는 타는 듯이 아프다(30절). 그러므로 욥이 매일 부르는 노래는 통곡이며 애곡뿐이다(31절). 어떤 낙이나 기쁨을 경험하지 못하고 오직 고통과 슬픔만이 가득한 나날들이 계속되고 있다.

V. 욥의 의에 대한 재확인(29:1- 31:40)

C. 억울함 호소(31:1-40)

한때는 참으로 행복하고 좋았던 나날들을 회고한 후(29장), 암담한 현실을 토로한 욥이(30장) 이번에는 자신의 억울함을 호소한다. 본문에 기록된 욥의 호소는 재판장이신 하나님의 판결을 앞두고 그가 남긴 마지막 말이다(cf. 40절). 앞으로도 욥은 하나님의 질문에 간단하게 대답하기는 하지만 더 이상 긴 담화를 통해 자신의 입장을 표현하는 경우가 없기 때문이다.

욥은 억울함을 호소하면서 친구들의 논리를 자신에게 적용한다. 그들은 하나님이 선은 복을 주고 악은 벌하시는 분이라고 하는데, 이러한 기준으로 그의 삶을 돌아보면 자기는 한없이 억울하다고 말한다. 욥은 자신이 하나님의 벌을 받을 만한 일은 결코 하지 않았다고 자신 있게 말할 수 있기 때문이다.

욥의 담화는 다음과 같이 구분될 수 있다. 흐름을 보면 욥이 서론(1-4절)을 말한 다음에 여섯 가지(5-34절)로 자신의 결백을 강조한다. 이후 맺는 말(35-37절)을 하고 나서 한 번 더 자신의 결백을 주장한다(38-40절). 마지막 결백 주장(38-40절)이 맺는말 앞에 와서 그의 결백 강조가 일곱 가지로 구성되어 있다면 좋겠지만(cf. Alden), 저자가 이 같은 구조로 진행하는 것은 아마도 결론 다음에 결백을 한 번 더 강조함으로써 일종의 '최종 확인' 역할을 하도록 하기 위해서이다. 욥은 참으로 억울한 일을 당한 사람이라는 것이다.

A. 서론: 하나님은 나를 아신다(31:1-4)
  B^1. 나는 악한 일을 하지 않았다(31:5-8)
  B^2. 나는 간음하지 않았다(31:9-12)
  B^3. 나는 잘못된 판결을 내리지 않았다(31:13-15)
  B^4. 나는 자선을 거부하지 않았다(31:16-23)
  B^5. 나는 재물과 우상을 숭배하지 않았다(31:24-28)
  B^6. 나는 비열하거나 야박하지 않았다(31:29-34)
A'. 결론: 나는 하나님 앞에 당당하게 설 수 있다(31:35-37)
  B^7. 나는 땅을 빼앗거나 소작민을 착취한 적이 없다(31:38-40)

욥이 일곱 가지로 자기의 결백을 주장하는 과정에서 자기는 총 14 가지 죄를 짓지 않았다고 주장한다. 그래서 한 주석가는 본문을 하나님을 경외하는 사람이 해서는 안 될 일들이라며 '명예로운 사람의 규칙'(The Code of A Man of Honor)이라고 부른다(Balentine). 다음을 참조하라(Gordis, cf. Smick).

1	음란(1, 2절)
2	남을 속임(5, 6절)
3	남의 재산을 빼앗음(7, 8절)
4	간음(9–12절)
5	노예를 상대로 불공평한 법정다툼(13–15절)
6	가난한 사람들 외면(16–18절)
7	외국인 천대(19, 20절)
8	과부와 고아에 불의를 행함(21–23절)
9	금과 재물 의지(24–25절)
10	해와 달 숭배(26–28절)
11	원수들이 망하는 것을 즐거워함(29–31절)
12	나그네 천대(32절)
13	여론이 두려워 자기 죄를 숨김(33, 34절)
14	법이 허락하는 범위에서 다른 사람들의 땅과 수확을 착취함(38–40절)

V. 욥의 의에 대한 재확인(29:1– 31:40)
C. 억울함 호소(31:1–40)

1. 서론: 하나님은 나를 아신다(31:1–4)

[1] 내가 내 눈과 약속하였나니
어찌 처녀에게 주목하랴
[2] 그리하면 위에 계신 하나님께서 내리시는 분깃이 무엇이겠으며
높은 곳의 전능자께서 주시는 기업이 무엇이겠느냐

[3] 불의한 자에게는 환난이 아니겠느냐
행악자에게는 불행이 아니겠느냐
[4] 그가 내 길을 살피지 아니하시느냐
내 걸음을 다 세지 아니하시느냐

욥은 하나님이 세상 모든 사람을 그들의 행위에 따라 심판을 내리신다는 원리를 상기시킴으로써 자신의 억울함에 대한 호소를 시작한다. 친구들의 주장대로라면 자기는 하나님의 심판을 받을 만한 일을 하지 않았다는 것이다(cf. 4절). 욥은 자신의 억울함을 주장하면서 다음과 같이 말한다.

첫째, 음란한 생각을 품고 처녀를 바라본 적이 없다(1절). 성경은 죄가 보는 것에서 시작된다는 말을 자주 한다. 욥은 하나님이 음란한 생각을 품고 처녀를 쳐다보는 사람에게는 벌을 내리실 것을 잘 안다(2절). 욥은 사람의 마음을 감찰하시는 하나님에 대한 경외가 가득한 삶을 살았다. 욥은 행실만 경건할 뿐만 아니라 마음가짐도 거룩하게 살아왔기 때문에 하나님 앞에서도 떳떳하다. 행실로 죄를 짓지 않았을 뿐만 아니라 마음으로도 죄를 짓지 않았다는 고백이다.

욥은 최후 진술에서 왜 음란한 생각을 품고 처녀를 바라보는 죄를 제일 먼저 언급하는가? 게다가 9절에서 그가 다시 성적인 죄를 언급하는 것을 보면 더욱더 이해가 가지 않는다. 그래서 일부 학자들은 1절을 9절 옆으로 옮기기를 원한다(Jathrow). 어떤 이들은 욥이 언급하는 '처녀'가 우상들을 상징하며(cf. 26-27절), 그가 자신은 우상을 숭배한 적이 없다는 말을 하고 있다고 주장한다(Ceresko, Good, Smick). 다른 주석가들은 욥이 언급하는 나머지 죄들은 모두 행동적인 것들인데 이 죄는 마음에서 범하는 것이고, 하나님은 사람의 중심(마음)을 보고 판단하시는 분이기 때문에 욥이 자기는 마음으로도 죄를 지은 적이 없다는 것을 이렇게 표현함으로써 억울함을 주장한다고 이해한다(Andersen, Gordis, Habel).

둘째, 불의한 자와 행악자에게는 환난과 불행이 임하는 것이 세상의 이치이다(3절). 하나님이 공의와 정의로 다스리시는 세상에서는 이 원칙이 일상화되어야 한다. 이런 세상에서는 사람이 고통을 당하는 것은 곧 그가 죄를 지었음을 의미한다. 반면에 욥은 죄를 짓지 않았는데도 고통을 당하고 있다. 그는 평생 이 원리를 믿고 살았다(Clines). 그러므로 욥은 하나님이 그의 형편을 헤아리시기만 하면 이 모든 고통에서 해방될 것이라는 소망을 품고 있다.

셋째, 세상을 정의와 공의로 다스리며 모든 악인들을 벌하시는 하나님이 이때까지 욥이 살아온 삶을 모르실 리 없다(4절). 하나님은 욥이 걸었던 길과 그가 뗐던 걸음을 모두 알고 계신다. 욥은 하나님이 그가 악을 멀리하고 의를 가까이 하며 살아온 일을 알고 계실 것이라는 확신에 자신의 소망을 두고 있다. 욥은 하나님의 공정한 심판을 기대한다.

V. 욥의 의에 대한 재확인(29:1- 31:40)
C. 억울함 호소(31:1-40)

2. 나는 악한 일을 하지 않았다(31:5-8)

[5] 만일 내가 허위와 함께 동행하고
내 발이 속임수에 빨랐다면
[6] 하나님께서 나를 공평한 저울에 달아보시고
그가 나의 온전함을 아시기를 바라노라
[7] 만일 내 걸음이 길에서 떠났거나
내 마음이 내 눈을 따랐거나
내 손에 더러운 것이 묻었다면
[8] 내가 심은 것을 타인이 먹으며
나의 소출이 뿌리째 뽑히기를 바라노라

욥은 심판하시는 하나님 앞에서 전혀 부끄러울 것이 없다. 자기는 그동안 하나님이 사람들에게 요구하시는 기준에 따라 경건하고 거룩한 삶을 살아왔다고 확신한다. 그러므로 욥은 하나님의 심판을 두려워하는 것이 아니라, 오히려 하나님이 그를 공평한 저울에 달아보고(cf. Whybray, 단 5:27; 계 6:5) 심판해주시기를 원한다(5-6절, cf. 잠 16:2; 21:2; 24:12). 욥은 하나님의 선처를 바라지 않는다. 하나님이 그를 공정하게 심판해주시기를 바란다. 하나님이 그를 심판하시면 그의 온전함이 온 세상에 드러날 것을 확신하기 때문이다(6절).

욥은 혹시라도 자기가 하나님의 길에서 떠났거나(cf. 시 1:6; 25:4), 자기 마음이 눈에 보이는 대로 행동했거나(cf. 잠 27:20; 요일 2:16), 부정한 짓을 했다면, 자기의 모든 재산을 기꺼이 내놓겠다고 한다(8절, cf. 레 26:16; 미 6:15). 이러한 욥의 각오는 선지자 사무엘(삼상 12:3)과 삭개오(눅 19:8)의 결단과도 비슷하다. 욥은 악한 일을 하지 않았고, 그의 재산도 부정한 방법으로 모은 것이 아니라는 사실을 이렇게 강조한다. 그러나 알거지가 된 욥은 내놓을 재산이 없다. 그나마 남은 것이라도 모두 내놓겠다는 의지의 표현이다.

V. 욥의 의에 대한 재확인(29:1- 31:40)
C. 억울함 호소(31:1-40)

3. 나는 간음하지 않았다(31:9-12)

[9] 만일 내 마음이 여인에게 유혹되어
이웃의 문을 엿보아 문에서 숨어 기다렸다면
[10] 내 아내가 타인의 맷돌을 돌리며
타인과 더불어 동침하기를 바라노라
[11] 그것은 참으로 음란한 일이니
재판에 회부할 죄악이요

12 멸망하도록 사르는 불이니
나의 모든 소출을 뿌리째 뽑기를 바라노라

욥은 다른 남자의 아내와 간음한 적도 없다. 만일 그런 일이 있었다면 욥은 그의 아내가 다른 남자와 동침하거나 노예로 팔려가 남의 집 하인이 되어 그 집 맷돌을 돌려도 좋다고 한다(9-10절). 일부 주석가들은 '맷돌을 돌린다'는 것이 성적인 행위를 의미하는 언어유희라고 하는데(Gordis, Newsom), 바로 다음 행에서 성적인 행위를 언급하기 때문에 그렇게 해석할 필요가 없다. 그가 하나님의 심판으로 쫄딱 망해 아내마저도 노예로 팔려가도 좋다는 뜻이다(Dhorme). 욥이 이런 말을 하는 것은 자신은 하나님의 벌을 받아 마땅한 음란한 계획을 한 번도 마음에 품은 적이 없다는 사실을 강조하기 위해서이다.

간음은 참으로 음란한 일이므로 재판에 회부되어야 할 죄악이다(11절, cf. 레 20:10; 신 22:22-24). '음란한 일'(זִמָּה)은 근친상간과 매춘 등 성적인 죄를 의미한다(HALOT). '죄악'(עָוֹן)은 처벌해야 할 부정(Hartley) 혹은 기소해야 하는 범죄(Good)를 의미한다. 간음은 법적 응징을 피할 수 없는 심각하고 가증스러운 범죄라는 뜻이다.

욥은 간음한 자는 재산을 모두 잃는 심판을 받고 죽어야 한다고 생각한다(12절, cf. 26:6; 28:22; 잠 5:5; 6:28-35; 7:27). 간음은 모든 것을 태우는 강렬한 불이기 때문이다(12절, cf. 잠 6:27-29). 겉으로는 간음이 두 사람 사이에 이루어지는 은밀한 일이지만, 실제로는 두 가정을 파탄에 이르게 하는 파괴력이 매우 큰 불과 같다. 욥이 당당하게 이런 말을 하는 것은 그가 이 죄와는 거리가 멀다는 뜻이다.

V. 욥의 의에 대한 재확인(29:1- 31:40)
C. 욥의 억울함 호소(31:1-40)

4. 나는 잘못된 판결을 내리지 않았다(31:13-15)

[13] 만일 남종이나 여종이 나와 더불어 쟁론할 때에
내가 그의 권리를 저버렸다면
[14] 하나님이 일어나실 때에 내가 어떻게 하겠느냐
하나님이 심판하실 때에 내가 무엇이라 대답하겠느냐
[15] 나를 태 속에 만드신 이가 그도 만들지 아니하셨느냐
우리를 배 속에 지으신 이가 한 분이 아니시냐

욥은 자신의 사회적 지위를 이용해 남을 착취하거나 짓밟은 적이 없다. 심지어는 자신이 부리는 종들이 문제를 제기할 때에도 권리를 인정해 그들의 말에 귀를 기울였다(13절, cf. 출 21:1-11; 레 25:39-55). 하나님이 주인과 종을 모두 창조하셨기 때문이다(cf. 잠 14:31; 22:2). 욥과 종들의 관계는 마치 하나님이 그를 심판하시는 날 하나님과 욥의 관계와 비슷하다(14절). 자기 종들의 입장과 주장은 철저하게 무시한 사람이 어떻게 그의 주인이신 하나님께는 자기 형편을 공정하게 헤아려 달라고 할 수 있겠냐는 논지의 발언이다.

욥이 종들을 관대하게 대한 것은 사회적 신분을 제거하면 자신과 종들 모두 동일한 창조자가 빚으신 동일한 피조물들이라는 사실을 의식했기 때문이다(15절). 사람의 사회적 지위는 그가 태어난 가정과 지닌 재능과 자라난 환경과 교육 등으로 결정되지만, 모든 사람이 지니고 있는 가장 기본적인 정체성과 존엄성은 서로 다르지 않다. 세상 말로 "사람 위에 사람 없고, 사람 아래 사람 없다"는 뜻이다. 성경적으로 말하자면 모든 사람은 하나님의 모양과 형상대로 지음을 받았기 때문에(창 1:26) 똑같이 소중하다.

V. 욥의 의에 대한 재확인(29:1- 31:40)
C. 욥의 억울함 호소(31:1-40)

5. 나는 자선을 거부하지 않았다(31:16-23)

[16] 내가 언제 가난한 자의 소원을 막았거나
과부의 눈으로 하여금 실망하게 하였던가
[17] 나만 혼자 내 떡덩이를 먹고
고아에게 그 조각을 먹이지 아니하였던가
[18] 실상은 내가 젊었을 때부터
고아 기르기를 그의 아비처럼 하였으며
내가 어렸을 때부터 과부를 인도하였노라
[19] 만일 내가 사람이 의복이 없이 죽어가는 것이나
가난한 자가 덮을 것이 없는 것을 못본 체했다면
[20] 만일 나의 양털로 그의 몸을 따뜻하게 입혀서
그의 허리가 나를 위하여 복을 빌게 하지 아니하였다면
[21] 만일 나를 도와주는 자가 성문에 있음을 보고
내가 주먹을 들어 고아를 향해 휘둘렀다면
[22] 내 팔이 어깨 뼈에서 떨어지고
내 팔뼈가 그 자리에서 부스러지기를 바라노라
[23] 나는 하나님의 재앙을 심히 두려워하고
그의 위엄으로 말미암아 그런 일을 할 수 없느니라

욥은 자신의 사회적 지위를 악용해 신분적으로 낮은 사람들을 짓밟거나 무시한 적이 없을 뿐만 아니라(cf. 13-15절; 출 22:22-24), 남들에 대한 배려도 특별했다(cf. 신 10:18; 24:17-21). 그동안 정의로운 삶에 대하여 회고한 욥이 이 부분에서는 자비로운 삶을 회고한다(Dhorme). 그는 약자들에게 많은 자선과 자비를 베풀었다. 욥은 가난한 사람들이 희망을 가지고 살도록 배려했고, 과부가 낙심하지 않도록 도왔다(16절). 먹

을 것이 있으면 배고픈 고아들과 나누었다(17절).

더 나아가 욥은 자신이 고아와 과부를 도운 일이 어제오늘 있었던 일이 아니라, 어렸을 때부터 평생 해왔다고 말한다(18절). 고아들은 아비처럼 보살폈고, 방황하는 과부들을 바른길로 인도했다(18절). 옷이 없어 추위에 떠는 사람이 있으면 옷을 입혔고, 덮을 것이 없는 사람을 못 본 척하지 않았다(19-20절).

욥은 누가 자기를 도와줄 것을 기대하면서 약자들에게 주먹을 휘두른 적도 없다(21절). 본문에서 돕는 자(עֶזְרָה)는 법정에서 그에게 유리하게 판결하거나 증언해 줄 사람을 의미한다(Clines). 반면에 '주먹'(יָד)은 정죄와 심판의 상징이다(Habel, cf. 사 19:16; 슥 2:9). 만일 이런 일이 있었다면 자기 팔이 당장 부스러져도 좋다고 한다(22절).

욥은 일종의 시적 정의(poetic justice, 이 경우 폭력을 행사한 팔이 심판을 받아 부러지는 것)가 이루지기를 바란다(Newsom). 잘못한 일이 있다면 얼마든지 벌을 받겠다는 의지의 표현이다. 그러나 욥은 이런 일을 하지 않았다. 그는 심판하시는 하나님을 경외했기 때문에 이런 일을 하지 않았다(23절). 하나님의 심판에 대한 두려움이 경건한 삶의 바탕이 된 것이다.

사람은 심은 대로 거둔다고, 욥이 이런 삶을 살았기 때문에 고난을 겪으면서 주변 사람들의 위로를 기대했을 것이다. 생각해보면 그가 얼마나 많은 사람들에게 선을 베풀었는가! 그러나 세상은 환난을 당한 욥에게 잔인할 정도로 냉정했고 비판적이었다. 심지어는 그가 베푼 은혜를 경험한 사람들도 그를 무시하고 정죄했다. 그러므로 욥은 한없이 외롭고, 슬프고, 허탈하다.

V. 욥의 의에 대한 재확인(29:1- 31:40)
C. 욥의 억울함 호소(31:1-40)

6. 나는 재물과 우상을 숭배하지 않았다(31:24-28)

[24] 만일 내가 내 소망을 금에다 두고
순금에게 너는 내 의뢰하는 바라 하였다면
[25] 만일 재물의 풍부함과
손으로 얻은 것이 많음으로 기뻐하였다면
[26] 만일 해가 빛남과
달이 밝게 뜬 것을 보고
[27] 내 마음이 슬며시 유혹되어
내 손에 입맞추었다면
[28] 그것도 재판에 회부할 죄악이니
내가 그리하였으면 위에 계신 하나님을 속이는 것이리라

욥은 이 섹션에서 재물에 대한 욕망과 우상 숭배 등 서로 연관되어 있지 않은 듯한 두 가지 죄를 함께 논한다. 재물에 대한 욕망이 우상 숭배만큼이나 심각한 범죄라는 것을 암시하기 위해서이다(Alden). 또한 재물에 대한 욕망도 우상 숭배처럼 거짓 예배라는 것을 암시하는 듯하다(Clines).

욥은 돈과 재물에 눈이 멀어본 적이 없다. 그는 재물에 마음을 두거나 돈의 힘을 의지한 적이 없다(24절). 또한 많은 부를 쌓았다고 자만하거나 기뻐한 적도 없다(25절). 욥은 자신이 재물을 조정했지, 한 번도 재물의 노예가 되거나 재물에 의해 조종당한 적은 없다고 말한다. 그는 하나님이 인간의 유일한 소망이며 기쁨이라는 진리를 아는 사람이었다(cf. 잠 3:26; 시 78:7). 그의 가치관은 인간이 하나님과 재물을 함께 섬길 수 없다는 예수님의 말씀과 맥을 같이한다(cf. 마 6:24).

욥은 우상을 숭배한 적도 없다. 고대 사회는 해와 달을 우상으로 숭배하기 십상이었는데, 욥은 이런 것들에게 마음을 빼앗겨 신들로 숭배한 적이 없다(26-27절). "내 손에 내 입을 맞추다"(תִּשַּׁק יָדִי לְפִי, 27절)는 사람이 땅에 엎드려 절을 할 때 빚어지는 현상을 묘사한다. 그는 한 번도 우상에게 절을 한 적이 없다.

욥은 우상 숭배도 재판에 회부되어야 할 범죄라고 생각한다(28a절). 또한 우상 숭배는 사람이 창조주 하나님을 속이는 행위이다(28b절). 자신의 손가락이 빚어낸 우상이 자기를 창조했다며, 창조주이신 여호와가 그를 창조한 사실을 부인하는 것이기 때문이다.

V. 욥의 의에 대한 재확인(29:1- 31:40)
C. 욥의 억울함 호소(31:1-40)

7. 나는 비열하거나 야박하지 않았다(31:29-34)

[29] 내가 언제 나를 미워하는 자의 멸망을 기뻐하고
그가 재난을 당함으로 즐거워하였던가
[30] 실상은 나는 그가 죽기를 구하는 말로
그의 생명을 저주하여
내 입이 범죄하게 하지 아니하였노라
[31] 내 장막 사람들은 주인의 고기에
배부르지 않은 자가 어디 있느뇨
하지 아니하였는가
[32] 실상은 나그네가 거리에서 자지 아니하도록
나는 행인에게 내 문을 열어주었노라
[33] 내가 언제 다른 사람처럼
내 악행을 숨긴 일이 있거나
나의 죄악을 나의 품에 감추었으며
[34] 내가 언제 큰 무리와

여러 종족의 수모가 두려워서
대문 밖으로 나가지 못하고 잠잠하였던가

욥은 아무리 미워한 사람들이라 할지라도 그들이 망하거나 곤경에 처하는 것을 보고 기뻐하지 않았다(29절, cf. 잠 24:17-18). 욥은 그를 참으로 힘들게 한 사람들이라 할지라도 그들과 함께 아파하고 힘들어했다. 욥은 원수들이 잘못되도록 기도하는 것도 범죄라고 한다(30절). 많은 사회가 이웃 사랑을 지향한다. 욥은 한걸음 더 나아가 원수들까지도 사랑했다. 이런 생각을 가진 사람이 남의 아픔을 기뻐할 리 없다.

31절의 의미를 해석하는 데 다소 어려움이 있지만(cf. NIV, NRS), 자기 식구들뿐만 아니라 일꾼들과 종들을 포함한 모든 집안 사람들을 배부르게 먹였다는 뜻이다(Hartley). 주인이 준 고기로 항상 배를 채운 욥의 종들이 복에 겨워 다소 비꼬는 투로 "아, 고기를 마음껏 먹지 못하는 사람이 있었으면 좋겠다!"는 형식의 발언을 서슴지 않았던 것으로 해석하는 주석가도 있다(Clines). 그는 종들에게 인색한 주인이 아니었다.

욥은 기쁜 마음으로 지나가는 객들에게 잠자리를 제공하는 미풍양속도 행했다(32절). 엄격히 말하자면 '객'(גֵּר)은 그 나라에 체류하는 외국인/이방인을 의미한다(HALOT). 사회의 가장 낮은 자에게도 잠자리를 내주었다는 뜻이다. 소돔(창 19장)과 기브아(삿 19장)에서 있었던 일을 생각하면 당시 길에서 자는 것이 얼마나 위험했는가를 상상할 수 있다. 그러므로 욥이 객들에게 잠자리를 제공한 것은 자비 이상의 행위였다. 실제로 이 객들의 생명을 살리는 일이었을 것이다.

욥은 자신이 저지른 악을 숨기려 하지도 않았다(33절). 누구에게 잘못하면 사죄했고, 적절한 보상도 해 주었다는 뜻이다. 욥은 누구의 원한을 살 만한 일을 하지 않았다. 욥은 위선적인 행동을 한 적이 없다(Driver & Gray). 그는 대인관계에서도 어떠한 흠을 남기지 않은 것이다.

그러므로 모든 면에서 떳떳하고 당당한 욥이 사람들을 피하려는 일종의 대인기피증을 앓을 리 없다(34절).

V. 욥의 의에 대한 재확인(29:1- 31:40)
C. 욥의 억울함 호소(31:1-40)

8. 결론: 나는 하나님 앞에 당당하게 설 수 있다(31:35-37)

35 누구든지 나의 변명을 들어다오
나의 서명이 여기 있으니
전능자가 내게 대답하시기를 바라노라
나를 고발하는 자가 있다면
그에게 고소장을 쓰게 하라
36 내가 그것을 어깨에 메기도 하고
왕관처럼 머리에 쓰기도 하리라
37 내 걸음의 수효를 그에게 알리고
왕족처럼 그를 가까이 하였으리라

담화의 결론 역할을 하고 있는 본문의 정확한 위치에 대하여 논란이 많다(cf. NAB, NJB, REB). 이 번역본들은 모두 본문을 31장의 마지막 부분에 놓는다. 38-40절과 위치를 바꾸는 것이다. 이렇게 하면 결론이 있기 전에 욥이 자기의 억울함을 호소하는 일곱 가지 근거가 모두 한곳으로 모이는 장점이 있다. 대부분 주석가들도 원래 이 섹션이 욥의 담화의 마지막을 장식했을 것으로 생각한다(Clines, Delitzsch, Dhorme, Driver & Gray, Fohrer, Gordis, Hartley, Pope).

욥은 평생 경건하고 거룩한 삶을 살아왔기 때문에 하나님 앞에서도 떳떳하다. 또한 하나님이 그가 왜 고통을 받는지에 대해 말씀해 주시면 더할 나위 없이 좋겠다고 생각한다(35a절). 만일 그의 지나온 삶에 대하여 문제를 제기할 사람이 있다면, 그가 하나님께 욥에 대하여 고소장을 써도 좋다고 한다(35b절).

만일 누가 고소장을 쓴다면 욥은 그 고소장을 어깨에 메기도 하고 왕관처럼 머리에 쓰기도 하겠다고 한다(36절). 욥이 아마도 고소장의 내용을 숨기지 않을 것이므로 그 고소장이 정당한지를 세상 사람들에게 판단해 보라는 의미로 이런 말을 하는 것으로 생각된다. 혹은 욥이 드디어 자기가 왜 고통을 당하고 있는지 그 이유를 알게 되었으므로(그에게 벌을 받을 만한 잘못이 있다는 사실을 깨달았으므로) 자기가 죄로 인해 벌을 받고 있다는 것을 숨기지 않겠다는 의미이다.

만일 욥에 대하여 고소장을 쓸 수 있는 사람이 있다면, 욥은 그를 미워하지 않고 오히려 그에게 가까이 갈 것이다. 그래서 그 고발자에게 자기의 형편을 알릴 것이다(37절). 고발자의 주장이 타당한지 다투어 보자는 의미이다. 만일 고발자의 주장이 옳다면 욥은 그를 왕족처럼 대할 것이다. 그를 미워하지 않고 오히려 매우 존귀하게 대할 것이다. 욥은 이러한 표현으로 자신은 하나님 앞에서도 떳떳함을 강조한다.

V. 욥의 의에 대한 재확인(29:1– 31:40)
C. 욥의 억울함 호소(31:1–40)

9. 나는 땅을 빼앗거나 소작민을 착취한 적이 없다(31:38–40)

38 만일 내 밭이 나를 향하여 부르짖고
밭이랑이 함께 울었다면
39 만일 내가 값을 내지 않고 그 소출을 먹고
그 소유주가 생명을 잃게 하였다면
40 밀 대신에 가시나무가 나고
보리 대신에 독보리가 나는 것이 마땅하니라
하고 욥의 말이 그치니라

욥은 자신이 남의 밭을 착취하거나(38절), 누구에게 곡식을 착취한 적이 없다는 말로 마무리한다(39절). 욥이 소유한 땅에 '소유주/주인들'(בְּעָלִים)이 있다는 것이 이상하다. 그러므로 주석가들은 이 히브리어 단어(בַּעַל)의 첫 글자를 ב에서 פ로 바꿀 것을 제안한다. 이렇게 할 경우 일꾼들(פְּעָלִים)이 된다. 욥은 그의 땅을 경작하는 소작민이나 종들에게 지위를 이용해 요즈음 말로 '갑질'을 한 적이 없다는 것을 확실하게 밝힌다. 만일 그가 누구에겐가 갑질을 한 적이 있다면, 자기 밭에서 밀 대신 가시나무가 나고 보리 대신 독보리가 난다 할지라도 그 누구도 탓하지 않겠다고 한다(40절). 이러한 현상을 하나님의 그에 대한 심판으로 받아들일 것이기 때문이다.

욥은 그 누구에도 해를 끼친 적이 없는데 그의 삶에서 "밀 대신에 가시나무가, 보리 대신에 독보리"가 났다고 한다. 그러므로 그는 의로우신 재판관인 하나님이 그의 형편을 헤아려 주시기를 바라며 피고의 최후 증언을 마친다. 욥은 하나님이 공의와 정의로 다스리시는 세상에서 주님의 공의와 정의가 설명하지 못하는 일을 경험했다고 한다.

VI. 엘리후의 증언
(32:1-37:24)

이미 서론에서 언급한 것처럼 엘리후의 담화를 어떻게 취급하느냐는 욥기 해석에서 가장 난해한 논쟁거리가 되어왔다. 엘리후는 이때까지 욥을 찾아와 논쟁한 세 친구들 사이에 없었던 것처럼 행동하다가 갑자기 이곳에서 모습을 보이기 때문이다. 게다가 그가 하는 말은 상당 부분 세 친구들의 주장과 별반 다를 바가 없다.

엘리후는 매우 긴 담화를 하지만 욥과 친구들 중 그 누구도 그에게 반론을 제기하지 않고 책이 마무리된다. 엘리후 담화를 잇는 하나님의 말씀도 엘리후의 존재에 대하여 이렇다 할 언급을 하지 않는다. 하나님이 친구들을 비난하실 때에도 엘리후는 포함되어 있지 않다. 이처럼 여러 가지 이유로 엘리후 담화를 어떻게 취급하느냐는 학자들 사이에 큰 논쟁거리로 남아 있다.

대부분의 비평학자들은 엘리후 담화가 욥기의 원본(original version)에는 없었으며 훗날 누군가에 의하여 삽입된 것이라고 주장한다(cf. Clines, Newsom, Pope). 그렇기 때문에 엘리후 담화가 다른 등장인물들에게 무시당하는 사례가 발생하고 있다고 주장한다. 그러나 이렇게 단정할 만한 증거는 없다(cf. Good, Gordis, Janzen, Habel). 설령 엘리후 담화가 훗날 누군가에 의하여 삽입되었다고 가정하더라도 다른 등장인물들이 그의 존재를 의식하지 않는 현상을 만족스럽게 설명할 수는 없다. 오히려 역으로 생각할 수 있다. 만일 엘리후 담화가 어떠한 필요에 의해 훗날 삽입되었다면, 그의 담화를 삽입한 사람이 책의 흐름을 매끈하게 하기 위해 책의 나머지 부분(특히 엘리후 담화의 앞-뒤 부분)을 편집했을 것이다. 그러나 이러한 흔적이 전혀 없기 때문에 엘리후 담화가 해석상 문제가 되고 있다. 또한 우리는 전수받은 책의 최종 형태를 바탕으로 책을 해석해야 한다.

실제로 엘리후 담화는 원본에서도 존재했다고 주장하는 학자들이 많다(Ansersen, Freedman, Habel, Janzen). 훗날 삽입되었다고 할 만한 증거나 논리가 없기 때문이다. 이와 비슷한 맥락에서 한 주석가는 엘리후 담화는 원본과 같은 저자에 의해 저작되었지만, 나중(몇 년 후)에 삽입된 것이라고 하기도 한다(Gordis).

이 주석에서는 엘리후를 오늘날 법정에 비교하자면 검사측의 최종 변론자로 간주하여 그의 담화를 해석하려 한다. 그동안 세 친구는 논쟁을 통해 욥의 주장을 꺾고 그가 죄를 지었기 때문에 하나님께 벌을 받은 것이라고 했지만, 욥을 법정에 세운 검사측 입장에서는 흡족할 만한 논리가 아니다. 그러므로 검사측의 최종 변론에서는 세 친구들 중 하나가 아니라 새로운 인물을 세워 앞서 증언한 세 친구들의 말을 보완하고 새 논리를 추가해 욥의 주장을 반박하고 비난하는 역할을 하게 했다. 그렇기 때문에 엘리후는 친구들과 욥을 동시에 비난한다. 그는 자신이 쌍방(친구들과 욥)의 주장에서 나름 균형을 추구하는 것으로 생각한다.

엘리후 담화가 욥기의 흐름에서 이러한 역할을 한다고 간주하면 욥과 친구들이 그에게 아무런 반박을 하지 않는 것을 이해할 수 있다. 친구들은 엘리후가 표면적으로는 그들도 비난하지만, 대체적으로 그들의 입장을 정리해 표명하고 있기 때문에 추가적인 말을 할 필요가 없다. 욥의 경우 이미 최후 진술이 끝났기 때문에 엘리후에게 반론을 제기할 기회가 없다. 하나님은 엘리후를 판결을 내리기 전에 검사측 입장을 최종적으로 정리해 변론한 사람으로 간주하기 때문에 그에 대해 어떠한 말씀도 하실 필요가 없다. 또한 엘리후가 친구들의 입장을 재정리하면서 추가한 논리도 하나님이 하시고자 하는 말씀을 상당 부분 반영하고 있다. 그러므로 모두 엘리후의 담화를 들은 뒤 별다른 반응을 하지 않고 지나치는 것이다.

엘리후는 욥과 친구들의 논쟁에 대해 어떠한 새로운 기여를 하는가? 엘리후 담화는 그들의 논쟁에 매우 중요한 기여를 한다. 엘리후가 욥과 친구들을 동시에 비난하는 가장 큰 이유는 이 사람들이 각자 지나치게 자기 입장에서만 생각하고 말할 뿐, 정작 지혜의 창시자이고 사람들에게 지혜를 주시는 하나님의 관점은 고려하지 않기 때문이다.

엘리후는 친구들이 지나치게 권선징악 원리에 사로잡혀서 말을 하다 보니 욥을 설득시키지 못했고, 욥은 하나님을 신적인 차원에서 고려하지 않고 마치 사람처럼 생각하는 오류를 범하고 있음을 지적한다. 그의 이러한 주장은 33:12-16에 가장 잘 나타나 있다. 하나님은 사람과 전적으로 다른 분이며 인간의 모든 질의에 대답할 필요가 없으신 데도 욥은 하나님이 꼭 그에게 대답하셔야 한다는 오류를 범하고 있다. 또한 하나님은 사람에게 말씀하실 때 다양한 방법을 활용하시는데, 욥은 오직 육성으로만 하나님의 말씀을 듣기를 원한다는 문제를 지적한다.

엘리후의 이 같은 관점은 욥과 친구들의 논쟁에 새로운 면모를 더해준다. 그동안 그들은 하나님이 자신들이 생각하는 것과 전혀 다른 방법으로 사역하고 말씀하실 수 있다는 가능성을 배제한 상황에서 논쟁을 이어왔다. 그렇다 보니 그들의 논쟁은 서로 지향점이 다른 차원에서 하는 엇갈린 대화의 연속이었다. 엘리후는 이러한 논쟁에 하나님의 고유 영역인 주권-인간과 전혀 다른 방식으로 사역하고 활동하시는 면모-을 더함으로써 쌍방의 중재 역할을 하고 있다. 그러므로 하나님은

38장에서부터 말씀하실 때 엘리후의 담화와 가장 비슷한 형태로 말씀하신다. 엘리후의 담화는 욥과 친구들의 논쟁과 하나님 담화 사이에 중간 다리 역할을 하고 있는 것이다(cf. Clines, McKay). 엘리후가 하는 검사 측의 최종 증언은 다음과 같이 구분된다. 그의 담화는 두 개의 비난 섹션(A, A′)과 두 개의 하나님에 대한 묵상 섹션(B, B′)으로 구성되어 있다.

A. 친구들과 욥을 비난함(32:1-33:33)
B. 정의로우신 하나님(34:1-37)
A′. 욥의 독선을 비난함(35:1-16)
B′. 능력이 크신 선하신 하나님(36:1-37:24)

VI. 엘리후의 증언(32:1- 37: 24)

A. 친구들과 욥을 비난함(32:1-33:33)

이 섹션은 엘리후가 본격적으로 세 친구와 욥을 비난하기 전에 그들의 대화를 들으며 자기가 왜 더 이상 침묵할 수가 없는가에 대해 설명한다. 그는 욥에 대한 세 친구의 반박에 만족하지 못하며, 욥의 주장에도 동의할 수 없기 때문이라고 말한다. 엘리후는 양측을 모두 공격함으로써 자신이야말로 쌍방에 지혜를 줄 수 있는 자라고 주장한다. 비록 나이는 어리지만 자기야말로 참 지혜자라는 것이다.

이 섹션에서 엘리후가 욥과 친구들에 대하여 하는 말을 살펴보면 별 내용은 없다. 그는 본문을 통해 자기가 계속 침묵할 수 없는 상황에 대해 길게 설명한다. 이 과정에서 엘리후는 상당히 교만한 사람으로 비추어질 수도 있다. 그는 욥과 세 친구를 모두 문제 있는 사람들로 몰아가며 자기만이 지혜로운 사람이라는 논리를 펼치기 때문이다. 그러나 이미 언급한 것처럼 그가 이 논쟁에 어느 정도의 새로운 기여를 하기 때문에 그의 담화를 부정적으로 볼 필요는 없다. 본문은 다음과 같이 구분될 수 있다.

A. 엘리후 소개(32:1–5)
B. 내가 말하겠다(32:6–10)
B′. 나는 말할 수 있다(32:11–14)
B″. 나는 꼭 말을 해야 한다(32:15–22)
C. 욥은 나와의 논쟁을 피하지 말라(33:1–7)
C′. 욥은 죄를 지었다(33:8–22)
C″. 욥이 죄를 인정하면 하나님이 회복시키실 것이다(33:23–30)
C‴. 욥은 나의 지혜에서 배우라(33:31–33)

VI. 엘리후의 증언(32:1– 37: 24)
A. 친구들과 욥을 비난함(32:1–33:33)

1. 엘리후 소개(32:1–5)

[1] 욥이 자신을 의인으로 여기므로 그 세 사람이 말을 그치니 [2] 람 종족 부스 사람 바라겔의 아들 엘리후가 화를 내니 그가 욥에게 화를 냄은 욥이 하나님보다 자기가 의롭다 함이요 [3] 또 세 친구에게 화를 냄은 그들이 능히 대답하지 못하면서도 욥을 정죄함이라 [4] 엘리후는 그들의 나이가 자기보다 여러 해 위이므로 욥에게 말하기를 참고 있다가 [5] 세 사람의 입에 대답이 없음을 보고 화를 내니라

욥과 친구들의 논쟁은 뚜렷한 승자가 없이 끝이 났다. 친구들은 욥이 죄를 지어 벌을 받은 것이라는 논리를 펼쳤지만 그를 설득하지 못했다(1절). 욥은 자신이 억울한 고통을 당하고 있다고 주장했지만, 그도 친구들을 설득하는 일에는 실패했다. 이 같은 대치 상황에서 욥은 '피고의 최종 진술'을 마쳤다.

그동안 욥과 친구들의 논쟁을 듣고만 있던 엘리후가 나섰다(4절). 그는 람 종족(רָם)에 속한 부스 사람(בּוּזִי)이라고 하는데, '람'은 높은 [곳에 있는] 자라는 의미를 지녔고, '부스'는 성경에서 사람의 이름으로 등장한다(창 22:21; 대상 5:14). 또한 예레미야 25:23은 드단과 데마(cf. 6:19)와 함께 부스를 지역 이름으로도 언급한다. 이 이름들은 팔레스타인 동쪽 광야에 있는 지역들을 의미하는 것으로 생각된다. 그는 바라겔(בַּרַכְאֵל)의 아들이었다고 하는데(2절), 바라겔은 '하나님이 축복하신다'라는 의미를 지녔다(HALOT). 엘리후에 대한 소개는 욥의 친구들의 설명보다 더 길다.

한 가지 특이한 것은 욥기에 등장하는 인물들의 이름 중 엘리후(אֱלִיהוּא, '그는 나의 하나님이시다')만이 유일하게 히브리어를 기초로 한 이름이라는 점이다. 그래서 한 주석가는 그가 이스라엘 사람이었을 것이라고 추측한다(Hartley). 만일 욥이 아브라함 시대에 살았던 사람이라고 인정한다면, 전혀 가능성이 없는 추측이다. 엘리후가 이스라엘 사람이라면 아브라함 시대 때부터 몇 백 년은 흘러야 가능하기 때문이다.

저자는 이 소개문에서 엘리후에 대해 어떤 부정적인 감정을 더하지 않는다. 이러한 상황은 아마도 엘리후가 매우 특별한 역할을 하고 있음을 암시하는 듯하다(cf. Hartley, Gordis). 그는 이 소송에서 원고(검사)의 최종 진술을 하고 있다.

엘리후는 화가 많은 사람이다. 본문은 그가 화를 냈다는 말을 네 차례나 하고 있다(2[2×], 3, 5절). 그는 욥에게 화를 냈고, 친구들에게도 화를 냈다. 그래서 학자들은 그를 교만한 사람이라고 하기도 하고(Rowley), 건방진 사람(Andersen)이라고도 한다. 아마도 엘리후는 욥과 친구들의 서로 엇갈리는 대화를 들으며 자기가 화를 낼 만한 상황이라고 생각했을 것이다.

엘리후가 욥에게 화를 낸 이유는 그가 하나님보다 더 의롭다고 했기 때문이라고 하는데(2절), 욥의 입장에서는 엘리후의 이러한 평가가 다소 억지스러운 주장이라 할 수 있다. 욥은 한 번도 자기가 하나님보다 의롭다고 한 적이 없기 때문이다. 욥은 단지 창조주의 권선징악의 원리로 설명이 되지 않는 억울한 일을 당하고 있다고 했을 뿐이다. 그러나 논쟁이 벌어진 자리에 있었던 사람이라면 대부분 감정이 이입되어 욥의 주장에 대해 엘리후처럼 평가했을 것이다.

엘리후가 세 친구에게 화를 낸 것은 그들이 자신들의 논리로 욥을 충분히 설득시키지 못했으면서도 욥을 정죄했기 때문이다(3절). 친구들이 해야 할 일은 욥이 자신의 죄를 스스로 깨달을 수 있도록 지혜로운 말을 통해 지난날 그의 죄를 상기시켜주었어야 하는데, 그들은 이런 일은 하지 못하고 오로지 욥을 정죄하는 일에만 급급했다. 엘리후는 세 친구가 더 이상 욥에게 할 말이 없는 것에도 화를 낸다(5절). 자기 같으면 욥의 주장을 충분히 반박할 수 있다는 주장이다.

저자는 논쟁에 가장 늦게 등장하는 엘리후를 이렇게 소개함으로써 그가 마치 욥과 친구들 사이에 균형 있는 중재안을 내놓을 것이라는 기대감을 고조시키지만, 엘리후의 담화는 내용 면에서 세 친구들의 주장과 그다지 다르지 않다. 그도 하나님이 권선징악의 원리를 통해 세상을 다스리신다고 생각한다. 엘리후가 마치 세 친구들의 주장을 정리하는 듯한 담화를 하는 것 또한 법정에서 원고의 최종 진술을 맡은 것 같다는 생각을 하게 한다.

다만 엘리후는 권선징악이 하나님의 유일한 통치 원리는 아닐 수 있다고 한다. 하나님이 세상을 어떤 원리와 방법으로 다스리시는가는 주님의 주권이 결정할 고유 영역이기 때문이다. 심지어는 하나님의 침묵도 주님의 통치 방법일 수 있다는 것이 그의 주장이다. 이런 면에서 엘리후는 욥과 친구들의 논쟁에 새로운 관점을 제시하고 있다고 할 수 있다.

VI. 엘리후의 증언(32:1- 37: 24)
A. 친구들과 욥을 비난함(32:1-33:33)

2. 내가 말하겠다(32:6-10)

6 부스 사람 바라겔의 아들 엘리후가 대답하여 이르되
나는 연소하고 당신들은 연로하므로
뒷전에서 나의 의견을 감히 내놓지 못하였노라
7 내가 말하기를 나이가 많은 자가 말할 것이요
연륜이 많은 자가 지혜를 가르칠 것이라 하였노라
8 그러나 사람의 속에는 영이 있고
전능자의 숨결이 사람에게 깨달음을 주시나니
9 어른이라고 지혜롭거나
노인이라고 정의를 깨닫는 것이 아니니라
10 그러므로 내가 말하노니
내 말을 들으라 나도 내 의견을 말하리라

엘리후는 논쟁이 시작될 때부터 이때까지 욥과 친구들의 대화를 듣고 있었지만, 아무 말도 하지 않고 침묵으로 일관했다. 그것은 논쟁자들에 비해 자기가 상대적으로 어렸기 때문이라고 한다(6절). 그는 동방의 미풍양속에 따라 나이 든 사람들을 예우하느라고 이때까지 아무런 말을 하지 않았다는 뜻이다. 엘리후와 그들의 나이 차이가 얼마나 되었을까? 정확히 알 수는 없지만, 엘리후의 말을 고려할 때 아마도 최소한 열 살 이상은 되었을 것으로 생각된다.

엘리후는 나이가 많으면 연륜이 많고, 연륜이 많으면 지혜가 더 많기 때문에 가르칠 것이 많을 것이라고 생각했다(7절). 옳은 말이다. 사람이 나이가 들면 육체는 늙어가지만 생각은 성숙해져야 한다. 그러므로 그는 자기보다 나이가 훨씬 많은 사람들의 논쟁에 감히 끼어들 생각을 할 수가 없었다. 욥과 친구들이 서로 큰 지혜와 깨달음을 교환하기를 기대하면서 그들의 대화에 귀를 기울였다.

그러나 엘리후에게 그들의 대화는 실망스러웠다. 욥과 친구들이 벌인 논쟁을 들으면서 어른이라고 모두 지혜롭거나, 나이가 들었다고 정의를 알고 있는 것은 아니라는 사실을 깨달았다(9절). 젊은 엘리후는 자신보다 훨씬 더 나이가 많은 욥과 친구들의 논쟁이 반영하고 있는 지혜와 연륜에 만족하지 못한 것이다.

왜 이런 상황이 벌어지고 있는 것일까? 곧 사람이 나이가 들어도 지혜로워지지 않는 이유는 무엇일까? 이 이슈에 대해 엘리후는 매우 중요한 진리를 말한다. 지혜는 하나님이 주시는 것이기 때문이다(8절). 사람이 삶을 더 많이 살아 경험을 많이 할수록 얻을 수 있는 지혜가 분명 있다. 그러나 지혜의 가장 근본적이고 중요한 것은 하나님이 주신다. 성경은 이러한 상황을 사람이 "하나님의 모양과 형상대로" 창조되었다는 말로 표현한다(cf. 창 1:26-27).

또한 고대 근동에는 지혜는 신들이 소수의 사람들(대체적으로 사회 지도층)에게 주는 것이라는 생각이 팽배했다. 지혜는 사람이 스스로 터득하는 것이 아니라 신들의 선물이라는 의미이다. 성경의 지혜 사상도 이러한 사고를 어느 정도는 반영하고 있다. 그렇기 때문에 여호와를 경외하는 것이 지식(지혜)의 근본이라고 한다(잠 1:7).

엘리후는 욥과 친구들의 논쟁을 듣고 나서 그들의 말이 지혜롭지 못하다는 결론을 내렸다. 지혜는 나이가 들어 자연히 생기는 것이 아니다(9절). 지혜는 하나님이 주시는 것이다(8절). 안타깝게도 욥과 친구들의 말에는 하나님이 주시는 지혜가 없었다.

엘리후는 자신이 욥과 친구들이 지니지 못한 지혜를 지녔다고 생각한다. 그러므로 그들에게 지혜를 주어 가르치기 위하여 말을 하겠다고 제안한다. 엘리후는 마치 이 논쟁에 모든 사람이 공감할 수 있는 새로운 요소나 측면을 더할 것처럼 말하고 있다. 그는 독자들에게 큰 기대를 갖고 책을 읽어 내려가도록 유도한다.

VI. 엘리후의 증언(32:1- 37: 24)
A. 친구들과 욥을 비난함(32:1-33:33)

3. 나는 말할 수 있다(32:11-14)

[11] 보라 나는 당신들의 말을 기다렸노라
당신들의 슬기와 당신들의 말에 귀 기울이고 있었노라
[12] 내가 자세히 들은즉 당신들 가운데 욥을 꺾어
그의 말에 대답하는 자가 없도다
[13] 당신들이 말하기를 우리가 진상을 파악했으나
그를 추궁할 자는 하나님이시요
사람이 아니라 하지 말지니라
[14] 그가 내게 자기 이론을 제기하지 아니하였으니
나도 당신들의 이론으로 그에게 대답하지 아니하리라

엘리후는 욥과 친구들이 논쟁을 할 때 친구들이 지혜로운 말로 욥의 주장을 꺾어주기를 기대하며 그들의 말에 귀를 기울였다(11절). 그러나 세 친구 중 그 누구도 욥의 주장을 꺾을 만한 지혜로 말을 한 사람이 없었다(12절). 세 사람 모두 엘리후의 기대에 미치지 못한 말을 했다.

친구들은 자신들이 지혜로 욥이 처한 상황을 모두 파악했고, 욥은 하나님께 죄를 지어 벌을 받고 있다고 결론내렸다(13a절). 그러나 친구들은 이러한 상황에 대하여 정작 욥을 추궁할 분은 하나님이시지 자신들이 아니라며 한걸음 뒤로 물러섰다(13절). 엘리후는 친구들의 이 같은 자세가 못마땅하다. 그러므로 그는 친구들에게 이런 말을 하지 말라고 한다. 엘리후는 자기 논리로 욥을 충분히 설득시킬 수 있다고 생각한다. 그렇기 때문에 그는 더 이상 침묵할 수 없다.

친구들의 논리와 주장에 별로 만족하지 못한 엘리후는 욥이 그에게 직접 문제 제기를 한 것이 아니기 때문에(cf. NIV), 자기도 친구들의 논리를 사용해 욥에게 대답하지는 않을 것이라고 한다. 엘리후는 새로운 논리와 주장으로 욥을 죄인으로 몰아갈 것이라고 한다. 그가 이 논쟁에 더하는 새로운 요소는 무엇인가? 그는 잠시 후 상당히 새롭고 신선한 진리를 상기시킨다.

VI. 엘리후의 증언(32:1- 37: 24)
A. 친구들과 욥을 비난함(32:1-33:33)

4. 나는 꼭 말을 해야 한다(32:15-22)

[15] 그들이 놀라서 다시 대답하지 못하니
할 말이 없음이었더라
[16] 당신들이 말없이 가만히 서서
다시 대답하지 아니한즉 내가 어찌 더 기다리랴
[17] 나는 내 본분대로 대답하고
나도 내 의견을 보이리라
[18] 내 속에는 말이 가득하니
내 영이 나를 압박함이니라
[19] 보라 내 배는 봉한 포도주통 같고
터지게 된 새 가죽 부대 같구나
[20] 내가 말을 하여야 시원할 것이라
내 입을 열어 대답하리라
[21] 나는 결코 사람의 낯을 보지 아니하며
사람에게 영광을 돌리지 아니하리니
[22] 이는 아첨할 줄을 알지 못함이라
만일 그리하면 나를 지으신 이가 속히 나를 데려가시리로다

엘리후가 욥의 세 친구를 칭하면서 15절에서는 3인칭을 사용하고, 16절에서는 2인칭을 사용하기 때문에 다소 혼란스러울 수 있다. 그러

나 의미는 확실하다. 그는 친구들이 욥에게 더 이상 할 말이 없어서 대꾸를 하지 못하고 있으며(15절), 이러한 상황을 더 이상 지켜볼 수만은 없다(16절). 옆에서 욥과 친구들의 논쟁을 지켜보자니 열불이 났다.

그러므로 엘리후는 자기가 나설 때가 되었다고 생각한다. 그는 본격적으로 욥에게 반론을 제기하기를 원한다(17절). 엘리후는 자신이 참으로 할 말이 많고 그의 마음도 그에게 더 이상 침묵하지 말라는 압박을 느낀다(18절). 그는 자신의 심정을 담고 있는 내용물과 차오르는 가스로 인하여 터지기 일보 직전까지 팽창한 가죽 부대(포도주 통)에 비교한다(19절, Gordis, Pope, cf. 마 9:17). 말을 하지 않고 계속 침묵하면 폭발할 것 같다는 생각이다.

엘리후는 자신이 마음에 담고 있는 말을 해야만 시원함을 느낄 것이다(20절). 또한 그는 누구의 눈치를 보며 그들이 듣기 좋아하는 말을 하지는 않을 것을 다짐한다(21절). 만일 그가 누구에게든 아첨하는 말을 한다면, 하나님이 그를 데려가시기를 원한다(22절). 자기가 생각하고 느끼는 것을 솔직하고 정확하게 표현하겠다는 의지이다. 어떻게 생각하면 엘리후는 참으로 서론이 긴 사람이다. 하고 싶은 말을 곧바로 하면 될 것을 이렇게 장엄하게 말을 해야 하는 명분을 설명한다.

VI. 엘리후의 증언(32:1- 37: 24)
A. 친구들과 욥을 비난함(32:1-33:33)

5. 욥은 나와의 논쟁을 피하지 말라(33:1-7)

[1] 그런즉 욥이여
내 말을 들으며
내 모든 말에 귀를 기울이기를 원하노라
[2] 내가 입을 여니
내 혀가 입에서 말하는구나

[3] 내 마음의 정직함이 곧 내 말이며
내 입술이 아는 바가 진실을 말하느니라
[4] 하나님의 영이 나를 지으셨고
전능자의 기운이 나를 살리시느니라
[5] 그대가 할 수 있거든
일어서서 내게 대답하고
내 앞에 진술하라
[6] 나와 그대가 하나님 앞에서 동일하니
나도 흙으로 지으심을 입었은즉
[7] 내 위엄으로는 그대를 두렵게 하지 못하고
내 손으로는 그대를 누르지 못하느니라

엘리후는 욥과 논쟁하기를 원한다. 혹시라도 욥이 그가 어리다며 대화를 거부할까 봐 간곡히 부탁한다(1절). 그러나 이미 언급했듯이 엘리후는 검사측의 최종 진술을 맡은 사람이다. 그러므로 이것은 자신이 욥을 충분히 설득시킬 수 있다는 자신감의 표현이다.

엘리후는 자기 마음에 있는 말을 욥에게 진솔하게 할 것을 약속한다(3절). 그는 하나님의 영과 기운에서 비롯된 말을 할 것이다(4절, cf. 창 2:7). 자신은 친구들처럼 허튼 말을 하지 않고 하나님이 그에게 주신 말만 할 것이라는 주장이다.

그러므로 욥은 엘리후와 대화를 해야 한다(5절). 욥과 엘리후의 나이와 연륜은 다르지만 모두 하나님 앞에서 동일한 사람이며, 두 사람 모두 흙으로 지으심을 입은 하나님의 동일한 피조물이다(6절). 그러므로 엘리후는 자신이 결코 욥을 두렵게 하거나 권위로 그를 누르지 못할 것이라고 인정한다(7절). 그는 욥에게 세상 말로 '계급장을 떼고' 논쟁하자고 제안하는 것이다. 그러나 욥은 엘리후에게 그 어떤 반응도 보이지 않는다. 최종 진술을 마친 욥에게 더 이상 발언할 기회가 주어지지 않기 때문이다.

VI. 엘리후의 증언(32:1- 37: 24)
A. 친구들과 욥을 비난함(32:1-33:33)

6. 욥은 죄를 지었다(33:8-22)

[8] 그대는 실로 내가 듣는 데서 말하였고
나는 그대의 말소리를 들었느니라
[9] 이르기를 나는 깨끗하여 악인이 아니며
순전하고 불의도 없거늘
[10] 참으로 하나님이 나에게서 잘못을 찾으시며
나를 자기의 원수로 여기사
[11] 내 발을 차꼬에 채우시고
나의 모든 길을 감시하신다 하였느니라
[12] 내가 그대에게 대답하리라
이 말에 그대가 의롭지 못하니
하나님은 사람보다 크심이니라
[13] 하나님께서 사람의 말에 대답하지 않으신다 하여
어찌 하나님과 논쟁하겠느냐
[14] 하나님은 한 번 말씀하시고
다시 말씀하시되 사람은 관심이 없도다
[15] 사람이 침상에서 졸며 깊이 잠들 때에나
꿈에나 밤에 환상을 볼 때에
[16] 그가 사람의 귀를 여시고
경고로써 두렵게 하시니
[17] 이는 사람에게 그의 행실을 버리게 하려 하심이며
사람의 교만을 막으려 하심이라

[18] 그는 사람의 혼을 구덩이에 빠지지 않게 하시며
그 생명을 칼에 맞아 멸망하지 않게 하시느니라
[19] 혹은 사람이 병상의 고통과
뼈가 늘 쑤심의 징계를 받나니
[20] 그의 생명은 음식을 싫어하고
그의 마음은 별미를 싫어하며
[21] 그의 살은 파리하여 보이지 아니하고
보이지 않던 뼈가 드러나서
[22] 그의 마음은 구덩이에,
그의 생명은 멸하는 자에게 가까워지느니라

엘리후는 욥이 자신은 참으로 억울한 고통을 당하고 있다며 탄식한 말을 회상한다(8-11절). 욥은 자신은 악인이 아니며 불의도 없는 순전하고 깨끗한 사람인데(9절) 하나님이 그를 죄인으로 몰아 원수 취급하듯이 하셨으며(10절), 그를 꼼짝 못하게 하시고 감시하신다고 했다(11절). 하나님은 그에게 지나치게 집착하시는 잔인한 분이라는 뜻이다. 이 과정에서 욥은 자신의 억울함을 "깨끗하고, 악인이 아니고, 순전하고, 불의도 없다" 등으로 네 차례나 강조한다(9절, cf. 9:20-21; 27:4-6; 31:1-40).

10-11절에서도 하나님이 그를 참으로 힘들게 하셨다는 것을 "잘못을 찾으시고, 원수로 여기시고, 차꼬를 채우시고, 감시하신다" 등 네 차례로 강조한다(Habel, cf. 13:24, 27). 그러나 욥은 이때까지 자기가 순전하고 깨끗한 사람이라고 한 적이 없다. 그는 단지 자기가 한 일(죄)에 비해 지나치게 과한 심판을 받았다고 했다(Longman). 그러므로 주석가들은 엘리후가 욥을 공정하게 평가하지 않았다고 주장한다(Andersen, Driver & Gray, Gordis, Pope).

이에 대하여 엘리후는 욥이 옳지 않다고 한다(12절). 그는 욥의 가장

큰 잘못은 하나님을 사람처럼 여기는 것이라고 한다(12c절). 하나님은 사람하고 전혀 다르신 분인데, 욥은 마치 하나님을 자기와 같은 인간처럼 생각하고 있다(cf. Gordis). 그렇다면 하나님은 어떠한 면에서 사람과 다르신가?

첫째, 하나님이 말씀하고, 안 하시고는 하나님의 자유이며 주님의 고유 주권의 일부이다. 그러므로 하나님은 사람의 모든 말에 대답하실 필요가 없다(13a절). 또한 하나님이 대답하지 않으신다고 해서 인간이 하나님의 침묵에 대하여 문제를 제기할 수 있는 것도 아니다(13b절). 하나님은 사람과 다른 분이시기 때문이다. 그런데도 욥은 마치 하나님이 자기와 같은 사람처럼 생각하는 오류를 범하고 있다.

엘리후가 욥과 친구들의 논쟁에 기여하는 것들 중 이것이 가장 중요한 요소로 생각된다. 욥과 친구들이 하나님을 지나치게 '사람(자기) 중심적'으로 말했는데, 엘리후는 그들에게 "하나님은 고유 권한을 지니신 하나님임을 인정하라"는 취지로 이 발언을 하고 있다. 하나님을 사람과 동일시하는 오류를 범하지 말라는 경고이다.

둘째, 하나님은 같은 것을 여러 차례 말씀하시기도 한다. 아담 시대부터 하나님의 음성을 들은 사람들이 참으로 많다. 심지어 선지자 사무엘은 매우 어린 나이 때부터 하나님의 음성을 들었다(삼상 3장). 문제는 사람이 하나님의 말씀에 관심이 없다는 사실이다(14절). 이런 경우 사람은 하나님을 탓할 것이 아니라, 자기 스스로를 돌아보아야 한다. 욥이 자기 문제에 너무 집착하고 있어서 하나님이 여러 차례 말씀하셨는데도 듣지 못하고는 하나님이 침묵하신다고 억지를 쓰고 있을 수도 있다는 취지의 말이다.

셋째, 하나님은 꿈과 환상을 통해 말씀하시기도 한다(15-17절). 아비멜렉, 야곱, 라반, 솔로몬, 이사야 등등의 경우에서 알 수 있듯이 하나님은 착한 사람과 악한 사람, 이방인과 자기 종들을 구분하지 않으시고 필요에 따라 꿈에 나타나 말씀하셨다. 하나님의 말씀은 사람의 악한 행실과 교만을 막으시려는 창조주의 경고이다. 교만은 착한 사람이 가장 쉽게 범할 수 있는 죄이다(Gordis). 엘리후는 욥이 꿈과 환상을 통해서 말씀하신 하나님의 경고를 무시해서 이런 지경에 이르렀을 수도 있다는 논리를 펼치고 있다.

넷째, 하나님은 사람이 멸망하는 것을 원하지 않으신다(18-22절). 하나님은 사람의 혼이 구덩이에 빠지지 않고, 영원히 멸망하지 않기를 간절히 바라신다(18절). 사람이 멸망하지 않게 하기 위하여 하나님은 때론 질병으로 사람을 징계하신다(19절; 5:17, cf. 잠 3:11-12; 히 12:5-13). 하나님은 친절하기 위하여(인간에게 자비를 베풀기 위하여) 잔인한 행동(징계를 내리신다)을 하신다(Clines). 이러한 차원에서 질병과 고난도 하나님이 사용하시는 언어이다. 질병을 앓는 사람은 음식을 싫어해(20절) 먹지 못하기 때문에 몸이 마른다(21절). 그러나 이러한 사실을 깨닫지 못하는 사람은 하나님이 경고로 내리신 질병 때문에 오히려 죽음에 더 가까이 간다(22절). 엘리후는 마치 욥이 이러한 상황을 겪고 있는 것처럼 생각하는 듯하다.

VI. 엘리후의 증언(32:1- 37: 24)
A. 친구들과 욥을 비난함(32:1-33:33)

7. 욥이 죄를 인정하면 하나님이 회복시키실 것이다(33:23-30)

[23] 만일 일천 천사 가운데 하나가
그 사람의 중보자로 함께 있어서
그의 정당함을 보일진대
[24] 하나님이 그 사람을 불쌍히 여기사
그를 건져서 구덩이에 내려가지 않게 하라
내가 대속물을 얻었다 하시리라
[25] 그런즉 그의 살이 청년보다 부드러워지며

젊음을 회복하리라
[26] 그는 하나님께 기도하므로
하나님이 은혜를 베푸사
그로 말미암아 기뻐 외치며
하나님의 얼굴을 보게 하시고
사람에게 그의 공의를 회복시키시느니라
[27] 그가 사람 앞에서 노래하여 이르기를
내가 범죄하여 옳은 것을 그르쳤으나 내게 무익하였구나
[28] 하나님이 내 영혼을 건지사
구덩이에 내려가지 않게 하셨으니
내 생명이 빛을 보겠구나 하리라
[29] 실로 하나님이 사람에게 이 모든 일을 재삼 행하심은
[30] 그들의 영혼을 구덩이에서 이끌어
생명의 빛을 그들에게 비추려 하심이니라

하나님은 분명 악인을 심판하시지만, 죄인은 불쌍히 여기고 구원하신다. 하나님의 징계를 받아 죽어가는 사람이라 할지라도 만일 천사들 중 하나가 그가 멸망한 일을 하지 않았다며 중보하면(23절), 하나님은 이미 그 사람에 대한 대속물을 받았다고 그를 불쌍히 여겨 죽음을 면하게 하신다(24절, cf. 출 21:30; 30:12; 민 35:31). 일부 주석가들은 천사가 사람을 위하여 중보하는 것은 구약성경에서도 매우 후기 시대에 일어나는 현상이라고 주장한다(Newsom). 하지만 이미 창세기에서부터 천사들은 사람들의 삶에 개입해 왔다. 그것을 보면 별로 설득력이 있는 주장은 아니다. 그런데 이 대속물은 무엇을 의미하는가? 과거에 행했던 선행인가, 혹은 회복된 다음에 할 회개인가, 혹은 둘 다를 의미하는가는 확실하지가 않다(Dhorme, Driver & Gray, Habel, Longman).

하나님이 불쌍히 여기신 사람의 병든 몸은 다시 회복될 것이다(25

절). 그가 하나님께 기도하면 주님이 그에게 은혜를 베푸신다. 하나님의 은혜로 말미암아 회복된 사람은 더 기뻐한다(26절). 하나님은 그에게 자기 얼굴을 보게 하시며, 그를 의롭다고 하신다. 하나님과 죄인의 관계가 회복되는 것이다.

감당하기 힘든 은혜를 입은 사람은 자기 죄를 회개할 것이며(27절), 그를 죽음에서 구원하신 하나님을 찬양한다(28절). 하나님이 이런 일을 태초 이후 계속 반복적으로 하시는 것은 죽어 마땅한 사람들을 죽음의 구덩이에서 이끌어내 생명의 빛에 거하게 하기 위해서이다. 하나님은 죄인이 죽는 것도 원하지 않으시는 사랑과 용서의 하나님이며 생명의 주(主)이시다.

엘리후가 이런 말을 한 것은 욥을 염두에 두었기 때문이다. 그는 지금이라도 욥이 회개하면 하나님은 분명 그의 영화와 영광을 되돌려 주실 것을 확신한다. 문제는 욥이 회개할 만한 죄를 지은 적이 없다는 사실이다.

8. 욥은 나의 지혜에서 배우라(33:31-33)

[31] 욥이여 내 말을 귀담아들으라
잠잠하라 내가 말하리라
[32] 만일 할 말이 있거든 대답하라
내가 기쁜 마음으로 그대를 의롭다 하리니
그대는 말하라
[33] 만일 없으면 내 말을 들으라
잠잠하라 내가 지혜로 그대를 가르치리라

엘리후는 욥에게 할 말이 있으면 해보라고 권면한다(32절). 만일 할 말이 없으면 잠잠히 자기 말을 들으라고 한다(31, 33절). 엘리후는 자기 말은 지혜로우며, 욥을 가르치기에 충분하다고 생각한다. 그는 이때까지 욥과 세 친구가 가지지 못했던 지혜를 자신이 가지고 있다고 확신한다. 어떻게 생각하면 이런 엘리후가 교만하다고 할 수 있지만, 저자는 엘리후의 역할을 상당히 긍정적으로 보는 것 같다. 그는 넘치는 자신감으로 이런 말을 하고 있다.

VI. 엘리후의 증언(32:1- 37: 24)

B. 정의로우신 하나님(34:1-37)

엘리후는 드디어 긴 서론을 마무리하고 본격적으로 욥에게 문제를 제기하기 시작한다. 욥은 하나님의 정의와 주권과 자유를 침해하는 잘못된 주장을 하고 있다. 하나님은 인간과 전적으로 다르시기 때문에 하나님을 마치 자기와 동일한 사람처럼 생각하는 욥의 주장은 잘못되었다. 엘리후는 욥이 처한 상황에 대하여는 별 관심이 없다. 그는 욥이 마치 하나님의 공의와 정의에 대하며 모든 것을 아는 사람처럼 떠든다며 진실을 왜곡시키지 말라고 욥을 나무란다. 본문은 다음과 같이 구분될 수 있다.

A. 서론: 옳은 판단을 하는 지혜를 구하라(34:1-4)
B. 욥은 잘못된 주장을 하고 있다(34:5-9)
C. 하나님은 정의로 세상을 다스리신다(34:10-15)
D. 의로우신 하나님의 절대적인 주권을 인정하라(34:16-28)
C′. 하나님은 고유한 자유로 세상을 다스리신다(34:29-33)
B′. 욥은 죄인이다(34:34-37)

VI. 엘리후의 증인(32:1- 37: 24)
B. 정의로우신 하나님(34:1-37)

1. 서론: 옳은 판단을 하는 지혜를 구하라(34:1-4)

[1] 엘리후가 말하여 이르되
[2] 지혜 있는 자들아 내 말을 들으며
지식 있는 자들아 내게 귀를 기울이라
[3] 입이 음식물의 맛을 분별함같이
귀가 말을 분별하나니
[4] 우리가 정의를 가려내고
무엇이 선한가 우리끼리 알아보자

엘리후는 '지혜 있는 자들'에게 자기 말을 들어달라고 한다(2절). 아마도 서로 지혜자라며 이때까지 논쟁을 한 욥과 친구들을 칭하는 말이지만, 엘리후가 32장에서 갑자기 모습을 드러낸 것으로 보아 이들이 논쟁을 벌이는 장소에 모여 지켜보고 있는 다른 사람들을 함께 칭하는 말일 수 있다(cf. Longman). 만일 엘리후가 욥과 친구들에게만 이 말을 하는 것이라면, 그는 냉소적으로 그들을 비꼬고 있다. 엘리후는 이미 그들이 지혜가 없다고 비난했기 때문이다. 그럼에도 불구하고 그는 친구들을 자기편으로 끌어들이고 싶어 했을 것이다(Clines).

그는 사람의 입이 음식의 맛을 구분하는 것처럼 사람의 귀도 지혜로운 말과 어리석은 말을 구분한다고 확신한다(3절). 욥도 동일한 격언을 12:11에서 사용했다. 지금부터 자기가 하는 말은 그들의 귀가 지혜로운 말로 받아들일 것이라고 확신한다.

엘리후가 그들에게 지혜를 말하고자 하는 가장 기본적인 이유는 정의와 불의를 구분하고 선과 악을 가리기 위해서이다(4절). 지혜의 가장 기본적인 목적은 정의(מִשְׁפָּט)와 선(טוֹב)을 추구하는 것이라는 뜻이다. 욥은 자신이 겪고 있는 고통을 당할 만한 악을 행하지 않았기 때문에 하나님이 정의롭지 못하다고 했다. 친구들은 하나님은 정의로우신 분이기 때문에 욥이 선을 행했다면 고통을 당할 리 없다고 했다. 이러한 상황에서 엘리후는 누구 주장이 옳은가에 대하여 논쟁해보자고 한다. 지혜는 매우 실용적이다. 우리의 삶에서 선과 악을 구분하고 정의와 불의를 가려내기 때문이다.

VI. 엘리후의 증언(32:1- 37: 24) B. 정의로우신 하나님(34:1-37)

2. 욥은 잘못된 주장을 하고 있다(34:5-9)

[5] 욥이 말하기를
내가 의로우나 하나님이 내 의를 부인하셨고
[6] 내가 정당함에도 거짓말쟁이라 하였고
나는 허물이 없으나 화살로 상처를 입었노라 하니
[7] 어떤 사람이 욥과 같으랴
욥이 비방하기를 물 마시듯 하며
[8] 악한 일을 하는 자들과 한패가 되어
악인과 함께 다니면서
[9] 이르기를 사람이 하나님을 기뻐하나
무익하다 하는구나

엘리후는 욥의 주장을 세 가지로 요약한다.

첫째, 욥은 자신은 의로운데 하나님이 그의 의를 부인하셨다고 한다(5절, cf. 13:18; 19:6-8; 27:2-6). '부인하다'(סור)는 '가져가다' 혹은 '허락하지 않다'라는 의미를 지녔다(cf. HALOT). 우연히 혹은 실수로 빚어진 일이 아니라, 하나님이 의도적으로 하신 일이라는 뜻이다. 욥은 최선을 다해 하나님 앞에서 어떤 부끄러움도 없는 의로운 삶을 살았는데,

하나님이 그의 의로움을 인정하지 않으셨다. 창조주께서 세상을 다스릴 때 기준으로 삼는 공의(מִשְׁפָּט)로 욥을 판단하지 않으신 것이다(14:3; 19:7). 그렇다면 하나님과 욥의 의에 대한 기준이 다르든지, 혹은 하나님이 욥의 의로움을 대수롭게 여기시든지, 두 가지 가능성이 있다. 그러나 알다시피 하나님도 욥의 의로움을 인정하셨다(1:8; 2:3). 욥의 생각은 착각에 불과하다.

둘째, 욥은 자신은 정직하게 진실을 말했지만, 하나님은 그를 거짓말쟁이로 몰아 그를 화살로 찌르셨다고 했다(6a절). 욥은 하나님의 화살로 생긴 그의 상처는 치료할 수 없다(אָנוּשׁ)며 절망적으로 탄식했다. 엘리후는 욥이 자기의 억울함을 호소하기 위해 사용한 이미지를 재활용해서 그를 공격한다(cf. 6:4; 16:13).

6절을 정확히 번역하기는 상당히 어렵다(cf. 새번역, 공동, NAS, KJV). 마소라 사본에서 본문을 구성하고 있는 단어들의 일부가 빠진 듯한 느낌을 주기 때문이다. 그러나 전반적인 의미는 어느 정도 확실하게 추측할 수 있다. 하나님은 이때까지 침묵하셨고, "심은 대로 거둔다"며 욥을 거짓말쟁이로 몰아갔다. 고난에 찌든 욥은 하나님의 음성과 친구들의 음성을 혼동하고 있다.

셋째, 욥은 자신이 벌을 받을 만한 일을 한 적이 없는데 심판하시는 이의 화살에 맞아 괴로워하고 있다고 했다(6b절). 욥은 참으로 억울한 일을 경험하고 있다. 그러나 엄밀히 따지면 그에게 화살을 쏜 자는 하나님이 아니라 고발자다. 그러므로 욥은 하나님이 하시는 일과 고발자가 한 일을 혼동하고 있다.

욥은 왜 이처럼 왜곡된 시각을 가지게 되었을까? 자신이 경험하고 있는 상황을 판단의 시발점으로 삼았기 때문이다. 삶에서 경험하고 있는 일에서 원인을 추론하다 보니 빚어진 일이다. 반면에 성경은 하나님의 말씀을 기준으로 삼아 인과관계의 추론을 시작해야 한다고 한다. 쉽게 말해서 우리의 경험으로 하나님의 말씀을 해석하면 이런 오류를 범할 수 있으므로, 하나님의 말씀과 기준인 성경으로 우리의 경험을 해석해야 한다.

엘리후는 욥이 이 세 가지로 억울함을 호소하는데, 그의 주장이 결코 용납되어서는 안 되는 악이라고 한다. 엘리후가 욥의 주장을 세 가지로 요약한 것처럼 그에 대한 비난도 세 가지에 비유한다.

첫째, 욥은 하나님 비방하기를 물을 마시듯 한다(7b절). 시도 때도 없이 온종일 하나님을 원망한다. 욥의 입장에서는 엘리후의 평가가 다소 억울하게 느껴질 수 있다.

둘째, 욥은 악인들과 한패가 되었다(8절). 욥은 어느덧 선하신 하나님을 비방하는 악인들과 별반 다를 바가 없다. 엘리후는 욥이 아예 악인들과 함께 다닌다며 그의 언행을 비난한다(cf. 시 1:1; 잠 1:8-19). 지혜의 가장 기본적인 역할은 선과 악을 구분해 악을 배제하고 선을 추구하는 것이다. 그러므로 엘리후는 욥이 지혜롭지 않다고 단언한다. 이 또한 욥의 입장에서는 억울한 말이다.

셋째, 욥은 하나님을 섬기고 기뻐해보았자 아무 소용이 없다고 떠들고 다닌다(9절). 엘리후는 욥의 이 같은 말이 비뚤어진 신학의 결정체라고 생각한다(Clines). 사람이 이 땅에서 하나님을 경외하면 참으로 많은 이득이 따른다. 사람이 이런 이득을 생각하고 하나님을 섬기는 것은 바람직하지 않지만, 그럼에도 불구하고 신앙을 유지하는 데는 도움이 된다. 그런데 욥은 하나님을 경외하는 일은 어떤 이득도 주지 않는다며 불만을 토로한다.

엘리후가 욥에 대하여 이렇게 말하는 것은 옳지 않다. 이미 1:9에서 고발자가 하나님께 "욥이 이유 없이(이득이 없다면) 하나님을 경외하겠습니까? 하나님이 그에게 많은 복을 내리시니 그가 주님을 경외하는 것입니다"라는 주장을 펼쳤다가 사실이 아닌 것으로 확인되었다. 욥은 아무런 대가도 바라지 않고 주님을 경외한다. 그러므로 엘리후의 이 말도 욥을 매우 불편하게 했을 것이다

VI. 엘리후의 증언(32:1- 37: 24)
B. 정의로우신 하나님(34:1-37)

3. 하나님은 정의로 세상을 다스리신다(34:10-15)

[10] 그러므로 너희 총명한 자들아 내 말을 들으라
하나님은 악을 행하지 아니하시며
전능자는 결코 불의를 행하지 아니하시고
[11] 사람의 행위를 따라 갚으사
각각 그의 행위대로 받게 하시나니
[12] 진실로 하나님은 악을 행하지 아니하시며
전능자는 공의를 굽히지 아니하시느니라
[13] 누가 땅을 그에게 맡겼느냐
누가 온 세상을 그에게 맡겼느냐
[14] 그가 만일 뜻을 정하시고
그의 영과 목숨을 거두실진대
[15] 모든 육체가 다 함께 죽으며
사람은 흙으로 돌아가리라

앞 섹션(5-9절)에서 엘리후는 욥이 악인처럼 생각하고 행동한다며 그를 비난했다. 이번에는 욥이 주장하는 바의 요약이라며 앞에서 말했던 내용을 정면으로 반박한다.

첫째, 하나님은 결코 악을 행하시는 분이 아니다(10절). 욥이 자신은 억울하다는 입장을 고수하고 있는데, 엘리후가 보기에는 욥의 주장이 결국 하나님을 악인으로 몰아가는 효과를 발휘한다. 이런 상황에서 엘리후는 '총명한 사람들'(אַנְשֵׁי לֵבָב, 문자적으로는 '심장을 지닌 사람들')을 불러 욥의 주장의 어리석음을 판단하라며 하나님은 악을 행하시는 분이 아니라고 단호하게 선언한다.

둘째, 하나님은 사람들에게 그들의 행위에 따라 갚으시는 분이다(11

절). 만일 권선징악의 원리에 따라 하나님이 욥에게 고통을 주셨다면, 욥은 분명 하나님께 죄를 지었기 때문에 이런 일을 당하고 있다. 하나님은 악을 행하시는 분도, 공의(모든 사람을 공평하게 판단하고 대하는 일)를 굽게 하시는 분도 아니기 때문이다(12절). 엘리후는 자기는 분명 세 친구들과 다르다고 했지만, 그의 논리는 그들의 주장과 같다(Longman).

셋째, 하나님은 그 누구도 침해할 수 없는 절대적인 주권을 지니신 분이다(13절). 하나님은 세상에 대한 통치권을 누구에게 위탁받으신 적이 없으며 자신이 창조한 세상을 자기가 원하는 대로 다스리신다. 엘리후는 만일 이 두 가지 사항(하나님은 악을 행하는 분이 아니며, 권선징악의 원리에 따라 욥을 심판하신 것)이 욥이 처한 상황에 적용되지 않는다면, 이 세 번째 원칙을 생각해보라고 암시하고 있다.

하나님이 자유 의지에 따라 세상을 다스리신다는 것은 어떻게 생각하면 하나님이 원칙이 없고 독선적인 분이라는 인상을 주지만, 하나님이 창조하신 세상을 그분이 원하는 대로 다스리시는 것은 당연한 일이다. 하나님에 의해 창조되었고 주님의 다스림을 받는 인간에게는 설령 불공평하다는 생각이 든다 할지라도 창조주에게 문제 제기를 할 권리가 없다.

그러므로 절대적인 주권을 지닌 하나님이 사람의 생사를 자유롭게 결정하시는 것은 당연한 일이다(14절). 인간은 그렇게 결정한 창조주에 의하여 지음을 받았고, 그 창조주가 다스리는 세상에서 살고 있기 때문이다. 하나님이 결정하시면 사람뿐만 아니라 모든 생명을 지닌 것들이 함께 죽으며, 사람은 한 줌의 흙이 되어 흙으로 돌아간다(15절, cf. 창 2:7; 3:19). 엘리후는 하나님이 결정하시면 모든 살아 있는 사람이 지닌 세 가지, 곧 영(רוּחַ)과 목숨(נְשָׁמָה)과 육체(בָּשָׂר)가 죽는다고 말함으로써 무한하게 크신 하나님의 주권과 한없이 무능한 인간을 대조한다(14-15절).

VI. 엘리후의 증언(32:1- 37: 24)
B. 정의로우신 하나님(34:1-37)

4. 의로우신 하나님의 절대적인 주권을 인정하라(34:16-28)

[16] 만일 네가 총명이 있거든 이것을 들으며
내 말소리에 귀를 기울이라
[17] 정의를 미워하시는 이시라면 어찌 그대를 다스리시겠느냐
의롭고 전능하신 이를 그대가 정죄하겠느냐
[18] 그는 왕에게라도 무용지물이라 하시며
지도자들에게라도 악하다 하시며
[19] 고관을 외모로 대하지 아니하시며
가난한 자들 앞에서 부자의 낯을 세워주지 아니하시나니
이는 그들이 다 그의 손으로 지으신 바가 됨이라
[20] 그들은 한밤중에 순식간에 죽나니
백성은 떨며 사라지고
세력 있는 자도 사람의 손을 빌리지 않고 제거함을 당하느니라
[21] 그는 사람의 길을 주목하시며
사람의 모든 걸음을 감찰하시나니
[22] 행악자는 숨을 만한 흑암이나
사망의 그늘이 없느니라
[23] 하나님은 사람을 심판하시기에
오래 생각하실 것이 없으시니
[24] 세력 있는 자를 조사할 것 없이 꺾으시고
다른 사람을 세워 그를 대신하게 하시느니라
[25] 그러므로 그는 그들의 행위를 아시고
그들을 밤사이에 뒤집어엎어 흩으시는도다
[26] 그들을 악한 자로 여겨
사람의 눈앞에서 치심은

[27] 그들이 그를 떠나고
그의 모든 길을 깨달아 알지 못함이라
[28] 그들이 이와 같이하여
가난한 자의 부르짖음이 그에게 상달하게 하며
빈궁한 사람의 부르짖음이 그에게 들리게 하느니라

엘리후는 하나님이 공의롭게 그를 판단하지 않았기 때문에 자신이 억울한 일을 당했다고 말하는 욥의 주장은, 하나님은 정의를 미워하시는 분이며 의롭지 않다고 말하는 것과 같다고 한다(17절). 그러나 엘리후는 '전능하신 분'(כַּבִּיר)은 정의상 '의로우신 분'(מִשְׁפָּט)이라고 한다(Clines). 그러므로 욥이 이렇게 말하는 것은 지혜롭지 못하다(cf. 1절).

엘리후는 욥이 총명하지 못하다고 단정하며 이 섹션을 시작한다(16절). 욥은 오로지 자기가 아는 기준으로 전능하신 하나님의 정의와 공의를 평가하는 오류를 범하기 때문이다. 그렇다면 사람이 하나님의 공의와 정의를 생각할 때 그가 아는 공의와 정의 개념 외에 무엇을 더 고려해야 한단 말인가?

엘리후는 전능하신 하나님은 사람과 완전히 다른 분(존재)이라는 사실을 인정해야 한다고 한다(18-20절).

첫째, 하나님은 세상의 최고 통치자로서 사람과 비교할 수 없는 능력을 가지셨다. 하나님은 한 나라를 통치하는 유능한 왕을 무용지물로 생각하고 지도자들도 약하다고 생각하신다(18절, cf. 단 5장). '무용지물'(בְּלִיָּעַל)은 무능함보다는 악함을 강조하는 단어이다(cf. NAS, NRS, TNK). 고대 근동 사회에서 왕은 권력을 가졌을 뿐만 아니라 그 나라에서 가장 큰 지혜자로 여겨졌다. 그래서 왕은 법정에서 최종 판결권을 가지기도 했다. 그러므로 엘리후가 하는 말의 의도는 세상에서 가장 지혜로운 자들도 선하신 하나님이 보시기에는 악하고 어리석다는 뜻이다. 하나님은 사람과 전적으로 다른 분이신데, 욥은 자꾸 인간을 평가하듯이 하나님을 평가하려 한다는 비난이다.

둘째, 하나님은 세상의 최고 통치자로서 사람들을 외모로 판단하지도 않으실 뿐만 아니라, 신분이 높은 사람이라 해서 특별히 선처하지도 않으신다(19절). 사람들은 외모와 사회적 지위 등으로 사람들을 판단하기 십상인데 하나님은 사람들을 판단할 때 이런 요소들에 영향을 받지 않으신다. 하나님이 세상 사람들 중 일부가 아니라 모두를 자기 손으로 직접 지으셨기 때문이다. 하나님 앞에서 모든 사람은 동등하게 지음받은 피조물이다.

셋째, 하나님은 절대적인 주권으로 세상을 통치하시는 분이다. 하나님이 결정하시면 사람들은 한밤중에라도 순식간에 죽으며, 민족이라도 순식간에 사라진다(20a절). 한밤중은 하나님은 낮(빛)을 지배하실 뿐만 아니라 밤(어둠)도 지배하시며, 천사들의 활동이 밤에 주로 이루어지는 것을 반영하고 있는 듯하다(cf. 유월절 밤에 죽음의 천사가 이집트 장자들을 죽인 일). 하나님은 사람의 손을 빌리지 않고 아무리 권세가 높은 사람이라도 순식간에 몰락시키실 수 있다(20b절). 엘리후는 인간은 하나님이 자기 뜻을 이루기 위해 사용하시는 장기의 졸(卒)에 불과하다고 말한다.

엘리후는 인간과 전적으로 다른 하나님이 세상을 공평하게 다스리신다고 한다(21-22절). 하나님은 모든 사람의 행동을 감찰하신다(21절). 선한 일을 한 사람에게는 복을 주시고, 악한 일을 한 사람은 벌하신다는 의미이다. 세상 그 누구도 하나님의 심판을 피할 수는 없다. 악을 행한 사람들이 하나님의 심판을 피하기 위하여 숨을 만한 곳이 주님이 창조하고 다스리시는 세상에는 없기 때문이다.

엘리후는 하나님의 악에 대한 심판은 신속하게 이루어진다고 한다(23-25절). 하나님은 사람을 심판할 때 오래 생각하지 않으신다(23절). 하나님은 모든 것을 알고 계시기 때문에 신속하게 결단을 내리실 수 있다. 권세자라 할지라도 죄를 지으면 순식간에 그를 꺾고 다른 사람을 그의 자리에 세워 다스리게 하신다(24절). 심지어는 밤사이에(아침이 되기 전까지의 짧은 시간에) 악인들을 내치기도 하신다(25절). 하나님은 모든 사람의 일거수일투족을 헤아리고 계시기 때문에 그들을 심판할 때 지체하지 않고 곧바로 하신다.

그렇다면 하나님은 어떤 사람을 벌하시는가? 사회 지도층 혹은 관직자들을 치신다(cf. 24-25절). 관직자들 중에도 하나님을 떠나고 주님의 모든 길을 알지 못하는 악한 사람들을 치신다(26-27절). 하나님은 그들을 사람들 앞에서(공공 장소에서) 공개적으로 치신다(26절, cf. Good, Pope). 지도자들 혹은 관직자들의 처벌은 공개적이야 한다. 그들의 잘못이 사회에 부정적인 영향을 미쳤고, 대중에게 하나님의 공의와 정의가 유효하다는 것을 보여 주어야 하기 때문이다. 또한 공개적인 처벌은 처벌받는 관직자들의 뒤를 이을 사람들에게 신중해야 한다는 학습효과를 발휘한다.

하나님은 인간을 창조하셨고 우리가 서로 사랑하며 선을 베풀고 살라고 하신다. 또한 우리가 가야 할 길을 보이셨다. 그러나 사람들은 하나님이 주신 기준과 가치관으로 살지 않는다. 그러므로 폭력과 착취가 세상에 만연한다. 권세가들의 착취에 눈물 흘리는 가난한 사람의 부르짖음이 하나님께 상달되고, 권력의 희생양이 된 사람들의 울부짖음이 하나님께 들린다(28절). 이런 상황이 전개되면 심판하시는 하나님이 가해자들을 치신다. 정의로우신 하나님이 자신이 다스리는 세상에서 불의를 용납하실 수 없기 때문이다.

VI. 엘리후의 증언(32:1- 37: 24)
B. 정의로우신 하나님(34:1-37)

5. 하나님은 고유한 자유로 세상을 다스리신다(34:29-33)

[29] 주께서 침묵하신다고 누가 그를 정죄하며

그가 얼굴을 가리신다면 누가 그를 뵈올 수 있으랴
그는 민족에게나 인류에게나 동일하시니
30 이는 경건하지 못한 자가 권세를 잡아
백성을 옭아매지 못하게 하려 하심이니라
31 그대가 하나님께 아뢰기를
내가 죄를 지었사오니
다시는 범죄하지 아니하겠나이다
32 내가 깨닫지 못하는 것을 내게 가르치소서
내가 악을 행하였으나 다시는 아니하겠나이다 하였는가
33 하나님께서 그대가 거절한다고 하여
그대의 뜻대로 속전을 치르시겠느냐
그러면 그대가 스스로 택할 것이요
내가 할 것이 아니니 그대는 아는 대로 말하라

엘리후는 하나님은 고관들과 지도자들을 공개적으로 벌하신다고 했다. 그러나 하나님이 범죄자들을 벌하지 않으시는 경우도 종종 있다. 그렇다고 해서 사람이 하나님의 침묵을 탓할 수 있는가?(29절). 창조주이며 세상을 다스리시는 하나님이 세상에서 일어나는 모든 부조리와 사람들의 질문에 반드시 답하셔야 하는가? 엘리후는 그렇지 않다고 한다. 하나님께는 사람들의 질문에 침묵하실 자유가 있고 모든 사람에게 자기 얼굴을 보이지 않으실 권리가 있다(29a-b절). 엘리후는 하나님이 자기의 질문에 응답하지 않으신다며 불만을 토로하는 욥을 우회적으로 비난하고 있다.

하나님은 사람에게 응답하지 않아도 되는 자유를 지니셨으며, 모든 민족과 인류에게 공평하시다고 엘리후는 말한다(29c절). 만일 하나님이 모든 사람을 공평하게 대하지 않으시면 경건하지 않은 사람이 권세를 잡아 백성들을 괴롭힐 수도 있기 때문이다(30절). 하나님의 자유 행사가 결코 혼란과 불의를 야기하지는 않는다는 의미이다. 하나님이 특별한 신분을 지닌 사람들을 편애하신다면 이런 일이 있을 수 있다.

이어 엘리후는 욥에게 하나님께 죄를 고백한 적이 있냐고 묻는다(31-32절). 하나님께 용서를 구하며 다시는 죄를 짓지 않겠다고 다짐한 적이 있는지를 묻는다(31절). 만일 욥이 깨닫지 못해(지혜가 부족하여) 죄를 지었다면, 하나님께 그를 가르쳐 달라고, 그래야 다시는 악을 행하지 않을 것이라며 간절히 기도한 적이 있는가를 묻는다(32절). 엘리후는 욥에게 자기 성찰을 충분히 했는지를 묻고 있다.

33절을 정확하게 번역하기가 쉽지 않다(Alden, Clines, cf. 새번역, 공동, NIV, RSV, NAS). 이 구절의 메시지는 욥이 하나님의 심판을 거절한다고 하나님이 욥이 원하는 대로 심판을 바꾸지는 않으실 것이라는 뜻이다. 이러한 사실을 현실로 받아들이거나 거부하는 것은 욥이 선택할 일이다. 그러므로 공동번역이 가장 적절하게 표현하고 있다. "당신이 죄를 인정하지 않기 때문에 하나님께서 당신 뜻대로 움직이실 거라 생각하십니까? 이것은 당신이 결정할 일입니다. 그러니 답할 말이 있다면 해보십시오." 엘리후는 욥에게 자신의 생각의 틀에서 벗어나 상황을 판단하라고 권면한다.

VI. 엘리후의 증언(32:1- 37: 24)
B. 정의로우신 하나님(34:1-37)

6. 욥은 죄인이다(34:34-37)

34 슬기로운 자와 내 말을 듣는 지혜 있는 사람은
반드시 내게 말하기를
35 욥이 무식하게 말하니
그의 말이 지혜롭지 못하도다 하리라
36 나는 욥이 끝까지 시험받기를 원하노니

이는 그 대답이 악인과 같음이라
[37] 그가 그의 죄에 반역을 더하며
우리와 어울려 손뼉을 치며
하나님을 거역하는 말을 많이 하는구나

엘리후는 이 섹션에서 욥에게 돌직구를 날린다. "무식과 고집을 버리라!" 그는 세상에 있는 모든 지혜로운 사람은 욥의 억울함을 인정하는 것이 아니라, 오히려 그를 무식한 사람으로 취급한다고 한다(34-35절). '슬기로운 사람들'(אַנְשֵׁי לֵבָב, 24절)을 문자적으로 풀이하면 '마음의 사람들/마음[생각]을 지닌 사람들'이다. 누구든 생각이 있는 사람이라면 모두 욥을 나쁘다고 할 것이다. 엘리후는 욥이 지혜와 슬기에서 멀리 떨어져 있다고 한다. 아마도 그는 친구들의 욥에 대한 평가를 염두에 두고 이런 말을 하는 것 같다.

생각을 지닌 사람은 모두 고집과 무식을 버리기를 꺼리는 욥을 보고 그가 끝까지 시험받기를 원한다(36a절). '끝까지'(עַד־נֶצַח)는 시간의 흐름보다는 '철저하게'(thoroughly)라는 의미를 지녔다(cf. HALOT). 그들은 욥이 이미 지은 죄도 모자라서 반역을 더하는 악인처럼 굴고 있으므로(36b-37a절), 하나님이 그가 '항복할 때까지' 철저하게 그를 연단시켜야 한다고 생각한다.

개역개정이 "우리와 어울려 손뼉을 친다"(37b절)로 번역한 구절의 의미가 혼란스럽다(cf. 새번역, 공동, 아가페, NAS, NIV, TNK, MSG). 여러 번역본들 중 새번역이 의미를 가장 잘 전달하고 있다. "욥 어른은 자신이 지은 죄에다가 반역까지 더하였으며, 우리가 보는 앞에서도 하나님을 모독하였습니다." 엘리후는 욥을 배교자로 몰아가고 있다. 욥에게는 매우 불공평하고 억울한 정죄이다.

VI. 엘리후의 증언(32:1- 37: 24)

C. 욥의 독선을 비난함(35:1-16)

엘리후는 앞에서 시작된 욥의 주장에 대한 반박을 이어가고 있다. 이번에도 그는 하나님은 사람과 전적으로 다르시며, 인간의 모든 부르짖음에 응답하지도, 응답할 책임도 없다는 논리를 바탕으로 담화를 이어간다. 또한 그는 아직 하나님이 욥을 심판하지 않으셨기 때문에 그가 하나님에 대하여 함부로 말하고 있다는 주장으로 이 섹션을 마무리한다. 본문은 다음과 같이 구분된다.

A. 사람은 하나님께 영향을 미치지 못한다(35:1-8)
A′. 사람은 하나님께 부르짖지 않는다(35:9-13)
B. 하나님이 아직 욥을 벌하지 않으셨다(35:14-16)

VI. 엘리후의 증언(32:1- 37: 24)
C. 욥의 독선을 비난함(35:1-16)

1. 사람은 하나님께 영향을 미치지 못한다(35:1-8)

[1] 엘리후가 말을 이어 이르되
[2] 그대는 이것을 합당하게 여기느냐
그대는 그대의 의가 하나님께로부터 왔다는 말이냐
[3] 그대는 그것이 내게 무슨 소용이 있으며
범죄하지 않는 것이 내게 무슨 유익이 있겠느냐고 묻지마는
[4] 내가 그대와 및 그대와 함께 있는
그대의 친구들에게 대답하리라
[5] 그대는 하늘을 우러러보라
그대보다 높이 뜬 구름을 바라보라

6 그대가 범죄한들 하나님께 무슨 영향이 있겠으며
그대의 악행이 가득한들 하나님께 무슨 상관이 있겠으며
7 그대가 의로운들 하나님께 무엇을 드리겠으며
그가 그대의 손에서 무엇을 받으시겠느냐
8 그대의 악은 그대와 같은 사람에게나 있는 것이요
그대의 공의는 어떤 인생에게도 있느니라

욥은 자기는 의로운데 억울한 일을 당했다고 한다. 이에 대하여 엘리후는 욥에게 그의 의로움이 어디서 온 것인지를 생각해 보라고 한다(2절). 이때까지 엘리후는 하나님은 전적으로 인간과 다른 분이라는 점을 강조해왔다. 그러므로 욥이 하나님께 의롭다고 인정을 받으려면 그가 하나님의 의에 대한 기준에 합당한 삶을 살든지, 혹은 하나님이 주신 의를 지니고 있어야 한다고 한다. 그는 욥의 의에 대해 문제를 제기하고 있다.

엘리후의 문제 제기에 대해 욥이 자신의 의의 출처가 하나님이든 자기 스스로에게서 난 것이든 무슨 상관이 있냐고 반론할 수도 있다(3a절). 하나님의 의로우신 심판이 더 이상 세상을 다스리지 않으니(무너졌으니) 설령 그가 죄를 짓지 않고 의인으로 살아도 별 의미가 없다고 생각할 수 있다는 것이다(3b절).

이에 대하여 엘리후는 인간의 선과 악은 그의 주변 사람들에게나 영향을 미치지 하나님께는 그 어떠한 영향도 끼치지 않는다고 선언한다(5-8절). 하나님이 창조하신 세상을 보면 참으로 놀랍고 위대한 것들이 많다(5절). 이러한 상황을 생각해보면 사람은 하나님이 창조하신 위대한 세상의 지극히 제한된 부분을 차지하는 별로 중요한 존재는 아니라는 생각이 든다.

그러므로 사람이 선하게 살든 악을 행하든 창조주 하나님은 별 상관을 하지 않으신다(6절). 인간의 행위는 하나님께 그 어떠한 영향도 미치지 않는다는 주장이다. 그러므로 욥이 의롭게 살았다 할지라도 그것은 자신을 위한 것이지, 하나님을 위한 것이 아니다(7절). 사람이 의를 행하는 것은 자신과 자기 이웃 등 인간을 위한 것이기 때문에 하나님께는 어떠한 영향도 미치지 않는다는 논리이다.

엘리후는 욥의 악과 의로움은 세상 모든 사람에게서 볼 수 있는 지극히 평범한 것들이라고 한다(8절). 욥은 자신의 의가 대단하다고 생각할지 몰라도 창조주 입장에서는 특별한 관심을 쏟을 정도로 대단한 것은 아니라는 논리이다. 엘리후는 결국 사람의 의와 악은 각자의 소관이며, 자신과 이웃들을 위해서 행하는 것이지 하나님을 위한 것이 아니므로 욥이 당면한 고난을 너무 억울해하지 말라고 권면한다.

우리는 엘리후의 주장을 어떻게 생각해야 하는가? 인간의 선과 악이 하나님께 어떠한 영향도 미치지 않는다는 것은 잘못된 주장이다. 성경은 우리가 이 땅에서 어떻게 사는가는 하나님께 매우 중요하다고 가르친다. 오죽하면 예수님은 우리가 이 땅에서 매면 하늘에서도 매일 것이고, 이 땅에서 풀면 하늘에서도 풀릴 것이라고 하셨다(마 16:19).

엘리후는 하나님이 사람과 다르시다는 점을 강조하기 위해 이미 앞에서 언급한 '개미 논리'를 사용한다. 개미들 중에도 분명 착한 개미가 있고, 악한 개미가 있을 텐데, 사람이 개미 떼를 볼 때는 어떠한 차이도 보지 못하며, 개미들의 행실로 인해 영향을 받지도 않는 것처럼, 하나님이 사람들을 보시고 대하실 때도 마찬가지라는 논리이다. 이 논리는 성경적이지 않다.

VI. 엘리후의 증언(32:1- 37: 24)
C. 욥의 독선을 비난함(35:1-16)

2. 사람은 하나님께 부르짖지 않는다(35:9-13)

[9] 사람은 학대가 많으므로 부르짖으며

군주들의 힘에 눌려 소리치나
[10] 나를 지으신 하나님은 어디 계시냐고 하며
밤에 노래를 주시는 자가 어디 계시냐고 말하는 자가 없구나
[11] 땅의 짐승들보다도 우리를 더욱 가르치시고
하늘의 새들보다도 우리를 더욱 지혜롭게 하시는 이가
어디 계시냐고 말하는 이도 없구나
[12] 그들이 악인의 교만으로 말미암아
거기에서 부르짖으나 대답하는 자가 없음은
[13] 헛된 것은 하나님이 결코 듣지 아니하시며
전능자가 돌아보지 아니하심이라

엘리후는 앞 섹션에서 사람은 하나님께 별 영향을 미치지 못한다고 했다. 그럼에도 불구하고 사람은 하나님께 부르짖어야 한다. 하나님만이 그들을 도우실 수 있기 때문이다. 안타깝게도 사람들은 악인들의 억압과 학대를 경험하면 힘들다고 소리를 지르지만(9절), 정작 그들을 도우실 수 있는 하나님께는 부르짖지 않는다(10–11절).

엘리후는 사람들이 환난을 경험하면서도 하나님을 찾지 않는다고 했는데 그 하나님에 대해 네 가지로 묘사한다.

첫째, 하나님은 사람을 지으신 창조주이다(10a절). 그렇다면 하나님의 피조물이 힘이 들 때 자신을 지으신 이에게 도움을 청하는 것은 당연한 일이다. 하지만 사람들은 그렇게 하지 않는다.

둘째, 하나님은 사람에게 밤에 노래를 주신다(10b절). 성경에서 밤은 고난과 아픔의 시간을 상징한다. 그렇다 보니 밤은 사람이 하나님을 찾기에 더없이 좋은 때가 될 수 있다(cf. 시 42:8–9; 77:6; 행 16:25). 사람이 밤(환난을 겪을 때)에 하나님을 찾으면, 하나님은 그에게 노래를 주신다.

셋째, 하나님은 짐승들보다 사람을 더욱 가르치신다(11a절). 하나님은 세상을 가득 채운 자기 피조물들 중 인간을 특별하게 생각하고 대

하신다. 창조주께서 사람들을 자기 모양과 형상에 따라 빚으셨기 때문이다. 그러므로 하나님은 인간을 가르쳐 대화의 상대로 삼으려 하신다.

넷째, 하나님은 새들보다 사람을 더욱 지혜롭게 하신다(11b절). 하나님은 피조물들 중 자기를 가장 많이 닮은 사람들에게 이 세상 다른 어떤 피조물보다 많은 지혜를 주셨다.

하나님은 이처럼 사람들을 참으로 많이 배려하고 축복하시는데, 정작 사람들은 하나님을 찾으려 하지 않는다. 악인들의 억압을 받는 사람들은 부르짖지만, 아무도 대답하는 사람이 없다(12절). 사람들은 능력이 없기 때문에 부르짖음에 응답할 수가 없다. 하나님은 부르짖는 자를 도우실 수 있지만, 돕지 않으신다. 하나님은 헛된 울부짖음에는 응답하지 않으시는 분이기 때문이다(13절).

그렇다면 왜 사람의 울부짖음이 헛된 것인가? 하나님이 사람들에게 기대하시는 것은 자신의 죄에 대한 회개이다. 그러나 곤경에 처한 사람의 울부짖음은 자신의 죄를 용서해 달라는 회개의 기도가 아니다. 그를 도울 수 있는 당사자인 하나님께 부르짖어야 하지만, 그 부르짖음은 엉뚱한 것을 향한다. 자신이 당하는 고통 때문에 너무 힘들다면서 아픔이 사라지라고 소리친다(cf. Longman). 부르짖음의 대상이 하나님이 아니라 고통 완화인 것이다. 그러므로 회개하지 않으면서 소리치는 사람의 울부짖음은 헛되다.

VI. 엘리후의 증언(32:1- 37: 24)
C. 욥의 독선을 비난함(35:1-16)

3. 하나님이 아직 욥을 벌하지 않으셨다(35:14-16)

[14] 하물며 말하기를 하나님은 뵈올 수 없고
일의 판단하심은 그 앞에 있으니
나는 그를 기다릴 뿐이라 말하는 그대일까 보냐

[15] 그러나 지금은 그가 진노하심으로 벌을 주지 아니하셨고
악행을 끝까지 살피지 아니하셨으므로
[16] 욥이 헛되이 입을 열어
지식 없는 말을 많이 하는구나

엘리후는 욥이 참으로 교만하고 어리석은 사람이기 때문에 하나님이 그에게 응답하지 않으신다고 말한다(cf. Alden). 하나님이 어떤 분이고, 어떻게 세상을 운영하시는가에 대해서도 별로 아는 것이 없으면서도 지나치게 당당하기 때문이다. 욥은 자기는 하나님께 벌을 받을 만한 일(죄)을 한 적이 없는 데도 벌을 받았고, 이런 사실을 하나님께 말씀드리고 싶지만 하나님을 뵐 수 없어서, 하나님의 공평한 판결이 나올 때까지 기다리겠다고 했다(14절). 엘리후는 욥이 했던 말을 이용해 그를 공격한다. 욥은 하나님을 뵐 수 없는 것을 탄식했고(9:11), 공평한 재판을 요구했고(10:2; 13:6; 23:4; 27:2; 31:35), 하나님을 소망했는데(6:8; 13:15; 14:14) 엘리후가 이러한 욥의 말을 인용해 14절의 내용을 구성한 것이다. 엘리후는 욥이 하나님의 판결이 나올 때까지 기다릴 것이 아니라, 회개해야 한다고 생각한다. 그러므로 회개를 거부하며 하나님을 기다리는 욥이 교만해 보인다.

욥은 하나님이 내리신 벌로 인해 엄청난 고통을 당하고 있다고 하지만, 하나님은 욥에 대한 심판을 아직 시작도 하지 않으셨다(15절). 앞으로 하나님이 욥이 저지른 죄를 낱낱이 살피시면 더 혹독한 재앙이 욥에게 임할 것이라는 뜻이다. 욥은 아직 하나님의 '진짜 심판'을 경험하지 못했기 때문에 헛되이 입을 열어 어리석은 자처럼 말을 하고 있다는 것이 엘리후의 주장이다(16절).

욥에 대한 엘리후의 비난은 지나칠 뿐만 아니라 가혹하다. 그는 욥이 처한 상황을 그다지 많이 알지 못한다. 그런데도 마치 모든 것을 아는 것처럼 행세하며 욥을 혹독하게 비난한다. 엘리후도 세 친구처럼

욥을 비난하고 정죄하는 것이 하나님을 옹호하는 일이라고 생각한다. 하나님이 이런 엘리후를 기뻐하실까? 그렇지 않다. 만일 엘리후가 원고 측의 대표로 최종 증언을 하고 있는 것이 아니라면 그도 세 친구들처럼 하나님의 진노를 샀을 것이다.

VI. 엘리후의 증언(32:1- 37: 24)

D. 능력이 크신 선하신 하나님(36:1–37:24)

엘리후의 긴 담화가 마무리되어가고 있다. 엘리후는 욥이 겪고 있는 재앙은 모두 회개하라는 하나님의 권면이라고 주장한다. 그는 먼저 욥과 친구들의 관점을 교정하려고 한다(36:1–21). 이후 창조주 하나님의 신비롭고 위대한 능력과 절대적인 주권을 강조한다(36:22–37:24). 이 마지막 섹션은 잠시 후 말씀하실 하나님은 어떤 분인가를 알려준다. 그러므로 36:22–37:24은 38장에서 시작되는 하나님의 담화를 준비하는 단계라 할 수 있다. 이처럼 위대하고 놀라우신 하나님이 잠시 후 말씀하실 것이라는 기대감을 조성한다(Newsom). 본문은 다음과 같이 구분될 수 있다.

A. 하나님은 의로우시다(36:1–4)
B. 하나님의 심판은 공평하다(36:5–15)
B′. 하나님의 심판에 지혜롭게 대응하라(36:16–21)
C. 하나님은 신비로우시다(36:22–26)
D. 하나님은 구름을 다스리신다(36:27–29)
D′. 하나님은 천둥을 다스리신다(36:30–33)
E. 하나님의 음성은 천둥 소리 같다(37:1–5)
D″. 하나님은 날씨를 다스리신다(37:6–13)

C′. 하나님의 사역은 신비롭다(37:14-20)
A′. 하나님은 의로우시다(37:21-24)

VI. 엘리후의 증언(32:1- 37: 24)
D. 능력이 크신 선하신 하나님(36:1-37:24)

1. 하나님은 의로우시다(36:1-4)

[1] 엘리후가 말을 이어 이르되
[2] 나를 잠깐 용납하라 내가 그대에게 보이리니
이는 내가 하나님을 위하여 아직도 할 말이 있음이라
[3] 내가 먼 데서 지식을 얻고
나를 지으신 이에게 의를 돌려보내리라
[4] 진실로 내 말은 거짓이 아니라
온전한 지식을 가진 이가 그대와 함께 있느니라

엘리후는 자기는 하나님을 위하여 할 말이 더 남아 있으므로 조금만 더 귀를 기울여 달라며 말을 이어간다(2절). 실제로는 이곳에서 시작하는 담화도 매우 길다. 그러므로 그는 일종의 과장법-긴 담화를 하면서도 매우 짧게 하는 것처럼-을 사용하고 있다! 그는 자기 지식이 욥과 친구들이 사는 지역에서 유래한 것이 아니라, 먼 곳에서 온 것이라고 한다(3a절). 자기는 그들에게 익숙한 지식과는 차원이 다른 지식을 가지고 있다는 의미에서 하는 말이다. 아마도 엘리후는 하늘을 마음에 두고 '먼 곳'이라고 표현하는 것 같다(Alden, Longman, cf. 4절).

엘리후는 욥과 친구들이 가진 지식과는 전혀 다른 지식으로 창조주 하나님은 의로우시다는 사실을 입증하고자 한다(3a절). 개역개정이 '의를 돌려보내다'로 번역하고 있는 문구(אֶתֵּן־צֶדֶק)는 '의를 [하나님] 덕으로 돌리다'(ascribe)라는 뜻이다(NAS, NIV, NRS, ESV, cf. HALOT). 새번역의 '의로우시다는 것을 밝히겠습니다'도 좋은 번역이다.

엘리후는 자기 말이 과장이나 거짓이 아니라고 한다(4a절). 여기까지는 별 무리 없이 이해할 수 있다. 그러나 그가 이어서 말하는 "온전한 지식을 가진 이가 그대와 함께 있느니라"는 도가 지나친 교만한 말로 들린다(cf. Alden). 엘리후가 자기를 가리켜 '온전한 지식을 가진 이'라고 하기 때문이다. 엘리후는 자신감이 대단한 사람이거나, 상당히 교만한 사람이다.

VI. 엘리후의 증언(32:1- 37: 24)
D. 능력이 크신 선하신 하나님(36:1-37:24)

2. 하나님의 심판은 공평하다(36:5-15)

5 하나님은 능하시나
아무도 멸시하지 아니하시며
그의 지혜가 무궁하사
6 악인을 살려두지 아니하시며
고난받는 자에게 공의를 베푸시며
7 그의 눈을 의인에게서 떼지 아니하시고
그를 왕들과 함께 왕좌에 앉히사
영원토록 존귀하게 하시며
8 혹시 그들이 족쇄에 매이거나
환난의 줄에 얽혔으면
9 그들의 소행과 악행과
자신들의 교만한 행위를 알게 하시고
10 그들의 귀를 열어 교훈을 듣게 하시며
명하여 죄악에서 돌이키게 하시나니
11 만일 그들이 순종하여 섬기면

형통한 날을 보내며 즐거운 해를 지낼 것이요
[12] 만일 그들이 순종하지 아니하면
칼에 망하며 지식 없이 죽을 것이니라
[13] 마음이 경건하지 아니한 자들은 분노를 쌓으며
하나님이 속박할지라도 도움을 구하지 아니하나니
[14] 그들의 몸은 젊어서 죽으며
그들의 생명은 남창과 함께 있도다
[15] 하나님은 곤고한 자를 그 곤고에서 구원하시며
학대당할 즈음에 그의 귀를 여시나니

엘리후는 하나님은 무한한 능력과 지혜를 지니셨으며 쉽게 폭력을 행사하실 수도 있지만, 아무도 멸시하지 않는 인자하신 분이라고 한다(5절). 하나님은 능력과 지혜뿐만 아니라 덕망까지 갖추신 분이라는 것이다. 그렇다면 하나님은 무한한 능력과 지혜를 어디에 어떻게 사용하시는가?

첫째, 악인을 벌하시며 고난받는 사람에게 공의를 베푸시는 데 사용한다(6절). 하나님은 선하신 창조주이며 사람들이 서로에게 선과 자비를 베풀기를 원하신다. 누구라도 악을 행하는 사람이 있으면 그를 벌하신다. 반면에 악인에게 고난을 받아 괴로워하는 사람에게는 공의를 베풀어 구하신다. 고난에서 해방시키신다는 뜻이다. 창조주 하나님은 이처럼 악인은 벌하고 억울하게 당한 사람은 구원하심으로써 자기가 다스리는 세상에서 공의가 유지되도록 하신다.

둘째, 의인을 보호하고 존귀하게 하시는 데 사용한다(7절). 하나님은 악인을 벌하시지만, 의인에게 눈을 떼지 않으신다(cf. 신 32:10; 시 121:3-8). 또한 의인을 얼마나 귀하게 여기시는지 왕들처럼 취급하신다(cf. 시 113:8; 벧전 2:9). 하나님은 의인들의 선행을 절대 잊지 않고 반드시 보상하신다는 의미이다.

셋째, 사람들이 악을 행하다 실족하면 그들이 죄를 깨닫도록 하시는 데 사용한다(8-9절). 처음 두 가지가 하나님이 무한한 능력을 어디에 사용하시는가에 대한 것이었다면, 셋째와 넷째는 하나님이 무한한 지혜를 어디에 사용하시는가에 관한 것이다. 개역개정은 8절을 7절과 연결해 마치 의인들이 실족하면 하나님이 어떻게 하시는가를 묘사하는 것으로 8절을 번역했지만, 8절은 독립적인 문장의 시작으로 9절과 연결되어 있다. 그러므로 8절의 '그들'은 의인들이 아니라 '사람들'(누구든)이며(cf. 공동, 아가페, NIV, CSB) 하나님이 누구에게나 행하시는 보편적인 사역을 묘사한다.

하나님은 자신들이 저지른 죄로 인해 억압당하며 괴로워하는 죄인들마저도 모른 체하지 않으시고 그들이 왜 고통을 받는지에 대해 알려주신다. 엘리후는 욥이 자기 죄로 인해 고난을 당하고 있으므로 하나님이 그에게 깨달음을 주셨다면 그가 지은 죄를 생각해 보라고 이 말을 하는 듯하다.

넷째, 사람들이 죄악에서 돌이키도록 그들의 귀를 여시는 데 사용한다(10절). 하나님은 사람들이 주님의 말씀을 듣고 깨달을 수 있도록 은혜를 베푸신다는 의미이다. 이 말씀은 세 번째 것과 직접 연결이 되어 있다. 아무리 흉악한 죄인이라도 하나님의 말씀에 귀를 기울여 회개하면 그를 살리실 것이다. 욥에게는 지금이라도 회개하라는 권면으로 들린다.

하나님은 무한하신 능력과 지혜를 사용해 이 네 가지가 언급하고 있는 은혜로운 일을 하신다. 그러나 사람이 하나님의 사역에 어떻게 반응해 각자의 삶에서 어떤 결과를 누리는가는 각자의 몫이다. 하나님께 순종하고 주님을 섬기면 오랫동안 만사가 형통하고 행복한 나날을 보내게 될 것이다(11절). 그러나 순종하지 않으면 칼에 망하며 자신이 왜 칼에 망하는지 알지 못하고 죽게 될 것이다(12절). 엘리후는 생명의 길과 죽음의 길을 욥 앞에 내놓고 선택을 권면하고 있다.

이어 엘리후는 욥을 우회적으로 비꼬는 듯한 말을 한다(13-15절). 하나님의 구원을 경험할 만한 의인들은 하나님이 주신 지혜로 자신들의 언행을 돌아보며 하나님께 겸손히 나아간다. 반면에 경건하지 않은 자들은 자신들이 처한 상황에 대하여 분노하기에 급급하다. 설령 하나님이 그들을 치셨다는 사실을 깨닫는다 할지라도 그들은 하나님께 도움을 구하지 않는다(13절). 엘리후는 아마도 욥이 이런 상황에 처해 있다고 생각했을 것이다.

하나님이 괴롭게 하신다는 것을 알면서도 주님께 도움을 청하지 않는 사람들은 일찍 죽어 허무한 삶을 마감한다(14절). 하나님의 징계가 임할 때 사람이 아무리 저항해 보았자 별 의미가 없고 자신만 상하게 한다는 의미이다. 그러므로 환난을 당하면 하나님께 겸손히 나아가 주님의 도움을 구하는 것이 가장 지혜로운 일이다. 하나님은 고난 속에 있는 사람을 그 고난에서 구원하시며 학대받는 자들의 귀를 열어 현명한 조언을 듣고 회개하게 하시는 분이기 때문이다(15절). 욥이 지금이라도 하나님께 돌아오면 하나님이 그를 구원하실 것이라는 의미를 내포하는 말이다.

VI. 엘리후의 증언(32:1- 37: 24)
D. 능력이 크신 선하신 하나님(36:1-37:24)

3. 하나님의 심판에 지혜롭게 대응하라(36:16-21)

[16] 그러므로 하나님이 그대를 환난에서 이끌어내사
좁지 않고 넉넉한 곳으로 옮기려 하셨은즉
무릇 그대의 상에는 기름진 것이 놓이리라
[17] 이제는 악인의 받을 벌이 그대에게 가득하였고
심판과 정의가 그대를 잡았나니
[18] 그대는 분노하지 않도록 조심하며
많은 뇌물이 그대를 그릇된 길로 가게 할까 조심하라

[19] 그대의 부르짖음이나 그대의 능력이
어찌 능히 그대가 곤고한 가운데에서 그대를 유익하게 하겠느냐
[20] 그대는 밤을 사모하지 말라
인생들이 밤에 그들이 있는 곳에서 끌려가리라
[21] 삼가 악으로 치우치지 말라
그대가 환난보다 이것을 택하였느니라

앞에서 엘리후는 하나님은 악인마저도 멸망하지 않고 회개하고 구원에 이르기를 원하시는 분이라는 사실을 강조했다. 그러고 나서 욥에게 하나님의 심판에 순응할 것을 권면한다. 그는 욥이 주님의 심판을 받아 고난을 당하고 있다고 확신한다(17절). 그러므로 욥은 자신이 겪고 있는 환난으로 인해 하나님께 분노하거나(18절), 자력으로 그 고난에서 빠져나오려고 하지 말고(19절), 그에게 더 좋은 것을 주시기 위한 하나님의 연단으로 생각하고 회개하라고 권한다(16절).

엘리후는 만일 욥이 그에게 임한 하나님의 징계에 대하여 회개하지 않으면서 제물을 드려 해결하려고 한다면, 그릇된 길로 가는 것이며, 그의 제물은 제물이 아니라 뇌물이 될 것이라고 경고한다(19절). 또한 욥에게 밤을 사모하지 말라는 권면도 아끼지 않는다(20절).[13] 사람들은 밤에 자신들이 서 있는 곳에서 끌려가기 때문이다.

'밤'은 무엇을 의미하는가? 많은 주석가들은 3:3-6에서 욥이 생명이 죽어가는 밤을 언급했던 것을 근거로 죽음을 상징하는 것으로 해석한다(Delitzsch, Habel, Hartley, Pope). 그러나 문맥을 고려할 때 그가 하지 말라는 것, 곧 하나님께 분노하는 것(18절)과 제물로 죄를 해결하려는 것(18절)과 자기 능력으로 고난을 해결하려는 것(19절) 등의 의미로 해석해야 한다. 본문에서 밤은 경건하지 않은 방법으로 문제를 해결하려는

13 20절을 정확하게 번역하고 해석하는 일은 참으로 난해하다(cf. Clines). 그러나 전반적인 의미를 구상하는 것은 그다지 어렵지 않다.

노력을 뜻한다. 하나님은 죄인들의 '노력'을 용납하지 않으시고 '그들이 노력하는'(밤) 중에 죽게 하신다.

21절에 대한 개역개정의 번역이 혼란스럽다. 엘리후는 욥이 환난보다 악을 택했다고 하는데, 무슨 뜻인가? 본문의 애매모호함 때문이지만, 많은 번역본들이 다른 대안을 제시한다. 새번역은 "고통이 악한 일로 빠지지 않도록 지켜줄 것이다"라는 의미로, 공동번역은 "악한 일에 마음을 쏟지 말라. 지금 그대가 겪는 시련은 바로 그 때문이다"(cf. NRS, TNK, CSB)라는 의미로, 아가페 성경은 "괴롭다고 하나님을 대적하다니!"(cf. MSG)라는 의미로 번역했다. 엘리후가 욥을 죄인으로 취급하고 있다는 점을 고려할 때 공동번역이 제일 정확한 해석을 하고 있다.

욥의 입장에서는 참으로 화나는 말이 아닐 수 없다. 영문도 모르고 고난을 당한 것도 원통한데, 하나님이 더 좋은 것을 주시려고 하신 일이라니! 자식들까지 잃은 그에게 '기름진 것이 놓인 상'과 '넉넉한 곳'이 무슨 의미가 있단 말인가! 엘리후의 말은 고난을 당하여 신음하는 욥에게 어떤 위로도 되지 않는다.

남에게 위로를 할 때는 말을 신중하게 해야 한다. 종종 고난을 당한 사람에게 위로한답시고 "그래도 고난이 더 심하지 않고 이 정도인 것에 감사하라" 혹은 "하나님이 더 좋은 것을 주려고 하신 일이다"라는 말을 듣는다. 그러나 이런 말은 별로 위로가 되지 않는다. 지금 당장 생존을 위협받고 있는 사람에게 감사와 미래에 대한 기대는 사치품에 불과하다. 도움이 되지 않을 말은 차라리 하지 않는 것이 도움이 된다.

VI. 엘리후의 증언(32:1- 37: 24)
D. 능력이 크신 선하신 하나님(36:1-37:24)

4. 하나님은 신비로우시다(36:22-26)

[22] 하나님은 그의 권능으로 높이 계시나니

누가 그같이 교훈을 베풀겠느냐
[23] 누가 그를 위하여 그의 길을 정하였느냐
누가 말하기를 주께서 불의를 행하셨나이다 할 수 있으랴
[24] 그대는 하나님께서 하신 일을 기억하고 높이라
잊지 말지니라
인생이 그의 일을 찬송하였느니라
[25] 그의 일을 모든 사람이 우러러보나니
먼 데서도 보느니라
[26] 하나님은 높으시니 우리가 그를 알 수 없고
그의 햇수를 헤아릴 수 없느니라

엘리후는 다시 한 번 하나님이 인간과 얼마나 다르신가를 강조한다. 그는 욥에게 하나님을 사람 대하듯 대하지 말라고 경고하는 것이다. 엘리후는 하나님의 신비로우심을 세 가지로 말한다(22-23a절). 첫째, 하나님은 계시는 곳부터가 다르다(22a절). 이 땅에 사는 사람들과는 달리 하나님은 높은 곳(하늘)에 계시는 분이다. 사람이 도저히 범접할 수 없는 곳에 사신다는 뜻이다. 둘째, 하나님은 홀로 지혜로우신 분이다(22b절). 그 누구도 하나님께 교훈을 주지 않았다. 하나님의 지혜는 완벽하다는 뜻이다. 셋째, 하나님이 홀로 모든 것을 결정하신다(23b절). 하나님은 그 누구의 도움도 받지 않으시고, 스스로 행하는 길을 정하신다는 의미이다.

그러므로 세상에 그 누가 하나님께 잘못하셨다고 말할 수 있겠는가!(23b절). 엘리후는 이 말을 통해 욥을 우회적으로 비난하고 있다. 욥은 그에 대한 하나님의 심판에 문제가 있다고 생각하기 때문이다. 그러므로 엘리후는 욥에게 하나님이 어떤 분인가를 깊이 생각해 보라고 한다(24a-b절). 욥은 지혜로운 사람이니 하나님이 어떤 분이신가를 생각해 보면 더 이상 하나님을 원망하지 않고 다른 사람들처럼 하나님을

찬송하게 될 것이다(24c절). 하나님의 선하신 일은 온 세상에 드러나 있으므로 사람이 보려고만 마음을 먹으면 주님의 사역을 보는 사람들은 세상 어디서든지 하나님을 경외하여 우러러본다(25절).

하나님은 참으로 높은 곳에 거하시며 이 땅에 사는 우리와 다르시다. 하나님의 햇수를 헤아릴 수 있는 사람은 없다(26절). 하나님은 영원히 존재하시는 분이며 얼마나 사시는지조차 사람이 상상할 수 없는 신비로우신 분이라는 의미이다. 엘리후의 말은 이런 하나님에 대하여 욥이 문제를 제기했으니 그가 얼마나 어리석은 사람인가를 암시한다.

VI. 엘리후의 증언(32:1- 37: 24)
D. 능력이 크신 선하신 하나님(36:1-37:24)

5. 하나님은 구름을 다스리신다(36:27-29)

[27] 그가 물방울을 가늘게 하시며
빗방울이 증발하여 안개가 되게 하시도다
[28] 그것이 구름에서 내려
많은 사람에게 쏟아지느니라
[29] 겹겹이 쌓인 구름과
그의 장막의 우렛소리를 누가 능히 깨달으랴

엘리후는 앞 섹션에서 하나님은 홀로 지혜롭고 홀로 행하시는 분이라고 했다. 이제부터는 하나님이 하시는 일이 얼마나 놀라운가에 대하여 네 가지 예를 들어 설명한다(cf. 36:27-37:13). 마지막으로 하나님의 사역은 신비롭고(37:14-20) 의롭다며(37:21-24) 담화를 마무리한다. 본문은 엘리후가 하나님이 하시는 신비로운 사역으로 지적하는 네 가지 중 첫 번째이다.

하나님은 구름과 안개를 주관하시는 분이다. 고대 사람들에게 지면에 있는 물이 증발해 구름과 안개가 되어 다시 사람과 땅을 적시는 일은 참으로 신비하고 경이롭게 느껴졌을 것이다. 폭우를 동반하는 우레의 소리는 두려움을 자아내기에 충분했다. 엘리후는 이 모든 것이 하나님이 하시는 일이라고 한다. 하나님은 사람이 도저히 상상할 수도 없는 일을 하신다. 그러므로 하나님은 참으로 신비로운 능력을 지니신 분이다.

VI. 엘리후의 증언(32:1- 37: 24)
D. 능력이 크신 선하신 하나님(36:1-37:24)

6. 하나님은 천둥을 다스리신다(36:30-33)

[30] 보라 그가 번갯불을 자기의 사면에 펼치시며
바다 밑까지 비치시고
[31] 이런 것들로 만민을 심판하시며
음식을 풍성하게 주시느니라
[32] 그가 번갯불을 손바닥 안에 넣으시고
그가 번갯불을 명령하사 과녁을 치시도다
[33] 그의 우레가 다가오는 풍우를 알려주니
가축들도 그 다가옴을 아느니라

하나님은 온 세상에 비를 내리실 뿐만 아니라 강한 비를 동반하는 번갯불과 천둥소리도 다스리신다. 고대 사람들은 번갯불은 신들이 내리는 것으로 생각했다. 이러한 정서에서 엘리후도 하나님이 번갯불을 내려 순간적이나마 온 세상(바다 밑까지)을 비추신다고 한다(30절). 하나님은 번갯불로 사람을 심판하시기도 하지만, 인간에게 풍성한 양식을 주신다(31절). 번갯불로 심판하신다는 것은 사람이 낙뢰에 맞아 다치거나 사망하는 일을 염두에 둔 말이다. 음식을 풍성하게 주신다는 것은 번갯불이 대체적으로 큰 비를 동반하는 것을 의미한다. 비는 곡식을 자라게 하기 때문이다.

하나님은 사람에게 죽음을 주기도 하고, 생명을 선사하기도 하는 번갯불을 손바닥 안에서 자유자재로 사용하시는 분이다(32절). 경우에 따라서는 번갯불이 특정한 목표물을 치게도 하신다. 또한 비바람이 세상을 엄습하기 전에 천둥소리를 통해 미리 알려주신다(33절). 그러므로 들에서 풀을 뜯고 있던 가축들도 천둥소리를 들으면 잠시 후 비바람이 몰려올 것을 안다.

VI. 엘리후의 증언(32:1– 37: 24)
D. 능력이 크신 선하신 하나님(36:1–37:24)

7. 하나님의 음성은 천둥소리 같다(37:1–5)

[1] 이로 말미암아 내 마음이 떨며
그 자리에서 흔들렸도다
[2] 하나님의 음성
곧 그의 입에서 나오는 소리를
똑똑히 들으라
[3] 그 소리를 천하에 펼치시며
번갯불을 땅끝까지 이르게 하시고
[4] 그 후에 음성을 발하시며
그의 위엄 찬 소리로 천둥을 치시며
그 음성이 들릴 때에 번개를 멈추게 아니하시느니라
[5] 하나님은 놀라운 음성을 내시며
우리가 헤아릴 수 없는 큰일을 행하시느니라

번개와 천둥소리는 공포감을 자아내기에 충분하다. 그러므로 엘리후는 이러한 현상을 경험할 때마다 그의 마음이 흔들린다고 한다(1절). 하나님의 음성도 천둥소리와 같다(2절). 천둥과 번개가 온 땅에 임하는 것처럼 하나님의 위엄찬 음성도 온 세상을 가득 채운다(3-4절). 천둥이 내리칠 때 먼저 번개가 친 후 소리가 들리는 것처럼, 하나님이 말씀하실 때에도 먼저 사람들의 관심을 끄는 번개가 있고, 이후 말씀하신다(4절, cf. Clines).

번갯불과 낙뢰 사이에 몇 초 간의 시간 차이가 있는 것을 염두에 둔 비유이다. 하나님이 사람에게 말씀하실 때는 분명 그의 관심을 끌기 위한 경고성 사건이 있을 것이라는 의미다. 엘리후는 하나님이 욥에게 하시기 원하는 말씀이 있어서 그의 관심을 끌기 위하여 그에게 고통을 주신 거라고 생각하는 것일까? 만일 그렇다면, 욥의 입장에서 하나님의 '관심 끌기'는 너무나도 가혹하다. 욥의 입장에서는 하나님이 혹독한 '관심 끌기'만 두 차례 하고 이후에 침묵하신다고 할 수 있다.

하나님은 사람의 관심을 끈 다음에 놀라운 음성으로 말씀하시며, 사람이 상상할 수 없는 큰일을 행하신다(5절). 이러한 원리를 욥에게 적용한다면, 욥이 당한 엄청난 고통만큼이나 앞으로 그가 경험할 하나님의 일도 매우 클 것임을 의미한다. 그러나 혹독한 고통에 시달리고 있는 욥의 입장에서는 미래에 대한 어떤 소망도 사치에 불과하다. 욥에게는 그저 고통이 끝나는 것이 장차 그가 경험할 매우 큰 하나님의 일보다 더 크고 중요하다. 미래에 대한 희망적인 말은 당장 어찌할 바를 모르고 버겁게 살아가는 사람에게 별로 도움이 되지 않는다.

VI. 엘리후의 증언(32:1- 37: 24)
D. 능력이 크신 선하신 하나님(36:1-37:24)

8. 하나님은 날씨를 다스리신다(37:6-13)

[6] 눈을 명하여 땅에 내리라 하시며

적은 비와 큰비도 내리게 명하시느니라
[7] 그가 모든 사람의 손에 표를 주시어
모든 사람이 그가 지으신 것을 알게 하려 하심이라
[8] 그러나 짐승들은 땅속에 들어가
그 처소에 머무느니라
[9] 폭풍우는 그 밀실에서 나오고
추위는 북풍을 타고 오느니라
[10] 하나님의 입김이 얼음을 얼게 하고
물의 너비를 줄어들게 하느니라
[11] 또한 그는 구름에 습기를 실으시고
그의 번개로 구름을 흩어지게 하시느니라
[12] 그는 감싸고 도시며 그들의 할 일을 조종하시느니라
그는 땅과 육지 표면에 있는 모든 자들에게 명령하시느니라
[13] 혹은 징계를 위하여
혹은 땅을 위하여
혹은 긍휼을 위하여
그가 이런 일을 생기게 하시느니라

세상 어디서든지 날씨는 매우 중요하다. 삶과 죽음이 날씨와 연관이 되어 있기 때문이다. 건기와 우기가 뚜렷하게 구분된 근동에서는 더욱 더 그랬다. 엘리후는 이처럼 중요한 날씨를 주관하시는 분은 다름 아닌 하나님이라고 한다. 하나님은 크고 작은 비뿐만 아니라 눈도 다스리신다(6절).

개역개정의 7절 번역이 만족스럽지 않다. 마치 하나님이 사람들의 손에 어떤 증표를 두고 그 증표를 볼 때마다 창조주가 그들을 창조하신 일을 기념하도록 했다는 의미를 갖기 때문이다. 게다가 사람의 손에는 이러한 증표가 없다. 이 구절은 비나 눈이 내리면 사람들의 손이

하던 일을 멈추고 하나님이 하시는 일(비와 눈이 내리는 일)을 본다는 뜻이다(cf. Longman). 그러므로 새번역의 "눈이나 비가 내리면 사람들은 하는 일을 멈추고 하나님이 하시는 일을 봅니다"가 더 정확한 번역이다(cf. NIV, CSB, MSG).

비가 오면 사람들은 일손을 멈추고 하나님이 내리신 비를 지켜보지만, 짐승들은 각자 자기 굴로 들어가 비를 피한다(8절). 세상에서 사람들이 경험하는 모든 폭풍우는 하나님의 처소에서 나오고 추위는 북풍을 타고 온다(9절). 성경은 종종 하나님이 북방산(צָפוֹן)에 거하신다고 하는데(cf. 시 89:13; 겔 32:30), 이 말씀도 이런 정서를 반영한다. 우가릿 문헌들은 북방산을 신들의 거처지라고 한다(Hartley, Pope).

하나님은 얼음도 얼게 하시고 비를 조종해 흐르는 물줄기도 줄어들게 하신다(10절). 구름과 번개도 다스리고(11절), 회오리 바람도 조종하며 세상 모든 사람에게 명령하기도 하신다(12절). 하나님은 천재지변을 통해 세상을 징계하기도 하시지만(cf. 창 6:17; 출 9:18; 수 10:11; 삼상 12:17) 긍휼을 베풀기도 하신다(13절, cf. 왕상 8:36; 18:38, 45; 렘 5:24; 호 6:3). 하나님이 날씨와 천재지변을 다스리시는 일은 다양한 목적을 지닐 수 있다는 것이다.

VI. 엘리후의 증언(32:1- 37: 24)
D. 능력이 크신 선하신 하나님(36:1-37:24)

9. 하나님의 사역은 신비롭다(37:14-20)

[14] 욥이여 이것을 듣고 가만히 서서
하나님의 오묘한 일을 깨달으라
[15] 하나님이 이런 것들에게 명령하셔서
그 구름의 번개로 번쩍거리게 하시는 것을 그대가 아느냐
[16] 그대는 겹겹이 쌓인 구름과

완전한 지식의 경이로움을 아느냐
[17] 땅이 고요할 때에 남풍으로 말미암아
그대의 의복이 따뜻한 까닭을 그대가 아느냐
[18] 그대는 그를 도와 구름장들을 두들겨 넓게 만들어
녹여 부어 만든 거울같이 단단하게 할 수 있겠느냐
[19] 우리가 그에게 할 말을 그대는 우리에게 가르치라
우리는 아둔하여 아뢰지 못하겠노라
[20] 내가 말하고 싶은 것을 어찌 그에게 고할 수 있으랴
삼켜지기를 바랄 자가 어디 있으랴

엘리후는 36:22-26에서 하나님은 참으로 신비로우신 분이라 인간인 우리가 잘 이해할 수 없다고 했다. 이후 그는 네 가지를 통해 하나님의 놀라운 능력과 사역을 설명했다(cf. 36:27-37:13). 이 섹션에서는 다른 표현과 비유들을 들어 36:22-26에서 했던 말을 결론으로 반복한다. 하나님의 사역은 참으로 신비롭다. 이처럼 신비로운 일을 하시는 하나님은 더욱더 신비롭다는 것이 엘리후의 주장이자 결론이다.

엘리후는 욥에게 모든 것을 멈추고 가만히 서서 하나님의 오묘한 일을 깨달으라고 한다(14절). 시간을 두고 하나님의 사역에 대하여 곰곰이 생각해보면 하나님이 하시는 일이 얼마나 놀라운가를 알게 될 것이라는 권면이다. 분주한 삶을 살면서 좌충우돌하는 사람에게는 가장 필요한 조언이다.

사실 세상에는 사람이 아는 것보다 모르는 것이 더 많다. 엘리후는 하나님의 사역은 더욱이 그렇다고 한다. 하나님이 어떻게 번개가 구름 사이에서 번쩍이게 하시는지도 모르고(15절), 하늘을 가득 메운 구름의 신비로움도 알지 못하며 지식이 얼마나 경이로울 수 있는가도 모른다(16절). 각자 주어진 삶을 살다 보면 이런 일들을 생각해볼 겨를이 없다.

심지어는 따듯한 남풍으로 인해 의복이 따뜻해지는 이유도 모르고

(17절), 마치 망치로 철판을 두들기듯이 구름장들을 두들겨 넓게 하지도 못하고 또한 그것들을 단단하게도 못한다(18절). 세상에는 사람이 알고 할 수 있는 일보다, 몰라서 할 수 없는 일들이 훨씬 더 많다. 반면에 하나님은 이 모든 것을 아시고, 아무런 어려움 없이 하신다.

이런 위대한 분에게 어리석은 인간은 어떤 말을 할 수 있을까? 엘리후는 욥에게 우리가 주님께 할 수 있는 말을 알려달라고 한다(19절). 사람이 평상시에는 하나님께 할 말이 있다고 생각하더라도 정작 주님께 고할 때가 되면 할 말이 없어진다. 하나님 앞에 서는 순간 모든 사람은 주님의 능력과 지혜 앞에 할 말을 잃기 때문이다(20절). 엘리후는 하나님이 사람과 완전히 다르시다는 사실을 이렇게 설명하고 있다.

VI. 엘리후의 증언(32:1- 37: 24)
D. 능력이 크신 선하신 하나님(36:1-37:24)

10. 하나님은 의로우시다(37:21-24)

[21] 그런즉 바람이 불어 하늘이 말끔하게 되었을 때
그 밝은 빛을 아무도 볼 수 없느니라
[22] 북쪽에서는 황금 같은 빛이 나오고
하나님께는 두려운 위엄이 있느니라
[23] 전능자를 우리가 찾을 수 없나니
그는 권능이 지극히 크사
정의나 무한한 공의를 굽히지 아니하심이니라
[24] 그러므로 사람들은 그를 경외하고
그는 스스로 지혜롭다 하는 모든 자를 무시하시느니라

엘리후는 하나님이 광풍과 폭우 등 천재지변을 통해 사람을 두렵게 할 수 있다고 했다. 만일 하나님이 하늘에 있는 모든 구름을 거두시면

어떻게 될까? 이번에는 지나치게 눈이 부신 나머지 아무것도 볼 수 없다(21절). 이에 비해 하나님의 임재에서 뻗어나오는 빛은 더 강렬하다(Rowley). 그러므로 하나님이 거하시는 북쪽(cf. 겔 1:4; 시 48:2)에서는 황금 같은 빛이 나오고 빛에 휩싸인 하나님의 위엄은 두려움을 자아낸다(22절). 이스라엘은 하나님께로부터 뿜어져 나오는 매우 강렬한 빛을 시내 산에서 보았다(출 19:16-18).

설령 사람이 전능하신 하나님을 찾는다 해도 결코 주님을 만날 수 없다. 하나님은 우리가 감당하기에는 너무나도 큰 권능을 지니신 분이다. 또한 하나님은 정의와 공의로 세상을 다스리시는 일을 그 누구와도 타협하지 않으신다(23절). 결국 사람들은 하나님의 공평한 통치를 보고 주님을 경외해야 한다. 지혜로우신 하나님은 스스로 지혜롭다 하는 사람들을 어리석다며 무시하신다(24절). 이 말씀은 "주님을 경외하는 것이 지혜요 악을 멀리하는 것이 슬기"라고 했던 28:28을 연상시킨다(Andersen).

VII. 하나님의 임재
(38:1-42:6)

엘리후의 담화가 끝나자 하나님이 말씀하셨다. 하나님은 회오리바람 속에서 욥에게 말씀하신다. 재판장이신 하나님의 판결(42:7-17)이 있기 전에 마지막으로 피고인 자리에 서 있는 욥에게 질의하는 형식을 띤다. 하나님은 원고 측의 증인 역할을 하는 세 친구와 최후 진술자인 엘리후에 대해서는 별 말씀을 하지 않으신다. 하나님의 관심은 오직 욥에게 쏠려 있다.

하나님도 욥을 만나 직접 대화하는 이 순간을 참으로 오랫동안 기다리셨다. 욥을 도우실 수 있고, 돕고 싶어 하셨지만, 그저 옆에서 오열하는 욥을 지켜보실 수밖에 없다가 드디어 직접 자기 종 욥을 만날 수 있는 때가 이르렀다. 얼마나 기쁘고 좋으셨을까! 하나님이 욥에게만 집중하시는 것은 충분히 이해할 수 있고 당연한 일이다.

하나님의 관심이 오로지 욥에게만 쏠린 것은 좋은 일이지만, 하나님이 욥의 질문에 답하시는가는 별개의 문제이다. 욥은 친구들과의 대화에서 꼭 하나님을 만나 그가 왜 고통을 당하고 있는지 물어보고 싶은데 하나님을 만날 수 없다며 탄식했다. 드디어 하나님이 그를 찾아오셨다. 그러므로 욥과 우리는 하나님이 욥의 고난에 대하여 설명하실 것을 기대한다.

그러나 하나님은 욥이 왜 고난을 당했는지에 대해 전혀 말씀하지 않으신다. 대신 하나님이 어떻게 세상을 창조하셨고, 어떻게 그것을 운영하시는가에 대해서만 말씀하신다! 전혀 기대하지 않았던 주제에 대해 말씀하실 뿐 정작 욥이 가장 궁금해하는 이슈에 대해서는 침묵하시는 것이다. 그러므로 하나님의 담화는 욥의 간구를 반(半)쯤 충족시키신다고 할 수 있다. 하나님은 욥의 "응답해 달라"는 호소에 분명 답하신다. 그러나 내용은 욥과 독자들이 기대했던 답이 아니기 때문이다.

이야기의 흐름에서 하나님의 담화를 어떻게 이해해야 하는가? 일부 학자들은 하나님이 욥의 질문을 회피하시는 것이라고 주장하지만(cf. Alden), 그렇지 않다. 욥과 독자들이 기대했던 것은 "욥아, 미안하다. 내가 사탄과 너에 대하여 내기를 하다 보니 이렇게 되었다" 식의 답이었을지 모른다. 그러나 이와는 대조적으로 하나님은 오히려 욥이 창조된 세상의 모든 이치와 신비로움에 대해 다 알고 있는지를 물으신다!

하나님은 정의에 대해 별 관심이 없다고 탄식하는 욥에게 "너는 누구냐? 너는 내가 천지를 창조할 때 어디에 있었느냐? 너는 내가 하는 일들을 모두 할 수 있느냐?"라고 질문하신다. 하나님의 이런 질문은 결국 욥에게 "네가 나를 믿느냐?"고 반문하시는 것이다. 하나님은 세상을 섬세하고 신비롭게 창조하셨다. 세상은 하나님의 무한하신 지혜의 결정판이다. 세상은 하나님이 만드신 제품(product)이 아니라 심혈을 기울여 빚으신 작품(masterpiece)이다. 그러므로 사람이 아무리 하나님의 모양과 형상에 따라 지음받았다 할지라도 하나님이 창조하신 세상의 모든 것을 알 수는 없다. 사실 사람은 하나님이 창조하신 세상에 대해 아는 것보다 모르는 것이 더 많다.

또한 하나님은 지혜로 세상을 홀로 운영하신다. 그러므로 사람은 하나님의 창조 사역뿐만 아니라 하나님이 세상을 운영하시는 일에 대해서도 많이 알지 못한다. 사람에게 세상은 여러 가지 측면에서 신비로움으로 가득한 곳이다. 욥의 고통도 세상이 지닌 신비로움의 일부이다. 그러므로 하나님이 욥에게 세상의 창조와 경영에 대해 말씀하시는 것은 그의 고난도 하나님이 통치하시는 세상이 지닌 신비로움의 일부로 남겨 두라고 권면하기 위해서다. 하나님이 모든 것을 지혜롭게 창조하셨고, 운영하고 계시니 이해할 수 없는 일을 겪었다고 해서 창조주 하나님의 세상 통치에 대해 의심하거나 문제를 제기하지 말고 주님을 믿어달라는 뜻이다.

우리의 삶도 마찬가지이다. 도저히 이해할 수 없는 일(고난)을 경험할 때, 그 일을 이해하려고 몸부림칠 필요가 없다. 사실 몸부림을 쳐도 도저히 이해가 되지 않을 때가 많다. 이럴 때는 하나님이 우리의 모든 형편을 알고 계신다는 사실과 '이 또한 지나가리라'는 믿음으로 하루하루를 살아가며 견뎌내는 것이 믿음이며 지혜로운 일이다. 인간의 고통은 창조주 하나님의 고유 영역인 '신비'에 속해 있기 때문이다.

하나님은 첫 번째 섹션(38:1-40:2)에서 욥이 창조의 비밀을 모두 알고 있는지를 물으신다. 하나님의 첫 번째 담화는 물리적 우주에 관한 질문(38:4-38)과 동물 세계에 관한 질문(38:39-39:30) 두 부분으로 구분된다. 담화가 세상 전반(우주)에 관한 것에서 구체적이고 제한된 범위(동물 세계)로 좁혀진다.

두 번째 섹션(40:6-41:34)에서 욥은 하나님이 창조하신 세계에 가장 위협적이면서도 신비로운 괴물들인 베헤못과 리워야단을 조종할 수 있는지를 물으신다. 욥이 친구들과의 대화에서 마치 자기가 세상의 이치에 대해 모든 것을 알고 있는 것처럼 말한 것에 대한 우회적인 책망이다. 하나님은 이 책망을 통해 세상에는 욥이 알지 못하는 것들이 참으로 많다는 것을 상기시키고자 하신다. 그런데도 마치 자기가 모든 것을 아는 것처럼 말하는 욥이 경솔하다는 것이다.

욥의 고난은 그가 알지 못하는 신비로운 영역에 속한 것인데, 욥은 자기가 마치 세상의 모든 이치를 알고 있는 것처럼 전제하고 이 문제를 풀어 나가려고 했다. 욥은 자신의 경험을 통해 자기의 억울함(의)과 하나님의 정의와 공의가 정면으로 충돌한 것으로 생각했고, 결국 하나님의 정의와 공의에 문제가 있다고 주장했다. 반면에 하나님은 자신이 창조하신 세상은 욥이 알고 이해하는 것보다 훨씬 더 크고 경이롭다는 사실을 강조하신다. 하나님은 욥에게 세상을 바라보는 시각과 관점을 교정할 것을 요구하시는 것이다. 도표로 표현하자면 다음과 같다.

욥의 견해: 하나님의 공의와 자신의 억울함이 정면으로 충돌했으며, 하나님의 공의에 문제가 있다는 사실이 밝혀졌다.

하나님의 깨우침: 하나님의 공의와 욥의 의가 같은 차원에서 충돌한 것이 아니라, 하나님의 공의가 욥의 의를 초월했다. 하나님의 공의는 욥의 의 + 욥이 알 수 없는 신비로운 영역으로 구성되어 있다. 이런 사실을 알지 못하는 욥은 섣불리 하나님의 공의와 정의를 진단한다.

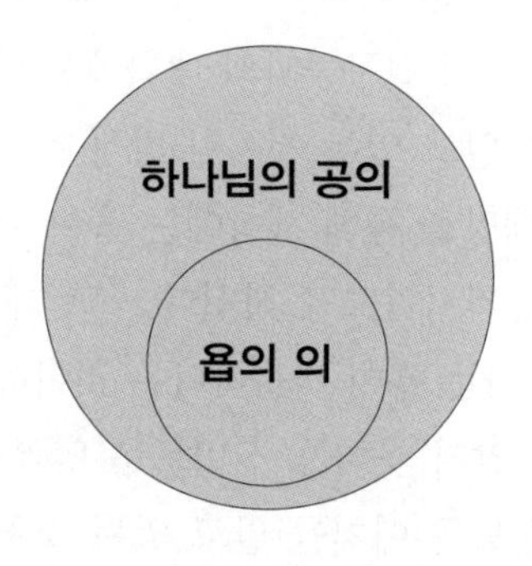

하나님의 담화는 두 부분으로 구성되어 있으며, 각 부분은 욥의 응답으로 마무리된다.

A. 하나님의 첫 번째 질의(38:1-40:2)
B. 욥의 첫 번째 대답(40:3-5)
A'. 하나님의 두 번째 질의(40:6-41:34)
B'. 욥의 두 번째 대답(42:1-6)

A. 하나님의 첫 번째 질의(38:1-40:2)

하나님이 욥에게 하시는 첫 번째 질의 섹션은 다음과 같이 세 부분으로 나누어져 있다. 하나님은 욥이 창조의 신비와 비밀을 익히 알고 있는지를 물으신다. 하나님이 이런 질문을 하시는 것은 욥이 하나님이 창조하신 세상에 대해 아는 것보다 모르는 것이 더 많은 데도 마치 모든 것을 아는 것처럼 말했기 때문이다. 본문은 다음과 같은 구조를 지녔다.

A. 하나님이 욥에게 물으신 서론적인 질문(38:1-3)
B. 하나님이 창조하신 우주의 신비로움(38:4-38:38)
B'. 하나님이 창조하신 짐승 세계의 신비로움(38:39-39:30)
A'. 하나님이 욥에게 물으신 결론적인 질문(40:1-2)

VII. 하나님의 임재(38:1-42:6)
A. 하나님의 첫 번째 질의(38:1-40:2)

1. 하나님이 욥에게 물으신 서론적인 질문(38:1-3)

[1] 그때에 여호와께서 폭풍우 가운데에서 욥에게 말씀하여 이르시되
[2] 무지한 말로 생각을 어둡게 하는 자가 누구냐
[3] 너는 대장부처럼 허리를 묶고
내가 네게 묻는 것을 대답할지니라

친구들과 욥의 논쟁을 모두 듣고, 엘리후의 담화도 들으신 하나님이 욥을 찾아오셨다. 욥은 하나님이 그의 말을 들어주지 않으신다고 불만을 토했지만(9:16), 하나님은 자신의 모든 말을 듣고 계셨다. 드디어 소송의 재판장인 하나님이 말씀하실 때가 되었다. 하나님의 현현을 동반한 폭풍은 욥에게 청각적인 경험뿐만 아니라 시각적인 경험을 선사한다. 하나님의 임재를 동반한 폭풍은 욥의 자녀들을 앗아간 광풍을 연상시킨다(1절, cf. 1:19). 태풍은 많은 것을 파괴하기도 하지만, 하나님이 이러한 광풍을 통해 말씀하기도 하신다(시 29:9-11).

한 가지 특이한 점은 저자가 하나님에 대하여 언급하면서 그동안 별로 사용하지 않았던 성호를 사용한 것이다. '여호와'는 욥기에서도 내러티브 섹션(1:1-2:13; 42:7-17)에서만 등장하는 성호이다.[14] 친구들과의 대화에서는 오직 '엘로힘'(אֱלֹהִים) 혹은 '엘'(אֵל) 혹은 '엘로아'(אֱלוֹהַּ)와 '샤다이'(שַׁדַּי)만 사용되었다. 아마도 책의 시가체 부분에서 언급되는 세상을 창조하신 엘로힘/엘로아와 내러티브에서 모습을 보이시는 이스라엘의 하나님 여호와를 독자들이 지나치게 구분할까 봐 시가체 섹션에서 하나님을 여호와로 언급하는 것 같다.

고대 근동 신화에서는 신들이 인간을 심판하러 올 때 흔히 비를 동반

14 12:9에서 한 번 더 '여호와'가 사용되는데, 격언을 인용하거나 필사가가 실수로 사용하는 것으로 생각된다(cf. Clines, Newsom).

했고, 이런 정서는 창세기 3:8에서 하나님이 아담과 하와를 심판하러 오셨을 때도 반영되었다(cf. 시 83:15; 사 29:6; 40:24; 렘 23:19). 본문에서 하나님이 폭풍우 가운데서 말씀하시는 것도 이러한 문화적 정황을 반영하고 있으며 하나님의 불편한 심기를 암시한다. 하나님이 욥을 심판하러 오신 것이다. 그러나 하나님의 심판은 욥이 기대했던 대로 그를 멸하지 않으시고(cf. 9:17), 오직 욥을 그가 있어야 할 자리로 인도할 뿐이다.

하나님은 욥에게 "너는 누구냐?"(2절) 형태의 질문을 하신다. 욥의 정체를 몰라서가 아니다. 욥이 생각이 깊지 않은 말(지혜롭지 못한 말)을 한 것에 대한 질타이다. 욥이 "무지한 말로 생각을 어둡게 하는" 과오를 저질렀다고 말씀하신다(cf. 37:19). 이것은 무엇을 의미하는가? 욥은 고난을 당하기 전에 어떤 말도 하지 않았다. 그러므로 하나님의 말씀은 욥이 고난을 당한 이유가 죄 때문이라는 생각을 배제한다. 그렇다면 하나님이 문제 삼으시는 욥의 '무지한 말'은 욥과 친구들의 논쟁에서 그가 한 말로 한정되어 있다.

친구들과의 대화가 시작되기 전까지 욥은 하나님께 대항하지 않았으며, 하나님이 불의하게 세상을 다스리신다는 말도 하지 않았다. 그의 잘못은 친구들과의 대화에서 세상을 지배하는 다른 가치관들과 원리들을 간과할 정도로 공의와 정의를 지나치게 강조한 것이다. 결과적으로 욥은 본의 아니게 창조주 하나님이 세상을 다스리시는 원리와 기준을 폄하하거나 방해했다. 하나님의 것과 다른 세계관을 만들어내는 말은 하나님의 뜻을 가리는 효과를 지녔다(Clines).

"너는 누구냐?"는 질문은 하나님의 담화에서 핵심 주제를 암시한다. 공의와 정의에 대한 욥의 요구는 하나님이 창조하신 세상에 대한 심각한 오해에서 비롯되었으며, 하나님이 운영하시는 세상에서 이 주제(공의와 정의)는 욥의 생각처럼 중요하거나 유일한 문제가 아니라고 하신다(cf. Clines). 욥의 입장에서는 공의와 정의가 매우 중요한 문제로 보일 수밖에 없겠지만, 세상을 운영하시는 하나님의 입장에서 공의와 정의는 여러 주제들 중에 하나에 불과하다는 의미이다.

이어 하나님은 자신이 묻는 말에 욥이 나서서 답할 것을 요구하신다(3절). 하나님은 욥에게 대장부처럼 허리를 묶고 묻는 말에 대답하라고 하신다. 입고 있는 겉옷을 속바지에 넣고 띠로 허리를 묶어 격한 움직임에도 방해가 되지 않도록 하라는 의미이다. 욥은 전쟁에 임하는 용사처럼 싸울 준비를 단단히 함으로써 하나님의 공격에 대비해야 한다. 하나님이 욥을 '대장부'(גֶּבֶר)로 부르시는 것은 비아냥이 아니라, 그를 존중한다는 뜻이다(Hartley). 하나님은 욥을 무시하거나 평가절하하지 않으신다. 그를 상대할 만한 사람으로 존중해 주신다.

지금까지 욥이 하나님께 질문을 했는데, 이제부터는 하나님이 그에게 질문을 하실 것이다. 재판장께서 피고를 직접 심문하시겠다는 취지의 말씀이며, 하나님은 이 심문을 통해 욥에게 누가 창조주이고 누가 피조물인지를 각인시키고자 하신다(Longman). 욥이 있어야 할 자리와 던져야 할 질문들에 대해 가르치실 것이다.

VII. 하나님의 임재(38:1-42:6)
A. 하나님의 첫 번째 질의(38:1-40:2)

2. 하나님이 창조하신 우주의 신비로움(38:4-38:38)

하나님은 욥이 그의 눈에 보이는 세상뿐만 아니라, 그가 보지 못하는 세상까지 헤아리고 있는지를 질문하신다. 하나님은 욥에게 답을 기대하시는 것은 아니다. 단지 하나님은 욥이 상상하는 것 이상의 차원에서 세상을 운영하고 계시다는 사실을 강조함으로써 그를 겸손하게 하시고자 한다. 욥은 친구들과의 논쟁 중 마치 하나님이 창조하신 세상과 하나님이 세상을 어떻게 다스리시는가에 대해 낱낱이 아는 것처럼 말했다. 그러나 하나님은 욥이 아는 것보다 세상이 훨씬 위대하고 신비롭다는 것을 강조하신다.

이것은 하나님의 공의와 정의에 대한 욥의 이해가 부족하다는 사실을 지적하시기 위해서이다. 하나님의 공의와 정의는 욥이 생각하는 것보다 훨씬 더 놀랍고 신비롭다. 본문은 다음과 같이 창조된 세계의 매우 다양한 면모들을 예로 들어가며 창조주 하나님의 놀라우신 솜씨와 능력을 찬양한다.

A. 땅(38:4–7)
B. 바다(38:8–11)
C. 하루의 변화(38:12–15)
D. 지하 세상(38:16–18)
E. 빛과 어두움(38:19–21)
F. 눈과 우박(38:22–25)
G. 광야에 내리는 비(38:26–30)
H. 별들(38:31–33)
I. 구름(38:34–38)

VII. 하나님의 임재(38:1–42:6)
A. 하나님의 첫 번째 질의(38:1–40:2)
2. 하나님이 창조하신 우주의 신비로움(38:4–38:38)

(1) 땅(38:4–7)

[4] 내가 땅의 기초를 놓을 때에 네가 어디 있었느냐
네가 깨달아 알았거든 말할지니라
[5] 누가 그것의 도량법을 정하였는지,
누가 그 줄을 그것의 위에 띄웠는지 네가 아느냐
[6] 그것의 주추는 무엇 위에 세웠으며

그 모퉁잇돌을 누가 놓았느냐
[7] 그때에 새벽 별들이 기뻐 노래하며
하나님의 아들들이 다 기뻐 소리를 질렀느니라

하나님은 욥에게 그가 살고 있는 땅에 대해 얼마나 아는지를 물으신다. 창조주께서 땅의 기초를 놓으실 때 욥은 어디에 있었는가?(4절). 이 질문은 욥이 제기한 문제의 정당성에 관한 물음이 아니라, 욥이 하나님의 세상 운행 방식 원리와 방법에 대해 문제를 제기할 만한 자격이 있는가를 묻는다. 친구들과 욥의 논쟁적인 대결 구도가 얼마나 소모적이었는가를 지켜보신 하나님이 자신과 욥의 대결 구도를 힘의 대결 구도로 몰아가신다(cf. Clines). 잠언 3:19-20은 하나님이 세상을 창조하신 일을 다음과 같이 기록하고 있다.

여호와께서는 지혜로 땅에 터를 놓으셨으며
명철로 하늘을 견고히 세우셨고
그의 지식으로 깊은 바다를 갈라지게 하셨으며
공중에서 이슬이 내리게 하셨느니라

당연히 욥은 그곳에 있지 않았다. 욥은 땅이 지역 단위로 나뉠 때(땅에 선이 그어질 때) 누가 그 일을 하셨는지를 아는가?(5절). 이 질문은 수사학적인 질문이며 당연한 대답은 창조주 하나님이시다. 욥이 서 있는 세상은 하나님이 지으시고, 하나님이 모든 경계를 지정하신 곳이다.

성경은 하나님이 천지를 창조하실 때 의인화된 지혜가 그곳에 있었다고 한다(cf. 잠 8:22-31). 하나님이 세상을 참으로 지혜롭게 만드셨다는 뜻이다. 그러나 하나님이 이 일을 행하실 때 욥은 그 자리에 없었다. 욥은 영원히 사는 존재가 아니라 하나님이 창조하신 시간의 지배를 받는 존재이며 주님이 천지를 창조하실 때에는 태어나지도 않았기 때문이다. 심지어는 아담과 하와도 그곳에 없었다.

이어 하나님은 욥에게 세상을 지탱하고 있는 주춧돌은 무엇이고, 모퉁잇돌은 누가 놓았는지를 아느냐고 물으신다(7절). 세상을 집(성전/신전)에 비유해 그것을 구성하고 있는 가장 기본적인 것들에 대한 질문이다. 욥은 세상을 지탱하고 있는 주춧돌에 대해 아는 바가 없다. 그러나 하나님이 세상의 모퉁잇돌을 놓았다는 사실은 안다. 이와 같은 하나님의 질문은 욥이 세상에 대해 아는 것이 어느 정도는 있지만, 모르는 것도 많다는 사실을 일깨워 주기 위해서이다.

하나님이 땅을 창조하신 것은 참으로 놀랍고 아름다운 일이다. 그러므로 새벽 별들(금성 등 새벽에 빛나는 별들)은 기뻐 노래했고, 하나님의 아들들(천사들)도 탄성을 질렀다(7절, cf. 1:6; 2:1, Pope). 그러나 욥은 그 자리에 없었다. 이 말씀도 욥의 한계를 지적한다. 하나님은 자기가 사는 세상이 어떻게 창조되었는지도 모르는 욥이 마치 모든 것을 아는 것처럼 자기의 고난에 대해 경솔하게 말한 것을 우회적으로 책망하신다. 이런 부분에 대하여 알지 못하는 욥은 이런 일을 하신 하나님께 문제를 제기할 만한 자격이 없다.

VII. 하나님의 임재(38:1-42:6)
A. 하나님의 첫 번째 질의(38:1-40:2)
2. 하나님이 창조하신 우주의 신비로움(38:4-38:38)

(2) 바다(38:8-11)

[8] 바다가 그 모태에서 터져 나올 때에
문으로 그것을 가둔 자가 누구냐
[9] 그때에 내가 구름으로 그 옷을 만들고
흑암으로 그 강보를 만들고
[10] 한계를 정하여 문빗장을 지르고

[11] 이르기를 네가 여기까지 오고 더 넘어가지 못하리니
네 높은 파도가 여기서 그칠지니라 하였노라

이어 하나님은 어떻게 바다를 창조하셨는가에 대하여 말씀하신다. 아이가 산모의 자궁에서 나오는 일을 비유로 말씀하시기 때문에 내용을 문자적으로 해석해서는 안 된다. 하나님의 말씀의 핵심은 누가 바다의 한계를 정했냐는 질문이다(8절). 정답은 창조주 하나님이시다. 욥에게도 분명 창조주께서 정해주신 한계가 있는데, 욥이 이 한계를 넘는 질문과 문제 제기를 했다는 것을 우회적으로 질타하시는 것은 아닐까?

하나님은 마치 여인이 아이를 낳는 것처럼 바다를 낳으셨다고 말씀하신다(8절, cf. Newsom). 아이가 태어나면 그 아이가 어느 정도 자랄 때까지 태어난 집의 대문 안쪽에서 거하는 것처럼, 바다가 밖으로 나오지 못하도록 문을 만들어 바다를 문 저쪽에 가두셨다(8절). 바다가 있어야 할 영역을 벗어나지 못하게 하신 것이다. 또한 어머니가 새로 태어난 아이를 위해 옷을 만들어 입히는 것처럼 하나님은 구름과 흑암으로 바다의 옷과 강보를 만드셨다(9절). 바다를 아름답게 꾸미고 보살피신 분도 하나님이다.

하나님은 바다의 한계를 분명하게 정하고(10절) 아무리 높은 파도라도 그 한계를 넘지 못하도록 하셨다(11절). 바다는 바다에만 머물되 육지를 넘보지 못하도록 하셨다는 뜻이다. 예레미야 5:22을 연상시킨다. "내가 모래를 두어 바다의 한계를 삼되 그것으로 영원한 한계를 삼고 지나치지 못하게 하였으므로 파도가 거세게 이나 그것을 이기지 못하며 뛰노나 그것을 넘지 못하느니라." 본문은 하나님이 세상을 창조하실 때 셋째 날에 바다와 육지를 구분하신 일도 연상시킨다(cf. 창 1:9).

고대 근동 신화에서는 바다가 창조신이 만든 세상을 위협하고 창조신을 대적하는 이야기가 종종 나온다. 이런 상황에서 이 말씀은 하나

님의 절대적인 권위와 다스림을 강조한다. 하나님은 땅뿐만 아니라 바다도 다스리시는 분이며 끊임없이 창조된 세계를 지배하시는 분이다. 하나님의 아름다운 창조와 경영을 위협할 만한 존재는 없다.

VII. 하나님의 임재(38:1-42:6)
A. 하나님의 첫 번째 질의(38:1-40:2)
2. 하나님이 창조하신 우주의 신비로움(38:4-38:38)

(3) 하루의 변화(38:12-15)

[12] 네가 너의 날에 아침에게 명령하였느냐
새벽에게 그 자리를 일러주었느냐
[13] 그것으로 땅끝을 붙잡고
악한 자들을 그 땅에서 떨쳐버린 일이 있었느냐
[14] 땅이 변하여 진흙에 인친 것같이 되었고
그들은 옷같이 나타나되
[15] 악인에게는 그 빛이 차단되고
그들의 높이 든 팔이 꺾이느니라

하나님은 욥에게 새벽과 아침에게 각각 자리를 정해준 적이 있냐고 물으신다(12절). 하나님이 천지를 창조하실 때 넷째 날에 창조하신 해와 달과 연관된 말씀이다(cf. 창 1:16). 해가 낮을 지배하는 것과 빛이 하나님의 정의를 실현해 악인을 벌하는 것과 연관되어 있기도 하다(Alden). 물론 욥은 하루 중 어디까지가 새벽이고 어디부터가 아침인지를 정한 적이 없다. 이런 일은 오직 창조주 하나님이 하시는 일이다.

하나님은 욥에게 새벽에 먼 곳에서부터 동이 트기 시작할 때 사람이 보자기 끝을 붙잡듯이 붙잡고 사정없이 흔들어 보자기 위에 있는 것들을 까불어 떨어뜨리는 것처럼, 새벽이 땅끝을 붙잡고 온 지면을 까불어 땅에 사는 악한 사람들을 땅에서 떨어뜨리게 한 적이 있냐고 물으신다(13절). 당연히 욥은 이런 일도 한 적이 없다. 반면에 하나님은 이런 일을 하실 수 있다는 것을 암시한다.

14절은 번역하기가 쉽지 않다(cf. 새번역, 공동, 아가페, NAS, NRS, TNK). 세상에 빛이 비추면 인(도장)이 찍힌 흙처럼 땅의 높낮이가 확연히 드러나고 입체감을 지닌 옷처럼 3차원적으로 보인다는 뜻이다. "대낮의 광명은 언덕과 계곡을 옷의 주름처럼, 토판에 찍은 도장처럼 뚜렷하게 보이게 한다"(새번역). 온 땅이 어둠에 덮여 있을 때는 아무것도 보이지 않아 땅에 아무것도 없는 것 같지만, 해가 뜨면 빛이 땅에 있는 모든 것을 비추는 현상을 묘사한다.

15절도 정확한 번역이 어려워 다양하게 해석된다. 우리말 번역본들도 이 구절을 각자 다르게 해석하고 있다. 새번역은 "대낮의 광명은 너무나도 밝아서, 악한 자들의 폭행을 훤히 밝힌다"로, 공동번역은 "불량배들이 대낮처럼 활보하던 어둠을 벗기고 높이 쳐들었던 그 팔을 꺾기라도 하겠느냐?"로, 아가페 성경은 "악인들에게 빛을 주지 않고, 그 치켜든 팔을 꺾을 수 있겠느냐?"로 번역했다.

마소라 사본에 가장 근접한 번역은 "악인들에게는 빛이 거부되며, 그들의 [죄를 짓기 위하여] 치켜든 팔은 꺾인다"이다. 하나님이 창조하신 빛은 모든 사람을 위한 것이 아니며 오직 선한 사람들을 위한 것이다. 그러므로 하나님은 악인들에게 빛을 주지 않아 어두움에 거하게 하신다. 사실 악인들도 빛을 원하지 않는다. 자신들의 죄가 온 천하에 드러나기 때문이다. 그렇다고 해서 그들이 어두운 곳에 숨어 계속 죄를 지을 수 있는 것은 아니다. 하나님이 그들의 죄 짓는 팔을 꺾으실 것이기 때문이다.

(4) 지하 세상(38:16-18)

[16] 네가 바다의 샘에 들어갔었느냐
깊은 물 밑으로 걸어 다녀보았느냐
[17] 사망의 문이 네게 나타났느냐
사망의 그늘진 문을 네가 보았느냐
[18] 땅의 너비를 네가 측량할 수 있느냐
네가 그 모든 것들을 다 알거든 말할지니라

하나님은 이미 욥에게 바다를 조종할 수 있냐고 물으셨다(38:8-11). 이번에는 욥에게 지하 세계에 가본 적이 있는가를 물으신다. 그곳은 바다의 근원이 되는 샘이 있는 곳이며 깊은 물 밑에 있는 곳이다(16절, cf. 신 32:22). 설령 욥이 그곳을 방문했다 할지라도 지혜는 찾을 수 없었을 것이다. 깊음과 바다는 이미 자신들이 지혜를 갖고 있지 않다고 고백했기 때문이다(28:14).

그곳은 사람이 죽어 지나가는 사망의 문이 있는 곳이기도 하다(17절). 이 세상과 저세상을 구분하는 경계가 있는 곳이다. 멸망과 사망도 지혜에 대해 들어보기는 했지만, 자신들이 가지고 있지는 않다고 하는 것으로 보아(28:22), 욥이 그곳에 가보았다 할지라도 지혜는 찾을 수 없었을 것이다. 물론 이번에도 하나님은 비유로 말씀하신다. 욥은 평생 육지에 둘러싸인 땅에서 살았으므로 바다로 가서 배를 타본 경험이 별로 없을 것이다. 그러므로 욥은 바다 밑에 있는 지하 세계에 가본 적이 없다고 대답할 수밖에 없다.

세상은 이처럼 많은 신비를 지닌 곳이다(cf. 18절). 욥은 이런 세상에 대하여 아는 바가 별로 없다. 하나님이 창조하신 땅의 너비가 얼마나 되는지 알지 못하고 측량할 능력도 없다(cf. 18절). 이런 상황을 고려할 때 욥은 친구들과 논쟁하는 도중에 하나님과 세상에 대하여 너무 쉽게 말했다. 그는 경솔했다.

> VII. 하나님의 임재(38:1-42:6)
> A. 하나님의 첫 번째 질의(38:1-40:2)
> 2. 하나님이 창조하신 우주의 신비로움(38:4-38:38)

(5) 빛과 어두움(38:19-21)

19 어느 것이 광명이 있는 곳으로 가는 길이냐
어느 것이 흑암이 있는 곳으로 가는 길이냐
20 너는 그의 지경으로 그를 데려갈 수 있느냐
그의 집으로 가는 길을 알고 있느냐
21 네가 아마도 알리라
네가 그때에 태어났으리니
너의 햇수가 많음이니라

하나님은 욥에게 빛이 거하는 처소와 흑암이 거하는 처소로 가는 길을 아느냐고 물으신다(19절). 또한 그가 빛과 흑암의 처소로 가는 길을 알아서 안내할 수 있냐고 물으신다(20절). 욥은 한 번 더 모른다고 대답할 수밖에 없다. 이런 일은 오직 하나님만이 아시고 하실 수 있기 때문이다.

그러나 욥은 친구들과 논쟁을 벌이면서 자기가 마치 세상에서 일어나는 모든 일을 아는 것처럼 말했다. 그러므로 하나님이 욥에게 비아냥 투로 말씀하신다. "네가 아마도 알리라!"(21a절). 욥은 이때 아마도 70세 정도 되었던 것으로 생각된다(cf. 42:16). 하나님이 세상을 창조하신 이후 흐른 세월에 비하면 아무것도 아니다. 그럼에도 불구하고 욥은 마치 빛과 흑암이 창조된 때부터 세상에 존재한 것처럼 말했으니 대답해 보라는 것이다(21b-c절). 욥이 함부로 말했다가 곤경에 빠졌다!

VII. 하나님의 임재(38:1-42:6)
A. 하나님의 첫 번째 질의(38:1-40:2)
2. 하나님이 창조하신 우주의 신비로움(38:4-38:38)

(6) 눈과 우박(38:22-25)

[22] 네가 눈 곳간에 들어갔었느냐
우박 창고를 보았느냐
[23] 내가 환난 때와 교전과 전쟁의 날을 위하여
이것을 남겨두었노라
[24] 광명이 어느 길로 뻗치며
동풍이 어느 길로 땅에 흩어지느냐
[25] 누가 홍수를 위하여 물길을 터주었으며
우레와 번개 길을 내어주었느냐

하나님은 욥에게 눈이 저장된 곳간과 우박이 쌓여 있는 창고를 가본 적이 있냐고 물으신다(22절). 욥은 이런 곳을 방문한 적이 없을 뿐만 아니라 이런 장소가 있다는 것도 모른다. 그러므로 이 질문은 욥은 세상에서 경험해보지 못한 일이 참으로 많다는 사실을 강조한다.

하나님은 눈과 우박을 환난 때와 전쟁의 날을 위하여 남겨두셨다(23절). 환난과 전쟁에서 공격의 효과를 가장 극대화시키는 방법은 예측불허성이다. 하나님은 눈과 우박의 예측불허성도 주관하시는 분이다. 또한 하나님이 우박과 눈 등을 동반하는 천재지변을 조종하신다는 것을 의미한다. 그러므로 우리가 경험하는 천재지변은 때로 하나님의 불편한 심기의 표현이거나 심판이 될 수 있다.

하나님은 빛과 바람도 조종하시는 분이다(24절). 비와 눈 등이 내려 세상이 물로 덮이면 물길을 터서 물이 땅의 표면에 머물러 있지 않도록 하신다(25a절). 물이 땅의 표면에 오래 머물면 짐승들과 초목에 치명적인 결과를 초래할 수 있기 때문이다. 하나님은 우레와 번개에게도 길을 내주어 이것들이 그 땅을 초토화시키는 것을 막으신다(25b절). 욥은 하나님이 이런 일을 하신다는 것은 알지만, 자신은 이런 일을 할 수 없음을 인정해야 한다.

VII. 하나님의 임재(38:1-42:6) A. 하나님의 첫 번째 질의(38:1-40:2) 2. 하나님이 창조하신 우주의 신비로움(38:4-38:38)

(7) 광야에 내리는 비(38:26-30)

26 누가 사람 없는 땅에,
사람 없는 광야에 비를 내리며
27 황무하고 황폐한 토지를 흡족하게 하여
연한 풀이 돋아나게 하였느냐
28 비에게 아비가 있느냐
이슬방울은 누가 낳았느냐
29 얼음은 누구의 태에서 났느냐
공중의 서리는 누가 낳았느냐
30 물은 돌같이 굳어지고
깊은 바다의 수면은 얼어붙느니라

하나님은 폭우와 우박으로 세상을 징계하시기도 하지만(cf. 23절), 메마르고 황무한 광야에 생기를 주기 위하여 폭우와 우박을 사용하기도 하신다(26-27절). 황폐한 땅에 비가 내리면 풀이 돋아나 짐승들의 먹이가 된다. 하나님이 내리시는 비는 광야를 옥토로 변하게 하여 짐승들과 사람들의 생명을 유지한다. 하나님의 징계 수단인 폭우와 우박이 생명을 보존하시는 수단으로도 사용된다.

하나님은 욥에게 생명을 보존하는 고마운 비와 이슬방울은 누가 만든 것들인지를 아는가에 대하여 물으신다(28절). 또한 얼음과 서리는 누가 만들었는지도 물으신다(29절). 당연히 하나님이 이 모든 것을 만드셨다. 하나님이 때로는 물을 돌처럼 굳게 해 얼음을 만드신다. 심지어는 바다의 수면도 얼어붙게 하신다(30절). 욥도 이러한 사실을 알고 있다.

욥은 이런 일들을 할 수 없다. 그럼에도 불구하고 그는 하나님에 대해 별 능력이 없는 사람인 것처럼 말을 했다. 그러므로 하나님은 이 말씀을 통해 욥이 자기의 무능함과 하나님의 무한하신 능력을 비교해 깨달음을 얻기 원하신다.

VII. 하나님의 임재(38:1-42:6)
A. 하나님의 첫 번째 질의(38:1-40:2)
2. 하나님이 창조하신 우주의 신비로움(38:4-38:38)

(8) 별들(38:31-33)

[31] 네가 묘성을 매어 묶을 수 있으며
삼성의 띠를 풀 수 있겠느냐
[32] 너는 별자리들을 각각 제때에 이끌어낼 수 있으며
북두성을 다른 별들에게로 이끌어 갈 수 있겠느냐
[33] 네가 하늘의 궤도를 아느냐
하늘로 하여금 그 법칙을 땅에 베풀게 하겠느냐

하나님은 욥에게 밤하늘을 지배하고 있는 별들의 위치와 역할을 정해 줄 뿐만 아니라(31절), 적기 적소에 이것들을 배치할 수 있냐고 물으신다(32절). 또한 천체가 운영되는 원칙과 그것들이 정해진 원칙에 따라 땅에 영향을 미칠 수 있도록 할 수 있는가도 물으신다(33절). 이번에도 욥은 할 수 없다고 고백해야 한다. 하나님과 욥의 능력 차이는 끝이 없다. 그런데도 욥은 마치 자기가 하나님이 하시는 일을 모두 아는 것처럼 말하는 오류를 범했다.

VII. 하나님의 임재(38:1-42:6)
A. 하나님의 첫 번째 질의(38:1-40:2)
2. 하나님이 창조하신 우주의 신비로움(38:4-38:38)

(9) 구름(38:34-38)

34 네가 목소리를 구름에까지 높여
넘치는 물이 네게 덮이게 하겠느냐
35 네가 번개를 보내어 가게 하되
번개가 네게 우리가 여기 있나이다 하게 하겠느냐
36 가슴속의 지혜는 누가 준 것이냐
수탉에게 슬기를 준 자가 누구냐
37 누가 지혜로 구름의 수를 세겠느냐
누가 하늘의 물주머니를 기울이겠느냐
38 티끌이 덩어리를 이루며
흙덩이가 서로 붙게 하겠느냐

하나님이 욥에게 하시는 다양한 질문들 중에 어떻게(how), 왜(why), 언제(when), 어디에(where)에 관한 질문들은 모두 누가(who)에 대한 질문에 종속되어 있다(Alden). 하나님은 구름에게 명령해 비가 내리도록 할 수 있느냐고 욥에게 물으신다(34절). 또한 번개를 조종할 수 있는가에 대해서도 물으신다(35절). 하나님은 이 모든 일을 하실 수 있다. 주님은 그 누구보다도 지혜로우셔서 이 모든 일을 하신다(cf. 37절).

하나님은 자기 지혜의 일부를 창조하신 피조물들에게 나누어주기도 하신다. 개역개정의 "가슴속의 지혜로 구름의 수를 세겠느냐?"(36a절)는 많은 논란이 있는 번역이다. '가슴속'으로 번역된 히브리어 단어(טֻחוֹת)는 '따오기'(ibis)를 의미하기도 한다(새번역, 공동, NIV, MSG). 다음 행에서 '수탉'(שֶׂכְוִי)이 등장하는 것도 '따오기' 번역을 지지한다(HALOT). 그렇다면 이 두 종류의 새가 왜 같은 절에서 언급되는가?

고대 사회에서 이 둘은 임박한 비를 예고하는 짐승으로 알려져 있었다. 많은 비가 오는 것은 나일강의 범람과 연관이 있기 때문에 고대 이집트에서는 따오기를 죽이는 사람은 사형에 처해졌다(Dhorme, Gordis). 이런 정황을 근거로 새번역은 36절을 "강물이 범람할 것이라고 알리는 따오기에게 나일강이 넘칠 것이라고 말해주는 이가 누구냐? 비가 오기 전에 우는 수탉에게 비가 온다고 말해주는 이가 누구냐?"로 번역했다.

새번역이 의미를 정확하게 전달하려고 한 것은 좋은 일이지만, 마소라 사본을 우리말로 옮겨놓은 번역으로는 다소 지나치다는 생각이 든다. 본문은 나일 강을 언급하지 않기 때문이다. 그러므로 공동번역의 "누가 따오기에게 지혜를 주었느냐? 누가 닭에게 슬기를 주었느냐?" 혹은 메시지 성경의 "누가 따오기에게 날씨에 관한 지혜를 주고 닭에게 폭풍에 관한 비를 주었는지 아느냐?"(Who do you think gave weather-wisdom to the ibis, and storm-savvy to the rooster?)로 유지하는 것이 바람직하다.

하나님은 놀라운 지혜로 세상 모든 구름을 헤아리시며, 구름을 통해 비가 내리게 하신다(37절). 고대 사회에서 구름을 분산시키고 통제하는 것은 신(들)만이 할 수 있는 일로 여겨졌다(Clines). 하나님은 지혜로 티끌이 모여 덩어리가 되게 하시고 흙덩어리가 서로 붙어 땅을 이루게도 하신다. 욥이 만지는 흙과 서 있는 땅도 하나님의 지혜가 이루어낸 작품이다.

3. 하나님이 창조하신 짐승 세계의 신비로움(38:39-39:30)

온 우주를 형성하고 있는 천체들과 자연 현상들의 창조와 통치권을 언급하신 하나님이 이번에는 주제를 바꿔서 욥이 살고 있는 세상에 존재하는 짐승 세계에 대해 말씀하신다. 욥은 온 우주를 구성하고 있는 천체들뿐만 아니라 그가 살고 있는 세상의 한 부분을 구성하고 있는 짐승들도 잘 모른다. 욥은 가축과 짐승들에 대해 아는 것이 별로 없으며, 심지어는 평생 접해보지 못한 짐승들도 많다. 더욱이 짐승들을 다스리는 일은 상상도 할 수 없다. 그럼에도 불구하고 욥은 하나님이 짐승들도 오직 권선징악의 원리로 다스리신다고 생각한다.

하나님은 짐승들의 세계에 대해 말씀하시면서 이 같은 욥의 편견을 교정해 주시고자 한다. 세상은 권선징악이 세상을 지배하는 유일한 원리라고 전제하는 욥의 생각과는 달리 그보다 훨씬 더 많은 원리와 원칙들에 의해 운영된다. 권선징악의 원리는 하나님이 짐승들을 다스리시는 원리와 원칙들의 일부분에 불과하다. 본문이 언급하는 아홉 가지 짐승들—사자, 까마귀, 산염소, 들나귀, 들소, 타조, 말(군마), 매, 독수리—중 사람과 같이 사는 것은 말(군마)이 유일하다. 욥에게 이 짐승들의 세계는 미지로 남아 있다. 그러나 그가 제대로 접해보지도 못한 짐승들이 하나님에게는 애완용(pets)에 불과하다(Andersen). 본문은 다음과 같이 구성되어 있다.

A. 사자와 까마귀(38:39-41)
B. 산염소(39:1-4)
C. 들나귀(39:5-8)
D. 들소(39:9-12)
E. 타조(39:13-18)

F. 말(39:19–25)

G. 매와 독수리(39:26–30)

VII. 하나님의 임재(38:1–42:6) A. 하나님의 첫 번째 질의(38:1–40:2) 3. 하나님이 창조하신 짐승 세계의 신비로움(38:39–39:30)

(1) 사자와 까마귀(38:39–41)

[39] 네가 사자를 위하여 먹이를 사냥하겠느냐
젊은 사자의 식욕을 채우겠느냐
[40] 그것들이 굴에 엎드리며
숲에 앉아 숨어 기다리느니라
[41] 까마귀 새끼가 하나님을 향하여 부르짖으며
먹을 것이 없어서 허우적거릴 때에
그것을 위하여 먹이를 마련하는 이가 누구냐

하나님은 욥에게 사자에게 먹을 것을 준 적이 있냐고 물으신다(39절). 혹시 욥이 사자들을 어디서 찾을 수 있는지 모른다면 들에 있는 굴과 숲에 가보라고 알려주신다(40절). 욥은 평생 한 번도 사자들을 먹이기 위해 사냥한 적이 없으며, 젊은 사자들의 식욕을 만족시킨 적도 없다. 사자들이 사는 굴과 숲도 방문할 일이 별로 없었을 것이다.

하나님은 욥에게 까마귀 새끼가 배고파 부르짖을 때 누가 그것에게 먹이를 주는지를 아느냐고도 물으신다(41절). 당연한 정답은 하나님이다. 하나님은 욥이 생각해보지 못한 일(새끼 까마귀가 먹이를 달라고 할 때)까지 하신다. 더욱이 까마귀는 썩은 짐승을 먹기 때문에 부정하다(cf. 레 11:15; 신 14:14). 하나님은 이런 상황에 개의치 않고 그들을 먹이신다. 정한 짐승뿐만 아니라 부정한 짐승까지 먹이시는 하나님의 보살핌과 은혜에는 끝이 없다. 하나님은 욥과 자신을 대조하는 일을 지속하신다.

VII. 하나님의 임재(38:1–42:6) A. 하나님의 첫 번째 질의(38:1–40:2) 3. 하나님이 창조하신 짐승 세계의 신비로움(38:39–39:30)

(2) 산 염소(39:1–4)

[1] 산 염소가 새끼 치는 때를 네가 아느냐
암사슴이 새끼 낳는 것을 네가 본 적이 있느냐
[2] 그것이 몇 달 만에 만삭되는지 아느냐
그 낳을 때를 아느냐
[3] 그것들은 몸을 구푸리고 새끼를 낳으니
그 괴로움이 지나가고
[4] 그 새끼는 강하여져서
빈 들에서 크다가 나간 후에는
다시 돌아오지 아니하느니라

하나님은 욥에게 산(야생) 염소가 새끼를 낳는 때를 아느냐고 물으신다. 산 염소는 사람들의 눈에 잘 띄지 않는 비밀스러운 짐승이다. 또한 암사슴이 새끼 낳는 것을 본 적이 있냐고 물으신다(1절). 산 염소와 암사슴은 가축이 아니기 때문에 이 짐승들의 습성을 잘 아는 사람은 별로 없다. 욥도 평생 산 염소가 새끼 낳는 때에 대하여 알아보려고 한 적이 없고, 산 염소를 본 적도 없었을 것이다. 또한 암사슴이 새끼 낳는 모습을 목격한 적도 없었을 것이다. 세상에는 욥이 모를 뿐 아니라 관심도 갖지 않는 수많은 일들이 진행되고 있다. 물론 하나님은 이 모든 일을 아실 뿐만 아니라 주관하고 조종하신다.

들에서 사는 짐승들도 새끼를 낳을 때는 고통스러워한다(3절). 드디어 태어난 새끼들은 사람들이 관심도 갖지 않는 빈 들에서 자라나 성장한 후에는 그곳을 떠나 다시는 돌아오지 않는다. 이 모든 일은 사람들의 관심 밖에서 일어난다. 욥도 이런 일에는 관심이 없다. 그러나 하나님은 이 모든 일을 아실 뿐만 아니라 산 염소와 암사슴도 다스리고 보호하신다.

VII. 하나님의 임재(38:1-42:6)
A. 하나님의 첫 번째 질의(38:1-40:2)
3. 하나님이 창조하신 짐승 세계의 신비로움(38:39-39:30)

(3) 들나귀(39:5-8)

[5] 누가 들나귀를 놓아 자유롭게 하였느냐
누가 빠른 나귀의 매인 것을 풀었느냐
[6] 내가 들을 그것의 집으로,
소금 땅을 그것이 사는 처소로 삼았느니라
[7] 들나귀는 성읍에서 지껄이는 소리를 비웃나니
나귀 치는 사람이 지르는 소리는 그것에게 들리지 아니하며
[8] 초장 언덕으로 두루 다니며
여러 가지 푸른 풀을 찾느니라

하나님은 욥에게 들나귀들이 마음껏 뛰어놀게 한 이가 누구인지 알고 있는가를 물으신다(5절). 물론 정답은 하나님이다. 하나님은 들과 광야를 들나귀들이 사는 거처로 삼으셨다(6절). '소금 땅'으로 번역된 히브리어 단어(מְלֵחָה)는 간척지, 혹은 평상시에는 바닷물에 잠겨 있다가 썰물 때면 모습을 드러내는 습지 혹은 아무것도 없는 허허벌판(광야)을 뜻한다(cf. TDOT, HALOT). 하나님이 정해 주신 처소에서 자유롭게 뛰노는 들나귀들은 성읍에서 들려오는 소리, 곧 나귀를 훈련하고 부리는 사람—나귀를 억압하는/압제하는 자(נֹגֵשׂ)—이 자기가 키우는 나귀들에게 윽박지르는 소리를 비웃는다(7절). 자유를 만끽하고 있는 들나귀들은 성안에서 들려오는 소리—주인이 자기가 길들인 나귀들을 억압하는 소리—를 경멸하거나(Pope, cf. RSV, TNK), 두려워하지 않는다는 뜻이다(Clines).

들나귀들은 가축화되어 인간에게 사육되는 나귀들과는 달리 하나님이 주신 자유를 마음껏 누리고 있다. 사람들에게 억압당하는 나귀들과는 달리 들나귀들은 들과 초장을 마음껏 돌아다니며 여러 가지 풀을 찾는다. 하나님이 그들을 먹이시기 때문이다. 욥은 하나님이 이런 일을 하시는 것은 잘 알지만, 자신은 이런 일을 할 수 없다는 것을 고백해야 한다. 하나님의 능력이 얼마나 위대하신가를 인정해야 하는 것이다.

> VII. 하나님의 임재(38:1-42:6)
> A. 하나님의 첫 번째 질의(38:1-40:2)
> 3. 하나님이 창조하신 짐승 세계의 신비로움(38:39-39:30)

(4) 들소(39:9-12)

9 들소가 어찌 기꺼이 너를 위하여 일하겠으며
네 외양간에 머물겠느냐
10 네가 능히 줄로 매어 들소가 이랑을 갈게 하겠느냐
그것이 어찌 골짜기에서 너를 따라 써레를 끌겠느냐
11 그것이 힘이 세다고 네가 그것을 의지하겠느냐
네 수고를 그것에게 맡기겠느냐
12 그것이 네 곡식을 집으로 실어오며
네 타작 마당에 곡식 모으기를 그것에게 의탁하겠느냐

들소에 대한 하나님의 말씀은 일곱 개의 질문들로 구성되어 있다. 개역개정은 9절을 하나로 묶었지만, 마소라 사본은 두 개의 질문으로 구성되어 있다(cf. 새번역의 "들소가 네 일을 거들어주겠느냐? 들소가 네 외양간에서 잠을 자겠느냐?").

소는 사람에게 참으로 이로운 짐승이다. 고대 시대부터 밭을 가는 등 힘이 필요한 일을 도맡아 해온 가축이다. 소의 사촌이라고 할 수 있는 들소(야생 소)는 어떤가? 들소는 대체적으로 소보다 몸집이 크고 힘이 세다(cf. 11절). 길들여진 소의 조상이라고 하는 오로크스(aurochs)는 길이가 3미터, 무게가 1톤 정도 되었으며, 코뿔소 크기의 절반 정도 되는 거대한 짐승이었다(Clines). 그러므로 사람이 들소를 길들일 수 있다면 참으로 많은 노동력을 확보할 수 있다.

하나님은 욥에게 소와 비슷한 들소를 길들일 수 있냐고 물어보신다. 욥은 들소를 노동에 투입할 수 있으며, 소들이 머무는 외양간에 둘 수 있는가?(9절). 욥은 들소로 밭을 갈 수 있는가?(10절). 욥은 들소가 들에서 수확한 곡식을 실어오고 타작 마당에서 곡식을 타작하게 할 수 있는가?(12절). 그렇게 할 수만 있다면 참으로 좋을 것이다. 들소는 소보다 훨씬 더 힘이 세기 때문에 그를 위해 더 많은 일을 할 것이기 때문이다.

그러나 들소는 사람에 의해 길들여지지 않는다. 거친 들소를 길들일 수 있는 유일하신 분은 하나님이다. 그러나 하나님은 들소를 길들이지 않고 들에서 자유로이 뛰놀게 하셨다. 하나님이 들소를 창조하신 목적이 이것이기 때문이다. 욥은 다시 한 번 자기의 한계를 깨달아야 한다.

VII. 하나님의 임재(38:1-42:6)
A. 하나님의 첫 번째 질의(38:1-40:2)
3. 하나님이 창조하신 짐승 세계의 신비로움(38:39-39:30)

(5) 타조(39:13-18)

13 타조는 즐거이 날개를 치나
학의 깃털과 날개 같겠느냐
14 그것이 알을 땅에 버려두어
흙에서 더워지게 하고
15 발에 깨어질 것이나
들짐승에게 밟힐 것을 생각하지 아니하고
16 그 새끼에게 모질게 대함이 제 새끼가 아닌 것처럼 하며
그 고생한 것이 헛되게 될지라도 두려워하지 아니하나니
17 이는 하나님이 지혜를 베풀지 아니하셨고
총명을 주지 아니함이라
18 그러나 그것이 몸을 떨쳐 뛰어갈 때에는
말과 그 위에 탄 자를 우습게 여기느니라

주제가 가장 위협적인 짐승들 중 하나인 들소에서 가장 우스꽝스러운 짐승들 중 하나인 타조로 바뀌고 있다. 하나님은 욥에게 타조의 삶을 생각해 보라고 하신다. 타조는 세상에서 몸이 가장 큰 새이다. 수컷의 키는 2미터 40센티미터까지 자라며, 큰 놈의 무게는 150킬로그램에 달한다. 타조는 몸이 뚱뚱하고 볼품이 없으며, 날개는 있지만 날 수 없는 새이다. 날지 못하는 타조는 뛰어다니는 새인데 치타 다음으로 빠른 동물이다. 타조는 시속 80킬로미터까지 달릴 수 있으며, 시속 50킬로미터 속도로 30분을 달릴 수 있다고 한다(cf. ABD).

타조는 분명 날갯짓은 하지만 학의 깃털과 날개에 비교할 바는 아니다(13절). 그러므로 타조를 통해 하나님이 어떤 짐승은 사람을 즐겁게

해주기 위해 창조하셨다는 사실을 깨달아야 한다(Andersen). 타조는 아름다운 자태를 뽐내며 날개를 사용해 어디든 갈 수 있는 학과는 매우 대조적인 새이다.

타조는 생김새도 별로지만 모성애도 별로 없는 어리석은 짐승으로 알려져 있다. 타조는 자기가 낳은 알을 땅에 방치한다(14절). 자기가 낳은 알이 짐승들에게 밟혀 깨어져도 상관하지 않는다(15절). 겨우 알에서 깨어난 새끼들도 마치 자기 새끼가 아닌 것처럼 모질게 대한다(16절).

타조는 왜 이렇게 사는가? 하나님이 타조에게 지혜와 총명을 주지 않으셨기 때문이다(17절). 하나님이 모든 피조물에게 지혜를 주시는 것은 아니다. 타조 같은 짐승에게는 지혜를 주지 않으셨기 때문에 본능으로 살아갈 수밖에 없다. 문제는 일부 짐승들의 본능은 참으로 어리석어 사람의 안타까움을 자아낸다는 것이다.

타조는 참으로 어리석은 짐승이지만, 한 가지 중요한 재능을 지녔다. 타조는 사람이 탄 말보다 훨씬 더 빨리 달릴 수 있다(18절). 지혜가 없어 어리석기 짝이 없는 짐승인 타조마저도 욥보다 더 잘하는 것이 있다. 하나님이 타조를 그렇게 만드셨기 때문이다. 다시 한 번 욥의 한계와 하나님의 무한하신 능력이 대조를 이룬다.

VII. 하나님의 임재(38:1-42:6)
A. 하나님의 첫 번째 질의(38:1-40:2)
3. 하나님이 창조하신 짐승 세계의 신비로움(38:39-39:30)

(6) 말(39:19-25)

[19] 말의 힘을 네가 주었느냐
그 목에 흩날리는 갈기를 네가 입혔느냐
[20] 네가 그것으로 메뚜기처럼 뛰게 하였느냐
그 위엄스러운 콧소리가 두려우니라

[21] 그것이 골짜기에서 발굽질하고
힘 있음을 기뻐하며 앞으로 나아가서 군사들을 맞되
[22] 두려움을 모르고 겁내지 아니하며
칼을 대할지라도 물러나지 아니하니
[23] 그의 머리 위에서는 화살통과
빛나는 창과 투창이 번쩍이며
[24] 땅을 삼킬 듯이 맹렬히 성내며
나팔 소리에 머물러 서지 아니하고
[25] 나팔 소리가 날 때마다 힝힝 울며
멀리서 싸움 냄새를 맡고
지휘관들의 호령과 외치는 소리를 듣느니라

들나귀나 타조처럼 길들여지지 않은 짐승은 그렇다 치고, 말처럼 가축화된 짐승, 특히 전쟁을 하도록 훈련된 말은 어떤가? 하나님이 언급하시는 아홉 가지 짐승 중 사람에게 길들여진 것은 군마가 유일하다. 비록 사람이 말을 관리하고 키우지만, 말이 지니고 있는 본능적인 능력은 사람이 말에게 주는 것이 아니라, 하나님이 주신다. 그러므로 하나님은 욥에게 말이 지니고 있는 모든 아름다움과 능력을 준 적이 있냐고 물으신다.

욥이 살던 시대에 말은 주로 전쟁에 사용되고, 농사에 동원되지는 않았다(Alden). 그렇다 보니 말은 왕족과 군대와 같은 지극히 제한된 대상에게만 허용되었던 짐승이다. 욥은 말에게 강력한 힘과 아름답게 흩날리는 갈기를 준 적이 없다(19절). 말이 메뚜기처럼 뛸 수 있게 한 것도(cf. 렘 51:27; 욜 2:4; 계 9:7), 두렵게 들리는 콧소리도 욥이 준 것이 아니다(20절). 하나님이 말에게 주신 것들이다.

말은 용맹스럽다. 하나님이 주신 발굽질로 골짜기를 누비며 힘차게 달려 적들을 맞는다(21절). 말은 두려움을 모르며, 칼을 보고도 물러나지 않는다(22절). 군마는 위험 요소들을 전혀 의식하지 않는 억제되지 않는 열망의 상징이다(Newsom). 군마는 전쟁이 아무리 치열해져도 두려워하지 않고 오히려 더 맹렬하게 싸운다(23-24절). 진군하라는 나팔 소리와 지휘관들의 호령을 들으면 더 강력한 소리를 내며 싸울 곳으로 달려간다(25절). 말은 어떻게 해서 이처럼 용맹스러워졌을까? 하나님이 말에게 이런 힘과 용기를 주셨기 때문이다. 반면에 욥은 말에게 준 것이 하나도 없다.

VII. 하나님의 임재(38:1-42:6)
A. 하나님의 첫 번째 질의(38:1-40:2)
3. 하나님이 창조하신 짐승 세계의 신비로움(38:39-39:30)

(7) 매와 독수리(39:26-30)

[26] 매가 떠올라서 날개를 펼쳐 남쪽으로 향하는 것이
어찌 네 지혜로 말미암음이냐
[27] 독수리가 공중에 떠서 높은 곳에 보금자리를 만드는 것이
어찌 네 명령을 따름이냐
[28] 그것이 낭떠러지에 집을 지으며
뾰족한 바위 끝이나 험준한 데 살며
[29] 거기서 먹이를 살피나니
그 눈이 멀리 봄이며
[30] 그 새끼들도 피를 빠나니
시체가 있는 곳에는 독수리가 있느니라

매와 독수리는 가장 높은 곳을 나는 새들이다. 성경에서 이 새들은 힘(출 19:4; 사 40:31), 속도(삼하 1:23; 렘 4:13), 높이(잠 30:19; 렘 48:40), 사냥(욥 9:26; 합 1:8) 등과 연관되어 언급된다. 매가 날개를 펼쳐 남쪽으로 향하는 것(26절)은 본능을 상징하며, 독수리가 높은 곳에 보금자리를 트는 것은(27절) 인간이 접근할 수 없음을 상징한다(Clines). 하나님은 욥에게 이 새들이 그렇게 높이 날 뿐만 아니라 매우 높은 곳에 보금자리를 트는 것은 욥이 그들에게 그렇게 하라고 했기 때문이냐고 물으신다(26-27절, cf. 렘 49:16; 옵 4). 당연히 아니다. 욥은 매와 독수리에게 그렇게 하라고 명령한 적이 없다. 매와 독수리가 그렇게 하도록 정하신 분은 창조주 하나님이다.

하나님은 독수리와 매가 낭떠러지에 집을 짓고 험준한 바위 끝에 살면서도(28절), 먼 곳에 있는 먹이를 살피도록 하셨다(29절). 하나님이 이 새들에게 지혜를 주셨기 때문이다. 시체가 있는 곳에 독수리가 있는 것도 하나님이 그들을 그렇게 만드셨기 때문이다(30절, cf. 마 24:28; 눅 17:37). 한 학자는 본문이 묘사하는 독수리는 늑대와 곰 등이 남긴 짐승의 시체를 먹는 그리폰 독수리(Griffon Vulture)로 해석한다(Driver). 하나님은 가장 높은 하늘을 나는 새들을 만드시고 그들에게 여러 가지 기능을 주셨다. 욥은 이런 일을 하지 못할 뿐 아니라, 이 새들이 지닌 기능도 지니지 못했다.

VII. 하나님의 임재(38:1-42:6)
A. 하나님의 첫 번째 질의(38:1-40:2)

4. 하나님이 욥에게 물으신 결론적인 질문(40:1-2)

[1] 여호와께서 또 욥에게 일러 말씀하시되
[2] 트집 잡는 자가 전능자와 다투겠느냐
하나님을 탓하는 자는 대답할지니라

하나님은 욥에게 "너 이것 아느냐?" 식의 수사학적인 질문을 통해 자신이 창조하신 세상의 신비로움에 대하여 많은 말씀을 하셨다. 또한 이 놀라운 세상을 창조하고 운영하시는 하나님은 참으로 지혜롭다는 사실이 전제된 말씀이다. 하나님이 이렇게 말씀을 하신 것은 욥이 마치 자기가 세상의 모든 것을 아는 것처럼 말한 것에 대한 책망이다. 드디어 욥은 하나님의 말씀을 통해 자신은 하나님이 창조하시고 운영하시는 세상의 신비로움에 대해 아는 것보다 모르는 것이 훨씬 더 많다는 사실을 깨달았다.

하나님은 이미 한없이 위축된 욥을 다그치신다. 욥을 트집 잡는 자, 하나님을 탓하는 자라고 하신다(2절). 욥을 정죄하기 위해서가 아니라, 그가 친구들과의 논쟁에서 세상에 대해 모르는 것이 많으면서도 마치 다 아는 것처럼 말한 것에 대한 책망이다. 이유를 알지 못하고 당한 고난 속에서 울부짖는 욥을 하나님이 이렇게 대하시는 것이 약간은 잔인하다고 할 수도 있다. 욥은 무엇보다도 위로가 필요한 사람이기 때문이다.

그러나 이러한 다그침은 욥에게 꼭 필요하다. 하나님은 모든 것을 아시지만, 욥은 자기가 세상에 대해 아는 것보다 모르는 것이 더 많다는 사실을 깨달아야 하기 때문이다. 욥은 알지 못하고 오직 하나님만 아시는 부분(영역)에 그의 고난에 대한 답이 있다. 이 부분이 욥의 입장에서는 창조주 하나님만 아시는 신비로운 영역이다.

하나님의 첫 번째 담화가 시사하는 바에 대하여 클라인스(Clines)는 다음과 같이 열 가지로 정리한다. (1) 세상은 하나님에 의하여 짜임새와 조리 있게 조직되었다. (2) 하나님은 매우 위대한 능력을 지니셨지만, 세상을 통치하시는 주님의 원리는 힘이 아니라 기술과 통찰에 근거한다. (3) 여호와께서는 자신이 창조한 세상을 매우 잘 아신다. (4) 하나님이 제정하신 세상 질서의 주된 목적은 창조된 세상을 원활하게 유지하고 육성하는 것이다. 하나님의 창조 사역은 과거에 있었던 한 사건으로 머무는 것이 아니라 매일 반복되는 과정이다. (5) 우리가 사는 세상은 매우 다양한 면모를 지니고 있으며, 하나님이 계획하신 세상

구조의 목적은 매우 다양하다. (6) 세상 질서는 추상개념 없이, 반대명제 없이, 일반화 없이 묘사된다. (7) 세상은 별 문제 없이 운영되고 있으며 여호와께서 바로잡아야 할 것은 하나도 없다. (8) 세상은 별 문제가 없으며 세상 안에 있는 모든 요소가 하나님께 기쁨의 근원이다. (9) 우주 질서는 인간과 상관없이 기술될 수 있다. (10) 인간은 하나님의 계획 안에서 만물의 척도이다.

VII. 하나님의 임재(38:1-42:6)

B. 욥의 첫 번째 대답(40:3-5)

[3] 욥이 여호와께 대답하여 이르되
[4] 보소서 나는 비천하오니 무엇이라 주께 대답하리이까
손으로 내 입을 가릴 뿐이로소이다
[5] 내가 한 번 말하였사온즉
다시는 더 대답하지 아니하겠나이다

욥은 하나님의 끊임없는 질문을 받으며 자기가 얼마나 무지했고, 얼마나 어리석게 생각하고 말했는가를 깨달았다. 그러므로 친구들과의 논쟁에서 말한 모든 것을 되돌리고 싶다. 마치 세상의 모든 이치를 알고 있는 것처럼 말했지만, 실제로는 아는 것보다 모르는 것이 더 많다는 것을 깨달았기 때문이다.

욥은 하나님이 다그치시는 데도(1-2절) 할 말이 없다. 자기는 어리석은 사람이므로 하나님의 질문에 대답할 말이 없어서 그저 손으로 입을 가릴 뿐이라고 고백한다(4절). 욥은 어리석은 말은 한 번으로 족하다며 더 이상 말하지 않겠다고 한다(5절). 욥의 이번 담화는 책에서 가장 짧다. 욥은 자기는 이미 할 수 있는 말보다 더 많은 말을 했다며 후회하

고 있다. 그는 하나님 앞에서 자신의 무지와 무능을 철저하게 깨달았기 때문에 어떤 말도 할 수 없다고 고백한다.

C. 하나님의 두 번째 질의(40:6-41:34)

욥의 일차적인 '항복'을 받은 하나님이 계속 말씀하신다. 하나님의 말씀이 마무리되면 욥은 다시 한 번 하나님께 자신의 잘못을 고백한다(42:1-6). 하나님은 욥에게 두 차례나 자기가 어리석었다는 말을 하도록 하시는데, 욥기에서는 숫자 '2'가 전략적으로 자주 사용되며, 끝에 가서는 하나님이 욥의 재산을 예전의 두 배로 보상해주시는 것으로 이야기가 마무리된다. 하나님은 욥이 그가 친구들과 논쟁하면서 하나님에 대해 쏟아낸 불만을 정당화할 만한 지혜나 능력을 지니지 않았다고 단언하신다(40:6-14). 이어 하나님은 욥에게 육지에서 가장 신비로운 짐승인 베헤못(40:15-24)과 바다에서 가장 신비로운 짐승인 리워야단(41:1-34)을 조종할 수 있냐고 물으신다. 욥의 능력은 창조주이자 세상을 다스리시는 하나님의 무한한 능력이 지극히 제한되어 있는 형태에도 미치지 못한다. 이 섹션은 다음과 같이 구분될 수 있다.

A. 너는 나에게 견줄 만한 능력을 지니지 않았다(40:6-14)
B. 내가 창조한 베헤못을 보라(40:15-24)
B′. 내가 창조한 리워야단을 보라(41:1-34)

VII. 하나님의 임재(38:1-42:6)
C. 하나님의 두 번째 질의(40:6-41: 34)

1. 너는 나에게 견줄 만한 능력을 지니지 않았다(40:6-14)

[6] 그때에 여호와께서 폭풍우 가운데에서
욥에게 일러 말씀하시되
[7] 너는 대장부처럼 허리를 묶고
내가 네게 묻겠으니 내게 대답할지니라
[8] 네가 내 공의를 부인하려느냐
네 의를 세우려고 나를 악하다 하겠느냐
[9] 네가 하나님처럼 능력이 있느냐
하나님처럼 천둥소리를 내겠느냐
[10] 너는 위엄과 존귀로 단장하며
영광과 영화를 입을지니라
[11] 너의 넘치는 노를 비우고
교만한 자를 발견하여 모두 낮추되
[12] 모든 교만한 자를 발견하여 낮아지게 하며
악인을 그들의 처소에서 짓밟을지니라
[13] 그들을 함께 진토에 묻고
그들의 얼굴을 싸서 은밀한 곳에 둘지니라
[14] 그리하면 네 오른손이
너를 구원할 수 있다고 내가 인정하리라

하나님은 여러 개의 질문으로 욥을 다시 다그치기 시작하신다(7절). 하나님이 제일 먼저 문제 삼으시는 것은 욥이 자신의 억울함을 호소하면서 하나님을 불의한 분으로 몰아간 점이다(8절). 참으로 억울한 일을 당한 욥의 심정은 어느 정도 이해할 수 있지만, 그렇다고 해서 자신이 처한 상황을 정확하게 판단하지도 못하면서 하나님을 악하다고 비난하는 것은 용납될 수 없다. 욥이 "하나님, 제가 당한 일을 참으로 이해할 수 없습니다. 저에게 설명해 주십시오" 정도에서 말을 마무리했더라면 좋았을 뻔했다.

욥은 자신이 경험한 고난에서 그의 의와 하나님의 의가 대립하는 것으로만 생각했다. 이 외의 가능성을 모두 배제했다. 한순간도 하나님의 의가 그의 의보다 훨씬 더 크고 신비로울 수 있다는 사실을 생각하거나 인정하지 않았다. 욥은 본의 아니게 자기는 하나님처럼 지혜롭다고 생각했기 때문이다.

욥이 정작 하나님과 동일한 자격으로 시시비비를 가리려면 먼저 하나님처럼 지혜로워져야 하고 하나님께 견줄 만한 능력도 지녀야 한다. 그러므로 하나님은 그에게 천둥소리를 내시는 하나님처럼 능력이 있느냐고 물으신다(9절). 욥이 할 수 있다면 하나님처럼 위엄과 존귀로 단장하고 영광과 영화를 입으라고 하신다(10절, cf. 출 15:7; 시 96:6; 104:1; 138:5; 사 2:10, 19, 21; 24:14). 하나님은 세상과 사람들에게 비추어지는 심판주의 모습을 이처럼 네 가지(위엄, 존귀, 영광, 영화)로 묘사한다. 이처럼 거룩하신 하나님만이 세상을 심판하실 수 있기 때문이다.

하나님이 세상을 심판하실 때 여러 가지 일을 하겠지만, 가장 중요하고 먼저 하시는 일은 무엇인가? 교만한 자들을 낮추시는 일이다(11절). 그러므로 하나님은 욥에게 더 이상 자신이 당한 일에 대해 화내지만 말고, 하나님처럼 교만한 자들을 심판하라고 하신다(11-13절). 악인들의 처소를 짓밟고(12절), 그들을 땅에 묻으라 하신다. 또한 그들을 땅에 묻을 때 그들의 얼굴을 수의로 싸서 다시는 사람들이 보지 않는 곳(은밀한 곳)에 묻으라 하신다(13절).

욥이 이런 능력을 보이면 하나님은 욥을 스스로 자기를 구원할 수 있는 자로 인정하실 것이다(14절). 이 말씀은 하나님이 욥을 포함한 모든 연약한 사람들의 구원자임을 암시하고 있다. 그러므로 하나님이 그를 찾아오신 것은 그를 구원하기 위해서이다. 반면에 욥이 하나님을 악한 분으로 몰아간 것은 마치 자기 스스로 구원할 수 있는 자처럼 말한 것과 다름 없다는 뜻이다.

VII. 하나님의 임재(38:1-42:6)
C. 하나님의 두 번째 질의(40:6-41: 34)

2. 내가 창조한 베헤못을 보라(40:15-24)

[15] 이제 소같이 풀을 먹는 베헤못을 볼지어다
내가 너를 지은 것같이 그것도 지었느니라
[16] 그것의 힘은 허리에 있고
그 뚝심은 배의 힘줄에 있고
[17] 그것이 꼬리 치는 것은 백향목이 흔들리는 것 같고
그 넓적다리 힘줄은 서로 얽혀 있으며
[18] 그 뼈는 놋관 같고 그 뼈대는 쇠 막대기 같으니
[19] 그것은 하나님이 만드신 것 중에 으뜸이라
그것을 지으신 이가 자기의 칼을 가져오기를 바라노라
[20] 모든 들짐승들이 뛰노는 산은
그것을 위하여 먹이를 내느니라
[21] 그것이 연잎 아래에나
갈대 그늘에서나 늪 속에 엎드리니
[22] 연잎 그늘이 덮으며
시내 버들이 그를 감싸는도다
[23] 강물이 소용돌이칠지라도 그것이 놀라지 않고
요단강 물이 쏟아져 그 입으로 들어가도 태연하니
[24] 그것이 눈을 뜨고 있을 때 누가 능히 잡을 수 있겠으며
갈고리로 그것의 코를 뀔 수 있겠느냐

하나님은 욥이 연약한 인간에 불과하다는 사실을 지적하신 다음, 다시 한 번 그의 능력의 한계에 대해 물으신다. 혹시라도 욥이 하나님의 평가에 동의하지 않는다면 그 자신이 이런 일을 할 수 있는지를 생각해 보라는 것이다. 하나님은 자신이 창조하신 짐승들 중 베헤못(בְּהֵמוֹת)을 예로 들어 말씀하신다. '베헤못'은 어떤 짐승을 칭하는 것일까? 어떤 이들은 이 짐승의 정체에 대해 하마(아가페), 코끼리, 이미 멸종한 짐승, 혹은 신화적인 짐승 등 다양한 추론을 제시한다(cf. Alden, Clines, Longman, Pope). 이 짐승들 중 학자들이 가장 유력하게 생각하는 하마는 고대 근동에 서식하는 짐승이 아니었다(Alden, cf. Newsom). 학자들의 다양한 제안은 본문의 의미를 해석하는 일에는 별로 도움이 되지 않는다. 베헤못이 어떤 짐승인지 알지 못해도 본문의 의미를 충분히 설명할 수 있기 때문이다.

베헤못은 힘이 매우 세며 허리가 튼튼한 짐승이다(16절). 이 짐승의 꼬리는 힘이 좋고 넓적다리도 매우 강력하다(17절). 베헤못은 뼈도 크고 매우 강인하며(18절), 하나님이 창조하신 짐승들 중 으뜸에 속한다(19a절). 개역개정이 "그것을 지으신 이가 자기의 칼을 가져오기를 바라노라"(19b절)고 번역한 문장의 의미가 정확하지 않다(cf. 새번역, 공동, 아가페, LXX, NAS, NIV, CSV, MSG). 한 가지 확실한 것은 오직 하나님만이 이 짐승을 자유자재로 다스리실 수 있다.

베헤못은 산에서 자라는 풀 등을 먹이로 삼으며(20절) 연잎 아래와 갈대 그늘 아래 늪에서 눕는다(21-22절). 고인 물이 이 짐승의 주요 거처지라는 뜻이다. 고인 물에서 주로 거한다고 해서 소용돌이치는 강물도 이 짐승에게는 위협이 되지 않는다(23절). 힘이 매우 세고 몸집이 크다는 것을 의미한다. 하나님 외에는 그 누구도 베헤못을 제압하지 못한다(24절).

이 짐승의 정확한 정체는 무엇일까? 많은 사람이 하마일 것이라고 생각한다(cf. HALOT). 본문에 묘사된 내용의 대부분이 하마와 연관시켜도 별 어려움은 없다. 다만 꼬리치는 것이 백향목이 흔들리는 것 같다는(17절) 부분이 잘 어울리지 않는다. 하마의 꼬리는 고작 30센티미터에 달하며 돼지 꼬리와 비슷하다(Driver & Gray). 그다지 볼품이 있는 것도 아니고, 힘이 센 것도 아니다. 주로 영역 표시를 하기 위해 자기가 싼 대변을 흐트러뜨리는 일에 꼬리를 사용하기 때문이다. 그러므로 베헤못이 코끼리라고 생각하는 사람들은 '꼬리'(זָנָב)를 '코'로 해석한다(cf. Alden).

이미 언급한 것처럼 이 짐승이 정확히 무엇인지 규명하는 일은 그다지 중요하지 않다. 말씀의 초점이 하나님이 이 놀라운 짐승을 다스리신다는 것에 맞추어져 있기 때문이다. 반면에 욥은 이 짐승을 다스리기는커녕 잘 알지도 못한다.

VII. 하나님의 임재(38:1-42:6)
C. 하나님의 두 번째 질의(40:6-41: 34)

3. 내가 창조한 리워야단을 보라(41:1-34)

[1] 네가 낚시로 리워야단을 끌어낼 수 있겠느냐
노끈으로 그 혀를 맬 수 있겠느냐
[2] 너는 밧줄로 그 코를 꿸 수 있겠느냐
갈고리로 그 아가미를 꿸 수 있겠느냐
[3] 그것이 어찌 네게 계속하여 간청하겠느냐
부드럽게 네게 말하겠느냐
[4] 어찌 그것이 너와 계약을 맺고
너는 그를 영원히 종으로 삼겠느냐
[5] 네가 어찌 그것을 새를 가지고 놀 듯 하겠으며
네 여종들을 위하여 그것을 매어두겠느냐
[6] 어찌 장사꾼들이 그것을 놓고 거래하겠으며

상인들이 그것을 나누어 가지겠느냐
[7] 네가 능히 많은 창으로 그 가죽을 찌르거나
작살을 그 머리에 꽂을 수 있겠느냐
[8] 네 손을 그것에게 얹어보라
다시는 싸울 생각을 못하리라
[9] 참으로 잡으려는 그의 희망은 헛된 것이니라
그것의 모습을 보기만 해도 그는 기가 꺾이리라
[10] 아무도 그것을 격동시킬 만큼 담대하지 못하거든
누가 내게 감히 대항할 수 있겠느냐
[11] 누가 먼저 내게 주고 나로 하여금 갚게 하겠느냐
온 천하에 있는 것이 다 내 것이니라
[12] 내가 그것의 지체와 그것의 큰 용맹과
늠름한 체구에 대하여 잠잠하지 아니하리라
[13] 누가 그것의 겉가죽을 벗기겠으며
그것에게 겹재갈을 물릴 수 있겠느냐
[14] 누가 그것의 턱을 벌릴 수 있겠느냐
그의 둥근 이틀은 심히 두렵구나
[15] 그의 즐비한 비늘은 그의 자랑이로다
튼튼하게 봉인하듯이 닫혀 있구나
[16] 그것들이 서로 달라붙어 있어
바람이 그사이로 지나가지 못하는구나
[17] 서로 이어져 붙었으니 능히 나눌 수도 없구나
[18] 그것이 재채기를 한즉 빛을 발하고
그것의 눈은 새벽의 눈꺼풀 빛 같으며
[19] 그것의 입에서는 횃불이 나오고
불꽃이 튀어나오며
[20] 그것의 콧구멍에서는 연기가 나오니

마치 갈대를 태울 때에 솥이 끓는 것과 같구나

[21] 그의 입김은 숯불을 지피며

그의 입은 불길을 뿜는구나

[22] 그것의 힘은 그의 목덜미에 있으니

그 앞에서는 절망만 감돌 뿐이구나

[23] 그것의 살껍질은 서로 밀착되어

탄탄하며 움직이지 않는구나

[24] 그것의 가슴은 돌처럼 튼튼하며

맷돌 아래짝같이 튼튼하구나

[25] 그것이 일어나면 용사라도 두려워하며 달아나리라

[26] 칼이 그에게 꽂혀도 소용이 없고

창이나 투창이나 화살촉도 꽂히지 못하는구나

[27] 그것이 쇠를 지푸라기같이,

놋을 썩은 나무같이 여기니

[28] 화살이라도 그것을 물리치지 못하겠고

물맷돌도 그것에게는 겨같이 되는구나

[29] 그것은 몽둥이도 지푸라기같이 여기고

창이 날아오는 소리를 우습게 여기며

[30] 그것의 아래쪽에는 날카로운 토기 조각 같은 것이 달려 있고

그것이 지나갈 때는 진흙 바닥에 도리깨로 친 자국을 남기는구나

[31] 깊은 물을 솥의 물이 끓음 같게 하며

바다를 기름병같이 다루는도다

[32] 그것의 뒤에서 빛나는 물줄기가 나오니

그는 깊은 바다를 백발로 만드는구나

[33] 세상에는 그것과 비할 것이 없으니

그것은 두려움이 없는 것으로 지음받았구나

[34] 그것은 모든 높은 자를 내려다보며

모든 교만한 자들에게 군림하는 왕이니라

베헤못에 대해 말씀하신 하나님이 이번에는 리워야단에 대한 말씀으로 욥에게 질문을 하신다. 히브리어 성경은 기독교 성경이 41:1-8로 취급하는 섹션을 40:25-32로 취급한다. 마치 리워야단이 베헤못의 다른 이름일 수도 있다는 해석을 가능하게 한다. 그러나 이 두 짐승은 상당히 많이 다르기 때문에 기독교 성경처럼 리워야단을 새로운 장에서 취급하는 것이 바람직하다.

리워야단(לִוְיָתָן)이 정확히 어떤 짐승인지 확실하지가 않다. 많은 사람이 악어라고 한다(cf. Clines). 악어로 해석하는 학자들은 본문이 '악어는 사람이 잡을 수 있는 짐승이 아님-악어의 신체적 특성-악어의 움직임' 등 세 단계로 구성되어 있다고 한다.

이 짐승에 대한 본문의 설명이 상당 부분 악어와 연관되어 있는 것 같지만, 일치하지 않는 부분들도 있다(cf. 19-21절). 게다가 본문은 사람이 도저히 이 짐승을 사냥할 수 없다고 하는데, 고대 때부터 근동 사람들은 악어를 사냥했다(Longman). 그러므로 리워야단이 정확히 어떤 짐승인가에 대해 지나친 집착이나 해석은 피하는 것이 좋다. 오래전에 존재했지만 멸종한 짐승, 혹은 심지어 전설과 신화 속에서만 존재하는 짐승일 수도 있다는 가능성에 대해서도 열려 있어야 한다(cf. Hartley).

하나님은 욥에게 리워야단을 다스릴 수 있냐고 물으신다(1-2절). 그 짐승이 마치 애완견들이 주인에게 온순하게 구는 것처럼 욥에게 온순한지도 물으신다(3-4절). 욥의 능력이 얼마나 뛰어난지 리워야단을 마치 사람이 새를 가지고 놀 듯이 그것을 가지고 놀고 여자들에게 애완용 짐승을 주듯이 줄 수 있느냐고도 물으신다(5절). '새'(צִפּוֹר)는 몸집이 작은, 애완용으로 기르기에 적합한 새를 뜻한다(cf. HALOT). 리워야단은 크고 두려운 짐승이라 상인들이 사고팔 수 있는 것도 아니다(6절). 이 짐승은 사람이 조종할 수 있는 짐승이 아니기 때문이다.

리워야단은 가죽이 두껍고 튼튼해 창과 작살로 잡을 수 있는 짐승이 아니다(7절). 몸이 얼마나 강인하고 가죽이 튼튼한지 사람이 한 번 만지고 나면 아예 싸울 엄두를 내지 못하는 짐승이다(5절). 사람이 리워야단을 잡는 것은 고사하고 그 모습을 보기만 해도 기가 죽는다(9절). 사람에게는 이 짐승을 격동시키는 용기나 대항할 능력이 없다(10절). 엄청난 위력과 공포감을 자아내는 짐승이라는 것이다.

하나님은 이처럼 무시무시한 리워야단을 창조하고 다스리시는 분이다. 그런 주님께 세상의 그 어떤 사람이 무엇을 드리고 다시 돌려 달라고 하겠는가!(11a절). 온 천하가 하나님의 것인데 말이다(11b절). 친구들과의 대화에서 욥은 하나님이 억울한 일을 당한 자신을 위하여 공의와 정의를 바로잡으셔야 한다는 취지의 말을 했는데, 그 말에 대한 하나님의 대답이다. 하나님은 그 누구에게 어떤 빚도 지신 적이 없다.

하나님은 리워야단에 대한 말씀을 이어가신다. 오직 하나님만이 리워야단의 늠름한 체구와 용맹에 대하여 아신다(12절). 세상에는 리워야단의 가죽을 벗기거나 그 짐승에게 재갈을 물릴 수 있는 사람은 없다(13절). 이 짐승의 이틀(잇몸)이 얼마나 두려운지 감히 그 짐승의 입을 벌릴 수 있는 사람도 없다(14절). 악어로 해석하는 사람들은 악어의 이빨 수가 위턱은 36개, 아래턱은 30개에 달한다는 점을 강조하여 본문이 악어를 묘사한다는 증거로 삼는다.

리워야단은 매우 단단한 비늘로 이어진 가죽을 지녔으며 이음새가 얼마나 탄탄한지 바람도 지나가지 못한다(15-17절). 이 짐승의 눈매는 매우 무서워 항상 빛을 발하는 것 같으며(18절), 입에서는 횃불과 불꽃이 튀어나오는 것 같다(19절). 콧구멍에서는 연기가 나오며 물을 지나갈 때면 솥에서 끓는 물처럼 방울이 인다(20, cf. 31절). 입김은 숯불을 지필 정도로 강력하며 입에서는 불길이 뿜어나오는 듯하다(21절).

리워야단의 목은 매우 두껍고 힘의 근원이 된다(22절). 마치 허리가 사람의 힘의 근원인 것처럼 말이다. 리워야단은 힘이 얼마나 강한 짐승인지 이 짐승을 상대해야 하는 사람은 시작하기도 전에 절망한다(22절). 이 짐승은 매우 탄탄한 살을 지녔고, 가슴은 돌과 맷돌처럼 단단하다(23-24절). 그러므로 리워야단이 일어나면 아무리 용맹스러운 사람이라도 도망가기 바쁘다(25절).

리워야단은 사람이 온갖 무기로 공격해보아도 소용이 없다(26절). 가죽이 얼마나 단단하고, 힘이 얼마나 센지 쇠와 놋으로 만든 무기가 마치 지푸라기와 썩은 나무처럼 순식간에 무용지물이 되기 때문이다(27절). 화살과 물맷돌도 리워야단에게는 아무런 효력을 발휘하지 못한다(28절). 몽둥이도 소용이 없으며, 창이 날아와도 두려워하지 않는다(29절).

리워야단은 지나갈 때 진흙 바닥에 패인 흔적을 남긴다(30절). 그것이 거하는 깊은 물은 솥의 물이 끓는 것처럼 방울이 지며 온 바다를 자유자재로 헤치고 다닌다(31절). 리워야단이 헤엄을 칠 때면 공기 방울로 인해 하얀 꼬리가 생긴다(32절).

리워야단은 얼마나 완벽하고 용맹스럽게 창조되었는지, 이 세상에는 비교할 만한 짐승이 없을 뿐만 아니라 그 어떤 것도 두려워하지 않는다(33절). 이 짐승은 세상을 호령하는 모든 권세자들 위에 있으며, "모든 교만한 자들에게 군림하는 왕이다"(34절). 이 마지막 구절의 번역이 혼란스럽다. 새번역은 "창이나 화살이나 표창도 맥을 쓰지 못한다"(cf. 아가페)로 해석했고, 공동번역은 "모든 교만한 것들의 왕이 여기에 있다"로 번역했다(cf. NAS, NIV, NRS, ESV). 문맥이 리워야단의 천하무적 성향을 언급하고 있다는 점을 고려할 때, 새번역의 "화살이나 표창도 맥을 쓰지 못한다"는 의미가 더 잘 어울린다.

VII. 하나님의 임재(38:1-42:6)

D. 욥의 두 번째 대답(42:1-6)

[1] 욥이 여호와께 대답하여 이르되
[2] 주께서는 못 하실 일이 없사오며
무슨 계획이든지 못 이루실 것이 없는 줄 아오니
[3] 무지한 말로 이치를 가리는 자가 누구니이까
나는 깨닫지도 못한 일을 말하였고
스스로 알 수도 없고 헤아리기도 어려운 일을 말하였나이다
[4] 내가 말하겠사오니 주는 들으시고
내가 주께 묻겠사오니 주여 내게 알게 하옵소서
[5] 내가 주께 대하여 귀로 듣기만 하였사오나
이제는 눈으로 주를 뵈옵나이다
[6] 그러므로 내가 스스로 거두어들이고
티끌과 재 가운데에서 회개하나이다

욥이 하나님께 두 번째 말을 한다. 말이라기보다 자신의 어리석음과 경솔함을 인정하는 고백이다. 그의 담화는 처음 것(40:4-5)보다는 길지만, 그래도 많이 짧다. 욥은 하나님의 능력에는 끝이 없어 주님이 계획하신 일은 모두 이루어진다는 사실을 고백한다(2절). 그는 자신이 침범할 자격이 전혀 없는 영역을 침범한 일을 인정한다(3절). 그러므로 욥은 하나님을 상대로 제기했던 소송을 취하하고 평소의 삶으로 돌아가겠다고 말한다(4-6절). 욥의 이 말에는 하나님이 욥처럼 죄를 짓지 않은 착한 사람도 고통을 당하게 할 권한을 가지셨다는 고백이 포함되어 있다(Longman).

욥은 자신이 잘 알지도 못하면서 창조주 하나님과 주님이 다스리시는 세상에 대해 너무 쉽게 말한 것을 후회한다. 심지어 자기가 알지 못

하고 헤아리기도 어려운 일을 말한 것에 대해 유감을 표한다(3절). 드디어 욥은 하나님의 공의와 정의가 자기의 의보다 훨씬 더 크고 신비롭다는 사실을 인정한 것이다.

그러므로 욥은 태도를 바꾸었다. 친구들과의 논쟁에서 그는 자기가 아는 것보다 더 많은 말을 했다. 이제 더 이상 자기도 알지 못하는 것을 진리라며 떠들어대지 않을 것이다. 이해가 가지 않거나 알지 못하는 것은 창조주 하나님만이 아시는 신비로운 영역에 속한 것으로 인정하고 침묵할 것이다.

4절이 욥이 하나님께 드리는 말씀인지, 아니면 하나님이 그에게 하신 말씀을 인용하고 있는지가 확실하지 않다. 개역개정은 욥이 하나님께 드린 말씀으로 간주하지만, 대부분의 우리말 번역본과 일부 영어 번역본들은 하나님이 하신 말씀을 욥이 인용하는 것으로 해석한다. "주님께서 말씀하셨습니다. '들어라. 내가 말하겠다. 내가 물을 터이니 내게 대답하여라' 하셨습니다"(새번역, cf. 공동, 아가페, NIV, CSV, MSG). 하나님이 이때까지 욥에게 계속 질문해오신 것을 감안하면, 하나님이 하신 말씀을 욥이 그대로 인용하고 있는 것으로 간주하는 것이 바람직하다(cf. 38:3; 40:7). 이렇게 해석할 경우 욥은 하나님이 미천한 그를 찾아와 온갖 질문을 해주신 것이 감격스럽다며 하나님께 경의를 표한다.

욥은 하나님께 혹독한 책망을 받았지만, 행복하다. 그가 꿈에 그리던 하나님을 드디어 만났기 때문이다. 그가 만난 하나님은 바로 그가 평소에 귀로 듣기만 했던 분이다(5절). 욥은 하나님에 대하여 귀로 들었던 과거와 눈으로 직접 그분을 뵙는 현재의 차이를 강조하고 있다(Dhorme). 하나님을 자기 눈으로 직접 뵈었으니 두렵기는 하지만 얼마나 좋았겠는가!

욥이 하나님을 뵙고 나니 그 어떠한 것도 더 이상 문제가 되지 않는다. 그러므로 그는 자신이 친구들과의 논쟁에서 하나님에 대해 한 말을 모두 거두어들이겠다고 한다(6a절). 하나님에 대한 서운함과 원망이 모두 잘못되었다는 것을 인정한 것이다. 그러므로 욥은 어리석은 말을 거두어들이고 머리에 흙과 재를 뒤집어쓰고 회개한다(6b절). 학자들은 6절을 욥기에서 가장 중요한 말씀이라고 하기도 한다(Alden, Longman).

종종 사람들은 욥의 회개한다는 말에 대해 지나친 해석을 한다. 욥이 회개하는 것은 그가 지은 죄를 회개한다는 뜻이 아니다. 욥은 재앙을 벌로 받을 만큼 죄를 지은 적이 없으며 하나님도 그가 의인이고 흠이 없다는 사실을 두 차례나 인정하셨다. 욥의 고난은 죄와 상관없다.

그렇다면 욥은 무엇을 회개하는가? 그가 친구들과의 논쟁에서 하나님에 대해 많이 알지 못하면서도 마치 다 아는 것처럼 말한 것을 회개한다. 욥은 하나님의 공의와 정의에 대하여 모르는 부분이 매우 많은데도 마치 모든 것을 아는 것처럼 말한 것을 회개한다. 자신의 고난은 의인이 겪어서는 안 될 일이라며 하나님의 정의에 문제가 있는 것처럼 말한 것을 욥은 회개한다. 욥은 전적으로 친구들과의 논쟁 중에 나온 말을 회개하고 있는 것이다.

한 가지 잘 이해할 수 없는 점이 있다. 욥은 하나님을 만나 왜 자기가 고난을 당했는지 꼭 물어보고 싶다고 했다. 그는 드디어 하나님을 만났다. 그러나 그는 자기의 고통에 대하여 하나님께 질문을 하지 않고 이야기를 마무리한다. 욥은 더 이상 이 주제에 대해 관심이 없단 말인가? 하나님도 그에게 이유를 말씀해주시지 않는다. 우리는 욥의 이야기를 책을 통해서 알고 있기 때문에 그가 왜 고통을 당했는지 안다. 그러나 욥은 죽을 때까지 자기가 왜 고통을 당했는지 알지 못하고 죽는다.

하나님을 만나면 자기가 왜 고통을 당했는지에 대해 꼭 물어보겠다고 했던 욥이(19:26-27) 정작 하나님을 만나고 난 후에는 고통에 대해 질문하지 않는 것은 무엇 때문인가? 고통에 관한 질문은 더 이상 그에게 중요한 문제가 아니란 말인가? 욥은 아직도 아프다. 욥은 아직도 자신이 왜 고통을 당했는지 궁금하다. 그러나 그가 하나님을 만난 순간 이 모든 아픔과 질문이 녹아내렸다.

욥은 아직도 아프고 힘들지만, 위대하신 창조주 하나님을 만나 주님이 창조하고 다스리시는 세상에 대하여 듣고 나니 자기가 겪은 일은 아무것도 아니라는 생각이 들었다. 또한 하나님의 공의와 정의는 자기가 알지 못하는 신비로운 영역을 포함하고 있으며, 자기의 고난도 창조주만이 아시는 신비로운 영역에 속한 것이라는 사실을 깨달았다. 그러므로 그는 더 이상 자신이 처한 개인적인 상황에 대하여 질문하지 않는다. 욥의 세계관과 정의에 대한 이해가 훨씬 더 넓어졌기 때문이다.

또한 욥은 하나님을 만나는 순간, 한 가지 사실을 확인했다. 이미 서론에서 말한 것처럼 구약 성도들에게 가장 중요한 문제는 그들이 겪고 있는 고통이 아니라, 하나님이 정작 그들의 형편을 아시는가 여부였다. 하나님이 그들의 형편을 헤아리고 계시다는 사실만 확인할 수 있다면, 하나님이 개입해 고통을 멈추게 하시거나 그대로 내버려 두시는 것은 하나님의 몫이라고 생각했다. 물론 하나님은 모든 것을 아시지만, 고통당하는 성도의 입장에서는 정작 하나님이 그의 형편을 알고 계시는가가 가장 불안한 요소이다. 그래서 제사장들은 성전을 찾아와 예배를 드리고 떠나는 성도들에게 선포한 축도에서 두 차례나 하나님이 그들의 형편을 헤아려 주시기를 빌어주었다(cf. 민 6:22-27).

하나님이 욥을 찾아오셨다는 것은 주님이 그가 처한 상황에 대해 알고 계시다는 의미이다. 그러므로 욥은 하나님을 만나는 순간 모든 것이 이제는 하나님의 손에 달려 있다는 것을 알았다. 욥은 하나님이 그에게 자비를 베풀어 고통에서 해방시켜 주신다면 정말 좋은 일이지만, 그를 계속 고통 속에 내버려 두신다 해도 더 이상 하나님을 원망하지 않을 것이다. 하나님이 그의 삶에 개입하고 안 하시고는 하나님의 고유 권한이다. 욥은 하나님이 그의 형편에 대해 알고 계시다는 사실 하나로 만족한다. 그러므로 그는 하나님께 고통에 대해 묻지 않고 주님과의 대화를 마무리한다. 욥은 어떠한 강요나 요구를 통해 하나님의 고유 권한을 침해할 생각이 전혀 없는 사람이다.

VIII. 결론
(42:7-17)

욥은 자신이 섣불리 어리석은 말을 한 것에 대해 후회하며 회개했다. 그는 이제 하나님이 어떤 판결을 내리시든 간에 받아들이고 순종할 각오가 되어 있다. 이러한 상황에서 하나님은 뜻밖의 판결을 내리신다. 욥을 벌하시는 것이 아니라, 하나님의 입장을 대변한답시고 욥을 정죄한 친구들을 징계하셨다. 자기의 잘못을 고백한 욥에게는 축복을 내려 예전보다 배나 더 많은 재산을 주셨다. 자녀들도 예전처럼 열 명이나 주셨다.

책의 결론 부분인 본문이 우리의 호기심을 자극하는 여러 가지 질문들에 대해 답하지 않고 마무리되는 것이 아쉽다. 예를 들자면 '욥에게 열 명의 아이를 낳아준 아내는 2장에서 하나님을 저주하고 죽으라고 했던 그 여인이었을까?' '욥을 의심했던 고발자는 이 모든 일에 대하여 어떠한 반응을 보였을까?' 등이다. 아마도 욥의 이야기를 이해하는 일에 별로 도움이 되지 않기 때문에 언급하지 않았을 것이다. 이러한 내용을 담고 있는 본문은 다음과 같이 두 부분으로 구분된다.

A. 친구들에 대한 심판(42:7-9)

B. 욥에게 내려진 축복(42:10-17)

VIII. 결론(42:7-17)

A. 친구들에 대한 심판(42:7-9)

[7] 여호와께서 욥에게 이 말씀을 하신 후에 여호와께서 데만 사람 엘리바스에게 이르시되 내가 너와 네 두 친구에게 노하나니 이는 너희가 나를 가리켜 말한 것이 내 종 욥의 말같이 옳지 못함이니라 [8] 그런즉 너희는 수소 일곱과 숫양 일곱을 가지고 내 종 욥에게 가서 너희를 위하여 번제를 드리라 내 종 욥이 너희를 위하여 기도할 것인즉 내가 그를 기쁘게 받으리니 너희가 우매한 만큼 너희에게 갚지 아니하리라 이는 너희가 나를 가리켜 말한 것이 내 종 욥의 말같이 옳지 못함이라 [9] 이에 데만 사람 엘리바스와 수아 사람 빌닷과 나아마 사람 소발이 가서 여호와께서 자기들에게 명령하신 대로 행하니라 여호와께서 욥을 기쁘게 받으셨더라

욥이 자신의 잘못을 깨닫고 고백하자 하나님은 욥과 친구들에 대한 판결을 내리신다. 하나님은 세 친구가 주님에 대해 한 말이 욥의 말처럼 옳지 못하다며 노하신다(7, 8절).[15] 이 말씀은 두 가지 측면에서 잘 이해가 되지 않는다. 먼저 하나님은 이때까지 욥을 나무라셨다. 그런데 지금은 그가 옳은 말을 했다고 하신다. 그래서 많은 주석가들이 이러한 정황에 대해 문제를 제기한다(Clines, Newsom, Pope). 하나님이 욥을 '무지하고 헛된 말'을 했다며 비난하신 적이 있기 때문이다(38:2).

그러나 만일 하나님이 욥의 말과 친구들의 말을 상대적으로 평가하시는 것으로 이해하면 별 어려움은 없다. 양측 모두 실언을 한 부분이

15 엘리후는 검사 측의 최종 증언자였고, 그도 하나님의 의는 욥의 의를 초월한다는 것을 강조했기 때문에 하나님의 정죄를 받지 않는다.

있지만, 그래도 욥이 더 옳은 말을 한 것으로 해석할 수 있기 때문이다. 욥의 담화는 그가 신음 속에서 한 말이라는 점을 감안하면 더욱더 그렇다. 반면에 스스로 지혜자들이라고 자부했던 친구들은 욥에게 고난의 의미를 깨달을 만한 지혜를 주지 못하고 오히려 화나게 만들었다.

욥의 친구들은 분명 창조주 하나님과 그분의 통치를 정당화하려고 무던히도 애를 썼다. 심지어는 하나님이 의로우시다는 것을 강조하기 위해 욥을 죄인으로 몰아가기까지 했다. 그런데 하나님은 오히려 그들에게 화를 내신다! 왜 그러시는가? 몇 가지 이유가 있다.

첫째, 친구들은 교만했다. 그들도 욥처럼 하나님의 공의와 정의에 대하여 모든 것을 아는 것처럼 말했다. 친구들은 욥이 고난을 당한 것은 하나님의 의가 욥의 의를 침몰시켰기 때문이라고 생각했다. 하나님의 의는 욥의 의에 창조주 하나님의 고유 영역이라 할 수 있는 신비를 더한 것이라는 사실을 의식하지 못한 것이다. 친구들은 결국 위로하기 위해 욥을 찾아왔지만, 무지하고 어리석은 말로 오히려 욥에게 많은 상처를 주었다.

둘째, 친구들은 욥을 악인으로 몰았다. 친구들은 자신들의 주장이 완벽하다는 전제 하에 욥이 당면한 고난 문제에 접근했다. 그들은 하나님이 세상을 권선징악의 원리로 다스리시며 어떤 예외도 없이 이 원리를 적용한다고 생각했다. 따라서 욥의 고난을 그가 죄를 지었기 때문에 하나님께 받은 벌이라고 설명했다.

셋째, 친구들의 말은 지혜롭지 못했다. 지혜로운 말은 사람을 위로하고 격려한다. 그러나 친구들의 말은 욥에게 씻을 수 없는 상처를 줄 뿐이었다. 아파하는 자에게 가장 필요한 것은 공감해 주는 말이다. 그런데 그들은 욥에게 정죄하는 말만 한 것이다. 친구들이 차라리 어떠한 말도 하지 않고 침묵했으면 좋을 뻔했다.

하나님은 욥의 친구들에게 수소와 숫양을 각각 일곱 마리씩 가져다가 욥에게 주어 그가 그들을 위하여 번제를 드리도록 하라고 말씀하셨다(8a절). 만수인 '7'이 사용되고 있다. 친구들의 죄에 대하여 내리실 하나님의 벌이 매우 심각하다는 것을 의미한다. 죄가 심각한 만큼 하나님의 진노를 달래는 제물도 커야 하기 때문에 만수인 7이 사용되고 있는 듯하다(cf. Longman).

욥이 그들을 위하여 제물을 드리고 기도해야만 하나님이 욥의 친구들을 벌하지 않으실 것이다(8b절). 엘리바스는 욥에게 하나님은 "죄 없는 자가 아니라도 건지시리니 네 손이 깨끗함으로 말미암아 건지심을 받으리라"(22:30)라고 말한 적이 있다. 되돌아보니 그의 말이 예언이 되었다. 욥을 통해 그들이 깨끗함을 받게 되었기 때문이다.

세 친구는 곧바로 명령에 순종했고 하나님은 욥이 드린 제물과 기도를 기쁘게 받으셨다. 욥의 행위는 두 가지 상징성을 지녔다. 제물을 드린 것은 죄에서 돌아서는 것을, 기도를 드린 것은 하나님을 향한 것을 상징한다(Alden). 하나님은 욥을 의인으로 인정하시고, 친구들을 용서하셨다.

하나님이 욥에게 세 친구들을 위하여 제물을 드리고 기도하라고 하신 것은 욥과 하나님의 관계를 친구들에게 확인시켜 주시기 위해서이다. 욥은 하나님이 존귀하게 여기시는 사람일 뿐만 아니라, 하나님의 진노가 친구들에게 임하는 일을 막을 수 있는 중보자이다. 친구들은 욥이 없으면 낭패를 면할 수 없다. 어느덧 정죄받은 이(욥)가 그를 정죄한 이들(친구들)의 제사장이 되어 그들을 위하여 하나님께 자비를 구하고 있다.

VIII. 결론(42:7-17)

B. 욥에게 내려진 축복(42:10-17)

[10] 욥이 그의 친구들을 위하여 기도할 때 여호와께서 욥의 곤경을 돌이키시고 여호와께서 욥에게 이전 모든 소유보다 갑절이나 주신지라 [11] 이에 그의

모든 형제와 자매와 이전에 알던 이들이 다 와서 그의 집에서 그와 함께 음식을 먹고 여호와께서 그에게 내리신 모든 재앙에 관하여 그를 위하여 슬퍼하며 위로하고 각각 케쉬타 하나씩과 금 고리 하나씩을 주었더라 [12] 여호와께서 욥의 말년에 욥에게 처음보다 더 복을 주시니 그가 양 만 사천과 낙타 육천과 소 천 겨리와 암나귀 천을 두었고 [13] 또 아들 일곱과 딸 셋을 두었으며 [14] 그가 첫째 딸은 여미마라 이름하였고 둘째 딸은 긋시아라 이름하였고 셋째 딸은 게렌합북이라 이름하였으니 [15] 모든 땅에서 욥의 딸들처럼 아리따운 여자가 없었더라 그들의 아버지가 그들에게 그들의 오라비들처럼 기업을 주었더라 [16] 그 후에 욥이 백사십 년을 살며 아들과 손자 사 대를 보았고 [17] 욥이 늙어 나이가 차서 죽었더라

하나님이 욥의 기도를 듣고 그의 친구들을 용서하셨을 뿐만 아니라 욥의 고난도 모두 멈추어주셨고 그의 재산도 예전보다 배나 더 많이 주셨다(10절). 그가 고난을 당하자 떠나갔던 가족들과 친척들과 이웃들도 모두 돌아와 그를 위로했다(11절). 욥이 그들의 위로가 가장 필요했을 때에는 모습을 보이지 않다가 회복이 되니 그를 찾아온 것을 보면 세상의 인심이 보여 왠지 씁쓸하다.

자신들의 잘못(욥이 위로가 가장 필요할 때 위로를 주지 못한 것)에 대해 속죄하는 의미에서였을까? 사람들은 욥에게 각각 한 케쉬타와 금고리 하나씩을 위로금으로 주었다(11절). 칠십인역(LXX)은 사람들이 욥에게 각각 양 한 마리도 주었다는 말을 더한다. 케쉬타(קְשִׂיטָה)는 매우 오래된 돈 단위이며 성경에서 두 차례 더 사용된다(창 33:19; 수 24:32). 한 케쉬타가 어느 정도의 가치를 지녔는가에 대해서는 알려진 것이 없다. 일부 문헌에 따르면 케쉬타는 보석을 다는 무게였다고 한다(cf. ABD).

하나님은 욥이 참으로 편안한 말년을 맞게 하셨다. 책이 시작할 때 욥은 양 7,000마리와 낙타 3,000마리와 소 500겨리와 암나귀 500마리를 소유했는데(1:3), 환난이 지나간 다음에 하나님이 그의 재산을 두 배로 늘려주셨다. 율법은 가해자가 피해자에게 두 배로 보상하는 경우를 종종 언급한다(출 22:4, 7, 9). 그래서 욥은 양 14,000마리와 낙타 6,000마리와 소 1,000겨리와 암나귀 1,000마리를 가졌다(12절). 배로 늘어난 재산이 온전한 위로가 될 수는 없었겠지만, 그래도 하나님이 욥과 함께하시고, 그에게 복을 주신다는 증표가 되었을 것이다.

욥은 예전처럼(1:2) 딸 세 명과 아들 일곱 명 등 총 열 명의 자녀들을 두었다(13절). 딸들의 이름은 여미마와 긋시아와 게렌합북이었으며(14절), 세상에서 그들처럼 아리따운 여자가 없었다(14절). 여미마(יְמִימָה)는 비둘기라는 의미를 지녔으며 긋시아(קְצִיעָה)는 계피나무라는 뜻을 지녔고, 게렌합북(קֶרֶן הַפּוּךְ)은 여자들이 눈 화장을 위해 사용하는 도구라는 의미를 지녔다(HALOT, cf. Longman, Newsom).

욥에게 이 아이들을 낳아준 아내(들)는 누구였을까? 남편 욥에게 하나님을 저주하고 죽으라고 했던 그 여인인가(cf. 2:9), 아니면 새로 아내로 맞이한 여인(들)인가? 책의 마무리가 용서와 화해로 끝이 나는 것을 감안하면 아마도 2장에서 잠시 모습을 드러낸 본처(本妻)였을 것이다. 이때 이 여인도 나이가 많았겠지만, 사라가 90세에 이삭을 낳은 것을 생각하면 가능한 일이다.

욥은 아들들뿐만 아니라 딸들에게도 유산을 나누어주었다(15절). 딸에게 유산을 주는 일은 고대 근동 사회에서 흔한 일이 아니며, 율법도 아들이 없을 경우에만 딸에게 유산을 주라고 한다(민 27:8). 이런 문화적 정황에서 욥이 딸들에게 유산을 주었다는 것은 매우 이례적이며 그의 가정이 매우 화목했다는 증거이다(Newsom). 또한 욥은 주류 이스라엘 사회의 사람이 아니라는 것이 다시 한 번 간접적으로 입증되고 있다(Alden).

이후 욥은 140년을 더 살며 아들과 손자 4대를 보고 나이가 차서 죽었다(16-17절). 성경이 사람의 수명을 70세로 언급하는 점을 감안하면(시 19:10), 욥은 다른 사람의 두 배를 살았다는 것을 의미한다. 또한 그가 나이가 차서 죽었다는 것은 참으로 만수하며 죽을 때까지 평안과 복을 누렸다는 뜻이다(cf. 창 25:8). 그는 더 이상 재앙으로 인해 고난을 당하지 않았다.

환난 이후 140년을 더 산 욥은 몇 살에 죽은 것일까? 칠십인역(LXX)은 240살에 죽었다고 기록한다. 그렇다면 환난이 임했을 때 그의 나이는 100살이었다. 칠십인역이 어떤 근거로 이런 해석을 내놓았는지는 알 수 없다. 만일 온전히 본문만을 근거로 추론해본다면 두 가지 가능성이 있다. 첫째, 환난이 지나간 후 욥의 재산이 예전보다 배로 늘었다는 점을 감안하면 욥이 고난을 당했을 때 나이가 70이었고, 몇 달 동안 진행된 환난 후에 그는 140년(갑절)을 더 살고 210세에 죽었을 것이라고 생각할 수 있다. 둘째, 욥이 예전과 동일한 숫자의 자녀들(아들 7 + 딸 3)을 누렸다는 점을 근거로 그가 환난을 당했을 때 나이가 140살이었고 환난 후 140년을 더 살고 280세에 죽었다고 추론할 수 있다.

욥은 아브라함 시대에 살았던 사람이다. 아브라함은 175년을, 이삭은 180년을, 야곱은 147년을 살고 죽었던 점을 감안하면 욥이 200년을 살았다 할지라도 별로 문제가 될 것은 없다. 다만 선조들의 나이가 실제적인 것인지, 어떤 신학적인 메시지를 담은 상징적인 것인지에 대해서는 논란이 끊이지 않는다. 고고학적인 발굴에 의하면 아브라함이 살았던 시대로 추정되는 주전 3000년대 말에서 2000년대 초에는 사람들의 평균 수명이 40세였기 때문이다. 그러므로 선조들의 나이는 신비로 남을 수밖에 없다.